ROM

Schicksal einer Stadt

312–1308

Richard Krautheimer

ROM

Schicksal einer Stadt

312–1308

Koehler & Amelang

Leipzig

Titel der Originalausgabe: »Rome, Profile of a City, 312–1308«

Aus dem Englischen übertragen
von Toni Kienlechner und Ulrich Hoffmann

Krautheimer, Richard
Rom : Schicksal einer Stadt 312–1308 / Richard Krautheimer.
[Übers. aus d. Engl. von Toni Kienlechner u. Ulrich Hoffmann].
Leipzig : Koehler & Amelang, 1987. – 424 S. : 260 Abb. : 27 cm
Lizenz.
ISBN 3-7338-0009-5

ISBN 3-7338-0009-5

1. Auflage

Berechtigte Lizenzausgabe für Koehler & Amelang (VOB), Leipzig 1987
© 1980 by Princeton University Press, New Jersey
© 1987 für die deutschsprachige Ausgabe by Verlag C. H. Beck, München
Lizenznummer 295/275/2917/87
LSV 0225
Printed in the German Democratic Republic
Satz: VOB Buch- und Offsetdruck, Leipzig
Druck und buchbinderische Verarbeitung: Druckerei Fortschritt, Erfurt
Gesamtgestaltung: Horst Albrecht
698 282 0
06800

In memoriam

Milton J. Lewine
22. August 1928 bis 31. Juli 1979

und

Wolfgang Lotz
19. April 1912 bis 24. Oktober 1981

Inhalt

Vorwort 9

Erster Teil

Bild und Wirklichkeit

I. Rom und Konstantin 13
II. Die Christianisierung Roms und die Romanisierung des Christentums 43
III. Die Zeit Gregors des Großen 72
IV. Rom zwischen Ost und West 103
V. Erneuerung und Wiedergeburt: Das Zeitalter der Karolinger 125
VI. Realität, Ideologie und Selbstdarstellung 161
VII. Die erneute Wiedergeburt Roms: Das 12. Jahrhundert 181
VIII. Das 13. Jahrhundert: Ein Epilog 226

Zweiter Teil

Forma Urbis Romae Medievalis

IX. Die Quellenlage 257
X. Das Erbe 263
XI. Die Entwicklung des Borgo 287
XII. Der ›Abitato‹ 297
XIII. Häuser, Türme und Herrensitze 317
XIV. Der ›Disabitato‹ und der Lateran 340

Anhang

Chronologische Liste der Päpste 359
Abkürzungen häufig zitierter Werke 361
Hinweise zur Bibliographie 363
Anmerkungen 365
Orts- und Sachverzeichnis 400
Personenregister 412
Foto- und Bildquellen 417
Verzeichnis der Abbildungen 419

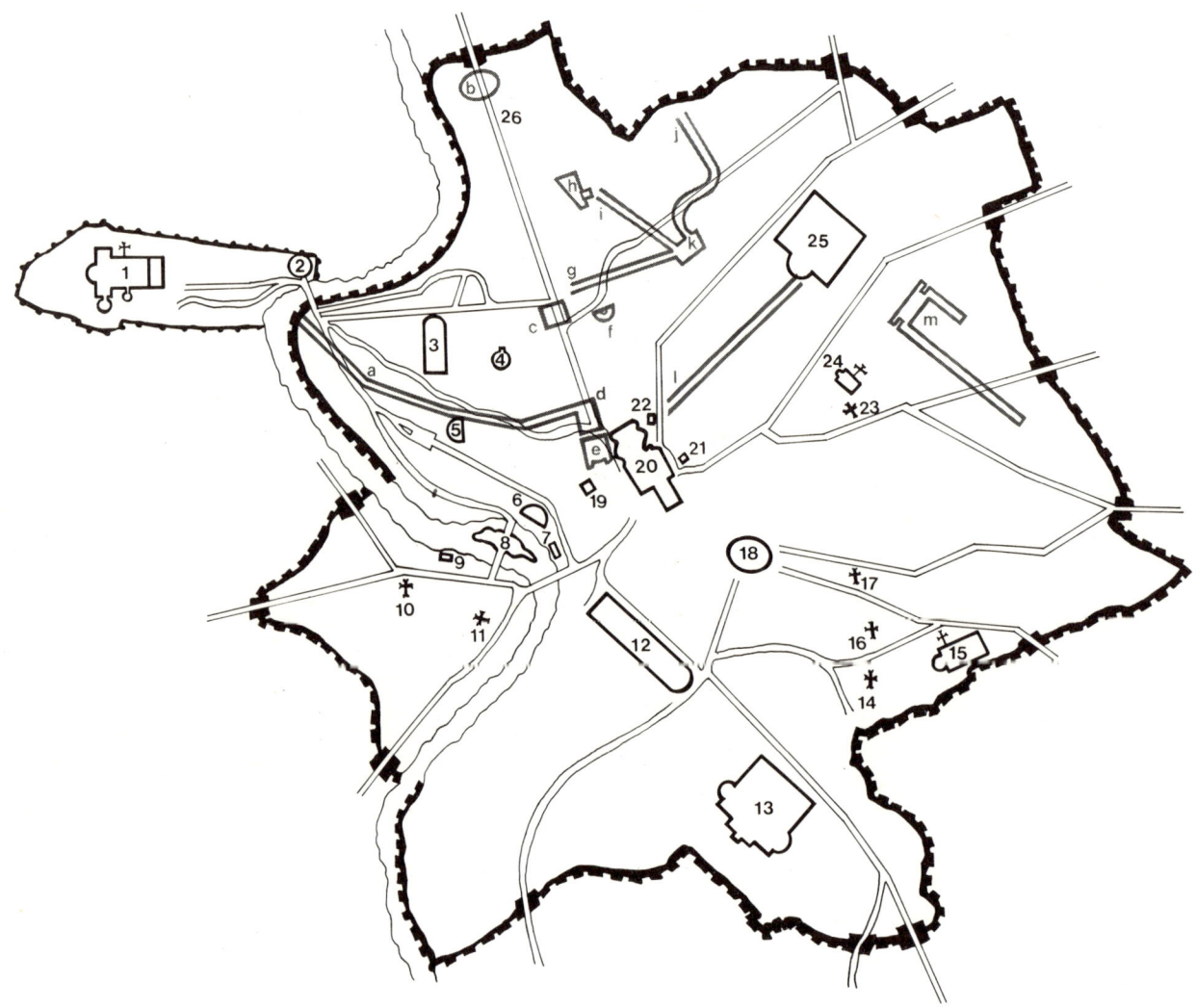

1 Peterskirche
2 Mausoleum Hadrians (Castel S. Angelo)
3 Stadion des Domitian (Piazza Navona)
4 Pantheon
5 Pompeiustheater
6 Marcellustheater
7 Casa di Crescenzio
8 Tiberinsel
9 Anguillarapalast
10 S. Maria in Trastevere
11 S. Cecilia
12 Circus Maximus
13 Caracallathermen
14 S. Stefano Rotondo
15 S. Giovanni in Laterano
16 SS. Quattro Coronati
17 S. Clemente
18 Kolosseum
19 Kapitol
20 Kaiserforen
21 Tor de' Conti
22 Torre delle Milizie
23 S. Prassede
24 S. Maria Maggiore
25 Diokletiansthermen
26 Via Lata, heute Via del Corso

a Corso Vittorio Emmanuele II
b Piazza del Popolo
c Piazza Colonna
d Piazza Venezia
e Denkmal für Vittorio Emmanuele II
f Fontana Trevi
g Via del Tritone
h Piazza di Spagna, Spanische Treppe
i Via Sistina
j Via Vittorio Veneto
k Piazza Barberini
l Via Nazionale
m Bahnhof Termini, Untergrundstation

Vorwort

Ich habe in diesem Buch versucht, ein Profil der Stadt Rom als eines lebendigen Organismus zu skizzieren und die Entwicklung der Stadt von der Zeit Konstantins im frühen 4. Jahrhundert bis zum Auszug der Päpste nach Avignon tausend Jahre später nachzuvollziehen: wie die antike Stadt, unter Konstantin noch *caput mundi*, zum Sitz des Papsttums und allmählich zum geistigen und politischen Brennpunkt des Westens wurde; wie sie zur selben Zeit an Größe und Wohlstand zu einer scheinbar unbedeutenden Landstadt zusammenschrumpfte; wie sie sich seit der Zeit Karls des Großen und während des Hochmittelalters wieder erholte und physisch wie politisch zu neuer Größe heranwuchs; wie ihre Straßen und Kirchen, ihre Häuser und Herrensitze, die bewohnten Gewölbe des Kolosseums, die befestigten Klöster und das Leben auf dem Fluß aussahen; wie die Erinnerung an ihre antike heidnische wie christliche Größe durch die Tradition und die allgegenwärtigen Denkmäler ihrer Vergangenheit selbst an den Tiefpunkten ihrer schicksalhaften Entwicklung lebendig blieb; wie diese Erinnerung zusammen mit der beständig wachsenden geistlichen, politischen und materiellen Macht der Kirche zu einem einflußreichen Faktor wurde, der zur Ausformung von Roms herausragender Stellung in der mittelalterlichen Welt in entscheidender Weise beitrug; wie dieses Erbe immer wieder zu neuem Leben erweckt wurde und das Denken von Besuchern, Mäzenen und Künstlern prägte und wie es seinen Einfluß auf die Kirchenarchitektur, die Malerei, die Bildhauerei und sogar auf die Art, in der die Stadt wuchs, geltend machte; wie Roms Bauten und seine Kunst in dem Sinne verstanden werden müssen, daß sie mit den sich wandelnden und miteinander im Widerspruch stehenden politischen Realitäten und Wunschvorstellungen von Päpsten, fremden Kaisern und Römern selbst verknüpft sind und diese auch zum Ausdruck bringen.

Kurz, ich habe mich bemüht, tausend Jahre römischer Geschichte zu umreißen, nicht so sehr als eine Geschichte der Baudenkmäler und der allmählichen Wandlungen in der Karte der Stadt als vielmehr eine Geschichte der Stadt, wie sie in diesen Monumenten zum Ausdruck kommt. Einen solchen Versuch zu unternehmen, und sei es nur in der Form eines Profils, mag tollkühn gewesen sein. Die Materialfülle ist ungeheuer; und selbst noch nach fünfzig Jahren, in denen man Rom gekannt oder zu kennen geglaubt hat, gibt es noch so manches Haus, manche Kirche und manches Fresko, die der eigenen Aufmerksamkeit entgangen sind. Schlimmer noch, man wird immer wieder dazu gezwungen, sich in Bereiche vorzudrängen, die von anderen erforscht worden sind. Selbst auf den Gebieten, die nahe beim eigenen Forschungsbereich liegen, wo man die Denkmäler kennt und in denen man sich auf der Höhe der Forschungsdiskussion gehalten hat – Mosaiken oder Wandmalerei in meinem Fall –, kann man sich nicht mit derselben Sicherheit bewegen wie diejenigen, die hier zu Hause sind. Noch schlechter ist es mit dem Gebiet bestellt, in dem das eigene Wissen notwendigerweise nur allgemeiner Art sein kann: Kirchengeschichte und politische Geschichte oder soziale und ökonomische Grundlagen. Sicherlich ist es hilfreich, zu lesen, was veröffentlicht worden ist, und sich mit Freunden zu unterhalten, die in Bereichen außerhalb des eigenen arbeiten. Aber andererseits gibt es auch Bereiche und Epochen, die noch nicht genügend erforscht oder sogar noch gänzlich unerforscht sind: die Kunst des 10. und frühen 11. Jahrhunderts zum Beispiel oder die Bevölkerungsgeschichte Roms im Mittelalter. Im großen und ganzen hielt ich es deshalb für das beste, wo immer möglich, auf die Tatsachen zurückzugreifen, die ich zu kennen glaube: die Gebäude, ob Kirchen, Häuser oder Befestigungen; die sich wandelnde Karte der Stadt und ihrer Straßen; und das reiche Quellenmaterial hierzu, ob veröffentlicht oder noch unpubliziert. Sie bilden den Rahmen, der dieses Profil Roms zusammenhalten soll. Mir hat es Freude gemacht, so vieles zu entdecken, was ich nach einem ganzen Leben noch nicht gewußt hatte, und es zusammenzufassen: zunächst für mich selbst und dann in einem Kurs für meine Studenten am Institute of Fine Arts an der New York University, schließlich dann für die vorliegenden Seiten. Ich kann nur hoffen, daß auch der Leser seine Freude haben wird und mir die unvermeidlichen Unzulänglichkeiten verzeihen wird.

Mein herzlicher Dank gilt all den Freunden, Kollegen und früheren Studenten, die mir in endlosen Diskussionen weitergeholfen haben: Wolfgang Lotz mit seinem immensen Wissen über Rom und über so viele andere Themen, zugleich ein ermutigender und ermahnender Freund; Hans Belting, Caecilie Davis-Weyer und Judson Emerick, die mich an ihrem Wissen und ihren Gedanken über karolingische Mosaiken und politische Programme teilhaben ließen; Robert Brentano, Arnold Esch und Gerard E. Caspary, die zu meinem Wissen über den heutigen Stand der Forschung zur mittelalterlichen Geschichte Roms unschätzbar beigetragen haben.

Ein besonderes Wort des Dankes geht an Joan Barclay Lloyd, die mir seit Beginn der Arbeit an diesem Buch eine treue Assistentin war. Mehr als einmal hat sie Material ausgegraben, das mir entgangen war, und manche Idee oder Formulierung in diesen Seiten geht auf stundenlange Diskussionen zurück, die ich mit ihr geführt habe. Über diese intellektuelle Hilfe durch ständigen Austausch hinaus hat sie auch die Hauptlast der ›Haushaltsarbeiten‹ getragen: das Material in Ordnung zu halten, die Entwürfe zu schreiben (und es gab ihrer viele!) bis hin zur endgültigen Version; und schließlich die schönen Karten zu zeichnen, die das Buch illustrieren. Ich kann ihr nicht genügend danken.

Ebenso gilt mein herzlicher Dank zwei weiteren jungen Freunden: Deborah Kellogg, die einen Teil der Schreibarbeiten übernahm und gewissenhaft die Fahnen- und Umbruchkorrekturen mit mir ausführte, und Charles McClendon, der einige der schönen Fotografien für dieses Buch zur Verfügung stellte.

Mrs. Louise McDermott hat freundlicherweise das Register erstellt, Robert E. Brown hat sich geduldig der Aufgabe unterzogen, das Manuskript zu redigieren und in Satz zu geben.

Die Angestellten der vielen Bibliotheken und Fotoarchive, die ich während der Arbeit zu diesem Buch benützt habe, waren alle außerordentlich hilfreich und haben mir ihre Zeit großzügig geopfert. An erster Stelle möchte ich der Bibliotheca Hertziana danken. Dem Reichtum ihrer Sammlungen an Büchern wie Fotografien kommt nur die Hilfsbereitschaft ihrer Angestellten gleich, und ich bin besonders Frau Dr. Hildegarde Giess, Frau Dr. Eva Stahn und Frau Gabriele Fichera zu Dank verpflichtet, die mich immer wieder mit Fotografien und wertvollen Hinweisen versorgt haben. In gleicher Weise bin ich der Bibliothekarin der Fototeca der American Academy in Rom, Frau Karen Einaudi, für die Großzügigkeit dankbar, mit der sie mir schwer zugängliche Fotografien zur Verfügung gestellt hat. Ebenso verbunden bin ich den Angestellten der Vatikanischen Bibliothek, insbesondere Monsignore José Ruysschaert; und den Angestellten der Firestone Library der Princeton University und den Bibliotheken des Princeton Theological Seminary und des Institute for Advanced Study, alle in Princeton, N. J. Mein Dank gilt den Direktoren und den Angestellten der Fotoarchive des Vatikanischen Museums, der Archive der Gemeinde Rom sowohl im Kapitolinischen Museum als auch im Museo di Roma mit seiner großartigen Sammlung alter Fotografien und den Angestellten des Gabinetto Fotografico Nazionale und der Soprantendenza ai Monumenti del Lazio.

Schließlich gilt mein herzlicher Dank der Kress Foundation, die mir über ihre Vizepräsidentin Mary M. Davis großzügig wie immer ein Forschungsstipendium gewährt hat, das es mir erlaubte, ein Trimester am Institute for Advanced Study in Princeton zu verbringen und in dieser Zeit das Manuskript dieses Buches zu redigieren. Mein Dank gilt auch diesem Institut für seine Gastfreundschaft und ganz besonders meinem Freund Professor Irving Lavin, der meinen Aufenthalt dort in die Wege geleitet hat.

Rom, 1979

ERSTER TEIL

Bild und Wirklichkeit

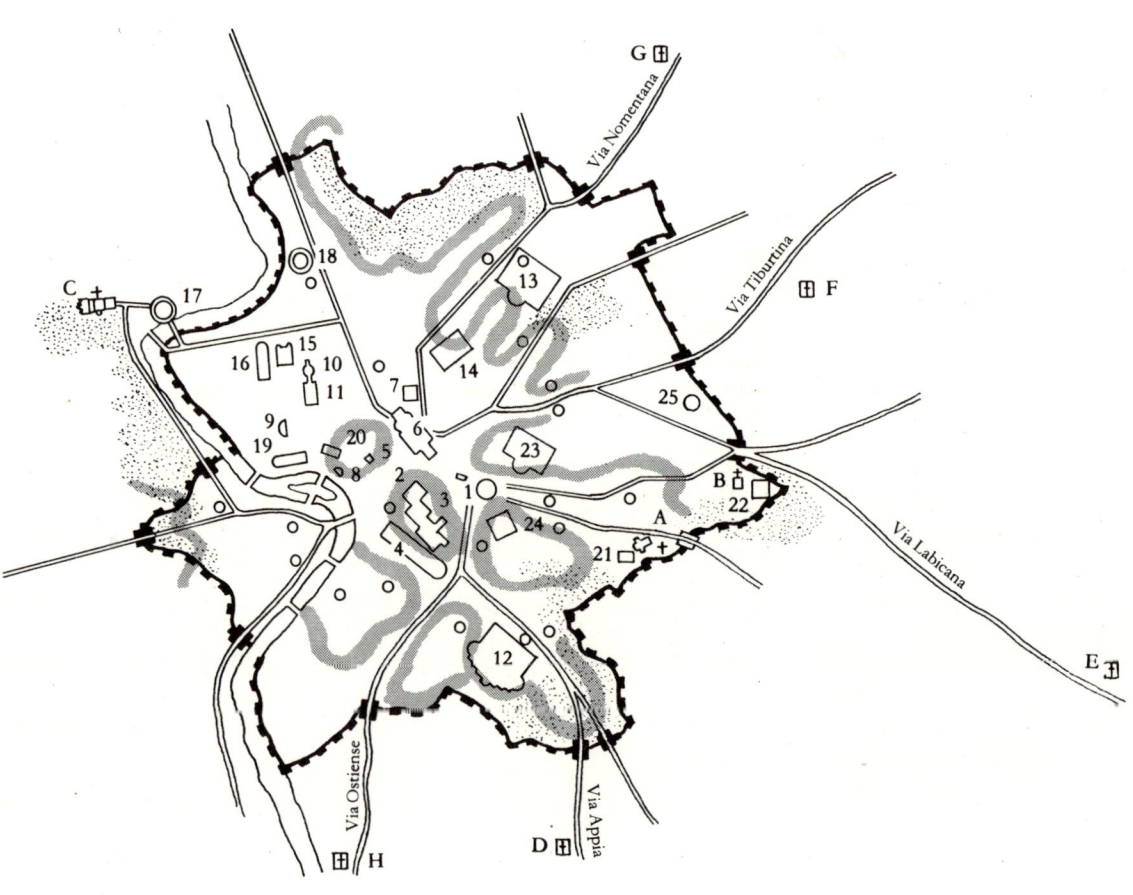

ANTIKE DENKMÄLER

1. Kolosseum
2. Forum Romanum
3. Der Palatin
4. Circus Maximus
5. Das Kapitol
6. Kaiserforen
7. Trajansmarkt
8. Marcellustheater
9. Theater des Pompejus
10. Pantheon
11. Agrippathermen
12. Caracallathermen
13. Diokletiansthermen
14. Konstantinsthermen
15. Thermen des Alexander Severus
16. Stadion des Domitian (Piazza Navona)
17. Hadriansmausoleum (Castel S. Angelo)
18. Augustusmausoleum
19. Circus Flaminius
20. Portikus der Octavia
21. Castra Equitum Singularium
22. Sessorium
23. Trajansthermen
24. Claudianum
25. Minerva Medica

GÄRTEN

CHRISTLICHE BAUTEN

○ *Tituli*

Kirchen
A. Lateranbasilika
B. S. Croce

Begräbnisbasiliken und Märtyrerkirchen
C. St. Peter
D. S. Sebastiano
E. SS. Marcellino e Pietro
F. S. Lorenzo
G. S. Agnese
H. Schrein des heiligen Paulus

DAS ROM KONSTANTINS UM 330 n. Chr.

1. Plan der antiken Stadt um 330 n. Chr.

I.

Rom und Konstantin

Bis zum frühen 4. Jahrhundert war Rom aus ein paar Hügelsiedlungen im Verlauf eines Jahrtausends zu einer weitläufigen Metropole angewachsen. Das Christentum hatte in der Stadt Wurzeln gefaßt, seitdem etwa um 60 n. Chr. Petrus dort gepredigt und Paulus seinen Brief an die Römer gerichtet hatte. Gegen Ende des 2. oder um die Mitte des 3. Jahrhunderts florierte in Rom eine wohlversorgte und gut etablierte christliche Gemeinde. Aber im eigentlichen Sinne beginnt die Geschichte des christlichen Rom am 28. Oktober 312 n. Chr., als Konstantin seinem Mitkaiser Maxentius die Stadt und damit die Herrschaft über die ganze westliche Hälfte des Römischen Imperiums entriß. Ein Reitergefecht war an einem Engpaß der Via Cassia bei *saxa rubra* entbrannt, und die Schlacht zog sich den Hügel hinab bis zur Milvischen Brücke – daher denn der traditionelle Name der Schlacht – und endete mit der Eroberung der Hauptstadt. Konstantin schrieb seinen Sieg dem Christengott zu, der ihm in einer Vision das Zeichen des Kreuzes gezeigt hatte. Das Christentum wurde zu Konstantins Leitstern; die christliche Kirche fand in ihm einen mächtigen Beschützer, der um so eifriger wurde, als er nach der Eroberung des Ostreichs im Jahr 324 das Imperium vereinte. Im Jahr 337 starb Konstantin, nachdem er auf dem Totenbett getauft worden war, als ein Mitglied der Kirche.

Die Stadt Rom, in die Konstantin einzog, war in ihrer Ausdehnung größer, aber geringer bevölkert als hundert Jahre zuvor (Abb. 1). Das Netz von Überlandstraßen, die von der Stadt in alle Teile des Imperiums führten, ob nah oder fern, war instand gehalten worden: die Via Appia in Richtung Neapel und Brindisi, zu den Seehandelsrouten nach dem Osten; die Via Flaminia quer durch Umbrien zu den nördlichen Küsten des Adriatischen Meeres und weiter zu den Donauländern; die Via Salaria durch die Sabiner Berge nach Ancona an der Ostküste. Andere Straßen stellten die Verbindung zu den ländlichen Außenbezirken und den nahen Hügelstädten her: zu Nomentum (heute Mentana), zu Praeneste (heute Palestrina), zu Lavinium, zu den Seehäfen Ostia und Porto. Die Via Cassia kreuzte den Tiber und führte über Arezzo und Florenz in die Lombardei, die Via Aurelia entlang der Westküste nach Genua, in die Provence, nach Gallien und Spanien. Brücken, von denen heute noch einige benutzt werden, ergänzten dieses Netz von Straßen. Der Ponte Milvio, zwei Meilen nördlich der Stadt, versorgte die Flaminia und Cassia, der Ponte Salario im Nordosten den Übergang über den Aniene. Von der Via Cassia führten zwei Brücken in die Stadt: der Pons Aelius beim Hadriansmausoleum (jetzt Engelsburg), später in Engelsbrücke umbenannt, wurde in den neunziger Jahren des 19. Jahrhunderts am alten Ort mit den ursprünglichen Materialien neu errichtet; die Nerobrücke, weiter stromabwärts, existiert nicht mehr. Die Via Aurelia, die über Trastevere in die Stadt führt, war durch vier Brücken mit dem jenseitigen Ufer verbunden: durch die Aurelianische Brücke, die im 15. Jahrhundert vom Ponte Sisto ersetzt wurde; durch die beiden Brücken, die über die Tiberinsel führen, den Pons Cestius und den guterhaltenen Pons Fabricius (Abb. 2), und 100 Meter weiter südlich, nicht weit von S. Maria in Cosmedin, die Aemilianische Brücke, deren Überreste, der *Ponte Rotto* (Zerbrochene Brücke), noch hoch aus dem Fluß ragen. Über die Landstraßen und Brücken erreichten Reisende und Versorgungsgüter die Stadt genauso wie heute. Aber der Großteil der Güter kam auf dem Seeweg: Öl, Wein, Getreide und Hartholz von Nordafrika, Süditalien, Sizilien, aus der Provence und Spanien; Luxusgüter, Weine und Marmor aus Griechenland und weiter östlichen Ländern. Sie wurden in Ostia oder Porto, dem Hoboken und Tilbury des alten Rom, entladen und auf leichteren Booten stromauf zu den Flußkais zu Füßen des Aventin verschifft. Teile des Entladekais für Marmor, die *marmorata*, sind noch heute zu sehen; ebenso Überreste der Speicher – *horrea* auf lateinisch – für die Lagerung des Getreides und anderer Waren. Dieser Hauptkai,

2. Fabriciusbrücke

der etwa 500 Meter lang war, hat sich anscheinend bis zum *Ponte Rotto* hingezogen, wo Piranesi ihn später gezeichnet hat. Gegenüber und östlich der Engelsburg nahm ein zweiter, kleinerer Anlegekai die Güter auf, die stromabwärts vom nördlichen Latium und Umbrien verschifft wurden. Roms Wasserversorgung war vollauf ausreichend und strömte über elf Aquädukte (mit den Seitenarmen insgesamt neunzehn) in die Stadt. Sie waren seit der republikanischen Epoche nach und nach errichtet und immer instand gehalten worden. Sogar heute noch schwingen sie sich in langen Reihen über die ländlichen Außenbezirke Roms und setzen sich bis in die Stadt hinein fort: wie etwa die Bögen, die die Mulde zwischen S. Gregorio Magno und dem Palatin überspannen, und wie die lange Arkade des Claudianischen Aquädukts von Porta Maggiore über den ganzen Hügelrücken des Caelius und die Reste der Aqua Julia nahe dem Lateran (Abb. 3).

In Konstantins Tagen hatte sich die Bevölkerung, die einst eine Million oder vielleicht eineinhalb Millionen Menschen zählte, die aber weitgehend von der öffentlichen Unterstützung abhingen, allmählich verringert, seitdem sich die Versorgungslage in den turbulenten Jahren 230 bis 270 n. Chr. verschlechtert hatte. Aber ihre Zahl mochte sich noch gut und gerne um 800 000 bewegt haben. Rom hatte auch an politischer Bedeutung eingebüßt. Als Teil der Verwaltungsreform, die Diokletian (285–305) ersonnen hatte, waren neue Residenzen für die vier Mitkaiser der Tetrarchie für den allfälligen Gebrauch errichtet worden, im Osten in Nicomedia am Marmarameer, in Antiochien und in Thessalonike, auf dem Balkan in Sirmium, im Norden in Mailand, Trier und York. Kein Kaiser residierte mehr auf längere Zeit in Rom. Große Teile der höheren Zivil- und Militärämter waren in die neuen Verwaltungszentren übersiedelt oder dem Gefolge der umherziehenden Tetrarchen angegliedert worden. Gewiß, der Senat war in Rom verblieben, aber seine Rolle als Körperschaft war praktisch beschränkt auf Ehrungen und Zeremonien sowie auf eine beratende Funktion in der städtischen Verwaltung. Sogar die jeweilige Stadtregierung lag, mit ihrer Hierarchie von Beamten, die vom Kaiser ernannt wurden, in den Händen der Herrscher. Angeführt vom Stadtpräfekten, dem *praefectus urbi*, setzte sie sich folgendermaßen zusammen: aus dem *praefectus annonae*, dem die Lebensmittelversorgung unterstand, dem Polizeipräfekten, dem Aufseher über die Aquädukte, dem Aufseher über das Flußbett und das Kanalisationssystem und den Beamten, die die Häfen, die öffentlichen Gebäude, die Straßenerhaltung, die öffentlichen Denkmäler und anderes betreuten.

Rom war also kein wirkliches Machtzentrum mehr. Nichtsdestoweniger blieb die Stadt in den Augen der Welt die wahre Hauptstadt des Imperiums. Ihr jahrhundertelanger Ruhm und ihr Glanz sprachen aus ihrer Literatur, von Livius und Vergil bis zu Cassius Dio und der *Historia Augusta*: sie taten sich kund in ihren Denkmälern, Gebäuden, Statuen, Triumphbögen und Säulen und wurden getragen durch die Klasse der Senatoren und verkörpert im Senat. Einige Senatoren und ihre Familien übten persönlich noch beträchtlichen Einfluß aus durch ihren enormen Reichtum, ihren sozialen Rang und ihre Verbindungen sowie durch die traditionellen Ämter, die sie als *praefecti urbi* und Konsuln in Rom und als Gouverneure in den Provinzen innehatten. Und obgleich der Senat als Körperschaft praktisch machtlos war, entbehrten seine zeremoniellen Funktionen doch nicht der Bedeutung: der Senat verlieh, wenn auch nur *pro forma*, der Wahl des Kaisers Rechtsgültigkeit; er billigte formell die Gesetzgebung und fungierte innerhalb gewisser Grenzen als Kontroll- und Ausgleichsorgan gegenüber der Macht des kaiserlichen Hofes. Am wichtigsten jedoch war, daß er sowohl durch seine Mitglieder wie als Körperschaft Roms Geschichte repräsentierte; seine Anwesenheit machte die Stadt zum einzigen recht-

3. Der Julianische Aquädukt (*Aqua Julia*) in der Nähe des Lateran

4. Die Aurelianische Mauer

mäßigen Regierungssitz, ungeachtet des jeweiligen Aufenthaltsorts des kaiserlichen Hofs. In der Vorstellung der Bürger Roms – des Volkes wie der Aristokratie – und der Bewohner der Provinzen und der nichtrömischen Welt – von den Hebriden und den Berbergebirgen bis zu den Höfen der Sassaniden und Indiens – war Rom noch immer *die* Hauptstadt, Herrin des Imperiums und Mittelpunkt der zivilisierten Welt.

In ihrem äußeren Bestand hatte die Stadt in den vierzig Jahren vor der Eroberung durch Konstantin eher gewonnen. Die Stadtmauern des republikanischen Rom – fälschlicherweise als ›Servianische Mauern‹ bezeichnet – waren seit dem 1. vorchristlichen Jahrhundert nach und nach im Zuge der starken Erweiterung der Stadt in deren Bereich einbezogen worden. Teile davon sind erhalten, wie zum Beispiel der Trakt nahe dem Bahnhof. Um eine moderne Befestigung zu schaffen, umschlossen die Kaiser Aurelianus und Probus in den Jahren zwischen 272 und 279 das an Fläche gewachsene Rom mit neuen Mauern. Obgleich diese oft ausgebessert werden mußten, haben die Aurelianischen Stadtmauern in beinahe ihrer gesamten Länge von 12 Meilen oder 18 Kilometern (Abb. 4) die Zeit überdauert. Vom Tiber ausgehend, bilden sie annähernd ein Viereck auf dem linken, östlichen Ufer des Flusses und umschließen etwa 18 Quadratkilometer. Auf dem westlichen Ufer bilden sie ein Dreieck und schützen das Viertel *trans tiberim*, Trastevere. Der Scheitelpunkt befindet sich auf dem Kamm des Gianicolo. Vierzehn Stadttore, ergänzt durch Seitentore, öffnen sich auf die Überlandstraßen, die hier münden, und tragen zumeist die entsprechenden Namen dieser Straßen: gegen Norden die Porta Flaminia, die heutige Porta del Popolo; gegen Osten, in Richtung Tivoli (Tibur), die Porta Tiburtina, heute Porta S. Lorenzo; gegen Südosten die Porta Labicana, heute Porta Maggiore; gegen Süden die Porta Appia, jetzt Porta S. Sebastiano, und die Porta Ostiensis, heute Porta S. Paolo; oben auf dem Gianicolo die Porta Aurelia, die heutige Porta S. Pancrazio – um nur die wichtigsten zu nennen. Die Aurelianische Mauer wurde in den Jahren 309 bis 312 und noch einmal in den Jahren 402 bis 403 erhöht. Ihre heutige eindrucksvolle Höhe von über 15 Metern erreichte sie beim zweiten Bauvorgang: erst dann wurden die halbrunden oder quadratischen Zwillingstürme, die die Haupttore flankieren, verstärkt oder neu errichtet und die Tore durch Vorhöfe abgesichert. Quadratische Türme, von denen es ursprünglich 380 gab, sind jeweils im Abstand von zwei Pfeilschußlängen und in Kreuzfeuerposition als Vorsprünge in die Mauern eingefügt; ein Arkadengang verbindet auf der Innenseite die Türme und die Tore; Mauern und Türme waren von Zinnen gekrönt. Beim gleichen Bauvorgang wurden die Mauern entlang des ungeschützten östlichen Tiberufers aufgeführt, von der Trastevere gegenüberliegenden Seite bis westlich der Porta Flaminia – ein Abschnitt, der heute überbaut ist, der aber noch sichtbar war, ehe vor ungefähr achtzig Jahren der Tiber durch Ufermauern reguliert wurde. Alle ursprünglichen Konstruktionen und Umbauten wurden in jenem Material ausgeführt, das im Rom der Kaiserzeit und später üblich war: grobkörniger Zement, stark und unverwüstlich, der mit Ziegeln verkleidet wurde. Die Stadtmauern und ihre Tore sind, da sie die Zeiten überdauert haben, heute das großartigste Monument des spätantiken Rom. Sie bildeten einen eindrucksvollen Verteidigungsring, obwohl sie niemals ausreichend hätten bemannt werden können. Sie konnten aber auch nicht durchbrochen oder leicht gestürmt werden. Jedenfalls hatte ihre Großartigkeit nicht ihresgleichen, und sie sollten allein durch ihr Erscheinungsbild jede Angriffslust abschrecken und sowohl in den Gemütern der Römer wie der Barbaren sich als Sinnbild ewiger Kraft einprägen.

Der Bau der Aurelianischen Mauer bezeichnete nach einem halben Jahrhundert des Stillstands die Wiederbelebung der Bautätigkeit in großem Stil. Im Gleichklang mit dem Erneuerungsgeist, der die Politik der Tetrarchie belebte, zielte dieses Wiederaufleben auf praktische Zwecke wie Befestigung und Sanierung, auf politische Propaganda und Verbesserung des Stadtbildes von Rom – das ideell noch immer *die* Hauptstadt der zivilisierten Welt war. Die Bauarbeiten dienten auch zur Arbeitsbeschaffung in einem Ausmaß, das den von der staatlichen Fürsorge abhängigen Römern wohl jahrhundertelang nicht mehr bekannt gewesen war. Es brachte die Notwendigkeit mit sich, neue Bautrupps auszubilden, Baumeister und Werkmeister, Ziegelsetzer und

5. Die *Curia Senatus*

Zimmerleute, Bildhauer und Stukkateure, Glaser und Anstreicher. Es bedeutete, Ziegel von Bauwerken zu plündern, die sich vorgeblich in abbruchreifem Zustand befanden; kurzum das gesamte Bauwesen und die verwandten Gewerbe zu reorganisieren. In die drei Jahrzehnte vor Konstantins Eroberung Roms fielen die Höhepunkte und die Ergebnisse dieser Neuorganisation. Auf dem Esquilin wurden die Bäder des Diokletian errichtet, weitläufiger als selbst die riesigen Bäder des Caracalla, dieser letzten großen Unternehmung vor der 50 Jahre währenden Baisse des 3. Jahrhunderts. Auf dem Forum Romanum – dem eigentlichen Forum – wurde anstelle des im Jahre 283 niedergebrannten Gebäudes ein neues Senatshaus erbaut, das heute noch in unveränderter Form dort steht, die Curia Senatus (Abb. 5). Gegenüber wurde die durch denselben Brand beschädigte Basilica Julia fast gänzlich erneuert. Die *rostra* (Rednertribüne vor der *curia*) wurde wiederhergestellt und ihr Hintergrund mit fünf Ehrensäulen als Denkmal für Diokletian und seine vier Mitkaiser geschmückt.

6. Die Basilica Nova

Die Bauunternehmungen des Maxentius während seiner nur sechsjährigen Herrschaft von 306 bis 312 sind noch verblüffender, sowohl durch ihre Anzahl als auch durch ihre Großartigkeit. Am östlichen Ausgang des Forums verlieh er dem von Hadrian der Venus und Roma erbauten Tempel eine völlig neue, dem Kolosseum zugewandte Gestalt. Daneben und ebenfalls dem Kolosseum gegenüber errichtete er innerhalb von drei Jahren, 309 bis 312, die Basilica Nova: eine kolossale Halle mit kreuzgewölbtem Mittelschiff, beiderseits von drei riesigen, tonnengewölbten Nischen flankiert – heute noch die eindrucksvollste Ruine des Forums (Abb. 6). Der Bau wurde von Konstantin in leicht abgeänderter Form zu Ende geführt und trug, getreu dem üblichen Sprachgebrauch des Volkes, seinen Namen, *Basilica Constantini*. Ein älterer Bau, in dem sich heute die Kirche SS. Cosma e Damiano befindet, wurde gründlich umgebaut und durch eine halbkreisförmige Mauer unterteilt; seine vordere Hälfte wurde mit Marmorinkrustationen verkleidet. An der dem Forum zugewandten Front wurde eine überkuppelte Rotunde, die man heute irrtümlich *Templum Divi Romuli* nennt, hinzugefügt und mit einer geschwungenen Säulenfassade versehen (Abb. 7). Von Konstantin zu Ende geführt – Verkleidung und geschwungene Fassade könnten durchaus auf ihn zurückgehen –, diente das Gebäude vielleicht als Audienzhalle des Stadtpräfekten, wie Alfred Frazer vermutet. An den Stadträndern, auch entlang der Aurelianischen Mauer, entstanden neue Gebäude. Gegen Osten, wo sich die Licinianischen Gärten befanden, steht heute noch die Ruine einer zehneckigen überwölbten Gartenhalle, Minerva Medica genannt. Gegen Südosten, innerhalb eines weiten Palastkomplexes aus dem 3. Jahrhundert – dem Sessorium –, erhob sich eine apsisgeschmückte Halle, die später als Tempel der Venus und des Cupido bekannt wurde. Sie wurde entweder von Maxentius oder von Konstantin im frühen 4. Jahrhundert errichtet. Ihre hohe Ruine steht gleich links von der heutigen Kirche S. Croce in Gerusalemme. Nicht weit davon, westlich der heutigen Lateranbasilika, wurde durch Konstantin ein riesiges Herrschaftshaus umgebaut und mit Wandbildern geschmückt, deren eines vermutlich die mythischen Vorfahren der Konstantinischen Dynastie darstellt. Auf der Via Appia wurde eine Villa, zu der auch ein riesiger Zirkus gehörte, angelegt und im Jahr 310 dem Andenken des jungen Romulus, Sohn des Maxentius, gewidmet; gleicherweise wurde ein Mausoleum errichtet, das vielleicht für die Dynastie des Maxentius bestimmt war. Aber das kolossalste und weitläufigste Unternehmen des Maxentius bestand darin, die Aurelianische Mauer auf fast das Doppelte ihrer ursprünglichen Höhe aufgestockt zu haben. Alles in allem bleibt dies eine unglaubliche Leistung innerhalb einer nur sechsjährigen Herrschaft.

Dies waren also die jüngsten Großbauten, die die kaiserliche Pracht der neuen Hauptstadt Konstantins krönten. Innerhalb des Mauerrings erstreckte sich die Stadt Rom, wie sie durch die Jahrhunderte gewachsen war. Von den Stadttoren aus verlängerten die Hauptverkehrsadern die Überlandstraßen bis ins Herz der Stadt. Die *Via Lata* – wörtlich ›Breite Straße‹ –, heute der Corso, führte von der Porta del Popolo bis zum Fuß des Kapitolinischen Hügels. Von der Porta Nomentana ausgehend, führte, entlang dem Kamm des Quirinals und seines westlichen Abhangs, eine andere Straße, die Alta Semita, nun Via XX Settembre und Via Quattro Novembre, bis etwa zur gleichen Gegend. Von ihr abzweigend und ins Tal südlich des Quirinals abfallend, vereinigte sich der *vicus longus*, die ›Lange Gasse‹, mit dem *vicus patricius*, der vom Viminaltor ausging. Ersterer entspricht in groben Zügen der heutigen Via Nazionale, letzterer der Via Urbana. Vereint trafen sie auf eine dritte Straße, die den Esquilin von der Porta S. Lorenzo her durchquerte und sich bis zum Forum fortsetzte. Von den Toren im südöstlichen Viertel, der Porta Maggiore und der Porta S. Giovanni, führten zwei größere Straßen, die eine heute durch die Via Labicana, die andere durch die Via S. Giovanni in Laterano ersetzt, bis zum Kolosseum. Die Via Appia und die Via Latina, die sich, in einer Entfernung von etwa zehn Gehminuten von der Porta S. Sebastiano aus, im Stadtinnern miteinander vereinigten, verliefen durch die heutige *passegiata archeologica* bis zur südöstlichen Ecke des Palatin und setzten sich, wie die heutige Via dei Cerchi, zwischen dessen südlichem Felsabsturz und dem Circus Maximus fort bis zur Piazza Bocca della Verità und zum Tiber. An der Ecke des Palatin kreuzte die Straße, die vom Tor von Ostia, der heutigen Porta S. Paolo, kam, die beiden Straßen, die jetzt Viale Aventino und Via S. Gregorio heißen, und führte ebenfalls zum Kolosseum. Ähnliche Straßen verliefen vom Aurelianischen Tor hinunter nach Trastevere und vom Vatikanhügel zum Hadriansgrabmal. Über die Brücken, die den Tiber überspannten, schlossen sie sich dem System von Hauptstraßen auf dem östlichen Ufer an. Diese Hauptstraßen waren zumeist geradlinig, als seien sie mit einem Lineal gezogen, und hatten scharfe Steigungen. Sie waren mit riesigen Steinplatten gepflastert, dabei aber ziemlich eng. Sogar der Corso – der als sehr breit angesehen wurde, wie der lateinische Name *via lata* andeutet – war nie breiter, als er heute ist, also ungefähr 10 Meter, und überdies eingeengt durch zwei Triumphbögen, einer in der Nähe der heutigen Kirche S. Lorenzo in Lucina, der andere nahe bei S. Maria in Via Lata. Die Seitenstraßen waren natürlich noch enger, manchmal reine Gassen, gewunden oder um scharfe Ecken biegend, und nur selten gepflastert.

7. *Templum Urbis* mit Vestibül (*Templum Divi Romuli*)

8. Modell des Forum-Bezirks: Forum Romanum, Forum des Vespasian, Nerva- und Augustusforum sowie der Palatin – Museo della Civiltà Romana, Rom

Die großen Straßen endeten also alle ungefähr im gleichen Bezirk, der vom Kapitolshügel, dem Forum, Palatin und Kolosseum begrenzt wurde. Im Lauf der Jahrhunderte war dieser Bezirk zu einem Schauplatz der Staatsarchitektur geworden. Hier gafften Römer, Provinzler und Fremde auf die Tempel, Paläste, Verwaltungsgebäude, Basiliken, Theater, Säulengänge: Berge von Marmor oder Marmorimitationen, vergoldete Kapitelle, Triumphbögen, Ehrenstatuen – im Gesamteindruck wohl leider nicht allzu verschieden von dem des heutigen Monumento Vittoriano auf der Piazza Venezia (Abb. 8). Für einen Besucher des 4. Jahrhunderts bedeutete all dies den grandiosen Anblick, der die Pracht Roms und seines Imperiums widerspiegelte. Dort sah er das große Amphitheater, das Kolosseum, wo 50 000 Zuschauer den Spielen beiwohnen konnten (Abb. 9). Er sah westwärts die breit hingelagerten Gebäude des Forum Romanum (Abb. 10): den Tempel der Venus und Roma; sah die Basilica Nova des Maxentius, durch Konstantin fertiggestellt, ihre kolossalen Gewölbe erheben; den Titusbogen; die vermutliche Audienzhalle des Stadtpräfekten, nunmehr die Kirche SS. Cosma e Damiano, und ihr kreisförmiges Vestibül; den Tempel des Antoninus und der Faustina; weiter entfernt die Basilica Aemilia und die Basilica Julia, die Curia Senatus; die Tempel der Concordia und des Saturn, den Bogen des Septimius Severus und Dutzende von kleineren Heiligtümern, Monumenten und Ehrenstatuen; alles vor der grandiosen Kulisse des Kapitols mit seinen Tempeln, dessen östlicher Felsabhang durch die nackte Grundmauer und das Arkadengeschoß des Staatsarchivs, des Tabularium, artikuliert wurde. Nördlich vom Forum Romanum und parallel dazu war während der vergangenen drei Jahrhunderte die Reihe der Kaiserforen angewachsen. Ihre Überreste sind heute entlang der Via dei Fori Imperiali aufgereiht oder unter ihr begraben: Vespasians Forum Pacis, das nach dem Ende des Jüdischen Krieges im Jahr 70 n. Chr. an-

Rom und Konstantin

9. Kolosseum mit dem Tempel der Venus und Roma im Vordergrund

10. Forum mit Blick nach Osten auf das Kolosseum

11. Forum und Markt des Trajan

gelegt wurde; das Nervaforum – die Kolonnaden und den Fries seiner Ostwand kannte man im Mittelalter unter dem Namen *Colonacce* –, im Jahr 97 n. Chr. vollendet; das Augustusforum mit seiner steil aufragenden Rückwand und dem Tempel des Rachegottes Mars; gegenüber an das Forum Romanum anschließend, das Cäsarforum mit dem Tempel der Venus, der legendären Ahnfrau seines Geschlechts. Das größte und glanzvollste von allen war das Forum des Trajan, für das der südwestliche Ausläufer des Quirinals abgetragen worden war und das im Jahr 113 n. Chr. eingeweiht wurde. Es breitete sich in zwei weiten Halbkreisen aus und umgab die Basilica Ulpia, die größte Basilika des Imperiums, die Säule des Trajan, die heute noch gen Himmel strebt und von seinen Siegen über die Daker berichtet, und zwei heute verschollene Monumente, den Tempel des vergöttlichten Trajan und seine Reiterstatue. Über dem wohlerhaltenen nördlichen Halbkreis türmte sich der Trajansmarkt, ein überdeckter Basar, der drei- und vierstöckige Reihen von Läden beherbergte (Abb. 11). Südlich des Forum Romanum erhoben sich auf dem Palatin die Kaiserpaläste, wie sie seit dem 1. nachchristlichen Jahrhundert entstanden waren und sich ausgeweitet hatten: das jüngste dieser Bauwerke – und heute noch in seinen Ruinen am eindrucksvollsten – war das des Septimius Severus in der südöstlichen Ecke, das über die Talmulden im Osten und Süden blickte, deren letztere fast ganz vom Großen Zirkus, dem *Circus Maximus*, ausgefüllt war. Am westlichen Ende des Forum Romanum erhob sich der Kapitolinische Hügel mit seinen vergoldeten Bronzedächern. Dort stand der Große Jupitertempel, dessen Grundmauern heute unter dem Museumsflügel des Palazzo dei Conservatori liegen.

Von diesem riesigen ›Schaubezirk‹ im Herzen Roms gingen Ausläufer nach Süden, Nordosten und Westen aus. Südlich des Kapitols und des Palatin lagen zwei kleinere Markt- und Tempelbezirke: der Kräutermarkt (das *forum holitorium*), heute geprägt durch S. Nicola in Carcere, und der Viehmarkt (das *forum boarium*) bei S. Giorgio in Velabro und der Piazza Bocca della Verità. Nordöstlich vom Kolosseum, auf dem Colle Oppio, erhoben sich das Goldene Haus des Nero, die Thermen des Titus und die weitaus größeren Bäder des Trajan – von denen immer noch riesige Ruinen zeugen. Westlich des Kapitols setzte sich die Monumentalschau in noch größerem Glanz fort: im Südwesten stand das

Marcellustheater, das aus der Zeit des Augustus stammt und sich, abgesehen vom oberen Teil und der Bühne, bis heute erhalten hat. Vom nahen Portikus der Octavia, im 1. Jahrhundert errichtet und 200 Jahre später wieder erneuert, blieb im Getto bei S. Angelo in Pescheria ein Rest bestehen: ein weiter, rechteckiger Säulengang, der ursprünglich ein Tempelpaar umgab. Von dort aus erstreckte sich der *Campus Martius*, das Marsfeld, westwärts in das Tiberknie, gegenüber der heutigen Engelsburg, und nordwärts bis beinahe zur Porta Flaminia. Auf dem Marsfeld erhoben sich das Theater des Pompejus, das heute von mittelalterlichen und späteren Häusern zugebaut ist; das Stadion des Domitian, heute Piazza Navona; die Bäder des Nero, die im 3. Jahrhundert von Alexander Severus erweitert wurden und sich von der heutigen Piazza Navona bis in die Nähe des Pantheons erstreckten; die Bäder des Agrippa aus der Zeit des Augustus, erweitert und neu errichtet in der Zeit vom späten 1. bis zum 4. Jahrhundert; und das Pantheon, das Hadrian anstelle eines von Agrippa gegründeten Heiligtums errichtete: die kolossale Rotunde mit der Säulenvorhalle, überwölbt von der Kuppel, die vielleicht als Symbol des Himmels damals wie heute die Umgebung hoch überragte (Abb. 12). Näher am Corso an der Piazza di Pietra erhob sich der Tempel des vergöttlichten Hadrian, wo sich heute die Börse befindet; auf der Piazza Colonna steht die Säule des Marcus Aurelius, gegen Norden das Mausoleum des Augustus und nahebei der Obelisk, den er als Zeiger einer riesigen Sonnenuhr errichtete. Am westlichen Ausgang des Marsfelds überquerte Hadrians Aelianische Brücke den Tiber als Zugang zu seinem Mausoleum, der Engelsburg, deren gewaltige ringförmige Mauern einst mit Marmorplatten verkleidet waren und deren oberer Rand mit Säulengängen und Statuen geschmückt war – eine weitere große Sehenswürdigkeit

12. Pantheon, Fassade

(Abb. 13). Obwohl außerhalb der Stadtmauern gelegen, enthielt auch der gesamte Bezirk jenseits des Flusses bis zum Vatikanhügel Wunderwerke wie die des Marsfeldes. Unter den Monumenten hat sich eine Grabpyramide, fälschlich *meta Romuli* genannt, bis ins 16. Jahrhundert erhalten. Unweit davon erhob sich ein Obelisk, der im Mittelalter unter dem Namen *Terebinthe* bekannt war. Ein weiterer stand auf dem Südostabhang des Vatikans vor einem großen runden Mausoleum aus dem 2. Jahrhundert, das man im Mittelalter unter dem Namen S. Maria della Febbre kannte und das bis ins 18. Jahrhundert hinein immer wieder auf Zeichnungen, Radierungen und Bildern erscheint. Der Obelisk, die *guglia*, steht nun auf Berninis Petersplatz. Nördlich vom Mausoleum, jetzt unter dem Schiff der Peterskirche begraben, zog sich ein Friedhof hin, in Reihen kostspieliger heidnischer Grabmäler. Aber die christliche Gemeinde hielt an einer kleinen, schmalen Stelle dieses Friedhofs fest, wo eine Nische über einem Grab an das Martyrium des Apostels Petrus erinnerte. Südlich, zu Füßen des Vatikanhügels, lagen die Gärten des Nero und sein Zirkus, eine aus Erde angelegte Rennbahn; erst vor kurzer Zeit ist ihr Verlauf festgestellt worden. Eine weitere große Sehenswürdigkeit am Tiber war die Naumachia, die, für gespielte Seeschlachten angelegt, sich nördlich des Hadriansmausoleums hinzog; aber von ihr scheinen sich alle Spuren verloren zu haben.

Der gesamte Schaubezirk war umgeben und durchdrungen von den Wohnvierteln der Metropole. Die *regionaria*, also die Gebäuderegister Roms aus dem 4. Jahrhundert, nahmen sowohl die öffentlichen wie die privaten Bauten auf. Sie listeten Stadtviertel um Stadtviertel auf und umfaßten: 28 Bibliotheken, 6 Obelisken, 8 Brücken, 11 Foren, 10 Basiliken, 11 öffentliche Bäder, 18 Aquädukte, 9 Zirkusse und Theater (darunter ein paar für die Aufführung von gespielten Seeschlachten), 2 Triumphsäulen, 15 riesige Brunnen, 22 Reiterstatuen, 80 goldene und 74 Elfenbeinstatuen sowie 36 Triumphbögen. Dazu kamen die Kasernen für die Armee, die Polizei und

13. Hadriansmausoleum und Aelianische Brücke (Engelsburg und Engelsbrücke)

14. Modell eines römischen Mietshauses am Fuße des Kapitols

die Feuerwehr. Außerdem verzeichnen die Listen 290 Getreidespeicher und Lagerhallen, 856 private Bäder, 254 Bäckereien und 46 Bordelle. Schließlich zählen sie die Gebäude auf, wo die Armen und wo die Reichen lebten: über 44 000 *insulae*, vermutlich Mehrfamilienhäuser (manche verstehen darunter nur Wohnungen, aber das ist unwahrscheinlich), die üblichen Behausungen der unteren und mittleren Klassen, sowie 1790 *domus*, also Privatresidenzen und Herrschaftshäuser. Diese letzteren sind vom Typ her wohlbekannt: niedrige, weitläufige Bauten, deren Räume sich auf einen oder mehrere Innenhöfe und vermutlich auch Gärten öffneten, wie sie zu Hunderten in Pompeji, Herculaneum und Ostia vorzufinden sind. Die *insulae* waren sehr unterschiedlich in Größe und Aussehen wie auch im Baumaterial. Nur einige von den größeren sind in Rom erhalten, oft, weil sie in spätere Bauten einbezogen wurden: eine befindet sich am Fuß des Kapitols (Abb. 14); die Überreste dreier anderer liegen unter der Kirche SS. Giovanni e Paolo am Abhang des Celio, und ihre Fassaden sind in der linken Längswand der Kirche sichtbar; eine weitere wurde in die Kirche S. Anastasia am südwestlichen Fuß des Palatin eingebaut; wieder eine andere bildet einen Teil der Mauern der Unterkirche von S. Clemente; beachtliche Überreste weiterer *insulae* sind auf dem Esquilin erhalten, anschließend an die Kirche S. Martino ai Monti und nahe bei S. Prassede. Ein weitläufiger Komplex von *insulae* liegt unter der Galleria Colonna im Herzen der Stadt. Sie folgen alle einem Standardplan, den man ebenfalls aus Ostia gut kennt: Erdgeschoß und Halbparterre, oft geschützt durch Arkaden, Balkone oder Mauervorsprünge, blieben Läden und Speicherräumen sowie rückwärtigen Wohnungen vorbehalten. Die oberen Stockwerke waren unterteilt in Wohnungen verschiedener Größe, von denen sich manchmal zwanzig und mehr in einem Gebäude befanden. Auch die Länge und Höhe der Bauten variierten: eine Länge von sechs bis acht Jochen war ganz normal, und vier oder fünf Stockwerke waren nicht ungewöhnlich; einige *insulae* waren ausgesprochene Wolkenkratzer. Auch die Baumaterialien waren immer die gleichen – Zement, mit Ziegel verkleidet. Jedoch standen zwischen diesen Wohnblöcken und Mietshäusern vermutlich unzählige kleine Mehrfamilienwohnungen, zwei Joche breit oder auch weniger, vielleicht nur mit einem oder höchstens zwei Stockwerken, aus schlechten Ziegeln, Fachwerk und Holz schlampig

15. Via Biberatica, eine römische Straße auf dem Trajansmarkt

gebaut, regelrechte Slumhütten. Ein großer marmorner Stadtplan Roms, der auf das frühe 3. Jahrhundert zurückgeht und in Fragmenten erhalten ist, vermittelt uns eine Vorstellung von den Blöcken der großen *insulae* und den Reihen kleiner Wohnhäuser. Er zeigt auch die Straßen, an denen diese Gebäude aufgereiht waren: einige wenige, wie die Via Biberatica im Komplex des Trajansmarktes, waren breit angelegt, um die Einkaufstätigkeit zu erleichtern (Abb. 15); die meisten waren schmal, dunkel, überfüllt und oft von Querbögen überspannt, wie man es heute noch am Clivus Scauri am Westabhang des Caelius neben SS. Giovanni e Paolo sehen kann; sie alle ähnelten jenen, die heute in Trastevere kreuz und quer verlaufen – das bereits im 1. vorchristlichen Jahrhundert das dichtest besiedelte Stadtviertel war, in dem sich die Zuwanderer aus dem Osten zusammendrängten.

Aber die Wohnhäuser und die Prachtgebäude waren im kaiserlichen Rom keineswegs auf getrennte Viertel verteilt. Die einzigen Teile der Stadt, die ausschließlich monumentalen Bauten vorbehalten waren, waren der Palatin, das Forum Romanum und die Kaiserforen, wobei letztere von der Außenwelt durch riesige Mauern abgeschirmt waren. Sonst drängten sich die Wohnhäuser zwischen die großen Prachtbauten, wo immer sie Platz finden konnten. Sie standen dicht an dicht rings um die Foren und das Kapitol, wo eines der besterhaltenen heute noch als Ruine steht; sie standen am Fuß des Palatin gegenüber dem Circus Maximus und gegenüber der Säule des Mark Aurel. Sie schoben sich auf dem Marsfeld nahe an das Mausoleum des Augustus und in das Gebiet zwischen den Tempeln auf dem Largo Argentina und dem Pantheon, und sie wuchsen zwischen den reichen Herrschaftshäusern auf dem Celio und anderweitig empor. Gewiß, Teile der Stadt bestanden fast ausschließlich aus Wohnhäusern, vor allem in den Tälern zwischen den Hügeln, an den Hängen, auf der Tiberinsel und an den Ufern, wo sie immer von Überschwemmungen bedroht waren. Aber im großen und ganzen waren Mietshäuser, Herrschaftshäuser und öffentliche Prachtbauten unentwirrbar durcheinandergemengt. Der Boden war teuer, und wie es noch heute in den älteren Teilen Roms der Fall ist, wohnten öffentlicher Glanz, privater Reichtum und schäbige Armut nah beieinander.

Nur die sehr Reichen konnten sich große Grundstücke leisten, um ihre Herrschaftshäuser darauf zu errichten, die wie die öffentlichen Bauten von Mauern umgeben waren, damit der Luxus einer privaten Existenz abgesichert war. Nur sie konnten sich aus der Stadt hinaus auf ihre Landgüter begeben, in die Herrschaftshäuser und weiten Gärten, die das dichtbebaute Gebiet des kaiserlichen Rom im Halbkreis umgaben. Im äußeren Grüngürtel, der sich jenseits der Aurelianischen Mauer hinzog und die Hügelkämme einnahm, lagen die alte Villa des Lucullus auf der westlichen Anhöhe des Pincio nahe S. Trinità dei Monti; die Gärten des Sallust nahe der Via Vittorio Veneto; auf dem Esquilin die Villa des Maecenas und die Licinianischen Gärten, letztere kaiserliches Eigentum; nahe der Stadtmauer auf dem Celio zwei weitere kaiserliche Güter: das Sessorium, das die heutige Kirche S. Croce in Gerusalemme umschloß, und das private Amphitheater nahebei, das *amphitheatrum Castrense*. Hinter der Lateranbasilika lag eine große Gruppe von Herrschaftshäusern, die im frühen 4. Jahrhundert ganz oder zum großen Teil in kaiserlichen Besitz übergegangen waren. Im Grüngürtel erhoben sich auch die üppigsten und größten öffentlichen Bäder, nämlich die des Caracalla und des Diokletian. Dies ist insofern begreiflich, als die kaiserlichen Güter und die Militärkasernen in der Nähe lagen, so die Castra Praetoria an der Nordostecke der Aurelianischen Mauer, die jedoch nicht mehr von der Prätorianergarde benutzt wurden. Die neue Kaserne der Reitergarde befand sich an der Stelle, die heute S. Giovanni in Laterano einnimmt. Die Polizeikaserne lag unterhalb der Kirche S. Stefano Rotondo und erstreckte sich weit darüber hinaus.

Wir haben uns daran gewöhnt, scharf zu unterscheiden zwischen den Bezirken innerhalb und außerhalb der Mauern, *entro* und *fuori le mura*. Aber diese Unterscheidung, die noch vor 60 oder 70 Jahren sehr genau genommen wurde, geht nicht weiter zurück als auf das 6. oder 7. Jahrhundert. Vor dieser Zeit war dieser Gegensatz keineswegs klar abgegrenzt. Als die Aurelianische Mauer gebaut wurde, durchschnitt sie die großen Güter am Rande der Stadt, und der Grüngürtel innerhalb der Stadt setzte sich außerhalb unverändert fort. Der Grund und Boden des Sessorium lag zur Hälfte innerhalb und zur anderen Hälfte außerhalb der Mauer, und die Gärten der Reichen erstreckten sich viele Meilen weit entlang den Ausfallstraßen ins Land hinein: an der Via Appia die Güter des Maxentius, gegenüber S. Sebastiano, und weiter draußen die Güter der Quintili; an der Via Tiburtina lag die frühere Besitzung des Kaisers Lucius Verus, nunmehr Gemeindefriedhof, Campo Verano; an der Straße nach Praeneste die Villa der Gordianischen Kaiser, Tor de' Schiavi; andere Güter säumten die Via Nomentana, die Via Labicana, wie die Villa *ad duas lauros* und die Gärten des Nero am Fuß des Vatikanhügels – beides kaiserliches Eigentum. Auf den Besitztümern und zwischen ihnen erhoben sich die Mausoleen: jene der Reichen – das Grab der Caecilia Metella, das des Romulus, Sohn des Maxentius, das der Gordianer bei Tor de' Schiavi sind nur einige Beispiele – und diejenigen, die Gemeinschaftsbesitz der Bestattungsgesellschaften waren – *columbaria* – und deren Wände mit Nischen für Aschenurnen ausgehöhlt waren; Reihen von Mausoleen wie jene auf dem Vatikanhügel unterhalb der Peterskirche und einfache Friedhöfe für die Armen. Sie alle befanden sich außerhalb der Stadt. Das römische Gesetz verbot die Bestattung in der Stadt selbst. Die Gräber, die dennoch dort gefunden wurden, einschließlich des Augustusgrabmals, gehen alle auf die Zeit vor der Errichtung der Aurelianischen Mauer zurück – und Hadrians Mausoleum blieb außerhalb.

Wie sich an diesem Überblick zeigt, spiegelt die Karte von Rom die politische, soziale und wirtschaftliche Situation im Jahr 312 n. Chr. wider. Obgleich die eigentliche politische Macht aus Rom abgezogen und an die neuen Residenzen und die wandernden Höfe der Tetrarchie gebunden war, residierten die alten herrschenden Familien weiterhin in Rom. Ihr Reichtum war immens und beruhte in erster Linie auf Landbesitz, auf ihren ausgedehnten Gütern in Italien, Nordafrika, Gallien und Spanien. Der Brennpunkt ihrer politischen Macht waren der Senat und die Regierungsämter, die ihre Mitglieder innehatten. Die Verwaltungsgebäude entlang den Foren, die Gerichtshöfe in den Säulenhallen, die Gebäude des Senats und der Stadtpräfektur waren Ausdruck ihres Ansehens und ihrer Macht. Das gleiche gilt für die Bauten, die ihre Vorfahren errichtet hatten – die Theater des Marcellus und Pompejus –, sowie für die Tempel, die diese Familien instand hielten, sei es auf ihre eigenen oder auf öffentliche Kosten. Auch die Herrschaftshäuser im Grüngürtel und auf dem Lande spiegelten nicht minder ihren Reichtum und ihren Einfluß wider, nicht zuletzt auch die Mausoleen entlang den Straßen, die aus Rom hinausführten. Doch in scharfem Kontrast dazu enthüllt die Karte gleichermaßen die Schattenseite Roms. Gut die Hälfte der Stadt war eingenommen vom ›Schaubezirk‹ im Zentrum – Foren, Kapitol und Marsfeld, die kaiserlichen Paläste auf dem Palatin und Neros Goldenes Haus, die Güter im Grüngürtel und die Militärkasernen. Die Wohnhäuser, in denen die Masse der Bevölkerung Unterkunft fand, waren auf schmale Streifen beschränkt, die das Zentrum umschlossen und in es hineindrängten. Übervölkerung, enge Straßen und weitgehend ungesunde Bedingungen machten diese Viertel zu Slums, in denen Handwerker und Ladenbesitzer, kleine Angestellte und kleine Beamte, Freigelassene und Sklaven, die für ihre Herren und zu deren Vorteil im Handel tätig waren, zusammengepfercht wurden mit den Legionen derer, die nur Gelegenheitsarbeiten ausführten oder arbeitslos waren. In der Tat waren die Massen der römischen Bevölkerung seit Jahrhunderten unterbeschäftigt gewesen und fristeten ihr Leben weitgehend durch staatliche Zuwendungen an Geld, Getreide, Schweinefleisch und Öl. Dennoch wurde das öffentliche Bild Roms bestimmt durch seinen glanzvollen ›Schaubezirk‹, seine Tempel, die kaiserlichen Paläste und die Herrschaftshäuser der Reichen. Rom war noch immer die Hauptstadt der zivilisierten Welt, das *caput mundi*. Das ewige Rom, *Roma aeterna*, sicherte durch seine Herrschaft die ewige Dauer der Kultur, des Gedeihens und des Friedens, wie Virgil es vorausgesagt hatte:

»*Tu regere imperio populos, Romane, memento
Hae tibi erunt artes pacique imponere morem
Parcere subiectis et debellare superbos...*«

»Du aber, Römer, gedenk – so wirst du leisten dein Wesen – Völker kraft Amtes zu lenken und Ordnung zu stiften dem Frieden, Unterworfene zu schonen und niederzukämpfen Empörer.«

Das Christentum war in diesem Milieu gewachsen, und um das Jahr 312 mochte wohl ein Drittel der römischen Bevölkerung der Kirche angehört oder ihr nahegestanden haben. Wie die Anhänger anderer fremder Götter – Mithras, Isis, die Große Mutter, die syrischen Götter, der jüdische Jehova – besaßen auch die christlichen Gemeinden ihre Kultstätten. Diese waren keine kleinen Heiligtümer wie die der anderen Religionen und natürlich keine Tempel wie die der alten Götter, an denen der Staat und seine Funktionäre festhielten. Ihre Versammlungsstätten waren vielmehr ›Häuser der Kirche‹, Gemeindezentren, wie man heute sagen würde. Gekennzeichnet durch die Namen der ursprünglichen Besitzer der Häuser – wie *titulus Clementis, Anastasiae, Caeciliae, Chrysogoni* –, waren sie gewöhnliche Wohnhäuser, *insulae* oder kleinere Herrschaftshäuser, die von der Kirche gemietet, gekauft oder ihr geschenkt worden waren. Man weiß von fünfundzwanzig solcher *tituli*, die um die Zeit des 4. Jahrhunderts in Rom existierten – und angesichts der Diskrepanz zwischen dieser Zahl und dem Umfang der christlichen Gemeinde ist anzunehmen, daß sogar noch zur Zeit Konstantins viele Gläubige in weiteren Gebetsräumen in Privathäusern zusammenkamen. Nach den Erfordernissen umgewandelt, diente jedes Gemeindezentrum vielerlei Funktionen: Gottesdienst, Taufe, Unterweisung, Wohltätigkeit, Verwaltung und als Wohnsitz für die Geistlichkeit. Die Versammlungsorte kleiner Sekten in Harlem oder Whitechapel vermitteln uns eine Vorstellung von der

Situation im Rom des 3. Jahrhunderts. Es mochte vorkommen, daß in der Zeit religiöser Duldung unmittelbar vor 312 eine christliche Gemeinde in Rom eine schlichte, speicherartige Halle baute, die nur dem Gottesdienst vorbehalten war: Zeugnis dafür ist die erste Kirche S. Crisogono, deren Mauern heute neben der mittelalterlichen Kirche in Trastevere am Ponte Garibaldi begraben sind. Überreste von Bauten, die Gemeindezentren gewesen sein mögen, sind erhalten, einbezogen in die Mauern oder Grundfesten späterer Kirchen, die am selben Ort errichtet wurden – zum Beispiel drei oder mehr *insulae* bei SS. Giovanni e Paolo und S. Anastasia oder ein Herrschaftshaus bei S. Cecilia. In vielen Fällen bleibt der Name solcher *tituli* erhalten, in Verbindung mit der Vorsilbe ›Sankt‹ – S. Clemente, S. Sabina, S. Crisogono –, und bezeichnet heute die Titularkirchen, die den Kardinälen der römischen Kirche zugewiesen werden. Ob sie nun aus Wohnhäusern, Herrschaftshäusern oder neugebauten speicherähnlichen Hallen hervorgegangen waren, das Merkmal dieser ›Kirchenhäuser‹ bleibt ihre ausgesprochene Bescheidenheit. Sie stachen in keiner Weise ab von den Hunderten von Mietshäusern, altmodischen Herrschaftshäusern, Lagerhallen und Handwerksläden der Wohnviertel. Und zahlenmäßig – sogar noch im 4. Jahrhundert erst 25 – gingen sie in den 44 000 *insulae* des zeitgenössischen Rom unter. Trotz seiner zahlreichen Anhänger hatte also das Christentum im vorkonstantinischen Rom keine sichtbaren Spuren hinterlassen. Dies ist nicht verwunderlich: die Gläubigen kamen zumeist aus den mittleren und unteren Klassen, nur hier und dort schlossen sich ein wohlhabender Freigelassener, ein Advokat, ein öffentlicher Beamter, eine adelige Dame an. Sogar im 3. Jahrhundert, als der neue Glaube mehr Anhänger in der oberen Mittelklasse gefunden hatte, veränderte sich die Situation nicht wesentlich. Die Gläubigen mieden in Friedenszeiten – und Verfolgungen waren selten, wenn auch heftig – in ihrer Politik wie in ihren Bauten die Sphäre der Öffentlichkeit.

Auch auf dem Lande, jenseits der Aurelianischen Mauer, lagen christliche Bauten weit verstreut. Begräbnis- und Kultstätten der Gemeinden wurden in der Regel auf den großen Gütern angelegt, wobei der Grund und Boden den Landbesitzern abgekauft oder von diesen den christlichen Freigelassenen und Sklaven geschenkt wurde. Aber wie bei den Versammlungshäusern in der Stadt waren die christlichen Begräbnisstätten und Kultzentren für den flüchtigen Blick nicht zu unterscheiden von den Stätten anderer Sekten oder auch von denen, die den alten Göttern dienten. Begräbnisfeierlichkeiten fanden in den Friedhöfen unter freiem Himmel statt, oder aber, vielleicht getreu einem spezifisch christlichen oder jüdischen Brauch, in Katakomben: jenem Netz von vielstöckigen Galerien und Grabkammern unter der Erde, die aus Ersparnisgründen in die Tiefe des knappen und teuren Bodens verlegt worden waren. Daß die Katakomben als Versteck oder geheime Versammlungshallen der christlichen Gemeinde Roms dienten, ist reine Legende und gänzlich unwahr. Kleine Gruppen trafen sich gelegentlich in den Katakombenkammern zu einem Trauermahl am Jahrestag des Verstorbenen – das ist alles. Für solche Trauermähler wurden den Gläubigen in den Friedhöfen auf ebener Erde und sogar bei den Mausoleen der Wohlhabenden kleine Bezirke oder Hallen zur Verfügung gestellt, genauso wie für die benachbarten Nichtgläubigen. Ebenso anspruchslos und ihren heidnischen Nachbarn angeglichen waren die Kultzentren außerhalb von Rom, an den Gräbern der christlichen Märtyrer. Unterhalb von S. Sebastiano an der Via Appia diente ein solches Zentrum der Verehrung von Petrus und Paulus, der Apostelfürsten, deren Fest hier gefeiert oder deren Reliquien vielleicht im Jahr 258 an diesen Ort übergeführt wurden (Abb. 16). Ein schmaler Hof wurde durch eine Nische abgeschlossen, die wahrscheinlich für die Aufnahme von Gaben bestimmt war; auf den Hof öffnete sich ein größerer Schuppen, dessen bemalte Rückwand von frommen Besuchern mit Hunderten von Graffiti – eines mit einem Datum aus dem Jahr 260 n. Chr. versehen – bekritzelt war, die an Trauermähler zu Ehren der Apostel erinnerten; ein kleinerer, wohl später angefügter Speiseraum von möglicherweise privatem Charakter schloß sich an; und eine lange Treppe führte hinunter zu einem tiefen Brunnen; der ganze Komplex glich irgendeiner Trattoria im Grünen. Auch das Kultzentrum des heiligen Petrus auf dem Vatikanhügel, das vor mehr als 40 Jahren unter der Kirche entdeckt wurde, war alltäglich und unauffällig. Innerhalb eines Friedhofs, der hauptsächlich aus großartigen Mausoleen bestand, von denen viele zu Anhängern orientalischer Kulte aus dem nahe gelegenen orientalischen Viertel in Trastevere gehörten, hatte die christliche Gemeinde hartnäckig an einem kleinen Areal mit einigen wenigen ärmlichen Gräbern festgehalten. Zwischen 160 und 180 n. Chr. wurde es auf der

16. S. Sebastiano, Rekonstruktion des als Gedenkstätte genutzten Innenhofs mit Loggia

einen Seite durch eine Mauer abgeschlossen, die sich über einem der Gräber erhob; und dieses Grab wurde von einer kleinen giebelten und säulenflankierten *aedicula* oder Nische markiert, in der eine vorspringende Steinplatte als Opfertisch diente (Abb. 17). Um das Jahr 200 n. Chr. war das Monument als die ›Trophäe‹ des heiligen Petrus bekannt, als das Zeichen seines Sieges über den Tod; ein weiteres Erkennungsmerkmal sind Graffiti aus dem 3. Jahrhundert, mit denen der Apostel um Hilfe angerufen wurde. Seit dem späten 2. Jahrhundert scheint also das Grab als das seine gegolten zu haben, und dies entspricht wahrscheinlich auch den Tatsachen. Auch hier ist das Kultzentrum schlicht und alltäglich. *Aediculae* wie diese kennzeichneten Hunderte von Gräbern überall in Rom und andernorts. Im Jahr 312 hatte das Christentum das äußere Bild der Stadt innerhalb oder außerhalb der Mauern noch nirgends angetastet. Gewöhnliche Rombesucher sahen die Tempel der alten Götter, die Verwaltungsgebäude, die großen Herrenhäuser; vielleicht schauten sie sich die Viertel der Mittelschicht und, mit einigem Widerstreben, die Slumbezirke an; aber die christlichen Gemeindehäuser oder die ›Trophäe‹ des heiligen Petrus auf dem Vatikanischen Hügel werden ihnen nicht aufgefallen sein, es sei denn, sie waren selber Christen.

Konstantin muß dieser Zustand unerträglich erschienen sein. Als er in Rom einzog, war er ein Sympathisant des Christentums, wenn auch kein förmlicher Konvertit. Bald schon entwickelte er eine Politik, die weitgehend darauf abzielte, in seinem Herrschaftsbereich Christus, der ihm zum Sieg verholfen hatte, und seiner Kirche den Triumph zu sichern. In seinen späteren Regierungsjahren scheint Konstantin vorgehabt zu haben, das römische Imperium in ein christliches Imperium umzuwandeln. Dieses letztendliche Ziel erreichte er nur allmählich, doch schon im Jahre 313 nahmen Christen – Kleriker und Laien – eine bedeutende Stellung unter seinen Beratern ein, und die Kirche wurde, nachdem sie einmal aus ihrer Bedeutungslosigkeit herausgehoben worden war, zu einer wichtigen politischen Macht. Bischöfe und hohe Regierungsbeamte waren im Hofregister einander gleichgestellt, die Hierarchie der Kirche verfestigte sich; der bedeutendste Bischof im

Westen war, wenn nicht von Rechts wegen, so doch faktisch, der römische – die Bezeichnung ›Papst‹ ist erst spät aufgekommen. Im gleichen Zuge erwarb die Kirche durch kaiserliche und private Schenkungen ausgedehnte Besitzungen und wurde rasch auch zu einer starken wirtschaftlichen Kraft. Die Güter, die Konstantin zur Versorgung seiner römischen Kirchengründungen und ihres Klerus zur Verfügung gestellt hatte, sind mit den jeweils aus ihnen bezogenen Einkünften aus den Originalverzeichnissen genau bekannt, die später in den ›*Liber Pontificalis*‹, die offizielle päpstliche Chronik, eingefügt wurden. Zu Beginn seiner Herrschaft waren unter diesen Schenkungen Besitzungen in Rom und Italien, etwas später auch solche in Sizilien, Sardinien, Nordafrika und Griechenland; nach seiner Eroberung des Ostens im Jahr 324 kamen Güter in Ägypten, Syrien und Kilikien hinzu, und die jährlichen Einkünfte aus diesen Ländereien beliefen sich allein für die Peterskirche auf 3700 Goldsolidi oder an die 25 Millionen Dollar in heutiger Währung. Das gesamte Einkommen der römischen Kirche betrug unter Konstantin 25 000 Goldsolidi; eine sehr beachtliche Summe, doch verglichen mit den Einkünften und dem Reichtum der großen Familien, die manchmal das Zehnfache der Kircheneinnahmen erreichten, nur gering.

Im Rahmen dieses Programms Konstantins muß der ausgeprägt häusliche und private Charakter der christlichen Versammlungsorte in den überall auf die Stadt verteilten Häusern untragbar gewesen sein. Die bestehenden Versammlungshäuser konnten nicht einfach geschlossen werden. Die Gemeinden, denen sie gehörten, hätten protestiert, und es war politisch nicht ratsam, christliche Gebäude im Zentrum Roms oder in seiner Nähe einzurichten, wo der heidnische Senat den Ton angab. Doch wo ihm die Hände nicht gebunden waren, beispielsweise auf kaiserlichem Besitz, wandte sich der Kaiser mit Nachdruck einer anderen Bauweise zu – nämlich öffentlicher Architektur. In diesem Bereich bot sich naturgemäß ein Gebäudetyp vor allen anderen an: die Basilika. Im wesentlichen eine große Halle mit Balkendach, hatte sie sich jahrhundertelang entwickelt in immer neuen Varianten in Grundriß und Baustil, mit oder ohne Fenster im Lichtgaden, mit oder ohne Apsiden, in der Transversalen oder der Längsachse oder beiden angelegt; im 4. nachchristlichen Jahrhundert scheinen die hellbeleuchteten Längstypen bevorzugt gewesen zu sein. Auch in ihren Funktionen waren Basiliken schon immer für alle möglichen Zwecke eingesetzt worden: als Gerichtsgebäude, Basare, Exerzierhallen, Heiligtümer, Empfangshallen und Thronsäle – kurz als öffentliche Versammlungsorte für Dutzende von Amtshandlungen der Regierung, der Armee, städtischer Behörden, religiöser Sekten, der herrschenden Klassen und des Kaisers. Für die neu hinzukommende Funktion der Versammlungs-

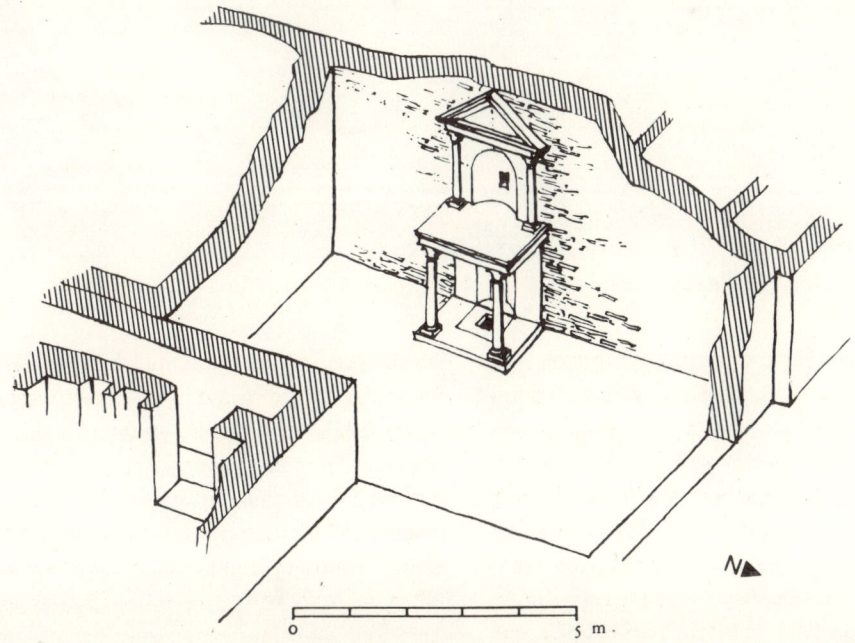

17. St. Peter, Rekonstruktion des Schreins aus dem 2. Jahrhundert

18. Lateranbasilika, Rekonstruktionsversuch von etwa 1650. Fresko von Gagliardi in S. Martino ai Monti in Rom

halle für eine christliche Gemeinde bot sich der traditionelle bauliche Rahmen des allgemeinen architektonischen Typus der Basilika an. Innerhalb dieses Rahmens entwickelten Konstantins Architekten offensichtlich in Zusammenarbeit mit den örtlichen Kirchenführern überall im Reich neue Varianten des alten Typs für Pfarrkirchen, Märtyrerkirchen und Begräbnisbasiliken. Die Prestigebauten unter diesen Kirchen – in Rom, im Heiligen Land, in kaiserlichen Residenzen wie etwa Trier und später auch Konstantinopel – wurden auf Befehl des Kaisers entworfen und wohl auch von ihm gutgeheißen. Doch was ihn interessierte, waren wohl weniger der genaue Plan und seine Details. Vermutlich wird er auf große Ausmaße, prachtvolle Dekoration und eindrucksvolle Einrichtung einerseits und auf einfache Pläne und unkomplizierte Bauweise andererseits Wert gelegt haben, die ein rasches Bauen ermöglichten. Die Kirchenführer, die dafür Sorge zu tragen hatten, daß die Pläne im einzelnen ihren Zwecken entsprachen, waren sicherlich nur allzu bereit, dem Drängen des Kaisers auf Eile Folge zu leisten und seine reichen Zuwendungen anzunehmen.

Für den Kaiser wie für das Oberhaupt der Christenheit waren Bau und Ausstattung von großen und prachtvollen Kirchen in möglichst kurzer Zeit ein wichtiges Mittel, um Christen und Heiden gleichermaßen die Macht des neuen Gottes sichtbar vor Augen zu führen und so den neuen, vom Kaiser geförderten Glauben zu verbreiten. Dieses Vorhaben nahm Konstantin nach seinem Sieg über Maxentius in Angriff; und mit der Ausdehnung seiner Herrschaft über das ganze Reich, nach 324 auch über die Ostprovinzen, entstanden allerorten vom Kaiser und von den frommen Damen seiner Familie gegründete Kirchen. Dennoch darf nicht vergessen werden, daß diese Christianisierungspolitik sowohl im allgemeinen als auch insbesondere bezüglich der Bautätigkeit ihre Grenzen hatte – in Rom mehr als anderswo.

Konstantin mochte wohl anfänglich beabsichtigt haben, Rom seinen Stempel aufzudrücken und seine Hauptstadt in eine christliche Stadt zu verwandeln. Möglicherweise entschied er sich schon sehr früh, nämlich im Winter 312/313, beim Lateran eine Kathedrale für den römischen Bischof zu erbauen. Die *domus Faustae*, ein nahe gelegenes Herrenhaus, vielleicht in kaiserlichem Besitz, diente schon im Herbst 313 einem Kirchenkonzil unter der Schirmherrschaft des Kaisers als Versammlungsraum. Die an dieses Gebäude anschließende Kaserne der kaiserlichen Reitergarde wurde niedergerissen – die Truppe hatte anscheinend auf seiten des Maxentius gekämpft –, und an ihrer Stelle wurde die neue Kirche erbaut. Einige Reste sind in den Fundamenten und Mauern von S. Giovanni in Laterano erhalten geblieben, trotz der Um- und Ausbauten, die diese Kirche im Laufe der Jahrhunderte erfuhr: im Mittelalter, besonders gründlich durch Francesco Borromini im 17. Jahrhundert und dann noch einmal im späten 19. Jahrhundert. Ein Wandfresko in S. Martino ai Monti in Rom zeigt, wie sich Borrominis Zeitgenossen oder auch er selbst das Aussehen von Konstantins Kirche vorgestellt haben (Abb. 18). Doch ein genaueres, wenn auch weniger lebendiges Bild wird durch das verschiedenartigste Quellenmaterial vermittelt (Abb. 19). Die Kirche war eine große langgestreckte Basilika mit einem aus Balken gezimmerten Dachstuhl; das mit einer Apsis abgeschlossene Mittelschiff war beiderseits von je zwei Seitenschiffen flankiert, deren innere höher waren als die äußeren; am Ende der Seitenschiffe ragten auf beiden Seiten Sakristeiflügel vor. Das Mittelschiff wurde von gebälktragenden Kolonnaden, die Seitenschiffe von Säulenarkaden getragen; große Fenster

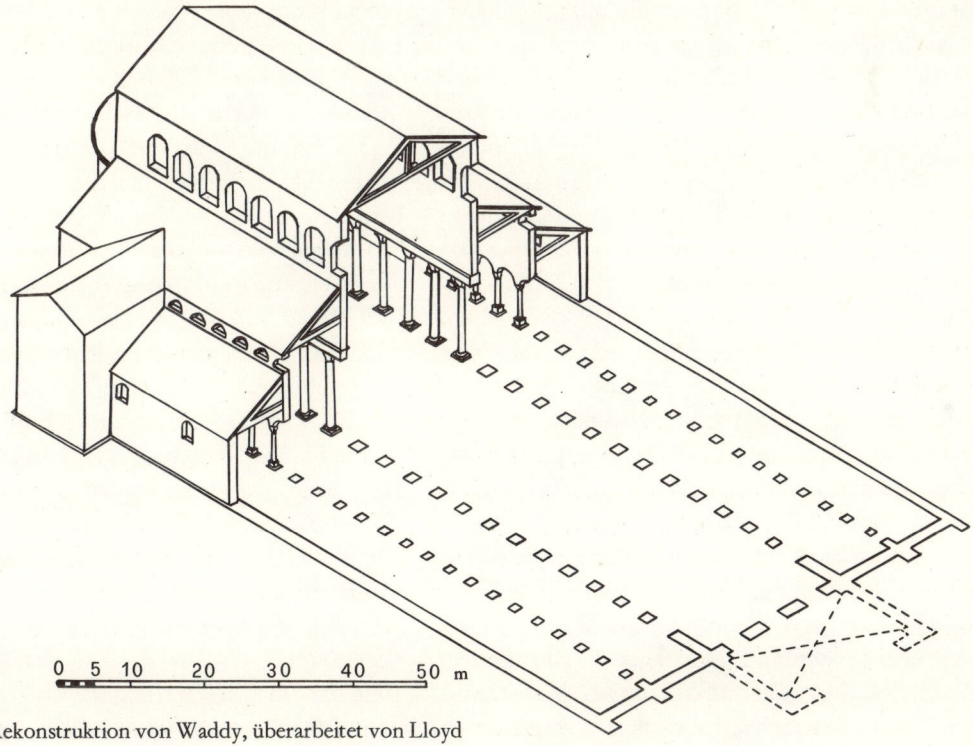

19. Lateranbasilika, Rekonstruktion von Waddy, überarbeitet von Lloyd

20. Der Lateran um 1870 – Privatbesitz, Rom

sorgten für Licht. Die Seitenarkaden und möglicherweise auch die Innenwand der Seitenschiffe waren mit Marmor verkleidet; kleine Säulen aus kostbarem grüngesprenkeltem Marmor trugen die Seitenarkaden – das Fresko in S. Martino ai Monti zeigt sie, und 24 von ihnen sind im Zuge von Borrominis Veränderungen wiederverwendet worden und flankieren die Nischen im Mittelschiff. Die Wölbung der Apsis in Konstantins Kirche schimmerte von Gold; goldene und silberne Beleuchtungsträger und sieben silberne Tische füllten das Mittelschiff und den Altarraum – einer vermutlich als Altar, die anderen zur Aufnahme von Opfergaben bestimmt; auf der Grundlinie der Apsis stand ein säulengetragener gegiebelter Lettner oder ein Baldachin, in Silber gefaßt, der Statuen von Christus, den Aposteln und Engeln trug oder umschloß. Hinter der Kirche erhebt sich noch heute das Baptisterium, das teilweise über ein älteres Haus gebaut ist und vermutlich von 315 datiert; sein Innenraum wurde ein Jahrhundert später umgestaltet. Offensichtlich sah Konstantin in der Laterankathedrale, seiner ersten Kirchengründung, einen kühnen Neubeginn christlicher Architektur, einen klaren Bruch mit dem unauffälligen und nachdrücklich privaten und bescheidenen Charakter der traditionellen Gemeindezentren; eine Abwandlung eines der verbreitetsten Typen öffentlicher Monumentalbauweise; eine *basilica*, sozusagen eine Audienzhalle Christi, des Königs, die mit den großartigsten öffentlichen Bauten an Ausstattung, Einrichtung und Ausmaßen wetteiferte – sie war 98 Meter (333 1/3 römische Fuß) lang und über 56 Meter (190 römische Fuß) breit –; eine in jeder Hinsicht wahrhaft kaiserliche Gründung.

Obwohl sich Kathedrale und Baptisterium am Lateran den Anschein gaben, sie seien öffentliche Gebäude, waren sie es doch beide nicht im eigentlichen Sinne. Sie erhoben sich auf einem Gelände, das dem Kaiser zur freien Verfügung stand, zwischen Herrenhäusern und Gärten, die alle oder zum größten Teil in kaiserlichem Besitz waren und am Rande der Stadt lagen: sie müssen ähnlich gewirkt haben wie die heutige Kirche noch vor hundert Jahren, als sie sich mitten zwischen Villen, Feldern und Weingärten erhob (Abb. 20). Noch unauffälliger sogar als die Laterankathedrale fügte sich die Palastkirche der Kaiserinmutter Helena in die Gebäude des Sessoriums ein. Wohl eine vergleichsweise späte Gründung aus der Zeit zwischen 326 und 328, mit einer Reliquie vom Wahren Kreuz versehen, die aus Jerusalem herbeigeschafft worden war – daher auch ihr Name S. Croce in Gerusalemme –, war sie in einem Palastsaal aus dem frühen 3. Jahrhundert eingerichtet worden; die alten Mauern sind von außen noch immer zu erkennen, während die Innenausstattung und die prachtvolle Fassade aus dem 18. Jahrhundert stammen und Änderungen aus dem 12. Jahrhundert überdecken. Der kaiserliche Architekt hatte dem alten Saal einfach eine Apsis angefügt und den Raum durch zwei querverlaufende Dreierarkaden in drei Teile geteilt; auf diese Weise waren die Erfordernisse einer Palastkapelle zur Genüge erfüllt, in der die kaiserliche Familie und ihr Gefolge dem Klerus gegenüber um den Altar herum placiert und gleichzeitig von der Dienerschaft abgesondert waren. Der private Charakter des Gebäudes hätte nicht stärker betont werden können. Zumindest von außen war die Palastkapelle nur eines unter anderen Gebäuden des Palastkomplexes.

Die Lateranbasilika, ihr Baptisterium und S. Croce in Gerusalemme waren die einzigen Bauwerke, die Konstantin und seine Familie innerhalb der Mauern Roms für die Kirche errichteten. Da sie jedoch auf kaiserlichem Besitz ganz am Rande der Stadt lagen, trugen sie in keiner Weise dazu bei, Rom in eine christliche Hauptstadt umzuwandeln. Die Umgebung außerhalb der Mauern mit ihren großen Gütern war mit Hilfe des konstantinischen Hauses augenfälliger christianisiert. Nahe den Katakomben und den verehrten Kultzentren wurden, meist auf kaiserlichem Grund und Boden, Bauten für kirchliche Zwecke errichtet: riesige, wohlausgestattete Basiliken, weithin sichtbar. Im Verlauf der Zeit wurden diejenigen von ihnen, die überdauerten, zu regelrechten Kirchen; als sie jedoch gebaut wurden, waren sie in erster Linie überdachte Friedhöfe. Direkt bei Katakomben gelegen, die Gräber verehrter Märtyrer beschirmend oder über alten Kultzentren errichtet, dienten sie als Begräbnisstätten für die Gläubigen und für Totenmähler diesen oder den Märtyrern zu Ehren. Messen wurden nur an den Jahrestagen der Märtyrer gelesen, und es gab keine Kleriker, die diesen Friedhofsbauten fest zugeteilt gewesen wären. Eine solche überdachte Begräbnisbasilika oder Friedhofshalle hat überdauert, und obwohl sie umgeändert worden ist, läßt sich ihre ursprüngliche Gestalt leicht vorstellen: S. Sebastiano, errichtet über dem Kultzentrum der Apostel an der Via Appia aus dem 3. Jahrhundert (Abb. 21). Die heutige Kirche füllt nur das Mittelschiff der alten aus, deren grandiose Ausmaße noch einmal eine Ahnung von dem Ehrgeiz Konstantins oder der örtlichen Kirchenführer

21. S. Sebastiano mit angebauten Mausoleen. Modell von G. Pacini

22. Der überdachte Friedhof von S. Agnese und das Mausoleum von S. Costanza um 1900

vermitteln. Zwar wurde der Bau möglicherweise schon auf Initiative der römischen Gemeinde begonnen, noch bevor Konstantin in die Stadt einmarschierte – eine kaiserliche Stiftungsurkunde ist nicht überliefert –, doch Konstantin hat den Bau mit Sicherheit weitergeführt und vollendet. Mittelschiff und Seitenschiffe sind durch pfeilergestützte Arkaden getrennt, und die Seitenschiffe sind auf der Innenseite der Fassade durch einen inneren Narthex miteinander verbunden und umschließen U-förmig die Apsis mit einem Umgang. Der Boden war gänzlich mit Gräbern bedeckt; Gräber waren entlang den Wänden wie auf Regalen aufgereiht, und zwar sowohl über als auch unter dem Niveau des Fußbodens; und Mausoleen verschiedener Größe und Gestalt drängten sich außen an das Gebäude. Eine andere, fast gleichartig angelegte Begräbnisbasilika, mit ihren 98 Metern gegenüber den 75 Metern von S. Sebastiano sogar noch größer, lag an der Via Tiburtina am Fuße des Felsens, der in einer Katakombe die seit alters verehrte, von Konstantin reich geschmückte Grabkammer des heiligen Laurentius beherbergte. Nicht die Fassade, sondern der Umgang, der wie derjenige der Basilika an der Via Appia U-förmig war, war der Straße zugekehrt; den Zugang ermöglichten fünf weite Öffnungen, und ein Säulengang, der bis hin zum Stadttor führte und noch im 8. Jahrhundert erhalten war, schützte die Gläubigen vor Sonne und Regen. Der Boden, auf dem sich die Basilika direkt neben der heutigen Kirche S. Lorenzo erhob, war seit dem 2. Jahrhundert in kaiserlichem Besitz gewesen. Eine dritte Begräbnisbasilika, die sich an die Katakombe mit der Grabkammer der Märtyrer Marcellinus und Petrus anschloß, ist in ihren Umrissen auf dem zur kaiserlichen Villa *ad duas lauros* gehörigen Boden an der Via Labicana ausfindig gemacht worden. An ihren vorderen Portikus angebaut, erhob sich das heute noch erhaltene riesige Mausoleum, das den Sarkophag der Kaiserinmutter Helena enthielt; aber es scheint, als habe Konstantin sowohl das Mausoleum wie den Sarkophag ursprünglich für sich selbst bestimmt gehabt. Eine vierte Halle dieses Typs, eine eindrucksvolle Konstruktionsleistung, wurde, vielleicht nach Konstantins Tod, von seiner Tochter Constantina auf ihrem Gut nahe dem Grab der Märtyrerin Agnes an der Via Nomentana erbaut. Große Teile der äußeren Mauern und ihr Unterbau sind in voller Höhe erhalten geblieben (Abb. 22). An der Flanke des überdachten Friedhofs, dessen Boden mit Grabstätten bedeckt war, errichtete die kaiserliche Prinzessin ihr Mausoleum, S. Costanza: weit, volle 22,5 Meter im Durchmesser; der überwölbte Mittelraum wird von zwölf Paaren prachtvoller Säulen mit Kapitellen getragen, alles Spolien aus älteren Bauten; der kreisförmige innere Umgang ist tonnengewölbt – ein äußerer säulengetragener Wandelgang ist zerstört; die Innenwände waren ursprünglich mit Marmorverkleidung, die Gewölbe mit Mosaiken geschmückt; zwar sind nur diejenigen im Gewölbe des inneren Umgangs erhalten, doch die restlichen sind aus alten Zeichnungen bekannt; das Ganze ist ungeheuer eindrucksvoll, selbst nachdem es diesen Glanz verloren hat (Abb. 23). Insgesamt lassen der überdachte Friedhof und das Mausoleum die herausragenden Züge der konstantinischen Kirchenarchitektur erkennen: gewaltige Größe, einfacher Grundplan, bescheidenes Äußeres und eine prächtige Innenausstattung.

Rom und Konstantin

Auch die Petersbasilika wurde von Konstantin vornehmlich als überdachter Friedhof und als Begräbnishalle gegründet, wenn auch nach einem anderen Plan angelegt, und sie diente hauptsächlich für Bestattungen, Gedenkmähler und zur Verehrung eines Märtyrers, des Apostels Petrus. Ihr Boden war mit Gräbern bedeckt; Totenmähler waren eine übliche Gepflogenheit – der heilige Augustinus berichtet von ihnen sogar noch um etwa 400 n. Chr.; Mausoleen drängten sich um ihre Mauern; eines davon – S. Maria della Febbre – war älter als die Kirche selbst und hielt sich bis ins 18. Jahrhundert. Die Petersbasilika lag auf einem kaiserlichen Landbesitz außerhalb der Stadt: am Rande des Vatikanischen Hügels, dort, wo er sich zu den Gärten des Nero hinuntersenkte. Und es könnte sehr gut sein, daß sie wie die Laterankathedrale oder die Begräbnishallen bei S. Lorenzo oder S. Agnese zwischen Bäumen und Weingärten gelegen hat. Im Gegensatz zu anderen Begräbnishallen erhob sich der Schrein des heiligen Petrus jedoch nicht außerhalb der Basilika in einer Katakombe, wie etwa die Schreine des heiligen Lorenz und der heiligen Agnes. Statt dessen bildete er den zentralen Brennpunkt der

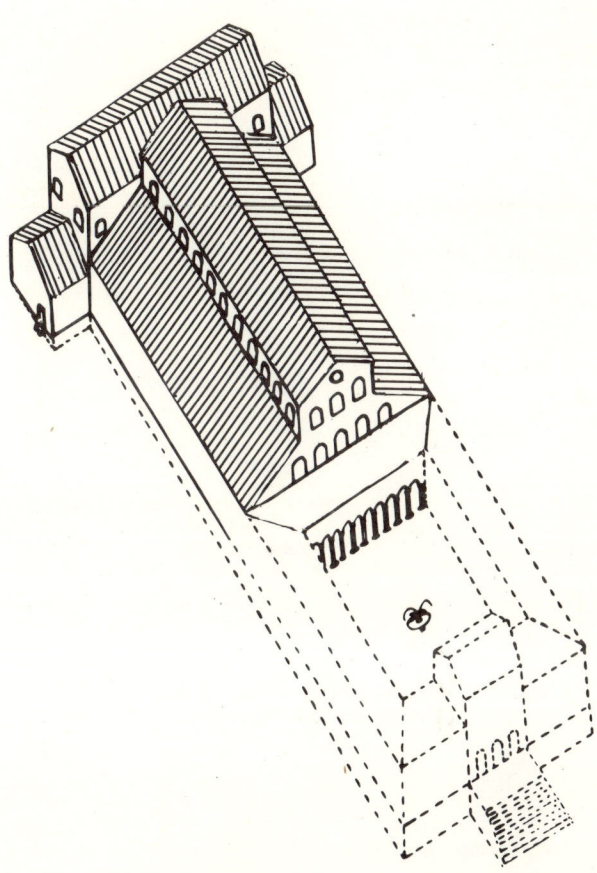

24. Peterskirche, Rekonstruktion des Zustands um 330 n. Chr.

Basilika und zwang den Architekten des Kaisers auf diese Weise einen neuen Grundplan auf. Zwischen 319 und 322 begonnen und 329 vollendet, stand die Basilika auf einer weiten Terrasse, die durch Aufschüttung der alten heidnischen Nekropolis und des in ihr gelegenen kleinen christlichen Kultzentrums entstanden war (Abb. 24); nur der obere Teil der Nische, die Gedenkstätte des heiligen Petrus, blieb über dem Bodenniveau von Konstantins Basilika sichtbar. Diese hat natürlich schon längst der heutigen, neuen Peterskirche Platz gemacht. Aber Konstantins Bau ist anhand der ausgegrabenen Reste und aus Beschreibungen, Gemälden und Zeichnungen, die vor oder während seines Abrisses angefertigt wurden, in nahezu allen Details bekannt. Eine Zeichnung von Marten van Heemskerck (Abb. 25), entstanden, als große Teile der Basilika schon der neuen Peterskirche gewichen waren, vermittelt wenigstens eine ungefähre Vorstellung von den kolossalen Ausmaßen des alten Baus. Wie die Laterankathedrale war die Petersbasilika mit Hauptschiff und je zwei Seitenschiffen ausgestattet, die alle

23. S. Costanza, Innenansicht um 1538/1539. Stich von Francisco D'Ollanda, Escorial

25. Peterskirche, Innenansicht während des Neubaus im 16. Jahrhundert (1534–1536). Zeichnung von Marten van Heemskerck – Berlin, Kupferstichkabinett, 79 D2A, fol. 52ʳ

von Säulen getragen wurden, welche aus älteren Gebäuden geplündert worden waren. Doch abweichend vom Plan der Laterankirche war zwischen Apsis und Langhaus ein Querschiff eingefügt. Der lange und hohe Bau – etwas niedriger freilich als das Mittelschiff – bot an der Grundlinie der Apsis Raum für den Schrein des Apostels, der von einem Baldachin überragt und von Öffnungen flankiert war; das Ganze ruhte auf gewundenen Säulen mit Weinlaubverzierungen, die ein Geschenk des Kaisers waren. Einige von ihnen sind in der heutigen Kirche wiederverwendet worden und haben die Zeiten überdauert; die Führer zeigen sie heute noch und behaupten, natürlich fälschlicherweise, sie stammten aus dem Tempel Salomons. Ein Atrium öffnete sich vor der Kirche, und in diesem stand die *pigna*, ein riesiger bronzener Pinienzapfen unter einem Baldachin; alle Bauteile waren Spolien aus älteren Gebäuden. Die Fassade der Kirche, im 13. Jahrhundert leicht verändert, erhob sich turmhoch über dem Atrium, und zusammen mit den Mauern des Mittelschiffs mit ihren vielen großen Fenstern zeigte auch sie die einfachen Flächen, die das Äußere im Gegensatz zur Pracht des Inneren an Konstantins Kirchenbauten kennzeichnen. Die riesigen Ausmaße des Baus – größer als jedwede andere Begräbnishalle und ein gutes Stück größer als die Kathedrale am Lateran – zeigen, daß man mit großen Mengen von Pilgern und ortsansässigen Christen rechnete, die den Riesenraum füllen sollten. Zum Schutz der Pilger zog sich wie bei S. Lorenzo ein Säulengang aus konstantinischer Zeit oder kaum später bis hin zum nächsten Zugang von der Stadt, dem Pons Aelius beim Hadriansmausoleum. Für Konstantin, so scheint es, war St. Peter die wichtigste Pilgerkirche und neben der Laterankathedrale unter den christlichen Bauwerken in der Stadt und ihrer Umgebung das herausragende Gebäude. Die Einrichtung in Gold und Silber und die von ihm St. Peter übereigneten Pfründe halten mit denen der Latcrankathedrale leicht Schritt.

Diese Bautätigkeit, die sich innerhalb von nur 20 oder 25 Jahren vollzog, ist schon eindrucksvoll genug als wahre Meisterleistung der Arbeitsorganisation, der Materialbeschaffung aus fern und nah – Ziegel, Balken, Marmor – und des Willens zur Vollendung der Arbeiten. Doch ihre eigentliche Bedeutung beruht auf der Geschlossenheit des zugrunde liegenden Programms. Der erste christliche Kaiser und seine Familie hatten die Absicht, in der Hauptstadt die Bauten zu errichten, die die christliche Gemeinde der Stadt und des Hofes benötigten, und sie mit großartiger Einrichtung und den Mitteln zu ihrer Erhaltung reich auszustatten: eine Kathedrale mit ihrem Baptisterium sowie der Residenz und den Amtsräumen des Bischofs; eine Palastkirche für die Kaiserinmutter und den Hofstaat; fünf oder sechs überdachte Friedhöfe an verschiedenen Ausfallstraßen vor der Stadt, die alle mit Andachtsstätten versehen waren: mit dem Kultzentrum der Apostel an der Via Appia und mit den Gräbern der großen Märtyrer, der Heiligen Petrus, Laurentius und Agnes, und der Diakone Marcellinus und Petrus; endlich kaiserliche Mausoleen, die sich an zwei dieser Bauten anfügten – eines aller Wahrscheinlichkeit nach für Konstantin selbst bestimmt und später seiner Mutter Helena überlassen, das andere, S. Costanza, für die Prinzessin Constantina.

Man ist allzuleicht bereit, sich Konstantin hauptsächlich als Erbauer von Kirchen vorzustellen. Aber ein römischer Kaiser hatte schließlich auch andere Verpflichtungen. Traditionsgemäß wurde von ihm erwartet, daß er, vor allem in der Hauptstadt, der öffentlichen Architektur sein Siegel aufdrückte und Tempel, Basiliken, Bäder und andere städtische Gebäude errichtete. Natürlich scheute Konstantin vor Tempeln zurück. Aber sonst entzog er sich seinen Pflichten als Erbauer öffentlicher Monumentalbauten nicht. Seine Profanbauten in Rom sind, obwohl von geringerer Zahl als seine Kirchen, eindrucksvoll genug. Auf dem Forum Romanum führte er die von Maxentius begonnenen Bauten fort und vollendete sie, wobei er ihnen seinen Namen gab. In der Basilica Nova, deren Mauern und Gewölbe wahrscheinlich schon fertig waren, als Konstantin in Rom einmarschierte, vollendete er die Dekoration und ließ in der Apsis, am kürzeren westlichen Ende, seine Kolossalstatue aufstellen. Auch veränderte er die Anlage, indem er den langen Flanken im Norden eine Apsis und im Süden eine Vorhalle anfügte; durch die Verlegung der Gebäudeachse wurde die dem Forum und den kaiserlichen Palästen auf dem Palatin zugewandte Seite zur Hauptfassade; natürlicherweise wurde der Bau damit zur *Basilica Constantini*. In der Nähe vollendete er die Audienzhalle mit den Amtsräumen des Stadtpräfekten und gab ihr seinen Namen – heute ist es die Kirche SS. Cosma e Damiano. Irgendwo auf dem Forum wurde ihm zu Ehren eine Reiterstatue errichtet; sie ist längst verschwunden, war aber noch im 8. Jahrhundert den Besuchern bekannt. Am südlichen Abhang des Quirinals, der heutzutage vom Rospigliosi-Palast eingenommen wird, baute er die Bäder, die seinen Namen trugen und nächst denen des Caracalla und des Diokletian die größten in Rom waren; ihre turmhohen Ruinen waren noch im 16. Jahrhundert zu sehen. Auf dem Forum Boarium, dem alten Viehmarkt nahe am Tiber, scheint wenigstens ein Baudenkmal aus seiner Regierungszeit zu stammen: der *Janus Quadrifrons*, ein riesiger, vierseitiger Bogen, massiv aus Ziegeln errichtet und mit Marmorplatten verkleidet, dessen 96 Nischen zur Aufnahme von Statuen bestimmt waren (Abb. 26). Das am besten bekannte Monument in Rom aus Konstantins Zeit ist der die Straße nach Ostia überspannende Triumphbogen seines Namens neben dem Kolosseum (Abb. 27). Er war ihm 315 vom Senat zugeeignet worden und mit Reliefs verziert, die zum größten Teil aus den Bögen des Trajan und des Hadrian herausgebrochen waren, und seine Inschrift verkündet, Konstantin habe das Imperium durch die Führung der Gottheit, »*instinctu divinitatis*«, erobert.

Die absichtlich unklar gehaltene Formulierung spiegelt das problematische Zusammenspiel der politischen, sozialen und religiösen Kräfte in Konstantins Rom wider. Sie war offensichtlich darauf angelegt, den christlichen Neigungen des Kaisers und dem neuen Faktor im politischen Leben, der Kirche und der großen christlichen Gemeinde, den gebührenden Respekt zu erweisen und zugleich das Gewissen des heidnischen Bevölkerungsteils zu schonen. Die überwältigende Mehrheit der großen römischen Familien, die den Senat beherrschten, war schließlich heidnisch. Sie hatten die Stadtverwaltung unter sich

26. *Janus Quadrifrons*

und besetzten wichtige Posten im Beamtenapparat. Sie waren die Verteidiger der römischen Tradition, der glorreichen Vergangenheit der Stadt, ihrer Kultur, ihrer alten Götter. Wenn der Kaiser ein Anhänger des neuen christlichen Gottes war, so war das seine Privatangelegenheit. Es war schlimm genug, daß er die Kirche unterstützte, daß er am Hof die Christen bevorzugt behandelte. Soweit es in ihrer Macht stand, würden die alten Familien im Senat der Verbreitung der neuen Religion in Rom und darüber hinaus eine Grenze setzen. Dies ist die Situation, die sich in Konstantins Kirchenbaupolitik und in den Einschränkungen widerspiegelt, denen sein Programm, Rom sichtbar zu christianisieren, unterlag.

In der gleichen Weise, wie der Senat die religiösen Neigungen des Kaisers respektiert zu haben scheint, ohne jedoch wirkliche Zugeständnisse zu machen, scheint auch Konstantin darauf bedacht gewesen zu sein, die Gefühle der Heiden zu schonen und gleichzeitig den neuen Glauben zu fördern. Mit diesem doppelten Ziel vor Augen baute er die in Rom gegründeten Kirchen so groß und glanzvoll wie möglich, ließ sie prächtig einrichten und reich ausstatten, um so ein neues Bild des Christentums vorzuweisen. All dieser gleißende Schimmer der Marmorverkleidungen und der marmornen Böden, der vergoldeten Gewölbe, Leuchter und Altargefäße blieb freilich den Augen der Gläubigen und ihrer Sympathisanten vorbehalten, die sich drinnen versammelten – der Gemeinde, den Kirchenführern, den christlichen Mitgliedern der kaiserlichen Familie. Von außen gesehen, waren diese Kirchen bemerkenswert schlicht. Obendrein waren alle auf kaiserlichen Gütern am Rande der Stadt im Grüngürtel gebaut, weitab von den dichtbevölkerten Vierteln, aus denen der Großteil der Gemeinde kam. Natürlich gab es praktische Gründe für die Wahl solcher Randlagen: es war kaiserlicher Grund und Boden; Raum stand zur Verfügung; und das Bauen war weniger kostspielig, als es in den Wohnvierteln gewesen wäre. Aber politische Ratsamkeit zählte ebensosehr. Nahe den Stadtmauern und zwischen anderen Palastgebäuden verborgen, waren die neuen Kirchen für unaufmerksame Besucher Roms kaum zu sehen. Sie mochten eher die Begräbnisbasiliken bemerkt haben, die sich auf den kaiserlichen Ländereien in der Campagna um die Stadt herum erhoben: die von SS. Marcellino e Pietro auf dem Gut der Helena an der Via Labicana; die von S. Lorenzo, die auf dem Gebiet der ehemals dem Lucius Verus gehörigen Villa, dem Campo Verano, stand; die auf dem Besitz der Constantina an der Via Nomentana, wo die Märtyrerin Agnes ruhte; die in den Gärten Neros jenseits des Tiber, wo der heilige Petrus verehrt wurde. Obschon sie durch ihre monumentalen Ausmaße den Glauben verherrlichen sollten, waren sie doch alle private kaiserliche Schenkungen und alle auf kaiserliche Privatinitiative hin errichtet: zwar offensichtlich für öffentliche Gottesdienste zugänglich, aber keine öffentlichen Bauten von gleichem Rang wie eine *curia*, eine Basilika auf dem Forum oder ein Tempel der alten Götter. Ihre Gründung durch den Kaiser war nicht so sehr eine Handlung des Staatsoberhauptes als vielmehr die eines einzelnen mit großem Vermögen, eines mächtigen Gönners der Kirche. Der Grund in Rom und Umgebung, auf dem sich diese Kirchen-

27. Der Konstantinsbogen von Nordosten

bauten erhoben, lag außerhalb der Rechtsgewalt der staatlichen Verwaltung, des Senats und der Stadtverwaltung, die alle von den Senatorengeschlechtern kontrolliert wurden.

Der zwiespältige Charakter der Kirchenbauten Konstantins in und um Rom ist unverkennbar. Groß, prachtvoll und reich, wurden sie als öffentliche Gebäude ausgegeben, doch man hatte sie an den Rand der Stadt verwiesen, und sie erhoben sich auf kaiserlichem Privatbesitz. Konstantin hielt das Christentum vom Stadtzentrum fern, außerhalb des *pomerium*, der gesetzlich festgelegten Grenze, innerhalb derer sich die Tempel der alten Gottheiten und die Verwaltungsgebäude drängten, welche vorwiegend von der alten Aristokratie erhalten wurden. Dort errichtete er nur seine öffentlichen Profanbauten: die Basilica Nova auf dem Forum; den Triumphbogen beim Kolosseum; den Janus Quadrifrons auf dem Viehmarkt; die Bäder auf dem Quirinal. Die Zwiespältigkeit seines Bauprogramms war von der Zwiespältigkeit seiner politischen Ziele und von den Beschränkungen bestimmt, die ihm die politische Realität in Rom aufzwang. Er vermied den latenten Konflikt mit den heidnischen Kräften, die, wenn überhaupt irgendwo, dann in Rom, noch große Macht besaßen. Nur ein einziges Mal hatte er diesen Grundsatz mißachtet. Im ersten Jahr seiner Regierung, möglicherweise im Winter 312/313, hatte er an einer augenfälligen Stelle im Zentrum Roms, vermutlich in der Basilica Nova, seine Statue aufstellen lassen, die das *labarum*, die mit dem Christus-Monogramm versehene Standarte, trug. Sogar noch ein Vierteljahrhundert später wurde die Herausforderung von seinem christlichen Biographen Eusebius als solche verstanden. Ist die Vermutung zu gewagt, daß sie von den heidnischen Zeitgenossen zur Zeit dieses Vorgangs ebenso verstanden und übelgenommen wurde und daß deren Reaktion Konstantin die Vorsicht lehrte, wie sie dann in der Wahl der Örtlichkeiten für seine Kirchenbauten zum Ausdruck kam?

Als Konstantin 312 in Rom einmarschierte, mag er sehr wohl daran gedacht haben, die Stadt in die christliche Hauptstadt eines christlichen Imperiums zu verwandeln. Tatsächlich wurde das Reich im Laufe der Zeit unter seiner Führung mehr und mehr zu einem christlichen Reich. Doch Rom, geführt von der alten Senatsaristokratie, leistete Widerstand. Die großartigen Kirchenbauten, Konstantins Monumente des neuen Glaubens, gelangten niemals bis ins Herz der Stadt. Für den Mann, der aufgebrochen war, sein Reich zu christianisieren, muß dies ein Scheitern bedeutet haben. Ein offener Bruch mit dem Senat im Jahre 326 veranlaßte ihn dazu, niemals wieder nach Rom zurückzukehren. Er zog aus, um eine neue Hauptstadt zu suchen, und 330 errichtete er sie im Osten: Konstantinopel. Die Gründe für diese Verlagerung waren zahlreich: politischer, strategischer, verwaltungstechnischer Art. Aber neben solchen praktischen Erwägungen bleibt die Tatsache bestehen, daß Rom ihn im Stich gelassen hatte. Ungeachtet aller seiner Anstrengungen war es im wesentlichen heidnisch geblieben. Das Neue Rom am Bosporus wurde zu dem, wofür das Alte Rom noch nicht bereit war – zur christlichen Hauptstadt eines christlichen Imperiums.

II.

Die Christianisierung Roms und die Romanisierung des Christentums

Konstantins Auszug ließ Rom in einem Machtvakuum zurück: die Stadt hatte keine wirkliche Hauptstadtfunktion mehr. Der Brennpunkt der Reichsverwaltung lag im Hauptquartier des Kaisers, das sich rasch in Konstantinopel stabilisierte. Kein Kaiser kehrte jemals wieder nach Rom zurück, um dort auf Dauer Residenz zu nehmen, Teilbereiche der Verwaltung jedoch blieben in der Stadt, und Rom hielt hartnäckig an seinem Anspruch fest, die legitime Hauptstadt des Imperiums und das Zentrum der zivilisierten Welt zu sein. Gleichermaßen zwiespältig war die christliche Identität Roms. Es war Konstantin nicht gelungen, Rom aus einer heidnischen Stadt in die christliche Hauptstadt eines christlichen Reiches zu verwandeln. Diese Rolle wurde Konstantinopel zugedacht, dem Neuen Rom und der neuen kaiserlichen Residenz. Diese Verlagerung mußte dem Prestige der römisch-christlichen Gemeinde zwangsläufig schaden. Bis zum Ende des Jahrhunderts blieb Rom eine Hochburg des Heidentums, gestützt von einer mächtigen Gruppe der städtischen Aristokratie. Trotz ihres Rückhalts am kaiserlichen Hof und bei den Massen innerhalb der Stadtmauern mußte die Kirche schwer um die Durchsetzung ihrer Position kämpfen. Das zeitweilig erbitterte Ringen endete im frühen 5. Jahrhundert mit dem Triumph der Kirche, der nun nicht mehr bestritten wurde. Erst seit dieser Zeit spiegelte die Karte Roms mehr und mehr den christlichen Charakter der Stadt wider; und bis 1870 bleibt es dabei.

Konstantins Kirchenbauten wurden meist auf kaiserlichem Land errichtet und lagen immer am Rande der Stadt oder außerhalb der Mauern. Seit den letzten Lebensjahren Konstantins und während der folgenden hundert Jahre stellte sich die Kirche unter Beweis, indem sie auf eigene Initiative monumentale Stätten für den Gottesdienst in den Wohnvierteln und oft nahe dem Stadtzentrum Roms mit seinen Tempeln und öffentlichen Profanbauten errichtete (Abb. 28).

Die unauffälligen Gemeindezentren, die alten *tituli*, verschwanden keineswegs. Viele überdauerten noch weitere 500 Jahre; einige mögen noch im Laufe des 4. Jahrhunderts eingerichtet worden sein. Eine ganze Reihe jedoch wurde in jenen Jahren durch prächtige neue Kirchen ersetzt. Da sie auf Grundstücken entstanden, die seit langem in der Hand der Gemeinden lagen, waren sie offensichtlich Eigentum der Gemeinden – Parochialbesitz sozusagen; und ihr Bau wurde entweder aus privaten Mitteln wohlhabender Geldgeber unter den Mitgliedern des Kirchspiels, seien es Laien oder Kleriker, oder von den römischen Bischöfen, den Päpsten, bestritten. Den Bau einer Kirche zu finanzieren mag für Bischöfe und Presbyter wohl als eine Verpflichtung gegolten haben, die mit der Amtseinsetzung verbunden war, wie es im hohen römischen Verwaltungsdienst üblich war; wohlhabende Gemeindeglieder mögen finanziell schlechter gestellte Päpste und Kleriker in der Erfüllung dieser Verpflichtung unterstützt haben. Gegen 410 ließ der Senator Pammachius, ein Freund des heiligen Hieronymus und des Paulinus von Nola, auf eigene Kosten drei Mietshäuser, eines ein alter *titulus*, durch eine große Basilika, SS. Giovanni e Paolo, ersetzen; die dreistöckigen Häuserfassaden wurden in die Mauern der neuen Kirche mit einbezogen. Zur selben Zeit hinterließ die Witwe Vestina eine Stiftung zum Bau der Kirche S. Vitale. Papst Markus (336) errichtete die erste Kirche S. Marco, in die Teile eines möglicherweise seiner Familie gehörigen Herrenhauses eingefügt wurden. Sein Nachfolger, Julius I. (337–352), legte auf dem Gelände von S. Maria in Trastevere eine Kirche an. Papst Damasus I. (366–384) oder vielleicht sein Vater – selbst ein wohlhabender kirchlicher Würdenträger – verwandelte das Haus der Familie in einen *titulus*. Ob das Gebäude auf dem Grundstück des Palazzo della Cancelleria nur umgebaut oder ob es von einer Kirche des üblichen Typs ersetzt wurde, bleibt zweifelhaft. Ebenso ist

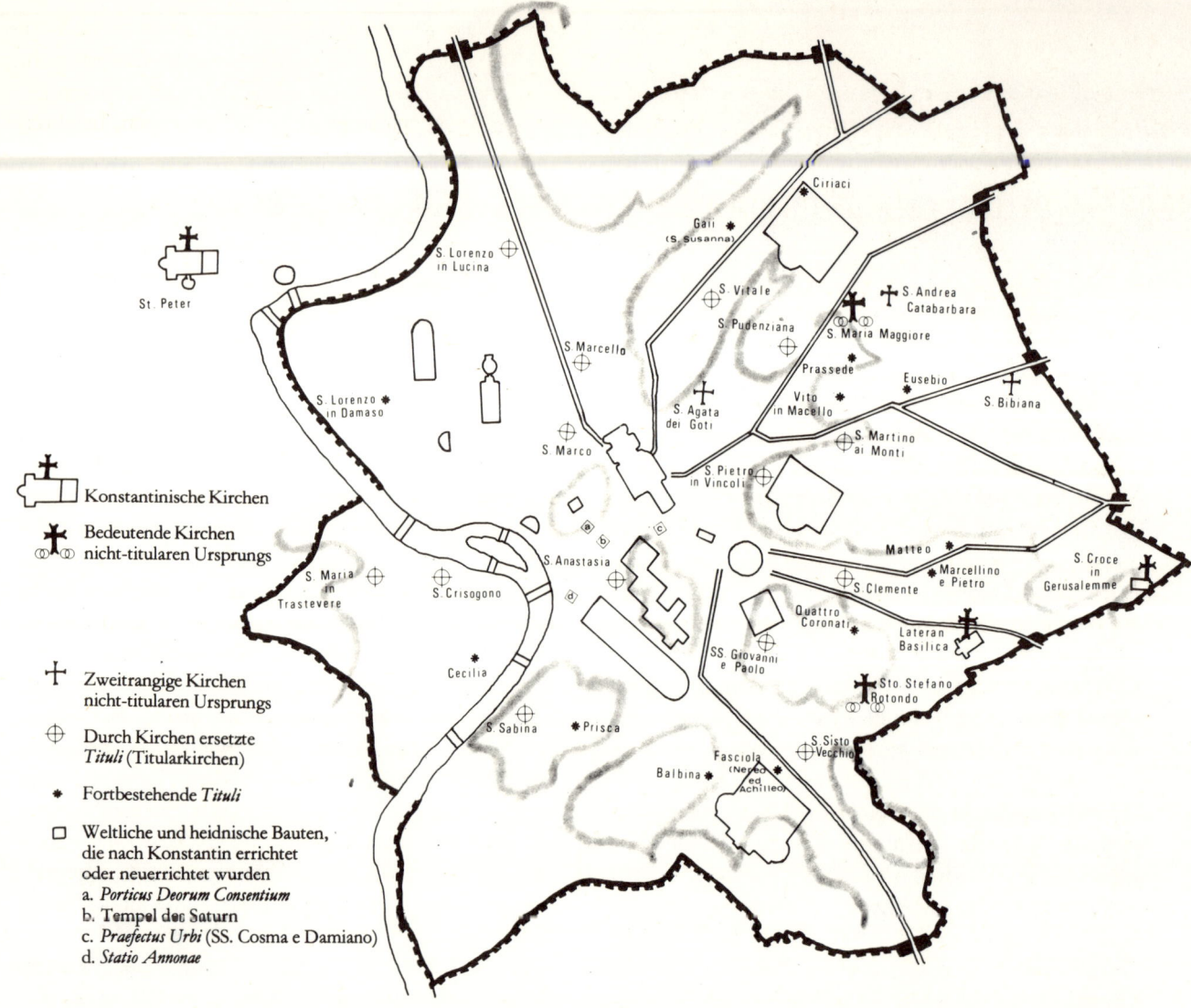

28. Plan der Stadt Rom um das Jahr 500 mit den Kirchen und neuen Säkularbauten

unsicher, ob die Neugründung, sei es nun das Herrenhaus oder eine neue Kirche, in ihren Nebengebäuden auch die Archive der römischen Kirche beherbergte, wie es eine Inschrift anzudeuten scheint. Im letzten Jahrzehnt des 4. Jahrhunderts finanzierte der Presbyter Leopardus anscheinend den Umbau und die Dekoration von S. Pudenziana sowie die künstlerische Neuausstattung der Begräbnisbasilika S. Lorenzo fuori le mura, die ursprünglich von Konstantin erbaut worden war. Zwischen 420 und 430 übernahm ein Presbyter aus Dalmatien namens Peter die Kosten für den Bau von S. Sabina auf dem Aventin. Aber bei diesen letztgenannten Bauten wird neben dem tatsächlichen Geldgeber der jeweils regierende Papst als der fiktive Gründer angegeben, wofür die Widmungsinschriften Zeugnis ablegen: es ist sogar möglich, daß er über einen Bauausschuß eine gewisse Aufsichtsfunktion ausübte. Auf jeden Fall wurde seit dem zweiten Drittel des 5. Jahrhunderts jeglicher Kirchenbau in Rom zum alleinigen Vorrecht des Papstes und geschah einzig unter seiner Verantwortung.

Diese neuen Kirchen drangen überall zum Stadtinneren vor – zu den Patrizierwohngegenden, den Vierteln der Mittelklasse, zum großen ›Schaubezirk‹. Schon die erste Markuskirche erhob sich nur einen Steinwurf vom Westhang des Kapitolinischen Hügels entfernt neben dem Palazzo Venezia; ihre Reste (und die einer Nachfolgekirche aus dem 6. Jahrhundert) sind unter dem Pflaster der heutigen Basilika erhalten, die selbst aus dem 9. Jahrhundert stammt und im 15. und dann noch einmal im

18. Jahrhundert umgebaut wurde. Papst Damasus' *titulus* S. Lorenzo lag inmitten des Marsfeldes mit seinen Theatern und Zirkussen; S. Anastasia, eine weitere von ihm gegründete Kirche, ersetzte ein Wohn- und Ladengebäude am Fuß des Palatin mit seinen kaiserlichen Palästen. S. Sabina nahm die Stelle eines prächtigen Herrenhauses und eines benachbarten Hauses inmitten der Patrizierwohngegend auf dem Aventin ein. Die um 400 erstmals errichtete Kirche S. Pietro in Vincoli trat an die Stelle eines ebenso prächtigen Herrensitzes im Grüngürtel auf dem westlichen Ausläufer des Esquilin. Die Kirche von Papst Julius andererseits, die vermutlich unter der Basilika von S. Maria in Trastevere aus dem 12. Jahrhundert liegt, erhob sich in einem dichtbevölkerten Wohnviertel – ebenso auch S. Vitale an der vielbenützten Straße, die zwischen Quirinal und Viminal mehr oder weniger entlang der Linie der Via Nazionale in ostwestlicher Richtung verlief, dem *vicus longus*. In die Basilika S. Clemente am Rande des ›Schaubezirks‹, neben dem Kolosseum und der Gladiatorenkaserne, wurden im späten 4. Jahrhundert die Mauern eines Gebäudes mit einbezogen, das eine Fabrik gewesen sein mag und wahrscheinlich im 3. oder frühen 4. Jahrhundert in ein Gemeindezentrum umgestaltet worden war, während sich die Apsis der neuen Basilika über einem komfortablen, wenngleich kleinen Herrenhaus wölbte, das vielleicht kurz nach 200 n. Chr. in ein Heiligtum des Mithras verwandelt worden war (Abb. 29). SS. Giovanni e Paolo am Westhang des Caelius steht auf dem Grundstück dreier zu Gemeindezentren gewordener Mietshäuser, die an einer engen, belebten Straße lagen, und bezieht deren Erdgeschoß und die oberen Stockwerke in seinen Bau mit ein. Sogar noch unter dem Pontifikat Sixtus' III. (432–440) wurde S. Lorenzo in Lucina als Ersatz für ein altes Gemeindezentrum auf dem nördlichen Marsfeld nahe dem Augustusmausoleum und seinem Obelisken errichtet.

In ihrer Mehrzahl waren die neuen Bauten Basiliken eines für Rom charakteristischen Standardtyps: ein langes und hohes Mittelschiff wurde von Seitenschiffen flankiert und von einer halbkreisförmigen Apsis abgeschlossen; ein Atrium – ein von vier Portiken eingefaßter Hof – oder ein Narthex – ein einfacher Portalbau – war dem Gebäude vorgelegt; die Fassaden öffneten sich entweder in Arkaden wie bei S. Vitale (Abb. 30) – jedenfalls in der Zeit vor 420 – oder wurden von Türen durchbrochen. Im Inneren war das Mittelschiff von den Seitenschiffen durch Arkaden abgeteilt, die wie in S. Vitale von Säulen, nur selten wie in S. Lorenzo in Lucina von Pfeilern getragen wurden; das Dach war eine Balkenkonstruktion. Ein durch Marmorschranken abgeschirmter Chorraum umschloß den Altar und die dem Klerus vorbehaltenen Plätze; man erreichte ihn durch einen erhöhten und abgeschlos-

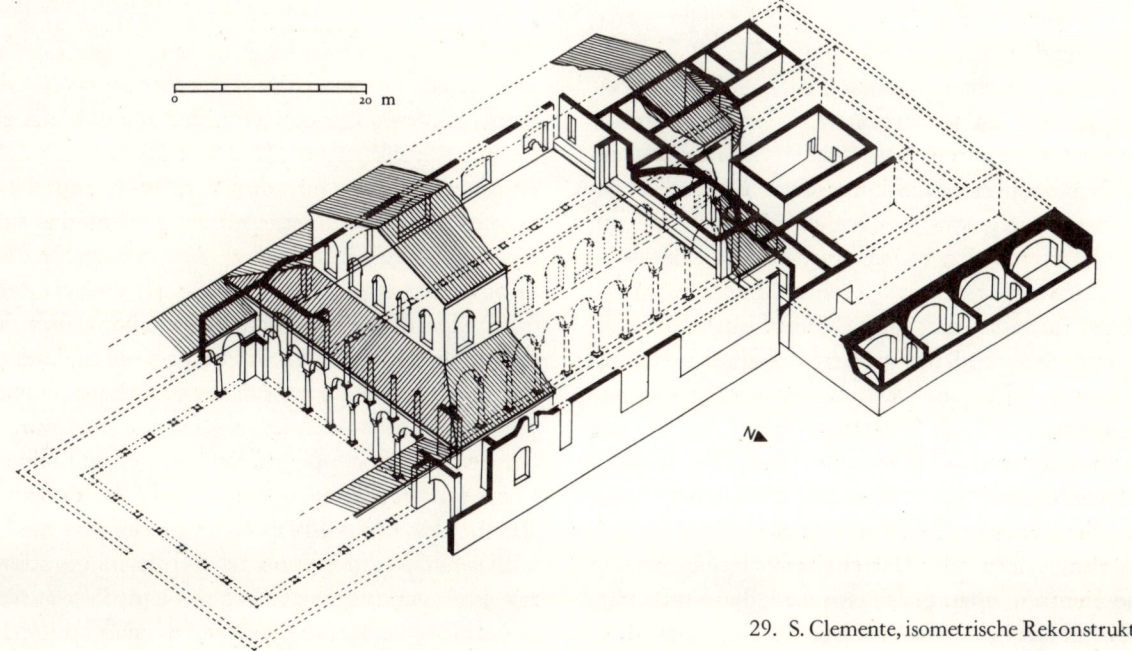

29. S. Clemente, isometrische Rekonstruktion

30. S. Vitale, Rekonstruktion des Narthex mit Blick in den Innenraum

senen Gang (*solea*), der sich fast durch die volle Länge des Mittelschiffs erstreckte. Die Dekoration der früheren Basiliken ist bis auf das eine oder andere Fragment der Marmorpflasterung unbekannt; figürliche Darstellungen, Mosaiken oder Fresken waren anscheinend an den Wänden oder in den Apsiden der römischen Kirchen bis ins späte 4. Jahrhundert hinein nicht erlaubt, obwohl sie in den Katakomben längst üblich waren. Die Säulen, Kapitelle und Sockel, gewöhnlich aus klassischen Gebäuden geplündert, waren oft an Größe, Material und im Typus untereinander verschieden. Wurden die Kapitelle neu angefertigt, so reduzierte man die klassischen Formen auf krude Einfachheit, wie in S. Vitale. Während des größeren Teils des 4. Jahrhunderts war Eleganz nicht das vordringlichste Anliegen der römischen Gemeinden und ihrer Führer. Dennoch unterschieden sich die neuen Basiliken in fundamentaler Weise von jedem alten ebenso wie von jedem zeitgenössischen Gemeindezentrum. Ob in Wohnhäusern oder Herrensitzen gelegen, sollten diese Zentren unauffällig zwischen den Gebäuden der Nachbarschaft verschwinden. Im Gegensatz dazu proklamierten die neuen Basiliken nachdrücklich den neuen Status der etablierten Kirche. Sie beanspruchten denselben Rang wie die öffentlichen Monumentalbauten, wie Regierungsgebäude und Empfangshallen in Palästen. Sie waren groß, sie waren auffällig, und sie erhoben sich hoch über ihre Umgebung (Abb. 31). Bis zum 5. Jahrhundert muß sich das Panorama Roms durch die neuen christlichen Bauten gründlich gewandelt haben: Bauten, die mit den Palästen und öffentlichen Gebäuden und mit den Tempeln der Götter vom Grüngürtel bis mitten ins Zentrum der Stadt in Wettbewerb treten sollten.

Nichtsdestoweniger war eine derartige Bautätigkeit bis zum Ende des 4. Jahrhunderts keineswegs ein Monopol der Christen in Rom. Eine große Zahl von nichtchristlichen Monumenten wurde repariert, umgebaut, neu errichtet oder neu dekoriert: öffentliche Gebäude, große Herrensitze, Foren, Straßen, Aquädukte, sogar Tempel und Heiligtümer. Auf dem Esquilin wurde das *macellum Liviae*, ein von Läden und Säulengängen umrahmter Markt aus dem 1. Jahrhundert, im Jahr 367 und noch einmal 378 restauriert; er lag nahe der heutigen Piazza Vittorio Emmanuele, wo bis heute ein Markt abgehalten wird. Nahe dem Tiberufer hat sich auf dem Gelände der heutigen Piazza Bocca della Verità eine aus säulengetragenen Arkaden errichtete Loggia erhalten, die dem vorderen Teil von S. Maria in Cosmedin einverleibt wurde; sie wurde um 400 n. Chr. erbaut und war vermutlich die *statio annonae*, wo der für die Lebensmittelversorgung zuständige Beamte seinen Sitz hatte. Auch heidnische Heiligtümer wurden wiedererrichtet und restauriert. Das heidnische Element innerhalb der senatorischen Kreise in Rom war offenbar so stark, daß es die kaiserliche Politik durchkreuzte, die den heidnischen Glauben zu unterdrücken und seine Tempel in den Schatten zu stellen suchte. Insbesondere scheint das Forum Romanum ein heidnisches Reservat geblieben zu sein. Zwischen 337 und 341 wurde entlang der Via Sacra eine Reihe von Statuen errichtet, unter denen sich auch heidnische Gottheiten befanden. Unterhalb der Felswand des Kapitolinischen Hügels steht der *porticus deorum consentium*, ein eleganter kleiner Bau, der den zwölf Schutzgöttern Roms geweiht war und vom Stadtpräfekten im Jahr 367 wiedererrichtet wurde. Ganz in der Nähe wurden um 400 die kraftvollen Säulen am Tempel des Saturn neu gesetzt und mit grob gefertigten ionischen Kapitellen versehen, ein klassischer Kapitelltyp, der in Rom seit 300 Jah-

31. S. Sabina, Außenansicht von Norden

ren nicht mehr verwendet worden war (Abb. 32). Am gegenüberliegenden Ende des Forums, am Beginn der Via Sacra, wurde sogar noch 394 der Vestatempel restauriert. Die großen privaten Herrensitze hielten ebenfalls an klassischen und oft heidnischen Traditionen fest. Nach 331 wurde, noch in der Regierungszeit Konstantins, auf dem Esquilin eine große, einschiffige Halle mit einer Apsis errichtet (Abb. 33). Diese Basilika des Junius Bassus hat, in die Kirche S. Andrea in Catabarbara umgewandelt, bis ins 17. Jahrhundert die Zeiten überdauert; Zeichnungen und einige wenige erhaltene Fragmente legen von ihrem prächtigen Wandschmuck aus Marmorintarsien Zeugnis ab, der von gänzlich heidnischem Charakter war. Ähnliche Empfangshallen aus dem 4. Jahrhundert haben sich an anderen Stellen Roms bis heute erhalten, wenn auch ihres Schmucks beraubt: in der Kirche S. Balbina; im Kernstück von S. Susanna, einer mit Seitenschiffen und Emporen versehenen Halle; in SS. Quattro Coronati, wo die einstige Apsis der heutigen Kirche einverleibt worden ist. Auch in Ostia bezeugt eine Reihe ähnlich reicher Herrenhäuser aus dem späten 4. Jahrhundert den heidnischen Glauben ihrer Besitzer, wie die *sujets* ihres Wand- und Bodenschmucks deutlich machen.

In der Tat blieb Rom während des ganzen 4. Jahrhunderts für seine Besucher eine im wesentlichen klassische, säkulare und heidnische Stadt – sofern sie

32. Saturntempel

nicht kamen, um an den christlichen Heiligtümern zu beten. Zum Besichtigungsprogramm für den Kaiser Constantius II. im Jahre 357 gehörten das Forum Romanum, »überwältigend durch seine Ansammlung von Wundern«; das Kapitol und der Jupitertempel; das Kolosseum; das Pantheon, »gleich einem kreisförmigen Stadtviertel«; die Triumphsäulen des Trajan und des Marcus Aurelius; der Tempel der Venus und Roma; Vespasians Forum Pacis, das noch im 6. Jahrhundert mit kostbaren Statuen übersät war; das Theater des Pompejus und das Stadion Domitians; der große Zirkus, wo der Kaiser als Schirmherr für die Spiele fungierte und den Obelisken aufstellte, den sein Vater aus Ägypten herbeigeschafft hatte. Beim Besuch des Trajansforums, auf dem Höhepunkt des Programms, empfahl ihm angesichts des Reiterstandbilds von Trajan ein persischer Prinz aus seinem Gefolge, einen »ebenso großartigen Stall« zu errichten, »wenn er ein ebenso großartiges Pferd haben wolle«.

Allerdings zielten während des 4. Jahrhunderts mehr und mehr kaiserliche Erlasse auf die Unterdrückung der heidnischen Kulte und ihrer Heiligtümer ab: 346 wurde das öffentliche Abhalten von heidnischen Zeremonien verboten; zehn Jahre später wurden die Tempel geschlossen; 364 wurden ihre Einkünfte konfisziert; 408 schließlich verordnete ein Erlaß, daß alle Tempel für neue, vermutlich profane Funktionen genutzt werden sollten. Während dieser Zeit aber mahnten eben dieselben und noch weitere Erlasse die Behörden immer wieder, die Tempel als öffentliche Monumente und – dies ist der springende Punkt – als Staatseigentum zu schützen. Das Heidentum war ausgerottet worden; aber seine Monumente blieben als Zeugen einer großen Vergangenheit bestehen und waren die allgegenwärtigen Wahrzeichen der Macht dieser Stadt und des Imperiums, das sie einst beherrscht hatte. Selbst noch um 500 n. Chr. bewunderte Cassiodorus, der römische Kanzler des Gotenkönigs Theoderich, voller Hochachtung das Theater des Pompejus mit seinen »Höhlen, die von niederhängenden Steinen überwölbt und so kunstreich gefügt sind, daß sie mehr den Grotten eines riesigen Berges gleichen als irgend etwas je von Menschenhand Gefertigtem«; er bewunderte die Aquädukte, die Kanalisation – denn »welche andere Stadt kann sich über der Erde mit Rom vergleichen, wo doch schon ihre unterirdischen Bauten so unvergleichlich sind« – und die »gewaltigen Mengen von Statuen, die mächtigen Herden von Rössern, die unsere Stadt verschönern«. Während der Belagerung der Stadt durch die Goten etwa dreißig Jahre später sah sie Procopius immer noch von Statuen angefüllt: das Heiligtum des Janus und seine bronzene Statue, siebeneinhalb Fuß hoch, auf dem Forum Romanum; auf dem Forum des Vespasian einen Brunnen und einen bronzenen Stier, der von den Kunstkennern jener Zeit – es gab noch ein paar – entweder dem Phidias oder dem Lysippus zugeschrieben wurde; in der Nähe ein von Myron geschaffenes bronzenes Kalb und eine Statue, als deren Urheber eine Inschrift den Phidias nannte. Es gab noch weitere; denn, um mit Procopius' eigenen Worten zu sprechen, er sah »in jenem Viertel« – gemeint sind das Forum Romanum und die an dieses anschließenden Kaiserforen – »viele dem Phidias oder dem Lysippus zugeschriebene Statuen«. Die Namen besagen wenig; aber offensichtlich besaß der ›Schaubezirk‹ des antiken Rom noch viele Statuen; die Reiterstatue Konstantins mag sich sogar noch im 8. Jahrhundert auf dem Forum Romanum erhoben haben. Als Grieche, der er war, erklärte sich Procopius diesen Reichtum an Kunstwerken in Rom mit der systematischen Plünderung Griechenlands durch die römischen Sieger. Aber er bewunderte auch ein Kunstwerk, das offenkundig römischer Herkunft war – ein aus einem einzigen Baumstamm gehauenes Kanu, angeblich das Boot des Äneas, das in einer Art

Museum am Tiberufer ausgestellt war; und während er die Sorgfalt betonte, die die römischen Bürger auf den Erhalt »der Bauten der Stadt und der meisten ihrer Kleinode aufwendeten, die deshalb, weil sie so hervorragend gearbeitet sind, eine so lange Zeitspanne und solche Vernachlässigung überdauern konnten«, so merkte er doch auch den schlechten Zustand an, in dem sie erhalten waren.

Besucher wie Procopius und Römer, denen etwas daran lag, waren sich demgemäß über den Verfall der Stadt und ihrer Monumente sehr wohl im klaren. Sie waren sich immer dessen bewußt, daß sie nur den Schatten der ruhmreichen Pracht sahen, die einst Rom ausgemacht hatte. Ihre Berichte atmen Nostalgie – eine Nostalgie, die als literarischer Topos bis ins 4. Jahrhundert und noch weiter zurückreicht. Aber die Vorstellung von Roms Größe dauerte fort.

Die Tempel, Theater und Zirkusse, die Thermen, die unzähligen Statuen aus Bronze und Marmor, mögen sie zerbröckeln oder nicht, zeugen von jener Größe. Machtvoller als die Realität blieb die wehmütige Vorstellung von Roms Ruhm und Größe am Leben. Aber dieses romantische Sehnen nach einer Größe, die für immer verloren war, ließ, irrational, wie die Menschen in ihrer Einstellung zu Vergangenheit und Gegenwart nun einmal sind, unter den Gebildeten wie den einfachen Leuten, unberührt von den Tatsachen, die Überzeugung unangetastet, daß Rom der Angelpunkt der zivilisierten Welt und die Königin der Städte geblieben sei. Die Stadt war noch immer, wie man sie seit Jahrhunderten geheißen hatte, das »eine Vaterland der verschiedenen Völker«, die *communis patria* des Cassiodorus, die gemeinsame Heimstatt der Menschheit. Besucher kamen, um das grandiose Bild zu sehen, und die Einheimischen spähten ständig nach ihm; und weil sie es suchten, fanden sie es auch, verkörpert in den Monumenten.

Die heidnischen Bedeutungsinhalte, die unauflöslich mit dem antiken Rom verwoben waren, spielten, so scheint es, im Denken eines Cassiodorus oder Procopius keine Rolle. Für sie bedeutete das Heidentum keine Gefahr mehr. Die Welt, in der sie lebten, war eine christliche geworden. Anders im 4. Jahrhundert, als Rom gerade christianisiert wurde. Angesichts des triumphalen Vormarschs des Christentums gerieten die Gebildeten der ganzen antiken Welt in eine mißliche Zwangslage. Ob Christen oder nicht, sie hatten das gemeinsame Ziel, so viel als möglich von jener klassischen Hinterlassenschaft zu erhalten, die ihre Sprache, ihre Kultur und ihr Denken geformt hatte. Für Laien und Kleriker gleichermaßen schien dieses Ziel, in den Städten und Provinzen des Ostens ebenso wie am kaiserlichen Hof, ob in Konstantinopel oder Mailand, durchaus mit dem christlichen Glauben vereinbar zu sein. Im Gegensatz dazu war im Rom des 4. Jahrhunderts die klassische Tradition im allgemeinen an feste heidnische Überzeugungen gekettet. Sicher, im letzten Drittel dieses Jahrhunderts waren die Heiden, in Rom ebenso wie überall im Reich, gegenüber den Christen in der Minderzahl: auch im Staatsdienst und am kaiserlichen Hof hatten die Christen die Oberhand gewonnen. Aber unter den römischen Familien, die im Senat und in der Verwaltung die Zügel der Macht in der Hand hielten, blieb das Heidentum eine starke Kraft: ein aufgeklärtes Heidentum, in welches Elemente aus der gnostischen, der neuplatonischen

33. Basilika des Junius Bassus, Mauerverkleidung. Zeichnung von Giuliano da Sangallo – Biblioteca Vaticana, Barb. lat. 4424, fol. 33[r]

und der neopythagoräischen Philosophie sowie aus orientalischen Mysterienkulten eingeflossen waren. Die Verehrung der römischen Götter war ein unabdingbarer Bestandteil heidnischer Bürgerpflicht, wenn schon nicht aus religiösen, so doch aus nationalen Gründen: sie sahen in diesem Kult eine Garantie für die dauernde Größe des Imperiums und seiner einzig legitimen Hauptstadt Rom, eine Größe, die das Christentum dagegen in ihren Augen untergrub. Auch politische Faktoren gingen in die heidnische Widerstandsbewegung in Rom ein: Ressentiments gegen die Kaiser, die das Alte Rom sowohl durch ihre Bekehrung als auch durch ihre Übersiedlung nach Konstantinopel verraten hatten; Feindseligkeit gegenüber der beständig wachsenden Zahl von Christen am Hof und in der Staatsverwaltung, einst eine Domäne der großen heidnischen Familien Roms, und Abneigung gegen die mit dem Christentum verbundene Kultur. In ihrer aristokratischen und traditionsverbundenen Sicht war die einzige Kultur, die diesen Namen verdiente, das klassische Goldene Zeitalter der Antike. Deshalb suchten die Kunstwerke, die sie für sich selbst in Auftrag gaben, jene Kunst der augusteischen Zeit wiederzubeleben, die doch seit 400 Jahren tot war. Das Elfenbeindiptychon, das um 380 für die Nicomachi und die Symmachi, zwei der führenden römischen Familien des heidnischen Widerstands, geschaffen wurde, ist ein herausragendes Beispiel für die subtile Eleganz jenes letzten Auflebens der Klassik. Ihrem Kreis mußte die neue christliche Massenkultur in Denken, Sprache und Kunst unbedarft und von plebejischer Herkunft erscheinen, was sie in der Tat auch war. Gleichgültigkeit gegenüber den klassischen Traditionen der Antike war schließlich von Anfang an ein Wesensmerkmal der Kirche gewesen. Obgleich diese Haltung in den Ostprovinzen des Reiches allmählich verschwand, seit vom 3. Jahrhundert an Gebildete an die Stelle der simpleren und fanatischeren Kirchenführer früherer Zeiten traten, blieb sie doch im Westen unvermindert bestehen. In Rom scheinen Klerus und Gemeinden bis über die Mitte des 4. Jahrhunderts hinaus gegenüber Denken, Sprache und Kunst der Klassik weitgehend gleichgültig geblieben zu sein – aklassisch, wenn nicht antiklassisch. Die großen heidnischen Familien müssen von den kruden Sarkophagen und Goldgrundgläsern entsetzt gewesen sein, die im Rom des 4. Jahrhunderts für Christen angefertigt wurden. Ebenso entsetzt und mit Verachtung sahen sie wohl die große Zahl an christlichen Bauten überall in der Stadt emporschießen: von einfacher Anlage und ohne Rücksicht auf die klassischen Proportionen, mit Säulen, Kapitellen und Säulengebälk gefüllt, die alle aus anderen Gebäuden herangeschafft waren und daher oft nicht zusammenstimmten. In diesem Rahmen sollte man die heidnische Kunst im öffentlichen und privaten Bereich in diesen späten Jahren sehen, die darum bemüht war, dem heiligen Rom eine klassische, nationale und heidnische Note zu erhalten.

Im Jahr 395 wurde das Heidentum in Rom endgültig abgeschafft. Die letzten Heiden aus den großen römischen Familien wurden zur Bekehrung gezwungen; doch einige blieben wahrscheinlich insgeheim Heiden. Gleichzeitig hatte sich jedoch seit dem letzten Drittel des Jahrhunderts ein wesentliches Element im Kampf zwischen Christentum und Heidentum gewandelt. Während Rom immer christlicher wurde, wurde die Kirche immer römischer. Sie nahm der römischen Vergangenheit und der klassischen Tradition gegenüber eine positive Haltung ein, obwohl beide an heidnische Elemente geknüpft waren. Die Gründe für diesen Wandel sind zahlreich. Zum einen war die Kirche reich geworden: ihre wirt-

34. Sarkophag des Junius Bassus. Ausschnitt: Die *Traditio legis*

schaftlichen Interessen waren nun mit denen der großen Grundbesitzerfamilien eng verbunden. Im Laufe des 4. Jahrhunderts bildeten zum Christentum bekehrte römische Patrizier eine christliche Beamtenaristokratie und trugen das ihnen ureigene klassische Erbe mit sich weiter. Der Sarkophag des jüngeren Junius Bassus (Abb. 34) – sein Vater hatte die heidnische Basilika auf dem Esquilin gebaut, doch der Sohn starb 359, nach einer Amtsperiode als Stadtpräfekt, als Christ – ist in Entwurf und Ausführung so exquisit und klassisch wie die Sarkophage seiner heidnischen aristokratischen Standesgenossen; und er ist nur ein Beispiel aus einer ganzen Gruppe von Sarkophagen und Metallarbeiten, die im letzten Drittel des 4. Jahrhunderts für Christen aus der Oberschicht angefertigt wurden. Für heidnische wie für christliche Auftraggeber arbeiteten dieselben Künstler, und ein junges christliches Paar hatte keine Bedenken, eine silberne Toilettengarnitur anzunehmen, die im klassischen Stil mit heidnischen Gottheiten verziert war – Symbole, die für sie offensichtlich bar aller religiösen Bedeutung waren: man sehe sich den Schatz der Projecta an, der auf dem Esquilin gefunden wurde und sich nun im Britischen Museum befindet; er ist zwischen 379 und 382 datiert (Abb. 35). Der Geschmack einer kleinen Gruppe von Patriziern veränderte den Konservatismus der Mittelklasse jedoch nur wenig, für die immer noch grob gearbeitete, unklassische Sarkophage hergestellt wurden. Und er hätte, aufs Ganze gesehen, nur geringfügige Auswirkungen gehabt, wäre nicht zur selben Zeit die Kirchenhierarchie selbst im ganzen Westen und in Rom von gebildeten Patriziern und Intellektuellen, die zu ihren Kreisen gehörten, durchsetzt worden: hohe Beamte wie Ambrosius, der als Bischof von Mailand zur mächtigsten politischen Persönlichkeit seiner Zeit wurde; Schriftsteller wie Hieronymus, der 20 Jahre lang ein beliebter geistlicher Führer der christlichen Damen aus der besseren Gesellschaft in Rom war, bis er sich 385 ins Heilige Land zurückzog, wo er 419 seine Tage als eine Art Eremit in Bethlehem beschloß, umgeben von einer Gemeinde frommer Männer und Frauen; Professoren der Rhetorik wie Augustinus, bekehrt nach einer tiefen geistigen Krise, Bischof von Hippo in Afrika und der größte frühchristliche Theologe; Paulinus, ein Patrizier von ungeheurem Reichtum aus Gallien, der spätere Bischof von Nola bei Neapel. In Rom selbst wurde die neue Richtung in der Kirchenführung am besten von Damasus verkörpert,

35. Kästchen aus dem Brautschatz der Projecta. Ausschnitt: Venus

der im Jahre 366 gegen blutigen Widerstand zum Papst gewählt worden war: er war der Sohn eines hohen kirchlichen Würdenträgers; wohlhabend, ehrgeizig und lebenslustig; geschickt darin, Zugang zu den Ohren und den Börsen reicher Damen zu finden – böse Zungen nannten ihn den Ohrlöffel der Matronen; ein guter Politiker und ein römischer Nationalist. Das vordringlichste Anliegen seiner Politik wurde es, die Stellung Roms und seiner Kirche gegen die von den Kaisern unterstützten Ansprüche des Ostens zu behaupten. Wieder und wieder betonte er den Primat des Apostolischen Stuhls in Rom. Ein Mann von weit geringerer geistiger Tiefe als seine großen Zeitgenossen, strebte er danach, die Kirche mit der klassischen Vergangenheit zu verbinden. Beginnend mit seinem Pontifikat beherrschte ein Kreis patrizischer Kleriker die römische Kirche, ein Senat, wie ihn Hieronymus nannte, der von den weltlichen Häuptern der großen christlichen Familien unterstützt wurde. Aus ihrer Mitte wählten sie die Päpste – Päpste, die Diplomaten und Juristen waren, häufig die Söhne kirchlicher Würdenträger, fast immer Römer von Geburt und immer in Rom ausgebildet. Die Werke von Cicero, Plato, Horaz, Virgil und Ulpian waren ein fester Bestandteil im Denken und Reden solcher christlichen Führer. Eine Welt ohne die Klassiker war für sie ebenso undenkbar, wie es eine Welt ohne Shakespeare für die englischsprachigen Kulturen wäre; und das Ewige Rom, wo sie ihre Ausbildung genossen hatten, war noch immer der Mittelpunkt dieser Welt.

Daraus entstand ein Konflikt. Die klassische Vergangenheit war schließlich unauflöslich mit dem Heidentum verknüpft. Geriet man nicht durch ihre Aneignung in die Gefahr, sich auch dem Heidentum anzugleichen? Hieronymus war in den achtziger Jahren des 4. Jahrhunderts davon überzeugt; in einem Traum sah er sich zur Hölle verdammt, weil er eher ein Cicero-Anhänger als ein Christ sei. »Was haben Horaz mit dem Psalter, Virgil mit den Evangelien, Cicero mit Paulus zu tun?« sagt er in Anlehnung an die 200 Jahre älteren Worte Tertullians – »Was ist Athen gegen Jerusalem?« Sein Ausweg aus dem Dilemma bestand darin, sich in die Wüste von Judäa zurückzuziehen und in seinen späteren Jahren ein neues Vulgärlatein zu pflegen, eine kraftvolle schlichte Sprache, die von allen verstanden wurde, den *sermo humilis*, der seine Überarbeitung der lateinischen Bibel, der Vulgata, prägte.

Aber der Ausweg, den Hieronymus fand, war nicht jedermanns Sache. Ambrosius und Augustinus nahmen die Hinterlassenschaft der Klassik an, ohne Gefahr für ihre Seelen zu empfinden. Sogar schon vor dem Pontifikat des Damasus war Rom selbst auf dem Weg gewesen, die Kunst der Kirche mit einer klassischen und spezifisch römischen Note zu bereichern. In einem schon 354 geschriebenen Kalender, der in einer Kopie aus dem 16. Jahrhundert erhalten ist, hatte ein römischer Schreiber, Philocalus, eine neoklassische Schrift geschaffen, mit der er die Buchstabentypen aus der Zeit des Augustus in einer neuen Version wieder zum Leben zu erwecken suchte. Dies war im letzten Drittel des Jahrhunderts der gebräuchliche Schrifttyp der vielen Inschriften, die Damasus an den Gräbern der Märtyrer anbringen ließ. Im frühen 5. Jahrhundert wurde die neue klassische Strömung im Bereich der Kirchendekoration offenkundig; etwa im Jahr 390 wurde eine große Thermenhalle in die Kirche S. Pudenziana umgewandelt und in den folgenden 15 Jahren neu dekoriert. Das Gewölbe der Apsis wurde nicht mit einer einfachen Goldverkleidung ausgeschlagen wie dasjenige in Konstantins Lateranbasilika, sondern vielmehr mit der frühesten figürlichen Darstellung versehen, die in einer römischen Kirche erhalten geblieben und sicher eine der ersten ist, die für einen Kirchenbau in Rom entworfen wurde (Abb. 36): ein thronender, in schimmerndes Gold gekleideter Christus, flankiert von den Aposteln, die die Toga der römischen Senatoren tragen; zwei weibliche Figuren repräsentieren die Kirche der Juden und die der Heiden, die *ecclesia ex circumcisione* und die *ecclesia ex gentibus*, erstere geziemenderweise hinter dem heiligen Petrus, die zweite hinter dem heiligen Paulus, dem Lehrer der Heiden, dem *doctor gentium*, postiert; ein riesiger Gebäudeprospekt von palastartigem Charakter schließt die Szene im Hintergrund ab; und die Symbole der Evangelisten, Engel, Löwe, Stier und Adler, schweben am Himmel zu beiden Seiten eines juwelenverzierten Kreuzes. Trotz der weitgehenden Restaurierung ist zu erkennen, daß die völlig glaubhaft in christlichem Sinne umgestalteten Gesichter, Körper, Gesten und die Raumverteilung an die Kunst Roms in ihrer klassischsten, monumentalsten und konservativsten Gestalt erinnern wollen.

In der Tat war die Kirche in Rom seit dem Pontifikat des Damasus bestrebt gewesen, ihre fremde, östliche Herkunft herunterzuspielen und sich nach Ursprung und Geist als römisch darzustellen. Noch im 3. Jahrhundert war schließlich ihre offizielle Sprache Griechisch und nicht Lateinisch, also Römisch gewesen; und diese ihre fremde Vergangenheit sollte nun ausgemerzt werden. Die Gedichte, die Damasus verfaßte, behandeln ebendieses Thema immer und immer wieder; Sankt Hermes, so sagt er, wurde aus Griechenland nach Rom gesandt, und indem er sein Blut in Rom für den Glauben vergoß, wurde er zu einem römischen Bürger; Sankt Saturninus aus Karthago war durch sein Martyrium zum Römer geworden; Petrus und Paulus, die aus dem Osten gekommen waren, waren nun, durch ihren Tod für Christus in Rom, von Rechts wegen römische Bürger. Die Märtyrer, deren Gräber rings um Rom lagen, nahmen die Stelle der Heroen des heidnischen Altertums ein, so wie ihre Schutzheiligen Petrus und Paulus, die Apostelfürsten, als die neuen Gründer der Stadt, eines christlichen Rom, an die Stelle von Romulus und Remus traten; und ihr Doppelporträt wurde auf Goldgrundgläsern abgebildet, wie das der beiden Kaiser, der zwei *augusti*, auf Münzen; die Eintracht der Apostel löste die Eintracht der Kaiser ab. Sie bürgten für die Wiedergeburt Roms, für die *renovatio urbis*. Der Gedanke von der Wiedergeburt Roms als Haupt der zivilisierten

36. S. Pudenziana, Apsismosaik

Welt, als *caput orbis*, war seit den Zeiten des Augustus auf den Münzlegenden zum Ausdruck gekommen. Im späteren 4. Jahrhundert wurde er zu einer Schlüsselvorstellung in heidnischen Kreisen, die eine Wiedergeburt der Welt meinte, welche durch die Wiederbelebung der glorreichen Vergangenheit Roms ins Werk gesetzt werden sollte. Zur selben Zeit jedoch wurde dieser Gedanke, freilich mit anderer Bedeutung, auch von der römischen Kirche aufgegriffen. Schon Konstantins Theologen hatten das durch ihn im Namen Christi erneuerte römische Imperium als Königreich Gottes auf Erden angesehen. Gegen Ende des Jahrhunderts sah Ambrosius das christliche Reich als die Erfüllung der augusteischen Pax Romana. Zur selben Zeit spricht aus den Hymnen des Prudentius der Gedanke einer *renovatio urbis* im Zeichen des Christentums: »Die ganze Menschheit«, sagt er sinngemäß, »fiel unter die Herrschaft Roms, auf daß sie die gesamte Welt von einem gemeinsamen Band im Namen Christi verbunden sähe. Gewähre daher, Christus, deinen Römern eine christliche Stadt, eine Hauptstadt, christlich wie der Rest der Welt. Petrus und Paulus sollen Jupiter austreiben.« Rom, christianisiert und geheiligt durch das Blut und die Gräber von Petrus und Paulus und der anderen Märtyrer, sollte die Welt im Namen Christi erneuern.

In diesem Kontext findet der wichtigste und auffälligste Kirchenbau des späten 4. Jahrhunderts in Rom Erwähnung: die Basilika S. Paolo fuori le mura an der Straße nach Ostia, etwa 20 Minuten zu Fuß außerhalb der Stadtmauern. Bis 384 – entgegen dem anderslautenden Bericht von einer großen konstantinischen Gründung, der in den ›*Liber Pontificalis*‹ später eingefügt wurde – schützte nur ein kleiner Bau das Grab, in dem anscheinend der heilige Paulus lag. Der Gegensatz zu der riesigen Basilika, die Konstantin dem heiligen Petrus geweiht hatte, ist erstaunlich – um so mehr, als der Volksglaube die Apostelfürsten längst als gleichrangig angesehen hatte, wovon ihre gemeinsame Gedenkstätte unterhalb von S. Sebastiano an der Via Appia Zeugnis ablegt. Dennoch galt Petrus in der offiziellen Auffassung der römischen Kirche in Konstantins Zeit offenbar weit mehr als Paulus. Dies ist verständlich: der römische Bischof, der durch Konstantins Politik eine herausragende politische Stellung errungen hatte, beanspruchte den Primat im Westen des Reiches. Petrus, der erste Bischof von Rom, war der Urquell der apostolischen Sukzession, der Felsen, auf dem die römische Kirche gründete. Im Lichte der neuen Auffassungen, die sich durchgesetzt hatten – möglicherweise eine Wiederbelebung des Volksglaubens –, konnte man im späten 4. Jahrhundert Paulus nicht länger auf den zweiten Platz verweisen. Allerdings wurde dann nur zwei Jahrhunderte später der heilige Paulus endgültig in den Hintergrund gedrängt, und der heilige Petrus wurde wieder zum führenden Heiligen in Rom und überall im Westen, wie er es in Konstantins Tagen gewesen war. Im späten 4. Jahrhundert aber herrschte die Eintracht der Apostel vor und verlangte die Ranggleichheit von Petrus und Paulus als der gemeinsamen Beschützer Roms. Paulus eine geringere Stellung zuzuschreiben war eine Auffassung, die offensichtlich unhaltbar war in einer Kirche, die von den christlichen Intellektuellen des späten 4. Jahrhunderts geprägt wurde. Paulus war der Philosoph, der Intellektuelle unter den Jüngern und von daher das Vorbild der neuen christlichen ›Intelligentsia‹. Er war der Lehrer der Heiden, *doctor gentium*, und dadurch folgerichtig auch der Vorkämpfer gegen die Heiden, die in der römischen Aristokratie noch zu finden waren.

So erschien es 384 nur natürlich, die unauffällige konstantinische Gedenkstätte durch eine Basilika zu ersetzen, die es der Peterskirche gleichtun sollte. Die Initiative scheint von Damasus herzurühren – ein angemessener Höhepunkt in seinen Anstrengungen, die Apostelfürsten einander gleichzustellen. Die regierenden Kaiser – Valentianus II., Theodosius und Arcadius – finanzierten den Bau – vermutlich auf sein Ansuchen hin. Der kaiserliche Erlaß, der den Baubeginn genehmigte, spiegelt die höchst komplexe politische Situation in Rom wider: nachdem der Stadtpräfekt seinen Bericht über das Grundstück eingereicht hatte, erklärten die Majestäten ihre Bereitschaft, die seit alters verehrte Gedenkstätte mit einem neuen Gebäude zu ehren, das den großen Andrang von Gläubigen aufzunehmen imstande wäre. Infolgedessen wurde der Präfekt beauftragt, mit den kirchlichen und zivilen Behörden in Verbindung zu treten und vom Senat und Volk Roms die Erlaubnis zu erwirken, jenseits einer Landstraße zu bauen, um ausreichenden Platz zu gewinnen: eine Respektsbezeugung gegenüber den leicht verletzbaren Gefühlen am Ort, die in einer so delikaten Situation verständlich ist angesichts der Spannungen zwischen der von den Kaisern unterstützten Kirche und dem örtlichen christlichen Adel einerseits und den verbleibenden heidnischen Senatorenfamilien andererseits. Trotz der Ausmaße des Gebäudes wurden die Bauarbeiten in nur sechs oder acht Jahren abgeschlossen, die Ausschmückung mag ein paar Jahre länger gedauert haben.

Die neue Basilika sollte mit St. Peter in Anlage, Ausmaß und Großartigkeit wetteifern. Der heutige Bau ist nur ein Ersatz für die Basilika aus dem späten 4. Jahrhundert, die 1823 durch Feuer zerstört wurde. Ein zweiter Bauabschnitt, der wegen eines Feuers oder Erdbebens im Jahre 441 notwendig geworden war, beschränkte sich auf Reparaturen und die Renovierung der Innenausstattung. Auf diese Weise sind der Grundplan, die Proportionen und große Teile der Mauern aus dem 4. Jahrhundert bis zum heutigen Tag erhalten geblieben. Stiche und Zeichnungen aus der Zeit vor und nach dem Brand von 1823 vermitteln eine recht genaue Vorstellung von dem Gebäude, wie es damals bestand (Abb. 37): ein hohes und weites Mittelschiff, durch 44 Fenster – im Vergleich zu den 22 von St. Peter – in helles Licht getaucht; doppelte Seitenschiffe zu beiden Seiten; ein von Säulengängen umschlossenes Atrium; ein Querschiff mit einer Apsis wie in der Peterskirche, aber breiter und höher, für das Grab des Apostels. Die 40 Säulen scheinen sorgfältig ausgesucht und nicht wahllos anderen Gebäuden entnommen worden zu sein, ebenso die Kapitelle im Mittelschiff; die der Seitenschiffe wurden speziell für die neue Kirche in einer vereinfachten korinthischen Form angefertigt. Eine vergoldete Kassettendecke überspannte das Mittelschiff aus dem 4. Jahrhundert; und Mosaiken, möglicherweise eher ornamentalen als figürlichen Charakters, bedeckten seinen Triumphbogen. Die Reparaturen aus dem 5. Jahrhundert wurden mit gleicher Sorgfalt und Großzügigkeit ausgeführt: als Ersatz für die 24 im Jahre 441 zerstörten Säulen wurden prächtige Schäfte aus violettem *pavonazzetto*-Marmor und wunderschöne korinthische Kapitelle ausgesucht; Stuckornamente bedeckten die Arkaden und ihre Zwickel; die Wände des Mittelschiffes

Die Christianisierung Roms und die Romanisierung des Christentums

37. S. Paolo fuori le mura, Innenansicht nach dem Brand von 1823 mit Blick auf Querschiff und Apsis. Stich von L. Rossini

waren mit Fresken nach biblischen Szenen bemalt; und ein Mosaik auf dem Triumphbogen zeigte die 24 Ältesten, die Christus ihre Kränze darbieten.

In S. Paolo fuori le mura läßt sich an dieser Sorgfalt für die Details und am Wert, der auf verschwenderischen Schmuck und auf ausgewogene Proportionen gelegt wurde, und zwar sowohl beim ursprünglichen Bau wie bei den Ausbesserungsarbeiten des 5. Jahrhunderts, in beispielhafter Weise eine neue, klassische Ausrichtung der römischen Kirchenarchitektur ablesen. Sie erreichte ihren Höhepunkt mit S. Sabina auf dem Aventin (Abb. 38). Erbaut um 425, aber erst nach 432 vollendet, bleibt diese Basilika die eleganteste und prächtigste der in Rom erhalten gebliebenen frühchristlichen Kirchen. Das bemerkenswert hohe Mittelschiff wird von einer Reihe großartig gearbeiteter Säulen und Kapitelle getragen, die aus irgendeinem Bau des 2. Jahrhunderts geplündert waren; die außerordentlich großen Fenster lassen ein reiches, aber gedämpftes Licht einfallen; die Zwickel der Arkaden sind mit einer fein gearbeiteten Marmorverkleidung bedeckt – Platten mit Abendmahlskelchen, Patenen und Schilden, die gegen einen Hintergrund abgesetzt sind, der Mauerwerk imitiert. Die Mauern zwischen den Arkaden und der Fensterzone waren mit Mosaiken geschmückt, wie auch die Apsis und ihr Bogen; auf letzterem waren die Büsten von Christus und seinen Aposteln in Rondellen dargestellt, wie man aus alten Stichen weiß. Von allen diesen Mosaiken ist nur das große Feld auf der Innenseite der Fassade erhalten geblieben; es trägt die in schönen Lettern *all'antica* gehaltene Weiheinschrift des Gründers, Peters des Illyrers, flankiert von Allegorien der Kirche der Juden und derjenigen der Heiden – römischen Matronen, würdig und gesetzt auf Goldgrund (Abb. 39). Entwurf und Schrifttypen der Inschrift atmen denselben Geist klassischer Erneuerung wie die sorgfältig ausgewählten Kapitelle und Säulen und die prächtigen Proportionen des Baus insgesamt.

Diese Bereicherung der christlichen Architektur durch eine klassische und römische Note hatte im

38. S. Sabina, Innenansicht

letzten Jahrzehnt des 4. Jahrhunderts begonnen; aber sie erreichte eigenartigerweise ihren Höhepunkt erst nach einer größeren Katastrophe, der ersten, die seit fast 1000 Jahren über Rom hereingebrochen war. Im August 410 fiel ein Stoßtrupp von Westgoten unter Alarichs Führung in die Stadt ein und plünderte sie drei Tage lang. Es gab keinen Widerstand. Zwar war erst sieben Jahre zuvor die Aurelianische Mauer zur Abwehr eben solcher Plünderzüge erhöht und ihre Tore mit Türmen versehen worden; aber eine Truppe zur Bemannung der neuen Befestigungen fehlte. Der Kaiser des Westreichs, Honorius – das Imperium war seit 395 in eine östliche und eine westliche Hälfte geteilt –, saß hilflos in Ravenna, von der Flotte beschützt; der Kaiser des Ostreichs war weit weg in Konstantinopel. So lag die Stadt offen da. Eine Reihe von Herrenhäusern ging in Flammen auf: auf der Südspitze des Aventin und in der Gegend von S. Sabina; auf dem Quirinal der Palast in den Gärten des Sallust; auf dem Caelius das Haus der Valerii, südlich von S. Stefano Rotondo. Auf dem Forum Romanum wurden die Basilica Aemilia und das nahe gelegene *secretarium* des Senats beschädigt. Es gab weitreichende Plünderungen: sogar aus der Lateranbasilika wurden einige der von Konstantin gestifteten silbernen Einrichtungsstücke geraubt; und natürlich kam es zu Gewalttaten einzelner Plünderer. Doch im großen und ganzen hielt sich der Schaden in Grenzen. Es gab kein Massaker und keine großangelegte Brandstiftung; die Bevölkerung war gewarnt, und in St. Peter und St. Paul waren Asyle eingerichtet; die Schätze dieser beiden Kirchen wurden verschont; die aus anderen Kirchen wurden in die Peterskirche geschafft; und ein guter Teil an privaten Schätzen wurde anscheinend versteckt, bevor die Plünderungen begannen – manche, wie der Brautschatz der Projecta, wurden erst im 17. und 18. Jahrhundert wiederentdeckt.

Aber die Erschütterung, die die Einnahme Roms sowohl unter Christen als auch unter den heidnischen Zeitgenossen hervorrief, war tief. Über 1000 Jahre lang war Rom – und war es immer noch – das Haupt der zivilisierten Welt und ihre kulturelle Hauptstadt gewesen. Nun war sie von einer Horde ungebildeter Barbaren eingenommen worden. »Es ist das Ende der Welt«, schrieb Hieronymus; »die Worte fehlen mir, mein Schluchzen bricht durch; ich kann nicht diktieren. Die Stadt ist gefallen, die einst die ganze Welt eroberte – *capta est urbs quae totum cepit orbem*« – das Wortspiel *urbs* und *orbis* ist unübersetz-

39. S. Sabina, Mosaik auf der Innenfassade. Ausschnitt: *Ecclesia ex Circumcisione*

bar. Heiden und Christen reagierten auf den Schock in unterschiedlicher Weise. Heiden und heimliche Heiden sahen den Grund darin, daß die Stadt und die Kaiser den alten Göttern abgeschworen hatten; offiziell war man einfach darum bemüht, den Fall Roms aus dem Gedächtnis zu tilgen. Für Rutilius Namatianus, einen hohen Beamten aus Gallien, der sich noch 416 offen zum Heidentum bekannte, war es nur ein vorübergehender Rückschlag. Rom war ewig; und ein Jahr nach der Plünderung wurde Kaiser Honorius mit Lobpreisungen empfangen, die des siegreichen Trajan würdig gewesen wären. Hierin manifestiert sich eine Gespaltenheit, die während der nächsten 1000 Jahre Bestand haben sollte: die Macht der Stadt verfiel, sie wurde eine leichte Beute für jeden Feind, aber das Bild von Rom in all seiner ruhmreichen Pracht lebte fort oder wurde wiederbelebt. Im Gegensatz dazu war die Niederlage von 410 für strenge Christen außerhalb der offiziellen Sphäre eine gerechte Strafe für noch verbliebene Reste des Heidentums und für ihre eigenen Sünden. Für Augustinus lag das Heilmittel darin, sich von aller weltlichen Herrschaft mit ihren

Übeln abzuwenden; die Menschheit müsse Buße tun und nach einem Reich streben, das nicht von dieser Welt wäre, dem »Gottesstaat«.

Die Auffassung des größten Theologen seiner Zeit konnte jedoch nicht die der politischen Führer an der Spitze der Kirche Roms sein: der Päpste Innocenz I., Zölestin, Sixtus III., Leo I., der Große – letzterer war möglicherweise schon als Erzdiakon für die Politik von Zölestin und Sixtus verantwortlich. Auch für sie waren das alte Rom und das Heidentum tot; ein neues, christliches Rom von gleicher, wenn auch andersgearteter Größe nahm das Heft in die Hand. Die Kirche war genauso vermögend, die päpstlichen Geschenke an Silbergefäßen für Kirchen, die von den Goten geplündert worden waren, genauso reich wie vor der Plünderung; die Stadt hatte ihr wirtschaftliches Gleichgewicht rasch wiedererlangt. Dieses christliche Rom, in seiner Wirtschaft kaum erschüttert und stark im Glauben, wenn auch nicht an Waffen, sollte seine Vorherrschaft im Westen gegen die Kirche von Konstantinopel behaupten und verstärken, seine Unabhängigkeit von den Kaisern verteidigen und eine gleichermaßen christliche wie römische Politik entwickeln. Das Heidentum war keine Gefahr mehr; die Verbindung zwischen heidnischem Denken und Rom war zerschnitten, ebenso wie jene zwischen dem Heidentum und der klassischen Antike. Aber Rom sollte nicht sterben. Der Kaiser war außerstande gewesen, die Stadt wirksam zu schützen. Ihre Sicherheit lag nun bei den christlichen Helden, Petrus und Paulus, und bei ihren Bischöfen, den Nachfolgern des heiligen Petrus. Sie waren als einzige wirksame Macht übriggeblieben. Rom war das Papsttum, und das Papsttum war Rom. Insofern mußte das Papsttum sowohl die politische als auch die klassische Tradition Roms, untrennbar, wie sie waren, weiterführen. Die Identifikation des Papsttums mit dem heiligen Petrus und der Kirche mit Rom und seiner klassischen Tradition, eine Identifikation, die unter Damasus eingeleitet worden war, wurde zu einem Grundpfeiler der päpstlichen Politik unter Zölestin und Sixtus III. Ein neues, ein christliches und klassisches Rom, die Hauptstadt des Papstes als des geistlichen Führers des Westens und Nachfolgers Petri, nahm die Stelle des alten Rom ein. Diese Auffassung von Rom und vom Papsttum erreichte ihren Höhepunkt in der Gestalt Leos I., des Großen, der den päpstlichen Stuhl von 440 bis 461 innehatte. »Rom ist durch den Heiligen Stuhl Petri zum Haupt der Welt geworden« – dies sind seine Worte. Die Bezeichnung *caput orbis*, aus der klassischen Antike überliefert, wird mit neuer Bedeutung gefüllt: nicht seine Waffen, seine Gesetze oder seine Macht haben Rom zum Angelpunkt der Welt gemacht, sondern der Stuhl des heiligen Petrus, der Fels der Kirche und Urahn ihrer Führer. Leo verstand sich als Stellvertreter Petri; durch ihn sprach der Apostel; er war das unbestrittene Haupt der Kirche im Westen; ihr Verteidiger gegen die Übergriffe der Ostkirchen; der Herrscher des Westens gemäß der alten römischen Tradition, wenngleich eher in einem geistlichen als weltlichen Sinne.

Der Bau und die Ausschmückung von römischen Kirchen während des 5. Jahrhunderts muß in diesem Rahmen gesehen werden. Das repräsentativste Beispiel dafür bleibt bis heute S. Maria Maggiore. Die Kirche, die sich auf dem Kamm des Esquilin erhebt, wurde, wie es scheint, in den zwanziger Jahren des 5. Jahrhunderts begonnen und von Sixtus III. (432–440) vollendet. Sie wurde, obgleich mit größeren Ausmaßen, nach dem Plan angelegt, der zu jener Zeit in Rom zur Norm geworden war: ein hohes und weites Mittelschiff, ein Seitenschiff zu beiden Seiten, und eine halbkreisförmige Apsis am Ende des Mittelschiffs – das Querschiff und seine polygonale Apsis wurden im 13. Jahrhundert angefügt und im 17. mit einer barocken Verkleidung ausgestattet (Abb. 40). Aber der Aufriß des Mittelschiffs, der trotz der Veränderungen des 16. und 18. Jahrhunderts noch immer erkennbar und aus älteren Zeichnungen bekannt ist, war außergewöhnlich. Die zwei Reihen von je 20 in Größe und Material sorgfältig aufeinander abgestimmten Säulen waren von Anfang an mit ionischen Kapitellen bekrönt, ein Typus, der seit dem 2. Jahrhundert in Rom selten geworden war. Sie tragen ein Säulengebälk von klassischer Ordnung, wie es in der Antike gebräuchlich gewesen, aber in der römischen Kirchenarchitektur nur in Konstantins Kirchen verwendet worden war: am Lateran, in St. Peter und in der Begräbnisbasilika bei S. Lorenzo. Später war dieser Typus aus Rom verschwunden, hatte aber – und dies ist bedeutsam – in der Kaiserstadt Konstantinopel überlebt. In S. Maria Maggiore sind die oberen Wände des Mittelschiffs überdies durch eine klassische Ordnung hoher korinthischer Pilaster gegliedert, die ursprünglich von einem gleichermaßen klassischen Rankenfries aus Stuck abgeschlossen wurde. Die Pilaster flankieren eine Reihe von Szenen aus dem Alten Testament, als Mosaik

40. S. Maria Maggiore, Hauptschiff

ausgeführt, von denen vor 1600 jede von einer Stucknische eingefaßt war, die von Säulen flankiert und von einem abwechselnd bogen- und dreiecksförmigen Ziergiebel gekrönt war (Abb. 41). Die Fenster des Lichtgadens über den Nischen waren ursprünglich von je zwei gedrehten Säulchen und einem Rundbogen umrahmt, gleichfalls aus Stuck. Das Mittelschiff wurde von einer Decke abgeschlossen, die vielleicht wie die heutige Kassettendecke aus dem 15. Jahrhundert paneeliert war. Mosaiken, welche die Geburt Christi und seine Jugend darstellten, bedecken den Triumphbogen – ursprünglich der Apsisbogen; das Gewölbe der Apsis mag mit einem Mosaik der Jungfrau Maria, begleitet von fünf Märtyrern, geschmückt gewesen sein.

Die Mosaiken im Mittelschiff und auf dem Apsisbogen gehören zu den großen Zeugnissen der christlichen Antike (Abb. 42, 43). Moses schlägt mit heroischer Geste auf die Fluten des Roten Meeres; seine Toga ist in helleren und dunkleren Grau- und Blautönen gehalten, aber schwarz gerändert, die Falten durch weiße Linien angedeutet, die Tunika darunter in hellem Blau; der Mann neben ihm trägt eine tiefblaue Toga über einer grauen und weißen Tunika. Die Menge dahinter verliert sich endlos in der Tiefe. Die Ägypter, in blauen Rüstungen mit goldenen Bändern und mit wild wehenden scharlachroten Mänteln, ertrinken in den grünblauen Fluten; die weißen oder hellbraunen, dunkler abgetönten Pferde sind weiß umrandet, das Zaumzeug strahlend rot. Komposition, Figuren, Gesten und Posen, Farben und impressionistische Technik sind in einer spätantiken Tradition von Mosaiken, Fresken und Manuskriptmalereien verwurzelt, die in Dutzenden von Bodenmosaiken in afrikanischen, syrischen und sizilianischen Villen – Piazza Armerina drängt sich als Beispiel auf –, in einigen wenigen Wandgemälden und in einer Handvoll illuminierter Manuskripte fortgelebt hat. Auf dem Bogen der Apsis thront Christus, ein junger Kaiser, von vier Hofherren –

41. S. Maria Maggiore, rekonstruierte Innenansicht, Zeichnung von Spencer Corbett, überarbeitet von L. Micchini

42. S. Maria Maggiore, Mosaiken im Mittelschiff. Ausschnitt: Moses schlägt auf die Fluten des Roten Meeres
43. S. Maria Maggiore, Mosaiken im Mittelschiff. Ausschnitt: Die Ägypter ertrinken im Roten Meer

natürlich Engeln – umgeben (Abb. 44). Dies alles ist in klassischer Würde und kaiserlicher Pracht gehalten und in jener Technik gestaltet, die sich in Rom in der Spätantike ausgebildet hatte: locker gesetzte Glaswürfel in verschiedenen Farben. Die Muttergottes in einer bislang noch nicht gedeuteten Szene rechts der Apsisöffnung zeigt den impressionistischen Charakter der Mosaiken in Vollendung (Abb. 45): das Gesicht fleischfarben in verschiedenen Abtönungen mit einigen Stellen von kräftigem Rosa; Lippen, Kinn und Nase in tiefem Rot hervorgehoben; die Umrisse aus roten, braunen und schwarzen Würfeln in ein und derselben Krümmung; Schmuck und Gewand gold und rot. Sie ist eine Kaiserin, die huldvoll hinter ihrem göttlichen Sohn, begleitet von Joseph und einer Engelschar, auf das Empfangskomitee zugeht, das ihr entgegentritt, um sie zu begrüßen.

Das Gebäude und sein Schmuck wirken wie ein Manifest. Die klassische Antike sollte wiedergeboren werden – die ionische Ordnung, die Pilaster und Nischen waren in der Architektur zum letztenmal am Forum des Trajan erschienen –, und diese Wiedergeburt sollte im christlichen Geist geschehen, wie er in den Mosaiken zum Ausdruck kommt – dem ersten Zyklus biblischer Szenen in großem Stil, der in Rom erhalten geblieben ist. Die Widmungsinschrift auf dem Triumphbogen – *Xystus episcopus plebi Dei*, »Sixtus, Bischof dem Volke Gottes« – hat sowohl biblische als auch klassische Anklänge.

S. Maria Maggiore steht nicht für sich allein. Die Anzeichen einer klassischen Erneuerung charakterisieren auch das Lateranbaptisterium, wie es unter Sixtus III. umgebaut worden ist (Abb. 46). Die Außenwände des konstantinischen Oktogons wurden beibehalten; aber das neugestaltete Innere – es hat zu großen Teilen überdauert, wenn auch durch Ausschmückungen aus dem 17. Jahrhundert überdeckt – erinnert in erster Linie an spätantike Bauten, wie zum Beispiel an S. Costanza an der Via Nomentana, das Mausoleum von Konstantins Tochter. Wie dieses ist das Lateranbaptisterium unterteilt in einen hohen Mittelraum und einen ihn umschließenden niedrigeren Umgang; dessen Tonnengewölbe war mit Mosaiken bedeckt, die bis ins 16. Jahrhundert erhalten blieben; die Wände waren mit farbenprächtigen Marmorplatten verkleidet und durch Pilaster unterteilt; die Kuppel über dem Mittelraum war anscheinend melonenförmig und möglicherweise aus Holz oder Rohr konstruiert; acht breite Fenster öffneten sich

44. S. Maria Maggiore, Mosaik am Triumphbogen. Ausschnitt: Der thronende Christus mit vier Engeln

45. S. Maria Maggiore, Mosaik am Triumphbogen. Ausschnitt: Haupt der Madonna

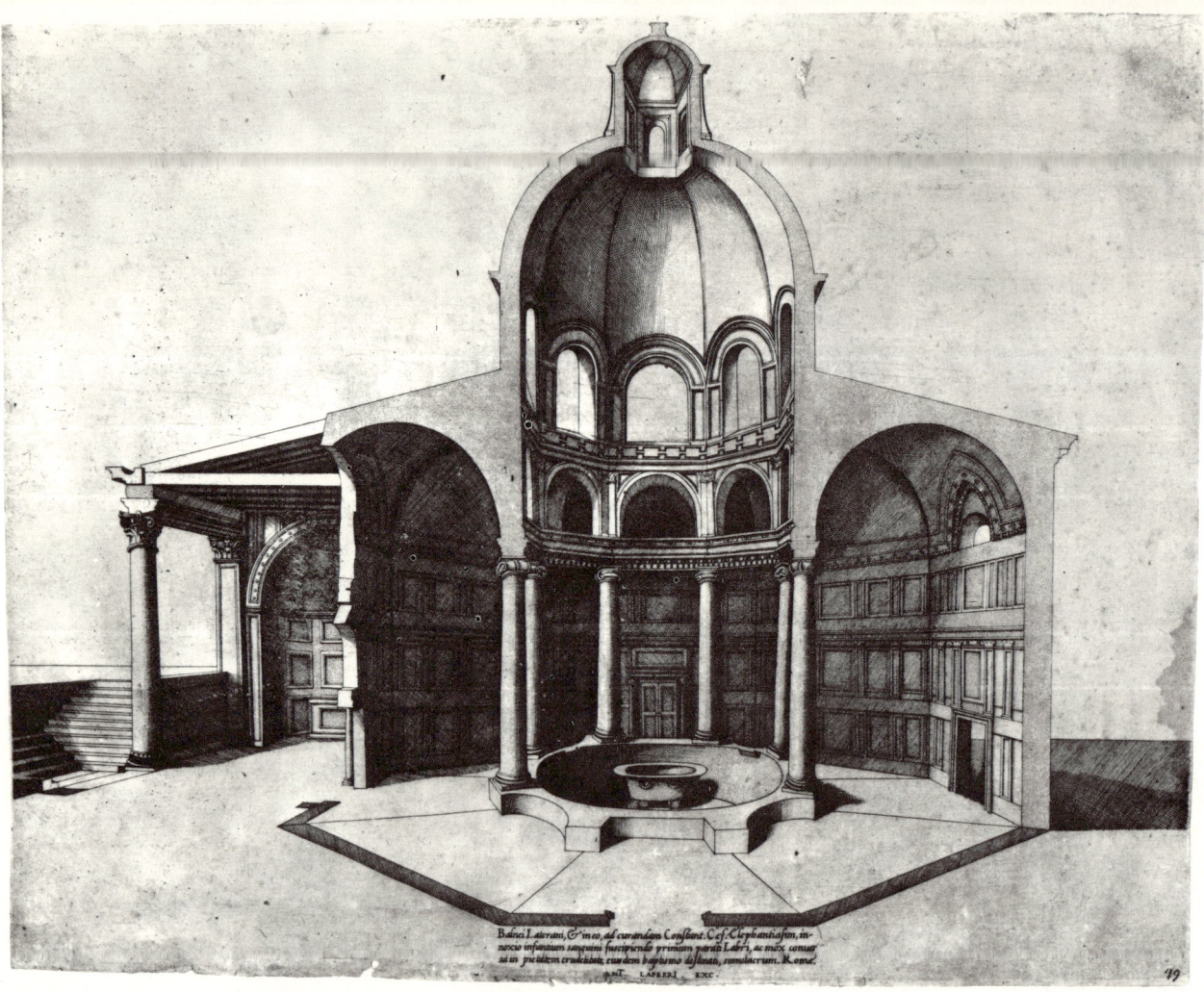

46. Lateranbaptisterium, Rekonstruktion von etwa 1560. Stich von A. Lafréry

im Tambour; der Narthex hat zu beiden Seiten Apsiden, sein Eingang wird von zwei schönen Säulen getragen, die aus einem klassischen Bau stammen; in der rechts gelegenen Apsis hat sich noch das ursprüngliche Mosaik erhalten, üppige goldene und grüne Ranken auf tiefblauem Grund. Das längst verlorengegangene entsprechende Mosaik in der gegenüberliegenden Apsis wurde belebt durch Schäferfiguren entlang den Rändern – Entlehnungen klassischer Vorbilder. Überall ist das Wiederaufleben der klassischen Antike augenfällig. Sogar noch eine Generation nach Sixtus III. wandelte Papst Hilarus (461–468) einen Bau in der Nähe des Lateranbaptisteriums, der aus dem 2. oder 3. Jahrhundert gestammt zu haben scheint, in einen Schrein für eine Reliquie vom Wahren Kreuz um – die Heilig-Kreuz-Kapelle S. Croce. Obwohl sie 1588 zerstört wurde, ist sie aus alten Stichen und Zeichnungen gut bekannt (Abb. 47); ein kreuzförmiger Zentralbau mit überkuppelten hexagonalen Eckräumen, deren Wände alle mit Marmor verkleidet waren. Im mittleren Gewölbe waren auf Mosaiken vier Figuren dargestellt – Archäologen des 16. Jahrhunderts bezeichneten sie als Engel; aber halbnackt, wie sie waren, können es ebensogut heidnische Genien gewesen sein. Mit ihren erhobenen Armen trugen sie ein Rondell, das ein Kreuz umschloß, vielleicht der einzige von Papst Hilarus hinzugefügte Schmuck. Ob die Gestalten in S. Croce nun heidnischer oder christlicher Art waren, jedenfalls wurden vom 16. Jahrhundert an vier im Kreis stehende Engel, die das Kreuz, das Lamm oder eine Christusbüste tragen, zu einem beliebten Motiv in Kuppelmosaiken in Ravenna und Rom. Die drei Säulengänge um einen kleinen Hof

Die Christianisierung Roms und die Romanisierung des Christentums

vor der Heilig-Kreuz-Kapelle ruhten, wie der Biograph des Papstes berichtet, auf Säulen »von wunderbarer Größe«; und drei Brunnen, anscheinend aus drei gerillten Sarkophagen hergestellt, sprühten Wasser; der mittlere war aus Porphyr und hatte Porphyrsäulen und Gebälke, Giebel und bronzene Gitter; das Ganze war mit Mosaiken und Säulen aus farbigem Marmor verziert. Nichts hat sich davon erhalten, außer Zeichnungen und Stichen von der Kapelle und der Beschreibung, die den überwältigenden Eindruck zum Ausdruck bringt, den all dies Gepränge auf die Zeitgenossen machte. Große Teile des Komplexes, höchstwahrscheinlich einschließlich der ganzen Heilig-Kreuz-Kapelle selbst, wurden aus der Antike übernommen; aber ob sie nun einfach für den christlichen Gebrauch neu eingerichtet oder neu angelegt wurden, sie spiegeln die wenn auch späte Wiedergeburt einer klassischen Kunst in dieser letzten Phase der christlichen Antike wider.

Die Versuche, klassische Elemente in die offizielle Kunst der Kirche in Rom einzubauen, erreichten einen Höhepunkt in den Jahrzehnten zwischen 430 und 460. Die Ursprünge dieses neuen Stils reichen weiter zurück: zu den eleganten ›klassischen‹ Sarkophagen, die christliche Aristokraten in Auftrag gegeben hatten; zu S. Paolo, in der Form, wie die Kirche erstmals von den drei Kaisern erbaut worden war; zum Mosaik in der Apsis von S. Pudenziana; zu S. Sabina auf dem Aventin, dem ersten Kirchenbau in Rom, der ganz im neuen Geist entworfen worden war. Die klassische, frühere Strömungen aufgreifende Renaissance entfaltete sich jedoch in der römischen Kirchenarchitektur nicht vor den späten zwanziger Jahren des 5. Jahrhunderts; sie erreichte ihren Höhepunkt in der Zeitspanne von 432 bis 461 während der Pontifikate von Sixtus III. und Leo dem Großen und dauerte kaum über 461 hinaus an. Als der große Lehrer blieb Leo darauf bedacht, seine Herde sowohl mit Worten als auch mit visuellen Mitteln zu unterweisen. Schon zur Zeit des Sixtus mag er das Programm für die Mosaikzyklen im Langhaus und auf dem Triumphbogen von S. Maria Maggiore ausgearbeitet haben. Als er auf den Stuhl Petri gelangte, war wohl er es, der in den drei großen Kirchen aus dem 4. Jahrhundert die Wände der Mittelschiffe mit biblischen Zyklen bemalen ließ: ein Zyklus entstand in St. Peter; ein weiterer in S. Paolo fuori le mura, wo der Zusammenbruch eines Teils des Mittelschiffs aus dem 4. Jahrhundert im Jahre 441 den Neubau und die Neudekoration notwendig gemacht hatte;

47. Das Oratorium von S. Croce am Lateran, um 1500. Zeichnung von Giuliano da Sangallo – Biblioteca Vaticana, Barb. lat. 4424, fol. 33^r

ein dritter vermutlich in Konstantins Lateranbasilika. Alle sind verlorengegangen, und nur von den ersten beiden, die im Mittelalter übermalt wurden, ist ein Abglanz in späten Kopien erhalten. Die prächtig instand gesetzten Mittelschiffkolonnaden und die Umrahmung der Wandbilder in S. Paolo fuori le mura überdauerten jedoch bis 1823 und zeigten noch bis dahin den klassischen Charakter, der auch in S. Maria Maggiore vorherrschte: ein klassisches Rankenmuster zog sich über die Zone der Arkaden, eine doppelte Ordnung von Säulchen, links- und rechtssinnig gedreht, umrahmte die Doppelreihe von Wandbildern auf beiden Wänden, Wandbilder, die zum großen Teil im 13. Jahrhundert restauriert oder sogar neu gemalt wurden und überdies nur aus ungeschickten Aquarellen aus dem 17. Jahrhundert bekannt sind. Nichtsdestoweniger zeigen einige dieser Kopien deutlich die Kennzeichen spätantiker Malerei: in den Posen, den Details und den weiten, luftigen Landschaften.

Zum letztenmal scheint dieses klassisch-christliche ›Vokabular‹, wenngleich in abgeschwächter Form, bei S. Stefano Rotondo in den Vordergrund zu treten. Der von Papst Simplicius (468–483) auf dem Caelius errichtete Bau hat sich, abgesehen von der Innendekoration, fast gänzlich unversehrt erhalten. Ein kreisrunder Mittelraum (Abb. 48), volle 22 Meter im Durchmesser und ebenso hoch, erhebt sich über einem Kranz ionischer Säulen, die Gebälk tragen; eine Kuppel, vermutlich aus Rohr konstruiert, überragte die 22 Fenster des Tambours. Ein Umgang umschließt den Mittelraum; von ihm ausgehend sind kreuzweise vier hohe Kapellen angeordnet, und der Raum zwischen den Kapellen wurde von Innenhöfen eingenommen, die vermutlich Becken oder Brunnen enthielten; an ihrem äußeren Umkreis lagen Eingangskorridore, die auf der dem Umgang zugewandten Seite in Arkaden geöffnet waren (Abb. 49). Es ist ein komplexer Grundriß, der möglicherweise mit östlichen, sicher aber mit früheren kaiserlichen Vorbildern zusammenhängt. Die Verschränkung von dunklen und guterleuchteten, von offenen und geschlossenen, hohen und niedrigen Räumen (Abb. 50) in S. Stefano Rotondo erinnert an die Anordnung der Pavillons, Höfe und Wasserbecken in der Hadriansvilla bei Tivoli und in anderen Herrensitzen der Spätantike, mit denen auch der Caelius vom Lateran bis S. Stefano Rotondo und noch weiter hinaus übersät war. Gleichzeitig jedoch entstammen die architektonischen Elemente in S. Stefano Rotondo, wenngleich in vergröberter Anlage und Ausführung, jenen Traditionen, die in S. Maria Maggiore zum Ausdruck kamen: die hohen Sockel, die die Säulen tragen; die ionischen Kapitelle, mögen sie auch kunstlos gearbeitet sein; das Säulengebälk; die Dekoration, von der genug Spuren erhalten geblieben sind, um eine Vorstellung von dem ursprünglichen Glanz zu vermitteln – Marmorverkleidung an den Wänden des Mittelraums und der Kapellen, von bemaltem Putz bekrönt; Marmorverkleidung in den Innenhöfen; in den verschiedenen Raumteilen abwechselnd Marmor- und Mosaikböden; elegante Stuckprofile an den Archivolten zwischen dem Umgang und den Innenhöfen. In seiner engen Verbindung sowohl mit den spätantiken Villenanlagen und ihrer Pavillonarchitektur als auch mit der Wiederbelebung der klassischen Antike in der Kirchenarchitektur des 5. Jahrhunderts spiegelt S. Stefano Rotondo das komplexe kulturelle Bild Roms kurz vor dem Jahre 500 wider.

Vom Pontifikat Sixtus' III. bis zu dem des Simplicius bringt die Kirchenarchitektur die Rolle des Papsttums als des Trägers der klassischen Tradition zum Ausdruck, wie sie in Rom im 5. Jahrhundert erneuert worden war. Ebenso zeugt sie von der neugewonnenen Kraft, mit der der römische Bischof, der Papst, seine römische Herde regiert. Kirchenbauten wurden nicht mehr von den Kirchspielgemeinden oder reichen Einzelpersonen geplant und finanziert. Mit Sixtus III., wenn nicht schon früher, nahm das Papsttum die Bautätigkeit selbst in die Hand und entwickelte ein päpstliches Bauprogramm. Die Päpste Sixtus III. und Hilarus bauten das Lateranbaptisterium um und fügten die Oratorien innerhalb des päpstlichen Palastgeländes hinzu. Papst Leo war es, der anordnete, daß die Wände der großen Basiliken in Rom mit biblischen Zyklen geschmückt wurden. Die Kirchengebäude, die einst von den Kaisern errichtet worden waren, unterstanden nun der Verantwortung des Papstes. Gleichermaßen deutlich bringen die neuen Kirchenbauten des 5. Jahrhunderts ihren Status als päpstliche Gründungen zum Ausdruck. Noch zu Beginn des

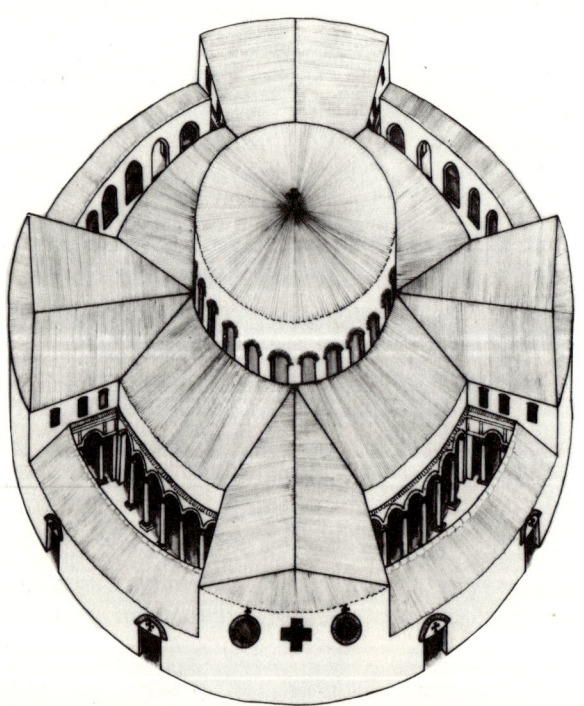

48. S. Stefano Rotondo, Rekonstruktion der Außenansicht von Spencer Corbett

Die Christianisierung Roms und die Romanisierung des Christentums

49. S. Stefano Rotondo, Innenansicht

Jahrhunderts hatte Pammachius die neue Basilika von SS. Giovanni e Paolo der Pfarrgemeinde übereignet. Gegen Ende des Jahrhunderts verkörperten der Papst und sein Klerus zusammen mit den großen römischen Familien die Kirche in Rom. Die einzelnen Gemeinden verloren ihre Unabhängigkeit, die sie während des 4. Jahrhunderts behauptet hatten.

Der starke Einfluß, den das Papsttum auf den Kirchenbau ausübte, wird innerhalb der Stadt wie außerhalb ihrer Mauern an den Gedenkstätten der Märtyrer offenkundig. Während des 4. und 5. Jahrhunderts blieben die Märtyrergräber für Römer wie für Fremde gleichermaßen ein Anziehungspunkt, und man strebte danach, in ihrer Nähe begraben zu werden. Papst Damasus ließ seine Gedichte auf Inschriften über den Grabstätten der Märtyrer anbringen, und im frühen 5. Jahrhundert wollten drei Päpste in der Katakombe nahe der Grabkammer von St. Laurentius begraben sein. Mit Leo I. wurde die

50. S. Stefano Rotondo, Rekonstruktion der Innenansicht nach Spencer Corbett

Peterskirche, die damals zu der am höchsten verehrten Bestattungskirche geworden war, zum üblichen Begräbnisort der Päpste, was sie jahrhundertelang blieb. Über den Katakomben war die päpstliche Bautätigkeit überall zu erkennen (Abb. 51). Neben den großen überdachten Begräbnisstätten erhoben sich kleinere Basiliken, die aber noch immer stattliche Ausmaße hatten. Sie waren im 4. und 5. Jahrhundert als Gedenkstätten für weniger bedeutende Märtyrer gebaut worden: heute noch sind die kärglichen Überreste der an der Via Flaminia gelegenen Gedenkstätte von S. Valentino, die von Papst Julius I. (337–352) errichtet und später umgebaut worden war, auf halbem Wege zwischen der Porta del Popolo und der Milvischen Brücke zu sehen. Unter Papst Leo I. wurde S. Stefano an der Via Latina innerhalb eines riesigen Villenkomplexes über dem Mausoleum eines Mitglieds der Familie der Anicii angelegt, nicht weit entfernt von einer Gruppe von Mausoleen aus dem 2. Jahrhundert, den Tombe Latine. Vom 4. bis ins 6. Jahrhundert scharten sich Mausoleen, Klöster, Herbergen um die Gedenkstätten der drei großen Märtyrerheiligen Roms – Petrus, Paulus und Laurentius. Nach dem, was um S. Sebastiano herum in Teilen bis heute erhalten geblieben ist, und nach alten Aufzeichnungen läßt sich leicht ein Bild von den Gebäudeansammlungen rings um St. Peter ermitteln: Mausoleen, zwei von ihnen riesige Rotunden, deren eine über ein Jahrhundert älter ist als die Basilika, die andere wurde um 400 vom kaiserlichen Haus hinzugefügt; die Familiengruft der Anicii, eine kleine Basilika, die der Apsis angeschlossen war; Dutzende von anderen Grabmälern in der Nähe; außerdem Klöster, das erste von Leo I. gegründet, dem später drei weitere folgten. Im Inneren der Basilika hatte schon Papst Damasus ein Baptisterium eingerichtet. Um 500 erbaute Papst Symmachus zwei ans Atrium anschließende päpstliche Empfangshallen und sorgte für »Unterkünfte für die Armen«, was eher Pilgerherbergen als Armenhäuser bedeutete. Auf dem weiten Platz vor der Kirche errichtete er einen Brunnen und Toiletten, die offensichtlich für die Pilger bestimmt waren. Bei S. Lorenzo fuori le mura erstellte Papst Hilarus ein Baptisterium und legte ein Landhaus mit einem Bad, einem offenen Schwimmbecken sowie zwei Bibliotheken (eine griechische und eine lateinische) an. In der Nähe errichtete er ein dem heiligen Stephan geweihtes Kloster. Sein Nachfolger, Simplicius, baute für dieses Kloster eine Kirche. Der nächste Papst, Felix III., führte eine Gedenkstätte zu Ehren des heiligen Agapitus auf; wenige Jahre später baute Papst Symmachus »Wohnungen für die Armen«. Natürlich ließen sich nahe der großen Gedenkstätte Kaufleute und Handwerker nieder, um die frommen Besucher zu versorgen und damit ihren Lebensunterhalt zu verdienen, ebenso auch Bettler, wie man sie noch bis vor wenigen Jahrzehnten in Rom sehen konnte. Im frühen 6. Jahrhundert waren, so scheint es, um die drei großen Weihestätten herum Vororte entstanden: an der Via Tiburtina, an der Via Ostiensis und am Fuße des Vatikanischen Hügels, letzterer der *burgus*, der *borgo*. Mit den Stadttoren durch lange Säulengänge verbunden, waren diese Vorstädte echte Ableger der Stadt, die sich in die Campagna hinein erstreckten. Kleinere Siedlungen bildeten sich um die Gräber anderer Märtyrer herum an den Straßen zur Stadt. Jede hatte ihre eigene Kirche – insgesamt über 40 – und Klöster; im frühen 6. Jahrhundert vermittelten sie den Eindruck einer Gegend, die mit Villen und Bauernhöfen übersät und völlig christianisiert war – eine kirchliche Vorortlandschaft. Das christliche Rom dehnte sich bis weit über die Aurelianische Mauer hinaus aus; das umliegende Land war ein integraler Bestandteil der Stadt, und seine Einbeziehung in den metropolitanen Bereich war weitgehend das Verdienst des Papsttums im späten 4. und im 5. Jahrhundert.

Zur selben Zeit hatte sich die Karte Roms innerhalb der Stadtmauern zu wandeln begonnen. Seit dem Pontifikat Sixtus' III. bauten die Päpste weniger Kirchen, und diese ersetzten nun alte Gemeindezentren und waren entsprechend weithin über die Stadt verteilt. Im eigentlichen städtischen Gebiet konzentrierte sich die päpstliche Bautätigkeit im 5. Jahrhundert vor allem auf ein Viertel – den Lateran und seine Nachbarschaft. Im Lateranbezirk wurde die Kathedrale neu ausgestattet: mit einem figürlichen Mosaik als Ersatz für die Goldverkleidung des Apsisgewölbes; mit einem neuen silbernen *fastigium*, das der Kaiser in den dreißiger Jahren auf Drängen von Sixtus III. gestiftet hatte; in den vierziger oder fünfziger Jahren mit biblischen Wandbildern an den Mauern des Mittelschiffs. Das Baptisterium Konstantins wurde von Sixtus III. umgebaut und neu ausgestattet. 30 Jahre später wurde es mit angefügten Andachtsräumen verbunden und erweitert durch einen Innenhof mit einem Brunnen. Ungefähr zur gleichen Zeit war, wie es scheint, der Lateranpalast gegen Süden und Osten der Kirche

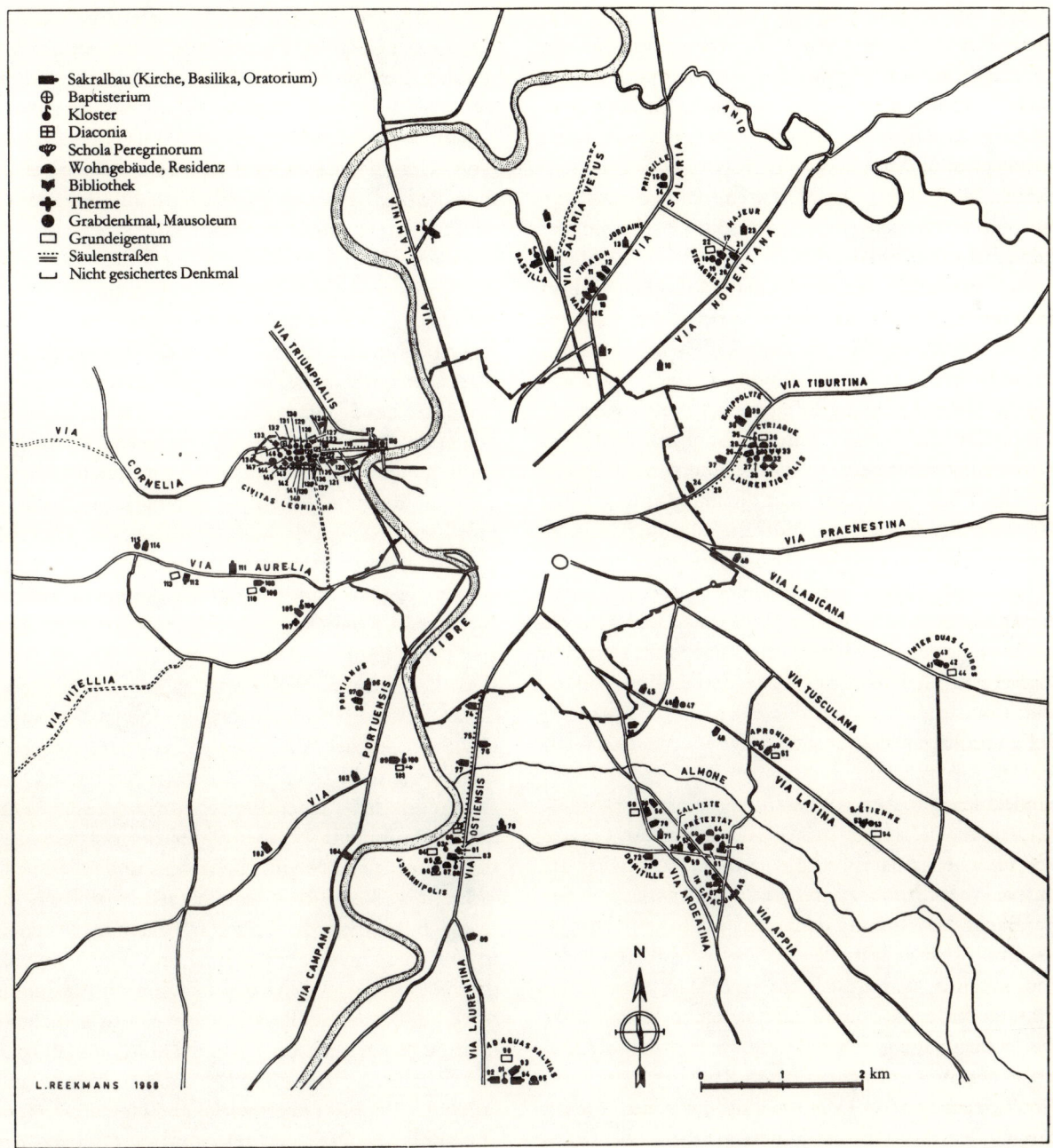

51. Karte der außerhalb der Mauern gelegenen Heiligtümer

gleichfalls großzügig erweitert worden, möglicherweise durch Gruppen frei stehender Pavillons; ein letztes Überbleibsel, vermutlich ein Teil der Bibliothek, das ein Wandgemälde aus dem 7. Jahrhundert mit dem Titel ›Der heilige Augustinus beim Schreiben‹ birgt, ist im Unterbau der Scala Santa erhalten geblieben. Diese Konzentration der Bautätigkeit auf die Seitengebäude der Kathedrale – der Bischofskirche – und auf seinen Palast geschah, wie sich annehmen läßt, zu einer Zeit, als der Bischof von Rom *de facto*, wenn auch nicht *de jure*, zum Beherrscher der Stadt aufstieg.

Auch andere Gründe mögen für diese Konzentration des Papsttums des 5. Jahrhunderts auf den Lateran vorgelegen haben. Seit den Tagen Konstantins hatte die Karte des christlichen Rom immer ein Dilemma aufgewiesen. Konstantin hatte den Lateran durch sein kaiserliches Plazet zum politischen, religiösen und administrativen Zentrum des Christentums in der Stadt gemacht. Aber dieser Standort für die Kathedrale des Papstes, ihr Baptisterium und für seinen Palast war künstlich gewählt, um der politischen Situation zu entsprechen, wie sie unter Konstantin und nur damals existierte. Die christliche Bevölkerung Roms hatte sich nie zuvor mit dem Lateran verbunden gefühlt und sollte es auch später niemals tun; er blieb lediglich das offizielle Zentrum der Gemeinde in der Stadt. Die römischen Bürger hatten sich, ebenso wie die Pilger von draußen, lange vor Konstantin zu den Gedenkstätten der Märtyrer begeben, um dort zu beten und begraben zu werden, und taten dies noch lange Zeit nach seiner Regierung. Von dieser volkstümlichen Gepflogenheit gezwungen, errichteten die Päpste und Kaiser riesige Basiliken bei den wichtigsten Gedenkstätten, denen von Laurentius, Paulus und Petrus, die sie schmückten, einrichteten und mit Einkünften ausstatteten – S. Paolo fuori le mura ist ein Beispiel. Dem Wunsch der Gläubigen folgend, die Taufe zu empfangen, die in der Nähe der Heiligen als wirksamer galt, richteten sie bei den Gedenkstätten Baptisterien ein – außerhalb der Stadt, wodurch das bischöfliche Vorrecht, die Taufe zu gewähren, unterlaufen wurde. Das Grab und die Gedenkstätte des heiligen Petrus waren bald allen anderen an Reichtümern und Bedeutung voraus. Römer und Besucher strömten dorthin, um Gebete und Geschenke darzubringen und um das Heil zu erbitten. Aber die Peterskirche war meilenweit von der Laterankathedrale und dem Papstpalast entfernt. Ja, sie erhob sich jenseits des Tibers und außerhalb der Stadtmauern, wie es sich für eine Märtyrergedenkstätte gehörte. Insofern stellte sie einen Brennpunkt des Volksglaubens dar, der deutlich mit dem offiziellen Brennpunkt des christlichen Rom am Lateran in Konkurrenz stand. Der Konflikt zwischen diesen beiden Zentren, der im frühen 4. Jahrhundert entstanden war, beherrschte die religiöse Geschichte der Stadt und ihre bauliche Entwicklung noch auf Jahrhunderte hinaus. Der Streit zwischen St. Peter und dem Lateran um den Primat fand während des ganzen Mittelalters kein Ende. Diese Zweipoligkeit der Karte Roms wurde erst mit der sehr allmählich vonstatten gehenden Einbeziehung der Peterskirche und deren Umgebung in die Stadt abgeschwächt und dann im 15. und 16. Jahrhundert aufgehoben durch die endgültige Übersiedlung der Päpste auf das jenseitige Tiberufer und den gleichzeitigen Neubau der Kirche und die Errichtung des Vatikanischen Palastes. Seit dem späten 4. Jahrhundert muß der Konflikt jedoch offenkundig gewesen sein, wie die Bautätigkeit in der Nähe der Peterskirche bezeugt. Dies wird deutlich insbesondere durch jene Bauten, die im 5. Jahrhundert für die Bedürfnisse der Massen von Gläubigen und für die Unterbringung des Papstes und seines Gefolges während seiner zuweilen erforderlichen Besuche der Gedenkstätte errichtet wurden.

Angesichts dieser Situation muß die erneute Hervorhebung des offiziellen Mittelpunkts des christlichen Rom am Lateran, wo die Kathedrale, das Baptisterium und die Residenz des Papstes lagen, um die Mitte des 5. Jahrhunderts mehr als notwendig erschienen sein, um dem halblegitimen Zentrum des Volksglaubens am Vatikan entgegenzutreten. Der Lateran war und blieb der politische und administrative Brennpunkt der christlichen Gemeinde Roms. Aber er war mehr denn je isoliert aufgrund seiner Lage am Rande der Stadt. In der Tat hatte die Karte von Rom sich zu wandeln begonnen. Früher gut bevölkerte Stadtviertel wurden allmählich von den Bewohnern verlassen, während andererseits Teile des kaiserlich-römischen ›Schaubezirks‹ zu dichtbevölkerten Wohnvierteln wurden. In der *città bassa* begann die Bevölkerung nach Westen ins Marsfeld und ins Tiberknie abzuwandern. Theater, Säulengänge und Tempel dieser Bezirke wurden in den zunehmend enger bebauten und dichter bevölkerten Kern des mittelalterlichen Rom einbezogen. Freilich, die Viertel nördlich der Foren und im Tal zwischen dem Quirinal und dem Viminal in der Nähe von S. Vitale waren im 5. Jahrhundert noch gut bevölkert. Bis 470 hatte eine arianische Gemeinde ihre Kirche, S. Agata dei Goti, am Westhang des Viminal erbaut, wo sie noch bis heute steht. Auch der Esquilin blieb mit seinen Herrensitzen und gewöhnlichen Wohnvierteln gut besiedelt: die *domus magna* des Junius Bassus nahe S. Maria Maggiore war in den Besitz eines neureichen Goten, des Söldnergenerals Vavila, übergegangen. Im 4. Jahrhundert wurde der Markt der Livia instand gesetzt, damit für die Bedürfnisse der Nachbarschaft gesorgt wäre, und er wurde bis über das 5. Jahrhundert hinaus weiter genutzt. Aber auf dem Caelius, der seit jeher gegen Osten, Westen und Norden des Lateran dünn besiedelt gewesen war, hatten viele der früheren Besitzer ihre Herrenhäuser verlassen, so daß sich um den päpstlichen Palast und die Kathedrale von Rom ein halbleerer Gebietsstreifen zog. Die Lage der

Kathedrale fern vom Zentrum war von politischem Opportunismus diktiert worden; und was in der Ära des konstantinischen Rom ein kurzfristiger politischer Vorteil gewesen war, hatte sich im 5. Jahrhundert in eine dauernde Belastung verwandelt. Der Brauch verlangte, daß zu Ostern die Taufe vom Papst persönlich vollzogen wurde. Dazu war vorgeschrieben, daß sich an den großen Festtagen die ganze christliche Gemeinde von Rom, damals bereits die gesamte Bevölkerung, in der Kathedrale um ihren Bischof versammelte; es war erforderlich, daß der geistliche und politische Führer der Stadt aus praktischen wie ideologischen Gründen nahe bei seinem Volk residieren sollte. Daß die päpstliche Kathedrale und Residenz so weit entfernt am Lateran lagen, war entschieden wenig wünschenswert.

Auf der anderen Seite war es für den Papst undenkbar, seinen Wohnsitz und seine Kathedrale anderswo in der Stadt einzurichten – St. Peter lag ja außerhalb. Die Lateranbasilika war von Konstantin errichtet worden, der die ganze seinerzeit bekannte Welt christianisiert hatte. Sie besaß Symbolwert als Denkmal des Triumphs des neuen Glaubens in der alten Hauptstadt der Welt. Der Palast hatte dem Bischof und seiner Verwaltung über ein Jahrhundert lang gedient; er war vergrößert und verschönert worden. Im Lichte der Tradition war es wünschenswert, die alte Lage und die alten Gebäude beizubehalten. Die päpstliche Bürokratie war unwillig, gut eingenistet, wie sie war, und von der wesensmäßigen Unbeweglichkeit aller Bürokratien, in neue Räume umzuziehen. Was die schiere Bequemlichkeit anbelangte, war die Lage nicht schlecht: im Grüngürtel, luftig, mit reichlich Wasser aus den nahen Aquädukten, die noch gut funktionierten, und von den Gärten innerhalb und den Feldern außerhalb der Mauern leicht zu versorgen. Ein Umzug kam nicht in Frage; es mußten andere Wege gefunden werden, um die Nachteile der Lage des Lateran aufzuwiegen.

Die Massen der Gläubigen, die dazu verpflichtet waren und sich danach drängten, den Gottesdiensten beizuwohnen, die der Papst persönlich abhielt, und die Mengen von Katechumenen, die zu Ostern getauft werden wollten, wurden zeitlich und räumlich besser aufgeteilt. Es wurde zum Brauch, auch zu anderen Zeiten als zu Ostern die Taufe zu spenden. Seit dem Ende des 4. Jahrhunderts wurden außerhalb wie innerhalb der Stadt Baptisterien eingerichtet, die das Baptisterium am Lateran entlasten sollten. Diejenigen außerhalb der Mauern sollten vermutlich in erster Linie den Pilgern dienen, die die Grabstätten der Märtyrer besuchten und noch ungetauft waren. Aber auch viele Römer mögen es wohl vorgezogen haben, die Taufe dort zu empfangen, denn sie glaubten, sie sei dort wirksamer. Innerhalb der Stadt wurde in fast allen Kirchen, die im 5. Jahrhundert neu gebaut wurden, für Taufmöglichkeiten gesorgt: in S. Vitale, S. Lorenzo in Lucina, S. Sabina, S. Marcello al Corso, S. Maria Maggiore. Auch ältere Kirchen wurden neu mit Baptisterien versehen wie jenes, das an die Kirche S. Crisogono in Trastevere (4. Jahrhundert) angebaut wurde. Anscheinend wurde also die Taufe überall in der Stadt von vom Papst ermächtigten Gemeindepriestern gespendet.

Gleichzeitig wurden, um die Massen, die an Festtagen am Lateran zusammenkamen, zu verringern, Stationsgottesdienste eingeführt: Gottesdienste, die vom Papst in anderen Kirchen als in seiner Kathedrale abgehalten wurden. Zu ihnen gelangte der Papst in feierlicher Prozession, begleitet von dem gesamten Lateranklerus und von hohen Würdenträgern des Palastes, Laien wie Klerikern. Die Entwicklung dieser Gottesdienste und ihr allmähliches zahlenmäßiges Anwachsen – im 12. Jahrhundert waren es 98 – ist bei weitem nicht geklärt. Im 5. Jahrhundert waren sie ein anerkanntes liturgisches Brauchtum, und an den großen Festtagen fanden sie außer in der Laterankathedrale in S. Croce in Gerusalemme (Karfreitag), S. Maria Maggiore (erste Christmette) und S. Stefano Rotondo (Stephanstag, erster Tag nach Weihnachten) statt. Man erkennt, daß diese drei Kirchen auf der Linie eines Halbkreises liegen, der mit einem Radius von anderthalb Kilometern oder weniger den Lateran umschloß, und daß sie so für den Papst leicht zugänglich und, zumindest im Falle der beiden letzteren, näher am bevölkerten Gebiet der Stadt standen (Abb. 52). Alle drei ragen unter den römischen Kirchen heraus. Keine hatte einen eigenen Klerus oder eine eigene Gemeinde. Anscheinend wurden sie vom Lateran versorgt und sollten der römischen Gesamtgemeinde dienen. Tatsächlich sind die beiden im 5. Jahrhundert neu gebauten Kirchen S. Maria Maggiore und S. Stefano Rotondo ungefähr doppelt so groß wie irgendeine gleichzeitig errichtete Gemeindekirche, sei es S. Sabina oder S. Pietro in Vincoli; es ist klar, daß sie darauf angelegt waren, riesige Gemeinden, gleichsam *tutta Roma* aufzunehmen. Vielleicht kommt diese Absicht in den Widmungsinschriften an das Volk Gottes (*plebi Dei*) zum Ausdruck; die Bauten waren

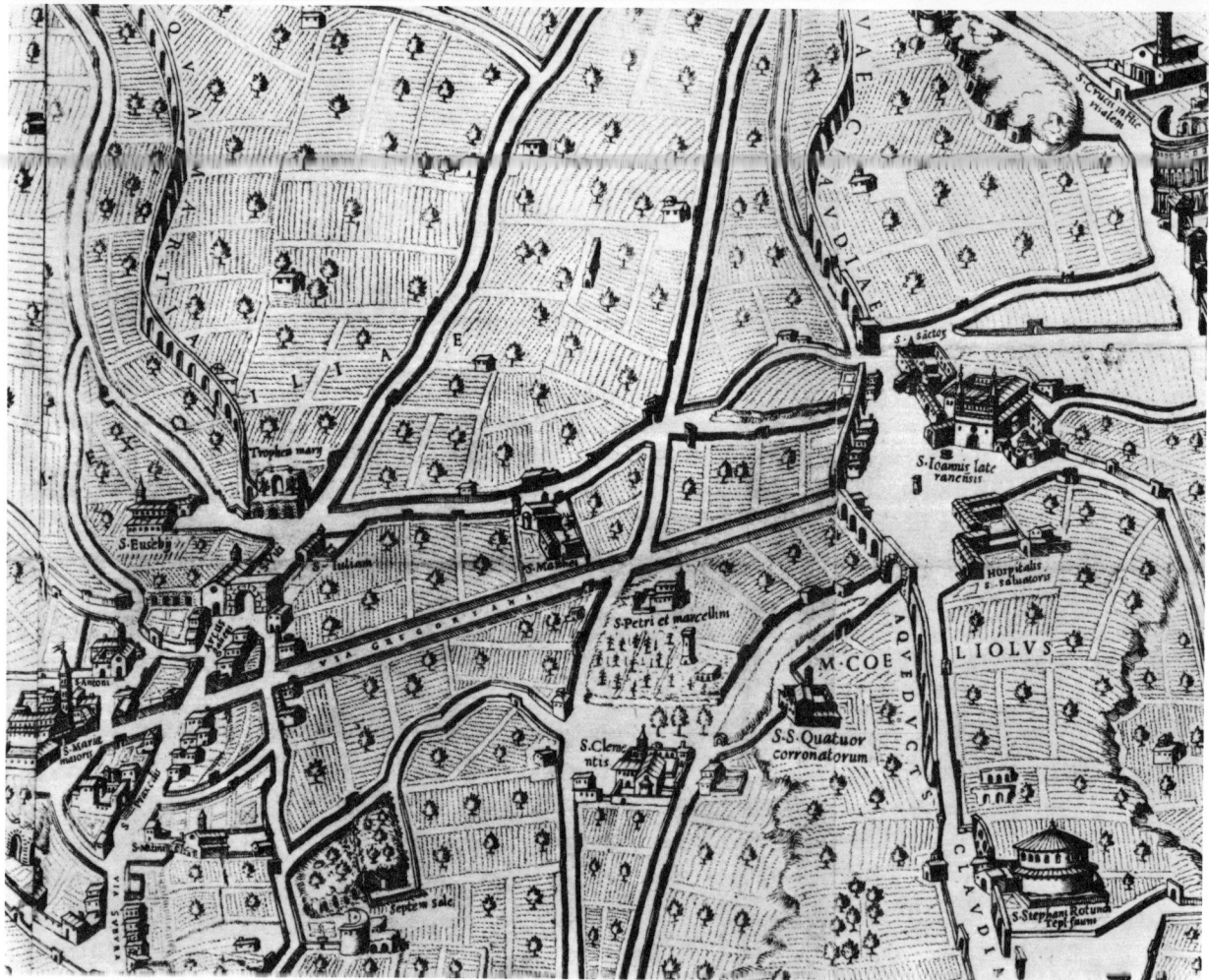

52. Romkarte des M. Cartaro von 1576 (die ›Große Cartaro-Karte‹). Ausschnitt: Die Kirchen im päpstlichen Bezirk des 5. Jahrhunderts

mit verschwenderischer Pracht ausgeschmückt, wie es sich für eine Kirche geziemt, die für den päpstlichen Gebrauch angelegt ist. Man kann sie am besten als Dependancen der Papstkathedrale verstehen, als Nebenkirchen des Lateran.

Sie geben auch zu erkennen, daß das Papsttum des 5. Jahrhunderts die Karte Roms bewußt verändern wollte. In einiger Entfernung vom alten Mittelpunkt umreißen S. Croce, S. Stefano Rotondo und S. Maria Maggiore ein auf den Lateran zentriertes kirchliches Viertel im südöstlichen Sektor der Stadt; noch Karten aus dem 16. Jahrhundert geben diese Situation wieder. Im letzten Drittel des 5. Jahrhunderts entstanden kleinere Kirchen entlang und innerhalb dieses Umkreises. Die Basilika des Junius Bassus nahe S. Maria Maggiore wurde um 480 zu S. Andrea in Catabarbara. Gleichzeitig wurde weiter

östlich davon die Kirche S. Bibiana errichtet. Anlage und Ausmaße der ursprünglichen Basilika sind unbekannt, da sie von einem mittelalterlichen Bau ersetzt wurde, den Lorenzo Bernini 1624 erneut umbaute. Südwestlich von S. Maria Maggiore trat eine dem heiligen Martin geweihte Kirche um 500 an die Stelle eines alten *titulus*, um dann im 9. Jahrhundert dem heutigen Bau von S. Martino ai Monti zu weichen. Einige der von ihren Besitzern verlassenen Herrenhäuser mögen von Gruppen frommer Herren und Damen bewohnt gewesen sein, die ein gemeinschaftliches Leben führten, wie dies im Hause einer der dem Hieronymus treu ergebenen Dame auf dem Aventin der Fall war. Es waren dies die Vorläufer der regulären Klöster. Die am päpstlichen Hof Beschäftigten – der hohe Klerus, Diplomaten, Beamte und ihre Haushalte – ließen sich natürlicherweise in der Gegend um den Lateranpalast nieder. In der Nähe von S. Maria Maggiore und um die Kirche herum drängte sich das niedere Volk, das seinen Lebensunterhalt aus dem Handel mit dem päpstlichen Hof und den hohen Herren jener Gegend bezog und von ihnen Schutz erwartete. Der südöstliche Sektor der Stadt war dabei, sich zum neuen Angelpunkt Roms zu entwickeln, der seine Achse im Lateran hatte und sich in einem gewaltigen Dreieck nach Westen, Norden und Osten erstreckte. Um die Kathedrale des Papstes, ihre Nebengebäude und seinen Palast herum schien sich ein päpstliches Viertel formen zu wollen, sozusagen ein *borgo* des 5. Jahrhunderts. Aber dieses Vorhaben verlief im Sande. Die Geschichte nahm einen anderen Verlauf.

III.

Die Zeit Gregors des Großen

Gregor der Große, der heilige Gregor, war der erste Papst des Mittelalters. Er war der Gründer des mittelalterlichen Rom, der der Stadt den Platz zuwies, den sie in der westlichen Welt auf Jahrhunderte hinaus innehaben sollte. Aber er war auch der letzte Papst der christlichen Antike, hervorgegangen aus dem alten, nun christianisierten Rom. Beide Aspekte seiner Persönlichkeit müssen gleichermaßen berücksichtigt werden.

Er wurde um 540 in das alte und reiche Geschlecht der Anicii als Urenkel Papst Felix' III. hineingeboren und wuchs auf einem der Familiengüter auf, möglicherweise jenem auf den Hängen des Caelius. Dieser Familiensitz schloß sich an die letzte große Bibliothek an, die in Rom eingerichtet worden war – von Papst Agapitus um 535 –, und stand an der Stelle, wo heute Kirche und Kloster von S. Gregorio Magno liegen. Gregor wurde in die Werke der Klassiker und der Kirchenväter eingeführt und trat in jungen Jahren in den Staatsdienst ein. Nach einer Amtszeit als Stadtpräfekt von Rom zog er sich in eine Klostergemeinschaft zurück, die er in dem Familiensitz auf dem Westabhang des Caelius eingerichtet hatte. Die Bibliothek, von der noch große Teile stehen, wurde anscheinend schon bald dem Kloster einverleibt. Vom Konvent oder dem Herrenhaus ist heute nur wenig erhalten geblieben, aber die Mehrzahl der Klostergebäude auf dem Gut, die von Gregor oder kurze Zeit nach ihm eingerichtet worden waren, wurden von seinem im 9. Jahrhundert lebenden Biographen aufgezählt: die Kapellen von S. Barbara und S. Maria; die Zellen, die Ställe und der Keller; das Atrium, ob Innenhof oder Eingangshalle, dessen Wände Porträts von Gregors Eltern zeigten; und, in einer kleinen Apsis hinter dem Keller, ein Tondo mit einem Bildnis Gregors. Nur zwei von einer Gruppe von drei Kapellen, die sich zwischen der heutigen Kirche und den Überresten von Agapitus' Bibliothek erheben, enthalten Teile von Bauten aus spätrömischer Zeit, aus dem 5. Jahrhundert und aus dem Mittelalter. Sie mögen zu den Gebäuden von Gregors Gut gezählt haben. So, wie sie heute besteht, wurde diese Dreiergruppe von Kapellen im Jahre 1602 von dem großen Kirchenhistoriker und -erneuerer Kardinal Cesare Baronio neu oder aus alten Gebäuden umgebaut (Abb. 53). Zur Rechten wurde die Kapelle S. Silvia 1602 von Grund auf neu errichtet. Ihre Apsis ist mit Guido Renis Engelskonzert ausgeschmückt. Die Kapelle S. Andrea liegt in der Mitte der Dreiergruppe; obwohl sie zu jener Zeit gründlich verändert – die reizende Kolonnade des Eingangsportikus ersetzt eine frühere Apsis – und mit Fresken von Reni und Domenichino ausgestattet wurde, weist sie noch immer die Reste eines Wandgemäldes aus dem frühen 11. Jahrhundert auf, hoch oben an ihrer hinteren Wand, die ursprünglich die Eingangswand war und in der Mauertechnik des 5. Jahrhunderts ausgeführt ist. Schließlich steht auf der linken Seite die Kapelle S. Barbara. Sie wird auch das Triklinium genannt, und die Legende erzählt, daß ein Engel unter den Armen erschienen sei, die von dem Heiligen zum Mahl geladen waren. Wie S. Andrea ist diese Kapelle über den Untergeschossen eines römischen Wohnhauses aufgeführt. Bevor sie 1602 umgebaut wurde, öffnete sich die Kapelle weit in einer Front mit vier Fenstern und einem doppelten Eingang, wie es bei einem antiken Sommer-Speisesaal zu erwarten wäre. Ist dies daher möglicherweise der Bau, der von Gregors Biographen unter den Klosterbauten aufgezählt wurde? Wie dem auch sei, die Gruppe der drei Kapellen, wie sie sich seit dem frühen 17. Jahrhundert zwischen den Zypressen erhebt, ist einer der anziehendsten romantischen Höhepunkte der pittoresken Bühne Roms.

Nachdem Gregor drei Jahre in dem neuen Kloster verbracht hatte, empfing er die Weihen und ging als Legat an den kaiserlichen Hof nach Konstantinopel. Nach seiner Rückkehr wurde er der Sekretär von Papst Pelagius II. – Premierminister wäre eine treffendere Bezeichnung – und im Februar 590 sein Nachfolger. Sein administratives Genie, sein diplo-

Die Zeit Gregors des Großen

53. Die Kapellen von S. Gregorio Magno

matisches Geschick, sein politischer Scharfblick und sein gesunder Menschenverstand wirkten zusammen und machten die 14 Jahre seines Pontifikats zu einem Wendepunkt in der Geschichte Roms und Europas.

Die unmittelbar anstehenden Aufgaben, mit denen sich Gregor sowohl auf der administrativen als auch auf der diplomatischen Ebene konfrontiert sah, waren gewaltig. Rom und die Besitzungen der Kirche in Italien, das Patrimonium Petri, mußten gesichert werden. In der Stadt wurde die Versorgung neu organisiert, die öffentlichen Dienste und das Wohlfahrtswesen wurden aufrechterhalten, neu eingerichtet und verbessert. Die päpstliche Verwaltung mußte gestrafft werden: eine Rechtsabteilung wurde aufgebaut, deren Personal aus weltlichen Rechtsgelehrten, den *defensores*, bestand und die von einem Kanzler, dem *primicerius*, geleitet wurde. Auf diese Weise stand ein mit Laien besetzter Beamtenapparat neben den Abteilungen des diplomatischen Dienstes, des Finanz-, Verwaltungs- und Wohlfahrtswesens, die alle mit Klerikern besetzt und von sieben Diakonen geleitet waren (während der Zeit von Gregors Pontifikat wurde dieser organisatorische Aufbau von einem ›Küchenkabinett‹, den persönlichen Beratern des Papstes aus dem Kreis seiner Freunde aus dem Kloster, unterstützt und zuweilen wohl auch behindert). Die Verwaltung der riesigen Ländereien der Kirche in Italien, Sardinien und Sizilien wurde hocheffizient durchorganisiert und zentraler Kontrolle unterworfen. Solche organisatorischen Verbesserungen waren eng mit Gregors politischer Diplomatie verquickt. Wie die Dinge lagen, mußte er zwischen den Ansprüchen von Byzanz, das Italien seit 552 rechtmäßig besetzt hielt, und der drohenden Eroberung durch die langobardischen Eindringlinge hindurchfinden, die seit 568 im Besitz von immer größeren Teilen der Halbinsel waren. Rom blieb rechtlich eine byzantinische Stadt und der Papst ein mehr oder weniger loyaler Untergebener des Kaisers – *de facto* während des ganzen Pontifikats Gregors und bis weit ins 7. Jahrhundert hinein; *de jure* noch die daraufffolgenden 100 Jahre. Senat und Klerus von Rom pflegten sich in einem der Säle des Lateran zu versammeln und den Porträts Ihrer

Majestäten bei deren Thronbesteigung zu huldigen. Die Beziehungen zum Hof in Konstantinopel, wo ein Legat als ständiger Vertreter der römischen Kirche fungierte, wurden sorgsam gepflegt. In Rom selbst waren byzantinische Beamte ansässig, ein machtloses und ineffizientes, zuweilen auch raffgieriges Ärgernis. Gelegentlich mochte der Exarch von Ravenna persönlich erscheinen, wenn auch nur, um die päpstliche Schatzkammer zu plündern. Auf der anderen Seite war die langobardische Bedrohung der kirchlichen Besitzungen und Roms selbst vielleicht noch akuter. Gregor erreichte durch Verhandlungen, ob sie von den Byzantinern nun gern gesehen wurden oder nicht, einen jährlich erneuerten Waffenstillstand mit den Langobarden. Rom und das Patrimonium Petri waren vorübergehend sicher und blieben dies in der Tat noch weitere anderthalb Jahrhunderte.

Die größeren Ziele und Errungenschaften Gregors reichten aber viel weiter als solche nur kurzfristigen Übereinkünfte. In seinem Versuch, den christlichen Massen nahezukommen, stand er vor dem grundsätzlichen Dilemma seiner Zeit. Die Tradition der klassischen Antike, wie sie 200 Jahre zuvor in die Struktur des Christentums übernommen worden war, blieb die einzige Möglichkeit, rationales Denken, sei es religiöser oder profaner Art, zu vermitteln. Aber sie war von heidnischen Bildern und Vorstellungsinhalten durchsetzt; außerdem war sie in ihrer Sprache und Philosophie elitär und daher nur einer gebildeten Klasse zugänglich. Den gewöhnlichen Menschen in Gregors Welt bedeutete sie nichts mehr. An ihrer Stelle war unter den Massen eine neue Kultur gewachsen; sie war christlich, aber nicht mehr an die philosophischen und theologischen Gedankengänge der frühen Kirchenväter gebunden und nicht mehr von den heidnischen Elementen, dem Erbe der klassischen Zeit, durchdrungen. Ihre Sprache war das Lateinische, aber nicht mehr das Latein eines Cicero oder eines Augustinus. Sie war in uraltem Volksglauben verwurzelt und betonte neue Formen der Frömmigkeit, die mit irrationalen und magischen Elementen vermischt waren. Nur durch das Medium dieser neuen Kultur konnte Gregor hoffen, die Menschen seiner Zeit anzusprechen, nur durch sie die Kluft, die die gebildete Klasse von den Unterschichten trennte, überbrücken. Daher hielt er Predigt über Predigt in der einfachen Sprache des alltäglichen Lebens und auf einem leicht verständlichen intellektuellen und geistigen Niveau, dem des ›niederen‹ Stils. Im Gegensatz zur bisherigen Gewohnheit wandten sich diese Predigten gleichermaßen an Gebildete und Ungebildete. Wunder und Geister, gut und böse behandelte er wie gänzlich reale Dinge, denn er glaubte aufrichtig an sie als an geistige Mächte. Wo zwei Jahrhunderte zuvor die gebildeten Christen skeptisch geblieben waren, akzeptierten nun Gregor und seine Zeitgenossen dies alles. Wunder zu vollbringen lag einfach in der Natur der Heiligen und ihrer Reliquien. Um den Zorn des Himmels zu besänftigen, führte Gregor Prozessionen und Litaneien ein, an denen der gesamte Klerus und das ganze Volk von Rom teilnahmen. Um den geistlichen Bedürfnissen der Massen zu genügen, sollte sich ein neues Christentum entwickeln, das der klassischen Tradition gegenüber gleichgültig oder ihr sogar entgegengesetzt und statt dessen auf einen im Volksglauben und in magischen Vorstellungen verwurzelten christlichen Glauben ausgerichtet war. Bei der Führung des Volkes sollte der Klerus von nun an seine Aufmerksamkeit nicht mehr auf intellektuelle Leistungen konzentrieren, so attraktiv dies auch für seine Mitglieder sein mochte, sondern auf den einfachen Glauben und auf praktische Aufgaben.

Das Amalgam aus Christentum und klassischer Tradition, das sich im Rom des 5. Jahrhunderts für kurze Zeit gebildet hatte, war diesem Ziel nicht förderlich. Dennoch konnten Gregor und seine Zeitgenossen nicht darauf verzichten. Wohl mochten sie die klassische Dichtung und ihre heidnischen Bilder und Bedeutungsinhalte ablehnen. Aber diese blieben an die intellektuellen Gewohnheiten der Antike, an ihre gedanklichen Grundlagen und ihre Sprache gebunden. Mit dem christlichen Denken eng verknüpft, waren diese Grundlagen für die Ausbildung der Führer unter den Laien wie im Klerus vonnöten. Sie lagen dem Lehrplan der Schule am Lateran zugrunde, der *schola cantorum*, die nach der Überlieferung eine Gründung Gregors war. Darüber hinaus übernahmen die Intellektuellen der Zeit Gregors mit diesen gedanklichen Vorstellungsinhalten auch die historische Überlieferung der Antike und deren Glauben an Rom als den Angelpunkt der Welt und gaben sie an spätere Generationen weiter. Sie übernahmen auch die gedankliche Klarheit Roms, sein administratives Genie, seinen praktischen Sinn für die prompte Erledigung der anstehenden Aufgaben: alles ausgesprochen römische Eigenschaften, die zugleich eng mit den Idealen jener Männer verknüpft waren, die der heilige Benedikt seit etwa 540 zu einer Gemeinschaft zusammengeschweißt hatte, die später zum Orden der Benediktiner wurde. Ihr rational und praktisch ausgerichtetes Mönchtum ruhte auf der Grundlage von Gebet und Arbeit. Ihre Klöster waren eng in das Leben der ländlichen Bevölkerung integriert, straff organisiert und wurden auf diese Weise zu mächtigen und effizienten Grundbesitzern. Im späten 8. Jahrhundert war der Benediktinerorden als einziger Mönchsorden in Europa übriggeblieben, und 400 Jahre hindurch blieb er der Stützpfeiler der römischen Kirche.

Die benediktinischen Ideale und ihre Praxis waren Gregor lange vor seiner Wahl schon vertraut. Sein eigenes Kloster befolgte eine Regel, die der des heiligen Benedikt ähnlich, wenngleich wahrscheinlich in Anbetracht der städtischen Lage des Klosters modifiziert war. Während seines Pontifikats wurde der Benediktinerorden in allen Gegenden der Besitzungen der Kirche zu seinem natürlichen Verbündeten bei der Führung seines Volkes. Gleichzeitig wurde er auch zu einem mächtigen Instrument von Gregors weitreichendstem Unternehmen: der römischen Missionstätigkeit bei den halbbarbarischen Stämmen der Lombardei, Spaniens und Englands, die sich bald auf die Niederlande und Deutschland ausdehnen sollte. Früher waren die Franken in Gallien, die seit dem Ende des 5. Jahrhunderts bekehrt waren, der einzige Volksstamm des Nordens gewesen, der sich zur römischen Kirche bekannte. Die meisten germanischen Stämme hatten, soweit sie Christen waren, längst den arianischen Glauben angenommen. Gregor gab den Anstoß zur Bekehrung der arianischen Langobarden durch ihre katholische Königin. Er brachte die Bekehrung der arianischen Westgoten in Spanien zur römischen Kirche zum Abschluß, und eine von ihm ausgesandte Benediktinermission gewann das heidnische England für den Glauben. Während der nächsten 80 Jahre verteidigten britische Kleriker und Mönche die theologische und politische Position Roms gegen die irischen Dissidenten, bis im 8. Jahrhundert Benediktinermönche das römische Christentum ins abtrünnige Irland und ins heidnische Germanien trugen und das irische Mönchtum in Frankreich, Norditalien und der Schweiz ablösen konnten. Ob Gregor nun den Auftrag zur Englandmission gegeben hat, nachdem er einige angelsächsische Sklavenjungen gesehen hatte – das Wortspiel ›Angli und Angeli‹ ist ein wenig zu glatt –, ist von geringer Bedeutung. Doch ist es sein Verdienst, daß Rom zum Zentrum der Mission des westlichen und mittleren Europa, zum geistlichen Führer der bekehrten germanischen Stämme und auf diese Weise sowohl zur Hauptstadt der westlichen Christenheit als auch zu einem immer einflußreicheren Machtfaktor in der westlichen Politik während des ganzen Mittelalters wurde.

Diese umfassenderen Unternehmungen sind mit Gregors Anstrengungen in Rom und deren Bedeutung für die künftige Geschichte der Stadt eng verzahnt. Gregors Biograph malt die Lage Roms im Jahr 590, zu Beginn seines Pontifikats, in den düstersten Farben, wobei er sich teils auf eine Predigt des Papstes, teils auf den Bericht eines Augenzeugen stützt: überall auf dem Lande brennen und plündern die Langobarden; die Stadt ist vom Tiber überschwemmt; die Kornspeicher an seinen Ufern sind zerstört, ebenso wie viele alte Tempel; der Fluß schwemmt große Wasserschlangen – er nennt sie Drachen – und totes Vieh heran; die Menschen verhungern und sterben zu Hunderten an Epidemien; Gebäude brechen zusammen, die Bewohner sind auf der Flucht, die Bevölkerung ist dezimiert; die Wirtschaft ist ruiniert, es gibt nur noch einen Privatbankier in der Stadt. Es entsteht der Eindruck, als sei alles zusammengebrochen. Die Naturkatastrophe wird als die schlimmste dargestellt, die jemals über die Stadt hereingebrochen sei. Der rein äußerliche Verfall der Stadt und ihrer Einrichtungen wird geschildert, als hätte er sich in den vergangenen 50 bis 60 Jahren ereignet und hätte seinen Grund allein in der Abfolge von Kriegen und Invasionen jener Zeit. Daraus ist oft geschlossen worden, daß nur durch Gregors Anstrengungen die Situation verbessert worden sei. Dies ist nur teilweise richtig. In einer Predigt, die zu Reue und Buße aufrief, hat Gregor wohl nur die dunkelsten Aspekte der Lage dargestellt. Naturkatastrophen hatten die Stadt schon früher heimgesucht und brachen noch viele Jahrhunderte lang über sie herein. Der äußerliche Verfall der Stadt und ihrer Einrichtungen war seit langem im Gang; die Kriege während der letzten zwei Drittel des 6. Jahrhunderts hatten den Prozeß nur beschleunigt. Auf der anderen Seite war der Zusammenbruch bei weitem nicht total; es blieb ein Grundgerüst sowohl an wesentlichen Versorgungsdiensten wie an städtischer Organisation. Auf dieses Fundament konnte Gregor bauen, um den Schaden zu beheben und Rom neue Daseinsberechtigung zu geben.

Sicher, zur Zeit Gregors war Rom in schlechtem Zustand. Es war verarmt; seine Bevölkerung war auf schätzungsweise 90 000 Einwohner zusammengeschrumpft; in politischer Hinsicht war Rom nur eine Stadt in einer der Randprovinzen des oströmischen oder byzantinischen Reiches, die von Ravenna aus von einem byzantinischen Vizekönig regiert wurde. Ein Jahrhundert zuvor war die Stadt zusammen mit ganz Italien von den Goten erobert worden und hatte 40 friedliche, wenn auch ruhmlose Jahre unter deren König Theoderich und seinem Kanzler Cassiodorus, einem angestammten Römer, durchlebt. Im Jahre 534 machte sich dann Justinian auf, um den Westen für das oströmische Reich und den wahren Glauben zurückzuerobern und ihn den Händen derer zu entreißen, die in seinen Augen barbarische und ketzerische, weil arianische Usurpatoren waren. Zwei Jahre später wurde Rom von Belisar, dem Feldherrn Justinians, besetzt, ging dann wieder verloren, wurde zurückerobert, ging zum zweitenmal verloren und wurde im Jahre 552 schließlich endgültig von Belisars Nachfolger Narses eingenommen – Procopius und nacherzählend Robert Graves haben lebendige Berichte von diesen Ereignissen gegeben. Kriegszüge und Belagerungen verwüsteten das Umland; die Wirtschaft in der Stadt brach zusammen, und die Bevölkerung schrumpfte auf ein Minimum. Doch die Stadt scheint sich, wenigstens oberflächlich, unter der straffen Militärverwaltung, die von den Byzantinern eingerichtet worden war, rasch erholt zu haben. Ortsansässige Baumeister und Armeeingenieure setzten die Aurelianische Mauer instand. Die Aquädukte wurden ausgebessert und blieben weitere 200 Jahre lang einigermaßen funktionstüchtig. Die Landstraßen wurden wiederhergestellt und ihre Brücken neu gebaut. Zwei davon sind erhalten geblieben: der Ponte Salario, 562 neu gebaut, aber ein weiteres Mal wiedererrichtet, nachdem er 1867 gesprengt worden war, wobei die Widmungsinschrift des Narses nicht wieder angebracht wurde (Abb. 54); ebenso der Ponte Nomentano, der aus dem Jahr 552 stammt und bis 1829 von einem zinnenbewehrten Turm aus dem 15. Jahrhundert gekrönt war – beides beliebte Veduten, die seit dem 16. bis ins 19. Jahrhundert hinein immer wieder gemalt und gezeichnet wurden (Abb. 55). Der Friede und das relative Wohlergehen, die mit den Byzantinern wieder eingekehrt waren, wurden jedoch ein weiteres Mal gestört, als die Langobarden seit 568 weite Teile von Nord- und Mittelitalien überrannten und besetzten. Als Gregor den Stuhl Petri bestieg, verwüsteten sie gerade das Umland von Rom. Bischofssitze auf dem Lande mußten aufgegeben werden und wurden in gut zu verteidigende Hügelstädte verlegt. Die Eindringlinge besetzten oder bedrohten die Ländereien der Kirche und der byzantinischen Regierung. Die bäuerliche Bevölkerung, der ländliche Klerus und die Klostergemeinschaften flohen; viele von ihnen drängten nach Rom hinein und ließen die schon zuvor nur schlecht versorgte Bevölkerung anschwellen. Während Gregors Pontifikat mußten allein 3000 Zuflucht suchende Nonnen ernährt und gekleidet werden.

Dennoch beschleunigten diese 50 katastrophalen Kriegsjahre nur den Verfallsprozeß, der die Stadt Rom bereits seit Jahrhunderten aushöhlte. Das großartige Bild, das sie – wahrhaft christlich und zugleich wahrhaft römisch – im 5. Jahrhundert gezeigt hatte, hatte damals schon vor dem ernüchternden Hintergrund wachsender wirtschaftlicher Desorganisation, verblassender politischer Macht und des allmählichen materiellen Verfalls gestanden. Eine wirtschaftliche Rezession überall im Westen hatte längst dazu geführt, daß die Lebensmittelversorgung der städtischen Massen mehr und mehr versiegt war. Die Güter außerhalb der Mauern Roms waren längst unrentabel und seit dem 3. Jahrhundert allmählich aufgegeben worden. Die Felder, die nicht mehr entwässert wurden, waren um 500 zu Sümpfen geworden; die Malaria machte die Campagna di Roma zu der gesundheitsgefährdenden Ebene, die sie bis vor 50 Jahren geblieben ist. Die Versorgung aus überseeischen Gebieten war schon im 3. Jahrhundert empfindlich durch Bauernaufstände, durch den steigenden Eigenbedarf der örtlichen Zentren und durch die wachsende Unrentabilität der Latifundienlandwirtschaft infolge schrumpfender Sklavenzahlen gestört worden. Mit der Besetzung Afrikas durch die Vandalen, der Eroberung Galliens durch die Burgunder und Franken und der Besetzung Spaniens durch die Westgoten, alles im 5. Jahrhundert, brach die Versorgung praktisch zusammen. Als Versorgungsquellen blieben nur Sizilien und Süditalien, und selbst diese beiden Landschaften wurden bedroht, die eine von den vandalischen Piraten, die andere durch die Gotenkriege und die Invasionen der Langobarden. Die immer schärfere Beschneidung der Versorgung verschlimmerte die bereits ungesunde wirtschaftliche Lage in Rom: dauernde Unterbeschäftigung, wachsende Armut und Auflassung der Güter in und nahe der Stadt, die Arbeit und Lebensunterhalt geboten hatten. Schon 396

54. Der Ponte Salario im Jahre 1821. Anonymes englisches Aquarell – Metropolitan Museum, New York

55. Der Ponte Nomentano um 1860

hatte Paulinus von Nola von den »Armen in Rom, die voll unterstützt werden müssen«, gesprochen, von den »Horden frommer Menschen in erbärmlichen Umständen«. Am Ende des 5. Jahrhunderts gehörten Hungersnöte ebenso zum römischen Leben wie Malaria-, Cholera- und Pestepidemien. Überschwemmungen wie die von Gregor beschriebene waren seit unvordenklichen Zeiten gewohnte Ereignisse gewesen, die in jedem Jahrhundert drei- bis viermal auftraten, und sie blieben es bis zum Bau der Uferbefestigungen am Tiber um 1900. Der ›Liber Pontificalis‹ berichtet von vier solchen Überschwemmungen – 716, 791, 856 und 860 – in nahezu denselben, anscheinend stereotypen Worten: mehr als zwei Meter Wasser auf dem Corso; Kirchen und Häuser überflutet, von der Porta del Popolo bis zum Fuß des kapitolinischen Hügels und noch weiter, im Süden bis hin zur Bocca della Verità, im Westen bis zum heutigen Ponte Sisto; der Papst und sein Klerus bringen Lebensmittel in Booten; die Felder auf dem Westufer von St. Peter bis zur Milvischen Brücke, die Wiesen, die *prati*, überschwemmt und die Ernte verloren. Wasserstandszeichen in vier und fünf Meter Höhe an Gebäuden in der Innenstadt erinnern bis heute an ähnliche Überschwemmungen vom 15. bis zum 19. Jahrhundert. Eine Ansicht des überschwemmten Pantheon von vor 150 Jahren (Abb. 184) vermittelt eine schwache Vorstellung von solchen sich ständig wiederholenden Katastrophen; und selbst heute noch kann der Fluß furchteinflößend sein. Auch steigendes Grundwasser ließ in den niedrig gelegenen Teilen der Stadt lokal begrenzte Überschwemmungen auftreten; eine Zeichnung von Claude Lorrain (oder vielleicht einem seiner Schüler) zeigt das Forum vermutlich von Grundwasser überschwemmt (Abb. 56). Unter der Last der Schwierigkeiten und der Kriege des 5. und 6. Jahrhunderts mußte auch das soziale Gefüge der Stadt zerbrechen. Abgesehen von einigen unerschütterlichen Sippen wie etwa den Anicii, verließen die Patrizierfamilien ihre Besitzungen und Herrensitze in Rom und siedelten sich in sicherer Nähe der Fleischtöpfe des kaiserlichen Hofes an, zunächst in Ravenna und später in Konstantinopel. Auch von den Armen mag eine große Zahl Rom verlassen haben, um ihren Lebensunterhalt nahe der Hügelstädte und auf dem Lande nördlich von Rom zu suchen, wo sie sich gerade selbst ernähren konnten, aber zu weit entfernt waren, um zu einer wirksamen Versorgung der Stadt beizutragen. Natürlich schrumpfte auf diese Weise die Bevölkerung: zählte sie um 400 n. Chr. noch fast 800 000 Einwohner, so war sie im Jahre 452 auf 500 000 und um 500 auf vielleicht 100 000 Einwohner gefallen. Nach der Belagerung durch die Goten waren nicht mehr als 30 000 und möglicherweise noch weniger Bewohner übriggeblieben, bis dann zur Zeit Gregors Flüchtlinge aus den langobardischen Gebieten die Zahl auf etwa 90 000 Bewohner anwachsen ließen.

Gleichzeitig geriet die Stadt auch in ihrem äußeren Bestand langsam, aber sicher in Zerfall. Schon um 500 bringt die Korrespondenz zwischen Cassiodorus, dem Kanzler Theoderichs, und seinem König deren Versuche, die Stadt zu retten, zum Ausdruck; tatsächlich wurden einige Gebäude geflickt. Aber im großen und ganzen vermitteln diese Briefe ein Bild äußerster Armseligkeit. Cassiodorus mochte versuchen, was er wollte, seine Anstrengungen, den Verfallsprozeß aufzuhalten, waren vergeblich. Die Kanalisation mußte repariert werden, ebenso die Aquädukte, und obendrein waren Wasser und Wartungspersonal für private Zwecke abgezweigt worden. Die öffentlichen Getreidespeicher waren »aus Altersschwäche zusammengebrochen«. Zwei bronzene Elefanten an der Via Sacra »sacken allmählich in sich zusammen... Ihre morschen Glieder [müßten] durch eiserne Haken verstärkt und ihre schlaffen Bäuche von Mauerwerk gestützt werden.« Überall wurden Bronzestatuen geplündert, »... und sie sind auch nicht stumm; die weithin hallenden Töne, die sie unter den Schlägen der Diebe von sich geben,... wecken den vor sich hin dösenden Wächter.« Marmor, Blei und Messing wurden aus öffentlichen Gebäuden gestohlen; die leeren Löcher der Verankerungshaken überall am Kolosseum zeugen noch heute von solchen Plünderungen, die seit der Antike bis zur Renaissance andauerten. »Tempel«, klagt Cassiodorus, »sind Plünderungen und dem Verfall überantwortet worden.« Im Jahre 408 waren sie konfisziert worden und in Regierungseigentum übergegangen; aber für ihren Unterhalt stand kein Geld zur Verfügung. Auch viele der großen Herrensitze waren verlassen worden; und während hie und da eine Gemeinschaft frommer Männer und Frauen sich in dem einen oder anderen niederließ, um ein Leben in frommer Andacht zu führen, wurden andere als Steinbrüche ausgebeutet. Kolonnaden brachen allmählich zusammen, Marmorverkleidungen lösten sich von den Mauern, das Pflaster lockerte sich, und der allmähliche Zusammenbruch lud un-

56. Der Septimius-Severus-Bogen im Hochwasser mit Blick auf das Kapitol, um 1650. Zeichnung von Claude Lorrain – Oxford, Christ Church

geachtet der ständig wiederholten kaiserlichen Verbote zur Plünderung ein. Tatsächlich wurde 459 Plünderung überall dort legalisiert, wo sich ein Bau, ob Tempel, öffentliches Gebäude oder Herrenhaus, in einem »nicht zu reparierenden« Zustand befand, eine Formulierung, die offensichtlich die weitestgehenden Auslegungen zuließ. Sicherlich, das Stehlen von kostbaren Materialien war ein jahrhundertealter römischer Brauch; und seit den Tagen Konstantins war die Kirche der erste Nutznießer und Hauptschuldige gewesen. Spolien sind seit der christlichen Antike, während des ganzen Mittelalters und darüber hinaus in jeder Kirche in Rom reichlich anzutreffen: die Säulenschäfte, -sockel und Kapitele, und die Fragmente des Säulengebälks, die für den Bau der alten Peterskirche zusammengetragen wurden; die 42 Säulen aus grünem Marmor, die einst die Seitenschiffe der Lateranbasilika trugen; die Kapitelle und Säulen aus dem 2. Jahrhundert und die Marmorverkleidung in S. Costanza; der Satz von 24 korinthischen Säulen in S. Sabina und die 20 dorischen Säulen in S. Pietro in Vincoli; und, sogar noch im 6. Jahrhundert, die Säulen in der Ostbasilika von S. Lorenzo fuori le mura mit ihren feingearbeiteten Kapitellen (Abb. 68). Das christliche Rom war aus den Ruinen der antiken Welt erbaut.

Zusammen mit Tempeln und Statuen, mit den öffentlichen Gebäuden und den Herrenhäusern verfielen auch Wohn- und Mietshäuser: Treppen brachen zusammen, Wasserleitungen funktionierten nicht mehr, Dächer und Terrassen waren nicht mehr wasserdicht, die oberen Stockwerke wurden unbewohnbar; die Menschen suchten Zuflucht in den Untergeschossen oder in verlassenen Herrensitzen, die so gut wie möglich instand gesetzt wurden, wie es noch weitere 1000 Jahre und länger üblich sein sollte. Zweifellos waren zu Gregors Zeit viele, wenn nicht alle Gebäude, die einst das kaiserliche Rom ausgemacht hatten, zu Ruinen zerfallen. Gleichwohl war Rom nicht verschwunden. Der Grundstock des

57. Schwimmende Mühlen auf dem Tiber um 1870 – Museo di Roma

städtischen Gefüges hatte überlebt, schäbig und angeknackst, aber im Grunde noch intakt. Die von den Byzantinern ausgebesserten Stadtmauern standen noch. Die Straßen waren erhalten, wenn auch stellenweise mit Dreck und Abfällen bedeckt. Allein die großen Durchgangsstraßen und die Plätze wurden frei gehalten: die Säule, die 608 zu Ehren des Kaisers Phokas auf dem Forum errichtet wurde, erhebt sich auf dem Pflaster des 3. Jahrhunderts. Die Aquädukte funktionierten wenigstens teilweise, und einige öffentliche Bäder waren benützbar; der Aquädukt auf dem Gianicolo, der 537 von byzantinischen Pioniereinheiten repariert worden war, trieb immer noch die Mühlen auf dem Hügelabhang; und die schwimmenden Mühlen auf dem Tiber arbeiteten noch lange weiter, sogar bis ins 19. Jahrhundert (Abb. 57). Die Menschen kamen immer noch aufs Forum, um neue Ware in Augenschein zu nehmen und zu kaufen, einschließlich Sklaven, und um Neuigkeiten weiterzugeben; und das Trajansforum wurde für literarische Veranstaltungen genützt und bestand bis ins 7. Jahrhundert. Kulturbeflissene Besucher machten noch immer die Besichtigungstour zu den Monumenten der Antike. Als Kaiser Constans II. 667 nach Rom kam, kratzte ein Mitglied seines Gefolges den Namen des Souveräns ins Treppenhaus im Inneren der Trajanssäule und auf den Janus Quadrifrons. Auch die Paläste auf dem Palatin wurden anscheinend in gutem Zustand gehalten; verschiedene Palastbeamte hatten während der Zeit Gregors dort ihren Sitz, und ein ›Palastkurator‹ war noch 687 in Amt und Würden. Öffentliche Profanbauten, so scheint es, wurden erhalten, da sie kaiserlicher Besitz waren – vorausgesetzt, daß sie noch einen Nutzen hatten und die nötigen Mittel aufgebracht werden konnten. Kirchen wurden wie seit jeher mit Schenkungen bedacht. In den 60 Jahren, die Gregors Pontifikat vorausgingen, waren an neuen Kirchen gebaut worden: 537 SS. Quirico e Giulitta; um 560 SS. Apostoli, ursprünglich den Aposteln Jakobus und Philippus geweiht; vielleicht um 550 S. Giovanni a Porta Latina, weit draußen nahe den Mauern; außerhalb der Mauern, möglicherweise um 600, die Basilika über den Gräbern der Märtyrer Nereus, Achilleus und Domitilla in der nach ihr benannten Katakombe; und zwischen 579 und 590 die Kirche über dem Grab des heiligen Lorenz, heute der Chor der großen Kirche. Alle fünf stammen aus der Zeit der byzantinischen Besetzung, und jede von ihnen weist Züge östlicher Bau-

Die Zeit Gregors des Großen

gepflogenheiten auf: ein Dreikonchenchor in SS. Quirico e Giulitta und vielleicht in SS. Apostoli; eine von außen polygonale Apsis in S. Giovanni a Porta Latina, Emporen über den Seitenschiffen und dem inneren Narthex in S. Lorenzo, S. Agnese und möglicherweise in der Domitillakatakombe.

Auch Wohnungen, wenngleich notdürftig ausgebessert und dem Zusammenbruch nahe, standen der Bevölkerung noch zur Verfügung. Die wenigen Menschen, die übriggeblieben waren, mochten sich schon auf beiden Ufern gegenüber der Tiberinsel konzentriert haben: in Trastevere und, auf dem Ostufer, zwischen dem Marcellustheater, dem Fuß des Kapitols und etwa der Linie der heutigen Via Arenula folgend, das heißt nahe den Tiberbrücken und dort, wo Gregor seine Fürsorgeeinrichtungen angelegt hatte (Abb. 58). Im Osten, Süden und Norden, wo früher Mietshäuser in gut bevölkerten Vierteln gestanden und sich große Herrensitze im Grüngürtel erhoben hatten, erstreckte sich Brachland bis zu den Mauern. Der Gegensatz zwischen dem *abitato* und dem *disabitato*, wie es das 16. Jahrhundert nannte, war offenkundig geworden (Abb. 59). Seit seinen Anfängen im 5. Jahrhundert bestand dieser Gegensatz, mit der Zeit immer deutlicher hervortretend, bis ins späte 19. Jahrhundert fort: der *disabitato* – eine weite Fläche mit Weingärten, Feldern und Ruinen, auf der einige kleine Ansiedlungen und ein paar Bauernhöfe verstreut lagen und die den *abitato*, einen kleinen, dichtbevölkerten Kern, umgab (Abb. 60). Sogar noch 1870 bedeckte ein großes Areal von Weingärten, Gärten und Hainen das Tal zwischen dem Palatin und dem Caelius, das sich von der Porta S. Paolo, der alten Porta Ostiensis, bis zum Kolosseum erstreckte (Abb. 61). Die kleine, gedrängte Fläche des *abitato* in der riesigen Weite des *disabitato* blieb bis weit über das Mittelalter hinaus ein festes Merkmal im Stadtbild von Rom. Schon zur Zeit Gregors muß sich dies abgezeichnet haben – vielleicht nicht so offenkundig

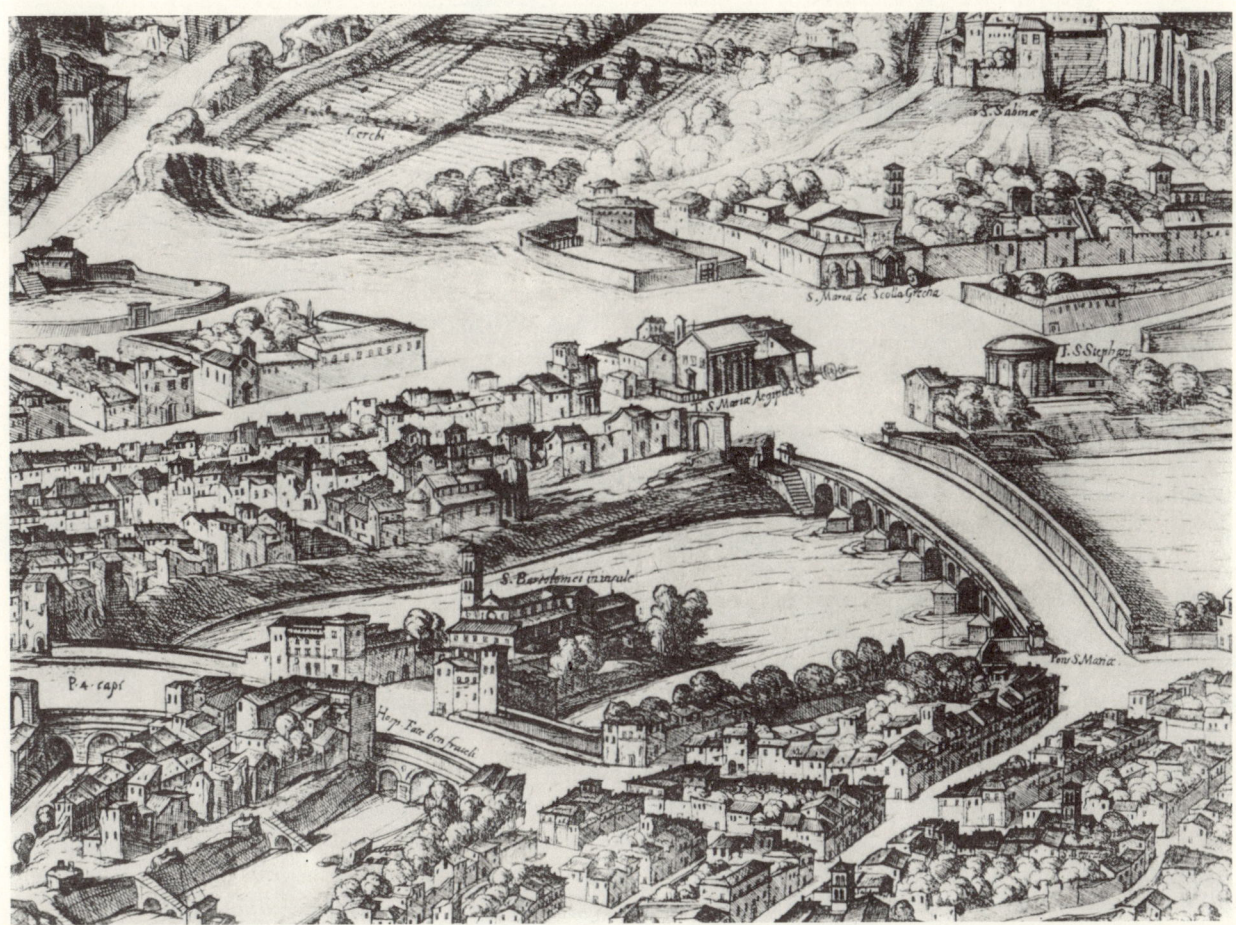

58. Romkarte des A. Tempesta von 1593. Ausschnitt: Trastevere, die Tiberinsel mit ihren beiden Brücken Ponte Fabricio und Ponte Cestio, der Ponte Rotto (Ponte S. Maria), S. Maria in Cosmedin und (oben rechts) der Aventin

59. Romkarte von 1575 (die ›Kleine Cartaro-Karte‹)

wie im 16. Jahrhundert, aber deutlich genug. Nichtsdestoweniger war dieser Kern um 590, so zusammengeschrumpft er auch sein mochte, kein leeres Gehäuse; er bildete das Fundament, auf dem Gregor bauen konnte.

Wie dieses äußere Grundgerüst der Stadt hatte auch ein sozialer und wirtschaftlicher Rahmen weiter Bestand, wenngleich in schlechtem Zustand und dringend der Reorganisation bedürftig. Die in Ravenna eingesetzte Regierung war machtlos geworden. Vor der Bedrohung durch die Langobarden hatten sich ihre Truppen in einige wenige sichere Stellungen zurückgezogen: nach Ravenna und Rom, die weltliche und die geistliche Hauptstadt Italiens, nach Neapel und Rimini an den Küsten; und auf einen Streifen im Inland, der den Weg von Ravenna nach Rom sichern sollte. Die Beamten in Rom, die von Konstantinopel und oft auch von Ravenna abgeschnitten waren, mußten sich mehr und mehr auf die örtlichen weltlichen und kirchlichen Machthaber verlassen. Erstere konnten kaum helfen: der Senat war zwar im Jahre 554 neu konstituiert worden, hatte aber nur zeremonielle Funktionen; nach 603 entstand an seiner Stelle ein informelles Beratungsgremium, das sich aus Mitgliedern der führenden Familien zusammensetzte: einige von alter römischer Abkunft, die meisten anderen Neuankömmlinge; byzantinische Beamte und Militärs oder Langobarden, die sich auf neuen Landgütern in oder nahe bei Rom niedergelassen und sich rasch in den ortsansässigen Adel integriert hatten und in die immer mächtiger werdende päpstliche Administration verwoben waren.

Die Kirche war als die einzige wirkungsvolle Organisation übriggeblieben, die den wirtschaftlichen, sozialen und auch den politischen Zusammenhalt von Rom gewährleisten konnte. Seit dem 4. Jahrhundert war sie durch Schenkungen und Stiftungen aus kaiserlichen oder privaten Quellen oder durch Kauf und Tausch in den Besitz von riesigen Ländereien gekommen, überall an den Mittelmeerküsten. Die Besitzungen im Osten, in Afrika, Spanien und Gallien waren in der Mitte des 6. Jahrhunderts verlorengegangen. Aber die Güter in

60. Der *disabitato*, vom Palatin aus gesehen, mit Blick auf das Kolosseum, SS. Giovanni e Paolo und (am rechten Bildrand) die Kapellen von S. Gregorio Magno, um 1560. Zeichnung von G. A. Dosio – Florenz, Uffizien

Italien blieben erhalten: im Süden; in Sizilien und Sardinien; die wichtigsten in Mittelitalien, wo sie sich in einer lockeren Kette von Rom hinüber bis an die Adriaküste und hinauf nach Tuszien, in die Toskana, nach Ligurien und in die Romagna erstreckten. Die Kirche war somit zum größten und mächtigsten Grundbesitzer auf der italienischen Halbinsel und den nahe gelegenen Inseln geworden. Die langobardischen Eindringlinge gefährdeten oder besetzten zwar große Teile der mittelitalienischen Güter, aber die Verhandlungen Gregors retteten viele davon; diejenigen im Süden und auf Sizilien waren nicht bedroht. Einige dieser Ländereien unterlagen örtlicher Kontrolle; die Mehrheit wurde schon seit dem Ende des 5. Jahrhunderts mit großem Geschick direkt von Rom aus verwaltet: eine zentrale Buchführung wurde in der päpstlichen Kanzlei entwickelt, und anscheinend wurde ein Haushaltsplan ausgearbeitet, wobei ein Teil der Einkünfte der päpstlichen Verwaltung zufloß, ein zweiter für den Bedarf des Klerus aufgewendet wurde, ein dritter für den Erhalt der Kirchenbauten und ein vierter für wohltätige Zwecke. Diese Gelder ermöglichten es dem Papsttum, während des 5. Jahrhunderts ein ehrgeiziges Bauprogramm durchzuführen, zu dem der Bau der Kirchen S. Sabina, S. Maria Maggiore, S. Stefano Rotondo und die Bauarbeiten im Laterankomplex gehörten. Wichtiger noch, sie setzten die Kirche in den Stand, einen Teil des Wohlfahrtsprogramms zur Unterstützung der Stadtbevölkerung wirksam zu übernehmen, das bislang der Staat nur recht und schlecht getragen hatte. Ebenso konnte sie die Versorgung der Stadt teilweise oder in Hungerszeiten ganz übernehmen. Sie konnte in den ersten Jahren des 6. Jahrhunderts Herbergen für die Pilger errichten und überhaupt in dem Machtvakuum im Italien des späten 5. und frühen 6. Jahrhunderts unterderhand ein noch größeres politisches Gewicht gewinnen.

Dennoch verschlechterten sich die wirtschaftliche Position der Kirche und ihre Wirkungskraft offensichtlich, als die Gotenkriege, die byzantinische Er-

61. Der südliche Teil des *disabitato* mit Blick auf das Kolosseum um 1870

oberung und die langobardische Invasion nacheinander über das Land hereinbrachen. Ihre Ländereien schrumpften, und die aus diesen Gütern bezogene Versorgung Roms wurde weniger verläßlich und weniger reichlich. Doch die Wunden der Gotenkriege schienen in den gut 20 Jahren nach der byzantinischen Besetzung Roms allmählich zu heilen. Es stand Geld für große und teure Kirchenbauten zur Verfügung. Dies konnte jedoch auch von privaten Geldgebern aufgebracht worden sein, so wie zum Beispiel SS. Apostoli möglicherweise vom byzantinischen Vizekönig Narses erbaut wurde. Selbst noch während die Langobarden das Umland überrannten, konnte eine so prächtige Kirche wie die neue Basilika S. Lorenzo fuori le mura von Papst Pelagius II., dem Vorgänger Gregors, errichtet werden; seine Widmungsinschrift erwähnt die drohende Invasion. Viele der kirchlichen Ländereien blieben unangetastet. Ein Wohlfahrtsprogramm konnte innerhalb gewisser Grenzen aufrechterhalten werden. Die Organisation für die Beschaffung und die Verteilung von Lebensmitteln hatte vermutlich gelitten, aber ihr Grundgerüst hielt. Mit der zunehmenden Schwächung der byzantinischen Verwaltung im letzten Drittel des 6. Jahrhunderts wurde die Kirche durch die Umstände dazu gezwungen, fast die ganze Last der Ernährung der römischen Bürger allein zu übernehmen. Nur selten konnte die Regierung im Kampf gegen die ständig drohenden Hungersnöte helfen.

Als Gregor den Stuhl Petri bestieg, galt es als selbstverständlich, daß die Kirche und nicht der byzantinische Staat, der nominell noch immer die rechtmäßige Regierung stellte, für die Versorgung der städtischen Bevölkerung verantwortlich war. Parallel dazu waren auch andere Aufgaben der Regierung, die diese einfach nicht mehr wahrnehmen konnte, allmählich in die Hände der Kirche geglitten, und immer mehr Regierungsfunktionen fielen ihr zu. Die erfahrene und gut organisierte päpstliche Finanzverwaltung war die einzig leistungsfähige in Rom; die der Regierung war zusammengebrochen, und zur Zeit Gregors mußte die Kirche als Zahlmeister der Truppen fungieren. Tatsächlich wirkte ein so

Die Zeit Gregors des Großen

energischer Papst wie Gregor auch in militärischen Angelegenheiten mit; er konnte einen Waffenstillstand mit den Langobarden aushandeln oder seinen Vertreter in Ravenna beauftragen, nachdrücklich die Berufung eines von ihm ausgewählten Staatsbeamten zur Beaufsichtigung der römischen Aquädukte zu verlangen. Kurz, die Kirche übernahm einerseits von sich aus die Funktionen und Zuständigkeiten eines weltlichen und unabhängigen Herrschers von Rom und des Patrimonium Petri von Mittelitalien und der Toskana bis nach Sizilien, und sie wurde andererseits dazu auch gezwungen. Diese Entwicklung wurde zur Zeit Gregors und von ihm, wenn auch nicht zu Ende geführt, so doch entscheidend vorangetrieben.

Im städtischen Gefüge Roms kam dieses Zusammenwirken zwischen der weltlichen Regierung und der kirchlichen Verwaltung und die allmähliche Verdrängung der ersteren durch letztere zuerst dadurch zum Ausdruck, daß die Kirche öffentliche Bauten übernahm. Seit dem 6. Jahrhundert, wenn nicht schon früher, flossen keine Gelder mehr aus öffentlichen Quellen oder aus den Mitteln wohlhabender Beamter zu ihrer Erhaltung; um so weniger, als viele öffentliche Gebäude nicht mehr relevanten Funktionen dienten. Schließlich hatten ja die zentrale und die städtische Regierung ständig an Bedeutung verloren. Es war ratsam geworden, die Last der Erhaltung der öffentlichen Gebäude auf diejenige Institution zu verlagern, die am ehesten in der Lage war, sie zu tragen. Schon in den Jahren 526 bis 530, unter Papst Felix IV., zur Zeit des Cassiodorus und seines Königs Theoderich waren die prachtvolle Halle an der Via Sacra, vermutlich die Audienzhalle des Stadtpräfekten, und ihr überkuppeltes Vestibül neben der Basilica Nova der Kirche überlassen worden (Abb. 7). Die Halle wurde in eine Kirche umgewandelt und den Heiligen Kosmas und Damianus geweiht und trug bis 1632 die Wandverkleidung aus *opus sectile* in farbigem Marmor aus dem 4. Jahrhundert. Papst Felix fügte nur Mosaiken auf dem Bogen und im Gewölbe der Apsis hinzu, um die neue kirchliche Funktion des Gebäudes deutlich zu machen: auf dem Bogen Engel und die Symbole der Evangelisten; im Gewölbe Christus bei seiner Wiederkunft, flankiert von Petrus, Paulus und den zwei Patronen der Kirche, begleitet von einem weiteren östlichen Heiligen, Theodorus, und von dem päpstlichen Stifter.

50 Jahre nach SS. Cosma e Damiano wurde ein weiteres öffentliches Gebäude jenseits des Forums am nordwestlichen Fuß des Palatin in eine Kirche umgewandelt: S. Maria Antiqua, wie sie schon in den Jahren 635 bis 642 genannt wurde. Das Gebäude war im späten 1. Jahrhundert als Halle für zeremonielle Anlässe erbaut worden und um die Mitte des 6. Jahrhunderts anscheinend zu einem Wachtsaal geworden, der die Auffahrt zu den Palästen auf der Kuppe des Hügels sichern sollte, wo damals der byzantinische Gouverneur residierte (Abb. 62). Wie es sich für den Vizekönig des allerchristlichsten Kaisers geziemte, wurde dieser Wachtsaal mit christlichen Wandmalereien ausgeschmückt, die an die Mosaiken Justinians in der *Chalkē*, dem Bronzetor, wie der Wachtsaal des kaiserlichen Palastes in Konstantinopel genannt wurde, erinnerten. Seit jener Zeit wurden während der nächsten 200 Jahre die Wände dieser in eine Kirche umgewandelten Halle immer wieder mit neuen Wandgemälden geschmückt, bis im Jahre 847 ein Erdrutsch den Bau unter sich begrub. Seine Ruinen wurden 1702 entdeckt und im Jahre 1900 ausgegraben und identifiziert. Die Rechte und Besitzungen der Kirche wurden nach 847 auf S. Maria Nova, heute S. Francesca Romana, schräg gegenüber jenseits des Forums und der Via Sacra, übertragen. Aber die aufeinanderfolgenden, immer wieder neuen Wandmalereien und ihre Versiegelung zu so früher Zeit haben aus S. Maria Antiqua eine Schatztruhe der römischen Kunst des 7. und 8. Jahrhunderts werden lassen, eine regelrechte Pinakothek, die das Zusammenspiel westlicher und östlicher Elemente in diesen frühen Jahrhunderten widerspiegelt.

Gregor selbst scheint bei der Übernahme öffentlicher Gebäude für die Kirche eher Zurückhaltung geübt zu haben. Schließlich waren sie kaiserliches

62. S. Maria Antiqua, Innenansicht

Eigentum, und angesichts seiner sorgfältig zwischen Byzanz und den Langobarden ausbalancierten Politik mochte er davon Abstand genommen haben, um Erlaubnis zu fragen; oder er zögerte, die Ausgaben zum Unterhalt der Bauten zu übernehmen. Die Lage änderte sich in den 30 Jahren nach seinem Tode. Papst Honorius wandelte zwischen 625 und 638 das Senatsgebäude auf dem Forum Romanum durch nur geringe Umbauten in die Kirche S. Adriano um. Möglicherweise zur selben Zeit wurde das *secretarium senatus*, das Hohe Gericht des Senats, umgestaltet oder, was wahrscheinlicher ist, durch ein der heiligen Martina geweihtes Oratorium ersetzt. Dies alles geschah vermutlich mit dem Plazet des Kaisers. Noch etwa um 630 war ein kaiserlicher Erlaß notwendig, um dem Papst zu gestatten, die Bronzeziegel vom Tempel der Roma für die Peterskirche zu verwenden. In ähnlicher Weise fielen große Privatbauten, die verlassen, für ihre Besitzer nutzlos oder im Unterhalt zu teuer waren, fast zwangsläufig an die Kirche. Sie war die einzige Macht, welche in Rom übriggeblieben war, die sie einem neuen Verwendungszweck zuführen und sich die Unterhaltskosten leisten konnte. Herrensitze wurden in Klöster und ihre Empfangshallen in Kirchen umgewandelt. Gregor hatte auf dem Caelius ein Beispiel gegeben. Einige Jahrzehnte später eignete sich Honorius I. in ähnlicher Weise die riesigen Hallen zweier Herrensitze an: die eine, auf dem Esquilin, hat sich als Teil des Konvents von S. Lucia in Selcis erhalten; die andere, auf dem nordwestlichen Ausläufer des Caelius, gab die Grundmauern für die Kiche der Quattro Coronati ab.

Von viel einschneidenderer Bedeutung ist es jedoch, daß im Jahre 609 zum erstenmal in Rom ein Tempel christianisiert wurde: das Pantheon, das einst allen Göttern geweiht gewesen war, wurde auf Ersuchen von Papst Bonifatius IV. vom Kaiser der Kirche übereignet. Der Jungfrau Maria und allen Märtyrern geweiht, wurde es zur Kirche S. Maria Rotunda (Abb. 63). Für lange Zeit scheint sie die einzige Kirche gewesen zu sein, die für die östliche Zone jenes Bereichs zur Verfügung stand, der später zur Innenstadt werden sollte. Die Umbauarbeiten waren minimal: in der Hauptnische wurde ein Altar errichtet, der von einer Ikone der Muttergottes mit dem Kind überragt wurde – das Original aus dem 7. Jahrhundert ist vor wenigen Jahren unter einigen Schichten von darüberliegenden Malereien wiedergefunden worden. Es ist seltsam, daß seit der gesetzlichen Schließung der heidnischen Heiligtümer 200 Jahre vergingen, ehe ein römischer Tempel umgewandelt wurde; verwunderlich um so mehr, als sich die Christen im Osten des Reiches schon im 4. Jahrhundert ohne Skrupel heidnische Tempel angeeignet hatten und auch der Westen im 6. Jahrhundert diesem Beispiel gefolgt war. Aus irgendeinem Grunde war man in Rom selbst zurückhaltend geblieben. Sogar nachdem das Pantheon christianisiert worden war, dauerte es beinahe weitere 300 Jahre, bis zwischen 872 und 882 wieder ein Tempel, der der Fortuna Virilis auf der Piazza Bocca della Verità, in eine Kirche umgewandelt wurde; und bis ins Hochmittelalter hinein wurden Tempel und sogar Grundstücke von längst zusammengebrochenen Tempeln von den Kirchengründern in Rom gemieden. War es nur Rom, wo sich der Glaube an böse Geister, die auf den Stätten der Tempel umgingen, mit solcher Kraft erhielt; und wenn dem so war, was war der Grund dafür? Gregor bezeugt die Verbreitung des Geisterglaubens immer wieder. Aber spät in seinem Leben hat er ihn wohl auch überwunden, »nach eingehender Erwägung des Sachverhalts« trug er dem Missionszug nach England auf, heidnische Heiligtümer nach der Zerstörung der Götzenbilder als Kirchen wiederzuverwenden. Zweckmäßigkeit scheint die Oberhand über abergläubische Zurückhaltung gewonnen zu haben. Letzten Endes mag es sogar er selbst gewesen sein, der den Gedanken auslöste, das Pantheon zu christianisieren; und die mittelalterliche Legende, die ihn darstellt, wie er die Dämonen aus dem Pantheon austreibt, ist so unrichtig wohl nicht gewesen. Die Legende verband den Namen Gregors auch mit der Christianisierung des Hadriansmausoleums. Seit der spätrömischen Zeit hatte seine riesige zylindrische Masse als Brückenkopf auf dem Westufer dazu gedient, den Zugang zur Stadt über den *pons Aelius*, den Ponte S. Angelo, zu sichern; im Jahre 536 schlug der byzantinische Befehlshaber einen Sturmangriff der gotischen Belagerer zurück, indem er die Statuen auf dem Grabmal in Stücke schlagen und als Geschosse gegen die Angreifer schleudern ließ. Als Gregor 590 seine Bittprozessionen anführte, die um göttliche Hilfe flehten gegen die Katastrophen, die über Rom hereinbrachen, soll der Erzengel Michael herniedergestiegen sein, um die Pest zu beenden. Wahrscheinlicher ist jedoch, daß es die Idee seines Nachfolgers Bonifatius war, das Mausoleum mit einer dem heiligen Michael geweihten Kapelle zu krönen. Aufgrund seiner Zueignung an den Erzengel

63. Pantheon um 1740, Innenansicht. Gemälde von G. P. Pannini – National Gallery, Washington, D. C.

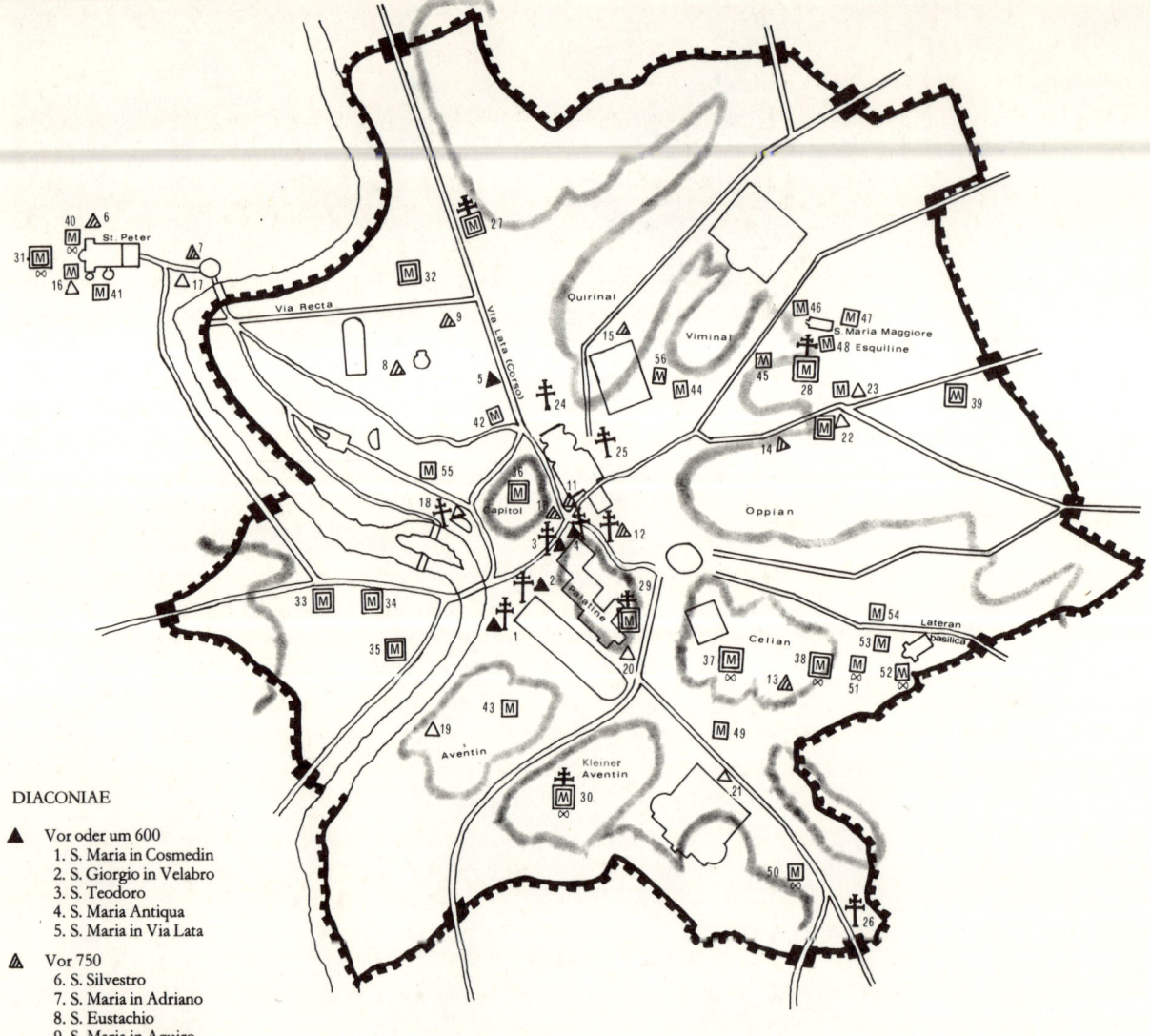

DIACONIAE

▲ Vor oder um 600
1. S. Maria in Cosmedin
2. S. Giorgio in Velabro
3. S. Teodoro
4. S. Maria Antiqua
5. S. Maria in Via Lata

▲ Vor 750
6. S. Silvestro
7. S. Maria in Adriano
8. S. Eustachio
9. S. Maria in Aquiro
10. SS. Sergio e Bacco
11. S. Adriano
12. SS. Cosma e Damiano
13. S. Maria in Domnica
14. S. Lucia in Selcis
15. S. Agata de Caballis

△ Nach 750
16. S. Martino iuxta beatum Petrum
17. S. Maria in caput portici
18. S. Angelo in Pescheria
19. SS. Bonifazio ed Alessio
20. S. Lucia in Septem Via
21. SS. Nereo ed Achilleo
22. SS. Silvestro e Martino
23. S. Vito

Kirchen mit Verbindungen zum Ostreich

✝ 1. S. Maria in Cosmedin
2. S. Giorgio in Velabro
3. S. Teodoro
4. S. Maria Antiqua
12. SS. Cosma e Damiano
18. S. Angelo in Pescheria
24. SS. Apostoli
25. SS. Quirico e Giulitta
26. S. Giovanni a Porta Latina

Klöster
Bedeutende Klöster des lateinischen Ritus

Vor 700
31. S. Stefano Maggiore
37. S. Gregorio in Clivo Scauro
38. S. Erasmo

Nach 700
22. SS. Silvestro e Martino
32. S. Maria in Campo Marzio
33. S. Maria in Trastevere
34. S. Crisogono
35. SS. Agata e Cecilia
36. S. Maria in Capitolio
39. S. Bibiana

Bedeutende Klöster des byzantinischen Ritus

Vor 700
30. S. Saba

Nach 700
27. S. Silvestro in Capite
28. S. Prassede
29. S. Cesareo in Palatio

Zweitrangige Klöster des lateinischen Ritus

Vor 700
40. SS. Giovanni e Paolo (Vatikan)
50. Corsarum (S. Simmetrio)
51. S. Onorio
52. S. Pancrazio (Lateran)

Nach 700
16. S. Martino iuxta beatum Petrum
23. S. Vito
41. S. Stefano Minore
42. S. Lorenzo in Pallacino
43. S. Prisca (S. Donato)
44. SS. Sergio e Bacco de Suburra
45. S. Eufemia
46. SS. Cosma e Damiano ad Presepem
47. S. Andrea in Massa Iuliana
48. SS. Lorenzo ed Adriano
49. S. Maria in Tempuli
53. S. Stefano (Lateran)
54. SS. Sergio e Bacco de Formis
55. S. Maria de Iulia
56. S. Agata de Suburra

64. Rom im 7. und 8. Jahrhundert. Karte

Die Zeit Gregors des Großen

Michael und seiner strategischen Lage, die sowohl die Stadt auf dem Ostufer als auch St. Peter auf dem Westufer beherrschte und schützte, nahm es schließlich seinen heutigen Namen an, Castel S. Angelo.

Die Mehrheit der Kirchen, die im 6. Jahrhundert und bis zur Zeit Gregors und in den folgenden 30 Jahren gegründet wurden, lag rings um die Foren, die Via Sacra und den Palatin, im Herzen des ehemals kaiserlichen Rom (Abb. 64). Diese Gegend war nicht dicht besiedelt und war es niemals gewesen; Stätten des Gottesdienstes für eine einigermaßen zahlreiche Bevölkerung waren dort eigentlich nicht nötig. Sie war ein ›Schaubezirk‹, der zu jener Zeit kaum noch administrative Funktionen erfüllte und daher außer Gebrauch gekommen war. Wenn seine öffentlichen Bauten in Kirchen umgewandelt wurden, so mag ein Grund dafür gewesen sein, die Last der Unterhaltskosten auf die Kirche abzuwälzen. Aber abgesehen von solchen Umwandlungen, wurden im 6. und 7. Jahrhundert überall in dieser Gegend neue Kirchen gebaut. Die Christianisierung des monumentalen ›Schaubezirks‹ des antiken Rom war in der Tat gründlich. Sie wurde begonnen mit der Umgestaltung von SS. Cosma e Damiano und fortgesetzt mit dem Bau von SS. Quirico e Giulitta hinter dem Nervaforum, mit SS. Apostoli nördlich des Trajansforums und -marktes und mit S. Maria Antiqua am Fuße des Palatinhügels. Zwischen 625 und 638 wurden S. Adriano und vermutlich auch S. Martina in den einstigen Senatsgebäuden auf dem Forum eingerichtet. Später, wenngleich noch im 7. Jahrhundert, wurde anscheinend eine *diaconia*, ein Wohlfahrtszentrum, in der Nähe des Concordiatempels errichtet. Auf dem Hügel hinter dem Trajansforum, nahe der heutigen Torre delle Milizie, war bis 680 eine den Heiligen Cyrus und Johannes geweihte Kapelle, später, wie es scheint, als S. Abaciro bekannt, gebaut worden. Christianisierte öffentliche Bauten und neuerrichtete Kirchen markierten auf diese Weise in dem monumentalen ›Schaubezirk‹ des antiken Rom und in seiner Umgebung ein großes christliches Areal, das vom Fuß des Palatin bis nördlich des Trajansforums und -marktes reichte. Sollte demnach auch das Zentrum des alten Rom, das noch immer voller Erinnerungen an heidnische Zeiten war, Christus geweiht werden, genau wie das Pantheon aus einem Tempel der heidnischen Götter in einen Tempel Gottes umgewandelt wurde? Wo 250 Jahre zuvor Konstantin sich wegen der heidnischen Aura der Foren gescheut hatte, den neuen Glauben auf ihnen Einzug halten zu lassen, nahm die Kirche nun dieses Areal um so eifriger in Besitz. Dennoch hatte es ein Vierteljahrtausend gedauert, um den einstigen Angelpunkt des Imperiums äußerlich wie ideologisch zu verändern.

Wurde der Bereich auf diese Weise christianisiert, so geschah dies unter dem deutlichen Einfluß byzantinischer und östlicher Elemente. Der Kult von Kosmas und Damianus, der Wundertäter aus Kilikien, hatte Rom zu Beginn des 6. Jahrhunderts vermutlich über Konstantinopel erreicht. Auch die Verehrung der syrischen Märtyrer Sergius und Bacchus kam von dort wie die des heiligen Hadrian, eines Soldatenheiligen. Der Kult der Märtyrer Quiricus und Giulitta hatte sich von Tarsus aus über das südliche Kleinasien ausgebreitet. Cyrus und Johannes stammten aus Ägypten, wo ihre Reliquien noch zwischen 610 und 620 an einem Ort unweit von Alexandria verehrt wurden. Die gemeinsame Verehrung der Apostel Philippus und Jakobus, die überall im Osten gepflegt wurde, scheint im Westen vor der Gründung der zu ihren Ehren erbauten Kirche SS. Apostoli in Rom unbekannt gewesen zu sein. Unterhalb der Südwestecke des Palatin lag der *titulus Anastasiae*, der offensichtlich von einer Dame dieses Namens wohl im 4. Jahrhundert gegründet worden war. 200 Jahre später war er einer gleichnamigen Heiligen geweiht, die in Konstantinopel weithin Verehrung genoß. Solche Verlagerungen der Verehrung von Heiligen aus Konstantinopel nach Rom waren bei Kirchen, die unter den Augen der byzantinischen Behörden gegründet, geweiht oder umgebaut wurden, nur natürlich. Buchstäblich unter ihren Augen: die Paläste auf dem Palatin, die nach Norden hin die Foren überblickten, waren ja schließlich die Residenz des Kaisers, falls er je nach Rom kam, oder seines Vertreters; und altem Brauch gemäß waren sie auch der Ort der Regierungsbehörden. Der Militärkommandant scheint seinen Sitz nördlich der Kaiserforen und unweit der Kirche SS. Apostoli gehabt zu haben. Dort, auf der Piazza Magnanapoli und an den Trajansmarkt anschließend, steht heute ein Turm aus dem 13. Jahrhundert, die Torre delle Milizie, die von der Legende mit dem Namen Neros und dem Brand, der Rom in Schutt und Asche gelegt hatte, in Zusammenhang gebracht wird. Der Name läßt eine frühe militärische Einrichtung an dieser Stelle vermuten. Tatsächlich wurde der Turm an eine ältere Befestigung angebaut, die sich mindestens bis ins späte 15. Jahrhundert erhalten hat und im Jahre 1130 als die *Militiae Tiberinae* bekannt war. Es ist sehr wohl möglich, daß dieser Name auf jene ›Barbaren‹ anspielt, welche zu den Regimentern zusammengeschlossen wurden, die den Namen des byzantinischen Kaisers Tiberius Constantinus (578–582) trugen, oder aber auf die Bürgermiliz, die zu eben jener Zeit zur Verteidigung Roms gegen den langobardischen Angriff von 578 aufgestellt worden war. Möglicherweise hat auch der Name ›Magnanapoli‹, eine Verballhornung des Ausdrucks *bannum neapolis*, eine militärische Bedeutung: das Aufgebot, *bannum*, aus Neapel. Aber diese Etymologie ist zweifelhaft, und der Verweis auf die *Militiae Tiberinae* mag auch allein ausreichend sein.

Zwischen dem Palatin und der Gegend um die Torre delle Milizie scheint somit im Verlauf des 6. und frühen 7. Jahrhunderts ein byzantinisches Viertel gewachsen zu sein. Dies erweckte den Repräsentations- und Regierungsbezirk des antiken Rom zu neuem Leben, wenn auch unter veränderter Bedeutung. Das Projekt, diese Zone zu verlassen und das christliche Rom um den Lateran herum zu konzentrieren, das vielleicht den großen Päpsten des 5. Jahrhunderts vorgeschwebt hatte, war gescheitert. Ebenso war es dem Programm des Cassiodorus ergangen, der Roms antike Denkmäler hatte erhalten und restaurieren wollen, wenngleich ohne ihre alte Bedeutung. In den 110 Jahren zwischen 530 und 640, zwischen der Umwandlung von SS. Cosma e Damiano und der des Senatsgebäudes, S. Adriano, wurde eine letzte Anstrengung unternommen, diesen Bezirk mit neuem Leben zu füllen, indem man ihm eine christliche Bedeutung gab und ihn in ein Regierungsviertel verwandelte.

Wie es scheint, hatten Gregor und die Päpste nach ihm nur wenig, wenn überhaupt etwas mit diesem Regierungsbezirk nördlich des Palatin im Sinn. Es wurde kein Versuch unternommen, den Regierungsbezirk mit den Vierteln zusammenzuschließen, in denen die Bevölkerung zu jener Zeit vornehmlich wohnte: in Trastevere und, auf dem Ostufer, in der Gegend, die sich vom Marcellustheater und den nahe gelegenen Brückenköpfen des Ponte S. Maria, dem heutigen Ponte Rotto, und des Ponte Fabricio bis zum westlichen Fuß des kapitolinischen Hügels und weiter nach Westen, ungefähr bis zur Linie der heutigen Via Arenula, erstreckte. In diesem Gebiet, in dem sich die Hauptmasse der Bevölkerung konzentrierte, galt es, den wichtigsten Aufgaben, die dem Papst als dem faktischen Herrscher über Rom zugefallen waren, nachzukommen: die Ernährung der Bevölkerung zu sichern; die wesentlichen öffentlichen Dienste zu gewährleisten; eine wirksame Verwaltungsorganisation aufzubauen; die Verbindung mit der Masse der städtischen Bevölkerung herzustellen. Eine weitere, nicht weniger wichtige Aufgabe war es, Rom einen neuen Lebenszweck zu geben. Durch die Christianisierung Europas beziehungsweise seine Wiedergewinnung für den Katholizismus wurde Rom zur Heiligen Stadt des Westens, die Gräber der Apostel und Märtyrer zu Brennpunkten der Verehrung. Sie mußten zugänglich bleiben. Die Pilger zog es zu Tausenden nach Rom, und man mußte sie aufnehmen können. Dies waren die vordringlichsten Aufgaben, und Gregor nahm sich ihrer mit dem ganzen Eifer eines versierten Verwaltungsfachmanns an.

Die Bevölkerung – Stadtbewohner, Pilger, Flüchtlinge vor den Langobarden und mit der Zeit auch Fremde, die sich auf Dauer niederließen – mußte versorgt werden. Die Ländereien der Kirche waren trotz der Verluste auch in Mittelitalien immer noch ausgedehnt; im Süden und in Sizilien waren keine Verluste eingetreten. Aus ihnen konnten Nahrungsmittel in Fülle bezogen werden. Wo die Organisation in den verworrenen Jahrzehnten vor seinem Pontifikat gelitten hatte, stellte Gregor sie wieder her, straffte und verbesserte sie. Die Güter wurden wie in alten Zeiten unter der direkten Kontrolle des Heiligen Stuhls verwaltet; sie wurden regional organisiert – das Patrimonium in Sizilien, in Tuszien und so weiter – und von einer von Rom abhängigen Beamtenschaft beaufsichtigt. Die Pachtbauern, die abhängigen Landarbeiter und die Getreidespeicher wurden energisch gegen Eingriffe der Regierung verteidigt. Die Ernte wurde in »Getreidespeicher der Kirche« eingefahren. Falls nötig, wurde zusätzlich Korn gekauft, und Schiffe, die der Kirche gehörten oder von ihr angeheuert wurden, brachten die Lieferungen nach Rom, wo sie wiederum in kircheneigenen Speichern gelagert wurden.

Die Verteilung an die städtischen Massen Roms war gleichermaßen gut reguliert. Man erinnert sich, daß im 5. Jahrhundert eine zentrale Wohlfahrtsorganisation im päpstlichen Palast im Lateran eingerichtet worden war. Gregor hat sie, so scheint es, reaktiviert und verbessert. Eine Liste von Wohlfahrtsempfängern – Kirchen, Klöster, Einzelpersonen – wurde im Lateran geführt; sie wurde bis ins 9. Jahrhundert hinein aufbewahrt. Die je nach Jahreszeit vorhandenen Nahrungsmittel wurden am Ersten jeden Monats ausgegeben – Korn, Wein, Käse, Gemüse, Fett, Fleisch, Öl, Fisch. Mobile Suppenküchen sorgten für die Kranken und Gebrechlichen; Honoratioren wurden mit Gewürzen versorgt; der Klerus, die Klöster und die Kirchen erhielten viermal im Jahr Sachzuwendungen. Der Lateran lag jedoch weitab von dem Bezirk, der zur Zeit Gregors zu dem am dichtesten bevölkerten Gebiet der Stadt geworden war. Um die Zentralstelle im Lateran zu ergänzen, wurden Wohlfahrtsämter näher an jenem Bezirk eingerichtet; ihr Name, *diaconiae*, hat im Titel der Kardinaldiakone überlebt. Solche Wohlfahrtsstellen waren im Osten des Reiches seit dem 4. Jahrhundert bekannt gewesen, und gegen Ende des 6. Jahrhunderts waren sie in den Hafenstädten Ravenna, Rimini und Neapel zu üblichen Einrichtungen geworden. In Rom sind sie namentlich erst seit 684 bezeugt, als die Klostergemeinschaften, die sie unterhielten, als gesonderte Gruppe vom Klerus und dem Dienstpersonal der Pfarrkirchen abgetrennt wurden. Archäologische Funde lassen jedoch vermuten, daß die ersten schon in den 50 auf die byzantinische Rückeroberung folgenden Jahren eingerichtet wurden, eine davon vielleicht sogar vor dem Pontifikat Gregors des Großen. Ob sie anfänglich mit der Quartiermeisterei der kaiserlichen Truppen verbunden gewesen waren oder nicht, bleibt ungewiß. Die Aufgaben, die sie erfüllten, sind jedenfalls – wenn auch erst im 8. Jahrhundert – gut dokumentiert: sie beschafften und verteilten Nahrungsmittel und unterstützten auf diese Weise die Arbeit der zentralen Wohlfahrtsbehörde; sie sorgten für Badegelegenheiten, die in den öffentlichen Bädern nicht mehr gegeben waren; sie unterhielten Herbergen für Pilger, für die Armen und Kranken. Diese drei Gruppen fielen oft zusammen. Für die finanzielle Unterstützung ihrer Arbeit war durch Ländereien gesorgt, die von der Kirche oder von reichen Geldgebern speziell für sie eingerichtet wurden. In Anbetracht der christlichen Auffassung von Wohltätigkeit galt ihre Arbeit offensichtlich nicht mehr als rein weltliche Aufgabe, sondern war mit der Christenpflicht gegen Gott und den Nächsten eng verbunden. Dennoch waren diese Wohlfahrtszentren in keiner Weise als Kirchen zu verstehen. Sie wurden zwar von der Kirche geführt, und jedes von ihnen hatte ein Oratorium; aber sie dienten ebensosehr weltlichen wie kirchlichen Zwecken, und sie übernahmen das Erbe einer alten staatlichen Tradition und führten es fort: obwohl sie von Mönchsgemeinschaften geführt wurden, oblag die Aufsicht über sie einem weltlichen Beamten der päpstlichen Verwaltung, dem *pater diaconiae*. In den meisten Fällen waren sie an Orten eingerichtet, die in römischer Zeit mit der Verwaltung, Verteilung und Lagerung von Versorgungsgütern verbunden gewesen waren.

Überreste früher Wohlfahrtszentren haben sich in Rom bei S. Maria in Cosmedin, S. Giorgio in Velabro, S. Teodoro und S. Maria in Via Lata erhalten. In allen vier Fällen läßt der archäologische Befund Gründungsdaten um das Jahr 600 oder früher vermuten. Alle liegen sie an Stellen, die in alter Zeit mit der Verwaltung und Lagerung der Lebensmittel zu tun gehabt hatten. Bei allen scheint ihre Anlage von diesem antiken Erbe, ihrem halbkirchlichen Charakter und praktischen Notwendigkeiten bestimmt gewesen zu sein: eine Reihe von Zimmern diente als Lager- und Büroräume sowie als Wohnräume für die verantwortliche Mönchsgemeinschaft; außerdem fungierte ein größerer Raum als Oratorium. Darüber hinaus lagen alle in einem Bezirk, in dem seit klassischer Zeit die Aufgabe der Versorgung Roms erfüllt worden war. Er befand sich nahe bei den Tiberkais unterhalb des Aventinfelsens und war voller Lagerhäuser und Märkte. Der Ponte S. Maria, heute Ponte Rotto, verband ihn mit dem dichtbevölkerten Trastevere. Dieser Versorgungsbezirk begann an der Piazza Bocca della Verità, wo, wie man sich erinnert, der für die Lebensmittelversorgung zuständige kaiserliche Beamte in einer Loggia, der *statio annonae*, Audienz hielt. Nach Norden setzte sich dieser Bereich im Viehmarkt, dem Forum Boarium, fort, das durch den Bogen des Janus Quadrifrons und die Kirche S. Giorgio in Velabro kenntlich ist. Noch weiter nördlich folgte der Kräutermarkt, das Forum Holitorium, wo seit dem 11. Jahrhundert die Kirche S. Nicola in Carcere steht. Unterhalb der Westklippe des Palatin, gleich östlich des Forum Boarium, erstreckten sich große Getreidespeicher, und weitere *horrea* lagen entlang dem südlichen Teil des Corso. Es war nur natürlich, daß die frühen Wohlfahrtszentren gerade in diesem Gebiet eingerichtet wurden. Es erstreckte sich vom Fluß aus entlang den dichtbevölkerten Vierteln, die hier entstanden waren, und zog sich nordwärts bis zum kapitolinischen Hügel hin und noch weiter nach Nordwesten. In diesem Gebiet waren die Wohlfahrtszentren leicht zugänglich. Außerdem lagen sie direkt vor den Augen der byzantinischen Behörden, die auf dem Palatin residierten, und der Garnison, die, wie wir vermuten, in der Nähe der Torre delle Milizie einquartiert war.

S. Maria in Cosmedin auf der Piazza Bocca della Verità ist das beste Beispiel einer solchen frühen *diaconia*. Sie wurde im 8. und noch einmal im 12. Jahrhundert zu einer bedeutenden Kirche vergrößert und in den letzten 70 Jahren zweimal restauriert, wobei man sie übrigens ihrer reizenden Fassade aus dem 18. Jahrhundert beraubte. Heute umschließen ihre Mauern die Reste zweier früherer Bauten: die Arkadenkolonnade der *statio annonae*, und, senkrecht zu dieser Loggia gebaut, die Seitenwände einer recht großen Halle, die in den Mauern des Mittelschiffs der heutigen Kirche gut erhalten sind (Abb. 65). Diese Halle ist allem Anschein nach ein Oratorium gewesen; sie wurde beiderseits von Wirtschaftsräumen flankiert, die in zwei Geschossen untergebracht waren: die unteren, Kammern oder Seitenschiffe, waren zur Halle hin offen; die oberen waren mit dem Hauptraum durch fensterartige Öffnungen verbunden. Die Anlage, die Tradition der Örtlichkeit als Versorgungszentrum und ihre Funktion als *diaconia*, die seit dem 8. Jahrhundert bezeugt ist, lassen vermuten, daß die Halle und die Nebenräume als Wohlfahrtszentrum der Kirche gebaut wurden. Obendrein zeigt die Mauertechnik für Rom einzigartige Züge, die jedoch in Neapel im 6. Jahrhundert üblich waren. Und die Namen der Kirche und des umliegenden Viertels deuten, obwohl sie erst später dokumentiert sind, auf griechische Herkunft, ob aus Konstantinopel oder Süditalien, hin: Cosmedin; Kirche der Griechen; Griechische Straße; oder Griechenviertel, *schola graeca* – *schola* war die übliche Bezeichnung für fremde Gemeinschaften und ihre Viertel im frühmittelalterlichen Rom. Es ist also anzunehmen, daß das Wohlfahrtszentrum von S. Maria in Cosmedin einige Zeit nach der byzantinischen Eroberung von Griechen aus Süditalien, vielleicht von Kaufleuten, errichtet wurde. Andere Zentren folgten wenige Jahrzehnte später: eines, das um 640 zum erstenmal als Kirche erwähnt ist, liegt auf dem Viehmarkt unter S. Giorgio in Velabro – die heutige Kirche stammt aus dem 9. Jahrhundert. S. Teodoro, am westlichen Fuß des Palatin und somit nur wenige Minuten Fußweg sowohl von S. Giorgio wie von S. Maria in Cosmedin entfernt, wurde über einem römischen Getreidespeicher errichtet. Die heutige, runde und überkuppelte Kirche wurde um 1453/1454 von Papst Nikolaus V. erbaut (Abb. 66). Um die Rotunde herum und unter ihr erstreckten sich die Ruinen des Getreidespeichers, der eine mit Apsis versehene Halle spätrömischen Datums umgab. Die *diaconia* umfaßte anscheinend die Speicherräume, und ihr Oratorium wölbte sich über der spätrömischen Halle. Die Apsis des Oratoriums ist erhalten geblieben: sie ist dem Hauptraum der Kirche Nikolaus' angefügt und trägt ein Mosaik, das etwa aus dem Jahre 600 stammt. In S. Maria in Via Lata auf dem Corso schließlich haben die Räumlichkeiten des Wohlfahrtszentrums unter der prächtigen Barockfassade überdauert. Auch diese *diaconia* wurde in einem Getreidespeicher aus kaiserlicher Zeit eingerichtet. Von den sechs miteinander verbundenen Lagerräumen wurde einer zum Oratorium; ein weiterer wurde im frühen 7. Jahrhundert mit einem Wandgemälde ausgeschmückt, das die sieben Schläfer von Ephesus darstellte.

Soviel diese Wohlfahrtszentren der Kirche über die Situation in Rom zur Zeit ihrer Gründung auch aussagen, das Stadtbild können sie kaum geprägt haben. Es handelte sich um bescheidene Bauten von zweckmäßiger Anlage und Äußerem, die häufig in älteren Gebäuden eingerichtet waren, die man so gut wie möglich ihren Zwecken anpaßte. Sehr wahrscheinlich fielen auch die Klöster, die sich ständig vermehrten, dem Besucher Roms kaum ins Auge. Von den vier frühesten, die im 5. Jahrhundert gegründet worden waren, lagen drei bei den großen Heiligtümern außerhalb der Stadt: bei St. Peter, S. Sebastiano und S. Lorenzo fuori le mura; das vierte, das nur kurze Zeit Bestand hatte, stand an

65. S. Maria in Cosmedin, Rekonstruktion der *diaconia*-Halle von Spencer Corbett

66. S. Teodoro, Kirche des 15. Jahrhunderts anstelle der alten *diaconia*. Zeichnung von B. Breenbergh um 1625 – Paris, Louvre

einer heute nicht mehr bekannten Stelle. Zur Zeit Gregors muß noch ein fünftes bei S. Paolo fuori le mura existiert haben. Bis 630 war ihre Zahl auf 17 angewachsen, 50 Jahre später auf 24. Die Mehrzahl lag noch immer außerhalb der Stadt und scharte sich um die großen Pilgerzentren und -kirchen. Nur acht von ihnen lagen innerhalb der Mauern, und die meisten belegten alte Herrensitze, die ihnen von frommen Gönnern überlassen worden waren, welche die Häuser möglicherweise nicht mehr unterhalten konnten oder wollten. Das Kloster Gregors, das auf dem Familienbesitz auf dem Caelius eingerichtet worden war, ist nur eine von diesen Gründungen. Später wurden von den Päpsten Bonifatius IV. und Honorius I. weitere Klöster in ihren Familiensitzen installiert. Vor Gregor hatte sein Vorgänger Pelagius II. in seinem Herrenhaus ein Altersheim untergebracht. Die Auswirkungen, die das Mönchtum auf die kirchliche und staatliche Verwaltung im Rom des 7. und 8. Jahrhunderts hatte, waren unschätzbar groß. Mönchsgemeinschaften dienten der Kirche bei höchsten und niedrigsten Aufgaben. Aus ihren Reihen kamen die Diplomaten und Theologen, denen die Führung sowohl der politischen wie der theologischen Beziehungen zu Byzanz oblag. Ihre Mitglieder waren seit Gregor Berater der Päpste und ihre rechte Hand. Als Missionare öffneten sie den Westen für Rom; sie stellten die Belegschaft der Wohlfahrtszentren; sie dienten in den Chören der großen Basiliken, im Lateran, St. Peter, St. Paulus; und sie stellten die Hüter der Märtyrergräber.

Die Tatsache, daß sich die Franken seit dem späten 5. Jahrhundert zur römischen Kirche bekannten, die bald folgende Bekehrung der Langobarden, Bajuwaren und Westgoten vom arianischen Bekenntnis und Heidentum zum Katholizismus, die von Gregor zu den Heiden des Nordens – England, die Küstengebiete Frankreichs und die Niederlande – ausgesandte Mission, das alles hatte während eines Jahrhunderts zusammengewirkt, um Rom und das Papsttum zum geistlichen Mittelpunkt Westeuropas werden zu lassen. Die römische Kirche wurde dadurch zwangsläufig auch zu einer politischen Macht, und ihr Sitz, Rom, zu einem Brennpunkt, auf den die neubekehrten barbarischen und halbbarbarischen Stämme mit Ehrfurcht blickten. Zu dieser tatsächlichen Vorherrschaft Roms kam obendrein eine ältere Vorstellung, die ihr weitere Nahrung gab: die eines magischen Zentrums, einer Heiligen Stadt. Seit dem 2. Jahrhundert war Rom für die Christen die Ruhestätte von Petrus und Paulus. Rom war die Stätte, wo Hunderte von Märtyrern, wirkliche und erfundene, begraben lagen, deren Gräber Pilger anzogen. Die Öffnung der neuen Gebiete in Westeuropa für das katholische Christentum ließ die Zahl derer anschwellen, die sich danach drängten, Rom einen Besuch abzustatten, und dieser Eifer war mit einem immer stärkeren Glauben an Wunder und an die Wunderwirksamkeit der Reliquien verbunden. Dieser Glaube war unter den Frommen schon immer mächtig gewesen. Er wurde durch den Zustrom der neuen Christen aus dem bislang heidnischen Norden in die Kirche unweigerlich verstärkt. Er wuchs im 6. und 7. Jahrhundert unter alten und neuen Christen gleichermaßen stetig an und wurde von Gregor kräftig unterstützt. Die Märtyrer wirkten vor allem Wunder, und ein Begräbnis in der Nähe einer Märtyrergrabstätte, möglichst der des heiligen Petrus, hatte seit langem als Garantie für Erlösung gegolten. Im 6. Jahrhundert wurde schon eifrig nach Reliquien gesucht. Im Osten war es bereits lange üblich gewesen, kleine Knochensplitter aus den Gräbern zu nehmen, während diese Praxis im Westen verpönt war, da sie dem römischen Recht zuwiderlief. Gregor selbst nahm in dieser Frage einen kompromißlosen Standpunkt ein. Die byzantinische Kaiserin hatte um Gebeinreliquien gebeten, um nichts Geringeres als den Kopf des heiligen Paulus und sein Leichentuch. Um dieser Forderung auszuweichen, antwortete Gregor mit einigen schauerlichen Geschichten: der Abt von S. Paolo habe seinerzeit Gebeine in der Nähe des Apostelgrabes gefunden, die freilich nicht aus ihm stammten; dennoch sei er, als er sie zu entfernen wagte, nach schreckenerregenden Vorzeichen gestorben. Als Pelagius II. eine geringfügige bauliche Veränderung über dem Leichnam des heiligen Petrus versucht habe, sei ein grauenhaftes Omen aufgetreten, »obwohl der Eingriff 15 Fuß von der Grabstätte entfernt lag«; und als, ebenfalls unter Pelagius, die Grabstätte des heiligen Lorenz bei Bauarbeiten durch Zufall geöffnet worden sei, seien die Arbeiter, die den Leichnam des Märtyrers erblickt hatten, »ohne ihn je zu berühren«, alle innerhalb von zehn Tagen gestorben. Das Äußerste, was Gregor der erhabenen Bittstellerin zugestehen mochte, waren Feilspäne von den Ketten des heiligen Petrus – eine Reliquie, die traditionellerweise an hochgestellte Persönlichkeiten verteilt wurde. »Es ist unter Römern« – oder im Westen – »nicht Brauch, das Wagnis einzugehen, mit irgend etwas in Berührung zu kommen, das mit dem Leichnam selbst zu tun hat«: Leinenstreifen, die man ins Grab hinunterließ, seien ebenso wirksam; oder, so möchte ich hinzufügen, Öl von den Lampen, die in seiner Nähe brannten, das man in kleine Fläschchen abfüllte – wie jene, die Gregor an die Langobardenkönigin Theodolinda schickte und die bis heute in Monza aufbewahrt werden. Das östliche Brauchtum, Gebeine zu verehren und mit ihnen zu handeln, empfand Gregor sowohl als lächerlich wie als geschmacklos, um so mehr, als ihre Authentizität, wie er der byzantinischen Kaiserin schrieb, zumindest zweifelhaft sei; zwei Jahre zuvor habe er griechische Mönche dabei ertappt, wie sie auf dem Friedhof in der Nähe von S. Paolo fuori le mura, obendrein einem weitgehend heidnischen, nach Gebeinen gruben, die sie dann als Reliquien verkaufen wollten. Diese römische Abneigung dagegen, die Leichen oder Gebeine von Märtyrern aus ihren Gräbern zu holen, hielt sich mit wenigen Ausnahmen bis ins 8. Jahrhundert. Aber zu der Zeit war dann der Westen außerhalb Roms längst legal oder auf Umwegen zu ganzen Massen von Reliquien *ex ossibus* gekommen.

Jedenfalls entwickelte sich Rom aufgrund seiner Märtyrergräber, seiner Wunder und seiner Reliquien im 6. und 7. Jahrhundert zum magischen Zentrum des Westens. Als im Jahre 640 Jerusalem von den Mohammedanern eingenommen wurde, blieb Rom als einzige Heilige Stadt der Christenheit übrig. Brennpunkt waren die Gräber und der Kult der Märtyrer: die »Schwellen der Apostel«, *limina apostolorum*, vor allen anderen St. Peter. Für die Gläubigen aus dem Norden war der heilige Petrus zum wichtigsten aller Heiligen geworden. Ein Besuch an seinem Grab, ein Grab in seiner Nähe oder die Berührung seiner Reliquien waren eine sichere Garantie für die eigene Erlösung. Rom war sein Sitz, den er in der Person seiner apostolischen Nachfolger weiterhin innehatte. Tatsächlich wurden Rom, das Papsttum und der heilige Petrus miteinander identifiziert und waren beinahe gleichbedeutend. Sein Grab wurde überall in Europa zum Mittelpunkt der Verehrung, zum Empfänger von Geschenken und Zuwendungen und zum Garant von Verträgen, die man dort niederlegte, und von Eidschwüren, die man vor ihm abgab.

Die Zeit Gregors des Großen

Seit dem 6. Jahrhundert wurde auf diese Weise die Regelung und die Versorgung des immer stärker anwachsenden Pilgerstroms, der nach Rom drängte, zu einer vordringlichen Aufgabe der Kirche. Schon seit dem 3. und 4. Jahrhundert hatten Pilger die heiligen Stätten besucht. Viele hatten ihre Namen auf die Wände des Schreins unterhalb von S. Sebastiano und auf die *memoria* in der Peterskirche gekritzelt. Um 400 waren ganze Dörfer bis aus der Gegend von Neapel und Capua nach Rom gepilgert, um an den Märtyrergräbern zu beten. Ein Jahrhundert später war der Zustrom der Pilger an Zahl und Stetigkeit so angewachsen, daß man »Häuser für die Armen« bei St. Peter, S. Paolo fuori le mura und S. Lorenzo fuori le mura errichtete – Herbergen für mittellose Pilger oder für Bettler, die von der Nächstenliebe der Pilger zu profitieren hofften. Zu diesen drei großen Heiligtümern kam noch ein viertes nahe der Via Aurelia hinzu, das des heiligen Pankrazius, S. Pancrazio, des Rächers der Meineide. An der Grabstätte dieses Märtyrers schwur Papst Pelagius I. in der Gegenwart des byzantinischen Vizekönigs einen feierlichen Eid, um sich von jeglichem Verdacht, am Tod seines Vorgängers schuldig zu sein, zu befreien. Zur Zeit Gregors des Großen und unter seinen Nachfolgern müssen die Pilgerzüge nach Rom sintflutartige Ausmaße erreicht haben, und die Bekehrung Westeuropas zur römischen Kirche ließ die Zahlen noch weiter anschwellen.

Während des 7. und 8. Jahrhunderts wuchs die Flut der Pilger ins Unermeßliche. Der Rundgang zu den wichtigsten Heiligtümern war Pflichtübung sogar bei einem Staatsbesuch, wie etwa beim Besuch von Constans II. im Jahre 667, wenn dieser Besuch auch durch eine Besichtigungstour der antiken Wunder Roms und ein paar Plünderungen ausbalanciert wurde. Allerdings war Constans, so unangenehm er auch sein mochte, ein gebildeter Oströmer, durchdrungen von der klassischen Tradition. Zumeist waren die Pilger jedoch einfache Leute, die nur um der Wallfahrt und um ihres Seelenheils willen kamen. Je weiter der Weg und je beschwerlicher die Reise, desto größer das Verdienst. Und sie kamen in der Tat von weit her. Um 660 traf eine Gruppe irischer Mönche in ihrer Herberge in Rom mit Pilgergenossen aus Ägypten, Palästina, dem griechischen Osten und aus dem südlichen Rußland zusammen. Aber die größte Zahl kam von den Völkern des Westens, die erst vor kurzem bekehrt worden waren. Franken, Iren, Angelsachsen, im 8. Jahrhundert dann auch Friesen und Pilger aus Süddeutschland, kämpften sich zu Fuß oder zu Pferd über die Alpenpässe, allein oder in Reisegruppen; oder sie reisten angenehmer, aber auch teurer, durch Frankreich nach Marseille und von dort aus mit dem Schiff. In der Provence und in Norditalien wurden Herbergen eingerichtet, um ihnen auf der Reise Unterkunft zu gewähren, oder sie wurden von gastlichen Klöstern oder Familien aufgenommen. Die meisten kamen nur einmal, aber einige wenige statteten Rom mehr als einen Besuch ab – Benedict Biscop kam zwischen 653 und 680 fünfmal aus Northumbrien angereist. Die Pilger waren eine buntgewürfelte Gesellschaft: Bischöfe, die geschäftliche Angelegenheiten am päpstlichen Hof mit Gebeten bei den Gräbern der Apostel verbanden; Kleriker, die darauf aus waren, Reliquien mit nach Hause zu nehmen – in Form von Leinenstreifen, die man über die Gräber legte – Knochensplitter als Reliquien wurden erst im späten 8. Jahrhundert üblich –, oder Informationen über die Glaubenslehre und das Gottesdienstritual einholen wollten; Missionare, meistens Briten, die darangingen, die Heiden in den Niederlanden und in Deutschland zu bekehren; viele Mönche und Nonnen, geführt von einem berühmten Missionsbischof; Häuptlinge und ihr Gefolge – Herzog Theodo von Bayern »mit anderen aus seinem Stamm« oder der verrufene Hunald von Aquitanien; Adlige, wie jene Dame, die 744 ihren Besitz dem Kloster St. Gallen in der Schweiz gegen eine Ausstattung an Pferden, Decken und Geld für eine Wallfahrt nach Rom vermachte; und einfache Leute in großer Zahl. Es war unausweichlich, daß sich auch zweifelhafte Elemente, wie etwa, um ein Wort des Germanenmissionars Bonifatius aus dem Jahr 749 zu zitieren, »lüsterne und ignorante Schweizer, Bayern oder Franken«, unter die Frommen mischten. Schon 100 Jahre zuvor bestätigt ein Briefformular dem Überbringer seine ehrlichen Pilgerzwecke »... auf seiner beschwerlichen Straße zu den Schwellen der Apostel ... geführt vom göttlichen Licht, nicht, wie es sich so viele zur Gewohnheit gemacht haben, als müßiger Landstreicher«.

Bei ihrer Ankunft fanden die echten wie die falschen Pilger Unterkunft, Nahrung und Almosen in den *diaconiae* (Abb. 64); als zu Beginn des 8. Jahrhunderts die bestehenden sich als nicht mehr ausreichend oder als unzweckmäßig gelegen erwiesen, wurden neue gegründet: im frühen 8. Jahrhundert erhoben sich vier nahe der Peterskirche; eine fünfte wurde vor 806 hinzugefügt und S. Pellegrino geweiht – der Name spricht für sich. Ebenso wurde eine sechste, S. Stefano degli Abissini, 817 dazu bestimmt, »für die Pilger und Fußkranken zu sorgen, die um der Liebe zum heiligen Petrus willen von weit her gekommen sind«; zwei weitere, S. Eustachio und S. Maria in Aquiro, befanden sich unweit des Pantheon in dem Teil des *abitato*, der dem nördlichen Stadttor, der Porta Flaminia, am nächsten lag. Um 800, wenn nicht schon früher, entstanden noch weitere *diaconiae* innerhalb der Mauern entlang der Pilgerpfade, die zu den großen Heiligtümern führten – drei an der Straße zu S. Lorenzo, eine am südöstlichen Ausläufer des Palatin nahe der Straße zu S. Paolo, eine fünfte auf dem Weg zu S. Agnese. Viele hatten seit ihrer Gründung im 8. Jahrhundert als Herbergen gedient: die *diaconia* bei S. Eustachio, um 100 Arme, vermutlich Pilger, aufzunehmen und zu ernähren; zwei von unbekannter Größe in der Nähe von St. Peter. Einige dienten als Krankenhäuser; ein Briefformular aus dem 7. oder frühen 8. Jahrhundert beauftragt den Vorsteher einer Herberge in Rom damit, für ». . . Betten und Bettzeug für die Armen und Kranken, . . . Medizin und alles, was für die Kranken benötigt wird«, zu sorgen »und Ärzte herbeizurufen«. Wieder andere dienten als Altersheime für Pilger und Ortsansässige. Eine Anzahl von *diaconiae*, die in der zweiten Hälfte des 8. Jahrhunderts eingerichtet wurden, behielt jedoch – um ein wenig vorzugreifen – ihre traditionellen Funktionen der Lagerung und Verteilung von Nahrungsmitteln bei, und diese lagen innerhalb des *abitato* oder häufig an seinem Rande. Ein solches Wohlfahrtszentrum wurde 755 oder kurz davor im Portikus der Octavia eingerichtet, als die dazugehörige Kirche, S. Angelo in Pescheria, geweiht wurde. Auf dem Forum, wo S. Maria Antiqua schon um 600 mit einer *diaconia* verbunden gewesen sein mag, wurden zwei Kirchen, SS. Cosma e Damiano und S. Adriano, die längst aus ehemals öffentlichen Bauten entstanden waren, um 780 neue *diaconiae* angegliedert, möglicherweise wegen der Lagermöglichkeiten, die in den Teilen der Gebäude zur Verfügung standen, die nicht für den Gottesdienst genutzt wurden. Ebenfalls auf dem Forum wurde die *diaconia* von SS. Sergio e Bacco um 790 aus dem Tempel der Concordia, der einzustürzen drohte – die *diaconia* war vermutlich einige Zeit früher eingerichtet worden –, an den Septimius-Severus-Bogen verlegt, wo ihre zweimal wiedererrichtete Kirche bis 1536 stand. In den ersten Jahren des 9. Jahrhunderts war also die Zahl der *diaconiae* auf 24 angewachsen. Danach scheinen sie ihre Funktion als Wohlfahrtseinrichtung verloren und nur noch ihren Namen beibehalten zu haben.

Es war kostspielig, die mittellosen Pilger zu versorgen, aber es zahlte sich aus. Die Arbeitsmöglichkeiten, die ihr Zustrom schuf, und das Geld, das die wohlhabenden Pilger in die Stadt brachten, mögen den Haushalt ausgeglichen oder einen Überschuß ermöglicht haben. Die Grabstätte des heiligen Petrus wurde »durch die Ehrungen vieler Pilger bereichert«; üblicherweise legten sie bei ihrer Ankunft ihre Geschenke am Schrein nieder, wie dies im Jahre 718 Bonifatius und seine Begleiter taten. Reiche Pilger, die auf Dauer gekommen waren, wurden zu einer ständigen Einkunftsquelle. Sie ließen sich in der Nähe der Peterskirche nieder: 668 Cadwalla von Wessex, andere britische Häuptlinge wie Coinred von Mercia eine Generation später, Ina von Wessex im Jahre 726, und schließlich Offa von East Anglia und mit ihm »viele englische Edle und gemeines Volk, Männer und Frauen, Herzöge und gewöhnliche Leute . . .«, die ihre Tage ». . . mit Beten, Fasten und Almosengeben« verbringen wollten, »damit sie um so leichter in den Himmel aufgenommen würden«. Im zweiten Drittel des 8. Jahrhunderts hatten sich Leute aus dem Norden aus allen Lebensbereichen in der Nähe von St. Peter niedergelassen. Große Geschenke strömten aus der Heimat herein, »für die Unterstützung der Armen und zum Unterhalt für die Kerzen von St. Peter . . .« – Summen bis zur Größenordnung der 365 Mark jährlich allein vom König von Mercia. Im Lauf der Zeit schlossen sich solche ausländischen Kolonien, die Reichen mit ihrem Gefolge, arme Pilger, die sich ihnen angehängt hatten, und Eremiten, nach ihrer Herkunft zu Nationalitätengruppen in bestimmten Vierteln zusammen. Die erste dieser *scholae*, einer Gruppe aus dem Norden, vielleicht schon um 726 gegründet, war die der Sachsen, die auf dem Gelände oder nahe dem heutigen Krankenhaus und der Kirche S. Spirito in Sassia gelegen hatte: der Name der *schola*, *burgus Saxonum*, hat in der Bezeichnung *burgus*, Borgo, überlebt, als Name des Stadtviertels jenseits des Flusses, das zur Peterskirche hinführt. Um 770 wurde die *schola* der Langobarden nördlich der Basilika des Apostels eingerichtet, mit einer eigenen Kirche, St. Justin; gegen Ende des Jahrhunderts entstand die *schola* der Franken südlich des Atriums; das Viertel

Die Zeit Gregors des Großen

der Friesen schließlich lag auf dem Gelände von S. Michele in Borgo, auf dem Hügel südöstlich von Berninis Portikus. Bis 799 waren alle diese *scholae* als zivil und militärisch autonome Einheiten organisiert. Erst im Laufe der Zeit gingen sie im städtischen Leben Roms auf.

Wurden die Fremden, die sich in Rom niederließen, allmählich romanisiert, so waren diejenigen, die in die Heimat zurückkehrten, die wichtigsten Träger des römischen Einflusses in Westeuropa. Bischöfe und Kleriker brachten außer Reliquien auch die Gepflogenheiten des römischen Ritus mit zurück. Benedict Biscop nahm 680 liturgische Bücher mit nach England, Ikonen, die auf dem Lettner seiner Klosterkirche angebracht wurden, und Bilder, vielleicht Ikonen, die ihre Wände verzieren sollten. Der Erzkantor von St. Peter reiste mit Erlaubnis des Papstes nach England, um dort den römischen Kirchengesang zu lehren. Seit dem späten 6. Jahrhundert kamen auch fränkische Bischöfe nach Rom oder schickten Abgesandte, um die römische Liturgie kennenzulernen und in ihren Diözesen einzuführen, wo sie den alten gallischen Ritus verdrängte: im Jahre 590 ließ sich Gregor von Tours von einem seiner Diakone detailliert Bericht erstatten. Englische Missionare, die mit Rom schon immer in enger Verbindung gestanden hatten, trugen, angeführt von Bonifatius, die römische Liturgie in die neu christianisierten Länder von Utrecht in Holland bis nach Würzburg und Eichstätt in Süddeutschland. Als Pippin 754, offensichtlich im Einvernehmen mit seinem päpstlichen Besucher, Stephan II., die römische Liturgie zur einzig rechtmäßigen im fränkischen Reich erklärte, zog er nur den Schlußstrich unter eine Entwicklung, die seit langem von heimkehrenden Pilgern und Missionaren eingeleitet worden war. Seit dem Pontifikat Gregors des Großen war der Stuhl Petri der religiöse Mittelpunkt der westlichen Christenheit und wurde überall in Europa zum Richter und Herrscher des religiösen Denkens, der kirchlichen Lehre und Praxis. Es waren die Pilger, die von der Grabstätte des Apostels zurückkehrten, und die Missionare, die von seinem Thron aus ausgesandt wurden, die Roms Wirkungsmacht zu den Kirchen des Westens trugen. Gleichzeitig ebneten sie den Weg für die wachsende politische Bedeutung der Stadt und für die allgemein verbreitete Gleichsetzung von Rom, dem Papsttum und dem heiligen Petrus.

Auch die wirtschaftliche Bedeutung der Pilger für Rom läßt sich leicht ermessen. Ihr Zustrom brachte Geld und Arbeit in die verarmte Stadt und ließ einen der drei Industriezweige entstehen, die Rom seither am Leben erhalten haben – die Fremdenindustrie. Der zweite wichtige Industriezweig, das Baugewerbe, wurde durch den Zustrom der Pilger gleichfalls angeregt. Das Wachstum der Fremdenindustrie wie des Baugewerbes spiegelt sich einerseits in zeitgenössischen Schriften und andererseits in den Kirchenbauten wider. Der dritte Hauptindustriezweig, eine ausufernde Bürokratie, hatte sich seit der Antike gehalten. Er gedeiht bis zum heutigen Tag.

Das Fremdenverkehrsgewerbe, gemeint sind die Wallfahrten nach Rom, erreichte seinen Höhepunkt im späten 6. und im 7. Jahrhundert. Es ist kein Zufall, daß die drei ältesten erhaltenen Führer für das christliche Rom aus dem 7. Jahrhundert stammen, zwei von ihnen aus der Zeit vor 640. Diese Führer wandten sich an die Pilger und appellierten an ihren Glauben in die Wunderwirksamkeit der Märtyrergräber. Alle gehen sie nach demselben Schema vor: sie folgen den Straßen außerhalb der Stadtmauern und nennen die verehrten Gräber in den Katakomben, die überdachten Begräbnisstätten, die kleinen Schreine, die großen Basiliken, wobei sie oft legendäre Ausschmückungen hinzufügen: »dann kommst du auf der Via Appia zum heiligen Sebastian, dem Märtyrer, dessen Leichnam an einem Ort weiter unten ruht, und dort sind [auch] die Gräber der Apostel Petrus und Paulus, wo sie 40 Jahre lang begraben lagen; und im westlichen Teil der Kirche gehst du zu der Stelle hinunter, wo der heilige Quirinus ruht ... Und auf derselben Straße [erreichst du] weiter im Norden die heiligen Märtyrer Tiburtius, Valerian und Maximus ...;« oder etwa: »nahe an der Via Tiburtina liegt die größere Kirche des heiligen Lorenz, wo sein Leichnam früher begraben lag, und dort ist auch die neue Basilika von bewundernswürdiger Schönheit, wo er heute ruht; dort, unter demselben Altar, liegt auch Abundus begraben, und draußen im Portikus ist der Stein, der ihm einst an den Hals gebunden wurde, als er in den Brunnen geworfen wurde; und dort sind Herenaeus, Julianus, Primitivus ...« und eine Heerschar anderer Märtyrer. Man kann geradezu hören, wie sich die Führer bei jeder Katakombe den Pilgern mit ihrer Leier aufdrängten; man hört die Bettler jammern und die Münzen in ihre Bettelschalen fallen. Man kann sich die Geschenke, die den Grabstätten und den ihnen angeschlossenen Klöstern zugedacht wurden, und die Summen, die in die Hände der Gastwirte und Kaufleute flossen, recht gut vorstellen. Es war nur natürlich, daß sich zu jener Zeit auch innerhalb der Stadt ganz handfeste Legenden bildeten: in der Kirche S. Lorenzo in Panisperna zeigte man den Pilgern den echten Rost, »auf dem der heilige Lorenz geröstet worden war«.

Die Pilgerflut zwang die Kirche zu neuer Bautätigkeit bei den Märtyrergräbern. Die überdachten Begräbnisstätten aus konstantinischer Zeit, die nahe bei den verehrten Stätten lagen, waren verlassen worden oder zu zweitrangiger Bedeutung abgesunken. Der neue Pilgertypus verlangte nach einem direkteren Kontakt mit dem Märtyrer. Aber ein Grab tief unten in der Katakombe war über die steilen Treppen und ein Gewirr von dunklen und engen Gängen nur schwer zu erreichen; das alles war unpraktisch, gefährlich und den Bedürfnissen des riesigen Wallfahrtzentrums, zu dem Rom geworden war, nicht angemessen. Mit der »neuen Basilika von bewundernswürdiger Schönheit«, die Pelagius II. (579–590) neben der Grabbasilika aus dem 4. Jahrhundert bei S. Lorenzo fuori le mura in den Hügel baute (Abb. 67), wurde eine Lösung gefunden. Die neue Kirche des Pelagius ist, ohne ihre Apsis und in ihrer Ausrichtung genau umgedreht, als ein erhöhter Chor östlich der heutigen Basilika aus dem 13. Jahrhundert erhalten geblieben; aber ihr ursprüngliches Niveau lag viel tiefer, ungefähr 2 Meter unter dem Niveau des mittelalterlichen Hauptschiffs. Die Kirche des Pelagius war in eine Ausschachtung im Hügel der Katakombe eingesenkt worden, und ihr Bodenniveau lag auf einer Ebene mit der Grabstätte des heiligen Lorenz, die durch die Zerstörung der Katakombengänge um sie herum während der Ausschachtungsarbeiten freigelegt worden war. Seitenschiffe und Emporen umgaben auf drei Seiten das Mittelschiff. Man betrat das Mittelschiff und die Seitenschiffe von der am Hügelfuß befindlichen und der nahen Grabbasilika zugewandten Seite aus, während die Emporen auf einer Ebene mit dem Hügelkamm lagen und von dort aus zugänglich waren (Abb. 68). Der die Kirche umschließende Hügel bei S. Lorenzo ist längst abgetragen. Aber bei der Domitillakatakombe ist er erhalten geblieben und ebenso, wenigstens zum Teil, bei S. Agnese, wo Papst Honorius um 630 eine Kirche nach demselben Grundplan erbaute: der Hügel wurde ausgeschachtet; das Mittelschiff und die Seitenschiffe lagen auf einer Ebene mit dem Märtyrergrab und waren von den Seiten her über Treppen zugänglich. Die Emporen, wiederum auf drei Seiten des Mittelschiffs, befinden sich auf dem Niveau der hinter der Apsis entlangführenden Via Nomentana und waren von ihr aus zu erreichen. Nur der Obergaden und die Emporen ragten über den Hügelkamm hervor (Abb. 69). Dieser Typus wurde ein drittes Mal wiederaufgenommen, als die Grabkammer der Märtyrer Nereus, Achilleus und Domitilla in der nach ihr benannten Katakombe, vermutlich um 600, zu einer ansehnlichen Kirche ausgebaut wurde.

Die neue Basilikaform war eine einfallsreiche Lösung für das Hauptproblem, das sich durch den jüngsten Zustrom von Pilgern stellte: das Heiligengrab wurde sichtbar und leicht zugänglich gemacht; das in den Hügel eingelassene Hauptgeschoß der Kirche nahm große Menschenmengen auf; die von der Hügelkuppe aus erreichbaren Emporen boten zusätzlich Raum für weiteren Andrang oder für die, die entweder nicht in der Lage oder nicht gewillt waren, die Treppen hinunterzusteigen. Basiliken mit Emporen waren freilich keine neue Erfindung: sie waren möglicherweise schon in profanen Empfangshallen im 4. Jahrhundert in Rom bekannt gewesen,

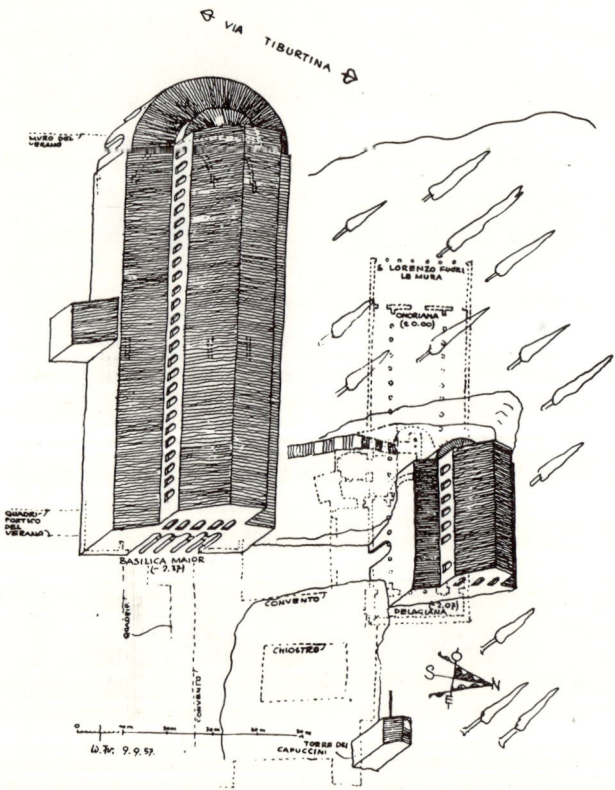

67. S. Lorenzo fuori le mura, Rekonstruktion der Begräbnisbasilika und der Basilika des Pelagius von W. Frankl

68. S. Lorenzo fuori le mura, Blick in die Basilika des Pelagius nach Osten

69. S. Agnese fuori le mura um 1900, von der Straße aus gesehen

wie in derjenigen, die der Kirche S. Susanna einverleibt worden ist; und sie waren den Architekten im Osten seit dem 4. Jahrhundert vertraut. Doch war dieser Typus vor dem 6. Jahrhundert in Rom noch niemals in Kirchen verwendet worden, und auch in den wichtigeren Zentren des Ostens war er zu jener Zeit aus der Mode gekommen, obwohl er sich in den Provinzen hielt. Daß während des ersten Jahrhunderts der byzantinischen Besetzung ein östlicher, wenn auch veralteter Bautypus aufgegriffen wurde, war nur natürlich. Aber die römischen Kirchenbaumeister mit ihrem Sinn fürs Praktische übernahmen ihn nur um des funktionalen Zwecks willen, den er als Katakombenkirche erfüllen konnte.

Gleichermaßen einfallsreich war eine zweite Lösung, die in denselben Jahren und zum selben Zweck entwickelt wurde, nämlich den Zustrom der Pilger zu einer Stätte der Verehrung zu regeln und zu kontrollieren und zugleich den Schrein eng mit dem Altar zu verbinden, an dem die Eucharistie zelebriert wurde. Wo eine solche Stätte zu ebener Erde oder nur geringfügig tiefer lag und wie im Falle von St. Peter von einer Basilika umbaut worden war, wurde eine ringförmige Krypta angelegt: wenige Stufen tiefer zieht sich ein halbkreisförmiger Korridor an der inneren Wand der Apsis entlang. In ihrem Scheitelpunkt zweigt ein gerader Gang ab, der zur Reliquienkammer hinführt – zur Verehrungsstätte, die unter dem Hochaltar auf der gedachten Sehne der Apsis liegt (Abb. 70). Die Pilger betraten den halbkreisförmigen Korridor am einen Ende, hielten am Eingang des geraden Ganges inne, um ihre Gebete zu verrichten, und folgten weiter dem Verlauf der Ringkrypta, die sie am entgegengesetzten Ende dann wieder verließen. Mit diesem Kunstgriff löste der Baumeister eine Reihe von schwierigen Problemen: er hielt den Bereich um den Altar herum frei, er regelte den Andrang der frommen Massen zu einer ordentlichen Prozession, und er hinderte sie daran, der Reliquie allzu nahe zu kommen, und trat auf diese Weise der Versuchung entgegen, ein Stück der Reliquie abzubrechen. Ein kleines Fenster an der

Vorderseite oder am Fuße des Altars gestattete wichtigen Persönlichkeiten, die Reliquienkammer genauer zu betrachten, Münzopfer hineinzuwerfen und sich durch den Kontakt mit Leinenstreifen (oder dem bischöflichen *pallium*), die auf das Märtyrergrab hinuntergelassen wurden, Reliquien zu besorgen. Gleichzeitig wurde durch die Anlage der Krypta der Fußboden in der Apsis einige Stufen über das Niveau des Quer- und Mittelschiffs angehoben. Auf diesem neuen, höher gelegenen Niveau wurde dann der Altar direkt über dem Grab errichtet. In der Peterskirche wurde er von einem silbernen Baldachin beschirmt, und Gregors Biograph konnte sagen, der Papst feiere die Messe über den Gebeinen des Apostels.

Die Ringkrypta ist ein spezifisch römischer Typus. Soweit wir wissen, wurde er zuerst in St. Peter verwendet und in die konstantinische Apsis eingefügt. Das Bodenniveau der Apsis und des Hochaltars wurden angehoben, und die sechs konstantinischen weinlaubverzierten Säulen wurden davor neu zu einem flachgedeckten Lettner zusammengestellt. Diese Anordnung scheint seit 590, also seit dem Beginn von Gregors Pontifikat, bestanden zu haben. Aber es ist möglich, daß er sie, als er noch päpstlicher Sekretär war, entworfen hatte: sie paßt sehr gut zu seiner Abneigung gegen die Verlegung von Heiligengebeinen – die hatten es an sich, allzu leicht zu verschwinden, wenn ihnen die Gläubigen zu nahe kommen durften. Durch Ausgrabungen an der Peterskirche wurden die Überreste der Krypta zutage gefördert. Besser als in St. Peter ist der neue Typus der Umgangskrypta in S. Pancrazio auf dem Gianicolo außerhalb des Aurelianischen Tors erhalten geblieben. Dort hatte Honorius um 630 das ältere Oratorium durch eine große Kirche mit Querschiff, Apsis und Ringkrypta ersetzt: eine ›Kopie‹ der Peterskirche in geringeren, aber immer noch beträchtlichen Ausmaßen, eindrucksvoll auch in ihrer späteren barocken Umformung. In Rom tauchten Ringkrypten zwischen 731 und 741 wieder auf, als der aus dem 4. Jahrhundert stammende Bau von S. Crisogono umgebaut wurde. Sie wurden zu einem gebräuchlichen Bestandteil der Kirchen, die im 9. Jahrhundert in Rom gebaut wurden. Seit der Mitte des 8. Jahrhunderts waren ringförmige Krypten auch ein Kennzeichen der frühmittelalterlichen Kirchenbauten in Westeuropa. Sie breiteten sich zuerst in anderen Teilen Italiens aus – Ravenna ist ein Beispiel – und drangen bald über die Alpen nach Norden vor, worin sich die engen Verbindungen zwischen Kirchenplanungen in Rom und in den fränkischen Gebieten unter den karolingischen Herrschern und ihren päpstlichen Verbündeten widerspiegeln.

Bis zum Beginn von Gregors Pontifikat war in Rom eine beträchtliche Aktivität auf dem Gebiet des Kirchenbaus im Gange. Schon Gregors unmittelbarer Vorgänger, Papst Pelagius II., hatte die Basilika über dem Grab des heiligen Lorenz errichtet. Von den Zeitgenossen viel bewundert, ruht sie im Hauptgeschoß auf zwölf mächtigen geriefelten Säulen mit korinthischen Kapitellen und Säulengebälk und auf der Ebene der Emporen auf ebenso kostbaren, wenngleich kleineren Säulen und Kapitellen – alles Spolien aus verschiedenen Gebäuden und Epochen. Ein prächtiges Mosaik ziert den Apsisbogen; ein weiteres im Gewölbe der Apsis ist verlorengegangen. Ungeachtet der wirtschaftlichen Rückschläge und der langobardischen Invasion, auf die in der Inschrift der Apsis angespielt wird, wurden Gelder für einen neuen und kostspieligen Kirchenbau aufgetrieben und ausgegeben. Den Zorn des Himmels zu besänftigen und Schutz vor Katastrophen zu suchen galt als eine wesentliche Pflicht des päpstlichen Herrschers von Rom. Möglicherweise waren die Bauten auch, wie so oft in späteren Jahrhunderten, als Arbeitsbeschaffungsmaßnahmen gedacht. Auf jeden Fall sollten sie immer größere Pilgerscharen anlocken, dadurch zusätzliche Beschäftigungsmöglichkeiten schaffen und Schenkungen anregen, was sie auch taten. Eine Bautätigkeit in großem Stil wurde dann wieder von Papst Honorius, ein Vierteljahrhundert nach Gregors Tod, aufgenommen. In der Tat war Honorius einer der großen Bau-Päpste; überall in

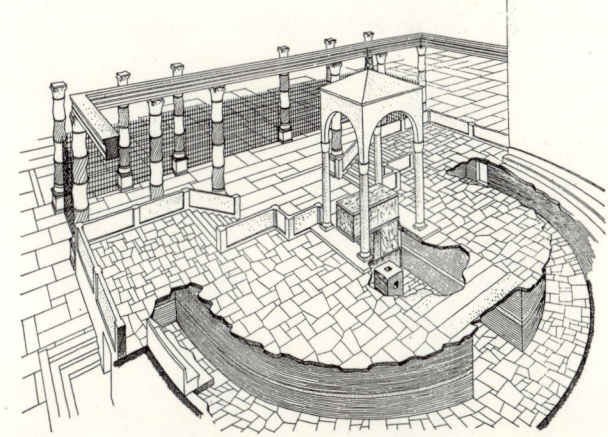

70. St. Peter, isometrische Rekonstruktion der Umgangskrypta

Rom ist seine Hand zu erkennen. Die Umbauten des Senatshauses, des Senatsgerichts und der Empfangshallen der großen Herrensitze in die Kirchen S. Adriano, S. Martina, S. Lucia in Selcis und SS. Quattro Coronati waren relativ wenig kostspielig. Aber seine neuen Kirchen, S. Pancrazio und S. Agnese, waren große Bauten, prächtig ausgeschmückt mit Marmorsäulen – offensichtlich Spolien –, Marmorverkleidung und Mosaiken und ausgestattet mit silbernen Altargefäßen und kostbaren Leuchtern. Auch St. Peter wurde gründlich renoviert: 16 Dachbalken wurden ersetzt; das Dach wurde mit Bronzeziegeln gedeckt, die vom Tempel der Venus und Roma herbeigeschafft wurden. Die Türflügel des Hauptportals wurden mit Silber ausgeschlagen, eine vergoldete Kassettendecke wurde über dem Mittelschiff eingezogen, und möglicherweise wurden Mosaiken restauriert oder neu erstellt. Dies alles muß ein erkleckliches Sümmchen gekostet haben. Offensichtlich stand Geld zur Verfügung, nicht nur für den Bedarf der päpstlichen Verwaltung und für die Wohlfahrt, die vielleicht etwas weniger freigebig bedacht wurde als unter Gregor, sondern auch für ein kostspieliges Bauprogramm. Anscheinend waren die Einkünfte aus den Kirchenländereien bis zum Pontifikat des Honorius noch immer bedeutend: die verbliebenen Güter in Mittelitalien waren durch den von Gregor ausgehandelten Waffenstillstand, der jährlich erneuert wurde, abgesichert. Die Güter in Süditalien und Sizilien waren sicher und genossen zuweilen sogar Steuerbefreiung von seiten Byzanz'. Kirchengüter zu verpachten, wie Honorius es betrieb, garantierte kurzfristig ein regelmäßiges Einkommen, wenngleich es auf lange Sicht zur Entfremdung von Kirchengut beitrug. Diese Entwicklung ist jedoch in unserem Zusammenhang weniger wichtig als die offensichtliche Bereitschaft und der Eifer dieses Papstes, große Summen für Kirchenbauten aufzuwenden, die prächtig ausgestattet, ausgeschmückt und eingerichtet wurden.

Gregors politische Praxis unterschied sich grundsätzlich von derjenigen der Päpste vor und nach ihm. Während seines Pontifikats wurde keine einzige Kirche gebaut. Nur einige wenige silberne Einrichtungsgegenstände wurden der Peterskirche vermacht. Eine Krypta in ihre Apsis einzufügen – ob dies nun Gregors Werk aus der Zeit vor oder nach seiner Wahl gewesen sein mag – oder einige alte Getreidespeicher in *diaconiae* umzubauen bedeutete nur einen geringen Kostenaufwand. Gregor konzentrierte sich offenkundig auf das, was er als die wichtigsten Aufgaben eines Papstes in seiner Zeit ansah: die Kirche, ihre Besitzungen und ihre Hauptstadt vor einer Invasion zu sichern, die schwerfällige byzantinische Verwaltung zu entlasten, indem er die Kirche die Pflichten einer weltlichen Regierung übernehmen ließ, die Verwaltung der Kirchenländereien neu zu organisieren, die wesentlichen öffentlichen Dienste in der Stadt zu erhalten, die Bevölkerung zu ernähren, die Massen auf ihrer Ebene und in ihrer eigenen Sprache anzusprechen. Durch die Missionierung der noch heidnischen Länder im Nordwesten wurde Rom zum Ziel für Pilger aus allen Teilen Westeuropas und zur Heiligen Stadt der westlichen Christenheit. Dies alles wurde nicht so sehr im Namen eines hehren Ideals durchgeführt als vielmehr auf der Ebene der tagtäglichen Verwaltungstätigkeit. Nennt man unter den Kirchenvätern des Westens Augustinus als den großen Theologen, Ambrosius als den Staatsmann, Hieronymus als den feurigen Prediger und Übersetzer der Bibel, so ist Gregor der praktisch Planende, dessen Werk die Stadt Rom und ihre Stellung im Westen prägt.

IV.

Rom zwischen Ost und West

Im Laufe des 7. Jahrhunderts veränderte sich das politische, ökonomische und kulturelle Bild in Rom und im ganzen Mittelmeerraum unter dem Einfluß folgenschwerer Ereignisse in nah und fern. Im Jahre 635 eroberten die Mohammedaner Syrien und Palästina; Jerusalem fiel 640, Ägypten 641, Mesopotamien und der Iran bald darauf; am Ende des Jahrhunderts war Nordafrika in arabischer Hand; die Eroberung Spaniens begann 711, und, vom gebirgigen Norden abgesehen, wurde das Land rasch überrannt. Das Mittelmeer war zu einem mohammedanischen Binnengewässer geworden. Das byzantinische Reich, das sich im Süden gegen den Islam, auf dem Balkan gegen die Slawen und Bulgaren und in Italien gegen die Langobarden verteidigen mußte, sah sich auf Kleinasien, Griechenland und den südlichen Balkan beschränkt, hatte unsichere Stützpunkte in Süditalien, Sizilien und Ravenna und zeigte eine ineffektive, wenngleich bei weitem nicht bloß nominelle Präsenz in Rom. Tatsächlich suchte Byzanz zu wiederholten Malen seine Macht in der römischen Kirche und über die Stadt zu verstärken. Diese Anstrengungen erreichten ihren Höhepunkt in der Verwaltungsreform des frühen 8. Jahrhunderts, durch die Rom zu einem eigenen Verwaltungsbezirk, einem Herzogtum unter einem byzantinischen *dux*, gemacht werden sollte, dessen Gouverneur im zivilen wie im militärischen Bereich die kaiserliche Macht vertreten sollte. Der Versuch scheiterte, doch der Kaiser und sein Vizekönig in Ravenna, der Exarch, galten noch immer als die Herren von Rom. Ihre Autorität war eine sehr reale, konstitutionelle und geistige Macht, die niemals in Frage gestellt wurde, wenn sie auch aus der Ferne wirkte und keinen Einfluß auf die alltäglichen Entscheidungen hatte. Bis 731 war die kaiserliche Bestätigung der Papstwahlen ein formales Erfordernis; auf das Geheiß des Kaisers hin sandte der Papst Legaten nach Konstantinopel oder reiste auch persönlich an den Hof; und Rom blieb fest in die theologischen Auseinandersetzungen des Ostens verstrickt. Kaiser Constans II. wurde 667 in der Stadt von Papst, Klerus und den Honoratioren mit allen Ehren empfangen. Aber die byzantinische Präsenz nahm auch spürbarere Formen an: Constans, offenkundig eine unangenehme Persönlichkeit, führte nach seinem zwölftägigen Besuch die Bronzeziegel vom Pantheon mit, das damals schon seit 60 Jahren in kirchlichem Besitz war; den Kirchenländereien in Süditalien wurden hohe Steuern auferlegt; der Exarch mischte sich in die Papstwahlen ein; und Papst Martin I., der sich in einer dogmatischen Frage widerspenstig zeigte – ob eine oder zwei Kräfte durch Christus wirkten –, wurde im Jahre 653 verhaftet und zur Gerichtsverhandlung nach Konstantinopel geschleppt. Dies alles mußte zu einer sich immer mehr verschärfenden Entfremdung zwischen der Ostkirche und dem Kaiser auf der einen Seite – beide waren gleichbedeutend – und Rom und Italien, kirchlichen und weltlichen Führern gleichermaßen, auf der anderen Seite führen. Dennoch wurden Rom und Byzanz aufgrund ihrer gemeinsamen Interessen immer wieder zur Zusammenarbeit gezwungen, und die Beziehungen zwischen ihnen behielten ihren ambivalenten Charakter.

Die Auswirkungen der Ereignisse im Mittelmeerraum auf Rom waren nicht in allen Bereichen gleich. Für die Wirtschaft waren die neuen Verhältnisse katastrophal: Nordafrika und sein Getreide waren verloren; die Schiffahrtslinien im Mittelmeer und die italienische Küste waren gefährdet; die kirchlichen Ländereien in Süditalien waren steuerlich überbelastet und von Byzanz bedroht. In Mittelitalien hatte die schon von Honorius I. begonnene kurzsichtige Politik, kircheneigene Güter an private Großgrundbesitzer zu verpachten, letzten Endes zu ihrer Entfremdung geführt. Die Einkünfte der Kirche verringerten sich auf diese Weise während der zweiten Hälfte des 7. Jahrhunderts, und die schon immer problematische Versorgung Roms wurde noch schwieriger. Die sanitären Zustände waren sowieso schon schlecht, und 680 brach auch noch die Beulenpest aus: man hat eine Mosaikikone in S. Pietro in Vincoli, die den heiligen Sebastian als Beschützer vor der Pest zeigt und vielleicht um diese Zeit angefertigt wurde, mit dieser Epidemie in Verbindung gebracht. Durch die Widrigkeiten der Zeit kamen jedoch neue Züge ins Bild von Rom. Ein kurzfristiger persischer Ansturm auf Palästina von 613 und die bald folgende endgültige Eroberung des Ostens und Nordafrikas durch die Mohammedaner trieb Flüchtlinge nach Westen. Einige von ihnen, die sich in Rom niederließen, scheinen beträchtlichen Einfluß gewonnen zu haben. Theodor I., 642 zum Papst gewählt, war der Sohn eines Bischofs aus Jerusalem. Eine Generation später hatte eine Reihe von Päpsten östlicher Herkunft den Stuhl Petri von 678 bis 752 inne: von 13 waren 11 syrischer oder griechischer Abstammung, einige von ihnen auf Sizilien geboren und aufgewachsen. Gewählt wurden sie vermutlich wegen ihrer Vertrautheit mit den Sprachen und Verhältnissen des Ostens und ihrer daraus resultierenden Fähigkeit, mit den laufenden theologischen Streitfragen umzugehen. Doch gerade weil sie oder ihre Familien vor der religiösen Verfolgung geflohen waren, blieben sie in ihrem Widerstand gegen die theologischen Forderungen Byzanz' unbeugsam. Auch Mönchsgemeinschaften flohen nach Rom. Um 645 hatte sich eine Gruppe von Mönchen aus der *lavra*, dem Konvent des heiligen Sabbas auf den Hügeln Judäas, auf dem kleinen Aventin in einem Herrenhaus niedergelassen, das angeblich einmal der mütterlichen Familie von Gregor dem Großen gehört hatte. Seine Empfangshalle wurde in ein Oratorium umgewandelt; dessen Mauern haben sich bis zu einer gewissen Höhe in der Fassade der mittelalterlichen Kirche S. Saba erhalten, unter dem Boden des Oratoriums legten die Mönche einen regelrechten palästinensischen Friedhof mit Doppelreihen von backröhrenähnlichen Gräbern an. Bei den Tre Fontane hatte sich gegen 641 eine Mönchsgemeinschaft aus dem südlichen Kleinasien etabliert und den Kopf des persischen Märtyrers Anastasius mitgebracht; ihr Kloster hat längst mittelalterlichen Bauten Platz gemacht, und sein Gelände, das noch vor 50 Jahren einsam außerhalb der Stadt lag, ist von Mietshäusern und Bürogebäuden zugebaut worden. Andere östliche Gemeinschaften, die zu jener Zeit nach Rom kamen, sind nur dem Namen nach bekannt: eine Gruppe Nestorianer aus Syrien oder Mesopotamien, die bald als häretisch aufgelöst wurde; zwei von Griechen eingerichtete Klöster, von denen nicht bekannt ist, weshalb sie vertrieben worden waren; und eine armenische Gemeinschaft. Im letzten Drittel des 7. Jahrhunderts hatten Flüchtlinge aus den islamischen Gebieten, die bis zu dieser Zeit schon völlig romanisiert worden waren, große Bedeutung bei der Verbreitung der römischen Lehre und Liturgie in den barbarischen Ländern Westeuropas erlangt: Hadrian, »von Nation ein Afrikaner« aus einem Kloster in der Nähe von Neapel, und Theodor, ein aus Tarsus in Kilikien stammender römischer Mönch, wurden 664 nach England gesandt, um die unsichere junge Kirche dort zu stärken und neu zu strukturieren.

Die Flüchtlinge brachten östliche Reliquien, Feste und Gebräuche mit nach Rom: außer dem Kopf des heiligen Anastasius führten sie vermutlich auch den des heiligen Georg mit sich – diesen vielleicht schon 682, der aber erst in den vierziger Jahren des 8. Jahrhunderts im Lateran wiederentdeckt wurde – und die Krippe Christi, die in S. Maria Maggiore aufbewahrt wurde. Sie wird unter Papst Theodor I., der aus Palästina stammte, zum erstenmal erwähnt. Am Ende des 7. Jahrhunderts wurden drei Feste zu Ehren der Jungfrau Maria – ihre Geburt, die Verkündigung und ihr Entschlafen – von dem syrischen Papst Sergius I. eingeführt; er war es auch, der in die Messe das *Agnus Dei* als antiphonischen Gesang einfügte. Auch noch ein weiteres Brauchtum gelangte zu jener Zeit aus dem Osten nach Rom und schlug hier tiefe Wurzeln: die Verlegung von Märtyrergebeinen. Die im Osten üblichen Reliquien *ex ossibus* hatten lange Zeit hindurch Roms Mißfallen erregt. Gregor der Große hatte die byzantinische Kaiserin mit einer Schauergeschichte über das unabsichtliche Öffnen des Grabes des heiligen Lorenz abzuschrecken versucht. Daß Gregors Nachfolger, Papst Bonifatius IV., ganze Wagenladungen von Märtyrergebeinen aus den Katakomben ins Pantheon habe schaffen lassen, scheint eine späte Legende zu sein. Die Verlegung solcher Reliquien ist in Rom erstmals in den vierziger Jahren des 7. Jahrhunderts unter zwei aus dem Osten stammenden Päpsten belegt: unter Johannes IV., der die Überreste der Lokalheiligen von Salona nach S. Venanzio am Lateran überführen ließ; und unter Papst Theodor I., der die Märtyrer Primus und Felicianus aus ihrer Katakombe an der Via Nomentana in die Kirche S. Stefano Rotondo verlegen ließ. Ein anderer ›Ostpapst‹, der Sizilianer Leo II., schaffte die Reliquien einer Gruppe von Märtyrern aus der Katakombe der Generosa an der Via Portuense in die Stadt und brachte sie in einer an S. Bibiana angebauten Kapelle unter. Auch ikonographische Elemente drangen vom Osten her ein. In dem Mosaik der Apsis, die Papst Theodor in S. Stefano Rotondo anfügte, sieht man ein Juwelenkreuz, bekrönt von einer Christusbüste, in einem Rondell, das von zwei Märtyrern flankiert wird. Auf seinem dreistufigen Sockel erinnert es an das Kreuz, das sich im Innenhof des Heiligen Grabes in der Stadt seiner Väter erhob und das zusammen mit einem Christuskopf auf Hunderten von *ampullae* abgebildet war, kleinen Ölfläschchen, die als Souvenirs an Pilger verkauft wurden: ein persönliches Memento also, ganz in der Art des Friedhofs jener Mönche, die aus der *lavra* von S. Sabbas vertrieben worden waren, und ohne den dauernden Einfluß auf den Westen, wie ihn der Zustrom östlicher Heiliger, Reliquien und Feste auf Rom gewann.

Dieser östliche Einfluß auf Liturgie und Lehre führte zu Veränderungen in der Einrichtung und Dekoration römischer Kirchen. Eine aus einem Block gebaute Kanzel, die 705 bis 707 datiert ist, wurde in den Chorschranken von S. Maria Antiqua angebracht; anscheinend gelangten solche Kanzeln im 7. Jahrhundert nach Rom, als Predigten auch im Westen zu einem regulären Bestandteil des Gottesdienstes wurden, wie sie es in Byzanz, Syrien und Palästina längst gewesen waren. Die übliche *solea*, der lange Gang in den Altarraum, wurde zu einem kurzen, aber breiteren Bereich direkt vor dem Chor zusammengedrängt, der den Sängern, der *schola cantorum*, vorbehalten war. Häufig war auch der Zugang zum Chor durch eine gebälktragende Kolonnade markiert, eine Besonderheit, die zuerst aus dem Osten bekannt ist. Eine solche frei stehende Kolonnade erscheint in Rom in der Peterskirche um oder kurz vor 590. Sie bestand aus den sechs mit Weinranken verzierten Säulen von Konstantins Baldachin, der dem Bau der Ringkrypta und der damit zusammenhängenden Anhebung des Bodenniveaus der Apsis zum Opfer gefallen war. Eine zweite Reihe von Weinrankensäulen, die im 4. Jahrzehnt des 8. Jahrhunderts »aus Griechenland«, gemeint ist der Osten, herbeigeschafft wurden, verdoppelte diese Anordnung. Ungefähr seit dem frühen 7. Jahrhundert wurden auch Ikonen allgemein in Rom gebräuchlich. Nur sehr wenige sind erhalten geblieben; sie wurden alle innerhalb der letzten 20 Jahre entdeckt und sind außerordentlich eindrucksvoll: die Madonna mit Kind im Pantheon, die aller Wahrscheinlichkeit nach aus der Zeit von 609 stammt, als es zur Kirche geweiht wurde; vielleicht um 680 entstand die Mosaikikone in S. Pietro in Vincoli, die den heiligen Sebastian darstellt; das kolossale Madonnenbildnis in S. Francesca Romana, das möglicherweise aus S. Maria Antiqua stammt und von 700 oder früher datiert; oder die von Engeln flankierte Jungfrau in S. Maria in Trastevere, vermutlich aus dem frühen 8. Jahrhundert, obwohl sie auch ein Jahrhundert früher oder später datiert worden ist. Alle sind dem Stil nach römisch, aber in ihrer Ikonographie mit östlichen Traditionen verbunden. Der Brauch, große oder kleine Ikonen aufzustellen, festigte sich in Rom, als das Ostreich seit dem frühen 8. Jahrhundert eine Politik verfolgte, die die Verehrung von Bildern ächtete. Als Führer des Westens widerstand Rom solchen ikonoklastischen Bestrebungen und scheint im Gegenteil zu einem wichtigen Zentrum der Produktion, Verbreitung und Verehrung von Ikonen geworden zu sein. Seit dem späten 7. und im 8. Jahrhundert finden sich Ikonen, in Silber getrieben oder auf Holztafeln gemalt, wobei sie in letzterem Fall von kostbaren Metallen eingefaßt waren, zu Dutzenden unter den päpstlichen Schenkungen aufgeführt. Wie die päpstlichen Schenkungslisten bezeugen, wurden solche Ikonen häufig an den gebälktragenden Kolonnaden vor dem Chor angebracht; entweder waren sie auf sie aufgesetzt oder als Metallreliefs am Architrav befestigt, wie man in Justinians Hagia Sophia in Konstantinopel verfahren war. Ob die eine oder andere der ›byzantinischen‹ Madonnen, die heute in die barocken Hochaltäre römischer Kirchen eingelassen sind, noch immer eine originale frühmittelalterliche Schicht unter der späteren Übermalung bewahrt, wie dies bei jenen im Pantheon und in S. Francesca Romana der Fall gewesen ist, muß eine offene Frage bleiben. Aber es ist nicht unwahrscheinlich.

In der Tat blieben enge kulturelle Verbindungen zu Byzanz bestehen, während Rom von der Mitte bis zum Ende des 7. Jahrhunderts versuchte, die eigenen Interessen mit den byzantinischen Forderungen auf politischem und theologischem Gebiet in Einklang zu bringen. Der Zustrom der Flüchtlinge aus den vom Islam besetzten Gebieten, die ja alle eine griechische Ausbildung genossen hatten, verstärkte noch solche Verbindungen: Hadrian und Theodor, die 664 nach England gesandt wurden, waren offensichtlich zweisprachig. Auch in den Zeiten der politischen und theologischen Meinungsverschiedenheiten nach dem Ende des 7. Jahrhunderts lockerten sich die kulturellen Verbindungen nicht. Im Gegenteil, die Reihe der Päpste griechischer oder syrischer Herkunft setzte sich von Theodor I. bis zu Zacharias in der Mitte des 8. Jahrhunderts, von nur wenigen Römern unterbrochen, praktisch ausnahmslos fort. Im frühen 8. Jahrhundert waren in Rom mehr griechischsprachige Theologen anzutreffen als 50 Jahre zuvor; und Übersetzungen aus dem Griechischen oder in die griechische Sprache – letzteres zu Propagandazwecken – waren in den Jahren 680 bis 750 nicht selten. Tatsächlich war diese griechische Präsenz nach 750 sogar noch deutlicher spürbar, als eine neue Welle von Flüchtlingen Rom erreichte, die diesmal aus dem Byzantinischen Reich und nicht aus den Ländern des Islam kamen.

Dennoch dauerten während des 7. Jahrhunderts die Reibereien mit Byzanz auf politischem und religiösem Gebiet – dies war praktisch gleichbedeutend – an. Ihren Höhepunkt erreichten sie, als die Ostkirche und das Ostreich 726 die Bilderverehrung verboten – Christus, die Gottesmutter, die Heiligen – und eine ikonoklastische Politik begannen, die sie, abgesehen von einer dreißigjährigen Unterbrechung zwischen 786 und 816, bis 843 verfolgten. Die Kirche in Rom verweigerte den Gehorsam, sie bekräftigte die Bilderverehrung und wehrte sich heftig gegen ikonoklastische Übergriffe. Gleichzeitig flohen seit den zwanziger Jahren des 8. Jahrhunderts Hunderte von Mönchen und Eremiten, die den Widerstand gegen die Politik der Ostkirche predigten, vor der Verfolgung im Byzantinischen Reich. Die Mehrzahl der Flüchtlinge strebte natürlicherweise in die griechischsprachigen Provinzen des Westens, nach Süditalien und Sizilien. Zwei Wellen gelangten nach Rom: die erste auf dem Höhepunkt der ikonoklastischen Pogrome um 754; die zweite nach ihrem Wiederaufflammen im Jahre 816. Beide Gruppen wurden, gemäß der vorherrschenden antibyzantinischen Politik der Päpste, mit offenen Armen empfangen. Vielleicht hat es gar nicht sehr viele von solchen mönchischen Flüchtlingen in Rom gegeben. Aber in den fünfziger Jahren des 8. Jahrhunderts ließ man sie ein so prestigeträchtiges Kloster wie dasjenige von Gregor dem Großen auf dem Caelius übernehmen – man fragt sich, warum die Benediktiner zum Auszug gezwungen wurden. Im Jahr 761 belegten griechische Mönche auch den von den Päpsten Stephan II. und Paul I. in ihrem Familiensitz bei S. Silvestro in Capite gegründeten Konvent. In ähnlicher Weise wurde die zweite Welle mönchischer Flüchtlinge, die nach 816 eintrafen, in Rom willkommen geheißen und von den Päpsten in einigen der großen Klöster untergebracht. Dennoch glichen sich die Flüchtlinge aus dem Osten, ob sie um 640 aus Palästina oder Syrien oder ein Jahrhundert später aus dem griechischen Reich vertrieben worden waren, in ihren theologischen Anschauungen und liturgischen Gepflogenheiten rasch der römischen Tradition an. Es scheint, als hätten sie nur geringen Einfluß auf die Kunst Roms vom 7. bis zum 9. Jahrhundert ausgeübt.

Die Beziehungen zu Byzanz, besonders diejenigen politischer, theologischer und kultureller Art, waren nicht immer eng, aber sie wurden niemals völlig unterbrochen. Gleichzeitig jedoch erhielt sich eine lokale römische Tradition am Leben, doch ist ihre Kraft zuweilen nur schwer einzuschätzen. Roms Begegnung mit östlichen, besonders byzantinischen Architekturtypen, ikonographischen Motiven und Stileigentümlichkeiten und deren Aufnahme, Zurückweisung und Transformation ist ein ebenso faszinierendes wie komplexes Kapitel in der Geschichte Roms. In Rom spiegelt sich dieser Begegnungsprozeß in Mosaiken, Wandgemälden, in Ikonen und der Anlage von Kirchen wider. Vieles bleibt ungeklärt, im wesentlichen aufgrund des Mangels an Material. Nicht mehr als ein paar Dutzend Mosaiken, Wandgemälde und Ikonen sind erhalten geblieben, und noch weniger von ihnen können sicher datiert werden. Kein einziges Gebäude hat aus den mehr als 100 Jahren zwischen dem Bau von S. Agnese fuori le mura (625–638) und dem von S. Angelo in Pescheria (755) überdauert. Fragen des Stils und der Entwicklung der Malerei hat man während des letzten halben Jahrhunderts und schon früher diskutiert: nach der Datierung der Denkmäler; nach den unmittelbaren oder indirekten Quellen im Osten; ob es nur einmal oder wiederholt oder ständig zur Vermittlung von Einflüssen gekommen ist. Wir können die Bedeutung dieser Fragen hier nur zusammenfassen und untermauern, indem wir unser Augenmerk auf einige wenige sowohl an historischer Bedeutung wie an künstlerischem Wert herausragende Denkmäler richten. Es wäre unklug, da übersturzt urteilen zu wollen, wo sich Experten nur behutsam vorantasten – und in Fragen des Stils und sogar der Datierung der einzelnen Werke um mehr als ein Jahrhundert voneinander abweichen.

71. SS. Cosma e Damiano, Apsismosaik

Der Charakter der christlichen Kunst in Rom in der Zeit vor der byzantinischen Eroberung wird am besten an den Mosaiken in SS. Cosma e Damiano auf dem Forum deutlich (Abb. 71). An der Apsis schwebt Christus bei seiner Wiederkunft vor einem dunkelblauen, mit rosa, hellblauen und weißen Wolken akzentuierten Hintergrund vom Himmel herab, auf der Erde flankiert von Petrus und Paulus, von den Heiligen Kosmas, Damianus, Theodor und dem Stifter, Papst Felix IV. – seine Gestalt und sein Gesicht sind restauriert. Auf der Wand um die Apsisöffnung herum, diesmal auf einem Goldgrund, bewachen Engel und die Symbole der vier Evangelisten den Thron mit dem Lamm der Offenbarung, und die 24 Ältesten, die bei einem Umbau im Jahre 1632 verstümmelt wurden, bieten ihre Kronen dar. Die Komposition des Apsismosaiks ist zwar die früheste erhaltene dieses Typs, aber sie ist vermutlich viel älter als dieses Mosaik selbst. Man denkt an die verlorenen Apsismosaiken im Lateran und in S. Paolo, die beide vermutlich aus dem 5. Jahrhundert stammten. Eines von ihnen oder auch beide mögen sehr wohl dieses ikonographische Grundmuster gezeigt haben. Tatsächlich sind die Mosaiken um die Apsisöffnung herum stark von denen auf dem Triumphbogen von S. Paolo beeinflußt – sie gleichen sich in allen Einzelheiten, außer daß dort eine Christusbüste anstelle des Lamms steht. Die Figuren in SS. Cosma e Damiano sind monumental (Abb. 72); ihre Körper sind kompakt, ihre Glieder kommen unter dem schweren Faltenwurf deutlich zum Ausdruck und bewegen sich frei in einem klar umrissenen, wenn auch begrenzten Raum. Die Mosaikwürfel sind klein und dicht gesetzt. Die Gesichter sind durch die Einbeziehung von Licht und Schatten stark konturiert; die insgesamt zurückhaltenden Farben werden von strahlend roten oder blauen *tesserae* belebt (Abb. 73), und in den fleischfarbenen Tönungen herrschen Glaswürfel statt marmorner Steinchen vor. Dieses Charakteristikum ist als Anzeichen dafür gewertet worden, daß es sich hier um lokale römische Arbeit handele. Tatsächlich kennzeichnet es die Mosaiken von S. Maria Maggiore und anderen Arbeiten aus dem 5. Jahrhundert in Rom. Gleichgültig, ob diese Technik tatsächlich auf Rom beschränkt ist, die Mosaiken von SS. Cosma e Damiano stehen in der Tradition der spätantiken christlichen Mosaiken auf

72. SS. Cosma e Damiano, Apsismosaik. Ausschnitt: Die Heiligen Paulus und Kosmas

dem Triumphbogen – dem ehemaligen Apsisbogen – von S. Maria Maggiore. Die Monumentalität der Komposition und der Figuren lassen sich miteinander vergleichen, ebenso wie die Leichtigkeit der Bewegung. Der Illusionismus des früheren Werkes hat freilich einer mehr skulpturartigen Auffassung Platz gemacht, die, wie mir scheint, mit dem Stil verwandt ist, der in denselben Jahren, möglicherweise aufgrund seiner engen Kontakte zu Byzanz, in Ravenna vorherrschte, wenngleich sie nicht unbedingt auf ihn zurückgehen muß. Etwas mehr als 50 Jahre später trat ein gänzlich anderer Stil in Rom in Erscheinung. In dem Mosaik auf dem Apsisbogen (zwischen 579 und 590) der Kirche aus dem 6. Jahrhundert bei S. Lorenzo fuori le mura – diese Kirche bildet heute den Chor der im Mittelalter wiedererbauten Basilika – reihen sich steife Gestalten in einem schlecht gekennzeichneten, eigentlich nicht vorhandenen Bildraum; die Bewegungen sind unsicher; die Körper kaum gerundet und schwarz umrandet; der Faltenwurf ist auf ein lineares, wenngleich immer noch fülliges Rahmenmuster beschränkt.

Während die Farben kräftig – kräftiger sogar als in SS. Cosma e Damiano – und die Köpfe noch immer mit Hilfe von Licht-und-Schatten-Wirkungen plastisch modelliert sind, sind die Gesichter entmaterialisiert und durch fleckenartige Hervorhebungen gekennzeichnet (Abb. 74). Auch das stark restaurierte Mosaik in S. Teodoro mag in seinen Originalteilen aus der Zeit von 590 bis 600 stammen. Die nochmals 40 oder 50 Jahre später entstandenen Figuren im Apsisgewölbe von S. Agnese fuori le mura wirken steif und wie gegen den Goldgrund gepreßt. Die Modellierung ist aufgegeben worden, die Körper wirken ausgetrocknet; die Gewänder sind, wo sie nicht bloß eine schwere, fast metallische Fläche sind, nur durch einige wenige dunkle Linien artikuliert; die Farbgebung ist nüchtern, die Gesichtsfärbung nur durch zwei gelblich-braune schwindsüchtige Flecken auf den Wangen angedeutet (Abb. 75). Nichts von alledem setzt irgendwelche Einflüsse aus dem Osten voraus. Aber die allmähliche Zersetzung eines großartigen monumentalen und figürlichen Stils und eines rationalen Bildraums ging auch im Ostreich in eben jenen Jahrzehnten vonstatten.

73. SS. Cosma e Damiano, Apsismosaik. Ausschnitt: Haupt des heiligen Kosmas

74. S. Lorenzo fuori le mura, Basilika des Pelagius, Triumphbogenmosaik. Ausschnitt: Haupt des heiligen Lorenz

75. S. Agnese fuori le mura, Apsismosaik. Ausschnitt: Haupt der heiligen Agnes

Verschiedene Formen und Techniken in der bildenden Kunst lassen sich nicht leicht miteinander vergleichen. Man ist jedoch geneigt, in dem frühesten der in S. Maria Antiqua erhaltenen Gemälde noch immer eine Ähnlichkeit mit den Mosaiken von SS. Cosma e Damiano zu erkennen. Es ist die sogenannte *Maria Regina*, eine Madonna mit Kind, die von zwei Engeln angebetet wird, von denen freilich nur einer erhalten geblieben ist (Abb. 76). Hier haben wir die monumentalen vollen Körper vor uns, die gerundeten Gesichter, die übergroßen Augen, deren weite Pupillen durch breite weiße Streifen abgesetzt sind; wenn überhaupt, so sind die Formen noch kristallklarer, die Facetten einer Wange oder Stirn noch schärfer abgesetzt; und die Konturen sind, anders als in SS. Cosma e Damiano und eher wie in S. Lorenzo, durch schwarze Linien hervorgehoben. Tatsächlich ist die Gruppe bis auf 530 zurückdatiert worden, und sie muß vor der Umwandlung des ehemaligen Wachtraums des kaiserlichen Palastes in eine Kirche entstanden sein, denn sie wurde durchgetrennt, als, wohl im Jahre 576 oder kurz danach, die riesige Apsis der Kirche gebaut wurde und an die Stelle einer kleinen Nische trat. Die *Maria Regina* gehört somit zur Dekoration des Wachtraums und nicht der Kirche, und es scheint berechtigt, diese Dekoration der Zeit der byzantinischen Eroberung zuzuschreiben, entweder den Jahren 536 bis 545 oder, wäre dies stilistisch möglich, der Zeit kurz nach 550. Andererseits ging die Entwicklung nicht eingleisig vonstatten. Mehrere Strömungen scheinen nebeneinanderher zu fließen. Tatsächlich kommt das Fragment der Ikone der Muttergottes mit dem Kind, das sich noch immer im Pantheon befindet und aller Wahrscheinlichkeit nach aus der Zeit stammt, als der Tempel 609 zu einer Kirche der Muttergottes geweiht wurde, dem Stil der Gestalten und Köpfe in den Mosaiken von SS. Cosma e Damiano noch näher, oder besser: es scheint ihn wiederzubeleben: der Kopf des Kindes ist kugelförmig und von Licht und Schatten stark konturiert; der Mund ist klein, das Kinn gerundet, die Pupillen sind durch weiße Streifen von unterschiedlicher Breite abgesetzt (Abb. 77).

Doch verschiedene Techniken der Kunst entwickeln sich nicht notwendigerweise in den gleichen

76. S. Maria Antiqua, Maria-Regina-Fresko. Ausschnitt: Haupt der Madonna

77. Madonnenikone im Pantheon. Ausschnitt: Haupt des Kindes

Bahnen. Während die Mosaikkunst und die Malerei während des 6. Jahrhunderts spezifisch römischen Lokaltraditionen gefolgt zu sein scheinen, blickten die Kirchenplaner während derselben Zeit nach Osten – was auf dem Höhepunkt der byzantinischen Besetzung nicht weiter erstaunlich ist. Schon 538 bis 545 wurde SS. Quirico e Giulitta mit einem Trikonchenchor und einer polygonalen Apsis angelegt, ein Chortypus, der aus Konstantinopel bekannt ist und sich von dort aus überall im Osten verbreitete. Die von Narses den Aposteln Philippus und Jakobus geweihte Kirche, SS. Apostoli, mag eine ähnliche Choranlage besessen haben. In S. Giovanni a Porta Latina schloß um die Mitte des Jahrhunderts oder sogar schon früher eine Apsis, außen dreiseitig, das Mittelschiff ab, ein weiteres byzantinisches Element. Auch Basiliken mit Emporen, wie sie im späten 6. und im 7. Jahrhundert von den römischen Kirchenarchitekten dem besonderen Zweck der Katakombenkirchen angepaßt wurden, entsprechen einem in der byzantinischen Hauptstadt und in Nordgriechenland üblichen Bautyp, der dort jedoch zu der Zeit, als er in Rom eingeführt wurde, schon überholt war. Gewiß, die handwerkliche Ausführung blieb gänzlich ortsgebunden; und die Bauskulpturen, Kapitelle und dergleichen, wurden aus Spolien von römischen Gebäuden zusammengestellt, die dann an Ort und Stelle einander angepaßt wurden. Aber die Pläne scheinen direkt aus dem Osten, entweder aus Konstantinopel oder irgendeiner Provinzmetropole, importiert und möglicherweise von byzantinischen Armeebaumeistern mit in den Westen gebracht worden zu sein.

Die papierdünnen Figuren in dem Mosaik in S. Agnese bildeten für das 7. Jahrhundert ein Extrem. Gleichwohl scheint eine solche Umstellung auf lineare, körperlose Figuren noch zweimal in der frühmittelalterlichen Kunstentwicklung in Rom aufzutreten. Die zwei Heiligen, die das Jerusalemkreuz in Papst Theodors Mosaik in S. Stefano Rotondo flankieren und aus den Jahren zwischen 642 und 649 stammen, also etwa zehn Jahre jünger sind, hat man stilistisch mit den Mosaiken in S. Agnese fuori le mura in Zusammenhang gebracht, obwohl, wie mir scheint, ihre Köpfe trotz des vorherrschenden linearen Systems durch die verschiedenen fleischfarbenen Töne stärker modelliert sind (Abb. 78). In der Kapelle S. Venanzio, die von Papst Johannes IV.

78. S. Stefano Rotondo, Mosaik

79. S. Maria Antiqua, Palimpsest-Wand

beim Lateranbaptisterium eingerichtet worden war, wurde von Papst Theodor ein Mosaikzyklus gestiftet, der auch sein Porträt enthält. Die Mosaiken zeigen in der Apsis die Büste Christi, flankiert von Engeln und der Jungfrau, zusammen mit einigen Heiligen und Papst Theodor – ein ikonographisches Schema, das gleichfalls mit östlichen Parallelen in Verbindung gebracht worden ist. Auf der Wand, in welche die Apsisöffnung eingelassen ist, sind diejenigen Märtyrer dargestellt, deren Reliquien Papst Johannes aus Dalmatien übergeführt hatte. Die Gesichter sind schwarz umrandet, lassen aber dennoch Spuren weicher Modellierung und Schattierung und von lebhaften Fleischfarben erkennen. Die Gestalten der Märtyrer und Heiligen zeigen zwar steife Posen, haben aber trotzdem noch eine gewisse Körperlichkeit, obwohl sie in den linearen Rahmen eines formelhaften Faltenwurfs eingeschlossen sind.

Die Illusion von im Raum stehenden Figuren, die diese Werke aus der Mitte des 7. Jahrhunderts erzeugen, ist deutlich von einem Stil geprägt, der von der Bemühung durchdrungen ist, körperliche Formen durch Licht-Schatten-Modellierung und Farbgebung wiederzugeben, die beide durch einen atmosphärischen Dunst gedämpft sind, wobei das Ganze mit leichten Pinselstrichen und einigen farblichen Höhepunkten gemalt ist. Ein solcher Stil, der eng mit pseudoklassischen Zügen verbunden ist, herrschte im frühen 7. Jahrhundert in Konstantinopel vor, insbesondere in Werken, die für Kaiser Heraklius (610–641) geschaffen wurden. Ob er auf Konstantinopel beschränkt war oder nicht, bleibt zu erforschen. Auf jeden Fall kam es irgendwann während der 50 Jahre zwischen dem 6. und dem 7. Jahrhundert zum Auftreten eines illusionistischen Stils in S. Maria Antiqua in Rom. Die beim Umbau des Gebäudes zu einer Kirche verstümmelte *Maria-Regina-Gruppe* wurde mit einer Verkündigungsszene übermalt, von der der Großteil des Engels und das Gesicht der Jungfrau erhalten geblieben sind. Später wurden noch weitere Schichten aufgetragen, so daß eine Palimpsestwand entstand (Abb. 79). Tatsächlich spiegelt diese Kirche, die vom 6. bis zum 9. Jahrhundert ständig neu gestaltet und neu ausgemalt wurde, die aufeinanderfolgenden Strömungen in der römischen Malerei dieser Periode wider. Der Verkündigungsengel ist schlank und hält sich aufrecht, sein Kopf ist voll gerundet, und seine Züge sind wie diejenigen der Jungfrau von einer ruhigen, ›klassischen‹ Schönheit – daher auch der Name ›Schöner Engel‹ oder ›Pompejanischer Engel‹, unter dem er bekannt ist (Abb. 80). Die Münder sind klein und sanft; die Pinselstriche locker; Licht und Schatten sorgen für eine sanfte Modellierung und erinnern eher an den Illusionismus der pompejanischen Malerei des 1. Jahrhunderts als an jenen der Spätantike. Die Bezeichnung dieses Malstils als ›hellenistisch‹ dürfte zutreffend sein. Die Fachleute sind sich noch immer uneins darüber, ob diese Verkündigung von 630 stammt und demnach den Höhepunkt dieses Stils in der byzantinischen Hauptstadt widerspiegelt oder ob sie 50 Jahre früher gemalt wurde und deshalb eine Phase des ›Hellenismus‹ zum Ausdruck bringt, die vor 600 in Konstantinopel oder möglicherweise auch in Rom selbst im Schwange war. Ich neige zum früheren Datum, da ich es für wahrscheinlicher halte, daß die Kirche bald nach ihrer Umwandlung neu ausgeschmückt wurde.

Der ›Schöne Engel‹ ist kein isoliertes Phänomen. In S. Maria Antiqua selbst zeigt ein Fresko von Salome und ihren Söhnen, den makkabäischen Märtyrern, sehr ähnliche Gestalten und Gesichtstypen, sanft modelliert und mit leichten Bewegungen in einem luftigen atmosphärischen Bildraum; und auf den Wänden der Kirche finden sich noch weitere Gemälde dieser Gruppe. Alle zeugen davon, daß die zeitgenössische byzantinische Kunst in Rom Einzug gehalten und Wurzeln geschlagen hat, daß sie absorbiert und rasch in einen lokalen Dialekt umgesetzt worden ist. Der neue hellenistische Stil kommt in verflachter und verhärteter Form noch in den Bildern der Kirchenväter zum Ausdruck, die zwischen 649 und 653 über den ›Schönen Engel‹ und die Maria der Verkündigung gemalt wurden: in festere Formen gegossen und in eine Zwangsjacke schwarzer Linien und Konturen gepreßt, erinnern

80. S. Maria Antiqua, der ›Schöne Engel‹

die Köpfe mit ihren schablonenhaften Akzentuierungen doch noch immer an die illusionistische Farbgebung und die Modellierung der hellenistischen Strömung. Die neubelebte Farbtechnik und die schablonenhafte Akzentsetzung der Mosaiken in S. Venanzio mag gleichermaßen dem Eindringen jener hellenistischen Welle in Rom verpflichtet sein. Eine solche Verschränkung von harten, skulpturartigen Formen und dunklen Umrissen mit Zügen, die immer noch den neuhellenistischen Illusionismus widerspiegeln, charakterisierte um die Mitte und in der zweiten Hälfte des 7. Jahrhunderts auch östliche Mosaiken und Gemälde – nach den wenigen zu urteilen, die erhalten geblieben sind. In Rom kennzeichnet diese Verschmelzung auch die große Marienikone, die sich heute in S. Francesca Romana befindet, der Kirche, die früher S. Maria Nova hieß und seit 847 Rechtsnachfolgerin von S. Maria Antiqua war. Daß die Ikone aus jener alten Kirche stammt, ist sehr wahrscheinlich; was ihre Datierung anbelangt, so sind sowohl die Jahre um 600 als auch um 700 vorgeschlagen worden, und jedes Datum dazwischen ist ebensogut möglich (Abb. 81).

Eine zweite hellenistische Welle, die die fortbestehenden Kontakte mit der byzantinischen Sphäre noch verstärkte, erreichte Rom unter Papst Johannes VII. direkt von Konstantinopel aus. Angesichts dessen Herkunft ist dies nicht weiter verwunderlich: sein Vater Plato war nach einer langen Karriere in der Verwaltung und Marine zum *curator palatii* aufgestiegen, zum Gouverneur des Kaiserpalastes auf dem Palatin – noch immer im Besitz der byzantinischen Kaiser –, und war in S. Anastasia am Fuße des Hügels begraben worden. Während der zwei kurzen Jahre seines Pontifikats von 705 bis 707 hielt Johannes engen Kontakt mit dem Hof in Konstantinopel. Nach Art eines byzantinischen Grandseigneurs wurde er zu einem großen Patron der Kunst in Rom und beendete damit 50 magere Jahre päpstlichen Mäzenatentums. Zu einer Zeit, als das Pflastern des Atriums von St. Peter oder das Auswechseln des hölzernen Ziboriums in S. Susanna gegen ein marmornes schon viel bedeutete, muß seine Freigebigkeit von einer nach Prachtentfaltung hungernden Stadt als geradezu märchenhaft empfunden worden sein. In der Peterskirche errichtete er an der Fassadeninnenwand des äußeren nördlichen Seitenschiffs einen Schrein: zwei Weinrankensäulen trugen ein kurzes Tonnengewölbe, welches das Portal deckte; über dem Portal erstreckte sich ein Mosaik über die ganze Breite der Seitenschiffsfassade. Mit seinen fast 9 Metern Breite und 6 Metern Höhe zeigte es eine riesige Madonnengestalt mit dem Stifter, umrahmt von sieben Szenen aus ihrem Leben. Bruchstücke dieses Mosaiks sind in Rom, Florenz und Orte erhalten geblieben. In S. Maria Antiqua, verständlicherweise seine bevorzugte Kirche, ließ Johannes den ganzen Chorbereich neu ausmalen und die *schola cantorum*, den Chor der Sänger im Mittelschiff, neu anlegen, mit biblischen Szenen ausschmücken und mit einer Kanzel versehen. Sein Plan, den Lateran durch einen neuen Bischofspalast auf dem Palatin, vermutlich unter Benutzung eines Teils des alten Kaiserpalastes, zu ergänzen oder zu ersetzen, wurde durch seinen Tod vereitelt. 30 Jahre später nahmen Papst Gregor III. (731–741) und sein Nachfolger Zacharias (741–752) die Tradition solch großzügiger Schenkungen wieder auf. Gregor stellte sechs mit Weinranken umwundene Säulen in St. Peter auf, die zu denen paßten, die Konstantin gestiftet hatte. Silberne Einrichtungsgegenstände, Altargefäße und Beleuchtungsträger wurden der Peterskirche, S. Maria Mag-

81. S. Francesca Romana (S. Maria Nova), Madonna

giore und S. Crisogono geschenkt (letztere Kirche lag ihm offenbar besonders am Herzen). In der ursprünglichen Kirche S. Crisogono, weit unterhalb des Niveaus der heutigen Basilika aus dem 12. Jahrhundert, ließ er außerdem eine Ringkrypta bauen und mit Wandgemälden ausschmücken, die an die in der Peterskirche erinnern. In S. Paolo fuori le mura und in S. Maria Maggiore wurden große Dachbalken ausgewechselt, eine nicht zu verachtende technische Leistung. Auch im Pantheon, in einem Dutzend anderer Kirchen und in den lange vernachlässigten Katakombenkapellen wurden Reparaturen durchgeführt. Für die Flut von Pilgern errichtete und reparierte er Herbergen und *diaconiae*, wie es schon sein Vorgänger Gregor II. getan hatte. Damit die nötigen Unterhalts- und Versorgungsarbeiten in der Lateranbasilika, der Peterskirche, S. Paolo fuori le mura und S. Crisogono gewährleistet waren, stellte er die ihnen angeschlossenen Klöster wieder her oder baute neue. Zwischen 741 und 752 besserte Papst Zacharias Teile des päpstlichen Palastes am Lateran aus, die er »sehr vernachlässigt angetroffen« hatte, erweiterte sie und schmückte sie mit Mosaiken, Marmor und Wandgemälden. Diese Pracht ist mit dem Palast verschwunden; aber in den Berichten der Chronisten kommt der Eindruck, den sie auf die Zeitgenossen machte, zum Ausdruck: das neue, mit Marmor, Gemälden und Mosaiken ausgekleidete Triklinium; die Heiligenbildnisse im Oratorium S. Silvestro und im Portikus; das Portal vor den Archiven und der Turm mit den Bronzetüren und -gittern mit der Figur des Erlösers über dem Tor; und das Triklinium in seinem Obergeschoß mit einer Weltkarte und in Versen gehaltenen Erklärungen. Die Beschreibung erinnert an nichts so sehr wie an Berichte von den gleichzeitigen Bauarbeiten am kaiserlichen Palast in Konstantinopel. Liegt es nicht nahe anzunehmen, daß der von Johannes VII. geplante Palast auf dem Hügel über S. Maria Antiqua ähnliche Züge zeigte?

Die neuen Verbindungen zu Byzanz fallen in den Gemälden und Mosaiken, die aus der Zeit Johannes' VII. erhalten geblieben sind, besonders deutlich ins Auge. Der Kopf eines Seraphs auf der Rückwand des Chors hoch über der Apsis in S. Maria Antiqua erinnert an den ›Schönen Engel‹. Tatsächlich ist der Seraphkopf sogar noch lockerer gemalt, mit freien, breiten Pinselstrichen (Abb. 82). Gleichzeitig aber wird dem Impressionismus und Illusionismus der Darstellung im Gegensatz zur früheren hellenistischen Welle durch einen kräftigen Rahmen schwarzer Linien Nachdruck verliehen – bei Konturen, Augenbrauen, der Nase, Gewändern, Gewandfalten –, wie es damals in den römischen wie in den östlichen Ateliers zur Tradition geworden war. Eine Reihe von Apostelbüsten im Presbyterium von S. Maria Antiqua legt davon Zeugnis ab (Abb. 83). In einer von Johannes VII. oder seinem Nachfolger gestifteten Ikone aus S. Maria in Trastevere stehen die kompakten römischen Formen und harten Umrisse der thronenden Madonna mit dem Kind im Kontrast zur byzantinischen subtilen Weichheit der sie flankierenden Engel – verschiedene Darstellungsweisen werden hier auf die verschiedenen Sujets angewendet. In ähnlicher Weise sind in den Mosaikfragmenten aus der Papstkapelle in St. Peter – wie zum Beispiel in der heute in den Vatikanischen Grotten befindlichen ›Mariae Geburt‹ – Farbgebung und Modellierung von einem linearen System schwarzer Konturen und Gewandfalten unterstützt (Abb. 84). Auch die Mosaiktechnik selbst mag von einem neuen Einfluß des Ostens zeugen: der Künstler arbeitete mit einem Gemisch von Glas- und Marmorwürfeln, wobei letztere hauptsächlich für die fleischfarbenen Töne verwendet wurden, eine Technik, die zu Recht oder zu Unrecht eher byzantinischer als römischer Lokalgepflogenheit zugeschrieben wird. Es ist sehr gut möglich, daß Papst Johannes VII. Künstler aus Byzanz herbeigerufen hat, die nach dem Tod des Papstes zwar nach Hause zurückgekehrt sein mögen, aber nicht, ohne zuvor ortsansässige Meister unterrichtet zu haben.

Diese zweite hellenistische Welle aus der Zeit des Pontifikats von Johannes VII. hinterließ wie die erste ein Jahrhundert zuvor ihre Spuren in Rom. Und wie jene erste gerann auch die zweite bald zu einer linearen Formel. Nur schwache Spuren illusionistischer Effekte und impressionistischer Techniken blieben innerhalb des sich immer mehr verhärtenden linearen Rahmens bestehen. Wie schon im Gefolge der früheren neohellenistischen Welle sind auch hier die Gestalten und Büsten ausgetrocknet und in steifer Pose vor dem neutralen Hintergrund ohne räumlichen Effekt angeordnet. Die lineare Kennzeichnung des Faltenwurfs hat sich zu wenigen festgefahrenen Formeln verhärtet, vermittels derer Gesten, Bewegungen und Glieder schematisch angedeutet werden. Die langen und dreieckigen Köpfe zeichnen sich durch übergroße Augen, eine gerade Nase, einen kleinen, zuweilen verdrießlich wirkenden Mund und ein festes Kinn aus. Diese Formeln lassen sich in Rom weit zurückverfolgen und haben letztlich byzantinische Prototypen aus dem 6. Jahrhundert zum Vorbild. Im Rom des 8. Jahrhunderts finden sich folgende Beispiele: die auf 731 bis 741 datierten Wandgemälde in der Ringkrypta der ersten Kirche S. Crisogono; diejenigen aus dem Oratorium, das heute unter S. Saba liegt – ihre Fragmente werden heute im Konvent aufbewahrt und stammen möglicherweise aus derselben Zeit oder entstanden eine Generation später; oder die, die Papst Paul I. (757–767) in den Seitenschiffen von S. Maria Antiqua malen ließ. Das herausragende Beispiel dieses Stils findet sich in den Wandgemälden der links des Chors gelegenen Kapelle in S. Maria Antiqua, die von dem *primicerius* Theodotus gestiftet wurden, einem führenden Beamten in der päpstlichen Verwaltung, dem *dispensator*, das heißt Geschäftsführer und vielleicht auch Gründer oder Geldgeber der damals mit der Kirche verbundenen *diaconia*, und nebenbei auch der Onkel Papst Hadrians I. Das Entstehungsdatum der Gemälde, um 741, ist durch das Porträt des Papstes Zacharias

82. S. Maria Antiqua, Haupt eines Seraphs

83. S. Maria Antiqua, Haupt eines Apostels

gesichert. Die Porträts von Theodotus' Familie zeigen den Stil, der sich bis zu jener Zeit entwickelt hatte: ein lineares Grundgerüst hält die Gestalten, Köpfe und Gewänder zusammen, ohne in irgendeiner Verbindung zur Modellierung der Körper oder Köpfe zu stehen. Aber seine schematisierten Akzentuierungen lassen den hellenistischen Stil, der, von Byzanz kommend, in Rom Einzug hielt, noch immer schwach erkennen (Abb. 85). In den unter Papst Paul I. (757–767) geschaffenen Wandgemälden in den Seitenschiffen von S. Maria Antiqua und in denen, die unter Hadrian I. (772–795) im Atrium ausgeführt wurden, ist der lineare Stil im letzten Drittel des Jahrhunderts tonangebend geworden: lebhaft und oft aufregend, aber ohne die illusionistischen Effekte und die Subtilität der byzantinischen Meister. Mit einigen neuen Akzenten bleibt dieser Stil in den Wandgemälden und Mosaiken des 9. Jahrhunderts erhalten.

Die Quelle der hellenistischen Strömungen um 600 und 700 und allgemein des Zustroms byzantinischer stilistischer und ikonographischer Elemente scheint Konstantinopel selbst mit seiner unmittelbaren Einflußsphäre gewesen zu sein und nicht irgendeine Provinzmetropole. Zuweilen mögen einzelne Meister oder ganze Ateliers direkt aus der byzantinischen Hauptstadt nach Rom verpflanzt worden sein; die Künstler, die unter Johannes VII. arbeiteten, waren wohl kaum ein isoliertes Phänomen. Man hat vermutet, daß die byzantinischen Wellen von den Mönchsgemeinschaften nach Rom gebracht wurden, die entweder vor dem mohammedanischen Ansturm auf die syrischen, palästinensischen und afrikanischen Provinzen im 7. oder nach der Mitte des 8. Jahrhunderts und noch einmal nach 820 aus dem byzantinischen Kerngebiet nach Rom geflohen waren. Aber dafür gibt es keine Beweise. Der Beitrag der Mönche scheint im wesentlichen im Bereich der liturgischen Bräuche, der theologischen Lehre und einiger weniger ikonographischer Schemata gelegen zu haben. Diese Gemeinschaften waren erst spät, nach 750 und nach 816, vor dem Ikonoklasmus geflohen und mögen eine Handvoll von Manuskripten und verstreuten griechischen Grabinschriften geschaffen haben. Aber ihr Beitrag kam spät und stammte eher aus der byzantinischen Provinz oder byzantinisierten Zentren im Westen als aus Konstantinopel selbst. In der Tat wird für kurze Zeit vom mittleren 8. bis zur Mitte des 9. Jahrhunderts ein Wiederaufleben östlicher, nicht un-

84. Grotte Vaticane, Mosaik ›Geburt der Maria‹. Ausschnitt: Kopf einer Dienerin

bedingt byzantinischer Elemente in der römischen Kirchenarchitektur deutlich. Zu dieser Zeit kam ein Kirchenplan mit drei Apsiden, je eine an das Mittelschiff und die Seitenschiffe angefügt, in Gebrauch: in S. Angelo in Pescheria im Jahr 755; in S. Maria in Cosmedin, die um 780 unter Hadrian I. umgebaut wurde, dessen Biograph die ungewöhnliche Bauweise mit den drei Apsiden herausstrich; schließlich, um 820, in S. Maria in Domnica. Der Dreiapsidenplan ist sicher syrisch-palästinensischen Ursprungs und hat im Westen schon im 6. Jahrhundert Wurzel gefaßt: die Kathedrale von Parenzo (Poreč) ist ein Beispiel dafür. Ein weiteres mag die Kirche St. Martin in Autun gewesen sein, die längst verloren, aber aus alten Quellen bekannt ist. Vermutlich hat dieser Grundriß Rom auf dem Umweg über einen solchen westlichen Abkömmling erreicht. Ebenso hat wahrscheinlich auch ein weiterer syrisch-palästinensischer Grundriß, Türme zu beiden Seiten der Apsis zu setzen, den Umweg über ein westliches Beispiel genommen: er tritt in Rom nur einmal auf, in SS. Nereo ed Achilleo in der Nähe der Caracallathermen (Abb. 86). Die Kirche wurde erst lange

85. S. Maria Antiqua, Theodotuskapelle: Kopf eines Kindes aus der Stifterfamilie

nach der Einnahme von Syrien und Palästina durch die Mohammedaner erbaut, nachdem jeder Kontakt dieser Gebiete mit dem Westen abgebrochen war. Tatsächlich blieben alle solchen Übernahmen im 8. und 9. Jahrhundert isolierte Fremdkörper. Es gab keine Kontinuität; und daß kurz vor und kurz nach 800 in Rom wieder Basiliken mit Emporen auftauchten, läßt sich am besten jeweils aus den rein örtlichen Gegebenheiten erklären: S. Maria in Cosmedin, die um 780 umgebaut und mit Scheinemporen versehen wurde, nimmt das Emporenmotiv aus der Halle der alten *diaconia*, die sie sich einverleibt hat, wieder auf; S. Susanna wurde 798/799 anscheinend aus einer mit Emporen versehenen Empfangshalle des 4. Jahrhunderts zur Kirche umgebaut; und SS. Nereo ed Achilleo kopierte ganz offenkundig innerhalb der Stadt den über dem Grab der Märtyrer an der Domitillakatakombe errichteten Schrein. Kurz, das Phänomen ist sowohl lokal begrenzt als auch von ephemärem Charakter.

Die Stärke der lokalen Kräfte in Rom ist insgesamt recht erstaunlich, besonders während dieser Jahrhunderte der engsten Verbindungen zwischen der Stadt und Byzanz. Zwar drangen östliche Elemente ein – ein östlicher Heiliger, ein ikonographisches Schema, der Neo-Hellenismus aus Konstantinopel, der möglicherweise von einem Atelier direkt aus Byzanz nach Rom gebracht wurde. Aber sie wurden rasch absorbiert, in eine neue Sprache umgesetzt und in die Tradition der römischen Werkstätten am Ort eingeschmolzen, genau wie Reliquien, Feste und liturgische Bräuche aus dem Osten dem römischen Ritus assimiliert und in ihn integriert wurden. Trotz der byzantinischen Besetzung, trotz der zwei Jahrhunderte oder länger währenden engen Verbindungen zum Osten, trotz des zeitweiligen Zustroms von Menschen aus dem Ostreich blieb Rom eine westliche Stadt. Tatsächlich entwickelte sie sich gerade während des 7. und 8. Jahrhunderts immer stärker zu einem Mekka für die Menschen des Westens, zur geistigen Hauptstadt und zum Zentrum der politischen Macht im Westen.

Die Träger des wachsenden Einflusses von Rom auf den Westen waren die Missionare, die in die Länder der Barbaren ausgesandt wurden, und, sogar noch in größerem Maße, die Besucher Roms. Die Bischöfe und Kleriker aus dem Norden brachten auf der Rückkehr von ihren Wallfahrten neben den üblichen Reliquien auch die Gepflogenheiten des römischen Ritus mit zurück. Östliche Elemente, die zu jener Zeit schon dem römischen liturgischen Brauch einverleibt, in den Heiligenkalender Roms eingefügt oder in die römische Kirchenarchitektur und Kirchendekoration aufgenommen worden waren, wurden so in die Länder des Westens und Nordens getragen. Benedict Biscop brachte 680 liturgische Bücher mit nach England zurück, die für die korrekte Meßfeier notwendig waren; ebenso Ikonen, die auf den Chorschranken seiner Kirche aufgestellt werden sollten – ein östlicher Brauch, der zu jener Zeit schon Teil der römischen Kirchenanlage geworden war; Gemälde, offensichtlich auf Tafeln, die entweder Ikonen waren oder biblische Szenen darstellten, wahrscheinlich aber ersteres; und den Erzkantor der Peterskirche. In ähnlicher Weise mögen einige fränkische Bischöfe während der ersten Hälfte des 8. Jahrhunderts und schon vorher die römische Liturgie in ihren Diözesen eingeführt haben, mit allen östlichen Elementen, die in sie eingegangen waren, um sie an die Stelle des traditionellen gallischen Ritus treten zu lassen. Zur selben Zeit trugen englische Missionare, die mit Rom in enger

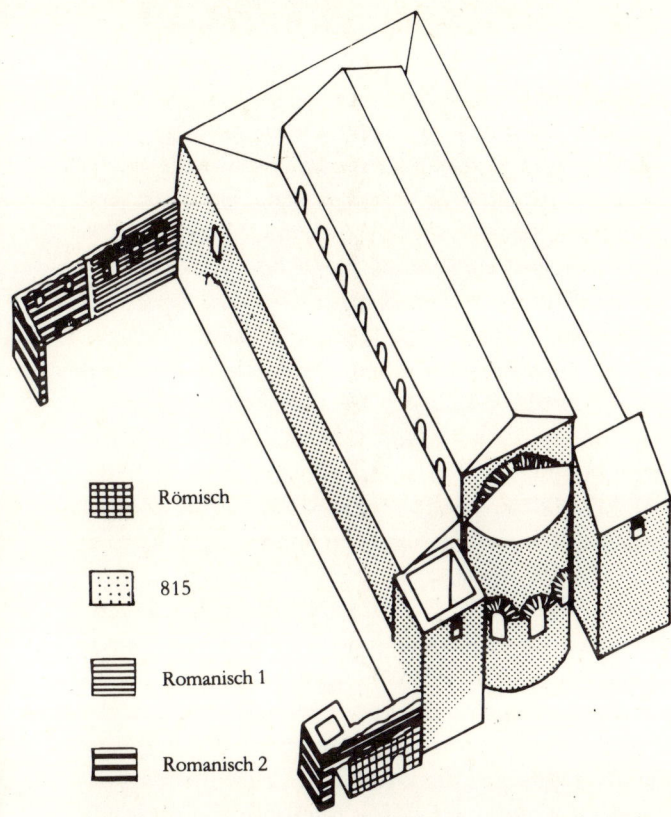

86. SS. Nereo ed Achilleo, rekonstruierte Rückansicht. Rekonstruktion von Frankl/Krautheimer/Corbett/Lloyd

Verbindung standen, die römische Liturgie in die neu christianisierten Gebiete. Im Laufe des 7. und 8. Jahrhunderts wurde Rom zum Richter und Herrscher über die religiöse Lehre und Praxis im christlichen Westen, Süden und Norden.

Dies alles sollte im politischen Rahmen jener Zeit gesehen werden. Vom 6. bis zum 8. Jahrhundert war die päpstliche Politik zwangsläufig zwischen Ost und West hin- und hergerissen. Der Druck, mit dem byzantinischen Kaiser und seinen Vertretern in Italien zu kooperieren, mußte gegen die Notwendigkeit ausbalanciert werden, der langobardischen Bedrohung Widerstand entgegenzusetzen oder ein Arrangement zu finden und die Sicherheit und Unabhängigkeit der kirchlichen Besitzungen, der Stadt Rom und des Papsttums selbst zu erhalten. Reibereien mit Byzanz in dogmatischen Fragen dauerten während des ganzen 7. Jahrhunderts an; und häufig mischten sich der Kaiser und seine Vertreter ein. Aber weder die Macht des Papsttums noch sein Selbstbewußtsein als politische Macht gestatteten einen effektiven Widerstand. Im frühen 8. Jahrhundert hatte sich das politische Klima gewandelt.

Das Papsttum wußte sich nun als eine Kraft, mit der man im Westen rechnen mußte. Dies war so deutlich, daß Papst Gregor II. 729 den byzantinischen Kaiser mit folgenden Worten ausdrücklich warnen konnte: »Der ganze Westen richtet seine Augen auf uns ... und auf den heiligen Petrus ..., den alle Reiche des Westens ehren ... Wir gehen in die entferntesten Gegenden des Westens, um die zu suchen, die nach der Taufe verlangen ..., [aber] ihre Fürsten wünschen sie nur von uns allein zu empfangen.« Gleichzeitig war sich das Papsttum seit der Mitte des 7. Jahrhunderts bewußt, daß es von einer wirkungsvollen lokalen Macht unterstützt wurde. Im Laufe der Zeit hatte sich eine neue Grundbesitzerklasse gebildet, die auf Rom und sein Territorium ausgerichtet und aufgrund ihrer Interessenlage und Familienverbindungen mit der Kirche und ihren Ländereien besitzenden Institutionen – den Kirchen, Klöstern und *diaconiae* – verbunden war: altrömische Familien in immer geringerer Zahl; Byzantiner und Langobarden, die innerhalb einer oder zwei Generationen akklimatisiert und romanisiert worden waren. Aus den Reihen dieser Schicht waren örtliche Milizen entstanden, die die byzantinischen Armee-Einheiten ersetzten. Sie rekrutierten sich aus den kleineren Grundbesitzern und ihren Pächtern und wurden von lokalen Standespersonen angeführt. Diese Milizen wurden zum Zentrum des Widerstandes gegen Byzanz und der Unterstützung des Papsttums und bildeten die Quelle einer Bewegung, die die Unabhängigkeit Roms und letztlich ganz Italiens erstrebte. Die Milizen von Rom und Ravenna leisteten 649 oder im Frühjahr 650 Widerstand gegen die Verhaftung von Papst Martin und verhinderten sie einige Monate lang. Gut 30 Jahre später meuterte die Miliz von Ravenna, als sie Papst Sergius I. verhaften sollte, und brachte den Papst statt dessen in Sicherheit; und um die Jahrhundertwende kamen die vereinten Milizen von »ganz Italien« (was bestenfalls Mittelitalien bedeutete) zusammen, um Rom gegen den feindseligen Exarchen zu schützen. Parallel zu diesen Entwicklungen trat die Miliz in Rom in den letzten Jahrzehnten des 7. Jahrhunderts neben dem Klerus und dem *populus* – den weltlichen Führern der großen Familien – als dritte Gruppe bei der Papstwahl auf den Plan. Der Klerus, die großen Familien und die Miliz gaben dem Papsttum als weltlicher Macht sowie seinem Sitz, Rom, einen wirksamen Rückhalt.

Der Boden für einen Bruch mit Byzanz war bereitet. Das Reich aber gab seine Herrschaft über

Italien und seine rechtlich noch bestehende Souveränität über Rom nicht so leicht auf. Ein Treffen zwischen Kaiser und Papst im Jahre 711 in Konstantinopel, das die theologische und die politische Einheit wieder herbeiführen sollte, scheiterte. Ebensowenig war dem Versuch, Rom und sein Territorium in ein byzantinisches Herzogtum (*ducatus*) umzuwandeln, Erfolg beschieden. Zum offenen Bruch kam es im Jahre 726 über eine Frage der Lehre, nämlich die Abschaffung der Bilderverehrung, des Ikonoklasmus, die Kaiser Leo III. verfügt hatte. Roms Widerstand führte zu schweren Vergeltungsmaßnahmen: mehrere Versuche byzantinischer Beamter, den regierenden Papst, Gregor II., zu ermorden; die Belastung der Kirchenländereien in Süditalien und Sizilien mit schweren Steuern; schließlich die Konfiszierung dieser Güter. Parallel dazu brachen die Langobarden, die sich mehr als ein Jahrhundert lang ruhig verhalten hatten, in das kirchliche Gebiet in Mittelitalien und in die byzantinischen Besitzungen um Ravenna herum ein. Durch geschickte Verhandlungen brachte Gregor II. den Langobardenkönig Liutprand dazu, seine Waffen am Grab des heiligen Petrus niederzulegen. Zehn Jahre später wurde eine neuerliche Bedrohung durch die Langobarden – die Mauern Roms waren hastig instand gesetzt worden – in ähnlicher Weise durch Verhandlungen abgewendet, und Papst Zacharias nahm wie ein weltlicher Souverän die vom Feind zurückgegebenen Grenzstädte persönlich wieder in Besitz. Als die Langobarden 743 wiederum gegen Ravenna vorrückten, appellierten der Exarch und die Bevölkerung an den Papst als an »ihren Hirten«. Roms Diplomatie und seine Milizen waren zu Faktoren geworden, mit denen man rechnen mußte.

Der Friede wurde wieder gestört, als die Langobarden schließlich Ravenna einnahmen und in den Jahren 753 und 754 Rom mit der Forderung nach Kapitulation belagerten. Papst Stephan II. suchte Zeit zu gewinnen und erreichte die Aufgabe der Belagerung, aber zur selben Zeit appellierten die Byzantiner an ihn, vermutlich in seiner Funktion als höchster rechtmäßiger byzantinischer Beamter, der noch im Besitz seiner Macht war, die von den Langobarden besetzten byzantinischen Gebiete im Namen des Kaisers in Besitz zu nehmen. Diese Forderung wurde verweigert, und Stephan wandte sich an die einzige westliche Macht, die den Langobarden gewachsen war, an die Franken. Im Winter des Jahres 753 überquerte er die Alpen. In Saint-Denis wurde Pippin der Kurze, der einige Jahre zuvor mit päpstlicher Billigung den Thron an sich gerissen hatte, zusammen mit seinen Söhnen gesalbt. Auf diese Weise wurde die Rechtmäßigkeit der Herrschaft seiner Dynastie als Könige der Franken bekräftigt, und seinerseits garantierte er die Sicherheit Roms und der Besitzungen der »Republik der Römer der Heiligen Kirche Gottes«. Als Beschützer Roms wurde er vom Papst zum »Patrizier der Römer« ernannt, ein Titel, der in Analogie zu dem des byzantinischen Vizekönigs ebenso willkürlich wie unrechtmäßig geprägt worden war. Sobald Pippin unter Waffendruck von den Langobarden das Versprechen erzwungen hatte, die kirchlichen Besitzungen zurückzugeben – ein Versprechen, das im folgenden Jahr schon gebrochen wurde –, marschierte er ein und zwang die Langobarden, durch eine Schenkung an »den heiligen Petrus und die Heilige Römische Kirche« nicht nur die kirchlichen, sondern obendrein auch die ehemals byzantinischen Gebiete abzutreten. Die rechtliche Position der byzantinischen Besitzungen, die gemäß den Bedingungen der früheren byzantinischen Forderung übernommen wurde, blieb ebenso unklar wie die Position von Rom selbst. *De facto* war Byzanz in Italien nördlich von Neapel ausgeschaltet worden und stellte keinen Machtfaktor in der europäischen Politik mehr dar. An seiner Stelle ragte nun Rom, vertreten durch die Kirche und die großen Familien, als größte Macht in Italien heraus. Als die Langobarden 773 in einem letzten Aufbäumen Rom und die Städte, die die Straße nach Ravenna sicherten, noch einmal angriffen, wandte sich der neue Papst, Hadrian I., an Karl den Großen, den Sohn Pippins. Karl der Große marschierte ein, eroberte Pavia, die Hauptstadt der Langobarden, und annektierte ihr Königreich im Jahre 774. Gemeinsam beherrschten die Franken und das Papsttum das nördliche und mittlere Italien. Als Patrizier der Römer übernahm Karl der Große den Schutz über Rom und die Kirche. Das Papsttum, das nun nicht mehr an den Osten gebunden und auch nicht mehr in erster Linie auf das Mittelmeergebiet ausgerichtet war, war sowohl faktisch wie dem Namen nach eine souveräne Macht des Westens geworden – der geistliche Herrscher Europas und der weltliche Fürst eines großen Gebietes in Mittelitalien. Die Franken hatten sich zu einem entscheidenden und möglicherweise gefährlichen Faktor in der Geschichte des Papsttums entwickelt. In diesem Prozeß hatte Rom einen neuen

Status als geistliche wie als weltliche Hauptstadt des Papstes gewonnen, des Nachfolgers Petri auf dessen Thron und Beherrscher seines Landes.

In dieser neuen Sachlage wurden die Kirche, Rom und die Gestalt des heiligen Petrus einander gleichgesetzt. Diese Vorstellung hatte sich seit dem 5. Jahrhundert allmählich entwickelt. Im 7. und 8. Jahrhundert war sie völlig ausgebildet. Es war das Grab Petri, das die Pilger aus dem Norden besuchten; ihm sandten die christlichen Könige aus dem Norden ihre Geschenke; an seinem Altar legten die Langobardenkönige ihre Verträge nieder. Die Gebietsschenkungen Pippins und Karls des Großen waren auf den heiligen Petrus ausgestellt. Es war sein Thron, den das Haupt der Kirche innehatte; in seinem Namen brachte die englische Mission in engem Kontakt mit Rom den Glauben ins heidnische Germanien; in seinem Namen wurden Mönchtum und Liturgie in Irland und Gallien reformiert. Rom war seine Stadt; die Römer und die auf dem Land der Kirche lebenden Menschen waren sein besonderes Volk – *peculiaris populus*, und die Besitzungen der Kirche waren in Analogie dazu seine oder die kirchliche *res publica* oder das weltliche Reich.

In der Tat waren seit der Zeit Gregors des Großen die Kirchengüter in Mittelitalien von Latium bis in die südliche Toskana der Fiktion nach das Eigentum des heiligen Petrus – das *patrimonium Petri*. Seine Befestigungen waren die Burgen Petri, die *castra Petri*; es wurde vom Stuhl des heiligen Petrus, von der päpstlichen Verwaltung, regiert; seine Besitztümer machten das Papsttum faktisch, wenn auch nicht dem Recht nach, zu einer weltlichen Macht; und Rom war die Hauptstadt dieses faktisch souveränen Staates. Stadt- und Territorialverwaltungen wurden entwickelt; gleichgültig, ob sie auf den längst in der Kirche üblichen Verwaltungen basierten oder neu geschaffen wurden oder sich aus byzantinischen Traditionen ableiteten, sie waren auf jeden Fall souverän. In Rom und überall auf dem Gebiet der Kirche wurden Milizen gebildet, diejenige in Rom war schon im 7. Jahrhundert in zwölf Militärdistrikte unterteilt. Die aus Klerikern und Laien zusammengesetzte und vom Papst geleitete Verwaltung war sowohl für die auswärtigen Beziehungen wie für die Besitzungen der Kirche in Rom und im *patrimonium Petri* zuständig. Örtliche Personen von Stand besetzten in der Hauptstadt und auf dem Lande die hohen zivilen und militärischen Posten: Richterposten, Stellen in der städtischen Verwaltung und Kommandanturen in der Miliz. Offensichtlich waren die Führungspositionen auf kirchlichem, zivilem und militärischem Gebiet miteinander verzahnt. Dieselben Familien stellten die hochgestellten Kleriker, Zivilbeamten und Militärkommandanten. Auch die Papstwahlen wurden letztlich von diesen Familien unter sich ausgemacht. Sie waren »die Führer unter den Zivilbeamten, unter der bewaffneten römischen Miliz und unter dem Klerus«. Die Päpste wurden von den »Priestern, dem hohen Klerus und den Offizieren der Miliz« gewählt, unterstützt von »der gesamten Armee, den ehrbaren Bürgern und der ganzen Versammlung des römischen Volkes« – letztere vermutlich lautstarke und wenn nötig auch gewalttätige Parteigänger der miteinander in Konkurrenz liegenden Familien und ihrer Kandidaten, die in den meisten Fällen unter den Mitgliedern der Sippe ausgewählt wurden. Natürlich prallten Parteiungen, die byzantinische, langobardische oder fränkische Interessen vertraten, heftig aufeinander. Die Wahlen, die nach einer unruhigen Zeit im späten 7. Jahrhundert, als es »wie gewöhnlich« Kämpfe gegeben hatte, einige Zeit lang friedlich verlaufen waren, waren seit 757 unter den Familien, die Rom und die umliegenden kleinen Landstädte beherrschten, wieder heftig umkämpft. Versuche, das Vorgehen dahingehend festzulegen, daß die Wahl allein dem Klerus zustehen sollte, das Recht zur Akklamation und schriftlichen Zustimmung hingegen den Laienführern und der Miliz, konnten den Feindseligkeiten kein Ende setzen. Ungeachtet dieser inneren Kämpfe gaben die großen Familien Rom im 8. Jahrhundert eine permanente solide Regierung, die auf der sich selbst fortzeugenden kirchlichen Verwaltung beruhte, welche freilich von kirchlichen und weltlichen Mitgliedern jener Familien durchsetzt war. Der Theorie nach repräsentierte diese Regierung das römische Volk; in der Praxis setzte sie sich freilich aus den Mitgliedern der herrschenden Familien und ihren Gefolgsleuten zusammen, welcher Titel ihnen auch immer zugedacht sein mochte – *optimates*, Führer oder Senat.

Lag das Hauptgewicht auch auf der Unabhängigkeit für die Kirche, Rom und das *patrimonium Petri*, wobei alle drei gleichbedeutend waren, so waren doch auch andere Nuancen zu spüren. Eine lose Föderation in Mittelitalien hatte ihren Brennpunkt in Rom und dem Patrimonium. Während sie zuweilen mit den Langobarden verbündet und manchmal gegen sie gerichtet war, blieb es doch immer das Ziel dieser Allianz, Byzanz' noch verbleibende Macht in Italien zu brechen.

Es war eine entschiedene Bewegung, proto-panitalienischer Färbung, gegen alles Fremde. Rom war ihre Hauptstadt; das Rom des Papsttums und der großen Familien; ein Rom obendrein, in dem Erinnerungen an das antike Rom wieder auftauchten. Längst obsolete römische Titel wurden wiederbelebt, die neben den byzantinischen standen und sie verdrängten. Neben den byzantinischen Titeln *dux* und *comes* wurde *consul* wieder gebräuchlich. *Senatus* wurde gelegentlich verwendet, um die großen Familien zu bezeichnen – obgleich der Ausdruck erst im frühen 9. Jahrhundert häufiger verwendet wurde. Der fränkische König hatte den Titel *patricius Romanorum* verliehen bekommen; und das Staatswesen, das bislang schlicht die *res publica* gewesen war, wurde zur *Sanctae Dei ecclesiae res publica Romanorum* – beides völlig willkürlich geprägte Bezeichnungen. Die antibyzantinischen Gefühle wurden durch die Erinnerungen an Roms einstigen Ruhm gestärkt. Die Stadt des heiligen Petrus und des Papsttums, das christliche Rom, wurde von der Erinnerung an das alte Rom getragen. Der Welt zeigte die Stadt ein neues Bild: ihre christliche Vergangenheit und Gegenwart und das Rom der Antike waren Schuß und Kette, aus denen dieses Bild gewebt war. Der Westen und sein Erbe hatten die Oberhand gewonnen; der Osten war aus dem neuen Bild getilgt, das Rom der Welt darbot.

V.

Erneuerung und Wiedergeburt: Das Zeitalter der Karolinger

Die 100 Jahre zwischen 760 und 860 haben sowohl die Karte von Rom wie das Bild, das die Stadt im zeitgenössischen Denken hatte, stark geprägt. Überall in der Stadt brachten Gebäude die neue Vitalität Roms und seinen neuen Platz in der politischen Landkarte Europas zum Ausdruck. Wenn seine politische Macht auch schon bald verloren war, so wurde doch die Erinnerung an diese Machtposition zur Grundlage einer Vorstellung von Rom, die sich viele Jahrhunderte hindurch halten sollte. Die Anfänge dieser Epoche, des karolingischen Zeitalters, fielen in die erste Hälfte der langen Regierungszeit Karls des Großen (768–815) und ins Pontifikat Hadrians I. (772–795). Das Zeitalter fand seinen Höhepunkt in der ersten Hälfte des 9. Jahrhunderts unter den Päpsten Leo III. (795–816) und Paschalis I. (817–824), in den späten Regierungsjahren Karls des Großen und unter der Herrschaft seines Sohns, Ludwigs des Frommen. Das Ende der Epoche, grob gesprochen 840–860, fiel in die Anfänge der Regierungszeit von Karls Enkel und in die Pontifikate von Gregor IV. (827–844), Sergius II. (844–847) und Leo IV. (847–855). Die nachfolgenden Jahrzehnte bis ungefähr 890 standen im Zeichen von zwei großen Papst-Persönlichkeiten, Nikolaus I. und Johannes VIII. Deren politische und religiöse Vorstellungen hatten den Gedanken einer universalen Hierokratie zum Ziel, doch was sie auch in dieser Hinsicht unternahmen, blieb in bezug auf reale Erfolge fruchtlos. Nichtsdestoweniger wurden ihre Vorstellungen Jahrhunderte später neu belebt und formten das Bild des Papsttums und seines Sitzes, Roms, während des ganzen Mittelalters, aber sie atmeten nicht mehr den Geist der karolingischen Zeit. Ebensowenig kamen sie in Gebäuden, Mosaiken oder Wandgemälden zum Ausdruck, wie es mit den Vorstellungen und Zielen der Päpste in den vorausgehenden Jahrhunderten der Fall gewesen war. Den heutigen Besucher erinnern keine Denkmäler in Rom mehr an jenes letzte Drittel des 9. Jahrhunderts und an seine großen Päpste.

Mit Papst Hadrian I. also beginnt das karolingische Zeitalter. Er stammte aus einer jener römischen Familien, die seit Jahrzehnten der Kirche gedient, ihre politischen Richtlinien formuliert und deren Verwirklichung vorangetrieben hatten, aus deren Reihen Päpste, Kleriker und weltliche Beamte der Kirche kamen und die das politische und gesellschaftliche Leben der Stadt beherrschten. Der Familiensitz lag nahe bei S. Marco, entweder auf dem Grundstück des Palazzo Venezia oder in seiner Nähe. Hadrians Onkel und Vormund Theodotus war jener hohe weltliche Beamte gewesen, der 755 die *diaconia* von S. Angelo in Pescheria eingerichtet und die Malereien in der nach ihm benannten Kapelle in S. Maria Antiqua gestiftet hatte. Hadrian selbst war seit jungen Jahren im Dienste der päpstlichen Verwaltung ausgebildet worden und hatte als *notarius regionum* gedient, als Stadt-Vorsteher, wie man sagen könnte. Von seinem Familienhintergrund, seiner Ausbildung und seiner Erfahrung her war er sowohl der Tradition des christlichen wie der eines älteren Rom verbunden und fühlte die Verpflichtung, Roms neugewonnene Unabhängigkeit und weltliche Macht zu verteidigen. Sein Biograph betont seine *romanità*, sein tief verwurzeltes Römertum: »von mächtigen römischen Eltern ... Verteidiger des Glaubens, seiner *patria* [der Ausdruck bedeutet gleichzeitig Geburtsort, Heimatstadt und Vaterland] und der ihm anvertrauten Menschen ... ein Gegner der Feinde der Kirche Gottes und des Staatswesens«. Dementsprechend betrachtete er die fränkische Schutzherrschaft über die Kirche, ihre Territorien und über Rom zwar als Notwendigkeit, hielt es aber für gleichermaßen wichtig, die Schutzmacht auf Distanz zu halten. Trotz seines Titels als *patricius Romanorum* und seiner Eigenschaft als Beschützer Roms und des Papsttums mußte Karl der Große immer noch wie sein Vater vom Papst die Erlaubnis einholen, um von St. Peter aus – außerhalb der Mauern – in die eigentliche Stadt als Gast einzuziehen.

Als Hadrian zum Papst gewählt wurde, befand sich Rom in einer schlechten Lage. Der wirtschaftliche Aufschwung aus der Zeit vor der Mitte des 8. Jahrhunderts war durch die zweimalige Belagerung Roms durch die Langobarden 752 bis 755 und die Verwüstung des Umlands zerschlagen worden. Nach einer Atempause von beinahe 20 Jahren verschlechterte sich die Situation in den ersten Jahren von Hadrians Pontifikat noch einmal, als die Langobarden neuerliche Verwüstungszüge unternahmen. Wieder einmal wurden die Landgüter außerhalb der Mauern, ob in privatem oder kirchlichem Besitz, geplündert und niedergebrannt; die Landbevölkerung und Klostergemeinschaften wurden in die Stadt getrieben, die Lebensmittelversorgung und -verteilung brach zusammen. Die Aquädukte, die man vernachlässigt hatte und die während der langobardischen Belagerung zum Teil zerstört worden waren, funktionierten nur schlecht oder gar nicht. Die Stadt war gegen Feinde und gegen Naturkatastrophen kaum mehr geschützt. Immer wieder überschwemmte der Tiber die Stadt und die *prati*, die Felder jenseits des Flusses. Die Bauten waren in schlechtem Zustand. Zwar ist über den Zustand der Wohnhäuser nichts bekannt, aber die Kirchen innerhalb und außerhalb der Mauern, von den großen Heiligtümern St. Peter, S. Paolo fuori le mura und S. Lorenzo bis hin zu den Kapellen auf und über den Friedhöfen, waren stark reparaturbedürftig. Die Katakomben verfielen; die langobardischen Plünderer hatten die Gebeine der Märtyrer, echte oder vermeintliche, fortgeschafft, und die Hirten der Campagna benützten die unterirdischen Friedhöfe als Stallungen für ihre Rinder und ihre Schafe. Mit Ausnahme der Päpste Johannes VII. während seines kurzen zweijährigen Pontifikats im frühen 8. Jahrhundert und Gregor III. kurz danach hatten sich die Päpste mehr den Anforderungen von Roms politischem Überleben von einem Tag auf den anderen gewidmet, als sich um Kirchenbauten und -ausstattung zu kümmern. So stand Hadrian also vor den gleichen Problemen, die seit dem ausgehenden 6. Jahrhundert nahezu jeden seiner Vorgänger bedrängt hatten. Doch der Kontext dieser Probleme hatte sich gewandelt. Mit der endgültigen Niederwerfung der Langobarden und der Vertreibung der Byzantiner aus Mittelitalien war Rom unter dem Schutz der Franken vor Angriffen sicher.

Die Gebiete, die im Besitz der Kirche verblieben oder zurückerobert worden waren, gaben wieder eine gesunde wirtschaftliche Grundlage ab. Sie stellten auch die Zwangsarbeiter für das Unternehmen, das Hadrian als seine vordringlichste Aufgabe angesehen zu haben scheint: die Wiederbelebung seiner Stadt Rom.

Die Mittel, die er zu diesem Zweck anwandte, waren in den wenigsten Fällen neu, aber er setzte sie mit Nachdruck ein. Die ortsansässige Bevölkerung und die Pilger mußten versorgt werden, doch der Import von Nahrungsmitteln aus weit entfernt gelegenen Gebieten war beinahe unmöglich geworden: die Kirchenländereien in Süditalien waren von den Byzantinern beschlagnahmt, und der Landtransport über große Strecken aus Mittel- und Norditalien bereitete Schwierigkeiten. Deshalb bemühte sich Hadrian um die Wiederbelebung der Landwirtschaft in der näheren Umgebung Roms, indem er große kircheneigene und von der Kirche geführte Güter einrichtete, die dazu verpflichtet waren, einen festgesetzten Teil ihres Ertrags zum Unterhalt der Kirchen, des Klerus, der Päpste und von Wohlfahrtseinrichtungen abzuliefern. Solche *domus cultae*, wie man sie nannte, waren schon in den vierziger Jahren des 8. Jahrhunderts aufgetaucht, als Papst Zacharias vier in der Campagna eingerichtet hatte. Zacharias' *domus cultae* waren nicht mehr, wie unter seinen Vorgängern, verstreute Höfe, die wie das Kirchenland oft tageweit entfernt lagen, sondern große Güter, die der Kirche vermacht, durch zusätzliche Landkäufe zu riesigen Ländereien ausgebaut worden waren und sich im leicht zugänglichen Umland der Stadt befanden. Sie sollten »für immer und absolut unveräußerlich« sein. Für dieses ›apostolische Ackerland‹ wurden Urkunden ausgestellt – *constituta apostolicae exarationis*. Für die Gehöfte wurden Oratorien gebaut oder schon bestehende neu ausgeschmückt. Auf jedem Kirchengehöft wurde eine Körperschaft aus Klerikern eingerichtet, die vermutlich den Gang der Arbeit überwachen sollte. Schließlich wurde unter Zacharias mindestens eines dieser Güter für die Versorgung des päpstlichen Hofes abgesondert. Natürlich ist es möglich, daß Zacharias nur eine schon bestehende oder halbvergessene kirchliche Wirtschaftsmaßnahme, die auf Gregor den Großen oder noch weiter zurückging, urkundlich festlegte und daß Hadrian nur eine längst übliche Gepflogenheit wiederbelebte, als er seine *domus cultae* einrichtete. Eine von ihnen, Capracorum in der Nähe von

Veii, nördlich von Rom, lag auf dem Gelände einer altrömischen Villa, und dasselbe mag bei anderen, die noch nicht identifiziert sind, der Fall gewesen sein. Auf jeden Fall aber erhöhte Hadrian die Zahl dieser Kirchengehöfte erheblich; in den 23 Jahren seines Pontifikats gründete er nicht weniger als sieben. Er scheint sie noch größer angelegt zu haben, als es seine Vorgänger getan hatten, und die Verbindung zur Stadt stellte er dadurch sicher, daß er sie entlang der großen Überlandstraßen ansiedelte. Den Ertrag von Capracorum, einem der größten Kirchengehöfte, »mit seinen Höfen, Ländereien, Gebäuden, Weingärten, Olivenhainen und Wassermühlen«, bestimmte er zur Versorgung des Wohlfahrtssystems in Rom. Weizen und Hafer, Wein und Gemüse sollten in die »Kornkammern der Kirche« geschafft und dort separat gelagert werden. 100 Schweine sollten jährlich geschlachtet und das Fleisch in eigenen Speichern gelagert werden, um eine Vermengung mit den generell für die Kirche bestimmten Lebensmitteln zu verhindern. Aus diesen Vorräten sollten 100 Arme täglich am Lateran »im Portikus neben der Treppe, wo eben diese Armen abgebildet sind«, versorgt werden. Es wäre interessant zu wissen, wie das hier erwähnte Wandgemälde aussah und ob es aus der Zeit Hadrians oder von früher stammte. Jede Person bekam ein Pfund Brot, zwei Becher Wein und eine Schale Fleisch zugeteilt. Kurz, Hadrian erweckte die Systeme der landwirtschaftlichen Produktion und der Verteilung durch die Wohlfahrtsinstitutionen wieder zum Leben, die von Gregor dem Großen eingerichtet worden, aber in den letzten zwei Jahrhunderten außer Gebrauch gekommen waren. Natürlich sollten diese *domus cultae* auch wie die Kirchengüter unter Gregor dem Großen als politische und wirtschaftliche Machtgrundlage der Kirche dienen, inmitten der anderen Großgrundbesitzer, der großen Familien und der mächtigen Abteien. Im ersten Viertel des 9. Jahrhunderts vergrößerten Hadrians Nachfolger die Zahl und die Fläche dieser *domus cultae* sowohl mit ehrlichen Mitteln wie mit zweifelhaften Machenschaften: durch Käufe und Stiftungen, durch Konfiskation von politischen Widersachern im römischen Adel und durch rechtswidrige Inbesitznahme von Klostergütern, wie dies mit Farfa der Fall war. Reibungen zwischen den jeweiligen Widersachern, Brandstiftungen und Blutvergießen waren unausweichlich, doch unter all diesen Auseinandersetzungen wurde das Patrimonium Petri unter Hadrian, Leo III. (795–816) und Paschalis I. (817–824) zu einem mächtigen ökonomischen und politischen Werkzeug des Papsttums.

Man sollte die unter Hadrian I. und Leo III. vergrößerte Zahl von *diaconiae* in Rom auch unter dem Gesichtspunkt sehen, daß auf diese Art wieder ein funktionstüchtiges ›gregorianisches‹ Wohlfahrtssystem geschaffen und gleichzeitig die Macht des Papstes über die städtischen Massen und die bedürftigen Pilger gestärkt werden sollte. Drei *diaconiae* wurden unter Hadrian in der Nähe von St. Peter wieder eingerichtet, um die ortsansässigen und fremden Armen mit milden Gaben zu versorgen – wobei ihnen gleichzeitig verordnet wurde, wöchentlich ein Bad zu nehmen, eine für diese Zeit ganz außergewöhnliche Maßnahme. Drei weitere Wohlfahrtszentren, S. Adriano, SS. Sergio e Bacco und SS. Cosma e Damiano, wurden auf dem Forum am Rande des unbewohnten Gebietes eingerichtet oder wiedereröffnet. Alle drei waren reichlich mit Land, Weingärten und mit Leibeigenen ausgestattet, die für Nahrung und »häufige Bäder« sorgen sollten, und alle lagen sie in antiken römischen Bauten, die zwar längst in Kirchen umgewandelt waren, in denen aber auch noch Lagerraum zur Verfügung stand. Zwei weitere *diaconiae*, SS. Nereo ed Achilleo und S. Martino ai Monti, kamen unter Leo III. hinzu, der sie anstelle von antiken *tituli* einrichtete. Auch Ausbesserungsarbeiten an den Aquädukten – man erinnert sich der Maßnahmen Gregors – waren Teil von Hadrians Versorgungsprogramm für die Stadt. Die Aqua Sabbatina, die die Mühlen auf dem Gianicolo trieb und den Brunnen im Atrium der Peterskirche und das nahe gelegene Bad versorgte, »welches den Pilgern und ihren Betreuern zur Verfügung steht« – wieder die Gesundheitspflege –, war während der langobardischen Belagerung von 775 unterbrochen und die Röhren, die zur Peterskirche führten, waren durch schiere Vernachlässigung beschädigt oder aber geplündert worden. Am Anfang seines Pontifikats stellte Hadrian 100 Bögen wieder her, die weit außerhalb der Stadt lagen, und reparierte die Rohrleitung, »so daß das Wasser wie einstmals floß und den Brunnen ... [und] das Bad versorgte und die Mühlen in der Stadt antrieb«. Die Aqua Claudia wurde ebenfalls repariert. Sie kreuzte den Caelius von der Porta Maggiore aus und hatte in der Römerzeit das riesige Reservoir in der Nähe von SS. Giovanni e Paolo, das Claudianum, beliefert und sich zum Palatin, zum Aventin und nach Trastevere hin fortgesetzt. Zur Zeit Papst Hadrians scheint sie hauptsächlich den Lateran, sein Bad, das Baptisterium und die Kirchen auf dem Caelius versorgt zu haben. Auch die Aqua Jobia wurde zur selben Zeit wie die Aqua Sabbatina instand gesetzt; sie war eine Abzweigung von der Aqua Marcia und verlief meist unterirdisch entlang dem Caelius, um beim Fluß, in der Nähe von S. Maria in Cosmedin, zu enden. Schließlich wurde auch die Aqua Vergine, die wie die Aqua Jobia fast völlig unterirdisch verlief, wieder in Gebrauch genommen, um »fast die ganze Stadt« zu versorgen. Parallel zu den Bemühungen um die Versorgung der Bevölkerung und zu den Reparaturen der Aquädukte wurden auch Maßnahmen ergriffen, die Rom gegen feindliche Angriffe und gegen Naturkatastrophen sichern sollten. Obwohl die Aurelianische Mauer viel zu weitläufig war, um von den Armeen des 8. Jahrhunderts in ihrer ganzen Länge verteidigt oder belagert werden zu können, hatte sie schon seit einiger Zeit Anlaß zur Sorge gegeben. Doch während frühere Ausbesserungsversuche auf bloße Vorbereitungen oder hastige Reparaturen beschränkt geblieben waren, restaurierte Hadrian die Mauern und Türme überall, wo nötig, entlang dem ganzen Umkreis und »vom Boden an«, was immer das heißen mag. Zur Sicherung der frommen Pilgermassen, die im Säulengang aus dem 4. bis 5. Jahrhundert von der Brücke bei Castel S. Angelo zur Peterskirche am Tiberufer sich drängten, baute er eine schützende Ufermauer.

Alle diese Unternehmungen bedeuteten Stadtplanung in großem Stil. Sie erforderten Weitblick, rationale Planung, ein klares Ziel und, was die Bauarbeiten betrifft, eine große Zahl an Arbeitskräften. Letztere wurden durch Aushebungen im Umland aufgebracht, ein Verfahren, das in Rom seit der Spätantike nicht mehr erwähnt und vielleicht auch nicht angewendet worden war. Hadrians Trupps arbeiteten in Schichten und wurden anscheinend aus der Nachbarschaft des Bauplatzes rekrutiert – diejenigen aus dem südlichen Latium, das damals Campania genannt wurde, arbeiteten an der Aqua Claudia außerhalb der Mauern. Die Löhne und Lebensmittel für die Arbeiter und die Baumaterialien wurden von der Verwaltung aufgebracht. Die Kosten waren beträchtlich, 100 Pfund in Gold allein für die Ausbesserung der Stadtmauern. Technische Schwierigkeiten sah man als Herausforderungen an, die bewältigt werden mußten; sie wurden deshalb voller Stolz vom päpstlichen Biographen aufgeführt: um die Mittelschiffe der riesigen Basiliken zu überspannen, wurden neue Balken eingesetzt – 80 Fuß lang in der Peterskirche; mehr als 12 000 Tuffsteinblöcke wurden für die Uferbefestigung am Tiber in der Nähe des Castel S. Angelo verbaut. Für den Neubau von S. Maria in Cosmedin wurde ein großer Tempel hinter der Kirche beseitigt, indem man ihn niederbrannte, wobei die ganzen Arbeiten ein Jahr in Anspruch nahmen. Das Ziel, das hinter Hadrians Anstrengungen insgesamt stand, war klar: die Reorganisation der landwirtschaftlichen Produktion, die Wiederherstellung des Wohlfahrtssystems, die Versorgung der Bevölkerung und der Pilger, die Instandsetzung der Aquädukte, der Wiederaufbau der Verteidigungsanlagen der Stadt – sie alle waren Teil eines geschlossenen, weitblickenden und praktischen Programms, das die äußere Erneuerung Roms zum Ziel hatte.

Die Stadt sicher und bewohnbar zu machen war eine der Bestrebungen Hadrians. Ein weiteres Ziel war, die Pracht ihrer heiligen Stätten wiederherzustellen und die Verehrung ihrer Märtyrer wiederzubeleben. Seit dem Beginn des 8. Jahrhunderts waren Kirchen in einem einigermaßen guten Zustand gehalten worden, und neue Fresken oder Ikonen waren keine Seltenheit: in S. Maria Antiqua waren die Freskenzyklen Johannes' VII. und Theodotus' unter Hadrians Vorgänger Paul I. durch die Neudekoration der Apsis und des Triumphbogens ergänzt worden. Hadrian selbst fügte später Wandgemälde im Atrium hinzu. Aber Hadrians Blick reichte weiter. Wenn er auch nicht, wie es sein Biograph von ihm behauptet, »alle Kirchen innerhalb und außerhalb der Mauern Roms wiederherstellte und verschönerte«, so setzte er doch zumindest eine zusammenhängende Kampagne ins Werk, um so viele wie möglich zu reparieren, besonders dort, wo es am dringendsten nötig war. An erster Stelle standen die großen Heiligtümer, deren Reliquien und Gedenktage die Pilgerfluten anzogen: St. Peter, wo man sich des Atriums, des Pflasters und der Schäden im Apsismosaik annahm; weiterhin S. Paolo fuori le mura, S. Lorenzo, S. Pancrazio, SS. Marcellino e Pietro an der Via Labicana – alle außerhalb der Mauern; schließlich S. Maria Maggiore, die die Krippe Christi barg, und die Lateranbasilika. S. Clemente und S. Marco, Hadrians eigene Kirche in der Nähe seines Familienpalastes, wurden wiederhergerichtet; ebenso SS. Apostoli, deren Apsis mit Eisenklammern repariert wurde. Dachreparaturen waren eine vordringliche Aufgabe. Die riesigen Balken für die Dachstühle der großen Kirchen, die man von Karl dem Großen angefordert hatte, kamen aus den Wäldern bei Spoleto: 35 für S. Paolo fuori le mura, 15 für die Lateranbasilika, 14 für die Peterskirche und 20 für S. Maria Maggiore. Karl sollte weiterhin 1000 Pfund Blei für das Dach von St. Peter aufbringen. Der Franke Walcharius, Erzbischof von Sens, der anscheinend seit langem als Techniker das Vertrauen des päpstlichen und des fränkischen Hofes genoß, sollte als Berater nach Rom kommen. Letzten Endes aber wurde die tatsächliche Aufsicht von einem ranghohen Mitglied des päpstlichen Hofes, dem *vestiarius Januarius*, geführt, der dabei hin und wieder von Hadrian selbst unterstützt wurde. Größere und kleinere Kirchen wurden mit kostbaren Geschenken überschüttet: silbergefaßte Ikonen, die an silberbeschlagenen Balken am Choreingang angebracht werden sollten, und Massen von kostbaren Stoffen, Purpur, Seide, Goldstickereien und anderes, für Altarparamente und Vorhänge für die Türen, den Triumphbogen, die Chorschranken und die Interkolumnien des Mittelschiffs. Niemals zuvor war solche Pracht so großzügig gegeben oder mit solchem Stolz von den päpstlichen Biographen aufgezählt worden. Der neue, gesicherte Reichtum der Kirche an Grundbesitz machte sich bemerkbar. Wieder erhielt St. Peter den Löwenanteil: ein silbernes Pflaster von den Choreingängen bis zum Fuß des Hochaltars, einen kreuzförmigen Kerzenständer mit 1365 Kerzen, die zu Ostern, Weihnachten, am Fest des heiligen Petrus und Paulus und am Jahrestag des Papstes angesteckt werden sollten; dazu einen Satz von 65 Vorhängen, die zwischen den Säulen des Mittelschiffs aufgehängt werden sollten, und einen großen Vorhang für das Hauptportal. Auch S. Paolo fuori le mura wurde mit 70 Vorhängen nicht vergessen, ebensowenig wie die Lateranbasilika mit 57 und S. Maria Maggiore mit 42. S. Pancrazio erhielt einen doppelten Satz von 38 Vorhängen, SS. Apostoli und S. Stefano Rotondo jeweils einen Satz von 20 aufeinander abgestimmten Vorhängen, alle aus purpurnem Leinen. Die 22 damals bestehenden Titularkirchen bekamen Sätze von 20, die 16 *diaconiae* jeweils sechs Vorhänge geschenkt, und für alle Titular- und anderen Kirchen, für die *diaconiae* und die Klöster gab es Altarparamente.

Die Katakomben und ihre Kapellen, die über oder in ihnen angelegt waren, stellten ein Problem dar. Schon seit langer Zeit fanden dort keine Begräbnisse mehr statt, und seit den Gotenkriegen waren die über- oder unterirdischen Friedhöfe allmählich verfallen, wobei die Reparaturen, die noch bis zur Zeit Gregors des Großen durchgeführt worden waren, den Verfallsprozeß nur geringfügig verzögert hatten. Die römischen Gläubigen und mehr noch die Pilger aus dem Norden drängten sich danach, die Überreste der Märtyrer zu sehen und zu berühren, und der Volksglaube sah alle Gebeine, die in den Katakomben oder Heiligtümern vor der Stadt gefunden wurden, als Reliquien an. In den dreißiger Jahren des 8. Jahrhunderts gab es eine letzte Kampagne, die die Reparatur der Kapellen und Friedhöfe zum Ziel hatte und den Märtyrerkult an den Begräbnisstätten selbst wiederbeleben wollte, doch sie schlug fehl. Plünderung, Verwüstung und allgemeine Vernachlässigung zwangen die Kirche zu einer neuen Politik: die Translation von Reliquien, als einzelne oder in ganzen Wagenladungen, in die Sicherheit innerhalb der Stadtmauern – eine Maßnahme, die man in Rom einstmals mißbilligt hatte und die nur von Päpsten östlicher Herkunft versucht worden war. In der Mitte des 8. Jahrhunderts wurde dieses fremde Brauchtum zu einem römischen. Als Paul I. 761 Kirche und Kloster von S. Silvestro in Capite vollendete, die sein Bruder und Vorgänger Stephan II. auf dem Gelände ihres Familiensitzes gegründet hatte, ließ er »von den verwüsteten Friedhöfen unzählige Leichname von Märtyrern« herbeibringen. Die umgebaute Kirche steht heute noch östlich des Corso, während das Kloster dem Hauptpostamt weichen mußte. Auch Hadrian sorgte für eine Massenverlegung von Reliquien: als er S. Maria in Cosmedin umbaute, ließ er unter dem Chor eine ›Hallenkrypta‹ anlegen, eine kleine Unterkirche, die von Säulen und Architraven getragen wurde. In ihre Wände waren Nischen eingelassen, die von Platten halbiert wurden (Abb. 87) und in denen Reliquien untergebracht und den frommen Massen zugänglich gemacht werden sollten. Allzu zugänglich – die Kirchenplaner des 9. Jahrhunderts besannen sich bei S. Prassede, SS. Quattro Coronati, S. Stefano degli Abissini und anderswo wieder auf die so viel sicherere Ringkrypta, wie sie erstmals um 590 in der Peterskirche angelegt worden war. Die für Rom einzigartige Krypta der Kirche in Cosmedin war von heidnischen und christlichen Vorbildern einer längst vergangenen Zeit beeinflußt: den *columbaria*, deren Wände mit wabenartigen Nischen durchbrochen

87. S. Maria in Cosmedin, Hallenkrypta

waren, in denen die Urnen aufbewahrt wurden, und luxuriösen Mausoleen, die als Kleinbasiliken angelegt waren. Bis zum 15. Jahrhundert war das in Rom am besten bekannte Beispiel eines solchen Mausoleums dasjenige, das an die Apsis von St. Peter angebaut war. Es war als reiche klassische Anlage kurz nach 390 für Anicius Probus errichtet worden, einen christlichen Grandseigneur, der ein Vorfahre Gregors des Großen und ein Mitglied einer der großen Familien gewesen war, die im 4. Jahrhundert Rom in ähnlicher Weise beherrscht hatten, wie es die Familien Hadrians und Pauls im 8. beherrschten.

Im Bauprogramm des Papsttums in den späten Jahren des 8. Jahrhunderts zeigt sich demnach noch ein weiteres Ziel. Rom sollte im Interesse der Sicherheit und des Wohlergehens der Bewohner und der Pilger wiederhergestellt, aber auch im Sinne der alten Pracht der christlichen Antike erneuert werden. Die Anstrengungen Hadrians und Pauls und ihrer Nachfolger kündeten im 9. Jahrhundert zumeist ausgesprochen oder unausgesprochen von dem Ziel, Rom wieder zu der Stellung zu verhelfen, die es 400 oder 500 Jahre zuvor eingenommen hatte. Die gleißende Pracht, die noch bis in die Zeit der Pontifikate von Leo III. und Paschalis I. im ersten Viertel des neuen Jahrhunderts über Roms Kirchen ausgegossen wurde, eiferte ganz bewußt, wie es scheint, den Geschenken Konstantins nach, wie sie im ›*Liber Pontificalis*‹ aufgezeichnet sind. Durch die Verlegung von einzelnen und ganzen Wagenladungen von Reliquien in die Stadt seit der Zeit Pauls I. bis zu Paschalis I. hielt man den Gläubigen ein sichtbares Zeugnis von der ruhmreichen Vergangenheit des römischen Christentums vor Augen. Die Tatsache, daß sich in S. Silvestro in Capite unter diesen Reliquien auch die von drei frühen Päpsten befanden, insbesondere die von Sylvester, dem Zeitgenossen Konstantins, betonte die Tradition des frühen Papsttums und seiner Verbindungen zum christlichen Imperium. In ähnlicher Weise wurde das ehrwürdige Alter des Papsttums und seine Abkunft vom heiligen Petrus herausgestrichen, als unter Stephan II. und Paul I. der Sarkophag einer römischen Dame, Aurea Petronilla, aus der Peterskirche in die Rotunde gebracht wurde, die um 400 als kaiserliches Mausoleum an ihr südliches Querschiff angebaut worden war. Der Volksglaube sah in dieser Dame die Tochter des Apostels, und als 760 das Mausoleum als Kapelle der fränkischen Könige der neuen vermeintlichen Heiligen geweiht wurde, entstand eine faßliche Verbindung zwischen den Frankenkönigen, dem Apostel und dessen Nachfolgern auf seinem Thron. Sogar in den Architekturbeschreibungen der päpstlichen Biographen wurden frühchristliche und besonders konstantinische Bezeichnungen wiederaufgegriffen. In den Anfangsjahren des Pontifikats von Hadrian wird die Peterskirche eine *aula* genannt und nicht einfach als Kirche (*basilica, ecclesia*) bezeichnet. Das Wort *aula* war zuvor nur in der feierlichen Sprache der Weiheinschriften gebraucht worden, wobei diejenigen Konstantins in der Peterskirche am meisten hervorstachen – auf dem Apsisbogen, dem Triumphbogen und auf dem Goldkreuz. Von letzterem wird in der Biographie Sylvesters im ›*Liber Pontificalis*‹ berichtet. Der Bogen zwischen Mittel- und Querschiff, bislang schlicht der ›große Bogen‹, wurde seit den zwanziger und dreißiger Jahren des 9. Jahrhunderts als ›Triumphbogen‹ bezeichnet, wie er heute noch heißt. Bis damals war diese Bezeichnung selbst für römische Triumphbögen nur selten verwendet worden. Aller Wahrscheinlichkeit nach wurde sie in Anlehnung an die Widmungsinschriften sowohl auf dem Konstantinsbogen wie auf dem Triumphbogen in der Peterskirche, die sich beide auf Triumphe beziehen, willkürlich geprägt. Im zweiten Viertel des 9. Jahrhunderts wurden Titelkirchen zuweilen nicht, wie längst üblich, nach dem Namen ihrer Schutzheiligen benannt – S. Prisca, SS. Giovanni e Paolo, SS. Quattro Coronati –, sondern mit Bezeichnungen, wie sie seit dem 6. Jahrhundert obsolet geworden waren: ›titulus Aquilae et Priscae‹, ›titulus Pammachii‹, ›titulus Aemilianae‹. Und schließlich ist der ›Codex Einsidlensis‹, ein Romführer aus dem späten 8. Jahrhundert, nicht mehr für den frommen Pilger geschrieben: seine einleitende Anthologie der Inschriften zählt gänzlich unvoreingenommen heidnische neben christlichen, weltliche neben kirchlichen Inschriften auf, während die Besichtigungstouren durch die Stadt, ob sie nun aufgrund eigener Ortskenntnis oder nach einer Karte zusammengestellt sein mögen, unterschiedslos christliche und antike Denkmäler nebeneinander nennen, wie sie sich dem Besucher darstellten. Der Führer war demnach für Besucher gedacht, die zwar Christen waren, aber auch antiquarische Kenntnisse und Interessen hatten. Das antike Rom forderte seinen Platz im Vorstellungsbild der Stadt zurück, die längst zu einer christlichen geworden war.

Alle derartigen Elemente sind aus Vorstellungen entstanden, die seit der Zeit vor der Mitte des 8. Jahrhunderts in Rom und bald darauf auch am fränkischen Hof im Schwange gewesen waren. Sie kamen zum erstenmal in jener berühmten Urkundenfälschung, der Konstantinischen Schenkung, zum Ausdruck und fanden ihre Erfüllung im Jahre 800 n. Chr. mit der Kaiserkrönung Karls des Großen – ein Ereignis, das nicht von Anfang an eingeplant gewesen war. Die Schenkungsurkunde, die entweder schon 754 während Papst Stephans Aufenthalt in Frankreich vollständig verfertigt oder bis zum Ende des Jahrhunderts allmählich ausformuliert wurde, gab vor, ein von Konstantin an Papst Sylvester gerichteter Erlaß zu sein. In dieser Urkunde will der Kaiser dem Papst und allen seinen Nachfolgern als den Erben des heiligen Petrus einen höheren Status zugesprochen haben, als es sein eigener »weltlicher Thron« bedeutete, und zusammen damit kaiserliche Ehren und Einkünfte, *insignia* und *regalia*. Er überließ dem Papst den Lateranpalast, die Stadt Rom und »alle Provinzen, Orte und Städte Italiens und der westlichen Gebiete« und verlagerte wegen dieser Abtretung seine Hauptstadt in den Osten. Manche anderen Zugeständnisse wurden noch obendrein gemacht, vor allem das der päpstlichen Oberherrschaft über die östlichen Patriarchate. Die so umrissene politische Theorie beschränkte die tatsächliche Herrschaft des byzantinischen Kaisers auf den Osten, ohne jedoch seine rechtmäßige Souveränität über den Westen ausdrücklich abzustreiten, und beanspruchte für den Papst kaiserlichen Status, die geistliche Oberhoheit über die gesamte Christenheit und die weltliche Macht über Rom, Italien und den Westen. Der zuletzt genannte Anspruch, so vage er auch sein mag, wird am ehesten in dem Sinne zu verstehen sein, daß er die Stellung des Papstes und des fränkischen Königs zueinander aus römischer Sicht darstellt und gegeneinander abgrenzt. Ein König, noch dazu ein ›barbarischer‹ König, war von vornherein der kaiserlichen Autorität untertan, die der Schenkungsurkunde gemäß dem Papst zukam. Er sollte ein mächtiger, aber gehorsamer Verteidiger des Thrones Petri und seiner Stadt sein, wie Karl der Große es war; man würde ihn zum »Patrizier der Römer« machen, ein Titel, der seit 754 von der päpstlichen Kanzlei speziell für den König geschaffen und ihm ohne jede rechtliche Grundlage übertragen worden war. Der Anspruch des Papsttums auf Italien stand auf sicherem Boden, er bezog sich auf die Besitzungen der Kirche, das Land des heiligen Petrus, die ehemals byzantinischen Gebiete in Mittelitalien mit eingeschlossen. Der Anspruch auf die Stadt Rom war der am wenigsten umstrittene und deshalb von zentraler Bedeutung. Durch Konstantins Namen wurden schließlich alle drei Ansprüche als sakrosankt besiegelt.

Hadrian lag die Erhaltung der päpstlichen Unabhängigkeit am Herzen, und er achtete daher bis zum Ende seines Pontifikats sorgfältig auf das Kräftegleichgewicht zwischen dem byzantinischen Kaiser, dem König der Franken und dem Papst. Dieses Gleichgewicht wurde zerstört, als Leo III., der durch einen Putsch vertrieben worden war, im Jahre 799 unter dem Schutz Karls des Großen nach Rom zurückkehrte. Von allen Anschuldigungen reingewaschen und auf seinem Thron neu gefestigt, krönte er am Weihnachtstag des Jahres 800 Karl in der Peterskirche zum Kaiser. Dieser Schritt war anscheinend in Zusammenkünften zwischen fränkischen und päpstlichen Abgesandten vorbereitet worden, und der König muß entgegen den Beteuerungen seines Biographen Einhard gewußt haben, daß er bevorstand: bei seiner Ankunft in Rom wurde er vor der Stadt mit der einem römischen oder byzantinischen Kaiser vorbehaltenen Zeremonie empfangen und nicht, wie bei seinen früheren Besuchen, als ein *patricius*. Die Sprechchöre der Römer – Kleriker, Beamte, Militärs, Adlige und Volk –, die ihn nach der Krönung als *Augustus* (was am besten mit ›Majestät‹

Die Auffassung der päpstlichen Diplomaten, nach welcher Karl der Große Konstantins Erbe und der Beschützer der Kirche, der Papst der Nachfolger des heiligen Petrus und dieser der Ursprung sowohl der päpstlichen wie der fränkischen Herrschaft war, kommt in einem Mosaik zum Ausdruck, das einst das Triklinium Leos III. zierte und vermutlich aus dem Jahr 798 oder von vor April 799 stammt. Das Triklinium, eine Halle mit drei Konchen im Lateranpalast, wurde 1589 mit Ausnahme seiner Hauptapsis abgerissen und ist nur aus Beschreibungen und Zeichnungen bekannt. Die Hauptapsis und ihr Mosaik wurden 1625 gründlich restauriert und bestanden bis 1743, als das Mosaik in eine neugebaute Nische hinter der Scala Santa übertragen wurde. Während der Übertragungsarbeiten wurden die wenigen Reste des Originals so schwer beschädigt und dann wieder zusammengeflickt, daß nur eine Kopie, und nicht einmal eine gänzlich zuverlässige, erhalten geblieben ist (Abb. 88, 89). Vom Original hat nur das Fragment eines Kopfes in der Vatikanischen Bibliothek überlebt, doch die Hauptelemente sind erkennbar geblieben. Auf dem Hauptkonchenbogen sind zu beiden Seiten der Apsisöffnung zwei

88. Lateran, Triklinium Leos III., vor 1625

zu übersetzen ist) begrüßten, waren sorgfältig einstudiert. Doch die Art und das Ausmaß der neuen kaiserlichen Souveränität wurden nicht näher spezifiziert. Dabei mögen der Wunsch, die Gefühle der Byzantiner nicht zu verletzen, und ein Mangel an Übereinstimmung bezüglich der Bedeutung dieses Schrittes zusammengewirkt haben. Auf der fränkischen Seite mag man vage und einigermaßen idealistisch an ein ›christliches Reich‹ des Westens gedacht haben, das auf der Ausdehnung von Karls Macht über fast das ganze christliche Europa beruhen sollte. Die päpstlichen Diplomaten dagegen mögen viel konkreter ein *imperium Romanum*, ein Reich von und für die Römer, ins Auge gefaßt haben. Ein solches Reich, das sich zur Verteidigung Roms und der Kirche verpflichtete, wäre nicht allzu verschieden vom ›Patriziat der Römer‹ gewesen, das die fränkischen Könige zuvor innehatten, und hätte ihm insofern geglichen, als beides ein Geschenk des Papstes gewesen wäre, wie es die Schenkungsurkunde Konstantins andeutet.

89. Lateran, Triklinium Leos III. nach der Restaurierung von 1625

Gruppen von je drei Figuren dargestellt. Zur Rechten reicht ein thronender Petrus Papst Leo das Pallium und Karl – der noch als König und nicht als Kaiser dargestellt war – ein Banner (Abb. 90). Zur Linken gibt heute Christus das Labarum an Konstantin und das Pallium dem heiligen Petrus; die Gruppe wurde jedoch 1625 restauriert und möglicherweise auch neu geschaffen, und wir wissen nicht genau, auf welcher Grundlage dies geschah. Anstelle des heiligen Petrus mag Sylvester dargestellt gewesen sein, und man hat sogar eine gänzlich andere Gruppe vermutet. Ich persönlich bin wie die meisten Forscher der Meinung, daß die Gruppe im Geiste der Konstantinischen Schenkung von Anfang an als Gegenstück zur Gruppe auf der rechten Seite gedacht war. Dementsprechend zeigte das Original in der Wölbung der Apsis ebenso wie die heutige Kopie die Aussendung der Apostel, Christus inmitten von elf Jüngern, die hinausgehen, um die ganze Welt zu bekehren. Offensichtlich spielt diese Szene auf die Politik der Ausbreitung des Glaubens und der damit verbundenen Stärkung der Stellung der römischen Kirche in Europa an. In dieser Politik zählte die Kirche auf die Unterstützung Karls des Großen. Solche Unterstützung hatte sie auch von Konstantin für ihre Missionsaufgabe bekommen, »die Welt unter der Führung Christi wiederzuerwecken«, wie es in der Inschrift auf dem Triumphbogen der Peterskirche formuliert war und wie es seit der Mitte des 8. Jahrhunderts die Konstantinische Schenkung andeutete. Karls Unterstützung und Schutz für die Kirche sollte Konstantin zum Vorbild haben. Über Einzelheiten läßt sich noch streiten, doch wie die Antwort auch ausfallen mag, das Mosaik in Leos Triklinium scheint mir das erste sichtbare Zeugnis der karolingischen Renaissance in Rom zu sein.

Die Krönung am Weihnachtstag 800 veränderte, obwohl dies nicht beabsichtigt gewesen war, die politische Situation, die noch in dem Mosaik dargestellt ist. Leo III. und seine Ratgeber mögen die kaiserliche Krone durchaus nur als bloße Besiegelung der alten Allianz zwischen dem Papst und dem *patricius Romanorum* angesehen haben. Doch die Schaffung des Imperiums zog politische und ideologische Folgen nach sich, die für die Zeitgenossen nicht so leicht abzusehen waren. Ein solches Reich wies durch seine bloße Existenz jeglichen byzantinischen Anspruch auf den Westen zurück, der bislang zwar nicht konkret untermauert werden konnte, aber auch nicht in Frage gestellt worden war. Oben-

90. Lateran, Triklinium Leos III., Mosaik. Ausschnitt: Der heilige Petrus mit Karl dem Großen und Leo III. Kopie aus dem 18. Jahrhundert

drein beanspruchte der westliche Kaiser sowohl implizit als auch explizit die Nachfolge der römischen Kaiser der Antike: die Rechtsnachfolge der christlichen Kaiser war sein ausdrücklicher Anspruch, aber er implizierte ebenso die Nachfolge ihrer heidnischen Vorgänger. Karl der Große herrschte über weite Teile ihres ehemaligen Reiches, ihre Hauptstädte »in Italien, Gallien und Germanien« mit eingeschlossen, und er hielt die Stadt Rom, die »Mutter des Reiches, wo Caesaren und Kaiser einst zu residieren pflegten«. Karl und seine Nachfolger nahmen die Titel *Caesar* und *Augustus* an, wie sie zum erstenmal am Weihnachtstag 800 verwendet worden waren. Ihre Urkunden wurden in römischem Stil nach Konsulatsjahren und *post consulatum* datiert, und die Siegel tragen die Legende *Renovatio Romani Imperii*, die eine symbolische Darstellung Roms umrahmt. Karls Hofdichter Alkuin sprach ihn als *Flavius Anicius Carlus* an, wobei Flavius der offizielle Name der christlichen Kaiser seit Konstantin gewesen war. Es ist offenkundig, daß in einem solchen Rahmen der erste christliche Kaiser eine Schlüsselfigur darstellte. Gemäß der Auffassung der Konstantinischen Schenkung sah die päpstliche Diplomatie die Erneuerung des christlichen Imperiums im Zeichen einer Rückbesinnung auf die Gestalten Konstantins und Sylvesters voraus: zu deren Zeit, so dachte man, waren Christentum und Kaiserreich ein und dasselbe, und der erste christliche Kaiser und Beschützer der Kirche habe in Harmonie zusammen mit seinem päpstlichen Gegenüber regiert. Die Parallele zwischen Karl und Konstantin, auf die meiner Meinung nach in den Mosaiken im Triklinium von 798 bis 799 angespielt wird, wurde zu einem integralen Bestandteil der politischen Theorie. Wieder und wieder bezog sich die päpstliche Kanzlei auf Konstantin als das Vorbild Karls des Großen, des »neuen Konstantin«. Angeblich wurde eine Krone, die als diejenige Konstantins galt, bei der Krönung von Karls Sohn Ludwig dem Frommen im Jahre 816 verwendet. Auch wenn dieser Bericht bloße dichterische Erfindung ist, so bringt er dennoch die zeitgenössische Auffassung von diesem neuen Reich zum Ausdruck. Der Idee nach, wenngleich nicht in Wirklichkeit, war Rom sowohl die Hauptstadt des neuen Reichs als auch der Sitz der päpstlichen Nachfolger von Sylvester und dem heiligen Petrus.

Die Situation war für beide Seiten mit Gefahren verbunden: für das Papsttum die der Kapitulation vor einem allzu mächtigen Verbündeten, und für das Reich die einer dauernden Verwicklung in die Angelegenheiten Roms, des Papsttums und der Familienparteiungen, die die Stadt und den Stuhl Petri beherrschten. Als sich die Nachfolger Karls allmählich mehr und mehr der Ansprüche und Verpflichtungen bewußt wurden, die ihre kaiserliche Rolle mit sich brachte, erkannte man auf fränkischer wie päpstlicher Seite die darin liegenden Gefahren der Situation. Im Jahre 842 fühlte sich Lothar, der Enkel Karls des Großen, verpflichtet, seine Autorität über Rom zu verteidigen, und erließ ein Statut, das sowohl die Revolte einer lokalen römischen Parteiung gegen Papst Gregor IV. brechen als auch die allzu harte päpstliche Reaktion im Zaume halten sollte. Der Erlaß stellte im wesentlichen die kaiserliche Oberhoheit über die Stadt und das Papsttum her: die Papstwahlen, die vom Klerus durchgeführt und von den weltlichen Führern gutgeheißen werden sollten, erlangten darin erst nach der Bestätigung durch den Kaiser volle Gültigkeit; dem römischen Adel wurde Schutz gegen willkürliche Maßnahmen des Papstes zugesichert, und ein kaiserlicher Gesandter, ein *missus*, sollte gemeinsam mit einem Vertreter des Papstes als Oberaufseher für Rom und den päpstlichen Thron fungieren. Eine getrennte Vereinbarung forderte vom neugewählten Papst, seinem Klerus und den führenden Bürgern einen Treueid auf den Kaiser. Im Gegenzug gegen diese kaiserlichen Ansprüche wählten der römische Klerus und die weltlichen Führer während der nächsten Jahrzehnte eine Reihe von Päpsten aus den großen römischen Familienverbänden, die alle darauf aus waren, die Unabhängigkeit Roms und seiner Kirche und die Macht der örtlichen Elite über den päpstlichen Thron zu verteidigen. Die Situation spitzte sich zu, als das Reich im Jahre 843 die Stadt Rom und das *patrimonium Petri* als Lehen seines Unterkönigreiches Italien beanspruchte, das in der Zwischenzeit eingerichtet worden war. Papst Sergius II., ein römischer Grande, widerstand dieser Forderung trotz einer Strafexpedition durch den italienischen König, Lothars Sohn; und ein manipuliertes Kirchenkonzil, das gegen den Papst zusammengerufen worden war, scheiterte. Der Bruch wurde übertüncht: die Papstwahlen wurden weiterhin durch den Kaiser bestätigt, der Treueid auf den Kaiser wurde nach wie vor geschworen, und die Kaiserkrönung durch den Papst blieb eine Vorbedingung für die Legitimität des Kaisertums. Doch das Ressentiment der in passivem Widerstand vereinten Römer gegen die Barbaren aus dem Norden war stark und vertiefte sich durch die schwindende Macht der zentralen Autorität im karolingischen Reich. Raubzüge der Sarazenen im Jahr 846 und die Plünderung der Kirchen der Heiligen Petrus und Paulus ließen die Hilflosigkeit der Stadt und den Mangel an wirksamem kaiserlichem Schutz offenbar werden. Selbstverteidigung und Unabhängigkeit wurden zum ersten Ziel der Römer. Die Bedrohung durch einen neuerlichen Raubzug wurde durch den Sieg abgewendet, den eine Flottenkoalition 849 errang, die von Papst Leo IV. angeführt, aber aus Neapel, Gaeta und Amalfi zusammengezogen worden war.

Gleichzeitig wurde entlang der Küste und im Inland ein Befestigungsprogramm durchgeführt. Um die Peterskirche und ihre Schätze, die umliegenden

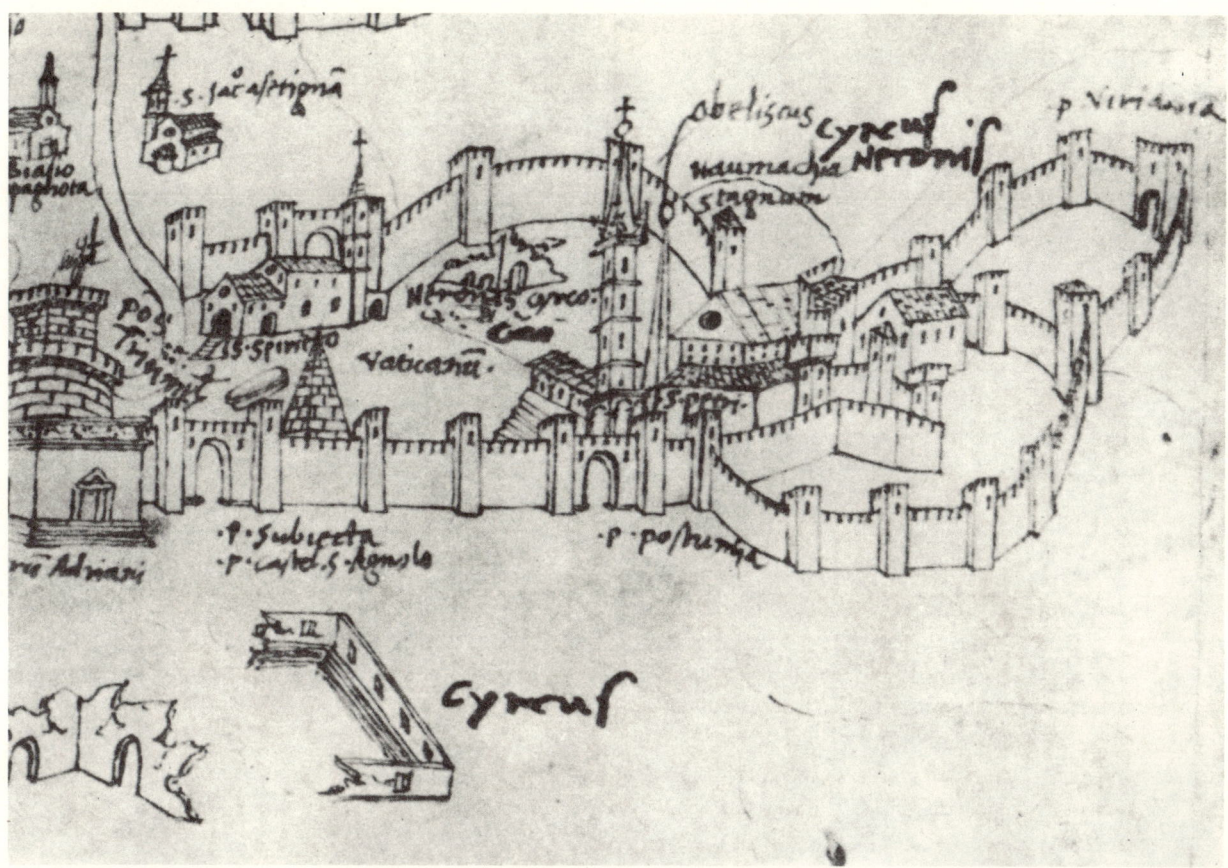

91. Romkarte von A. Strozzi (1474; ursprünglich um 1450). Ausschnitt: Der Borgo (*Civitas Leonina*) mit der Leoninischen Mauer und späteren Erweiterungen

Kirchen, Klöster, Herbergen und die Ausländersiedlungen zu sichern, wurde eine Mauer um die gesamte Siedlung errichtet, die um die Basilika herum entstanden war (Abb. 91). Diese Leoninische Mauer begann bei Castel S. Angelo und verlief von dort genau nach Westen bis zur Porta S. Pellegrino neben dem Durchgang, der heute von Norden her auf die Piazza Berninis führt. Von dort aus setzte sie sich, wie es scheint, bis zum Fuß des Hügels hinter der Apsis von St. Peter fort, um auf diese Weise außer der Basilika noch S. Stefano degli Abissini und die anderen nahe gelegenen Kirchen und Konvente zu sichern. Schließlich wendete sich die Mauer wieder nach Osten und erreichte über das Sächsische Tor, nahe der heutigen Porta S. Spirito, das Flußufer. Vom nördlichen Abschnitt sind große Teile erhalten geblieben, deren Hauptabschnitt den *passetto* aus dem 15. Jahrhundert trägt, jenen Gang, der die Engelsburg mit dem Vatikanischen Palast verbindet. Kleinere Teilstücke konnten in den vatikanischen Gärten nördlich der neuen Peterskirche identifiziert werden.

Die südliche Mauer Leos IV. scheint im Mittelalter irgendwann verschwunden zu sein, und ihr genauer Verlauf ist ungewiß. Später, vielleicht zwischen 1277 und 1280, wurde sie von Papst Nikolaus III., einem großen Bauherrn, entweder entlang ihrem ursprünglichen Verlauf oder etwas weiter südlich wiederaufgebaut. Die Vermutung ist durchaus am Platze, daß Leos Mauer sowohl den Hügel mit der Siedlung der Friesen, an deren Stelle seit dem 12. Jahrhundert S. Michele Magno steht, als auch das Gelände des Hospitals von S. Spirito, damals die Siedlung der Angelsachsen, umschloß. Gegen Norden und Westen wurde das von Leos Mauer umgebene Gebiet später durch neue Mauern erweitert und abgesichert, wie man auf der Strozzi-Karte von Rom erkennen kann, einer Kopie aus dem Jahre 1474 eines Originals, das von ungefähr 1450 datiert. Nikolaus III. erbaute die nördliche Schleife, um den mittelalterlichen Vatikanspalast zu umschließen, den er vergrößert hatte. Ein riesiger westlicher Bogen führt auf den Hügel hinter der Basilika, auf dessen Kamm sich die Porta Pertusa befindet. Diese Mauerschleife wird gemeinhin Nikolaus V. zugeschrieben, der von 1451 bis 1455 die Befestigungen ringsherum zu verstärken begann. Der abgeschrägte Sockel eines von ihm errichteten riesigen Turms, des Torrione, ist an der Ostecke der nördlichen Schleife erhalten geblieben. Die Strozzi-Karte zeigt diesen Turm nicht, aber sie gibt den großen Westbogen der Mauer hinter der Peterskirche wieder; insofern mag dieser Bogen sehr wohl aus der Zeit vor dem 15. Jahrhundert stammen. Im 16. Jahrhundert wurden alle diese Verteidigungsanlagen aus dem 9. bis 15. Jahrhundert durch ein modernes Befestigungssystem mit Basteien ersetzt – ein System, das die Vatikanstadt bis zum heutigen Tag umschließt.

Die Mauer Leos IV. war schon ein halbes Jahrhundert vor seinem Pontifikat geplant worden. Leo III. hatte die Fundamente gelegt und Baumaterial zusammengetragen, das allerdings später gestohlen wurde. Die Ereignisse von 846 trieben Leo IV. zur Tat. Die Zustimmung des Kaisers wurde eingeholt und eine Versammlung einberufen, die die Arbeiten beleben sollte. Baumannschaften, die wie militärisch strukturierte Milizen organisiert waren, wurden von den *domus cultae*, den Kirchengehöften, von unabhängigen Kirchen und von Klöstern in der Campagna ausgehoben. Jede Miliz wurde einem Mauerabschnitt zugeteilt, der durch Inschriften identifizierbar ist. Gebaut wurde gemäß einer neuen Verteidigungstechnik, die sich von der der Aurelianischen Mauer unterschied. Zwar wurden die Überreste der Leoninischen Mauer durch spätere Wiederherstellungen verändert, aber ihre Grundzüge sind deutlich geblieben. Sie war mit 46 befestigten Türmen ausgestattet, den *turres castellatae*, deren jeder mit einer Brustwehr über einer Pechnasenreihe versehen war, im Gegensatz zu der einförmigen zinnenbewehrten Traverse, die die ältere Mauer kennzeichnete (Abb. 92). Die Arbeiten wurden 847 begonnen und waren 853 abgeschlossen. Am 27. Juni dieses Jahres wurde Papst Leos neue Stadt, die *Civitas Leonina*, feierlich geweiht. Papst und Klerus, alle barfuß und mit Asche auf ihren Häuptern, zogen in Prozession rings um die Mauern und besprengten sie

92. Leoninische Mauer, Abschnitt der Nordmauer, vor 1938

Erneuerung und Wiedergeburt: Das Zeitalter der Karolinger

mit Weihwasser. An jedem Tor hielt der Papst ein Bittgebet ab, daß die neue Stadt vor den Feinden sicher sein möge, gegen die sie gebaut worden war – die neue Stadt, denn die *Civitas Leonina* war eine eigene Stadt außerhalb von Rom und von Rom unterschieden und blieb dies viele Jahrhunderte hindurch. Über ihren vier Toren, dem von S. Pellegrino, dem Sachsentor, dem bei Castel S. Angelo und einem vierten, dessen Lage nicht bekannt ist, wurden Widmungsinschriften angebracht, deren Formulierungen einen neuen Geist des Stolzes und des Selbstvertrauens atmen: Rom ist wieder »das Haupt der Welt, ihre Pracht, ihre Hoffnung, das Goldene Rom«, und »Römer, Franken und Langobarden« werden aufgerufen, das Werk Leos zu bewundern. Als in den achtziger Jahren des 9. Jahrhunderts eine Befestigung zum Schutze von S. Paolo fuori le mura gegen die neuerliche Bedrohung durch die Sarazenen gebaut wurde, die nach ihrem Gründer, Papst Johannes VIII., *Johannipolis* genannt wurde, wandte sich die Inschrift über dem Tor in ähnlicher Weise an die »Edlen, alte wie junge, die die Toga tragen«. Mit der Gründung der Leoninischen Stadt und dem Sieg über die Sarazenen begann sich in den Kreisen, die die päpstliche Politik bestimmten, ein neues Bild von Rom zu formen. Es war nur von kurzer Dauer und hat außer der Mauer und der Stadt Leos IV. keine größeren sichtbaren Zeugnisse hinterlassen. Nicht in dieser letzten Phase, sondern an den Kirchen und ihrer Ausstattung in Rom selbst kommt die Hochblüte der karolingischen Renaissance seit dem Pontifikat Leos III. bis kurz nach der Mitte des 9. Jahrhunderts in prachtvoller Weise zum Ausdruck.

Das Bild von Rom, das zu dieser karolingischen Renaissance gehört, war für die Zeitgenossen äußerst vielschichtig. Wie schon früher, war Rom die Stadt der Märtyrer, die Ruhestätte des heiligen Petrus und der Wallfahrtsort der Pilger. Sie war der Sitz des heiligen Petrus und seiner Nachfolger und, in einem sehr konkreten Sinne, die Hauptstadt und der Verwaltungsmittelpunkt seines riesigen Patrimoniums. Rom hatte aber auch die Bedeutung einer kaiserlichen Hauptstadt in einem doppelten und in sich sogar widersprüchlichen Sinn. Die Macht über die Stadt, die, wie es die Konstantinische Schenkung wollte, Sylvester von Konstantin überlassen worden war, brachte den kaiserlichen Rang des Papstes zum Ausdruck. Gleichzeitig jedoch behielt der neue Kaiser des Westens als Erbe Konstantins und aller römischen Kaiser seinen Anspruch auf Rom als seine Hauptstadt bei. Rom war die »Mutter des Reiches«. Die Tatsache, daß Rom zum Herrschaftsbereich Karls des Großen gehörte, unterstützte seinen Anspruch auf die neue Kaiserkrone. Die Übergabe des städtischen Banners durch Leo III. an ihn war ein Symbol für die Übergabe der Hauptstadt an ihren Kaiser. Die Kaiserkrönung fand in Rom in der Peterskirche statt und konnte nur auf diese Weise Legitimität gewinnen. Immer von neuem bestehen Zeitgenossen darauf, daß sich der Anspruch auf das Reich aus der Macht über Rom und aus der Wahl durch das »römische Volk« gründe. Das alte Rom eroberte sich seinen Platz zurück, und die Begriffe ›Rom‹ und ›Reich‹ wurden austauschbar und untrennbar. Aber beide Begriffe sind nicht eindeutig, sondern oszillieren zwischen mehreren Bedeutungen: Konstantins Rom und das Rom der Caesaren, das Rom der Päpste und das Rom der karolingischen Kaiser, das alte Rom und das neue Rom am Bosporus, die Hauptstadt des Ostkaisers, das Spiegelbild der alten Kaiserstadt.

Alle diese Vorstellungen kommen einzeln oder in ihrer Gesamtheit in den Schenkungen und der Bautätigkeit der Päpste von Leo III. bis zu seinem Namensvetter Leo IV. (847–855) und vielleicht noch darüber hinaus zum Ausdruck. Rom in seiner alten christlichen Pracht neu zu beleben war schon eines der wichtigsten Ziele Hadrians I. gewesen. Es wurde das vordringlichste Anliegen seiner Nachfolger, ein sichtbares Zeichen seiner Pracht zu setzen, wenngleich mit stärkeren politischen Ansprüchen. Neue Kirchen wurden anstelle der letzten noch verbliebenen Gemeindezentren angelegt, da diese als umgebaute gewöhnliche Häuser oder schlichte Hallen älteren Datums das neue Rombild nicht mehr repräsentierten. Die Kirchenausstattungen und die Dekorationen der päpstlichen Paläste wurden immer reicher. Der Biograph Leos III. zählt endlose Reihen von Kirchen auf, die repariert oder neu gebaut wurden; neue Empfangshallen und Bankettsäle im Lateranpalast und in der Nähe von St. Peter, Mosaiken und Gemälde, silberne Einrichtungsgegenstände, Stoffe für Altäre und Kirchenschiffe, Beleuchtungsträger – alles Geschenke des Papstes. 806 oder 807 wurden 120 silberne Kerzenständer, von den größten bis zu den kleinsten und sorgfältig auf ihre Empfänger gemäß deren Bedeutung abgestimmt, an alle Kirchen, *diaconiae*, Klöster und Kapellen, die es damals in Rom gab, verteilt. Keine der früheren Viten im ›*Liber Pontificalis*‹, nicht einmal diejenige Hadrians, hatte je ähnlich detaillierte Inventare der Reichtümer enthalten, die über die Kirchen der Stadt ausgegossen wurden – keine seit den Tagen Konstantins, und die Parallele ist nicht ohne Bedeutung. In ähnlicher Weise liegt auch in den Biographien von Paschalis I. (817–824) und Gregor IV. die Betonung eher auf ihren Geschenken und Bauten als auf den politischen Ereignissen. Erst danach nimmt bis ins dritte Viertel des 9. Jahrhunderts hinein die Freigebigkeit der Päpste den zweiten Rang in ihren Biographien ein – und, wie sich vermuten läßt, auch in der Wirklichkeit.

Das Rom der Kaiser, so wie es im Byzanz des 9. Jahrhunderts als Tradition lebendig geblieben war, übte einen mächtigen Einfluß vor allem auf die päpstliche Palastarchitektur aus. Außer dem Mosaik im Triklinium Leos III. sind keine wichtigeren Elemente des Papstpalastes am Lateran erhalten geblieben, und die vorhandenen Zeugnisse – Beschreibungen, Pläne und Ansichten aus der Zeit vor dem Abbruch im Jahre 1589 – vermitteln nur einen ungefähren Eindruck. Aber es scheint klar, daß sein Kernstück, die Teile, die noch vor der Übergabe des Baus an den Bischof von Rom entstanden sind, sich in der Nähe und unter der heutigen Scala Santa erhob und daß sich dieser Kern im Laufe der Zeit nach Westen hin ausbreitete. Ebenso deutlich ist, daß die päpstlichen Palastherren schon seit dem 8. Jahrhundert, wenn nicht noch früher, darauf aus waren, dem Palast der byzantinischen Kaiser im neuen Rom am Bosporus Konkurrenz zu machen. Als Papst Zacharias kurz vor der Mitte des Jahrhunderts einen Eingangs-›Turm‹ mit einem von einem Christusporträt bekrönten Bronzetor errichten ließ, war dieser Bau unverkennbar von dem Bronzetor, der *Chalkē*, abgeleitet – dem zweigeschossigen turmartigen Eingangsgebäude zum kaiserlichen Palast in Konstantinopel. Auch das von ihm gebaute Triklinium, das mit Marmorverkleidungen, Mosaiken und Wandbildern ausgestattet und mit einem Portikus versehen war, wetteiferte mit entsprechenden Elementen im Kaiserpalast. 60 Jahre später wurde in den von Leo III. an den Lateranpalast angefügten Teilen die Absicht, mit dem Palast des byzantinischen *basileus* gleichzuziehen, ebenso offensichtlich. Das Trikonchentriklinium, dessen Apsis mit den Mosaiken von der Aussendung der Apostel und den zwei Gruppen von Papst und Kaiser verziert war, war »größer als alle anderen Triklinien« – es maß nahezu 26 × 12,50 Meter. Seine Wände waren mit Marmor überzogen, und sein Eingang ruhte auf Porphyr- und weißen Säulen und auf Pilastern und wurde von einem davorgelegten Narthex betreten, wie er auf einer Skizze aus der Zeit vor 1588 erscheint. Der Bau setzte mit seiner farbenprächtigen Dekoration und den kostbaren Materialien eine Tradition von als Trikonchenanlagen errichteten zeremoniellen Empfangsräumen fort, die bis in die Antike zurückreicht. In Konstantinopel hatte dieser Typus fortgelebt, wofür die Trikonchenhalle im kaiserlichen Palast zeugt, die etwas später gebaut wurde und genau dieselben Züge wie Leos Triklinium aufwies. Auch ein zweites Triklinium, das Leo III. kurz nach 800 im Lateranpalast aufführen ließ und das 50 Jahre später restauriert wurde, hatte sein Gegenstück im großen Palast in Konstantinopel. Bildliche und schriftliche Zeugnisse aus der Zeit vor dem Abbruch des alten Lateranpalastes 1588 vermitteln einen recht guten Eindruck von Leos Bau (Abb. 93). Das volle 68 Meter lange Triklinium lag im oberen, dem Hauptgeschoß des Palastes, im rechten Winkel zur Nordflanke der Laterankirche, und diente als Staatsbanketthalle. Die Halle wurde von einer Apsis abgeschlossen und war an jeder Seite mit fünf Konchen versehen; eingerichtet war sie mit Tischen und Speiseliegen, *accubita* – anscheinend lag man bei solch feierlichen Gelegenheiten noch zu Tische, statt zu sitzen. Wie die Trikonchenhalle hatte der Saal marmorverkleidete Wände, einen marmornen Fußboden, einen Porphyrspringbrunnen und war mit Mosaiken ausgestattet. Von einem Vorraum aus ging es auf einen überdachten Balkon, von dem aus man nach Norden hin den Bereich vor dem Palast im Blick hatte. Dieser Balkon wurde vielfach restauriert oder erneuert und diente noch bis 1300 als der traditionelle Ort, von dem aus der päpstliche Segen *urbi et orbi* gespendet wurde. Ein langer Korridor – er trug den griechischen Namen *macrona* und war von Leo III. nur instand gesetzt worden – verband die Halle und den Balkon mit den Teilen des Palastes, die nahe der Fassade der Kirche lagen. Von Konchen flankierte Speisesäle waren freilich seit der Antike üblich geblieben: in Konstantinopel, Ravenna und in Rom selbst, wo Leo III. einen weiteren neben der Treppe gebaut hatte, die zum Atrium von St. Peter führte. Dennoch sollte der Bankettsaal im Lateran seiner Anlage, Dekoration, Ausstattung und Funktion nach offensichtlich mit der Halle der 19 Diwane im Großen Palast der Kaiser in Konstantinopel konkurrieren: die Ausmaße, die Lage im

Erneuerung und Wiedergeburt: Das Zeitalter der Karolinger

93. Lateran, Platz und Kirche, vor 1588. Ausschnitt aus einem Fresko im Vatikan mit der Banketthalle und dem Querschiff der Basilika des 13. Jahrhunderts

Palastkomplex und die Verbindung mit den übrigen Teilen des Palastes und schließlich die Funktion stimmen bei beiden Sälen überein. Es bleibt unklar, ob auch irgendwelche anderen Hallen oder Oratorien, die an den Lateranpalast angefügt oder im 9. Jahrhundert neu hergerichtet wurden, den Großen Palast der Kaiser in Konstantinopel nachahmen sollten: etwa eine weitere Trikonchenhalle und ein bequemer Wohnraum – oder war es eine offene Loggia? –, beide von Gregor IV. erbaut, oder auch die Basilika Nikolaus' I. mit ihren drei Springbrunnen, die um 870 vollendet wurde. Verbindungen solcher Art sind recht wahrscheinlich, denn mit dem Kaiserpalast von Byzanz zu rivalisieren war seit der Zeit vor der Mitte des 8. Jahrhunderts ein Ziel der päpstlichen Bauten im Lateranpalast gewesen. Doch diese Tendenz gewinnt im Zusammenhang mit der Wiedergeburt Roms als kaiserlicher Hauptstadt, die sowohl dem Papst wie dem Kaiser des Westens dient, ein zusätzliches Gewicht.

Die vielschichtige Bedeutung, die Rom für die Zeitgenossen hatte, wird am besten aus dem Kirchenbauprogramm der Nachfolger Leos III. von 817 bis zur Mitte des 9. Jahrhunderts erkennbar. Hatte es 25 Jahre gedauert, bis sich die Vorstellung vom wiedererstandenen Reich gänzlich entwickelt und gefestigt hatte, so dauerte es auch seine Zeit, bis der Gedanke der Wiedergeburt in Kirchenbauten und ihrer Ausschmückung voll zum Ausdruck kam. Diejenigen Kirchen, die von Hadrian angelegt worden waren, griffen wie die Mehrzahl der Kirchenbauten Leos III. byzantinische Vorbilder wieder auf oder ließen sich von solchen Kirchenanlagen aus dem Nahen Osten beeinflussen, die längst im Westen heimisch geworden waren. Noch unter Paschalis I., um 819 oder 820, wurde S. Maria in Domnica mit drei Apsiden angelegt, wie schon 65 Jahre zuvor S. Angelo in Pescheria. Doch bereits in den ersten Jahren des Pontifikats von Leo III. begannen Kirchenpläne und Mosaikdekorationen sich frühchristlichen und speziell konstantinischen Vorbildern zuzuwenden. Seit Paschalis I. zeugen die Kirchenanlagen, die Ausstattung und die schiere Zahl der Kirchen – beinahe ein Dutzend sind erhalten geblieben – nicht nur von dem Nachdruck, mit dem das Papsttum seine Absicht verfolgte, Rom zu erneuern; sie zeugen ebenso deutlich von einem Programm, die Stadt und ihre Monumente im Geiste einer Wiedergeburt der konstantinischen Architektur und Dekoration, wie man sie sich vorstellte, zu erneuern. Fast alle neuen Kirchen aus der ersten Hälfte des 9. Jahrhunderts ersetzen Gemeindezentren oder Kirchen, die nicht mehr modern und der Würde einer päpstlichen und kaiserlichen Hauptstadt nicht mehr gemäß waren. Die neuen Bauten waren von angemessener Größe, versteckten sich nicht länger und trugen vor den Augen eines jeden Zeitgenossen deutlich das Aussehen von Kirchen. Sie waren dazu bestimmt, in Anlage, Ausführung und Mauertechnik ein neues Bild von Rom zu schaffen. Östliche Kirchenpläne oder rein lokale Züge, die während des Pontifikats von Leo III. noch vorgeherrscht hatten, verschwinden. Die neuen Kirchen und ihre Mosaiken bringen unverkennbar den festen Willen zum Ausdruck, die christliche Vergangenheit Roms in ihren vielfachen Aspekten wiederaufleben zu lassen: das Rom von Konstantin und Sylvester, das Rom der Märtyrer, das Rom des heiligen Petrus, des Urquells der päpstlichen und fränkischen Macht, das Rom der Kirche, in der er ruhte. Als Verkörperungen einer politischen Überzeugung wenden sie sich offenkundig vergangenen Prototypen zu. So war es unausweichlich, daß auch Elemente der heidnischen klassischen Antike dem Amalgam beigemischt wurden, ob sie nun rein dekorativer Art und daher neutral waren oder sich für eine christliche Neuinterpretation eigneten. Daß die karolingische Renaissance, von der die Wiederbelebung Roms nur einen Teil darstellt,

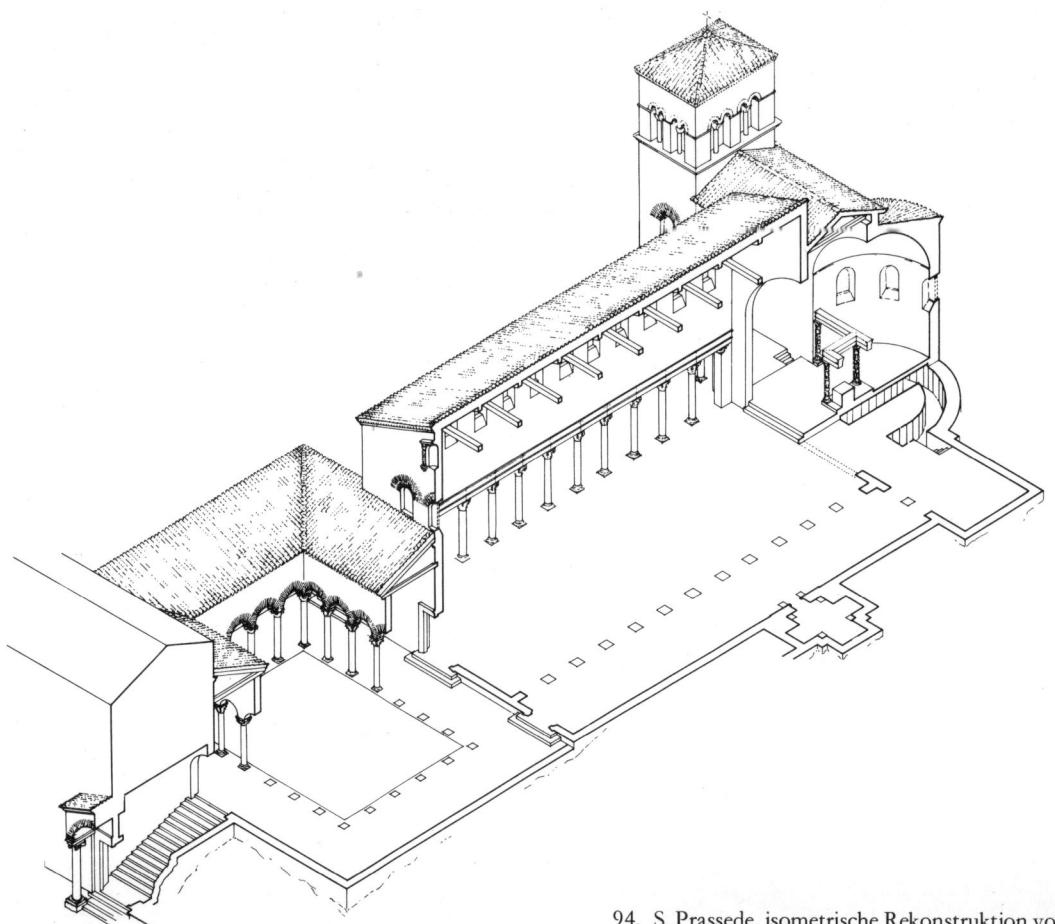

94. S. Prassede, isometrische Rekonstruktion von Spencer Corbett

Erneuerung und Wiedergeburt: Das Zeitalter der Karolinger

95. S. Prassede, Mittelschiff

nördlich der Alpen verwurzelt war und dort ihren Brennpunkt hatte, stellt Rom in einen neuen Kontext: zum erstenmal in ihrer gesamten Geschichte muß man die Stadt in einer europäischen und nicht mehr in einer mittelmeerischen Perspektive betrachten. Doch selbst in diesem Rahmen, innerhalb des Gesamtpanoramas der karolingischen Renaissance, hat Rom ein spezifisch eigenes Gewicht.

Der römische Kirchentypus der Karolingerzeit wird am besten von S. Prassede verkörpert, so wie diese Kirche von Paschalis I. angelegt und ausgeschmückt worden ist (Abb. 94). Die Kirche ersetzte ein altes Gemeindezentrum und war gebaut worden, um »viele Überreste von Heiligen aufzunehmen, die in verkommenen Friedhöfen gelegen hatten« und die von Paschalis, »um sie vor der Vernachlässigung zu retten«, zusammengetragen und feierlich in die Stadtkirche verlegt worden waren. In der Kirche ist eine lange Liste erhalten geblieben, die die Namen der Heiligen aufzählt, und auch die Inschrift unter dem Apsismosaik betont das Märtyrerthema. Die Anlage des Baus geht offensichtlich zu-

rück auf die Peterskirche Konstantins, wenngleich in einem stark verringerten Maßstab und einigermaßen vereinfacht: eine Treppe führt zum Atrium hinauf, das einst von vier arkadentragenden Säulengängen umschlossen war; eine schlichte Fassade; ein von Kolonnaden getragenes Mittelschiff (es wurde im 16. Jahrhundert neu ausgestaltet, als man die zwölf kleinen Fenster zumauerte und sie durch vier große ersetzte; die Querbögen im Mittelschiff und ihre Stützpfeiler wurden dagegen im Hochmittelalter eingefügt); ein schmales Querschiff, mit dem Mittelschiff durch einen Triumphbogen verbunden; eine einfache Apsis; darunter eine ringförmige Krypta wie jene, die um 590 in die Peterskirche eingebaut worden war. Die einfachen anstatt doppelten Seitenschiffe sind mit dem Querschiff durch doppelte, von gebälkgekrönten Säulen getragene Öffnungen verbunden, die an die entsprechenden dreifachen Öffnungen in der Vatikanischen Basilika erinnern (Abb. 95, 96). Die Verringerung des Maßstabs ist ebenso offenkundig wie die Ähnlichkeiten: zwei anstelle von vier Seitenschiffen; elf anstelle von

96. S. Prassede, Fassade

97. S. Prassede, Obergaden

22 Säulen auf jeder Seite des Mittelschiffs; eine statt zweier Säulen in den Öffnungen zwischen den Seitenschiffen und dem Querschiff. Doch anders als das ursprüngliche niedrige Querschiff der Peterskirche kommt das Transept dem Mittelschiff an Höhe gleich und läßt überdies die hervorstehenden Exedren vermissen. Hier standen dem Architekten Paschalis' wohl andere, vermeintlich konstantinische Vorbilder vor Augen, wie etwa S. Paolo fuori le mura. Auch die Konstruktionstechnik erweckt Gepflogenheiten des 4. und 5. Jahrhunderts wieder zum Leben: die Ziegel sind in mehr oder weniger regelmäßigen, wenn auch krummen Reihen gemauert und nicht in der schlampigen Arbeitsweise, die man im 8. Jahrhundert in Rom antrifft. Die heute vermauerten kleinen ursprünglichen Fenster werden von doppelten Entlastungsbögen überfangen und erinnern an die Doppelbögen, die in antiken Bauten und solchen aus dem 4. Jahrhundert für größere Spannweiten üblich waren, wie etwa der Triumphbogen in S. Paolo fuori le mura (Abb. 97). Die Fundamente sind nun wieder solide gelegt – freilich nicht, wie 400 bis 500 Jahre früher, aus grobem Beton gegossen, sondern aus großen Tuffsteinquadern gemauert, die aus den ›Servianischen‹ Stadtmauern herausgebrochen wurden: so in S. Silvestro in Capite, S. Prassede, SS. Quattro Coronati und an der Flanke von S. Martino ai Monti. Säulen und Architrave sind zwar Spolien, aber beinahe so sorgfältig nach Größe und Material ausgesucht und angeordnet wie in frühchristlichen Zeiten.

Ebenso deutlich wie die Anlage von S. Prassede bringt die Dekoration den Charakter der Stadt Rom im frühen 9. Jahrhundert zum Ausdruck. Die Wand der Apsis ist mit Marmor verkleidet – sie wurde vor gut 50 Jahren restauriert –, und das Gewölbe trägt noch immer das ursprüngliche Mosaik; der Gesamteindruck erinnert an Leos Triklinien im Lateranpalast. Die Tatsache, daß kurz vor 800 in Rom wieder Mosaiken auftauchen, entspringt vermutlich dem Drang, mit kaiserlichen Kirchen- und Profanbauten in Byzanz zu konkurrieren. Entschiedener freilich ist sie mit der Wiederbelebung spätantiker römisch-christlicher Monumentalkunst im karolingischen Rom verknüpft: die alte Peterskirche, die Lateranbasilika und S. Paolo fuori le mura sind die Vorbilder, die den Kirchenplanern, Architekten und Mosaikkünstlern an erster Stelle vor Augen standen. Das Material, das die karolingischen Mosaikkünstler verwendeten, nämlich fast ausschließlich Glaswürfel anstelle der in Byzanz üblichen Mischung von Marmor und Glas, war auch von ihren Vorgängern 300 oder 400 Jahre zuvor verwendet worden. Tatsächlich scheinen die Glaswürfel selbst aus beschädigten antiken Mosaiken genommen worden zu sein. Ebenso sind auch die ikonographischen Schemata der fernen christlichen Vergangenheit entnommen. In der Darstellung der Wiederkunft Christi in S. Prassede schwebt Christus vor einem tiefblauen Himmel, der von roten, rosa, weißen und blaugrauen Wolken belebt wird. Auf dem grünen Teppich der Erde sind Petrus und Paulus plaziert, die die Schutzheilige der Kirche, Praxedis, und ihre legendäre Schwester Pudentiana, ihren Bruder und den Gründerpapst vorstellen, wobei letzterer durch den blauen rechteckigen Heiligenschein gekennzeichnet ist, der den Lebenden vorbehalten war. An den Rändern der Komposition befinden sich Palmen, in deren einer sich ein Phönix niedergelassen hat. Dasselbe Schema taucht auch in S. Cecilia auf (Abb. 98); es geht auf das frühchristliche Apsisschema zurück, das in dem Mosaik aus dem 6. Jahrhundert in SS. Cosma e Damiano auf dem Forum zu finden ist – Christus, Heilige, der Gründer, die Palmen, der Phönix, alle sind vertreten. Der Fries von Lämmern auf Goldgrund am unteren Rand geht auf dasselbe Modell zurück, ebenso wie Formulierung und Schrifttype der Widmungsverse unter diesem Fries. In einer wunderschönen antiken Schrift in Gold auf einem tiefblauen Grund erinnern sie außer an die Verse in SS. Cosma

98. S. Cecilia, Apsismosaik

e Damiano auch an die Inschriften aus dem 5. Jahrhundert auf dem Triumphbogen von S. Maria Maggiore wie auf der Eingangswand von S. Sabina. Aus noch früherer Zeit sind in Rom keine in Mosaik geschriebenen Widmungsverse erhalten geblieben, aber diejenigen des 4. Jahrhunderts können nicht viel anders ausgesehen haben. Auf der Wand, in die in S. Prassede die Apsisöffnung eingelassen ist, ist auf Goldgrund das Lamm der Offenbarung dargestellt, flankiert von vier Engeln und den Symbolen der Evangelisten und den 24 Ältesten, die es anbeten. Es ist die gleiche Komposition, die den Triumphbogen von S. Paolo fuori le mura zierte, aber an derjenigen Stelle in der Kirche, an der sie auch in SS. Cosma e Damiano erhalten geblieben ist. Durchgängig tendierten also die Künstler von Paschalis I. dahin, solche Schemata, die aus frühchristlichen Modellen in Rom oder deren Ableitungen aus dem 6. Jahrhundert entnommen waren, an die Stelle der Kompositionsschemata zu setzen, die der östlichen Tradition anhingen und die in den voraufgehenden 150 Jahren so häufig vorgekommen waren. Schon das Apsismosaik im Triklinium Leos III. mag durchaus auf eine frühchristliche römische Komposition zurückgegangen sein und nicht, wie man auch vermutet hat, auf ein byzantinisches Vorbild. Auf jeden Fall aber nimmt jenes Mosaik bereits die übliche römische Technik wieder auf, bei der vor allem gläserne Mosaiksteinchen verwendet wurden. Tatsächlich bleibt diese Technik das Kennzeichen der römischen Mosaiken des 9. Jahrhunderts: siehe diejenigen in SS. Nereo ed Achilleo aus dem letzten Jahr Leos III. (815/816), in S. Prassede und in der Kapelle des heiligen Zeno, in S. Cecilia und in S. Maria in Domnica unter Paschalis I., die vermutlich in dieser zeitlichen Reihenfolge zwischen 817 und 820 entstanden sind (Abb. 99), in S. Marco unter Gregor IV. von ungefähr 829/830. Ebenso wurden immer wieder frühchristliche Kompositionsschemata aufgegriffen: die Anbetung des Lamms durch die 24 Ältesten; Christus in der Mandorla, dem sich die Apostel nähern, über dem Apsisbogen von S. Maria in Domnica – diese Szene erscheint im 5. Jahrhundert in den Apsisgewölben von S. Agata dei Goti und S. Andrea in Catabarbara; schließlich in den Apsisgewölben des 9. Jahrhunderts wie zum Beispiel in S. Prassede ein schwebender oder stehender Christus vor einem tiefblauen Himmel, der von farbenprächtigen Wolken belebt wird, zu beiden Seiten Christi

99. S. Maria in Domnica, Apsismosaik. Ausschnitt: Porträt Paschalis' I.

die Apostelfürsten, die Namenspatrone der Kirche und, ohne Zweifel, der päpstliche Stifter. Dieses Kompositionsschema ist tatsächlich eines der ersten, die im karolingischen Rom wiederaufgegriffen wurden. In den allerletzten Jahren des 8. Jahrhunderts erschien es im Apsismosaik von S. Susanna, wobei hier zwei Stifter dargestellt waren, Leo III. und Karl der Große. Die Figuren der Stifter sind zwar seit dem 16. Jahrhundert verloren, aber dennoch aus alten Beschreibungen und Zeichnungen bekannt.

So wurden also frühchristliche Modelle schon in der allerersten Phase der karolingischen Renaissance der christlichen Antike wiederaufgegriffen, die sich dann in ihrer glanzvollsten Zeit auf Konstantin ausrichtete. Sie sind freilich bei weitem nicht die einzigen Elemente im Repertoire der römischen Mosaikkünstler des 9. Jahrhunderts. Die Darstellung der zwischen dichten Heerscharen von Engeln thronenden Madonna in der Apsis von S. Maria in Domnica hat ihre Wurzeln in der byzantinischen Tradition (Abb. 100). Ebenso ist das juwelenbesetzte und von zwei Lämmern flankierte Kreuz, das bis 1597 die Apsis von SS. Nereo ed Achilleo zierte, ein östliches Motiv. Solche Kompositionen mögen Rom durch byzantinische Meister während der Jahre erreicht haben, als die ikonoklastischen Verfolgungen im Osten von 784 bis 815 unterbrochen wurden, oder durch Flüchtlinge vor den Verfolgungen aus

100. S. Maria in Domnica, Ausschnitt aus dem Apsismosaik

der Zeit vor diesen 30 Friedensjahren. Auch in dem ›Christus in der Vorhölle‹ in der linken Nische der Zenokapelle in S. Prassede scheint sich ein griechisches Vorbild zu spiegeln. Es mag durch eines der griechischen Klöster in Norditalien tradiert worden sein, in denen vom griechischen Stil inspirierte Manuskripte hergestellt wurden. In Rom selbst hat man in S. Saba den Sitz eines byzantinischen Skriptoriums vermutet. Solch byzantinischer Einfluß machte sich in Rom während des gesamten 9. Jahrhunderts und sogar noch in der zweiten Hälfte des 10. geltend: in dem zwischen 872 und 882 gemalten Freskenzyklus auf den Wänden des Tempels der Fortuna Virilis, welcher zur Kirche S. Maria Egiziaca geweiht worden war; in einem Wandgemälde, wieder von ›Christus in der Vorhölle‹ in der unteren Kirche von S. Clemente; und in der um 965 gemalten ›Himmelfahrt Christi‹ im Tempio della Tosse in Tivoli, einem in eine Kirche umgewandelten antiken Mausoleum. Das herausragendste Beispiel für den byzantinischen Einfluß in Rom während der karolingischen Renaissance bleibt jedoch das Programm der Mosaikdekoration in der Zenokapelle, die Papst Paschalis zwischen 817 und 824 erbaute. Die Hierarchie innerhalb des umfassenden Kompositionsschemas entspricht derjenigen in der byzantinischen Theologie, wie sie in östlichen Kirchen zum Ausdruck gebracht wird: im Gewölbe Christus, von Engeln getragen, und in den untergeordneten Positionen die Muttergottes und die Apostelfürsten, dazu Heilige und Märtyrer.

Dies alles jedoch muß im Rahmen des Wiederauflebens des römisch-christlichen Erbes gesehen werden, so wie es sich vom 5. und 6. Jahrhundert an bis ins 8. entwickelt hatte. Tatsächlich ist darauf hingewiesen worden, daß die Figuren und Gesichter, die Gewänder, Gesten und Bewegungen, die von den Mosaikkünstlern des 9. Jahrhunderts dargestellt wurden, fest in den Traditionen der Werkstätten verwurzelt sind, die 50 Jahre zuvor in den Wandbildern der Apsis, der Seitenschiffe und des Atriums von S. Maria Antiqua ein byzantinisches Erbe in den ›Dialekt‹ der ortsansässigen Künstler umgeformt hatten. Den Figuren fehlt es an plastischer Körperlichkeit; in steifer Haltung wiederholen sie dieselbe Pose wieder und wieder in einem unstrukturierten flachen Bild-›Raum‹. Menschenmengen werden dadurch angedeutet, daß drei oder vier Reihen von oberen Umrißlinien von Köpfen oder einfach von Heiligenscheinen über der vorderen Figurenreihe angehäuft werden; das Apsismosaik in S. Maria in Domnica ist ein deutliches Beispiel für diese Technik. Der Faltenwurf wird durch einen Rahmen von Linien markiert, die die Stellung der Körperteile nur schwach andeuten. Die Gesichter sind oval oder dreieckig und von dunkleren Linien umrandet. Alle diese Züge haben in Rom ihre Prototypen in den Arbeiten aus dem späten 8. Jahrhundert.

Doch sosehr sich auch die ›Wortwahl‹ gleichen mag, so grundverschieden ist die ›Aussprache‹. Durch nichts wird dies besser bewiesen als durch die Mosaiken in der Kapelle von S. Zeno. Die Kapelle ist an das rechte Seitenschiff von S. Prassede angefügt und reich mit Marmortäfelung und Mosaiken ausgekleidet. Sie war mit dem Gedenken an die Mutter des Papstes, Theodora Episcopa, verknüpft und mit Märtyrerreliquien ausgestattet. In ihrer Anlage orientierte sie sich an frühen heidnischen wie christlichen Mausoleen, wie sie noch auf den Feldern außerhalb der Stadt verstreut anzutreffen waren: kreuzförmig, wobei das zentrale Kreuzgewölbe auf Ecksäulen ruhte (Abb. 101). Ich denke dabei vor allem an ein bestimmtes Mausoleum: es ist angeblich das des Märtyrers Tiburtius und erhebt sich direkt neben der Begräbnisbasilika von SS. Marcellino e Pietro, die von Konstantin erbaut worden war und der Erinnerung an ihn und an Helena diente. Auch die Dekoration der Zenokapelle ist in vielfältiger Weise von frühen Vorbildern beeinflußt. Das Mosaik im

101. S. Prassede, Zenokapelle. Aquarell von Charles Whitham – Privatbesitz

Mittelgewölbe, in dem vier Engel eine Christusbüste in einem Rondell tragen (Abb. 102), hat sein frühestes bekanntes Vorbild in dem Mosaik, das Papst Hilarus in den sechziger Jahren des 5. Jahrhunderts im Mittelgewölbe der heute verlorenen Kapelle von S. Croce nahe dem Lateranbaptisterium anbringen ließ: dort trugen vier Karyatiden – keine Engel! – das Kreuz in einem Lorbeerkranz. Offensichtlich handelte es sich hier um eine Einfügung des 5. Jahrhunderts in ein ursprünglich heidnisches Mosaik. Dasselbe Schema ist, wenngleich mit unterschiedlichen Motiven, im zentralen Rondell in Ravenna in Bauten des 6. Jahrhunderts erhalten geblieben, und zwar sowohl in S. Vitale wie in der Kapelle im erzbischöflichen Palast. Es ist jedoch durchaus möglich, daß es ältere Vorbilder als dasjenige aus S. Croce in Rom gab, die aber spurlos verschwunden sind. Auch die Mosaiken an den Wänden der Zenokapelle sind von frühchristlichen Motiven beeinflußt. Auf der äußeren Fassade umrahmen zwei konzentrische Halbkreise von Medaillons mit Büsten von Christus, den Aposteln und von Märtyrern ein Fenster über dem Portal (Abb. 103), Büsten, die an jene erinnern, die auf dem Apsisbogen von S. Sabina aus dem 5. Jahrhundert angeordnet waren und bis ins 18. Jahrhundert erhalten blieben. Auf der inneren Fassadenwand der Zenokapelle deuten die Heiligen Petrus und Paulus auf einen leeren, juwelenbesetzten Thron, der von einem Kreuz bekrönt wird (Abb. 104): man wird an dieselbe Darstellung – die *etimasia* – auf dem Triumphbogen aus dem 5. Jahrhundert in S. Maria Maggiore (und möglicherweise auch in der Apsis des Lateran) erinnert. Die Laibung des Bogens über dem Altar ist mit einem in antikem Stil gehaltenen Rankenwerk aus Akanthusblättern mit Tieren und Vögeln geschmückt, ein ›bevölkertes Rankenwerk‹, das an die Mosaiken des 5. Jahrhunderts im Narthex des Lateranbaptisteriums ge-

102. S. Prassede, Zenokapelle, Mosaik im Gewölbe

103. S. Prassede, Eingang zur Zenokapelle

104. S. Prassede, Zenokapelle: Die Heiligen Petrus und Paulus

mahnt. Alle Figuren – im Gewölbe, auf den Seitenwänden und in den Nischen der Kapelle, Engel (Abb. 105), Heilige, Märtyrer und Theodora Episcopa mit ihrem rechteckigen Heiligenschein – sind in traditionellen Posen gehalten und durch den linearen Rahmen der Gesichter und Gewänder gekennzeichnet, der damals in Rom üblich war. Doch in ihrer Farbgebung setzen sich diese, ja alle Mosaiken, die in den Werkstätten Leos III. und Paschalis' geschaffen wurden, von jener Tradition ab. Die Linien, die den Faltenwurf bezeichnen, sind nicht mehr schwarz, sondern hell- und dunkelblau, grün und rot. Bart und Haar des heiligen Petrus sind weiß und blau. Die Gewänder von Märtyrerinnen sind in den reichsten Farben ausgeführt, wobei dunkel- und hellblaue, gelbe, grüne, weiße, rote und goldene Mosaiksteinchen dicht aneinandergesetzt sind; breite, juwelenverzierte Goldkragen markieren die Halslinie (Abb. 106). Kleine Stückchen von Ziegelrot deuten den Mund oder die Wangenröte an. Die Umrisse eines Gesichts, einer Nase, eines Kinns, sind in Rostbraun oder dunklem Rot gehalten. Die Heiligenscheine der Engel in S. Maria in Domnica sind abwechselnd golden und blau; der goldene Heiligenschein Christi ist durch ein Kreuz gekennzeichnet, dessen Arme blau oder grün und wie der ganze Heiligenschein rot umrandet sind. Alles dies ist in glänzenden Glaswürfelchen ausgeführt, die das Kerzenlicht reflektieren und die ganze Kapelle in einem unbeschreiblichen Glanz erstrahlen lassen. Farbgebung, Licht, impressionistische Darstellungsweise und mehr als alles andere die ausschließliche Verwendung von gläsernen Mosaiksteinchen verbinden die Mosaiken der Zenokapelle und alle mit ihnen verwandten Werke mit jenen der christlichen Antike in Rom. Die Behandlung der Gesichter in dieser Kapelle, auf dem Triumphbogen von S. Prassede, in den Apsismosaiken von S. Cecilia und S. Maria in

Erneuerung und Wiedergeburt: Das Zeitalter der Karolinger

Domnica und sogar schon auf dem Apsisbogen von SS. Nereo ed Achilleo erinnert an nichts so sehr wie an die Gesichter auf dem Triumphbogen von S. Maria Maggiore. Es ist dies in der Tat ein Wiederaufleben der christlichen Antike.

Unter Paschalis I. jedoch kann diese Renaissancebewegung in Rom nicht mehr nur im Sinne solcher allgemeinen Richtlinien verstanden werden. Sie nimmt einige sehr persönliche Charakterzüge an. Das Interesse dieses Papstes an Bau und Dekoration von Kirchen, die während seines Pontifikats errichtet wurden, muß außerordentlich gewesen sein. In nur sieben Jahren wurden vier große Kirchen gebaut und mit den prachtvollsten Mosaiken ausgestattet: S. Prassede, S. Maria in Domnica, S. Cecilia und SS. Quattro Coronati. Überall, wo möglich, erscheint sein Porträt, ein elegantes längliches Gesicht, und nur einmal, im Apsismosaik von S. Prassede, scheint er ein wenig stärker geworden zu sein. So gefährlich dies auch sein mag, kann man der Versuchung doch nicht widerstehen, in diesen Zügen die eines einigermaßen eitlen, aber hochkultivierten Herrn zu sehen. Es dürfte kaum ein Zufall sein, daß die von ihm angestellten Künstler in der Gestaltung eines ebenso kultivierten, illusionistischen Stils eine Hochblüte erreichten. Ebensowenig ist es zufällig, daß die Figuren in den zu Paschalis' Zeiten geschaffenen Mosaiken von so exquisit verfeinerter Eleganz sind – man ist versucht, von Überfeinerung zu sprechen. Insbesondere die weiblichen Heiligen mit ihren ranken und schlanken Gestalten und schnippischen kleinen Gesichtchen, prachtvoll angetan, wirken wie Teenager voller verführerischen Charmes – »Paschalis' Lolitas«, wie die beste Kennerin dieser Mosaiken sie inoffiziell nennt (Abb. 107).

Mit der Wiedergeburt von Roms christlicher Vergangenheit waren unausweichlich auch Reminiszenzen an die klassische Antike verwoben, seien sie nun echter oder nur vermeintlicher Art. Die Anlage der Zenokapelle ist offenkundig diejenige eines antiken Mausoleums, und von solchen Vorbildern abgeleitete kreuzförmige Kapellen wurden immer wieder von karolingischen Architekten an ihre Kirchen angefügt. An die Basilika SS. Quattro Coronati aus dem 9. Jahrhundert wurden zwei solcher Kapellen angebaut, von denen die eine in recht gutem Zustand erhalten geblieben ist; sogar die aus römischen Spolien prachtvoll gearbeiteten Kämpferblöcke sind noch an ihrer Stelle (Abb. 108). Natürlich herrschen im Bereich der Dekorationsskulptur antike Elemente

105. S. Prassede, Zenokapelle: Kopf eines Engels

106. S. Prassede, Fassade der Zenokapelle: Kopf einer Heiligen

107. S. Prassede, Apsismosaik. Ausschnitt: Kopf einer Heiligen

vor. In S. Prassede sind im Chor sechs Säulen von außerordentlicher Schönheit und ungewöhnlicher Arbeit erhalten geblieben. Ihre geriefelten Schäfte sind von vier Ringen aus Akanthusblättern umschlungen und von dicht gebündelten Lorbeerblättern bekrönt, die von einer verknoteten Schnur zusammengehalten werden (Abb. 109). Als Spolien aus römischen Gebäuden sind sie wohl zunächst für eine gegiebelte Kolonnade beim Hochaltar wiederverwendet worden, ein *fastigium* ganz ähnlich demjenigen in der Peterskirche. Auch in der Zenokapelle sind die Kapitelle, Säulenschäfte und die darüberliegenden Kämpferblöcke Spolien. Bei den Säulensockeln imitieren drei aus dem 9. Jahrhundert in ungeschickter, aber unverkennbarer Weise die Weinranken des vierten, eines Stücks aus einem spätantiken Gebäude des 5. Jahrhunderts (Abb. 110, 111). Das von zwei Porphyrsäulen und einem Architrav aus dem 1. Jahrhundert umrahmte Portal ist von einem römischen Prototyp beeinflußt – man denkt an das Säulenportal der Rotunde aus dem 4. Jahrhundert, die als Vestibül für die Kirche SS. Cosma e Damiano dient. An den Seitenflächen, wo der Architrav gekürzt war, kopierte ein Steinmetz des 9. Jahrhunderts das Originalmuster. Obendrein sind die Säulenkapitelle aus dem 9. Jahrhundert zwar mit einem Flechtmuster geschmückt, gehören aber der ionischen Ordnung an, einem Typus, der in Rom zum letztenmal im 5. Jahrhundert verwendet worden war (Abb. 112).

Regelrechte ›Kopien‹ der Peterskirche wie S. Prassede, im Maßstab verkleinert und wie alle mittelalterlichen Kopien recht willkürlich in der Auswahl der Zahl und der Anordnung ihrer konstituierenden Elemente, blieben die Ausnahme in Rom. Die einzige andere, die, wenn auch schwer mitgenommen, erhalten geblieben ist, ist S. Stefano degli Abissini hinter der Apsis der Peterskirche. Sie wurde gut 30 Jahre später als S. Prassede erbaut. Aber konstantinische Basiliken oder, allgemein gesprochen, frühchristliche dreischiffige Basiliken blieben das unveränderliche Vorbild für den römischen Kirchenbau des 9. Jahrhunderts. Ihre Errichtung war Teil eines umfangreichen Programms, das von einer Reihe von Päpsten während des Großteils des Jahrhunderts vorangetrieben wurde. Dieses Programm hängt mit der fortdauernden Verlegung von Reliquien aus den Katakomben in den sicheren Gewahrsam innerhalb der Stadtmauern und mit der Bemühung zusammen, Gemeindezentren und altmodische Heiligtümer zu ersetzen, und war darauf ausgerichtet, die vergangene ruhmreiche Größe des römischen Christentums und implizit auch die seiner kaiserlichen Beschützer wiederherzustellen. In der Anlage von SS. Quattro Coronati öffnet sich ein von einem riesigen Turm geschütztes Atrium; das mehr als 50 Meter lange Mittelschiff ruhte auf Kolonnaden mit Gebälk – einige wenige Überbleibsel des Architravs, römische Spolien, sind in die Wände des Vorhofs der heutigen, viel kleineren Kirche aus dem 12. Jahrhundert eingefügt worden. Die Apsis enthielt eine Ringkrypta und eine Confessio, und heute noch wird dort eine Liste der Reliquien aufbewahrt, die Leo IV. (847–855) aus den Katakomben herbeischaffen ließ. An beide Seitenschiffe sind Märtyrerkapellen angefügt, die eine kreuzförmig wie die Zenokapelle in S. Prassede, die andere ein vierblättriger Kuppelbau. Fast zur selben Zeit wurden die Kirchen S. Martino ai Monti und S. Maria Nova gebaut: erstere, ursprünglich mit Atrium, Ringkrypta und Kolonnaden mit Gebälk im Mittelschiff,

108. SS. Quattro Coronati, Seitenkapelle aus dem 9. Jahrhundert

109. S. Prassede, antike Säule, vermutlich vom Altarbaldachin

110. S. Prassede, Zenokapelle, antiker Säulensockel mit umgedrehtem Kapitell

111. S. Prassede, Zenokapelle, Nachbildung antiker Vorbilder aus dem 9. Jahrhundert

wurde um 1650 prachtvoll neu ausgeschmückt, blieb aber in ihrer Grundstruktur unverändert bestehen (Abb. 113). Die zweite Kirche, heute S. Francesca Romana, wurde auf der östlichen Erhebung des Forums gebaut, um die nahe gelegene Kirche S. Maria Antiqua zu ersetzen, die im Jahre 847 von einem Erdrutsch verschüttet wurde, und um deren Ikone aufzunehmen; die ursprüngliche Gestalt dieser Kirche ist unter ihrem barocken Umbau schwerer auszumachen. Die gesamte Gruppe von Kirchen ist durch gebälktragende Kolonnaden gekennzeichnet und war stilistisch entweder von S. Maria Maggiore beeinflußt oder, wahrscheinlicher noch, von der Lateranbasilika, die auf ein dreischiffiges Schema reduziert wurde, bei dem man auf die aus den Seitenschiffen herausragenden Sakristeiflügel verzichtete, die zu jener Zeit sowieso funktionslos geworden waren. Doch Säulenarkaden sind ebenso häufig wie Kolonnaden mit Gebälk: Beispiele hierfür sind S. Cecilia, S. Maria in Domnica, S. Giorgio in Velabro oder S. Marco. S. Marco ist ein ausgezeichnetes Beispiel einer Basilika des 9. Jahrhunderts, die im 15. und 18. Jahrhundert umgestaltet und zu jener Zeit auch mit einem Überfluß an reichsten Materialien und prächtigsten Farben ausgestattet wurde. Bei der Verwendung von Arkaden mögen die Baumeister des 9. Jahrhunderts an Basiliken aus dem späten 4. und frühen 5. Jahrhundert gedacht haben, wie zum Beispiel an S. Paolo fuori le mura und S. Sabina; sie mögen aber auch Arkaden einfach deshalb verwendet haben, weil Gebälkteile passender Größen nicht so ohne weiteres unter den Spolien aus antiken Gebäuden zu finden waren. Ob nun auf Kolonnaden mit Gebälk oder auf Säulenarkaden ruhend, mit oder ohne Querschiff, alle römischen Kirchen des 9. Jahrhunderts griffen neben den konstantinischen Elementen ein nachkonstantinisches mit auf: die Ringkrypta und Confessio, die gegen Ende des 6. Jahrhunderts in die Peterskirche eingebaut worden waren. Dies ist nur natürlich: Reliquien aufzunehmen und sie gleichzeitig leicht zugänglich zu machen war auf jeden Fall ein wichtiger Zweck des Kirchenbaus und der Kirchenplanung im Rom der Karolingerzeit. Darüber hinaus sahen im 9. Jahrhundert die Kirchenplaner in Rom und andernorts die Ringkrypta der Peterskirche offensichtlich als einen integralen Bestandteil von Konstantins Basilika am Vatikan an.

Keine der Kirchen, die im 9. Jahrhundert oder sogar schon im letzten Drittel des 8. Jahrhunderts

112. S. Prassede, Portal der Zenokapelle, Fragment eines antiken Architravs, Kapitelle des 9. Jahrhunderts; an der Schnittfläche des Architravs Kopie des antiken Musters, 9. Jahrhundert

113. S. Martino ai Monti, Innenansicht der um 1650 neu ausgeschmückten Kirche

neu gebaut wurden, lag in dem Gebiet, das damals das Herzstück der Stadt gewesen sein muß – die Ripa vom Marcellustheater bis zum Fuß des Kapitolinischen Hügels und im Westen bis zum Pompejustheater, bis in die Gegend des Pantheon und in den Kernbereich von Trastevere. Vielmehr liegen sie wie S. Cecilia, S. Marco oder S. Silvestro in Capite am Rande des *abitato*, des bebauten Gebiets, oder sie befanden sich im *disabitato* wie S. Prassede, SS. Nereo ed Achilleo, S. Susanna, S. Maria in Domnica und SS. Quattro Coronati. Sie standen ja oft an der Stelle von alten Gemeindezentren oder *diaconiae*; doch die Gemeinden, denen diese Zentren gedient hatten, waren längst verschwunden. Dies scheint die päpstlichen Kirchengründer freilich nicht entmutigt zu haben. Die Fortsetzung der örtlichen Tradition war selbst schon wichtig. Anstelle einer Gemeinde und ihres Klerus nahm sich nun eben eine Mönchsgemeinschaft der neuen Kirche und ihres Besitzes an, wie dies bei S. Prassede, S. Cecilia und S. Silvestro in Capite der Fall war. Gleichzeitig sicherten die neuen Klöster die kirchliche Kontrolle großer Teile des *disabitato* vor weltlichen Ansprüchen. Die Folge war, daß die neuen Kirchen, die zwischen 760 und 860 errichtet wurden, zwar das unbewohnte Gebiet wirtschaftlich beherrschten, aber mit dem äußeren Bild der eigentlichen Stadt ohne Verbindung waren und keinen Einfluß darauf ausübten.

Wie wir sahen, mag die Wiederbelebung von frühchristlichen Kirchenanlagen und -dekorationen in Rom sehr wohl schon vor Leo III. und sogar vor Hadrian begonnen haben. S. Silvestro in Capite, gegründet bald nach der Mitte des 8. Jahrhunderts, könnte ein frühes Beispiel sein. Die Einzelheiten des Baus sind nicht gesichert. Doch die Kirche war eine große Basilika, wahrscheinlich mit gebälktragenden Kolonnaden, in augenfälligem Kontrast zum römischen Kirchenbau seit dem 6. Jahrhundert. Sie mag eine Ringkrypta besessen haben. Die wie in allen Kirchen der karolingischen Gruppe aus riesigen Blöcken gemauerten Fundamente gehören zu den ersten Zeugnissen der neuen soliden Konstruktionstechnik, die durch die Nutzung der ›Servianischen‹ Mauern als Steinbruch möglich gemacht wurde. Über 30 Jahre später wurde in den ersten Jahren des Pontifikats von Leo III. bei S. Anastasia ein dreischiffiges Langhaus – hatte es Kolonnaden mit Gebälk? – an ein Querschiff aus dem 4. Jahrhundert angebaut, das von einem älteren Bau übriggeblieben war. Durch diesen Zuwachs übernahm die neue Basilika den Grundriß von Konstantins Peterskirche. Die Tatsache, daß unter dem Bau ein römisches Haus lag – vielleicht ein ehemaliges Gemeindezentrum –, verhinderte den Bau einer Ringkrypta; doch der Lichtgaden weist die Mauertechnik und die kleinen doppelbogigen Fenster auf, die die späteren Bauten dieser Gruppe kennzeichnen.

Wichtiger noch ist, daß diese lokalen Anfänge mit parallelen Strömungen nördlich der Alpen verwoben sind. Gleich zu Beginn des 9. Jahrhunderts wurde die Klosterkirche von Fulda in Hessen *romano more*, nach römischer Art, neu gebaut: vor der Hauptapsis im Westen lag ein langes, durchlaufendes Querschiff, dessen Enden, vielleicht durch Kolonnaden, abgeteilt waren; gegen Osten wurde ein Atrium angelegt; das Mittelschiff wurde von Kolonnaden flankiert, die entweder ein Gebälk oder Arkaden trugen; der ganze Bau, von der Fassade des Atriums bis zur westlichen Apsis, war 120 Meter lang. Die Absicht war offenbar, die Peterskirche nachzuahmen und mit ihr zu rivalisieren. Gleichermaßen offenkundig ist, daß keine römische Kirche dem Modell der Basilika Konstantins so früh und so genau folgt. Auf den ersten Blick könnte es scheinen, als hätte Fulda jene Bewegung in Gang gebracht, die in Rom

von 817 bis 855 ihren Höhepunkt erreichte. Roms Verbindungen mit den Ländern nördlich der Alpen hatten schon seit einiger Zeit existiert: bereits von 752 bis 757 hatte sich über dem Dach von St. Peter ein vergoldeter und versilberter Holzturm erhoben – ein fränkisches Motiv. Für die Auswechslung der Dachbalken in der Peterskirche sollte ein Berater aus dem Norden, Walcharius, hinzugezogen werden. Noch um 850 wurde an SS. Quattro Coronati ein Bauteil angefügt, das zwar nördlich der Alpen recht vertraut, in Rom aber einzigartig ist: ein massiger Turm, der sich schützend über dem Eingangstor des Atriums erhebt (Abb. 114). In der Tat haben seine Fensterpfeiler einen rein nordischen, möglicherweise englischen Einschlag. Doch solche nördlichen Elemente in Rom waren ebenso selten wie kurzlebig. Umgekehrt schlägt auch die Anlage der Peterskirche, so rein sie auch in Fulda auftritt, nördlich der Alpen keine festen Wurzeln, außer ein einziges Mal in

114. SS. Quattro Coronati, Torturm

Seligenstadt. Normalerweise werden die Anlagen mit Elementen verschmolzen, die in Rom nirgendwo auftauchen – mit Westtürmen oder Westwerken zum Beispiel. Kurz, die konstantinische Kirchenanlage ist in der nördlichen Version der karolingischen Renaissance nicht verwurzelt, während sie in Rom ihr herausragendes Kennzeichen ist.

Andererseits hat die karolingische Renaissance in einem breiteren Sinne nördlich der Alpen sehr wohl Wurzeln geschlagen; sie entsprang hier aus Anregungen von Spanien und Britannien. In den letzten 20 Jahren des 8. Jahrhunderts versammelten sich Gelehrte und Dichter aus allen Teilen Europas am Hof Karls des Großen – Alkuin aus York, der Spanier Theodulf, der Franke Einhard. Sie machten sich daran, einen neuen Stil in Prosa und Dichtung zu schaffen, einen Stil, der an Ovid, Horaz, Virgil, Sueton geschult und, wenn auch im Gedankengut streng christlich, von Anspielungen auf die römische und griechische Mythologie durchsetzt war. Schreiber und Maler schufen in den Klöstern der nördlichen und östlichen Gebiete des Frankenreichs, in Trier, Reims, Tours und am karolingischen Hof, illuminierte Manuskripte, die voller Motive steckten, die der klassischen und christlichen Antike entnommen waren. Elfenbeinschnitzer in Aachen, Metz und andernorts griffen ebenso wie die Goldschmiede diese Strömung auf, und die Bronzegießer von Aachen arbeiteten die Geländer und Türen der Pfalzkapelle im reinsten klassischen Stil. Dies alles geschah, lange bevor irgend jemand in Rom in ähnlicher Richtung dachte: die Grabplatte von Papst Hadrian, deren Hexameter von Alkuin gedichtet worden waren und deren Buchstaben nach einer *capitalis quadrata* des 2. Jahrhunderts geformt und von eleganten klassischen Ranken umrahmt sind, wurde in der Nähe von Aachen gemeißelt und von dort nach Rom gebracht (Abb. 115). Während die Bewegung am fränkischen Hof fast das ganze 9. Jahrhundert hindurch blühte, erreichten viele ihrer Elemente Rom tatsächlich erst verhältnismäßig spät oder gar nicht. Der klassizistische karolingische literarische Stil gelangte erst spät im 9. Jahrhundert und nur für eine kurze Zeitspanne nach Rom. Seine herausragenden Zeugnisse sind die zeitgenössischen Papstbiographien, die von Anastasius Bibliothecarius geschrieben oder inspiriert wurden, die Korrespondenz von Nikolaus I. und das Leben Gregors des Großen, geschrieben von Johannes Diaconus Immonides. Tatsächlich kam die Kunst der Schreiber, Illuminatoren und Elfenbeinschnitzer des Nordens niemals nach Rom, außer in Form von Geschenken, die die karolingischen Herrscher mitbrachten – wie zum Beispiel die *cathedra Petri* und die Bibel von S. Paolo fuori le mura, beides Geschenke von Karl dem Kahlen bei seiner Krönung im Jahre 875. Die einzige Ausnahme scheint ein Wandgemälde in S. Clemente aus dem Pontifikat Leos IV. zu sein, die ›Himmelfahrt Mariae‹. Die unruhigen Figuren der Apostel und ihre erschreckten Gesichter erinnern an Illuminationen in Manuskripten der Reimser Schule, doch es kann genausogut sein, daß das Fresko in S. Clemente von einem Künstler aus dem Norden geschaffen worden ist. Kein einziges Skriptorium, das in Rom im 9. Jahrhundert tätig gewesen wäre, weder ein lateinisches noch ein griechisches, und kein ›römischer‹ Stil der Buchstabengestaltung oder der Manuskriptillumination konnte bislang mit einiger Sicherheit identifiziert werden.

Die Kirchen, die vom Pontifikat Leos III. bis zu dem Leos IV., also von etwa 800 bis nach 850, in Rom angelegt oder ausgeschmückt wurden, bringen demnach einen besonderen Aspekt der karolingischen Renaissance zum Ausdruck. Nördlich der Alpen scheint die Bewegung, zumindest in ihren Anfängen, im wesentlichen ein eher antiquarisches kulturelles Phänomen zu sein, das durch die Wiederbelebung klassischer Formeln in Dichtung, Prosa und bildenden Künsten charakterisiert ist. Die Elemente dieser Formeln sind der gesamten Skala der römischen Kunst, sei sie nun heidnischer oder christlicher Art, von der augusteischen Zeit bis ins 5. und 6. Jahrhundert entnommen. Der Architekt von Fulda konnte natürlich nur in der christlichen Antike ein Vorbild finden. Die Basilika des heiligen Petrus, die für die Menschen nördlich der Alpen seit unvordenklichen Zeiten das Wallfahrtsziel der Pilger und der Brennpunkt aller Frömmigkeit gewesen war, bot sich als der natürliche Prototyp an, auch ohne eine direkte Anspielung auf Konstantin. In einem weiteren Sinne politische Vorstellungen – Gedanken von einem christlichen Reich, von gerechter Herrschaft und ähnliche, die alle auf Gregor den Großen zurückgingen – waren mindestens seit der Zeit Bedas im frühen 8. Jahrhundert auch im Denken des Nordens heimisch geworden. In einem spezifischen und engeren Sinne scheint mir die Renaissancebewegung im Norden ihre politische Dimension erst mit der Errichtung eines westlichen christlichen Imperiums im Jahre 800 und der darauffolgenden Suche nach

115. Grabplatte Hadrians I., Ausschnitt

traditioneller Legitimität gewonnen zu haben. Doch der kulturell altertümelnde Beiklang bleibt unvermindert erhalten. Die Bewegung dringt niemals in die Tiefe; das Bild der heidnischen wie der christlichen Antike bleibt verschwommen, und wenn es auch mit politischem Gedankengut angereichert wird, so kommen darin im allgemeinen nur Vorstellungen zum Ausdruck, die am päpstlichen Hof schon längst lebendig waren.

Im Gegensatz dazu sind in Rom die Erneuerung der Stadt und die Wiedergeburt einer neuen Kunst tief in den eigenen spätantiken kaiserlichen und nachdrücklich christlichen Traditionen verwurzelt. Ihre Wurzeln reichen in die politische Ideologie der Rückkehr zu einer imaginären konstantinischen Vergangenheit zurück, die seit der Mitte des 8. Jahrhunderts am päpstlichen Hof aus eminent praktischen Gründen gepflegt wurde. Östliche Elemente, die aus einer jüngeren Vergangenheit ererbt waren oder neu eindrangen, wurden von der wiedergeborenen römisch-christlichen Tradition rasch aufgesogen. Diese Tradition hatte aus mancherlei Gründen, insbesondere aber durch die Gegenwart ihrer großen Denkmäler – der Peterskirche, der Lateranbasilika, S. Paolo fuori le mura und S. Maria Maggiore –, eine gewaltige Macht. Die Kunstrichtung, die kurz vor 800 aus dieser christlich antiken Renaissance entsprang, kommt bis zur Mitte des 9. Jahrhunderts und darüber hinaus, während 60 und mehr Jahren, in Dutzenden von römischen Gebäuden und Mosaiken zum Ausdruck. Im Vergleich zu anderen mittelalterlichen Blütezeiten Roms ist dies eine lange Zeit für den kontinuierlich fortgeführten Bau von ansehnlichen Kirchen und ihre Dekoration mit Mosaiken, Wandgemälden und Marmorverkleidungen, mit Lettnern und am Choreingang mit Säulenpergolen aus Marmor oder mit Ummantelungen aus getriebenem Silber, von denen die meisten heute verloren, aber von den päpstlichen Biographen aufgezeichnet worden sind.

Wie ist die lange Dauer dieser Politik im 9. Jahrhundert und vergleichbarer Erscheinungen in Rom von der christlichen Antike bis zum Ende des Mittelalters zu erklären? Sie beruht, wie ich glaube, sowohl auf dem allgemeinen Charakter des Papsttums wie auf seinen besonderen Kennzeichen zu einer gegebenen Zeit. Das Papsttum war *per definitionem* seit Konstantin eine Wahlmonarchie. Angesichts des fortgeschrittenen oder wenigstens reifen Alters, das der Souverän zum Zeitpunkt seiner Wahl im allgemeinen erreicht hat, ist seine Regierungszeit normalerweise knapp – »*non habebis annos Petri*«. Jede Anstrengung, sei sie politischer oder anderer Art, verlangt die Erhaltung bestimmter Rahmenbedingungen während einer Reihe von aufeinanderfolgenden Pontifikaten. Eine dieser Bedingungen war im Mittelalter offensichtlich die, daß aufeinanderfolgende Päpste aus einer zusammenhängenden Gruppe gewählt wurden: aus der Verwaltungshierarchie der Kirche und aus den großen römischen Familien – beides war in Rom seit der christlichen Antike bis ins 13. Jahrhundert hinein beinahe deckungsgleich. Nur ein Papst, der von seiner Familie und deren Verbündeten unterstützt wurde und seinen Rückhalt in deren vereinter politischer und finanzieller Macht hatte, die mit derjenigen der Kirche verwoben war, konnte im Mittelalter darauf hoffen, ein großangelegtes Bauprogramm zu Ende zu führen, und nur eine Abfolge von solchen Päpsten, die aufgrund sowohl des Zusammenhalts wie der Konkurrenz der verschiedenen Familien innerhalb dieser Gruppe als *papabili* galten, konnte solche Anstrengungen über eine längere Zeitspanne hinweg durchhalten. Diese Situation mag in der christlichen Antike während der 100 Jahre zwischen dem Pontifikat von Damasus I. (366–384) und dem des Simplicius (468–483) sehr wohl gegeben gewesen sein. Über die soziale Herkunft der aufeinanderfolgenden Päpste jener Zeit ist jedoch für gesicherte Aussagen zu wenig bekannt. Ganz sicher aber war eine solche Situation zwischen 750 und 860 gegeben, als ein einheitliches Programm für den Bau und die Dekoration von Kirchen von einer ununterbrochenen Reihe von zehn Päpsten, von Stephan II. bis zu Nikolaus I., durchgeführt wurde, die alle aus wohlhabenden römischen Familien ausgesucht worden waren.

VI.

Realität, Ideologie und Selbstdarstellung

Rom durchlebte vom späten 11. bis ins 13. Jahrhundert hinein einen Erneuerungsprozeß, der in den Denkmälern der Stadt zum Ausdruck kam. Es entstanden neue Kirchen, zweimal wurde seine Kunst neugeboren, und die Karte der Stadt wurde neu gezeichnet. Doch obgleich Rom seinen alten Traditionen treu blieb, durchbrach es seine bisherige Isolation. Um diese Wiedergeburt verstehen zu können, ist eine gewisse Vorstellung von der Geschichte der Stadt seit dem Ende der karolingischen Epoche bis ins Hochmittelalter hinein notwendig, sowie ein Bild der Entwicklung der ökonomischen und politischen Realität, der ideologischen Ansprüche und der rhetorischen Verbrämung, die den aufeinanderfolgenden Wiedergeburten Roms im Mittelalter zugrunde lagen.

Nach den Gotenkriegen war Rom zu einer Agrarstadt geworden, abhängig von der landwirtschaftlichen Produktion in seiner direkten Umgebung, innerhalb der Aurelianischen Mauer oder unmittelbar außerhalb. Manche Spuren dieses ländlichen Charakters sind bis in die Moderne hinein erhalten geblieben: noch vor kaum 60 Jahren wurde beim Marcellustheater zweimal wöchentlich Viehmarkt gehalten, und am Pantheon wurden die Landarbeiter gedungen. In früheren Jahrhunderten waren immer dann Hungersnöte ausgebrochen, wenn der Tiber die Prati nördlich des Borgo überschwemmt und dadurch Saat und Ernte unmöglich gemacht hatte. Der Handelsverkehr über Land und die Flußschiffahrt waren nur schwach entwickelt und konnten nicht wirklich zur Deckung ernsthafter Versorgungslücken der Stadt beitragen. Die Kirchengehöfte, die die Päpste des 8. und 9. Jahrhunderts zur Bekämpfung dieser Lage eingerichtet hatten, fielen bald in private Hände. Während des frühen und hohen Mittelalters bezogen die Kirche und die mit ihr verbundenen großen Familien ihre Einkünfte und ihre politische Stärke aus Gütern in der Campagna und dem Hügelgebiet nördlich von Rom in Richtung Viterbo und im Süden bis in die Gegend von Terracina. Es gab nur sehr geringfügigen Handelsverkehr. Wie in früheren Zeiten brachten die Pilger auch weiterhin Verdienstmöglichkeiten und zuweilen auch noch das eine oder andere besonders fromme Geschenk. Sie benötigten Unterkunft, Verpflegung und andere Dienstleistungen, wie es auch die päpstliche Bürokratie und die Vornehmen mit ihrem Gefolge brauchten, wenn sie in der Stadt residierten. Die Handwerker – Schmiede, Schuhmacher, Fleischer – sorgten für deren Bedarf, blieben aber immer an die landwirtschaftliche Produktion gebunden. Papsttum und päpstliche Verwaltung bildeten in ihrer Verflechtung mit den großen Familien einen Überbau, der freilich das reale Gerüst der Stadt nicht wesentlich beeinflußte. Das Erscheinungsbild Roms blieb das einer ehrbaren Landstadt.

Die Ambivalenz dieser Situation – auf der einen Seite die knappe Subsistenzwirtschaft, auf der anderen die weltweiten Ansprüche des Papsttums und der führenden Familien – muß vor dem Hintergrund der politischen Gesamtsituation gesehen werden. Die seit den vierziger Jahren des 9. Jahrhunderts fortschreitende Schwächung und schließlich der Verfall der karolingischen Dynastie und der Allianz zwischen Papsttum und Kaiserreich ließen das Papsttum und Rom in der Hand der großen lokalen Familienverbände zurück. Durch Fehden innerhalb dieser Adelsfamilien und zwischen ihnen und ihren Parteigängern kam in der Stadt eine Atmosphäre blutrünstiger Gewalttätigkeit auf. Gleichzeitig aber war Rom auch von außen bedroht; mohammedanische Piraten, die die Küsten Italiens verwüsteten, stießen zeitweilig bis weit ins Landesinnere vor und plünderten die römischen Kirchen vor der Stadt, St. Peter und S. Paolo fuori le mura. 849 und 916 wurden die Piraten von den See- und Landstreitkräften von Gaeta und Neapel besiegt. Die Römer unter ihren päpstlichen Anführern hatten nur geringen Anteil daran; und obwohl diese Siege den Bürgern und den Päpsten neuen Mut einflößten, konnten sie praktisch die sich verschlimmernde Lage nicht beeinflussen. Das Papsttum sank moralisch, politisch und finanziell immer tiefer. Das *patrimonium Petri*, das Land des heiligen Petrus in Latium und in Mittelitalien, ging an Großgrundbesitzer verloren, entweder an private Grundherren oder an große Klöster wie zum Beispiel Farfa Sabina. Die Macht der Päpste in der Stadt verfiel. Im zweiten Drittel des 10. Jahrhunderts errichtete Alberich, der Sproß einer großen Familie, als *princeps* und *senator omnium Romanorum* eine wirkungsvolle Regierung in Rom und seinem Territorium. Auf seine Aufforderung hin reorganisierte die innerhalb des Benediktinerordens neugeformte Gemeinschaft von Cluny die Klöster in Rom und dem Umland. Bemerkenswert daran ist, daß diese Klosterreform in Rom auf Geheiß eines prominenten Laien in Angriff genommen und von einem kirchlichen Führer durchgeführt wurde, den man von außerhalb herbeigerufen hatte. Alberich und die vornehmen Familien, die ihn unterstützten, waren realistisch genug, Rom als ihre Stadt anzusehen, und hielten es für selbstverständlich, daß sie die Kirche regierten und über das Papsttum verfügten. Vielleicht dachte Alberich sogar daran, beides zu verschmelzen, als er auf seinem Totenbett dafür sorgte, daß sein Sohn als Papst Johannes XII. gewählt wurde. Die Leistung Alberichs, der Rom zum führenden Fürstentum in Mittelitalien gemacht hatte, welches sogar mögliche Angreifer aus dem Norden, diesseits oder jenseits der Alpen, im Zaum halten und mit den byzantinischen Kaisern fast auf gleicher Stufe verhandeln konnte, lebte in der Erinnerung seiner aristokratischen Standesgenossen fort. Sie entsannen sich auch der Art, wie er an die Macht gelangt war: indem er an den Haß und die Verachtung der Römer gegen alle Fremden und an ihre glorreiche Vergangenheit appelliert hatte.

In der Tat war die von der Vergangenheit geprägte Vorstellung von Rom für den mittelalterlichen Menschen eine nicht weniger mächtige Realität als die politischen und wirtschaftlichen Gegebenheiten. War diese Vorstellung auch oft eine bloße Beschwörungsformel, so machte sie doch ihren Einfluß auf die politischen Ereignisse immer wieder geltend. Viele und verschiedene heidnische und christliche Traditionsstränge aus Vergangenheit und Gegenwart waren in dieser Vorstellung miteinander verknüpft. Grundsätzlich aber wurde Rom als Haupt der Welt, *caput mundi*, Herrin der Völker, *domina gentium*, und Königin der Städte, *regina urbium*, gesehen. Rom war die Ruhestätte der Apostel, allen voran des heiligen Petrus; es war sein Sitz und der seiner Nachfolger, und deshalb war es von höchster Würde. Der Anspruch, den Leo I. in seiner Politik, das Christentum zu romanisieren, erhoben hatte, wurde 400 Jahre später erneuert, als Papst Nikolaus I. daranging, einem mit kaiserlichen Vorstellungen angereicherten Papsttum in Ost und West den Primat zu sichern, und während des ganzen Mittelalters wurde jener Anspruch unter gewandelten politischen und geistigen Vorzeichen immer aufs neue erhoben. Doch das mittelalterliche Rom war auch der Sitz des Kaiserreichs, nur in Rom konnte ein Kaiser rechtens gekrönt werden. Offen freilich blieb die Frage, ob dieses Recht zur Kaiserkrönung in der Tradition des Papsttums oder der Römer, die die Päpste wählten, begründet lag oder aber in der Tradition der Stadt selbst, von der aus die Kaiser der Antike einst die Welt regiert hatten. Auch der Anspruch auf Weltherrschaft wurde mit verschiedener Akzentsetzung von den Römern selbst erhoben – in den frühen Jahrhunderten von den großen Herren, später vom römischen Volk. Im Bewußtsein ihrer Vergangenheit nahmen die Großen der Stadt altrömische Titel und Namen an: der Vater Alberichs, Theophylactus, stilisierte sich zum *senator Romanorum*, seine Mutter Marozia, die mit einer ganzen Reihe von einander ablösenden Ehemännern Castel S. Angelo bewohnte, war die *senatrix*, und seinen Sohn nannte er Octavianus, vermutlich nach dem ersten römischen Kaiser. Alberich stachelte die Römer im Namen der »Würde dieser Stadt Rom« dazu auf, sich gegen die Ausländer zu erheben, »die einstmals ihre Sklaven waren ... und nun über Römer zu herrschen trachten«, denn das antike Rom war Sinnbild für die Freiheit von Fremdherrschaft. Bei anderen Gelegenheiten appellierten auch Päpste oder deutsche Kaiser für ihre eigenen Zwecke an die mit solchen Rückgriffen auf die Vergangenheit vermischten nationalistischen Gefühle der Römer. Alle, sowohl das Papsttum als auch das Reich und die Römer selbst, leiteten aus ihrer Herrschaft über Rom Ansprüche auf Weltherrschaft ab. So war schon zu einer frühen Zeit die Grundlage für den dreiseitigen Konflikt gelegt, der fast während des gesamten Mittelalters fortbestehen sollte.

Die Kaiser des sächsischen Hauses erhoben erneut Anspruch auf die Kaiserkrone und von daher auch auf Rom. Otto I. zog 962 in die Stadt ein, um sich krönen zu lassen, und er ersetzte rasch Johannes XII., den Sohn Alberichs, durch einen Papst seiner eigenen Wahl. In einer sogar noch brutaleren

Realität, Ideologie und Selbstdarstellung

und realistischeren Weise als die römischen Großen sah Otto die Stadt Rom und das Papsttum als Pfänder an, die mit nackter Gewalt gehalten werden mußten, um den Besitz der kaiserlichen Krone zu sichern und eine Art königlicher Theokratie zu schaffen. Der römische Widerstand gegen die Fremden und ihre Marionettenpäpste, der anscheinend gleichermaßen aus den Reihen der Vornehmen wie des gemeinen Volks kam, machte sich innerhalb von nur 20 Jahren dreimal in Aufständen Luft und wurde mit kalter Strenge niedergeschlagen: der Führer des ernsthaftesten Aufstands, der Stadtpräfekt, wurde an der Statue des Mark Aurel am Lateran, der päpstlichen Residenz, an den Haaren aufgehängt, nachdem man ihn rücklings auf einem Esel reitend durch die Stadt geführt hatte, und anschließend verbannt. Das Exil war auch das Schicksal der Konsuln, der Vornehmen. Die zwölf *decarcones de vulgi populo*, die Anführer der gemeinen Leute, wurden dagegen gehenkt – es zeigen sich feine Unterschiede in der Anwendung des Rechts. Die *decarcones* – besser vielleicht *decariones* – mögen, nebenbei bemerkt, die *rioni* repräsentiert haben; wäre dies der Fall, so wäre es die erste Erwähnung dieser mittelalterlichen Stadtbezirke Roms, von denen zwölf östlich des Tibers, einer in Trastevere und später ein weiterer im Borgo lagen. Auch unter Ottos Sohn und Enkel, unter Otto II. und Otto III., dauerten die Aufstände an, die von einem großen Familienverband, den Crescentii, geführt wurden. Eine römische steht gegen eine kaiserliche Partei. Der letzte Rebell, Johannes Crescentius, strebte wie vor ihm Alberich danach, im Namen der nationalen Tradition Roms ein unabhängiges Fürstentum zu schaffen, und nahm den Titel eines *patricius* an. Zuletzt wurde er, als er Castel S. Angelo gegen die Armee Ottos III. und eine starke kaiserliche Partei in Rom selbst verteidigte, gefangengenommen und im Jahr 998 hingerichtet; seine Leiche wurde auf dem Monte Mario über der Stadt zur Schau gestellt. Klagelieder begleiteten den langsamen Zusammenbruch der Stadt. Bald nach 972 klagte der Mönch Benedikt aus einem Kloster auf dem Berg Soracte: »Wehe, Rom, die du bedrückt bist und niedergetreten von so vielen. Jetzt hat dich der sächsische König genommen – und hat deine Stärke zunichte gemacht. Dein Gold und Silber haben sie davongetragen in ihren Taschen ... Stolz auf der Höhe deiner Macht hast du triumphiert über die Völker ... das Zepter der höchsten Gewalt hieltst du umfaßt ... du hast den Erdkreis erobert vom Süden nach Norden ... Die Gallier haben dich genommen, du warst zu schön ... Wehe, Leoninische Stadt.« Rom und das Papsttum hatten ihren Tiefpunkt erreicht.

Um das Jahr 1000 herum bildete sich ein neues großartiges, wenngleich kurzlebiges Bild von Rom heraus. Otto III. suchte Kirche und Reich gemeinsam zu erneuern durch die gegenseitige Unterstützung der kirchlichen und weltlichen Kräfte. Papsttum und Kaiserreich sollten noch fester miteinander verbunden sein als in der Allianz, die Karl dem Großen und Leo III. um 800 vorgeschwebt hatte. Diese neue Verbindung orientierte sich stärker am byzantinischen Vorbild – Ottos Mutter war eine byzantinische Prinzessin. Für Otto III. waren Papsttum und Kaisertum dergestalt eine gedoppelte Theokratie unter der Führung des Kaisers. Der Angelpunkt dieser Vision war Rom, die Hauptstadt einer universalen Monarchie, von der aus Kaiser und Papst in gegenseitiger harmonischer Übereinstimmung das christliche Imperium regieren sollten. Die Vorstellung einer solchen gemeinsamen Hauptstadt, die man unter Konstantin einst verwirklicht glaubte, war Teil einer politischen Theorie geworden, mit Hilfe derer das Reich seinen Anspruch verteidigte. Einzig und allein in Rom konnten Reich und Kirche wiedergeboren werden. Schon für die Zeitgenossen Karls des Großen war Rom die Stadt gewesen, »wo immer schon die Kaiser zu residieren pflegten«. Für Otto war sie nicht nur »das Haupt der Welt und die Herrin aller Städte«, sondern insbesondere auch »würdig, den Leichnam des heiligen Petrus aufzunehmen«, deshalb berechtigt, »die Kaiser der Welt zu ernennen«, und »unsere königliche Stadt«. Dies gewann um so größeres Gewicht, als Otto sich zunehmend als den Aposteln gleich, *isapostolos* wie Konstantin, und zugleich als ihr Diener zu sehen begann, der als Herr der Stadt Rom für deren Verteidigung verantwortlich war. Es war durchaus kein Zufall, daß sein Lehrer Gerbert, den er zum Papst ernannte, den Namen Sylvester annahm, den bislang nur der konstantinische Papst getragen hatte. Ganz offensichtlich war es auch sein Ziel, die Kirche zu erneuern und Rom wieder als die fraglos anerkannte geistliche Herrin des Westens einzusetzen. In Rom baute Otto einen Hof auf, bei welchem er byzantinische mit vermeintlich altrömischen Vorbildern verschmolz und dessen Ämter er mit römischen Edelleuten besetzte. Zwei Seiten eines in München liegenden Evangeliars, das um 1000 für Otto III. ge-

116. Evangeliar Ottos III.: Huldigung der Reichsteile vor Otto III. – Bayerische Staatsbibliothek München, Cod. Monac. Lat. 4453, Cim. 58, fol. 23ᵛ und 24ʳ

Realität, Ideologie und Selbstdarstellung

schrieben wurde, bringen die neue Reichsvorstellung weit deutlicher als alle Worte zum Ausdruck (Abb. 116). Der thronende und von geistlichen und weltlichen Großen flankierte Otto nimmt die Huldigung der ›Nationen‹ entgegen, aus denen das Reich bestand – Gallia, das heißt die deutschen Rheinlande und die Niederlande; Germania, das Gebiet zwischen Rhein und Elbe; Slavia, das Land östlich der Elbe; alle drei werden von Roma angeführt, der Hauptstadt Ottos. Die Römer wurden von ihm bevorzugt, sehr zum Ärger seiner deutschen und nichtrömischen italienischen Untertanen. Die »Konsuln des Senats und das Volk von Rom« stehen an erster Stelle in seinen Erlassen, gefolgt von den weltlichen und geistlichen Würdenträgern aus dem übrigen Italien. Im Appell an seine Römer erklärt er, er habe sie in die entferntesten Gegenden des Reichs geführt, bis zu welchen sogar ihre Vorfahren, als sie noch herrschten, niemals vorgedrungen waren; dies alles habe er getan, um ihren Namen und Ruhm bis an die Enden der Welt zu tragen. Abgesehen von der rhetorischen Verbrämung wurden Adel, Klerus und die Intellektuellen in Rom von der zugrunde liegenden politischen Zielvorstellung angezogen, ebenso von den Ehrenstellungen an seinem Hof oder von konkreteren Aussichten, wie etwa Schenkungen, die möglicherweise aus den Ländereien der gestürzten Familie der Crescentii aufgebracht wurden. Unter den Römern bildete sich eine kaiserliche Fraktion. Nur fünf Jahre lang – bis zum Tode Ottos im Jahre 1002 und dem Sylvesters ein Jahr später – schien für Rom eine neue Ära begonnen zu haben, und ein Dichter konnte in den Jubelgesang ausbrechen: »*gaude papa, gaude Caesar, gaudeat ecclesia.*«

Es war nur ein kurzes Zwischenspiel. Während der nächsten fast 50 Jahre nach Ottos Tod gerieten Rom und das Papsttum wieder in ihr altes Geleis: zunächst beherrschte eine große Familie von den nahe gelegenen Hügeln, die Grafen von Tusculum, die Stadt und setzte die Päpste ein, und seit den vierziger Jahren geschah dies durch den deutschen Kaiser Heinrich III. Niemand bezweifelte die Legalität dieses Verfahrens der Papstinvestitur: jeder Bischof in Frankreich, England oder Deutschland wurde faktisch vom Herrscher eingesetzt, der ihn mit den Insignien seines Amtes, Stab und Bischofsring, investierte. Aus der Sicht des Königs geschah dies nicht ohne Berechtigung, da die Einsetzung eines Bischofs zugleich die Übertragung von territorialen Besitzungen zu Lehen bedeutete und auf diese Weise den Kirchenmann auch zu einem Vasallen des Herrschers und zu einem Würdenträger des weltlichen Reichs machte. Dem Mißbrauch waren Tür und Tor geöffnet: kirchliche Ämter wurden wie selbstverständlich verkauft – die Sünde der Simonie –, und die Kleriker betrugen sich ebenso selbstverständlich wie weltliche Herren, was sie in gewissem Sinne auch waren, lebten mit ihren Konkubinen und ihren Sprößlingen auf großem Fuß und übertrugen ihnen kirchliche und weltliche Besitztümer.

Im frühen 11. Jahrhundert erwuchs gegen diese Praktiken Widerstand aus einer Gruppe von Mönchsgemeinschaften, die während der letzten 50 Jahre eine Reformbewegung in ihrem eigenen Bereich begonnen hatten. Unter der Führung von Klöstern aus Lothringen und Norditalien – anfänglich wohl auch in einem geringeren Maße vom Kloster Cluny – riefen sie zur Kirchenreform auf. Sie wollten den Ämterkauf, die Feudalisierung des Klerus und das priesterliche Konkubinat unterbinden und nahmen den Kampf gegen die moralische und finanzielle Korruption auf. Der Ruf nach Reformen fand sein Echo bei den unruhigen Mittel- und Unterschichten in den wachsenden Städten Norditaliens, Frankreichs und der Rheinlande – die *pataria* in Mailand ist ein augenfälliges Beispiel –, wobei es zuweilen auch zu Verbindungen mit häretischen Bewegungen kam. Läßt man einmal die spezifisch kirchlichen Punkte beiseite, so waren die zugrunde liegenden Forderungen dieselben, die während des gesamten Mittelalters und darüber hinaus von christlichen Reformern und Revolutionären immer wiederholt wurden: nach sozialen und wirtschaftlichen Verbesserungen, nach einer Rückkehr zur Reinheit eines evangelischen Christentums und zur Einfachheit wie zu Zeiten der Apostel; Forderungen nach einer inneren Religiosität, die von enger Dogmatik und von überspitzter Intellektualität befreit wäre und in den Handlungen des täglichen Lebens zum Ausdruck käme; und Unabhängigkeit für die Kirche, ohne allen weltlichen Zwang, so daß sie für ihre religiösen Aufgaben frei würde.

Um 1050 verfestigten sich diese Forderungen zu einem wirksamen Programm, und im Zusammenhang damit veränderten sich die Ziele, der Charakter und die Träger der Reformbewegung. Die evangelikalen und revolutionären Elemente, die in der Frühzeit in den Mönchsgemeinschaften und Laiengruppen stark vertreten waren, wurden allmählich entschärft. Die Aufmerksamkeit konzentrierte sich nun nicht mehr so sehr auf die moralische Erneuerung des Klerus und auf die Abschaffung der Simonie als vielmehr darauf, der Kirche Autonomie zu verschaffen und sie von weltlicher und spezifisch von kaiserlicher Einflußnahme zu befreien. Nachdem der Konflikt nun nicht mehr auf ethische Streitpunkte beschränkt war, zeigte sich sein politischer Kern. Gleichzeitig fanden sich neue Führer; sie waren nun nicht mehr weltabgewandte Mönche in großen ländlichen Abteien, sondern Kleriker aus städtischen Cluniazenser-Konventen, die es in der Kirche in Rom, im Zentrum der Macht, zu hohen Ämtern gebracht hatten: Kardinal Petrus Damianus, Humbert von Silva Candida und der Erzdiakon Hildebrand, der bald nach 1050 zur mehr oder weniger grauen Eminenz hinter dem Papstthron wurde. Ersterer war ein Denker und Moralist, die beiden anderen Pragmatiker und Männer der Tat. Gemeinsam führten sie den Kampf für die politische Unabhängigkeit der Kirche und gegen alle weltlichen Ansprüche, insbesondere gegen den Anspruch des Kaisers, die Papstwahlen zu bestätigen und Bischöfe mit den Insignien ihres kirchlichen Amtes zu investieren oder sich anderweitig in kirchliche Belange einzumischen. Um die eigene Position in diesem ›Investiturstreit‹ zu stärken, restrukturierte und zentralisierte die Kirche ihre Organisation: die Papstwahlen wurden allein den Kardinälen in die Hand gegeben, wobei der kaiserliche Bestätigungsanspruch übergangen wurde. Das Recht der weltlichen Herrscher zur Bischofsinvestitur wurde kategorisch abgestritten, und seit der Mitte des 11. Jahrhunderts wurde die päpstliche Verwaltung in eine straffe bürokratische Form gebracht. Ironischerweise war die Kirche zur selben Zeit gezwungen, ihre eigene weltliche Macht zu stärken und auszudehnen. Die erstickende Macht der römischen Großen über das Papsttum und seinen Verwaltungsapparat wurde gebrochen, das *patrimonium Petri* wurde reformiert und erweitert, und schließlich mußte die Kirche, wiederum ironischerweise, zur wirksamen Stärkung ihrer weltlichen Macht ihrerseits zum Feudalherrn werden. Die normannischen Herzöge und späteren Könige von Süditalien und Sizilien wurden als mächtige und gefährliche Lehensleute und Beschützer in Dienst genommen. Die großen Herren und letztendlich auch die Städte in Latium wurden allmählich zu Lehensträgern gemacht, wobei jeder noch Untervasallen mit ins Lehensverhältnis einbrachte. Es bildete sich ein durchorganisierter kirchlicher Feudalstaat, in dem die mächtigen päpstlichen Vasallen auch die großen weltlichen Ämter der Stadt Rom besetzten.

Der Kampf um Unabhängigkeit verwandelte sich rasch in einen Kampf um die Vorherrschaft der Kirche im weltlichen wie im geistlichen Bereich. Mehr und mehr übernahm Hildebrand die Führung. Er stammte aus einer der großen römischen Familien und war vielleicht mit den Pierleoni verwandt, Großfinanziers, die sich erst seit kurzem vom Judentum zum Christentum bekehrt hatten. Er erhielt seine Ausbildung im cluniazensischen Kloster von S. Maria in Aventino und wurde früh schon in den inneren Kreis der Reformer einbezogen. Seit den späten fünfziger Jahren des 11. Jahrhunderts entwickelte er, voll von religiösem Eifer, Ehrgeiz für die Kirche und politischem Genie, die neue Reformpolitik. Er war unbeugsam und autoritär – »er setzte das Recht für Diener wie Herren gleichermaßen« – und doch ein politischer Realist. Unter dem Zwang zu Kompromissen vor und nach seiner Wahl zum Papst als Gregor VII. konnte er seiner Vision von der Stellung, die der Kirche gebührte, nicht immer treu bleiben, sofern diese tatsächlich vom *dictatus papae* zum Ausdruck gebracht wird. Aber er war einer der beiden größten Päpste des Mittelalters; der andere, Innozenz III., führte das zur Vollendung, was Gregor als das höchste Ziel der mittelalterlichen Kirche umrissen hatte.

Mittelpunkt des Kampfes und sein Schlachtfeld in einem sehr wörtlichen Sinne war Rom. Im Jahre 1061 war der Bruch mit dem Reich – König Heinrich IV. war noch ein Kind – und mit seinen Bischöfen, die nicht gewillt waren, ihre Territoriallehen aufzugeben, unvermeidlich geworden. Gegen die von Hildebrand erzwungene und einigermaßen irreguläre Wahl Papst Alexanders II. bestimmten die Reichsbischöfe einen Gegenpapst, Cadulus. Angestachelt von einem kaiserlichen Gesandten, Benzo (dessen Bericht von seiner Mission ein Juwel komischer Großsprecherei ist), rief eine Parteiung adliger Römer den Gegenpapst nach Rom und besetzte die Leoninische Stadt. Alexander und Hildebrand wurden zunächst geschlagen, blieben aber am Ende mit der Unterstützung der Pierleoni und ihres Geldes und der Hilfe durch normannische Söldner siegreich. Doch in den zwei folgenden Jahren »wütete der Kampf in der Stadt [von Castel S. Angelo] bis hin zum Campitelli«, der Region hinter dem Marcellustheater. Zehn Jahre später flammten die Straßenkämpfe wieder auf, als Hildebrand, nun als Gregor VII., seine Ziele unbeirrt weiterverfolgte. Im ersten Jahr seines Pontifikats wurde er von einem seit langem mit ihm verfeindeten römischen Magnaten entführt und in dessen Haus »in Parione«, ganz im Zentrum der Stadt, gefangengesetzt, doch schon am nächsten Tag stürmte die Bevölkerung das Gebäude und befreite ihn. Einige Monate später – das genaue Datum ist unsicher – legte er den *dictatus papae* fest. Dieser ist wohl nicht so sehr ein Grundsatzprogramm seiner Politik als vielmehr eine Liste von Stichpunkten für eine geplante Sammlung des kanonischen Rechts und daher nicht unbedingt als Richtlinie für unmittelbar anstehende politische Vorhaben gemeint. Die Kirche sollte als von Gott eingesetzt anerkannt werden; der Papst sollte universale Autorität haben und für die gesamte Kirche sprechen, er sollte die absolute Regierungsgewalt über die Kirche in seinen Händen halten und mit dem Recht ausgestattet sein, neue Gesetze zu erlassen und Kirchenkonzilien außer Kraft zu setzen. Alle weltliche Macht sollte der Kirche untergeordnet sein, so daß der Papst das Recht hätte, Könige und Kaiser abzusetzen und selbst kaiserliche Insignien zu tragen – ein Anklang an die Konstantinische Schenkung. Es bleibt unklar, ob diese Unterordnung der weltlichen unter die geistliche Gewalt im Sinne einer impliziten Lehnshoheit der Kirche gemeint war, außer in ausdrücklich genannten Fällen – Ungarn, Kroatien und das weitabliegende Kiew; bei Gelegenheit freilich wurde die Bestimmung in genau diesem Sinne verstanden, selbst von päpstlichen Legaten. Heinrich IV., der weder willens noch fähig war, solche Ansprüche gelten zu lassen oder sein Recht auf Investitur aufzugeben, wurde exkommuniziert und zweimal, nämlich vor und nach seiner kurzen Unterwerfung in Canossa 1077, förmlich abgesetzt. Im Gegenzug erklärte er seinerseits, Gregor sei ein Usurpator, »kein Papst, sondern ein falscher Mönch«. Nachdem er 1080 zum zweitenmal abgesetzt worden war, marschierte er gegen Rom und belagerte die Stadt insgesamt dreimal. Beim zweiten Versuch im Jahr 1083 besetzten seine Truppen die Leoninische Stadt und die Peterskirche – ihr Torgebäude wurde von Feuer beschädigt. Doch Gregor hielt Castel S. Angelo und verhinderte den Einmarsch in die eigentliche Stadt auf dem Ostufer des Flusses. Im folgenden Jahr jedoch drang Heinrich in Rom ein, eroberte den Lateran und ließ sich in St. Peter von dem von ihm eingesetzten Gegenpapst zum Kaiser krönen. Er wurde von einer großen Zahl der antigregorianischen Adligen und von vielen aus dem Volk unterstützt, die nach dreijährigen Kämpfen kriegsmüde waren. Doch die Partei Gregors hielt das Septizonium, die antike, säulengetragene Schaufassade an der Südostecke des Palatin, die zu jener Zeit zugemauert war, und ebenso die befestigten Häuser der Corsi-Familie auf dem Kapitol. Und selbst als diese von kaiserlichen Truppen erstürmt wurden, blieben die Tiberinsel und Castel S. Angelo uneingenommen, wo der Papst Zuflucht gesucht hatte. Ein von Robert Guiscard angeführtes normannisches Entsatzheer trieb die Truppen Heinrichs aus der Stadt und befreite den Papst, allerdings um einen hohen Preis: es kam zu umfangreichen Plünderungen, viele Römer wurden verschleppt, angeblich als Sklaven verkauft, und die Stadt wurde teilweise verwüstet. Die Zerstörungen waren wohl nicht ganz so schlimm, wie sie die Zeitgenossen empfanden, aber sie waren schlimm genug – vor allem im *disabitato*, dem unbebauten Gebiet, das sich bis zur Aurelianischen Mauer erstreckte, und ebenso in den Außenbezirken der eigentlichen Stadt, vom Lateran bis zum Kolosseum und am Nordrand des Marsfeldes von S. Silvestro in Capite bis S. Lorenzo in Lucina.

Gregor starb im Mai 1085 in Salerno im Kreis seiner Befreier. Der Kampf zwischen Papsttum und Kaisertum ging weiter, allerdings weniger um dessentwillen, was Gregor vorgeschwebt hatte, nämlich die grundlegende Frage der Beziehung von Priestertum und Königtum; er konzentrierte sich vielmehr auf die symbolische Handlung der Bischofsinvestitur durch den Kaiser. Die Ansprüche und Gegenansprüche und der blutige Krieg dauerten weitere 40 Jahre an, und wieder war es Rom, das die Hauptlast all dessen zu tragen hatte. Das Neben- und Gegeneinander von Päpsten und Gegenpäpsten, wobei letztere vom Kaiser unterstützt wurden, beide aber mehr oder weniger kanonisch von einem Rumpf-Kardinalskollegium gewählt waren, entzweite in wechselnden Allianzen Klerus, Adel und Volk gleichermaßen. Kaiserliche und päpstliche Parteigänger lieferten sich Straßenschlachten und eroberten oder hielten strategische Punkte – den Lateran, St. Peter und die Leoninische Stadt, Castel S. Angelo und die Tiberinsel. Nur wenn im päpstlichen oder kaiserlichen Lager in periodischen Abständen das Geld zur Bezahlung der Söldner oder zur Bestechung der Parteiungen knapp wurde, waren beide Seiten zuweilen zu ein paar Jahren oder Monaten des Waffenstillstands gezwungen. Papst Urban II., der 1088 gewählt wurde, konnte während sechs der elf Jahre seines Pontifikats nicht in die Stadt einziehen, und selbst als er es schließlich geschafft hatte, suchte er Schutz in dem einen oder anderen der befestigten Häuser der Pierleoni – auf der Tiberinsel oder nahe dem Marcellustheater oder vielleicht auch in diesem selbst –, die sowohl Gregors als auch seine wichtigsten Parteigänger und Bankiers waren. Sogar sein Leichnam mußte über den Umweg von Trastevere in die Peterskirche zum Begräbnis gebracht werden – der Ponte S. Angelo wurde anscheinend von den Parteigängern des Gegenpapstes gehalten. Sein Nachfolger, Paschalis II., kämpfte während der ganzen 19 Jahre seiner Regierungszeit, um Festungen feindlicher Gruppen in der Campagna oder in der Stadt niederzuringen, »die immer aufsässig ist, wenn der Herrscher abwesend ist«. Angeblich hat er die Festung der Corsi auf dem Kapitol zweimal zerstört, die eine Generation früher von Heinrich IV. im Jahr 1084 schon einmal zerstört worden war, wie der Biograph Gregors VII. berichtet – keine dieser verschiedenen Zerstörungen kann, so scheint es, besonders gründlich gewesen sein. In der zweiten Hälfte seines Pontifikats ging es noch turbulenter zu: der neue deutsche König Heinrich V. marschierte 1111 in Rom ein, um sowohl seine Ansprüche auf das Recht zur Bischofsinvestitur durchzusetzen als auch, um sich zum Kaiser krönen zu lassen. Der Papst, der auf der Tiberinsel von den Pierleoni geschützt wurde, stimmte einem Kompromiß zu, demgemäß die Bischöfe auf alle weltlichen Lehen verzichten sollten, doch die Ratifikation dieses Kompromisses in der Peterskirche wurde durch einen Aufruhr der deutschen Bischöfe verhindert, die nicht gewillt waren, solche Besitzungen einfach aufzugeben. Wieder einmal flammten überall in der Stadt Straßenkämpfe auf, und Paschalis, der vom König entführt worden war, gestand diesem unter Zwang das Recht zur Investitur zu und krönte ihn heimlich in der Peterskirche – Zugeständnisse, die widerrufen wurden, sobald Heinrich Rom verlassen hatte. Eine zweite Invasion Heinrichs trieb Paschalis 1117 aus der Stadt, und eine Zeitlang war Rom vom Lateran bis zu St. Peter in der Hand des Königs – oder jedenfalls beinahe, denn Castel S. Angelo wurde von der päpstlichen Partei gehalten und beeinträchtigte des Königs Triumphzug durch die girlandengeschmückte Stadt. Zur Peterskirche mußte er gar mit dem Boot übersetzen – wohl weil er von den Pierleoni auch am Zugang zu den Inselbrücken gehindert wurde.

Auch unter Paschalis' Nachfolger Gelasius (1118–1119) blieb die Stadt ein Schlachtfeld, das von den feindlichen Festungen beherrscht wurde: auf die Nachricht hin, der Papst und sein Wahlkollegium seien vom Haupt der Frangipani-Sippe entführt und mißhandelt worden, erhoben sich »die zwölf *rioni* von Rom« (die erste klare Erwähnung der Tatsache, daß die Stadt auf dem Ostufer in Bezirke eingeteilt war) »und die von Trastevere und die von der Insel« in Waffen, geführt von den großen Familien des Ripa-Viertels und aus Trastevere, den Pierleoni, Normanni, Tebaldi, Buccapecorini und den Boveschi. Doch der Lateran, einige Außenbezirke und vermutlich auch Teile der Stadt blieben in feindlicher Hand. Der Papst konnte zwar befreit werden, mußte jedoch aus der Stadt fliehen. Erst 1122 kehrte in Rom wieder Friede ein, als die Frage der Investitur in einem Kompromiß zwischen Papst Calixtus II. und Kaiser Heinrich V. beigelegt wurde, dem Wormser Konkordat. Es blieb freilich nur ein kurzes Zwischenspiel. 1130 kam es zu einer Doppelwahl, und Innozenz II. stand gegen Anaklet II.: ersterer ein Papareschi aus Trastevere, der von den Frangipani und dem deutschen König Lothar unterstützt wurde. Anaklet war ein Pierleoni und Kardinal von S. Maria in Trastevere. Unterstützt von einer Mehrheit unter den Kardinälen, Adligen und Bürgern und von den normannischen Herrschern über Süditalien und Sizilien, hielt Anaklet die Stadt und den Lateran, wobei er die wichtigsten Kirchen geplündert haben soll, während sich Innozenz in den Festungen der Frangipani auf dem und am Palatin, im Kolosseum und in den Wehrtürmen der Corsi auf dem Kapitol versteckt hielt. Nach wenigen Wochen jedoch floh er nach Frankreich. Drei Jahre später kehrte er mit dem Kaiser zurück, konnte jedoch Anaklet nicht aus Castel S. Angelo und der Peterskirche vertreiben. Deshalb mußte die Kaiserkrönung im Lateran stattfinden, und wenig später verließen Lothar und Innozenz die Stadt wieder. Ein zweiter Versuch, Rom einzunehmen, blieb 1137 gleichermaßen erfolglos. 1138 starb Anaklet schließlich. Innozenz war Herr von Rom, doch nur fünf Jahre lang, bis neue Unruhen entstanden, diesmal durch die Bürger von Rom. Sie wurden überwunden, und 70 Jahre später hatten die Päpste sowohl die faktische als auch die rechtlich anerkannte Herrschaft über Rom und das *patrimonium Petri* erlangt. Das Papsttum konnte seinen Aufstieg als Sieg über das Reich verstehen und beanspruchte mit voller Autorität die Oberherrschaft über die Welt.

Tatsächlich festigte sich während des ganzen 12. Jahrhunderts das Verhältnis von Kirche und Königtum, wie Gregor VII. es umrissen hatte, immer mehr, und seine zugrunde liegenden Leitsätze wurden mit immer größerer Genauigkeit und Schärfe formuliert. Die moralischen Fragen, die die Wurzeln der Reformbewegung gebildet hatten, waren längst in Vergessenheit geraten, und ebenso war es dem Hauptanliegen Gregors VII. ergangen, der die weltliche der geistlichen Macht hatte unterordnen wollen. Das Papsttum sah um 1130 die Unterordnung der Könige und Kaiser unter den Papst, die von Anfang an nicht eindeutig festgelegt worden war, immer stärker im Sinne der juristischen Definition einer lehnsrechtlichen Verpflichtung. Dieses selbstbewußte Verständnis fand etwa im Jahr 1133 seinen Ausdruck in einem Wandgemälde im Lateranpalast, das uns in einer etwas groben Federskizze aus dem 16. Jahrhundert zusammen mit seiner erläuternden Inschrift überliefert ist: »Der König stand vor den Toren und gelobte, die Stadt zu beschützen. Dann empfängt er als Lehnsmann des Papstes sein [also des Papstes] Geschenk, die Krone.« Was immer die tatsächliche Bedeutung dieser Inschrift sei, sie wurde von den meisten im weitesten Sinne interpretiert: sowohl die geistliche Autorität als auch die weltliche Macht gehören von Rechts wegen der Kirche; die weltliche Macht wird dem Kaiser vom Papst durch den Krönungsakt übertragen, und deshalb wird das Reich vom Papsttum zu Lehen genommen. Diese These wurde von den päpstlichen Juristen nur selten ausdrücklich formuliert. Aber der Anspruch der Päpste, die höchste Position auf Erden innezuhaben, als das höchste Überwachungsorgan die weltlichen Mächte durch geistlichen Zwang zu kontrollieren, ihre Streitigkeiten zu schlichten und tatsächlich selbst kaiserliche Macht zu besitzen, wurde seit der Zeit des Reformpapsttums immer wieder auf verschiedenste Weise angedeutet: in päpstlichen Erklärungen, in inoffiziellen Stellungnahmen zum Zeitgeschehen, im Zeremoniell und sogar im Stil der päpstlichen Kleidung. Gregor VII. betonte erneut das Recht, kaiserliche Insignien zu tragen, das der Papst in der Konstantinischen Schenkung beansprucht hatte. Die hohe Tiara des Papstes wurde als eine Kaiserkrone interpretiert und mit einem Diadem, aller Wahrscheinlichkeit nach einem goldenen Rand, versehen, der das »Königtum aus der Hand Gottes« symbolisieren sollte. Zuweilen trat ein zweites Diadem hinzu, das das »Kaisertum aus der Hand des heiligen Petrus« symbolisierte. Als »Zeichen seines kaiserlichen Status« trug der Papst einen roten Mantel, und Innozenz II. wurde in Preisliedern als »Cäsar und Herrscher über die ganze Welt« und als »wahrer Kaiser« angesprochen. In der Tat wurde die Auffassung von der kaiserlichen Stellung des Papstes durch den Sieg über das Reich bestärkt und im Laufe der Zeit immer deutlicher herausgestrichen. Sie erreichte ihre größte Autorität unter Innozenz III. im umfassenden Ausmaß der weltlichen Ansprüche und in der Machtvollkommenheit im geistlichen Bereich, die beide in Person und Amt des Papstes verkörpert waren. Ein Jahrhundert später fügte Bonifatius VIII. der Tiara noch ein drittes Diadem hinzu, so daß sie zu einer dreifachen Krone wurde. Die Antwort, die er den Gesandten des deutschen Kaisers Albrecht gab – »Ich bin Cäsar, ich bin Kaiser« –, mag nur eine Anekdote sein, die böse zeitgenössische Zungen verbreiteten, aber wie jede gute Anekdote faßte sie seine wahren Ansichten zusammen, wie sie, wenn auch weniger offenkundig, in seinen Briefen und Erlassen zum Ausdruck kommen.

Die Auffassung vom Papsttum als der höchsten Macht im geistlichen wie im weltlichen Bereich und als wahrhaft kaiserliche Würde spiegelte sich natürlich in der Stellung wider, die Rom im zeitgenössischen politischen Denken zugeschrieben wurde. Die uralte Vision von Rom als dem Haupt der Welt, an der man während des ganzen Mittelalters festhielt, hatte viele Schichten. Je nach dem politischen Kontext der Ansprüche, die man aufrechterhalten mußte, verlagerte sich der Akzent. Seit der Zeit Ottos III. lag in kaiserlichen Kreisen das Schwergewicht auf Roms Stellung als rechtmäßige Residenz des Kaisers. Unseres Wissens trug 1033 eine kaiserliche Bulle – das den Urkunden angehängte Bleisiegel – zum erstenmal die Aufschrift: »*Roma caput mundi tenet frena orbis rotundi*« – »Rom, das Haupt der Welt, hält die Zügel des Erdkreises.« Dieser Satz war zwar damals schon bloße rhetorische Selbstdarstellung, aber er blieb dennoch das Kennzeichen kaiserlicher Bullen bis zum Ende des Mittelalters. Die zugrunde liegende politische Vorstellung mußte ja von den Kaisern mit größtem Eifer aufgegriffen werden, als der Kampf mit dem Papsttum im späten 11. und im 12. Jahr-

Realität, Ideologie und Selbstdarstellung

hundert seinen Höhepunkt erreichte. Die Päpste jener Zeit und ihre Sprecher betonten ihrerseits Roms herausragende Stellung im Kontext der päpstlichen Ansprüche (wie unklar sie auch formuliert gewesen sein mögen) auf weltliche Oberhoheit und kaiserliche Vollmacht, die dem Papsttum verliehen seien; ein Anspruch, der möglicherweise schon 250 Jahre zuvor von Papst Nikolaus I. und seinen Diplomaten, wenngleich in einem gänzlich anderen Rahmen, erhoben worden war. Für die Päpste des 12. und 13. Jahrhunderts war die Vorstellung von Rom als dem Haupt der Welt mehr als nur eine leere Phrase; schließlich war die Stadt ihre ureigene kaiserliche Hauptstadt. Mehr noch als die deutschen Kaiser sahen sie sich als die Erben des antiken Rom und seiner Kaiser, dessen vergangene ruhmreiche Größe im glänzenderen gegenwärtigen Ruhm des christlichen Rom aufgegangen war, das als Sitz des Papsttums eine Kaiserstadt war, die die Weltherrschaft beanspruchen konnte. In einem sehr realen, wenn auch weit prosaischeren Sinn war Rom der Verwaltungsmittelpunkt des Gebiets, das von den Päpsten beherrscht wurde, in Latium und darüber hinaus.

Zu diesem Zeitpunkt trat eine dritte Kraft, die die Weltherrschaft aufgrund der Tradition von Rom beanspruchte, auf den Plan: die Römer. Sie waren von Dichtern und Schriftstellern immer schon als diejenigen dargestellt worden, die die Tradition des antiken Rom weitertrugen und die Erben seines Ruhms und seiner Tugenden waren. Und wann immer es in der jeweiligen politischen Situation opportun gewesen war, war die Redeweise der römischen Antike und die Erinnerung an die vergangene Größe oder verlorene Freiheit der Stadt von Päpsten, Bürgerführern und Kaisern wiederbelebt worden: für Nikolaus I. waren 860 die Bürger von Rom *quirites*, der Sprecher Heinrichs IV. redete 1061 die versammelten Adligen als *patres conscripti* an, und als Heinrich 1081 die Stadt belagerte, baute er »ein neues Rom aus Zelten ... und ernannte neue Zenturionen, Tribune und Senatoren, einen Präfekten und einen *nomenclator* ... und folgte so dem antiken Brauchtum«. Dies alles war leeres Gerede, und die so angesprochenen Römer waren bei weitem nicht das römische Volk, sondern ein paar Adlige, die der Kaiser für sich gewinnen wollte. Tatsächlich waren es auch noch 50 Jahre später nur die namentlich aufgeführten römischen Großen, die 1130 zusammen mit »unseren Konsuln und Pfalzrichtern« König Lothar mit Zustimmung des Papstes zur Krönung nach Rom einluden. Aber die Einladung war – und dies ist neu – mit der Forderung verbunden, daß sich der König »den Gesetzen von Rom unterwerfen sollte und die Eintracht seiner Bürger nicht zerstören dürfe«, was in diesem Fall bedeutete, daß er Anaklet II. anerkennen sollte. Aus diesen Forderungen sprechen Selbstsicherheit und übergroßes Selbstvertrauen. Aber schon bald wurde das bloß rhetorische Gerede durch eine in sich geschlossene Ideologie und durch eine Handlungsweise ersetzt, die ein klar umrissenes politisches Ziel vor Augen hatten. Als Papst Innozenz II. im Oktober 1143 die Römer aufforderte, die jüngst von der römischen Miliz niedergeworfene Stadt Tivoli zu Lehen zu nehmen, wodurch er implizite päpstliche Souveränität über Rom beanspruchte, erhoben sich die Römer gegen diese Anmaßung in einem Aufstand. Sie »versammelten sich unter dem Vorwand, dies sei für das Wohl des Staatswesens, auf dem Kapitol und richteten in dem Wunsch, die alte Würde der Stadt zu erneuern, den Senat wieder ein, der schon vor Jahrhunderten zerfallen war ...«. Dies entsprach ganz den Ideen des Arnold von Brescia, der genau um jene Zeit nach Rom gekommen war, ein seit langem führender revolutionärer Intellektueller, »der die senatorische Würde und den Ritterstand nach dem Vorbild der Alten wiederbeleben ... und das Kapitol wiederaufbauen wollte«. Derartige revolutionäre Regungen mögen, wenngleich in undeutlicher Form, schon seit einiger Zeit unter der Oberfläche geschwelt haben. Genährt wurden sie von den Forderungen Roms nach Selbstregierung und der Macht, auch das Umland zu beherrschen, die aus dem Kreise einer zu Reichtum gekommenen, aber politisch machtlos gebliebenen Bürgerschaft erhoben wurden, von den kleinen Untervasallen der großen Herren und von einem Teil des Klerus, wenn auch natürlich nicht von der Hierarchie selbst oder von denen, die mit den großen Familien verbunden waren. Im Jahre 1143 kristallisierten sich diese Gefühle zu Taten, die sich gegen den Papst, den hohen Klerus und die großen Adligen richteten, die im Namen der Bürgerschaft Rom regierten. Eine Republik wurde ausgerufen und ein Senat eingerichtet, den es seit dem 7. Jahrhundert nicht mehr gegeben hatte. Die Titel *senator* oder *senatrix*, wie sie später gebraucht wurden, waren bloße Ehrentitel des Adels gewesen. Die 56 Mitglieder des neuen Senats wurden aus dem Kreis der Bürger gewählt und zählten unter sich viele Juristen und Männer aus dem niederen Adel. Als oberster Exekutivbeamter wurde ein *patricius* bestimmt – Jordanus Pierleone, ein Bruder Anaklets II. und ein Einzelgänger innerhalb seiner Familie, die auf die Seite der Nachfolger Innozenz' II. übergewechselt war. Forderungen wurden aufgestellt, der Papst solle zugunsten des *patricius* auf seine weltliche Macht verzichten und vom Zehnten und von Schenkungen leben »wie die alten Priester«. »Alle Adligen« wurden aus der Stadt vertrieben, und ihre Häuser und die »prächtigen Paläste« mancher Kardinäle wurden geplündert. Ein von Papst Lucius 1145 gegen das Kapitol unternommener Angriff scheiterte, woraufhin es zu einem provisorischen Kompromiß zwischen den erschöpften Parteien kam: die Römer verzichteten auf die Ansprüche und die Position des *patricius*, und der Papst erkannte die Republik an und beschränkte sich auf die Bestätigung der Senatoren und die Entgegennahme von deren Treueid. Beide Seiten jedoch waren unzufrieden mit dieser Lösung und wandten sich an den deutschen König Konrad. Der Senat bot ihm die Kaiserkrone an und lud ihn ein, in Rom seine Residenz zu nehmen, »wobei alle Widrigkeit von seiten des Klerus aus der Welt geschafft werden soll«; er sollte »die Zeiten von Konstantin und Justinian« wiederbringen, »die die ganze Welt durch die Macht des Senats und des Volks von Rom in ihren Händen hielten« – hier sprechen die Juristen unter den Senatoren, daher die Erwähnung Justinians. Aber der Senat hatte keine Macht, und der König kam nicht. Er verhandelte vielmehr mit dem Papst, der mit der Unterstützung der großen Feudalherren und des normannischen Königs einen neuen Angriff auf Rom vorbereitete. Nichtsdestoweniger wurde vier Jahre später der Kompromiß von 1145 verlängert. Zur selben Zeit jedoch führten Verhandlungen zwischen den päpstlichen Diplomaten und dem neuen König Friedrich Barbarossa im Jahre 1153 zum Versprechen des Kaisers, die weltliche Herrschaft des Papstes zu stützen; ein Versprechen, das um so wichtiger war, als der im folgenden Jahr gewählte Papst Hadrian IV. sich von neuen Aufständen in Rom und von einer Invasion auf päpstliches Gebiet durch seinen ehemaligen Verbündeten, den König von Sizilien, bedroht sah. Friedrich kam 1155 nach Rom und wurde wieder vom Senat umworben, der ihm die Krone antrug, aber er lehnte dies Angebot auf äußerst brüske Weise ab. Er machte kurzen Prozeß mit den Ansprüchen, die im Namen der großen Vergangenheit Roms von seinen »weisen und tapferen Bürgern« vorgetragen wurden, und unterbrach ihre Rede, die sie, »wie es die Art der Italiener ist, in großer Weitschweifigkeit und mit langen und verwickelten Sätzen vor ihm ausbreiten wollten«. Die Kaiserkrönung durch den Papst in der Peterskirche im Juli 1155 endete in der schon üblichen blutigen Schlacht mit den Römern im Borgo und in der ebenso zur Gewohnheit gewordenen Malariaepidemie, die auf seiten der Deutschen einen raschen Rückzug erzwang.

Die unsichere Allianz von Kaiser und Papst zerbrach schon bald an den politischen Realitäten und ideologischen Ansprüchen: der Kaiser mischte sich in die Angelegenheiten italienischer Bistümer, die von der Kurie als zur eigenen Interessenssphäre gehörig angesehen wurden. Die Frage der Investitur entbrannte erneut, wobei die päpstliche Seite die Lehnsabhängigkeit der Kaiserkrone ins Spiel brachte; die kaiserliche Seite setzte dagegen, daß die weltliche Macht der Kirche ihr nur von Konstantin übertragen worden sei, und nahm dergestalt ironischerweise den revolutionären Ruf nach Rückkehr der Kirche zu urchristlicher Armut auf. Doch obwohl sie einander bitter bekämpften, blieben der Kaiser wie der Papst – nicht mehr Hadrian, sondern sein Nachfolger Alexander III. – jeder für sich gegen die Forderungen der römischen Bürgerschaft unerbittlich fest, die einen Anteil an den weltlichen Rechten der kirchlichen Administration und an den daraus resultierenden Einkünften forderten und die Herrschaft Roms über einige Städte in Latium ausdehnen wollten, welche auch vom Papst und vom Kaiser beansprucht wurden. Barbarossas Widerstand gegen die Forderungen der Römer gehört offensichtlich in den Rahmen seiner allgemeinen politischen Ziele in seinen Kriegen mit den lombardischen Städten. Im Jahre 1167 wurde ein römisches Heer, das gegen Tusculum zu Felde zog, am Monte Porzio von deutschen Rittern und einer Söldnerkavallerie vernichtet, und mehr als 2000 Römer fielen. Daraufhin wandte sich die kaiserliche Soldateska gegen den Papst, brach in den Borgo ein, brannte das Torgebäude von St. Peter nieder und besetzte die Basilika, nur um dann von der Malaria dezimiert zu werden, die während des ganzen Mittelalters ein getreuer Verbündeter der Römer gegen Invasoren aus dem Norden blieb. Der Papst, der dem Kaiser anscheinend ebensoviel Mißtrauen entgegenbrachte wie der Bürgerschaft, hielt sich in der Zwischenzeit in den Häusern der Frangipani versteckt und floh schließlich aus der Stadt. Noch weitere zehn Jahre vergingen in dem Dreiparteienkrieg zwischen Kaiser, Papst und Stadt, der durch die Ernennung von Gegenpäpsten durch die kaiserliche Partei, durch Eroberungszüge gegen die Besitzungen der Kirche von seiten der großen Lehnsherren und durch die Beschlagnahmung von Kirchen und ihrem Besitz durch die aufsässige Stadt noch kompliziert wurde. Alle Aussöhnungsversuche zwischen zweien der verfeindeten Parteien (niemals zwischen allen dreien) waren nur von kurzer Dauer. Ein Friede zwischen Friedrich und Alexander, der 1177 in Venedig geschlossen wurde, konnte den Konflikt nicht beilegen. Erst 1188 kamen der Papst, nun Clemens III., und die Stadt Rom zu einem endgültigen und dauerhaften Kompromiß; die Tatsache, daß Clemens von Geburt Römer war, erleichterte das Zustandekommen der Übereinkunft. Alle weltlichen Rechte sollten dem Papst wieder zurückgegeben werden, ebenso sollte es mit beschlagnahmtem Kirchengut geschehen, und der Senat und andere Repräsentanten der Bürgerschaft schworen einen Treueid. Im Austausch dafür behielt die Stadt das Recht, über Krieg oder Frieden zu entscheiden; sie erhielt jährlich einen Teil der päpstlichen Einkünfte, einerseits in Form eines Zuschusses zum Unterhalt der Stadtmauern und andererseits als ›Geschenke‹ an ihre hohen Beamten. Sowohl an die Bürger von Rom wie an die Feudalherren in der Stadt und im Umland wurden hohe Reparationszahlungen für die Kriegsschäden geleistet, und der kaiserliche Einfluß in der Stadt wurde auf die Ernennung des Stadtpräfekten reduziert.

Wie jeder gute Kompromiß machte das Konkordat von 1188 beiden Seiten Zugeständnisse und ließ überdies Raum für weitere Manöver. Der Papst sah seine Oberhoheit wieder respektiert, und die Stadt war als eine Kommune anerkannt worden, vergleichbar mit denjenigen, die seit dem späten 11. Jahrhundert in Norditalien, Frankreich und den Rheinlanden errichtet worden waren. Aber auf beiden Seiten konnte ein energischer Führer noch viel erreichen. In einem ersten Schachzug ersetzte die Stadt, um an Stärke zu gewinnen, den schwerfälligen Senat der 56 Mitglieder durch einen einzigen *senatore* als obersten Exekutivbeamten. Die Wahl fiel auf den anscheinend nichtadligen Benedictus Carushomo; er scheint eine Verfassung vorbereitet zu haben, und er begann auch damit, die Souveränität der Stadt über Gebiete zu sichern und auszudehnen, die auch von der Kirche beansprucht wurden. Sowohl seine interne wie seine auswärtige Politik können ihrem Charakter nach als populistisch bezeichnet werden und mußten unweigerlich zu Reibungen mit der päpstlichen Partei führen. Tatsächlich dauerten die Schwierigkeiten während der nächsten 80 Jahre an. Nur ein Papst von der Statur eines Innozenz' III. konnte es während der 18 Jahre seines Pontifikats (1198–1216) erreichen, die Situation vorsichtig und mit einigem Nachdruck in der Balance zu halten, wobei ihm Veränderungen in der sozialen und ökonomischen Schichtung innerhalb der Stadt zu Hilfe kamen. Die alten Familien waren sich dessen bewußt geworden, »daß sich alles wandeln muß, wenn es dasselbe bleiben soll«. Sie hatten mit den 1143 eingeführten Neuerungen ihren Frieden gemacht und waren im Senat reichlich vertreten; und neue Adelsfamilien, die Capocci, Orsini, Annibaldi, waren auf den Plan getreten, die entweder von reichen Bürgerfamilien abstammten (die Orsini von den Boveschi) oder, wie die Familie Innozenz', die Conti, vom Land in die Stadt gezogen waren. Wohlhabende Familien aus dem Volk drängten ständig in die Reihen des Adels. Innerhalb der aus diesen verschiedenen Gesellschaftsschichten rekrutierten herrschenden Gruppen entstanden natürlich Parteiungen: die eine favorisierte eine aggressiv ›römische‹ Politik und suchte den Herrschaftsbereich der Stadt auszuweiten, die andere stand auf seiten des Papsttums und war bestrebt, das Gebiet und die Macht der Kirche zu erhalten. Während des größten Teils seiner Herrschaft verstand es Innozenz durch geschickte Politik, das Ausbrechen von Streitigkeiten zu verhindern und die Stadt zufrieden und unter Kontrolle zu halten. Der letzte Überrest der kaiserlichen Ansprüche wurde dadurch aus der Welt geschafft, daß der Stadtpräfekt zu einem Lehnsmann des Papstes gemacht wurde. Auch der *senatore* wurde vom Papst eingesetzt. Auf der anderen Seite blieb der Stadt innerhalb gewisser Grenzen ihre Souveränität erhalten, mit dem Recht, über Krieg und Frieden zu entscheiden, Verträge zu schließen und ihre feudalen Privilegien in Anspruch zu nehmen, einschließlich der Besteuerung der Nachbarstädte. Der Papst drohte niemals mit Gewalt; Rom war als »eine unabhängige Kommune mit dem Anspruch auf Herrschaft über ein großes Gebiet in Latium und im Besitz eines blühenden Gemeinwesens« zu wertvoll, als daß seine Schädigung hätte riskiert werden können. Aber Innozenz achtete genau darauf, die Macht über die Stadt fest in Händen zu halten – »wir halten sie in unserer Gewalt«, schrieb er 1201 –, indem er eine Reihe von Adligen aus alten und neuen Familien zum *senatore* ernannte, die in Rom und in Latium fest verankert und der Kirche gegenüber loyal waren: einen Pierleone, Pandulf von der Suburra, einen Tebaldi. Der einzige größere Streit zwischen der päpstlichen und der ›römischen‹ Partei zu seiner Zeit scheint eher wortgewaltig als blutig gewesen zu sein; es wurde mit Steinen geworfen, und einige Türme wurden niedergerissen, aber nur wenige Männer wurden getötet, wenn überhaupt einer. Beigelegt wurde der Streit jedoch durch die Schlichtung des Papstes und offensichtlich durch Bestechung; »das Geld des Papstes habe sie besiegt«, sagten die Gegner. Innozenz' Vorgehen in Rom stimmt mit seiner weltlichen Politik insgesamt überein: die päpstlichen Gebiete überall in Mittelitalien zu halten, sie umzustrukturieren und zu erweitern. Unter seiner Regierung wurde die Kirche zu einem großen Lehnsherrn, er errichtete mit diplomatischen und juristischen Mitteln den päpstlichen Staat, wie er noch Jahrhunderte später Bestand hatte, und er sicherte ihn, indem er in Schlüsselgebieten große Lehen an seine eigene und die mit ihm verbündeten Familien vergab. Seine sichere Macht über die Stadt, die Konsolidierung eines päpstlichen Staates, eine reorganisierte und effiziente Verwaltung und eine gesunde Finanzpolitik wirkten alle zusammen, um eine starke realistische Grundlage sowohl für seine internationale Politik als auch für seinen Anspruch auf Weltherrschaft im weltlichen wie im geistlichen Bereich abzugeben.

Der Aufstieg des Papsttums, sein letztendlicher Sieg über das Reich und das Hervortreten der Stadt Rom als politischer Einheit sind eng verknüpft mit den sozialen und ökonomischen Wandlungen, die die Stadt zwischen dem 9. und dem 12. Jahrhundert erfahren hatte. Lange Zeit hindurch blieb ein landwirtschaftliches Gepräge vorherrschend: die Römer, ob reich oder arm, bestellten ihren Garten hinter ihren Häusern, sie hielten an ihrem Land im *disabitato* und jenseits der Aurelianischen Mauer, oft ein gutes Stück entfernt, fest oder kauften neues hinzu. Die Produkte der Felder und Weingärten wurden auf dem Markt feilgeboten, und die Handwerker blieben im wesentlichen auf den Bedarf einer landwirtschaftlichen Kundschaft ausgerichtet. Darüber hinaus hatten die Großgrundbesitzer aus der Campagna und von den Hügeln weiterhin mächtigen Einfluß auf die Belange des Papsttums und der Stadt. Tatsächlich wurde ihr Einfluß eher noch durch den Umstand gestärkt, daß sie während des 11. und 12. Jahrhunderts in großer Zahl zu Lehnsleuten des Papsttums wurden. Noch am Ende des 13. Jahrhunderts kam die Mehrheit der Päpste, Kardinäle und der sonstigen hohen kirchlichen Würdenträger aus den großen Familien des Landadels in der Nähe von Rom. Aber seit dem 11. und 12. Jahrhundert machten sich auch andere Kräfte bemerkbar. Einerseits wurden die päpstliche Verwaltung und das Papsttum selbst immer stärker mit Ausländern durchsetzt: im 12. Jahrhundert mit Franzosen wie Urban II. und Calixtus II. und dem in Frankreich ausgebildeten Engländer Hadrian IV., ganz zu schweigen von der Kette von französischen Päpsten im 13. Jahrhundert. Andererseits traten in Rom selbst neue soziale und ökonomische Gruppen verstärkt auf den Plan. Die Handwerker hatten schon im späten 10. und frühen 11. Jahrhundert an Stärke gewonnen, anscheinend, indem sie sich in *scholae* oder Zünften – Unternehmerkooperativen – zusammengeschlossen hatten, die die Preise und Löhne regulierten, mit den Zulieferern verhandelten und Weg- und Verladungsrechte erwirkten: Schuster und Schneider, Gärtner, die für den Markt produzierten, Gemüsehändler und Fleischer, Schmiede, Kesselschmiede und Goldschmiede. Schon früh hatten sich auch die Schiffer und Schiffbauer, die Rechtsanwälte und das Dienstpersonal der Kirchen, die *mansionarii* (vermutlich die Verwalter von Kirchenbesitz), zu Zünften zusammengeschlossen; später folgten die Viehzüchter, Getreide- und Futtermittelhändler (die eigentlichen landwirtschaftlichen Unternehmer), und im 12. Jahrhundert dann die Überseereeder und Großkaufleute. Zu jener Zeit hatte sich eine wirtschaftlich starke Bürgerschaft entwickelt, die natürlich politische Macht beanspruchte. Zusammen mit den kleinen Vasallen, die sich gegen die Großgrundbesitzer auflehnten, und mit unzufriedenen Intellektuellen, Juristen und Männern aus dem niederen Klerus, waren sie es, die die Revolution von 1143 erwirkten.

Die organisatorischen Rahmenbedingungen, innerhalb derer sich die Revolte vollzog und auch der letztendliche Kompromiß, der zwischen dem Papsttum und der Stadt zustande kam, hatten gleichermaßen schon seit Jahrhunderten existiert. Schon seit dem frühesten Mittelalter waren die Bürger militärisch organisiert gewesen, möglicherweise gemäß einer aus dem 7. Jahrhundert stammenden militärischen Unterteilung der Stadt in Verteidigungsbezirke, die die Byzantiner vorgenommen hatten; eine ähnliche Einteilung Ravennas in zwölf Bezirke stammt ungefähr aus derselben Zeit. Seit jener Zeit, so scheint es, hatte jeder Stadtbezirk in Rom sein eigenes Banner, seine eigene Miliz und seinen eigenen Führer oder Vertreter. Als Karl der Große 774 zum erstenmal nach Rom kam, wurde er vor der Stadt von den *iudices* von Rom, jeder mit einer Fahne, und ebenso von allen Gruppen der Miliz, jede mit ihrem Führer, von den Schulkindern und von den »*venerandas cruces, id est signa*« begrüßt; dies, so erklärt der päpstliche Biograph, sei die traditionelle Begrüßungszeremonie für den Exarchen gewesen. Später wurden die Kaiser mit einem ähnlichen Aufmarsch an Miliz, Fahnen und Bannern empfangen. Auch in der feierlichen päpstlichen Liturgie fehlten sie nicht. Im 12. Jahrhundert wurden zwölf Banner vor dem Papst hergetragen: »*Ante crucem milites draconarii, portantes XII vexilla, quae bandora vocantur.*« 200 Jahre früher, als Kaiser Otto I. 965 eine Rebellion niedergeschlagen hatte, waren sowohl die Führer des Adels, die *consules*, als auch zwölf Vertreter des gewöhnlichen Volkes, die »*decarcones de vulgi populo*«, hart bestraft worden. Diese zwölf Anführer waren aller Wahrscheinlichkeit nach die Vertreter der zwölf *rioni*, in die die Stadt damals aufgeteilt war, und es ist wahrscheinlich, daß die zwölf Wimpel gleichfalls die zwölf Bezirke repräsentierten. Der militärische Charakter dieser Stadtbezirke wurde noch einmal im Jahre 1118 erkennbar, als die Römer – der römische Präfekt, die Adelsfamilien mit ihrem Anhang, die zwölf *rioni* von Rom und darüber hinaus auch die Männer aus Trastevere und von der Tiberinsel, »*regiones XII Romanae civitatis, Transtiberini et Insulani*« – nach der Wahl von Gelasius II. zu den Waffen griffen, um den rechtmäßigen Papst zu verteidigen.

Die *rioni* waren demnach zwar als eine militärische Rahmenorganisation der Bürgerschaft entstanden, doch sie erfüllten schon früh auch die Funktion von zivilen Stadtbezirken. Seit dem 10. Jahrhundert bezeichnen Urkunden die Lage von Immobilienbesitz mit dem Hinweis auf bestimmte *regiones* sowie mit der eventuellen Nähe zu bekannten Monumenten oder topographischen Merkmalen. Die mittelalterlichen Stadtbezirke, die *rioni*, stimmten weder mit den sieben kirchlichen Bezirken, die seit früher Zeit im ›*Liber Pontificalis*‹ erwähnt sind, noch mit den 14 *regiones* des augusteischen Rom überein, waren aber gleichfalls 14 an der Zahl. Ihre politische Bedeutung war *de facto* schon im 10. Jahrhundert in der Revolte gegen Otto I. offenkundig geworden. Mit der Einrichtung der *comune*, der römischen Republik im Jahre 1143, und ihrem Anspruch auf Unabhängigkeit in administrativen und juristischen Belangen verloren die *rioni* ihren vornehmlich militärischen Charakter und wurden *de jure* wie *de facto* zur Grundlage der politischen und kommunalen Organisation von Rom. Die seit 1143 regelmäßig gewählten 56 Senatoren scheinen demnach die 14 *rioni* repräsentiert zu haben, wobei jeder *rione* durch vier Senatoren vertreten war. Zwölf Bezirke lagen auf dem Ostufer des Tibers, die beiden anderen waren Trastevere auf dem Westufer und schließlich die Tiberinsel, ganz so, wie sie 20 Jahre zuvor, 1118, aufgezählt worden waren. Doch die exakten Grenzen der einzelnen *rioni* standen ebensowenig gesichert fest wie die Gesamtzahl der Bezirke. Im 14. Jahrhundert gab es nur noch 13: die Tiberinsel galt offenbar nicht mehr als eigener Bezirk, und Trastevere wurde erst zu jener Zeit förmlich in die administrative Unterteilung der Gesamtstadt mit einbezogen. Die *civitas Leonina*, der Borgo, der sich um St. Peter und den Vatikan zentrierte, blieb bis 1586 unabhängig und wurde erst dann als 14. *rione* der Stadt einverleibt.

Im großen und ganzen also war es die Bürgerschaft, bestehend aus Handwerkern und kleinen Kaufleuten, zusammengeschlossen in den *rioni*, die das Entstehen der römischen Republik vorantrieb und zuletzt den Kompromiß mit dem päpstlichen Herrscher von Rom erwirkte. Im Gegensatz dazu ergriffen die großen Familien, sowohl die Großgrundbesitzer in Latium als auch eine neue, stadtsässige Aristokratie aus Unternehmern und Finanziers, die Partei des Papsttums. Diese Skizzierung vereinfacht die Situation ein wenig zu sehr, aber sie trifft in groben Zügen zu. Obendrein verwischte sich die Grenze zwischen dem stadtsässigen Unternehmeradel und der grundbesitzenden Schicht zunehmend. Die Großgrundbesitzer wurden selbst zu Großhändlern und Überseeschiffern. In den ersten Jahren des 12. Jahrhunderts schlossen die Herren von Tusculum, Ptolemäus I. und sein gleichnamiger Sohn, die die Küste südlich von Rom kontrollierten, mit der Republik Gaeta und dem Kloster Monte

Cassino Verträge und geschäftliche Abkommen, um sich Partnerschaften und die Möglichkeiten zum Import- und Exportgeschäft in deren Gebieten zu sichern. Obendrein mußte solch ein Großhandelsbetrieb finanziert werden. Tatsächlich muß das Bank- und Finanzgeschäft in kleinem wie in großem Maßstab in Rom früh floriert haben. Im 11. und 12. Jahrhundert war die Stadt zu einem bedeutenden Finanzzentrum geworden. Man brauchte Geldwechsler, um die fremden Währungen zu bewältigen, die die Pilger mitbrachten. In einem breiteren Rahmen scheinen Bankiers zur Finanzierung von geschäftlichen Unternehmungen benötigt worden zu sein – welcher andere Grund hätte sonst die Gärtnerzunft 1030 dazu bewegen sollen, einen Bankier zu ihrem *prior* oder Vorsitzenden zu wählen? Auch die großen Familien des Landadels brauchten finanziellen Rückhalt, um ihre Besitzungen zu erweitern und die Vermarktung ihrer Produkte zu sichern. Allen voran jedoch war es die Kirche, die ständig Bankiers benötigte. Die Einkünfte aus ihren Gütern, aus den Lehen und von den unterworfenen Städten waren unregelmäßig und wenig verläßlich. Zuweilen halfen Zuschüsse von den normannischen Herren Süditaliens und Siziliens oder von der Gräfin Mathilde von Tuszien aus, doch die täglichen Bedürfnisse machten eine ständige Unterstützung durch Banken erforderlich: um die Verwaltungskosten der immer stärker anschwellenden Kurie zu decken, um den Aufstieg des Reformpapsttums und besonders Gregors VII. zu unterstützen, um die päpstlichen Kriege während des Investiturstreits zu finanzieren und, natürlich, um die Bestechungsgelder aufzubringen, die man brauchte, um die Unterstützung des Adels und des gewöhnlichen Volkes zu gewinnen und die kaiserliche Partei zu überbieten. In einem noch größeren Maße benötigte die Kurie den Rückhalt durch Bankiers, um die Einkünfte aus dem Zehnten, aus Steuern, dem Peterspfennig und aus anderen Quellen – einschließlich der Bestechungsgelder, durch welche die Entscheidungen des Papstes und seiner Verwaltung beeinflußt werden sollten – aus fernen Ländern einzuholen und nicht in Bargeld, sondern durch Wechselgeschäfte nach Rom zu transferieren. Umgekehrt brauchte man Banken, um Kirchengelder von Rom aus dahin zu schicken, wo sie benötigt wurden. Nur große Bankhäuser mit weitgespannten Verbindungen konnten diese Aufgabe für die Kurie übernehmen. Seit dem 13. Jahrhundert waren diese *mercatores de curia* meistens siensische und Florentiner Kompanien. Im 11. und 12. Jahrhundert andererseits waren die Finanziers der Päpste anscheinend Römer. Die Pierleoni ragten heraus: wieder und wieder weisen die Chronisten darauf hin, daß das Geld der Pierleoni den Kampf um Rom und das Papsttum entschieden habe. Aber sie waren nicht die einzigen. Die Frangipani, die den Pierleoni als Verbündete oder Konkurrenten schon immer nahegestanden hatten, scheinen in der Mitte des 12. Jahrhunderts große Kreditgeber des Papsttums gewesen zu sein. Möglicherweise waren auch andere römische Familien im Handel oder Bankgewerbe tätig oder hatten damit begonnen, wobei die beiden Geschäftszweige fast gleichbedeutend waren: die Tebaldi, Barucci oder die Boveschi; der zuletztgenannte Name läßt allerdings eher vermuten, daß diese Familie ursprünglich zu den Viehzüchtern gehörte. Auf jeden Fall ist nicht gesagt, daß diese Familien als Grundbesitzer begonnen hatten; es scheint, als hätten sie erst später Landbesitz erworben. Während die alten Clans, die Rom beherrschten, ihre Machtgrundlage auf dem Lande hatten, waren die neuen Familien in der Stadt zu Hause. Doch sie verquickten sich rasch mit den älteren landsässigen Familien, und da auch letztere zunehmend befestigte Häuser in der Stadt kauften, ausbauten oder errichteten, verschwanden die Grenzen zwischen beiden Gruppen immer mehr.

Ob sie nun stadt- oder landsässig waren, die adligen Familien durchdrangen im Laufe des späten 12. Jahrhunderts die städtische Verwaltung in dem Maße, in dem sich die Kompromisse zwischen Rom und dem Papsttum entwickelten. Gleichzeitig bildeten sie ein Beziehungsgeflecht, das zwar rechtlich niemals anerkannt wurde, aber dennoch die juristische und administrative Aufteilung der Stadt in die *rioni* überlagerte. Seit dem 9. Jahrhundert saßen die Familie Alberichs und später die Grafen von Tusculum auf dem Abhang des Quirinal. Ihre Erben, die Colonna, hatten dieselbe Gegend im Hochmittelalter in Besitz und beherrschten von dort aus den Quirinal und den Esquilin. 1167 hielten sie auch das Mausoleum des Augustus, so daß ihr Gebiet einen großen Teil des *rione* Monti einnahm. Seit dem 11. Jahrhundert hielten die Frangipani einen weiteren Teil dieses Stadtbezirks, nämlich den Palatin, das Kolosseum, den Circus Maximus und eine Zeitlang auch die Torre delle Milizie. Es war dies ein Bereich von großer Wichtigkeit, da er die Hauptzugänge zum Lateran und zur dortigen päpstlichen Residenz be-

Realität, Ideologie und Selbstdarstellung

herrschte. In ähnlicher Weise hielten die Conti di Segni seit etwa 1200 den Westabhang des Viminal und das Gebiet hinter dem Nervaforum besetzt, wiederum im *rione* Monti. Wieder andere Familien kontrollierten Teile des *abitato*. Die Pierleoni waren im 11. und 12. Jahrhundert die herrschende Familie in Trastevere, auf der Tiberinsel und der Ripa. Insbesondere die Ripa war um 1100 unwidersprochenes Territorium der Pierleoni; es geschah vermutlich unter ihrer Schirmherrschaft, daß Gregor VII., der den Pierleoni immer nahegestanden hatte, S. Maria in Porticu weihte, daß S. Nicola in Carcere umgebaut oder neuerrichtet wurde – sie war als ›Kirche des Petrus Leonis‹ bekannt, des Oberhaupts der Sippe um 1100 – und daß beide Kirchen bald darauf zu *diaconiae* erhoben wurden, die von Kardinälen geleitet wurden. In Trastevere jedoch teilten die Pierleoni die Macht mit den Normanni, den Papareschi und den Tebaldi. Zur selben Zeit kontrollierten die Crescentii Teile des *rione* Ponte oder Parione – man erinnert sich an die Entführung Gregors VII. durch ein Mitglied dieser Familie. Im 13. Jahrhundert hatten die Orsini, die von den Boveschi abstammten, im selben Gebiet den Monte Giordano im *rione* Ponte und das Pompejustheater in Parione in Besitz; die Savelli beherrschten den Aventin, den Abschnitt des Flußufers, der an seinem Fuße liegt, und die Ripa mit dem Marcellustheater; die Caetani hatten die Kontrolle über die Tiberinsel und die Torre delle Milizie inne; die Annibaldi übernahmen von den Frangipani das Kolosseum, den westlichen Ausläufer des Esquilin und den Bereich bis hin zum Caelius; die Capocci herrschten über Teile des Quirinals und des Aventin.

Nach einer Periode allmählicher Vorbereitung im 12. Jahrhundert erreichte das mittelalterliche Papsttum den Höhepunkt seiner Macht unter Innozenz III. und seinem Nachfolger Honorius III. Während ihrer Pontifikate, von 1198 bis 1216 und dann bis 1227, besaß der Papst in der Tat die höchste Gewalt auf Erden, wie er es für sich in Anspruch nahm. Die geistliche Macht lag bei ihm als der obersten Autorität. Die gesamte Kirche, Kardinäle, Bischöfe, niederer Klerus und die Mönchsorden, einschließlich der neugegründeten Orden der Franziskaner und Dominikaner, waren ihm unterstellt. Auch in weltlichen Belangen war er innerhalb der Kirche und über sie hinaus der oberste Schlichter in Europa. Frankreich, die eben zu der Zeit aufstrebende Großmacht, suchte sich während der ersten Hälfte des 13. Jahrhunderts mit den Päpsten zu arrangieren. England, Ungarn, die skandinavischen und spanischen Königreiche wurden von der Kirche als päpstliche Vasallenstaaten angesehen, und mit Ausnahme des ersten sahen sie sich größtenteils auch selbst so. Die Niederlage der Stauferkaiser im Kampf gegen das Papsttum zeichnete sich ab, trotz der überragenden Persönlichkeiten Heinrichs VI. und seines Sohnes, des großen Friedrich II., und ungeachtet der Vereinigung der Kaiserkrone mit dem ehemals normannischen Sizilien und Süditalien. Nach 1220 wurde ein ganzes Jahrhundert lang kein Kaiser mehr in Rom gekrönt, und von 1220 bis 1432 wurde kein Kaiser mehr von einem Papst gekrönt. Die deutschen Kaiser, die späten Erben Karls des Großen, gaben jeden Anspruch auf Rom als die Hauptstadt einer universalen Monarchie auf. Nicht wegen der Kaiserkrone und nicht, weil seine Bürger es in großen Worten lautstark proklamierten, war Rom in den ersten Jahrzehnten des 13. Jahrhunderts in einem sehr realen Sinne das Haupt der Welt, *caput mundi*, sondern weil es durch das Papsttum zu einem Machtzentrum im politischen, rechtlichen und finanziellen Sinne geworden war. Alle rechtlichen Vereinbarungen von einiger Bedeutung in der westlichen Christenheit, nicht nur die Vereinbarungen innerhalb der Kirche oder zwischen der Kirche und einer weltlichen Macht, sondern auch solche zwischen zwei weltlichen Mächten allein, gelangten irgendwann an den päpstlichen Hof. Ein allmählicher Strukturwandel ließ diesen Hof in der Tat zu jener aufgeblähten Bürokratie der Kurie werden, in der Hunderte von Beamten Dienst taten mit unzähligen Rechtsanwälten samt Schreibern, die in der Stadt ausländische Prozeßbeteiligte vertraten. Es war unvermeidlich, daß sich politische Streitfälle ergaben, die dem Papst zur Entscheidung vorgetragen wurden: die Rechtmäßigkeit einer Kaiserwahl, die Frage einer königlichen Erbfolge, ein Rechtsanspruch auf ein bestimmtes Territorium. Durch die Rechtsgeschäfte flossen wegen der Gebühren und der Bestechungsgelder große Summen nach Rom, ebenso durch die Zehntabgaben und den Kauf von kirchlichen Ämtern. Auf diese Weise wurde die Kirche (wir können ebensogut wörtlich zitieren): »in einen riesigen Finanzkonzern verwandelt ... dessen Eintreiber in allen Ecken der Welt zu finden waren ... dessen Guthaben die Häuser der Templer und die Truhen der toskanischen Bankiers füllten« (zu jener

Zeit eher sienesische als florentinische Banken), ein Konzern »mit seinen Transfer-Geschäften und Geldanlagen« und mit dem entsprechenden Verwaltungsorgan in Rom, der päpstlichen *camera*. Die Kontrolle über Bischofswahlen und Pfründenvergabe, die zunehmend in Rom konzentriert wurde, führte dazu, daß unermeßliche Summen in die Hände der Kirchenfunktionäre in der Kurie flossen. Päpste und Kardinäle akkumulierten riesige Privatvermögen, und die Verwandten des jeweils regierenden Papstes erwarben durch wirtschaftlichen und politischen Druck Reichtümer und Land nahe ihren ererbten Besitzungen in der Nachbarschaft von Rom und in ganz Latium. Diese weitgespannte Politik, die im geistlichen wie im weltlichen Bereich die gesamte westliche Christenheit umfaßte, ging mit einer vernünftigen, ja vorsichtigen Politik der Päpste in jener Stadt einher, die den Mittelpunkt und den Sitz ihrer Weltherrschaft bildete: Rom.

Die Politik Innozenz', die Honorius III. weiterführte, konnte nicht von langer Dauer sein. Im Bereich der internationalen Politik wurde das Papsttum mehr denn je von Friedrich II. bedroht, dem Erben der Stauferkaiser Friedrich Barbarossa und Heinrich VI., der durch seine Mutter auch Erbe der normannischen Herrscher über Sizilien und Süditalien war. Das Gegengewicht gegen ihn, das das Papsttum im französischen Königshaus zu finden glaubte, erwies sich auf lange Sicht eher als noch gefährlicher. Parallel dazu erhob die Stadt Rom in den dreißiger Jahren des 13. Jahrhunderts ihre Ansprüche mit immer größerem Nachdruck, und die Schwächung des Papsttums, vor allem seine durch seine Kriege mit Friedrich II. entstandenen finanziellen Schwierigkeiten, ermutigten die Römer zu zunehmender Aggressivität. Die Stadt ging sogar so weit, daß sie das Recht beanspruchte, den Klerus zu besteuern und unter die eigene Rechtsprechung zu stellen. Diese aggressive Politik führte bald, nur für kurze Zeit durch Streitigkeiten in der Stadt verzögert, zur Bestellung eines starken Mannes von außerhalb, der die Stadt regieren sollte: Brancaleone di Andalò. Er stärkte als *senatore* von 1252 bis zu seinem Tode im Jahre 1258 die Kommune ungemein: er dehnte ihren Herrschaftsbereich über praktisch ganz Latium aus; er hielt die Parteiungen in der Stadt in Schach – 140 Geschlechtertürme wurden niedergerissen und zwei Annibaldi gehenkt; er festigte die Organisation der Zünfte und stärkte ihre politische und wirtschaftliche Macht; er hielt die großen Feudalherren im Zaum und machte die päpstliche Souveränität über die Stadt zu einem nominellen Faktor. Unter seiner Herrschaft wurde Rom zu einer bedeutenden Macht, wenn auch nur auf lokaler Ebene. Als Realist, der er war, scheint er den alten römischen Anspruch, das *caput mundi* sein zu wollen, niemals aufgegriffen zu haben. Rhetorik bedeutete ihm wenig. Nach seinem Tode pendelte sich die politische Situation in der Stadt wieder auf den normalen, verworrenen Zustand ein, mit seinen Straßenkämpfen zwischen der päpstlichen und der antipäpstlichen Partei und den gegeneinanderstehenden Machtansprüchen des Papstes und der Stadt. Die Suche nach einem neuen starken Mann endete 1263 mit der Wahl von Karl von Anjou, dem französischen Widersacher der Staufer und ihrem Nachfolger als König von Sizilien und Süditalien. Durch ihn wurde der Zweig der Anjou aus dem Hause Frankreich zum gefährlichen Beschützer der Kirche – um so gefährlicher, als er ihr so nahe war und in der Stadt selbst Fuß gefaßt hatte. 21 Jahre lang hatte Karl von Anjou die tatsächliche Kontrolle über Rom und das Papsttum, auch wenn dies nicht während der ganzen Zeit nominell zugegeben wurde. Von 1261 bis 1277 folgten sechs Päpste aufeinander, die französischer Herkunft oder mit Frankreich oder den neapolitanischen Anjou verbündet waren. Unter den 60 zwischen 1261 und 1296 ernannten Kardinälen waren 21 entweder französischer Herkunft oder von ihrer Geburt oder Interessenlage her frankophil. Trotzdem wurde kaum einer von ihnen uneingeschränkt von Frankreich oder den Anjou kontrolliert. Sie waren in das römische Milieu hineingewachsen, mit dieser oder jener großen Sippe am Ort verbündet, hatten durch Kapitalinvestitionen oder Grundbesitz ihre eigenen wirtschaftlichen Interessen erworben. In ihrer Verschränkung mit den gebürtigen Römern in der Kurie bildeten sie eine komplexe internationale Gruppe.

Der Kampf gegen dieses internationale Element in der Kirche wie auch in der Stadt wurde von den Parteiungen geführt, die sich um die großen Familien jener Zeit gruppierten, wobei es auch zu internen Kämpfen untereinander kam. Die Savelli, Orsini, Annibaldi, Capocci, Colonna, Caetani und Stefaneschi hatten alle ihre befestigten Häuser in der Stadt, Festungen in den Städten auf den Hügeln, Ländereien überall in Latium und beträchtlichen Immobilienbesitz in Rom. Die Kardinäle und Kanoniker, die aus ihren Reihen kamen, hatten überall im Westen riesige Pfründen angehäuft, und der Einfluß der

Familien in der Kurie und in Rom war im politischen wie im finanziellen Bereich groß. Im Jahre 1277 führte dieser Einfluß zur Wahl Papst Nikolaus' III., eines durch und durch ›römischen Römers‹. In den drei Jahren seines Pontifikats brach er die Macht der Anjou in der Stadt und erreichte eine Übereinkunft mit den Römern, wonach der Papst selbst der *senatore* wurde – sie wurde dadurch modifiziert, daß der Papst einen Vikar ernannte. Mit Ausnahme des auf die Anjou ausgerichteten Franzosen Martin IV. folgte auf Nikolaus eine Reihe von römischen Päpsten, die alle aus den großen römischen Adelsfamilien stammten oder eng mit ihnen verbündet waren: Honorius IV. war ein Savelli, Nikolaus IV. ein Protegé der Colonna, und am Ende der Reihe stand, nach dem kurzlebigen Pontifikat des heiligen, unweltlichen Papstes Zölestin V., Bonifatius VIII. Caetani. Diese Päpste ernannten wiederum eine ganze Heerschar von Kardinälen aus ihren eigenen und den mit ihnen verwandten Familien, und Päpste wie Kardinäle verschafften sich und ihren Familien rasch und ohne Skrupel unermeßliche Reichtümer. In der Zwischenzeit wuchs sich die päpstliche Verwaltung zu einer schwerfälligen und verkrusteten Bürokratie aus, während Kläger und Prozessierende aus allen Gegenden des Westens Gerichtsgebühren und Bestechungsgelder in ihre Gerichtshöfe schwemmten. Zehntabgaben kamen in Millionenhöhe herein: ein einziges florentinisches Bankhaus verfügte innerhalb von dreieinhalb Jahren über 137 000 Florin an Zehntabgaben als Guthaben, und die von Pilgern allein in St. Peter gespendete Summe belief sich in einem normalen Jahr auf 30 400 Golddukaten. Nie zuvor waren die hohen Kirchenfunktionäre und ihre Verwandten so reich gewesen. Unter Bonifatius VIII. erreichte diese Politik, die darauf aus war, der eigenen Familie Macht und Vermögen zu verschaffen, ihren Höhepunkt – zugegebenermaßen übertrieb er seinen Nepotismus. In nur vier Jahren kauften die Caetani Ländereien und Städte für weit über eine halbe Million Dukaten – Sermoneta, Ninfa, S. Felice al Circeo.

Zur selben Zeit jedoch verfiel die Macht des Papstes im außen- und innenpolitischen sowie im finanziellen Bereich. Die Vorherrschaft der Franzosen, die durch die Vertreibung der Anjou zwar zeitweilig vermindert worden war, blieb eine ständige Bedrohung. Das Papsttum war ungeachtet seiner enormen Einkünfte ständig bei seinen Bankhäusern verschuldet, und die Rivalität zwischen den römischen Adelsfamilien wurde durch die päpstlichen Versuche, die eigenen Verwandten an die Macht zu bringen, noch verstärkt. Lokales Familieninteresse geriet in Konflikt mit der Notwendigkeit, Übereinkünfte mit der Stadt zu finden. Zuweilen hatten diese Konflikte auch Auswirkungen auf die internationale Politik: 1303 verbündeten sich die Colonna, die vom Papst und seinen Verwandten aus der Caetani-Familie schwer geschädigt worden waren, mit den Franzosen, um Bonifatius zu stürzen. Der Auszug nach Avignon bereitete sich vor. Vor diesen Ereignissen scheinen jedoch weder die Kurie noch der Papst der gewandelten Welt ins Auge geblickt zu haben. Bonifatius VIII. beanspruchte in seiner Bulle ›*Unam Sanctam*‹ unbeirrt die geistliche und weltliche Weltherrschaft, wie es Innozenz III. 100 Jahre zuvor getan hatte. Doch während dem Anspruch Innozenz' eine sehr reale Machtvollkommenheit zugrunde lag, war Bonifatius VIII. nicht mehr imstande, die Autorität, die er beanspruchte, auch durchzusetzen. Wie schon seit dem späten 12. Jahrhundert waren auch nach 1270 die Päpste und ihre Ratgeber mit Ausnahme des weltfremden Zölestin V. große Juristen, Organisatoren und Finanziers. Aber Juristen und Finanziers sind nicht immer auch große Staatsmänner oder tiefe religiöse Denker. Während der beiden letzten Drittel des 13. Jahrhunderts war die Kirche im Inneren und nach außen in Wirklichkeit schwach. Der Konflikt zwischen Reichtum und Macht der etablierten Kirche und der Sehnsucht der Laien und der neuen religiösen Orden nach Aufgabe der weltlichen Güter im Namen einer tiefempfundenen inneren Religiosität blieb ungelöst. Und auf dem politischen Schachbrett Europas verwandelte sich die Kirche mehr und mehr in ein Faustpfand Frankreichs. Der Anspruch des Papsttums auf Weltherrschaft mit Rom als seiner Hauptstadt entleerte sich zunehmend.

In diesem Zusammenhang sollte die Erklärung des Jahres 1300 zum Heiligen Jahr, dem ersten seiner Art, durch Bonifatius VIII. gesehen werden. Es wurde auf Verlangen des Volkes ausgerufen und entsprach sicherlich einem tiefempfundenen geistlichen Bedürfnis der Christenheit des Westens – warum sonst wohl wären zwei Millionen Pilger nach Rom gekommen oder vielleicht ein paar hunderttausend mehr oder weniger, von denen pro Tag 200 000 in der Stadt waren? Gleichzeitig aber war das Heilige Jahr ein Versuch seitens der Kirche, den religiösen

Eifer der Massen mit den eigenen geistlichen und weltlichen Bestrebungen in Übereinstimmung zu bringen. Schließlich war es die Kirche, die den Schatz der Erlösung verwaltete und durch Ablässe an die Gläubigen weitergab. Natürlich entwickelten sich die Feiern zwangsläufig zu einer kolossalen, massenwirksamen Großveranstaltung, und mit gleicher Unausweichlichkeit ließen sie der Kirche und Rom große Mengen an Geld zufließen. Die gut organisierte Versorgung der Pilgermassen setzte alle in Erstaunen, die die inneren Schwierigkeiten eines solchen Versorgungsprogramms beurteilen konnten. Der aus einer reichen Handelsfamilie in Florenz stammende Giovanni Villani berichtet von seiner Wallfahrt nach Rom, daß »alle, Männer und Pferde, reichlich mit Nahrungsmitteln versorgt wurden, was mit viel Geduld und ohne Geschrei und Tumult vonstatten ging«. Ein anderer wohlhabender Pilger aus Asti bestätigt, daß »Brot, Wein, Fleisch, Fisch und Hafer billig waren« und anscheinend auch reichlich vorhanden. Reichtümer ergossen sich in die Schatztruhen der Kurie und der einzelnen Kirchen und Klöster – das Hundertfache der jährlichen Spendensumme. In S. Paolo fuori le mura sah der Mann aus Asti »zwei Geistliche, die Tag und Nacht damit beschäftigt waren, mit Rechen die Münzen zusammenzuscharren«, die die frommen Pilger auf das Grab des Apostels warfen. Natürlich floß das Geld auch in die Taschen der Wirte von Herbergen und Schenken, der Lebensmittelhändler, der Verkäufer von Heu und Stroh, der Pferdehändler und all derer, die ihren Lebensunterhalt aus dem Pilger- und Fremdenverkehrsgeschäft bezogen. Von alldem einmal abgesehen, ließen das Heilige Jahr und der Zustrom der Gläubigen aus allen Gegenden des Westens Rom und das Papsttum noch einmal zum eigentlichen Mittelpunkt der Christenheit werden: die Ablässe, die man durch den Besuch der Gräber der Apostel und der römischen Märtyrer erhielt, die vielen Reliquien, die Größe und Pracht der Kirchen, die Reichtümer der geschäftigen Stadt, sie alle hielten den Besuchern und den Römern die Größe Roms und seines Papstes, die beide gleichbedeutend geworden waren, greifbar vor Augen. Rhetorik, Ideologie und Realität schienen sich endlich einmal zu decken – zum letztenmal im Mittelalter.

VII.

Die erneute Wiedergeburt Roms: Das 12. Jahrhundert

Die Wirklichkeit Roms im Mittelalter und das Bild, das sich die Zeitgenossen von ihrer Stadt machten, waren in all ihren vielen verschiedenen, heterogenen und oft einander widersprechenden Bereichen eng miteinander verwoben. Dies kommt auch im äußeren Erscheinungsbild der Stadt zum Ausdruck: in der Anlage der Stadt, in ihren Kirchen, Klöstern und Profanbauten; in Mosaiken, Gemälden und Kircheneinrichtungen, und in der Bedeutung, die die Zeitgenossen den aus der römischen Antike erhalten gebliebenen Denkmälern zuschrieben. Sie alle sprechen deutlich von einer zweiten Erneuerung Roms, die auf die karolingische Renaissance und den daran anschließenden Verfall der Stadt folgte. Die Veränderungen im städtischen Gefüge gingen in verschiedenen Abschnitten vor sich: der Borgo jenseits des Flusses von St. Peter bis Castel S. Angelo mit seiner Brücke wurde zu einem Angelpunkt im Gefüge der Stadt. Als eine Folge davon dehnte sich das bewohnte Gebiet der Stadt, der *abitato*, nach Westen hin in die vom Tiberknie umschlossene Gegend und bis zum Ponte S. Angelo aus; und in den östlichen Außenbezirken des *abitato* entstand das Kapitol von neuem als ein zweiter Pol auf der Karte der Stadt, wenn es auch zunächst noch ohne Bedeutung blieb. Ebenso wie in der städtischen Gesamtentwicklung kommt diese Erneuerung auch in den einzelnen Monumenten, ob Gebäude, Mosaik oder Gemälde, zum Ausdruck.

Unter den Kirchen und Klöstern ragen drei heraus, die alle aus dem frühen 12. Jahrhundert stammen: S. Clemente, S. Maria in Trastevere und SS. Quattro Coronati. Die alte Basilika S. Clemente aus dem 4. Jahrhundert lag im frühen 12. Jahrhundert schon 5 Meter unter dem Niveau der Straße und wurde in recht notdürftiger Weise abgestützt, wenngleich sie wohl noch weitere 20 Jahre nach dem normannischen Plünderzug von 1084 in Gebrauch war. Sie wurde zwischen 1110 und 1130 durch eine neue Kirche ersetzt, die reichlich mit Mosaiken geschmückt und mit liturgischen Einrichtungsgegenständen ausgestattet war. Durch einen gegiebelten Portalvorbau betritt man ein regelrechtes Atrium, dessen Kolonnaden von recht grob gearbeiteten ionischen Kapitellen bekrönt sind. In leicht verkleinertem Maßstab ist es eine Wiederholung des unter ihm begrabenen Atriums aus dem 4. Jahrhundert. Die neue Kirche ist unter ihrer attraktiven

117. S. Clemente, Innenansicht

118. S. Clemente, Apsismosaik

Dekoration aus dem 18. Jahrhundert nach einem einfachen Plan angelegt (Abb. 117): das Mittelschiff wird von zwei Seitenschiffen flankiert, die verschieden breit sind, da die neue Kirche nur über das Mittelschiff und das linke Seitenschiff der Basilika des 4. Jahrhunderts gebaut ist. Zehn Arkaden ruhen auf zwei Reihen von je vier ursprünglich mit korinthischen Kapitellen versehenen Säulen und auf einem recht breiten Pfeiler in der Mitte, dem Beginn des dem Klerus vorbehaltenen Bereichs. Ursprünglich gab es zehn hohe und schmale Fenster, die im Obergaden des Chorbereichs mit Rundfenstern abwechselten, und das Mittelschiff wurde von einer großen Apsis abgeschlossen – die kleine dreieckige Apsis des rechten Seitenschiffs wurde später angefügt. Konventsgebäude für die verantwortlichen Regularkanoniker flankieren das Atrium und die vordersten Joche des rechten Seitenschiffs. Sie wurden zusammen mit der neuen Kirche errichtet und später erweitert und umgebaut; als zwei- und dreistöckige Ziegelbauten mit kleinen Bogenfenstern und runden Okuli bilden sie geschlossen wirkende Blöcke.

Ist die Anlage der neuen Kirche auch einfach, so ist ihre Einrichtung und Dekoration von verschwenderischer Pracht. Vor der Apsis liegt ein erhöhter Altarraum, auf dem sich der Hochaltar unter einem Baldachin erhebt. Davor erstreckt sich bis zum Mittelpfeiler des Mittelschiffs ein langer umgrenzter Bereich, der mit einem Ambo und mit Lesepulten ausgestattet ist und den Chor, die *schola cantorum*, aufnahm. Der Thron in der Apsis gleicht eher einer päpstlichen Kathedra als einem normalen Bischofsthron. Die marmornen Chorschranken, die Kanzeln und Teile der Kathedra wurden aus der aufgelassenen unteren Kirche genommen, aber ihre Anordnung zeugt von einem Neubeginn in der Einrichtung von Kirchen. Auch der ornamentale *opus-sectile*-Boden, der lange vor der Zeit der *marmorarii* der Cosmaten-Familie entstand, zeigt eine neue und charakteristische Anordnung: ein schmales Band von Rondellen, die in grünem Serpentin und Porphyr gearbei-

Die erneute Wiedergeburt Roms: Das 12. Jahrhundert

tet sind und in der ganzen Länge des Mittelschiffs von einem Guillochemuster umschlungen werden, verbindet das Portal mit dem Eingang zur *schola cantorum*, dem Chorbereich, und setzt sich bis zum Altarraum in der Apsis fort; zu beiden Seiten wird es von mit vielfarbigen geometrischen Mustern ausgefüllten Feldern flankiert. Ebenso neu in Stil und Ikonographie ist die Dekoration der Apsis und des sie abschließenden Wandbogens, wovon jedoch später gesprochen werden soll – hier muß ein kurzer Gesamteindruck genügen (Abb. 118). Im Apsisgewölbe wächst ein von der Madonna und dem heiligen Johannes umstandenes Kruzifix aus reichen Akanthusblättern hervor, das von ornamentalen Weinranken umschlossen und von der Himmelskuppel bekrönt wird. Zwischen den Ranken und am unteren Rand des Mosaiks verteilt, finden sich Rehe, Vögel, Putten, Menschengruppen, Fruchtkörbe, bäuerliche Szenen, Schäfer mit ihren Schafen, eine Frau, die die Hühner füttert. Alle diese Details waren in der römischen Kirchendekoration seit dem 4. und 5. Jahrhundert niemals mehr anzutreffen (Abb. 139, 141–145). Eine lange Inschrift und ein Fries von Lämmern kennzeichnet die Kämpferlinie des Apsisgewölbes. Auf der Wand zu beiden Seiten und über dem Apsisbogen sind in vier übereinanderliegenden Reihen die folgenden Motivgruppen angeordnet: Bethlehem und Jerusalem; Jesaia und Jeremia, die Vorboten Christi; die Heiligen Petrus, Paulus, Laurentius und Klemens, die großen Märtyrer Roms und die Kirchenpatrone; zuletzt schließlich, zu beiden Seiten einer Büste des Christus Pantokrator die Symbole der vier Evangelisten. Hier wurde aus neuen und alten Elementen ein ausgeklügeltes Schema entwickelt, dessen Darstellung in der Form des Mosaiks gleichermaßen eklektisch ist: gerade hierin muß man einen echten Durchbruch sehen, denn es ist nach fast drei Jahrhunderten zum erstenmal wieder ein Beispiel einer großangelegten Mosaikarbeit in Rom. Für den Fußboden, die Einrichtung und die Dekoration von S. Clemente wurden keine Ausgaben gescheut. In einem architektonisch denkbar schlichten Rahmen wurden Neuerungen und traditionelle Elemente zusammengefügt, um eine großartige und üppige Stätte der Verehrung im Geiste der neuen Zeit zu schaffen.

Der Umkreis dieses neuen Aufbruchs – und es ist ein Neuaufbruch – wird ein paar Jahre nach S. Clemente mit S. Maria in Trastevere noch augenfälliger (auch wenn diese Kirche vor einem Jahrhundert umgebaut wurde – als ein großartiges, wenngleich schwer zu verdauendes Beispiel des *stile Pio Nono*). Die heutige Kirche ersetzt einen Bau des 4. und 9. Jahrhunderts und mag in den zwanziger Jahren des 12. Jahrhunderts möglicherweise von ihrem Titularkardinal Pietro Pierleone, dem späteren Anaklet II., begonnen worden sein – ihre üppige Ausstattung läßt einen reichen Stifter vermuten. Gleichgültig, ob Anaklet II. nun der Gründer war, Bau und Dekoration der Kirche wurden, wie es scheint, von seinem Widersacher Innozenz II. im Jahre 1143 abgeschlossen. Die Ausmaße der Anlage sind groß, ein Drittel größer als bei S. Clemente, und mit den wichtigeren Basiliken des 5. Jahrhunderts, etwa S. Sabina, durchaus zu vergleichen. Gleichermaßen eindrucksvoll ist die Durcharbeitung der Anlage. Hinter dem Narthex – ein einfacher Bau, dessen Säulen mit korinthischen Kapitellen versehen sind, die vor dem Umbau im Jahre 1702 ein Gebälk trugen – strebt die Mittelschiffsfassade in die Höhe. Sie wird von einem vorspringenden Karnies abgeschlossen, das wohl wie ähnliche Hohlkehlen in Rom im 13. Jahrhundert aufgesetzt wurde. Die Mosaiken auf dem Karnies sind mittelalterlichen Datums, während die Wandgemälde auf der eigentlichen Fassade aus

119. S. Maria in Trastevere, Fassade um 1900

120. S. Maria in Trastevere, Innenansicht um 1825. Stich von Antonio Sarti

dem 19. Jahrhundert stammen. Zur Rechten erhebt sich ein Glockenturm, der in das erste Joch des Seitenschiffs hineingebaut ist (Abb. 119). Im Innern öffnen sich die weiten Räume des Mittelschiffs und der Seitenschiffe auf ein Querhaus, das ursprünglich, wie es scheint, auf demselben Niveau wie das Mittelschiff lag (Abb. 120). Zwei riesige Säulen mit Granitschäften tragen am Ende des Mittelschiffs den Triumphbogen, der den Hochaltar überwölbt. Nach einem Plan aus dem 15. oder 16. Jahrhundert war das Querschiff ursprünglich durch Säulenpaare von den Seitenschiffen abgeteilt. Die Säulen des Mittelschiffs, auf jeder Seite elf an der Zahl, tragen keine Arkaden, sondern ein Gebälk. Mit ihren Sockeln und imposanten Kapitellen bilden sie ein eindrucksvolles Gemisch aus römischen Spolien, die aber alle sorgfältig ausgewählt und so aufeinander abgestimmt sind, daß sie die liturgische Unterteilung des Mittelschiffs in einen Bereich für die Laien und einen für den Klerus kennzeichnen. Ursprünglich gab es im Mittelschiff wie in den Seitenschiffen nur wenige hohe und schmale Fenster; die breiten Fenster, die Wandgemälde und Pilaster des 19. Jahrhunderts passen zur originalen Anlage des 12. Jahrhunderts ebensowenig wie zu der prachtvollen Decke aus dem 17. Jahrhundert. Das *opus-sectile*-Pflaster wurde vor über 100 Jahren neu gelegt und ersetzte eines, das wohl aus dem 13. Jahrhundert stammte und auch schon nicht mehr das ursprüngliche war. Genau wie in S. Clemente trägt das Apsisgewölbe ein großartiges Mosaik, das Christus mit der Madonna auf dem Thron zeigt, umgeben von den mit dieser Kirche verbundenen Heiligen, deren Reihe von Petrus angeführt und vom Stifter, Innozenz II., abgeschlossen wird (Abb. 121). Das Motiv der thronenden Gruppe Christi und Mariae ist sicherlich neu unter den römischen Monumentalkompositionen; abgesehen davon jedoch geht die Szenengestaltung in S. Maria in Trastevere auf jenes Schema zurück, in dem Heilige und Stifter Christus oder Maria umgeben und das seit frühchristlicher Zeit traditionell gebräuchlich und in den karolingischen Apsiden

Die erneute Wiedergeburt Roms: Das 12. Jahrhundert

121. S. Maria in Trastevere, Apsismosaik

vorherrschend war. An den Seiten erstreckt sich das Mosaik noch auf die Wand des Querschiffs mit einer Darstellung der Propheten Jesaias und Jeremias, die die Empfängnis und das Opfer Christi voraussagen. Die anderthalb Jahrhunderte später entstandenen Mosaikfelder Cavallinis auf der Wand der Apsis vollenden die Dekoration des Chors. Von außen gesehen, zeigt die Apsismauer eine der inneren Ausschmückung an Eindrücklichkeit vergleichbare Anlage, die vielleicht sogar noch kühnere Neuerungen aufweist. Neun von breiten und flachen Pilastern getragene Blendarkaden gliedern die Mauer mit ihren steilen Linien; die Bögen springen aus unverzierten Kragsteinen, die durch obere und untere Simse abgesetzt sind; drei der Arkaden enthalten Fenster, die später tiefer gesetzt wurden, um sie der Anordnung der Mosaiken anzupassen; auf halber Höhe der Apsis verläuft ein dünner, fein ziselierter Marmorsims quer über die Pilaster und die Zwischenräume; entlang der Grundlinie des Gewölbes wechseln sich Marmorkonsolen, die aus einem klassischen römischen Gesims herausgeschnitten wurden, mit Ziegelsimsen ab. Die ganze Wandanlage ist neu und einzigartig in Rom, und auch anderswo ohne Parallelen.

Nahe bei S. Clemente liegt schließlich die fast gleichzeitig erbaute Kirche SS. Quattro Coronati. Die riesige karolingische Basilika war 1084 von den Normannen niedergebrannt worden, und ein erster Versuch, sie in ihren ursprünglichen Ausmaßen wiederaufzubauen, den Paschalis II. im Jahre 1099 oder kurz danach unternommen hatte, war gescheitert. Anscheinend standen weder die notwendigen Summen noch die langen Balken zur Verfügung, die für die Überdachung des riesigen Mittelschiffs notwendig gewesen wären. Statt dessen wurde 1116 eine viel kleinere Kirche vollendet: Mittelschiff, Seitenschiffe und Querhaus wurden alle in den rückwärtigen Bereich des ehemaligen Mittelschiffs eingepaßt (Abb. 122). Säulen mit korinthischen Kapitellen, alles Spolien, tragen die Arkaden zu beiden Seiten des Mittelschiffs; über ihren fünf Bögen öffnen sich zwei von einem Mittelpfeiler getrennte

122. SS. Quattro Coronati, Innenansicht

Dreierarkaden auf eine Empore, die ursprünglich wohl nicht zugänglich war. Es scheint eine Scheinempore gewesen zu sein, die dafür gedacht war, auf ihren hohen Mauern ein Dach über der gesamten Breite des Langhauses zu tragen. Der Fußboden von Mittel- und Querschiff ist ähnlich wie in S. Clemente von einem vorcosmatischen Pflaster gedeckt. An der linken Seite der Kirche wurde gleichzeitig und in derselben Mauertechnik ein neuer Konvent angelegt, der vielleicht einen älteren ersetzte. Sein langer Westflügel wurde von kleinen Okuli erhellt, die denen in Kirche und Konvent von S. Clemente gleichen (Abb. 123). Der Kreuzgang im Konvent von SS. Quattro Coronati zeigt schmale Arkaden, die entlang den Längsseiten in Achtergruppen, an den Schmalseiten in Sechsergruppen angeordnet sind und unterteilt werden von mit fein geriefelten Pilastern verzierten Pfeilern. Die Bögen ruhen auf paarweise angeordneten schlanken Säulchen mit schlichten Laubkapitellen und werden von einem doppelten Sägefries und einer Reihe von Kragsteinen bekrönt, deren Zwischenräume mit buntem, cosmatenähnlichem Mosaik verziert sind (Abb. 131). Dies scheint einer der frühesten Kreuzgänge zu sein, die in Rom erhalten geblieben sind, vielleicht gar der erste, der in der Stadt gebaut wurde. Frühere Konvente, die nahe bei Kirchen in ältere Häuser eingebaut wurden, hatten zuwenig Raum für Kreuzgänge, die im 8. und 9. Jahrhundert an anderen Orten schon durchaus gebräuchlich waren. Später, im 12. und 13. Jahrhundert, wurden auf der dem Kreuzgang von SS. Quattro Coronati gegenüberliegenden Seite noch weitere Konventsgebäude errichtet; sie wurden eingebaut in das rechte Seitenschiff der alten Basilika aus dem 4. Jahrhundert und die ihm angebauten Kapellen des 9. Jahrhunderts. Zu den wichtigsten dieser Neubauten zählt die 1246 geweihte Kapelle des heiligen Sylvester mit ihren reichen Fresken. Bauten aus dem 12. und 13. Jahrhundert türmen sich hoch auf der Klippe über der schmalen Straße, die zum Lateran hinaufführt.

Trotz ihrer Unterschiede in Planung und Anlage heben sich S. Clemente, S. Maria in Trastevere und SS. Quattro Coronati gemeinsam von dem Durchschnittsbaustil ab, der wohl im Kirchenbau der Stadt vom späten 9. bis ins 12. Jahrhundert hinein vorgeherrscht hat. Nachdem die Welle karolingischer Kirchenbauten und ihrer Dekoration um 850 ein Ende gefunden hatte, scheint der Bau von neuen Kirchen in Rom überhaupt fast zum Stillstand gekommen zu sein. Kapellen wurden in antike Ruinen eingepaßt, wie schon vor 800 das Oratorium S. Agnese an der Piazza Navona. Es ist unter der prächtigen Barockkirche noch immer zugänglich, doch in einem barbarisch restaurierten Zustand. Ein anderes Beispiel aus der Zeit nach 900 war S. Barbara dei Librai in einem Gewölbe des Pompejustheaters. Heidnische Tempel wurden christianisiert und mit Freskenzyklen versehen – der Tempel der Fortuna Virilis etwa wurde zwischen 872 und 882 umgewandelt und zunächst als S. Maria ad Gradellis, später als S. Maria Egiziaca geweiht. Winzige einschiffige und mit Apsiden versehene Kapellen wurden noch neu gebaut: oft waren sie reizend wie S. Maria in Pallara auf dem Aventin, das heutige Kirchlein S. Sebastiano alla Polveriera, das um 970 von dem Arzt Petrus gegründet und mit Wandgemälden ausgestattet worden war; oder wie S. Maria in Cappella, nahe dem südlichen Ende von Trastevere, die im Jahre 1090 – dem auf ihrer Glocke angegebenen Datum – oder kurz zuvor gebaut wurde und vor 90 Jahren ohne Wahrung der Proportion vergrößert worden ist. Viele von ihnen mögen private Gründungen gewesen sein, die für die Hausgottesdienste einer Familie von einem ›Hauskaplan‹ geleitet wurden – S. Barbara dei Librai zum Bei-

Die erneute Wiedergeburt Roms: Das 12. Jahrhundert

spiel –, oder sie wurden wie S. Maria in Pallara einer Mönchsgemeinschaft anvertraut.

Seit dem letzten Drittel des 11. Jahrhunderts jedoch setzte eine Flut von gänzlich neuen Kirchenbauten ein. Die meisten lagen im *abitato*, vom Corso bis zum Tiberknie, und waren Gemeindekirchen. Die großen wurden von Kanonikergemeinschaften oder ansehnlichen Klöstern versorgt, bei den kleinen genügten zwei Priester oder auch nur einer. Der vorherrschende Typus war der einer recht kleinen dreischiffigen Basilika mit einer Apsis und einem Balkendach; er wurde für mehr als ein Jahrhundert zur Norm. Beiderseits des Mittelschiffs trugen je vier bis sieben Säulen die Arkaden, auf denen die Mauern des Lichtgadens ruhten. Je nach der Zahl der tragenden Säulen variierte der Gesamtplan zwischen einer nahezu quadratischen Anlage und einem Rechteck mit einem Seitenverhältnis von zwei zu drei; die Decke lag heimelig tief. Die Fenster waren klein und ließen nur unzureichend Licht in das Mittelschiff und die Seitenschiffe dringen. S. Stefano del Cacco nahe der Piazza del Collegio Romano oder S. Salvatore in Onda, die beide um 1100 erbaut wurden, wären vollkommene Beispiele dieses Typs, hätte man sie nicht im 17. beziehungsweise im 19. Jahrhundert allzu gründlich umgebaut. Wie die Dinge liegen, wird der architektonische Typus am besten von S. Giovanni a Porta Latina verkörpert, trotz ihrer Lage weit draußen nahe der Aurelianischen Mauer, ihrer Verwendung als Klosterkirche, dem vergleichsweise späten Datum ihrer Weihe (1191) und der Tatsache, daß der Basilika eine Apsis mitsamt dem gewölbten, von Seitenräumen flankierten Vorchor einer Kirche aus dem 6. Jahrhundert einverleibt worden sind (Abb. 124). Das Mittelschiff wird beiderseits von je fünf Säulen flankiert, deren unterschiedlich lange Schäfte aus verschiedenen Materialien bestehen; die Sockel und Plinthen sind Spolien, während die Kapitelle alle ionisch sind und nur zum Teil klassischem Plünderungsgut entstammen, zum anderen Teil im 12. Jahrhundert gearbeitet wurden. Die Wände des Mittelschiffs sind mit Wandgemälden bedeckt und von kleinen Fenstern durchbrochen. In der Nähe des Hochaltars ist ein Teil des ursprünglichen cosmaten-

123. SS. Quattro Coronati, Kirche und Konvent um 1880

124. S. Giovanni a Porta Latina, Innenansicht

artigen *opus-sectile*-Pflasters erhalten geblieben. Vor der Fassade erhebt sich ein arkadengetragener Narthex, aus dem ein Glockenturm ragt. Kirchen von solch bescheidener Art, mögen sie nun früh oder spät gebaut worden sein, geben einen erstaunlich kontrastreichen Hintergrund für Basiliken wie S. Maria in Trastevere und ihre aus derselben Zeit des frühen 12. Jahrhunderts stammenden Artgenossen ab, die alle in Anlage, Ausmaßen und Großzügigkeit der Dekoration und Einrichtung von monumentalem Charakter waren.

Diese neuen Kirchen setzten neue Normen. Wie S. Maria in Trastevere hat die zwischen 1123 und 1130 erbaute und fast gleich große Kirche von S. Crisogono ein dreischiffiges Langhaus, in dem die Seitenschiffe durch je elf antike Säulen mit Gebälk vom Mittelschiff getrennt sind, dazu ein tiefes Querschiff, dessen Mitte von einem säulengetragenen Triumphbogen umrahmt wird, und eine Apsis. Die ursprüngliche Dekoration ist verschwunden, doch der prächtige Gesamteindruck ist geblieben. Man betrachte nur das weite Mittelschiff und seine kostbaren Säulen, einschließlich der Porphyrsäulen, die den Triumphbogen tragen, und den reichen, vielfach restaurierten *opus-sectile*-Boden. S. Bartolomeo in Isola ist zwar im wesentlichen nach demselben Plan wie S. Maria in Trastevere und S. Crisogono angelegt, weist aber gewisse Abweichungen vom Standardtyp auf. Die Kirche wurde vielleicht schon 1113, vielleicht aber auch erst 1160 erbaut und ist nur halb so groß wie die beiden Trastevere-Kirchen. Ihr Mittelschiff ruht auf säulengetragenen Arkaden, und unter dem im Niveau um fünf Stufen angehobenen Querschiff erstreckte sich eine Hallenkrypta, deren Gewölbe auf Säulen ruhten. Die aus dem 9. Jahrhundert stammende Kirche S. Maria Nova (heute S. Francesca Romana) auf dem Forum wurde vor 1161 modernisiert und erweitert, indem man ihr ein Querschiff, eine Apsis und einen Glockenturm anbaute und sie mit Mosaiken ausstattete. Durch zwei weitere Umbauten im 17. Jahrhundert wurden diese mittelalterlichen Züge über-

Die erneute Wiedergeburt Roms: Das 12. Jahrhundert

lagert, aber nicht gänzlich verwischt. In einer anderen architektonischen Variante wurde eine Anlage mit Transept und Scheinemporen wie in SS. Quattro Coronati zur Norm. Ein Beispiel hierfür bot die 1144 bis 1145 neugebaute Kirche S. Croce in Gerusalemme, bevor sie im Jahre 1743 so prächtig umgebaut wurde. Ein weiteres Beispiel war die vielleicht erst 1217 erbaute Kirche SS. Bonifacio ed Alessio, wiederum freilich nur bis zu ihrem Umbau im 18. Jahrhundert. Überbleibsel und alte Zeichnungen, Stiche und Beschreibungen zeugen bei beiden Kirchen von einer ursprünglichen Anlage mit Scheinemporen, die sich in Arkaden öffnen, einem Querschiff und einer Apsis, mit einem auf Säulen mit Gebälk ruhenden Narthex und einem Glockenturm, der sich aus dem ersten Joch des Seitenschiffs oder aus dem Narthex erhob. Obendrein sind in S. Croce Fragmente eines Zyklus von Wandgemälden erhalten geblieben, und unter dem erhöhten Niveau des Querschiffs von SS. Bonifacio ed Alessio erstreckt sich eine Hallenkrypta. Grundriß und Dekoration von S. Clemente wurden zur Norm mit oder

125. S. Maria in Cosmedin, Mittelschiff

126. S. Maria in Cosmedin, Außenansicht

Die erneute Wiedergeburt Roms: Das 12. Jahrhundert

ohne Varianten. Um 1123 finanzierte der päpstliche Kammerherr Alfano, ein Mann von großem Vermögen, ob er nun Laie oder Kleriker war, den Neubau der aus dem 8. Jahrhundert stammenden Kirche S. Maria in Cosmedin; er ließ ihr einen Glockenturm anbauen und sie mit Wandgemälden, einem Cosmatenboden und liturgischer Einrichtung ausstatten (Abb. 125, 126). Zu letzteren gehörten ein Altarbaldachin, der im späten 13. Jahrhundert durch einen gotischen ersetzt wurde, eine Säulenpergola vor dem Altar, Chorschranken und ein Bischofsthron. Die Kirche, die um 1900 überrestauriert und ihrer hinreißenden Fassade aus dem 18. Jahrhundert beraubt wurde, ist zu der am besten bekannten mittelalterlichen Touristenattraktion in Rom geworden. Im Mittelschiff wird die Kolonnade von zwei breiten Pfeilern in drei Gruppen von jeweils vier Arkadenbögen unterteilt, wodurch die liturgischen Bereiche der Laien, der *schola cantorum* und des Altarraums gekennzeichnet sind. Der Fußboden ist demjenigen von S. Clemente sehr ähnlich und deutet wie dieser einen Laufsteg vom Tor bis zum Altar an, der von einem sehr großen Rondell, einer *rota*, unterbrochen und von einem Guillochemuster umschlungen wird. Ein Narthex mit einem Torvorbau (*prothyron*), die beide im frühen 20. Jahrhundert in ihrer ursprünglichen Form wiederaufgebaut wurden, liegt vor der gesamten Breite des Langhauses, und ein Glockenturm ragt rechts aus dem ersten Joch des Seitenschiffs empor. Eine weitere wichtige Variante des Standardplans war die Aufführung von Querbögen über dem Mittelschiff und den Seitenschiffen, die auf breiten, an die Pfeiler angefügten Pilastern ruhten. Diese Variante wurde bei dem fehlgeschlagenen ersten Versuch von bald nach 1099, SS. Quattro Coronati in ihrer ursprünglichen Größe wiederaufzubauen, ebenso angewandt wie bei den Umbauarbeiten von vermutlich 1116 an der Kirche SS. Giovanni e Paolo. Derartige Querbögen dienten auch der Unterteilung des Mittelschiffs in die liturgisch vorgeschriebenen Abschnitte. Anderswo wurde der bescheidene Basilikagrundplan erweitert, wie zum Beispiel in S. Gregorio Magno oder S. Saba, in denen auch die Seitenschiffe in Apsiden enden, so daß die Hauptapsis von zwei kleineren flankiert wird. Ebenso wurden von den Baumeistern und Stiftern des 12. Jahrhunderts auch einzelne Züge des Standardtyps an ältere Bauten angefügt: ein auf Säulen mit ionischen Kapitellen und Gebälk ruhender Narthex wurde 1130 an S. Lorenzo in Lucina, 1154 an

127. S. Rufina, Campanile

SS. Giovanni e Paolo, 1145 bis 1153 an S. Maria Maggiore und im frühen 13. Jahrhundert an S. Giorgio in Velabro angebaut, um nur vier beliebige Beispiele zu nennen. Gegiebelte säulengetragene Portalvorbauten wie derjenige von S. Clemente wurden an das Atrium beziehungsweise den Narthex von S. Prassede, S. Maria in Cosmedin und S. Cosimato angefügt, und Hallenkrypten wurden in S. Bartolomeo in Isola und SS. Bonifacio ed Alessio eingebaut. Obendrein wurden seit dem späten 11. Jahrhundert bis ins 13. und noch darüber hinaus überall in der Stadt für alte und neue Kirchen Glockentürme errichtet: riesige, wie derjenige von S. Maria in Cosmedin, und winzige *campaniletti* wie der von S. Rufina in Trastevere (Abb. 127). Sie standen manchmal neben der Kirche, obwohl es da kaum jemals Platz gab, nur sehr selten der Kirche gegenüber wie bei SS. Giovanni e Paolo (Abb. 128), oder sie erhoben sich über einem Flügel des Querschiffs wie bei S. Prassede. Am häufigsten freilich waren sie in ein Seitenschiff entweder im ersten oder im letzten Joch eingefügt, so bei S. Sabina, S. Puden-

128. SS. Giovanni e Paolo, der Campanile vor der Restaurierung

Die erneute Wiedergeburt Roms: Das 12. Jahrhundert

ziana, S. Maria Nova und, sogar noch im 14. Jahrhundert, bei S. Maria Maggiore.

Die genaue Datierung der Kirchenbauten ist oft nur schwer zu ermitteln, da das urkundliche Material nicht immer verläßlich ist. Die Weihe einer Kirche fand oft erst lange nach Abschluß der Bauarbeiten statt: S. Maria in Trastevere, die einschließlich ihrer Dekoration 1143 vollendet war, wurde erst im Jahre 1215 geweiht. Stilistische Merkmale geben nur selten einen Hinweis auf die Chronologie. Plan und Anlage der Kirchen und der Stil ihrer Dekoration veränderten sich während der nächsten 100 Jahre nur geringfügig. Bei S. Lorenzo fuori le mura wurde gegen Ende des 12. Jahrhunderts von Cencius Camerarius, dem Kardinalkanzler und späteren Papst Honorius III., eine große Basilika angebaut und dann im ersten Viertel des 13. Jahrhunderts vollendet. Die von Papst Pelagius errichtete Basilika aus dem 6. Jahrhundert mit ihren alten Emporen wurde nach dem Abbruch ihrer Apsis zum Altarraum der neuen Kirche. Der alte Fußboden wurde (abgesehen von einer kleinen Krypta) aufgeschüttet, so daß das neue Niveau neun Stufen über dem des neuen Mittelschiffs lag. Das Grabmal des heiligen Laurentius in der Krypta wurde restauriert und neu ausgeschmückt. Das neue, von steilen Seitenschiffen flankierte Mittelschiff ruht beiderseits auf langen Reihen von je elf Säulen mit Gebälk (Abb. 129). Die Fenster sind im Mittelschiff wie in den Seitenschiffen klein gehalten. Säulen und Säulengebälk scheinen Spolien zu sein. Sie wurden offensichtlich aus der schon lange verfallenen Begräbnisbasilika des 4. Jahrhunderts genommen, die sich südlich der Kirche erhob. Nach mehr als zwei Generationen wird hier der Typus von S. Crisogono und S. Maria in Trastevere wiederaufgegriffen, wenn auch ohne das Querschiff. Vor dem neuen Langhaus liegt ein ebenfalls auf Säulen mit Gebälk ruhender Narthex, dessen Fries mit Mosaiken verziert ist (Abb. 130). Er ist erst nach 1217 entstanden, aber demjenigen von S. Maria in Trastevere, der beinahe ein Jahrhundert älter ist, trotzdem sehr ähnlich. Die ionischen Kapitelle in Narthex und Mittelschiff sind, abgesehen von einigen wenigen Spolien, von außerordentlich feiner mittelalterlicher Steinmetzarbeit. Der Baldachin über dem Hochaltar wurde 1148 von Hugo, *humilis abbas*, für die Pelagiusbasilika in Auftrag gegeben und anscheinend in den neuen Altarraum wieder eingefügt. Die liturgische Einrichtung dagegen – das Chorgestühl, der Bischofsthron und der Ambo – stammt mit ihren reichen und farbenprächtigen Mosaikintarsien aus dem Jahr 1254. Noch 1260 hält sich die Kirche S. Maria in Aracoeli an jenen Basilikaplan, der in Rom im frühen 12. Jahrhundert wieder vorherrschend geworden war: ein weites, arkadengetragenes Mittelschiff, ein durchgehendes Querhaus, ursprünglich nur eine Apsis, ein offenes Balkendach und ein Cosmatenboden. Nur in die Ausführung waren einige wenige gotische Elemente eingegangen. Offenbar wurde seit der Mitte des 12. Jahrhunderts ein durchgehendes Querschiff von gleicher Höhe wie das Mittelschiff als ein standardisiertes Element einer jeden rechtschaffenen Basilika angesehen. Tatsächlich wurden die großen frühchristlichen Kirchen, denen Querschiffe fehlten, mit regulären Transepten versehen: in St. Peter wurden 1154 der niedrige Nordquerflügel aus konstantinischer Zeit auf die Höhe des Mittelschiffs hochgezogen, in S. Croce in Gerusalemme wurde 1144 ein Transept geschaffen, indem man die ursprünglich ungegliederte Halle aufteilte, in S. Maria Maggiore wurde an das alte Langhaus ein regelrechtes, wenn auch schmales Querschiff angebaut, und in der Lateranbasilika trat 1291 ein durchgehendes Transept an die Stelle der niedrigen konstantinischen Seitenkammern.

Auch die Kirchendekoration scheint wie die Kirchenpläne im allgemeinen bis weit ins 13. Jahrhundert hinein standardisiert gewesen zu sein. In den Apsismosaiken wurde das uralte Schema, bei dem der Heiland oder die Muttergottes von Heiligen und Stiftern umgeben sind, mit nur geringen Abweichungen noch weitere 100 Jahre beibehalten, nachdem es um 1140 in S. Maria in Trastevere erst einmal wiederaufgegriffen worden war. Es findet sich in S. Maria Nova um 1161, in der Peterskirche um 1210, in S. Paolo fuori le mura ungefähr 1218 bis 1227. Freilich veränderte sich der Stil der Figuren und Köpfe in den Mosaiken des 13. Jahrhunderts unter dem Einfluß ausländischer Künstler, die man nach Rom holte – im Falle von St. Peter aus dem normannischen Sizilien und für S. Paolo aus Venedig. Doch der wirkliche Durchbruch zu einem neuen Stil gelang erst zwei Generationen später, im letzten Drittel des 13. Jahrhunderts.

Aufgrund dieser Standardisierung zeigen Kirchenanlagen und Kirchenausführungen einschließlich der wichtigeren figürlichen Kompositionsschemata in den Apsismosaiken und Wandgemälden im Rom des Hochmittelalters kaum Zeichen eines Wandels. Nur recht spezielle Züge – Bautechniken, die litur-

129. S. Lorenzo fuori le mura, das um 1200 errichtete Mittelschiff

Die erneute Wiedergeburt Roms: Das 12. Jahrhundert

130. S. Lorenzo fuori le mura, Fassade und Narthex

gische Einrichtung, das Muster der Fußböden oder die Anlage von Kreuzgängen, die oft gesichert datiert sind – geben einige Hinweise, aufgrund derer sich eine Entwicklung aufspüren läßt. Einige der Veränderungen sind offenkundig: die *opus-sectile*-Dekoration von Chorschranken, Kanzeln, Bischofsthronen und Osterleuchtern, die anfänglich recht einfach und großflächig gewesen war, wurde im späten 12. und frühen 13. Jahrhundert zunehmend detaillierter und feiner; um die Mitte des 13. Jahrhunderts begannen der Porphyr und der grüne und weiße Marmor gläsernen Mosaiken von in winzigen Mustern angeordnetem leuchtendem Rot, Blau und Gold zu weichen. Die Einrichtung von S. Maria in Cosmedin (1123) liefert ein frühes Beispiel. Die Chorschranken vor dem Altarraum in S. Saba von etwa 1235, die Kathedra und das Chorgestühl in S. Lorenzo fuori le mura von 1254 sind Beispiele für die spätere Phase. Gleichermaßen klar ist in ihren allgemeinen Linien die chronologische Reihenfolge der Kreuzgänge, von dem bei SS. Quattro Coronati (Abb. 131) von 1116 oder wenig später, über denjenigen von S. Lorenzo fuori le mura von 1187 bis 1191 bis schließlich hin zu den kunstvollen Anlagen der Kreuzgänge von S. Paolo fuori le mura (Abb. 132) aus der Zeit von 1193 bis nach 1228 und von S. Giovanni in Laterano von 1220 bis 1232. Die Gruppierung der Arkaden, die sie tragenden Doppelsäulchen, die Bogenprofile und das Abschlußgesims, die anfänglich alle schlicht und klar gehalten waren, wurden immer kunstvoller ausgeführt. In den späteren Kreuzgängen sind die Säulchen gedreht und mit Mosaikintarsien versehen, das Gesims ist mit reichem Laubwerk und mit Masken, mit Löwenhäuptern und Palmetten gemeißelt, und auf den Friesen erscheinen geometrische Ornamente in Marmorintarsien: alles Teile der Ausführungstechnik, deren Wandlungen dazu verhelfen könnten, den noch undatierten Kreuzgängen von S. Cecilia, S. Cosimato und S. Sabina ihren richtigen Platz zuzuweisen. Doch ernsthafte Studien auf diesem Gebiet stehen bislang noch aus. Auch sind die genaue Art und die mögliche Entwicklung der während des Hochmittelalters in Rom gebräuchlichen Bautechniken noch nicht hinreichend unter-

131. SS. Quattro Coronati, Kreuzgang

sucht worden, so daß man nicht oder nur unsicher datierte Bauten auf der Grundlage stilistischer oder archäologischer Analyse noch nicht einer genauen Zeit zuweisen kann.

Doch der Kern des Arguments wird davon nicht berührt. Baustil und Dekoration von Kirchen zeigen in Rom seit dem frühen 12. Jahrhundert bis ins 13. hinein ein bemerkenswert gleichförmiges Bild. Es ist durch eine Anzahl von konstanten Zügen gekennzeichnet und einigermaßen monoton. Wie wenig aufregend die römische Kirchenarchitektur dieser Jahre war, zeigt sich insbesondere dann, wenn man sie im Kontext der großen romanischen Kirchen betrachtet, die in denselben Jahren, oft sogar schon eine oder zwei Generationen früher, in der Normandie, in England und Burgund, entlang den Pilgerstraßen in Südwestfrankreich, in den Rheinlanden, in der Lombardei und in der Toskana entstanden: Saint-Étienne in Caen (1064), die dritte Abteikirche von Cluny (1085), Saint-Martin in Tours (997–1050), Saint-Sernin in Toulouse (1096), der Dom von Speyer, wie er zuerst zwischen 1030 und 1061 errichtet wurde und nach seinem Umbau nach 1080, S. Ambrogio in Mailand, in seiner heutigen Form nach 1090 umgebaut, die Kathedrale von Durham mit ihrem Rippengewölbe im Altarraum (1093–1104) und die frühgotische Fassade und der Umgangschor der Abteikirche von Saint-Denis, die in denselben Jahren wie S. Maria in Trastevere errichtet wurden. Die große Mehrzahl dieser Kirchen in Frankreich, Deutschland und England ist eingewölbt, aber selbst in denjenigen Kirchen, die ein Balkendach haben, sind Mittel- und Seitenschiffe, Querhaus, Vierung und Seitenkapellen deutlich gegeneinander abgesetzt, die tragenden Teile sind klar hervorgehoben und die Wände sowohl in der Vertikalen wie in der Horizontalen durch Gesimse, Blendarkaden, Pilaster, Halbsäulen und Halbschäfte gegliedert. Insgesamt sind Raum, Masse und Wand des Baus im Inneren wie außen klar gegliedert, und hinzu kommt die kompakte Konstruktion steil hochgezogener Innenräume. In Rom dagegen sind solche Züge bloße Randerscheinungen. Die Proportionen sind, wenn nicht durch ältere schon bestehende Elemente bestimmt – alte Fundamente oder wiederverwendete Mauern –, angenehm weit. Der Raum bleibt fließend

Die erneute Wiedergeburt Roms: Das 12. Jahrhundert

– die recht selten verwendeten Querbögen haben nicht dieselbe raumordnende Funktion wie diejenigen, die schon 1060 in S. Miniato in Florenz anzutreffen sind. Die Wände sind nicht durch horizontale oder vertikale Gliederung unterteilt, sondern bleiben Wandgemälden vorbehalten, wie dies seit dem 5. Jahrhundert gebräuchlich gewesen war. Die tragenden Elemente sind Säulen und keine vielgestaltigen und komplexen Pfeiler; die Schäfte, Sockel und häufig auch die Kapitelle sind Spolien. Nur selten wurde ein den romanischen Stilelementen entlehnter Zug der Architektur einer römischen Kirche einverleibt: die lombardische oder rheinische Zwerggalerie, die der frühchristlichen Apsis von SS. Giovanni e Paolo aufgesetzt wurde, ist immer ein Fremdkörper geblieben (Abb. 133). Kurz, die römische Kirchenarchitektur bleibt im Mittelalter von den großen Bewegungen bemerkenswert isoliert, die seit dem frühen 11. Jahrhundert das architektonische Denken vom Atlantik bis zur Elbe und von Lund und Durham bis nach Florenz und Santiago de Compostela grundlegend veränderten. Die römische Architektur ist insular und einfallslos und wirkt im Vergleich mit den Entwicklungen nördlich der Alpen konservativ und rückständig. Sie verwendet dieselben Standardtypen mit nur geringen Abweichungen und bezieht sich wieder und wieder auf immer dieselben Vorbilder. Dennoch scheint es allzu einfach, die mittelalterliche römische Kirchenarchitektur und -dekoration einfach als monoton, konservativ und qualitativ unbedeutend beiseite zu schieben.

Freilich bedarf es keiner längeren Diskussion, um aufzuweisen, daß alle oder beinahe alle Standardpläne des 12. Jahrhunderts in Rom auf lokale frühchristliche Vorbilder zurückgehen. Basiliken mit einem Querschiff wie S. Maria in Trastevere oder S. Crisogono erinnern zunächst und ganz offenkundig an die Peterskirche, die der ideelle Bezugspunkt jeglicher Wiederaufnahme frühchristlicher und insbesondere konstantinischer Kirchenarchitektur während des Mittelalters war. Doch ein wichtiges Merkmal der Peterskirche, das schmale und niedrige Querschiff mit seinen Exedren, ein architektonisches Experiment, war schon im späten 4. Jahrhundert in S. Paolo einem hohen und durchgehenden Transept gewichen, dessen Enden mit den Seitenschiffmauern fluchteten. In dieser Form wurde das Querschiff in der Karolingerzeit wiederaufgegriffen, wenn auch nicht überall; im 12. Jahrhundert wurde es dann zur Regel. Es scheint, als hätten die mittelalterlichen Kirchenarchitekten den Typus von S. Paolo als

132. S. Paolo fuori le mura, Kreuzgang

133. SS. Giovanni e Paolo, Rückfront, Zeichnung von Jan de Bisschop 1644/1645 – Albertina, Wien

Norm übernommen und ihn auch dem unkanonischen Plan von St. Peter übergeordnet, obgleich diese Basilika nichtsdestoweniger der ideelle Archetyp aller mittelalterlichen Kirchenbauten in Rom blieb. Andererseits scheint die Anlage von S. Sabina oder der Lateranbasilika, die vor 1291 kein Querschiff hatte, in einem stark verkleinerten Maßstab jenen bescheidenen Basiliken zugrunde gelegen zu haben, die im 12. Jahrhundert zur Norm wurden, wie zum Beispiel S. Salvatore in Onda. Kirchen mit Scheinemporen dagegen wie die 1116 wiederaufgebaute Kirche SS. Quattro Coronati mögen sich sehr wohl auf frühchristliche Basiliken mit Emporen zurückbezogen haben, wie etwa die östliche Basilika von S. Lorenzo fuori le mura, die heute als Altarraum der neuen Kirche dient, oder S. Agnese. Ganz sicher orientierten sich die mittelalterlichen Kirchenarchitekten und -stifter in Rom seit dem 11. Jahrhundert an den Denkmälern vergangener Jahrhunderte. Rom wurde von seiner eigenen Tradition belastet, und diese Last, die die Stadt zu tragen hatte, hielt sie vom übrigen Europa fern. Sie blieb sich ihrer großen christlichen Tradition und ihrer Stellung als Haupt der christlichen Welt sehr bewußt und wurde in der mittelalterlichen Welt, die für die Zeitgenossen anders nicht vorstellbar war, täglich an sie erinnert. Rom war sich dessen bewußt, der Sitz des auf den heiligen Petrus gegründeten Papsttums zu sein, die Gräber der Apostelfürsten und die Reliquien sehr vieler Märtyrer zu beherbergen und der religiöse Mittelpunkt zu sein, der Pilger von überall aus dem Westen anzog. Diese ganze Herrlichkeit war in den großen christlichen Monumenten der Stadt gegenwärtig: die Lateranbasilika, die des Papstes Bischofssitz war, die alte Peterskirche und S. Paolo, die alle wirklich oder der Legende nach von Konstantin gebaut worden waren, hielten die Erinnerung ständig wach. Sie waren in der Karolingerzeit schon einmal zu architektonischen Vorbildern geworden; deshalb war es selbstverständlich, daß sie und die durch sie beeinflußten karolingischen Bauten schon allein durch ihre überwältigende Allgegenwart und wegen der mit ihnen verbundenen Bedeutung die Kirchenbauten und ihre Dekoration in Rom bestimmen

Die erneute Wiedergeburt Roms: Das 12. Jahrhundert

mußten. Die nördlich der Alpen entwickelten neumodischen Vorstellungen konnten in einer Stadt mit dieser Vergangenheit keinen Platz finden.

Gleichwohl trat die Wiederbelebung frühchristlicher Vorbilder in der Kirchenarchitektur und -dekoration des 12. Jahrhunderts in Rom erst einige Jahre nach 1100 zum erstenmal in Erscheinung. Schon ein halbes Jahrhundert zuvor aber hatte Abt Desiderius eine neue Klosterkirche in Monte Cassino gebaut und ausgeschmückt. Sie ist längst verloren, doch läßt sich trotzdem ein recht klares Bild von ihr gewinnen – aus Ausgrabungen, alten Plänen, einer detaillierten Beschreibung der Kirche, die 1071, im Jahr ihrer Weihe, durch Leo von Ostia verfaßt wurde, und aufgrund der zahlreichen Tochterkirchen, die sich im späten 11. Jahrhundert überall in Mittel- und Süditalien ausbreiteten, von Salerno bis Bari und Trani und bis hinauf zu Castel Sant' Elia bei Nepi, nördlich von Rom: ein von Säulenarkaden getragenes dreischiffiges Langhaus, ein erhöhtes Querschiff, ein auf Säulen ruhender Triumphbogen, ein Atrium, das von arkadengetragenen Säulenhallen umschlossen wurde und an seiner Frontseite mit zwei Türmen bewehrt war, und ein frei stehender Campanile links von der Langhausfassade (Abb. 134). Ein vorcosmatisches Muster deckte den Boden des Mittelschiffs – entlang der Achse vielfarbige runde, von Guilloches umschlungene Steinplatten, die freilich keinen klaren Weg zum Altarraum markierten, und rechts und links davon mit geometrischen Ornamenten gefüllte Felder. Die Wände trugen Fresken, Triumphbogen, Apsis und Apsisbogen waren mit Mosaiken verziert. Das Schema der Mosaiken entsprach, wie Ernst Kitzinger dargelegt hat, höchstwahrscheinlich dem, das in Salerno in Fragmenten erhalten geblieben ist – die Symbole der Evangelisten zu beiden Seiten der Büste Christi, der *veronica*. Eine *schola cantorum* erstreckte sich weit ins Mittelschiff hinein, sie wurde von farbigen und weißen Marmorplatten eingefaßt. Der Altarraum im Querschiff wurde von bronzenen Chorschranken umschlossen, die vor dem Altar silberbeschlagene Säulen trugen; ein marmorner Osterleuchter erhob sich nahe der Kanzel, die eigenartigerweise nur aus goldbeschlagenem Holz gefertigt war. In den größeren Tochterkirchen von Monte Cassino erstreckt sich eine Hallenkrypta in voller Länge und Breite unter dem Querschiff, was sich in der Mutterkirche selbst aufgrund des felsigen Untergrunds und der Notwendigkeit, das Grab des

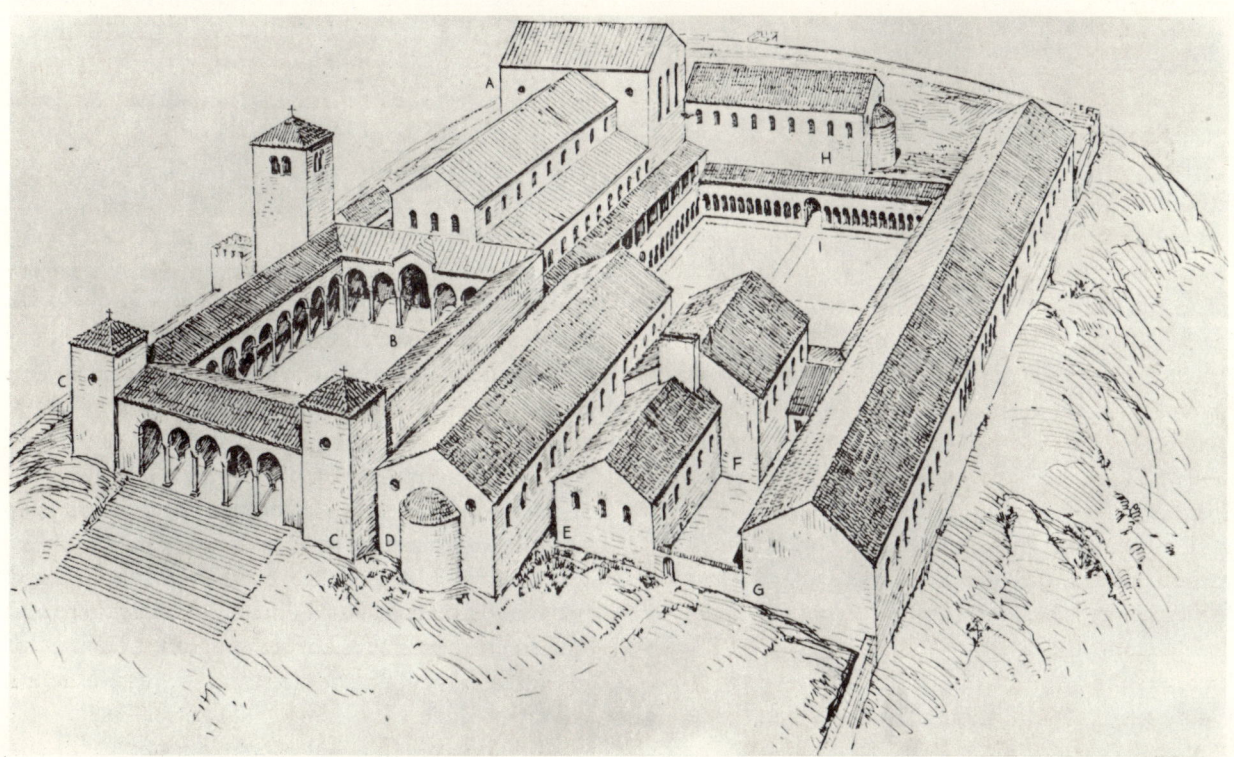

134. Monte Cassino um 1100, isometrische Rekonstruktion von Conant und Willard

heiligen Benedikt unversehrt zu lassen, verbot. Die kleineren Tochterkirchen – S. Angelo in Formis mag für sie repräsentativ sein – verzichten auf das Transept, Mittelschiff und Seitenschiffe werden von Apsiden abgeschlossen, und das Atrium wird von einem arkadengetragenen Narthex ersetzt, mit einem auf Pfeilern ruhenden Spitzbogen in der Mitte. Reiche Wandgemälde in Mittelschiff, Apsis und Narthex sind wahrscheinlich eine Reminiszenz an die Ausstattung in Monte Cassino.

Ganz offensichtlich suchte Desiderius das Vorbild für seine Kirche in Rom. Säulen, Kapitelle, Sockel und Marmor wurden dort gekauft; die Inschrift, die er in der Apsis anbringen ließ, klingt an diejenigen in der Lateranbasilika und auf dem Triumphbogen in der Peterskirche an. Anlage und Ausführung kamen denen von S. Paolo nahe: arkadengetragenes Mittelschiff, erhöhtes Querschiff, der Triumphbogen auf Säulen, das Atrium und das Mosaikschema mit den Evangelistensymbolen und der Christusbüste. Demnach hatte sich Monte Cassino schon 1066 auf die frühchristlichen Vorbilder in Rom besonnen.

Desiderius, der Schüler Gregors VII., bemühte sich offenbar, das Gedankengut des Reformpapsttums und seine Rückwendung zur christlichen Vergangenheit in sichtbarer Form festzuhalten. Ebensowenig erstaunlich ist es, daß sich Desiderius speziell S. Paolo zum Vorbild nahm – die Basilika war der größten Benediktinerabtei Roms anvertraut, die von Gregor VII. selbst, damals noch Abt Hildebrand, reformiert worden war. Selbstverständlich wurde in Monte Cassino das frühe Vorbild in die Bauweise des 11. Jahrhunderts übersetzt: die Ausmaße waren viel kleiner, die Proportionen steiler, die liturgisch bedingte Raumaufteilung war verändert, und wegen des Bedarfs an mehr Altären gab es drei Apsiden anstelle von nur einer.

Um sein Programm jedoch durchzuführen, mußte Desiderius auch auf andere Vorbilder schauen. Seit dem 9. Jahrhundert waren in Rom kein *opus-sectile*-Boden, keine größeren Bronze- und Silberarbeiten, kein Mosaik mehr gefertigt worden. Leo, der Chronist von Monte Cassino, war sich sehr wohl bewußt, daß Desiderius einen Neuanfang unternommen hatte. Wie er ausdrücklich festhält, wurden die Künste des Mosaiksetzens und des *opus-sectile*-Pflasterns, die die *magistra latinitas* 500 Jahre lang oder länger nicht mehr geübt hatte, von Künstlern aus Konstantinopel nach Monte Cassino zurückgebracht, die man zur Dekoration der neuen Kirche herbeigerufen hatte. Einer der Mönche wurde dorthin geschickt, um die Ausführung eines Antependiums mit Verzierungen aus Email und kostbaren Metallen zu beaufsichtigen; 1066 wurde eine Bronzetür wie die, die Desiderius in Amalfi gesehen hatte, für die alte Kirche bestellt – sie wurde später vergrößert und der neuen Kirche eingepaßt und ist bis heute erhalten geblieben. Sogar eine Schule zur Ausbildung von Handwerkern wurde gegründet, um die Erneuerung der Künste am Leben zu erhalten. Um mit Leo von Ostia zu sprechen, hatte also der Westen den Osten diese Künste gelehrt, und der Osten hatte sie nach einer Spanne von 500 Jahren wieder zurückgegeben – karolingische Mosaiken scheinen von dem Chronisten nur gering geachtet worden zu sein. Man hat vermutet, daß auch im byzantinischen Stil ausgebildete Künstler aus Süditalien neben den aus Konstantinopel herbeigerufenen ihren Teil beigetragen haben. Kunst hieß im mittelalterlichen Sprachgebrauch Handwerk, Technik, doch die Künstler, ob sie nun aus Konstantinopel oder aus Süditalien kamen, brachten unvermeidlich neben

135. S. Paolo fuori le mura, Bronzetüren. Ausschnitt: Darstellung im Tempel

Die erneute Wiedergeburt Roms: Das 12. Jahrhundert

136. S. Clemente, Unterkirche: Das Kindeswunder

ihrer Fertigkeit auch zeitgenössische byzantinische Dekorationsentwürfe mit: die Fußbodenschemata und die Ornamentik der Bronzetüren wie jene der früheren Tür von Amalfi und die späteren süditalienischen Türen lassen ihre byzantinische Herkunft erkennen. Der Gesamtplan der Türen freilich ist westlicher Herkunft, und die figürlichen Darstellungen zeigen im Gegensatz zu den Ornamenten deutlich westliche Züge. Vielleicht hat man gezeichnete Entwürfe nach Osten geschickt, wie man zweifellos bei den Emailarbeiten auf dem Antependium verfahren war, die das Leben des heiligen Benedikt darstellten und die in Konstantinopel gefertigt worden waren – für diesen so eminent westlichen Heiligen kann es unmöglich byzantinische Vorbilder gegeben haben. Noch deutlicher sogar scheinen die Kompositionsschemata und der Stil der Mosaiken von Monte Cassino, wie sie sich aus den Fragmenten von Salerno erschließen lassen, mit den byzantinischen Modellen gebrochen und ihre Vorbilder in den in Rom erhaltenen frühen Apsismosaiken gesucht zu haben.

Diese römischen Mosaiken waren zwar erhalten geblieben, wurden aber anscheinend von den römischen Kirchenplanern nicht aufgegriffen. Dagegen waren sie in den letzten 35 Jahren des 11. Jahrhunderts von einiger Anziehungskraft für Desiderius und seine süditalienischen Confratres. Man gewinnt den Eindruck, als hätten Gregor VII. und der Kreis der römischen Reformer auf die Möglichkeit verzichtet, ihren Vorstellungen einer erneuerten Kirche durch die Hinwendung zu konstantinisch-römischen Archetypen im Kirchenbau sichtbaren Ausdruck zu verleihen. Unter den Bronzetüren, die zu jener Zeit für westliche Kunden in Konstantinopel in Auftrag gegeben und angefertigt wurden, hielten sich nur diejenigen, die 1070 unter dem Abt Hildebrand-Gregor für S. Paolo fuori le mura bestellt und von demselben Pantaleone, der die Türen für seine Heimatstadt Amalfi und für Monte Cassino bezahlt hatte, finanziert wurden, strikt an die byzantinischen Vorbilder in Entwurf, Sujet und Inschriften, abgesehen von der lateinischen Widmung (Abb. 135). Die Anregung, sich sowohl frühchristlichen Vorbildern zuzuwenden als auch die klösterlichen Züge in der Kirchen- und Konventsarchitektur zu stärken, scheint daher Rom mit einer Verzögerung von ein oder zwei Generationen von Monte Cassino her erreicht zu haben. Tatsächlich waren die Benediktiner offensichtlich die »wichtigsten Propagandisten der Erneuerung der frühchristlichen Kirchenarchitektur und -dekoration seit dem späten 11. Jahrhundert«. In Rom übernahm naturgemäß der größte Konvent des Ordens bei S. Paolo fuori le mura die Führung. Monte Cassino blieb das unmittelbare und nächste Vorbild für die römischen Kirchenarchitekten. Daneben aber übte auch S. Paolo einen gewissen Einfluß aus. Unter dem gemeinsamen Einfluß beider Kirchen wurden seit etwa 1120 in Rom die Basiliken mit einem über das Niveau des Mittelschiffs hochgezogenen Querhaus und einem von Säulen getragenen Triumphbogen angelegt. In der Tat entsprechen die beiden frühesten römischen Ableger von Monte Cassino, S. Crisogono und S. Maria in Trastevere, der Kirche Desiderius' an Größe, gesteht man eine Toleranzspanne von zehn Prozent zu. Von Monte Cassino scheint Rom auch die folgenden architektonischen Besonderheiten übernommen zu haben: frei stehende Glockentürme neben seinen Kirchen, geradezu ein Markenzeichen des römischen Hochmittelalters, Kreuzgänge in seinen wichtigeren Konventen, ob Klöstern oder Kanonikerkonventen, den Grundplan mit drei Apsiden anstelle eines Querschiffs für kleinere Kirchen, wie es bei den kleineren Ablegern von Monte Cassino üblich war, und zuweilen schließlich wie in den großen Tochterkirchen von Monte Cassino Hallenkrypten unter dem Querschiff. Auch Narthizes, ob auf arkaden- oder gebälktragenden Säulen ruhend, mögen aus der Schule von Monte Cassino nach Rom gelangt sein. Kircheneinrichtung und Fußböden stehen in derselben Tradition: Chorschranken, *scholae cantorum*, Lesepulte, Ambonen, Osterleuchter, Altarbaldachine und Bischofsthrone, alle fein gearbeitet und mit farbigen Marmorintarsien in kreisförmigen und anderen Ornamenten verziert. Sehr wahrscheinlich haben die ehemaligen Schüler der von Desiderius ins Leben gerufenen Kunstschule römischen Künstlern ihr Handwerk gelehrt, und während des gesamten 12. und bis ins 13. Jahrhundert hinein entwickelten sich dann in Rom ganze Dynastien von Marmorkünstlern – die Cosmati, Vassaletti, Romani. Unter dem Einfluß solcher Anregung von Monte Cassino erwachte Roms große Tradition der Mosaikkunst wieder zu neuem Leben. Die Mosaiken auf dem Apsisbogen von S. Clemente, die denen von Salerno so ähnlich sind, sprechen eine deutliche Sprache. Sicher scheint Monte Cassino seit den letzten Jahren des 11. Jahrhunderts auch einen großen Einfluß auf die Wiederbelebung der Wandmalerei in Rom gehabt zu haben. Ungefähr zu jener Zeit wurde die Unterkirche von S. Clemente notdürftig abgestützt und mit Wandgemälden verziert: Textilmuster, gefüllt mit sehr lebendig wirkenden Vögeln, Rahmen aus Blütenkandelabern und Szenen voller Leben und Empfindung wie jene vom Wunder des Kindes, das in einer Kirche des heiligen Klemens, nachdem es über ein Jahr lang in einem mit allerlei Fischen bevölkerten Meer versunken gewesen war, quicklebendig wiederaufgefunden wurde (Abb. 136). Entwurf, Komposition und Farbgebung scheinen unter jenen Künstlern zur Tradition gehört zu haben, die zu Zeiten des Desiderius oder schon vorher in Monte Cassino die Manuskripte illuminierten; oder aber die Maler von S. Clemente paßten parallel zu ihren Mitbrüdern von Monte Cassino süditalienische und möglicherweise byzantinische Elemente einem spezifisch römischen Stil an. Auf jeden Fall enthüllen die klassizistischen Elemente wie die langstieligen, aus Urnen hervorwachsenden Pflanzen und das ineinandergeschlungene Laubwerk eine römische Tradition, die die Stilelemente der Spätantike wiederaufgriff.

So wandten sich die römischen Kirchenarchitekten des Hochmittelalters also, stimuliert von Monte Cassino, Vorbildern der Spätantike zu. Diese Bewegung wurde wahrscheinlich von den Benediktinern und dem mit ihnen verbundenen hohen Klerus nach Rom getragen. In Rom selbst jedoch

Die erneute Wiedergeburt Roms: Das 12. Jahrhundert

hatten sie einen unmittelbaren Kontakt mit den Archetypen. Sie drangen tiefer in den Reichtum der spätantiken Kunst ein, ob sie nun heidnisch oder christlich war; sie entwickelten ein sicheres Gefühl für deren Stil; und sie nahmen schließlich neben den christlichen Zügen auch neutrale oder offenkundig heidnische Elemente mit auf. Auf diese Weise veranlaßten sie in Rom eine Wiederbelebung der Spätantike, aber mit markanten lokalen Beimischungen. Querschiffe werden nicht, wie bei den Kirchen der Gruppe von Monte Cassino, höher gebaut als das Mittelschiff, sondern schließen auf gleicher Höhe ab. Anstelle von drei Apsiden gibt es nur eine; die Mittelschiffe sind von eher ruhigen als steilen Proportionen; die Kolonnaden tragen häufiger Architrave als Arkaden; Kapitelle, Schäfte und Sockel sind sorgfältig ausgesucht – angesichts des Überflusses an in Rom vorhandenen Spolien eine Selbstverständlichkeit. Die römischen Werkstätten begannen früh, ionische Kapitelle selbst herzustellen, die nach klassischen Vorbildern geschaffen und oft von äußerst feiner Arbeit waren (Abb. 137, 138). Alle diese Züge sind der Architektur von Monte Cassino fremd und scheinen direkt von frühen römischen Vorbildern oder möglicherweise auch deren karolingischen ›Kopien‹ übernommen worden zu sein: von St. Peter, S. Paolo, S. Maria Maggiore oder aber von S. Susanna oder S. Prassede. Nur Atrien, das Kennzeichen der römischen Basiliken des 4. und des 9. Jahrhunderts, das von der Monte-Cassino-Schule eifrig übernommen worden war, sind ausgerechnet in Rom selbst selten. Diejenigen von S. Clemente, SS. Quattro Coronati und S. Gregorio Magno sind Ausnahmen, und die beiden ersteren sind sowieso nur Kopien früherer Vorgänger. Obendrein lagen ja auch alle drei in der leeren Weite des *disabitato*. In den dicht bebauten Vierteln Trastevere oder Parione gab es kaum einmal Raum für Atrien.

Auch die Mosaiken in S. Clemente und S. Maria in Trastevere waren in gleicher Weise direkt von lokalen Vorbildern beeinflußt, die zu jener Zeit schon sechs oder sieben Jahrhunderte alt waren. Zweifellos existierten auch noch andere Mosaiken, die jetzt verloren sind. Die großen Mosaiken des frühchristlichen Rom, besonders diejenigen unter ihnen, die in St. Peter oder S. Paolo fuori le mura, wenn auch fälschlicherweise, mit dem Namen Konstantins verknüpft waren, hatten die Vorbilder abgegeben, von denen Desiderius in Monte Cassino und die Künstler, die während seiner Amtszeit als

137. Ionisches Kapitell aus dem 12. oder 13. Jahrhundert in der Via S. Celso 61

138. Ionisches Kapitell von 1154 im Narthex von SS. Giovanni e Paolo

139. S. Clemente, Apsismosaik. Ausschnitt: Das Kreuz

Die erneute Wiedergeburt Roms: Das 12. Jahrhundert

Abt ausgebildet worden waren, ihre Programme zur Kirchendekoration abgeleitet hatten. Für ihre römischen Nachfolger im frühen 12. Jahrhundert – wieder mögen die Benediktiner dazu beigetragen haben – wurden nicht nur diese Mosaiken, sondern ganz allgemein frühchristliche und spätantike Vorbilder (Abb. 139) zu einer noch reicheren, ja unerschöpflichen Quelle. Aus ihnen, gleich ob sie heidnischer oder christlicher Art waren, konnten Sujetelemente, Stileigentümlichkeiten und zuweilen ganze Kompositionsschemata abgeleitet, ausgewählt und neu zusammengesetzt werden. Alle diese Elemente wurden freilich der hochmittelalterlichen Darstellungsweise und ihrer Sinngebung angepaßt, wie sich an der Behandlung der Körper, Gesichter, Gewänder, der Pflanzen und Tiere erkennen läßt, und an der Interpretation im Sinne des zeitgenössischen theologischen Symbolismus des Laubkreuzes, der Paradiesflüsse, der belebten Akanthusranken und an Details wie zum Beispiel dem Vogel im Käfig oder der Henne mit ihren Küchlein. Im Zusammenhang mit der Wiederbelebung und Erneuerung des Rom des 12. und 13. Jahrhunderts vermittels einer Rückbesinnung auf spätantike Quellen ist die räumliche Lage dieser frühen Vorbilder von vorrangiger Bedeutung. Wie in S. Clemente breiteten sich Akanthusranken in Reihen auf dem dunkelblauen, nichtgoldenen Grund des Gewölbes der rechten Narthexapsis im Lateranbaptisterium aus, von dem man im Mittelalter nicht nur annahm, daß es von Konstantin gebaut worden sei, was zutrifft, sondern auch glaubte, es sei zu seiner Zeit und nicht von einem Meister des 5. Jahrhunderts ausgeschmückt worden (Abb. 140). Das Kruzifix, das im Zentrum des Apsisgewölbes von S. Clemente aus einer üppigen Akanthuspflanze hervorwächst, mag eine Variante des Kreuzes im Apsismosaik der Lateranbasilika sein, das selbstverständlich Konstantin zugeschrie-

140. Lateranbaptisterium, Narthex, Apsismosaik

141. S. Clemente, Apsismosaik. Ausschnitt: Eine Frau füttert Hühner

ben wurde und vermutlich ein modifiziertes Echo in Torritis Mosaik von 1293 findet. Das Medaillon mit dem Christuskopf, die berühmte *veronica*, die über dem Laterankreuz schwebt, wurde in S. Clemente in den Scheitelpunkt des Apsisbogens hinaufgesetzt; und die Tauben auf dem Stamm und den Armen des Kruzifixes in S. Clemente mögen anstelle der Juwelen des Laterankreuzes eingefügt worden sein. Der Himmelsbaldachin, der einem Fächer gleich im Zenit des Apsisgewölbes schwebt, findet fast Zug um Zug sein Gegenstück im Apsisgewölbe des Narthex am Lateranbaptisterium. Freilich wurden solche Themen in einem unverkennbar mittelalterlichen Stil dargestellt. Dennoch ist wenigstens in S. Clemente die Darstellung mit Elementen der Technik und des Entwurfs durchsetzt, die direkt an spätantiken Modellen geschult sind; alles impressionistische Züge, die an Mosaiken des 4. und 5. Jahrhunderts erinnern, an S. Pudenziana oder S. Maria Maggiore: Akzentuierungen der Haut oder des Faltenwurfs, die Falten von Streifen weißer Marmormosaiksteinchen gekennzeichnet, die von schwarzen und grauen Glaswürfeln umgrenzt sind – die uralte römische Technik; Augen, die von einem schwarzen und einem weißen Steinchen angedeutet werden, nirgendwo scharfe Umrisse. Obwohl sie schon verhärteter sind als in S. Clemente, kommen in den Formen der Mosaiken von S. Maria in Trastevere

noch immer solche spätantiken christlichen Vorbilder zum Ausdruck, Vorbilder, die in den meisten Fällen mit dem Namen Konstantins verbunden sind.

Nicht alle Motive der Mosaiken in S. Clemente oder S. Maria in Trastevere sind in ihrem Inhalt christlicher Art. Schon in die Kompositionen ihrer frühchristlichen Vorbilder waren Genreszenen eingebaut gewesen: das längst verlorene Mosaik in der linken Apsis des Narthex am Lateranbaptisterium war entlang seinem Rand bevölkert mit Figuren von Rinder- und Schafhirten, von Lämmern, Vögeln, einem Hühnerstall und einer Frau, die die Hühner füttert. Sie alle tauchen in S. Clemente wieder auf (Abb. 141), noch bereichert durch weitere Genreelemente spätantiker Art: Wasservögel, wie sie einst am Kuppelrand von S. Costanza abgebildet waren; zwanglos verstreute Weinblätter, Trauben und herumtollende Putten; schließlich die Girlande im Apsisbogen, genau wie in den Apsis- und Umgangsgewölben von S. Costanza und anderen frühen Kirchen in Rom. Der Meister von S. Clemente bezog auch derartige Elemente aus anderen, nicht identifizierten spätantiken Quellen mit ein: einen Ziegenhirten und seinen zwergartigen, häßlichen Sklaven mit einem Melkeimer (Abb. 142), einen Vogel, der seine Jungen füttert, einen Storch, der nach einer Eidechse schnappt, einen prächtigen Pfau (Abb. 143), das Stilleben einer Jagdausrüstung (Abb. 144), einen

Putto, der mit einem Delphin spielt (Abb. 145), und einen anderen, der Trompete bläst. Ein Sämann, ein Mönch, ein Vögel fütternder Laie und eine Gruppe von drei Männern, von denen einer reich gekleidet ist, sind in mittelalterlichen Gewändern dargestellt, doch ihre Bewegung und Gruppierung läßt auch für sie spätantike Vorbilder vermuten, die freilich wohl eher über karolingische Manuskripte weitergegeben worden waren. In ähnlicher Weise halten in S. Maria in Trastevere Puttenpaare Tuchbahnen, die mit Blumen und einer sehr großen Urne gefüllt sind (Abb. 146). Überreste von Fresken aus S. Nicola in Carcere, die in den Vatikanischen Museen aufbewahrt werden, zeigen einen Reiher (Abb. 147), einen Papagei, Delphine, ein löwenhäuptiges Monster und eine antike Maske. In S. Maria in Cosmedin werden die Wände des Mittelschiffs von einem Fries bekrönt, der aus Rondellen mit Faunenköpfen und antikisierenden Ornamenten besteht – Laubwerk, Kassettenfriese, Kerzenleuchter, die aus Vasen ragen, verstreute Blumen, Früchte, Vögel, Textilien und Füllhörner. Sie sind heute nur schwer zu sehen, außer auf Fotografien aus dem frühen 20. Jahrhundert (Abb. 148). Solche antiken Vorbilder lassen sich in Rom seit dem späten 11. Jahrhundert bis in die ersten Jahrzehnte des 12. hinein überall in den mittelalterlichen Kirchendekorationen ausmachen. In ihrer Lebensnähe waren sie trotz ihrer eigentlichen Unbedeutendheit in den Augen des mittelalterlichen Menschen Ersatz für die Darstellung der Wirklichkeit, nach der man strebte, die aber unerreichbar blieb.

Im frühen 12. Jahrhundert waren der Reiz der Antike und ihre Widerspiegelung in der mittelalterlichen Kunst nicht mehr neu, noch ausschließlich mit Rom verknüpft. Seit dem späten 11. Jahrhundert und während der folgenden 150 Jahre nahmen die Schriftsteller und Künstler und ihre Mäzene aus Frankreich, England und Italien die Phraseology und das Vokabular der klassischen Antike auf und wendeten sie an; allmählich begannen sie in ihrer Sprache zu denken. Im Kontext dieser mittelalter-

142. S. Clemente, Apsismosaik. Ausschnitt: Schäfer mit einem Sklaven

143. S. Clemente, Apsismosaik. Ausschnitt: Pfau

144. S. Clemente, Apsismosaik. Ausschnitt: Jagdausrüstung

145. S. Clemente, Apsismosaik. Ausschnitt: Putto mit Delphin

antiken Boden der Provence oder Italiens andererseits nahmen die bildenden Künste die antiken Ausdrucksmittel sehr bereitwillig in die Ornamentik und figürliche Verzierung von Kirchenfassaden oder Portalen auf, wie beispielsweise in Saint-Gilles-du-Gard und in Modena. Gleichgültig, ob sich eine solche Unterscheidung in allen Punkten konsequent durchhalten läßt, die nun wiederaufgegriffenen klassischen Elemente wurden entweder in das mittelalterliche Gesamtprogramm einer Kirchenfassade voll integriert und auf diese Weise ihrer ursprünglich heidnischen Bedeutung entleert, oder sie waren von vornherein neutraler Art, Kuriositäten, die aufgrund ihrer Seltenheit, Natürlichkeit oder Schönheit gefielen – ein Ornament, eine Genreszene, ein Reiher, ein Putto –, wie in Rom in S. Clemente und in den Fragmenten von S. Nicola in Carcere.

In dieser mittelalterlichen Renaissance hatte Rom eine einzigartige Position inne; es mußte nach den Überresten der Antike nicht erst suchen. Sie waren

lichen Wiedergeburt der Antike stellten sie ihre Gelehrsamkeit zur Schau und genossen die Eleganz eines Satzes, den sie einem römischen Schriftstellertext entnommen und ihren Zwecken angepaßt hatten. Sie fanden Vergnügen an dem Raffinement eines Ornaments, der Natürlichkeit einer Genreszene, der graziösen Bewegung eines Vogels oder eines Körpers, der überzeugenden Ähnlichkeit einer Geste oder eines menschlichen Kopfes, wie man sie in einem christlichen oder heidnischen römischen Mosaik oder Wandgemälde oder in einer antiken Statue sehen konnte, und sie versuchten, all dies nachzuvollziehen. Offensichtlich hatte diese Renaissance des 12. Jahrhunderts viele Facetten. Erwin Panofsky, der erste, der sie als Ganze betrachtete, unterschied zwei Hauptströmungen: im Norden erwuchs sie aus einem Boden, der nicht von Liebe zur Tradition der antiken Kunst getränkt war, und nahm daher die Form einer im wesentlichen literarischen Bewegung an, die zu einer Wiederentdeckung der Natur in Prosa und Dichtung führte; dagegen wurden dort die Ausdrucksmittel der antiken Bildhauerei erst spät übernommen, wenngleich dann mit dem ganzen kraftvollen Eifer der Meister von Reims. Auf dem

146. S. Maria in Trastevere, Putto mit Tuch

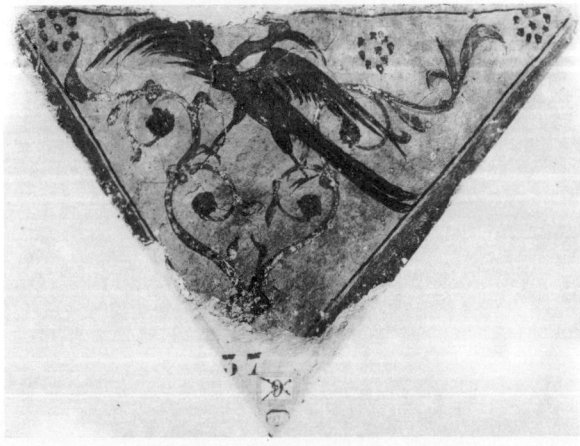

147. S. Nicola in Carcere, Reiher – Musei Vaticani

allgegenwärtig: das Pantheon, das Kolosseum, die Theater des Marcellus und des Pompejus, die Ruinen der großen Thermen und der Paläste auf dem Palatin, die Überreste der Tempel auf den Foren und auf dem Marsfeld, die Foren selbst, die von Nerva, Augustus und Trajan angelegt worden waren, die Triumphbögen und die monumentalen Säulen von Mark Aurel und von Trajan, das Hadrians- und das Augustusmausoleum, die Obelisken, besonders derjenige, der sich damals an der Südflanke von St. Peter erhob, die Cestiuspyramide und die andere Pyramide, die bis zum 15. Jahrhundert in der Nähe des Hadriansmausoleums stand. Auch antike Skulpturen gab es in Mengen: die Reliefs auf den Triumphsäulen und Triumphbögen, der damals in der Nähe von S. Martina auf dem Forum aufgestellte Flußgott, der *Marforio*, der sich heute im kapitolinischen Museum befindet, die Rossebändiger, die *caballi di marmo* auf dem Quirinal und neben ihnen noch zwei Flußgottheiten und drei stehende Barbaren, die *Trofei di Mario* und noch viele andere, die von den mittelalterlichen Besuchern erwähnt werden, heute aber verschwunden sind. Wandgemälde, Mosaiken und Stuckdekorationen müssen in den Ruinen des Goldenen Hauses, auf dem Palatin und in den Gewölben des Kolosseums zugänglich gewesen sein – viele von ihnen sind uns verloren, haben aber in ihren mittelalterlichen Nachahmungen indirekt überlebt. Gleichermaßen allgegenwärtig und sorgfältig in gutem Zustand gehalten waren die großen Denkmäler der christlichen Antike: die Basiliken von St. Peter, S. Paolo, S. Maria Maggiore und des Lateran, mit ihren Mosaiken und Wandgemälden. Der Kontakt mit der klassischen Vergangenheit und ihr Fortleben in den heidnischen und den christlichen Monumenten war in Rom eine alltägliche Erfahrung. Für die gebürtigen wie für die Wahlrömer des Mittelalters war die Antike ein integraler Bestandteil ihrer Umgebung. Sie war keine ferne Geschichte, sondern ein lebendiges und sehr reales Element. Solche Vertrautheit erzeugte verschiedene und weit auseinanderliegende Haltungen. Römische Statuenteile und Baumaterialien endeten seit der Spätantike bis ins 16. Jahrhundert gewohnheitsmäßig in den Kalköfen: Kalk, vermutlich aus antikem Marmor gebrannt, wurde zur Reparatur der Stadtmauern im 8. Jahrhundert verwendet. Das Viertel um den heutigen Largo Argentina hatte seinen mittelalterlichen Namen, *de calcarariis*, schon 1023 aufgrund der dortigen Werkstätten der Kalkbrenner erhalten, und

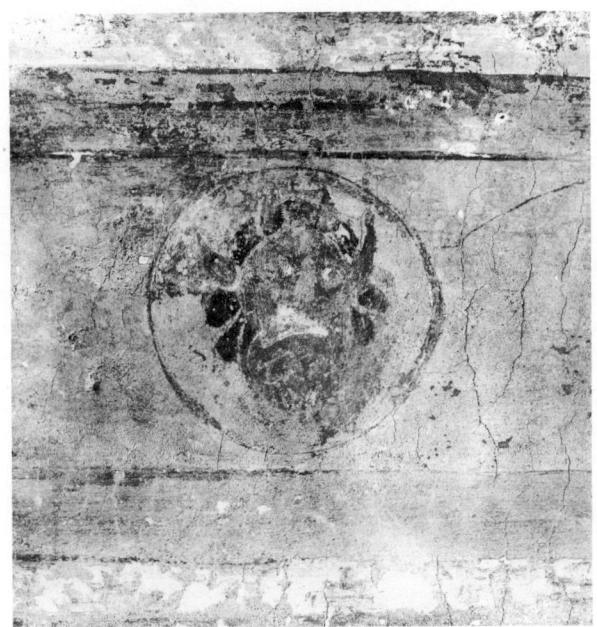

148. S. Maria in Cosmedin, Faunskopf

weitere Brennöfen wurden in der Nähe des Augustusmausoleums, in den Agrippathermen hinter dem Pantheon, auf dem Forum und überall dort unterhalten, wo Marmor zur Hand war. Eine andere Gepflogenheit, die sich ebenfalls seit der Antike erhalten hatte, war es, antike Bauelemente als Spolien entweder so, wie sie waren, oder leicht verändert in neuen Bauten wiederzuverwenden: Sockel, Säulenschäfte, Kapitelle, Säulengebälk, Pfeiler oder Pilaster, Votivaltäre, Inschriften oder einfach gewöhnliche Steinblöcke. Genau wie in der christlichen Antike – man erinnert sich an S. Sabina – oder in der Karolingerzeit wurden die Kolonnaden der mittelalterlichen Kirchen in Rom ganz oder teilweise aus solchem Plündergut zusammengestellt. Spolien bilden auch die Kragsteine eines Gesimses, das Gesims selbst, die Platten von Chorschranken und Kanzeln. Auch an Häusern wurden häufig antike Säulen für die Eingänge verwendet, die zuweilen von Fragmenten eines antiken Frieses bekrönt wurden; einige von ihnen sind erhalten geblieben. Einen solchen Fries mit gemeißelten Löwenhäuptern und Palmetten kann man noch an dem Eckhaus gegenüber vom Ponte S. Angelo sehen (Abb. 233), ein anderer findet sich in der Via Capo di Ferro 10. Kalkbrenner und Steinmetzen hatten in ihren Werkstätten Lager von marmornem Plündergut, Statuen und architektonischen Verzierungen, Kapitellen, Friesen, Kragsteinen. Mehr als ein Dutzend solcher

Läden konnte identifiziert werden. Sie stammen, wie es scheint, aus der Zeit von der Spätantike bis zur Renaissance und waren angefüllt mit antiken Plünderstücken. Zuweilen mögen die Stücke ihren Besitzern, den *marmorarii Romani*, als Modelle gedient haben. Häufiger jedoch wanderten sie in die Kalköfen, oder aber sie wurden von Baumeistern aus Rom und von weither so, wie man sie gefunden hatte, oder leicht bearbeitet zu kaufen gesucht. Ebenso wie Desiderius Marmor und andere Materialien zum Bau von Monte Cassino gekauft hatte, wollte auch Suger von Saint-Denis sie aus Rom für den Bau seiner Abteikirche herbeischaffen lassen; mit dem winzigen Unterschied, daß er seinen Ehrgeiz auf Säulen aus den Thermen des Diokletian und aus anderen Bädern gerichtet hatte – sogar wie man sie per Schiff direkt zum Bauplatz schaffen könnte, war sorgfältig vorgeplant. Die *marmorarii* von Rom waren, wie ich glaube, als Marmorarbeiter nicht weniger berühmt denn als Händler mit antikem Plündergut und anderen Materialien; und manchmal gravierte einer von ihnen seinen Namen auf ein antikes Stück, weniger um seine Besitzrechte festzuhalten, als vielmehr als eine Art Reklame für die eigene Firma, die oft vom Vater an den Sohn und den Enkel weitergegeben wurde.

Die antiken Ruinen und ihr Schmuck, die antiken Statuen und Reliefs übten offensichtlich über ihren praktischen Gebrauch und ihre Wiederverwendung hinaus eine große Faszination auf die Menschen des Mittelalters aus. Doch deren Haltung gegenüber diesen Zeugen einer Welt, die der ihren so fremd war, blieb zweideutig und vielschichtig. Die große Masse der Römer und Besucher, besonders die Pilger, waren von der schieren Größe eines Gebäudes oder einer in Fragmenten erhaltenen Kolossalstatue überwältigt und erfanden die wunderlichsten Geschichten über sie: das Kolosseum sei der Tempel der Sonne und einst mit einer riesigen Kuppel überwölbt gewesen; die *pigna* im Atrium der Peterskirche habe einst oben auf dem *opaion* des Pantheons gestanden, weiß Gott, wie das zugegangen sein soll; sich durch die vier bronzenen Halterungen des Obelisken bei St. Peter durchzuquetschen garantiere die Vergebung der Sünden; und die bronzene Kugel auf der Spitze des Obelisken enthielt angeblich die Asche Cäsars (Abb. 149). Kurz, alle antiken Statuen und Gebäude waren mit Zauberkräften ausgestattet. Volkstümliche Vorstellungen und magische Ängste fanden sogar ihren Weg in gelehrte Beschreibungen von Rom.

Gleichzeitig jedoch übten diese Elemente, die antiken Bauten und die Reste antiker Kunst, die man vor den Kalköfen gerettet hatte oder die in Wandgemälden, in Stuck, Mosaiken oder Marmor überlebten, ob sie nun christlicher oder heidnischer Herkunft waren, eine ganz andere Art von Faszination auf kultivierte Menschen des Mittelalters aus. Für sie waren diese Kunstwerke, ungeachtet ihrer Gegenständlichkeit, eine Quelle des Vergnügens und Objekte ihrer Bewunderung. Sie fanden Vergnügen an ihrer Lebensechtheit und Grazie, an ihrer Monumentalität und Lebendigkeit, an ihrer Eleganz und an der technischen Fertigkeit ihrer Ausführung. Den heidnischen Elementen konnte man wohl eine christliche Bedeutung unterlegen, aber ebenso häufig wurden sie einfach nicht beachtet. Ob heidnisch oder nicht, diese Überreste wurden schlicht als ›Zitate‹ angesehen, ähnlich denjenigen, die die zeitgenössischen Schriftsteller verwendeten, um ihre Gelehrsamkeit zur Schau zu stellen, oder aus schierem Vergnügen an ihrer geschmackvollen Gestaltung und

149. Der Obelisk bei St. Peter um 1534–1536. Zeichnung von Marten van Heemskerck – Berlin, Kupferstichkabinett, 79 D2A, fol. 22ᵛ

Verfeinerung. Ihr heidnischer Charakter war im wesentlichen irrelevant; meistens scheinen sie als inhaltsleer gegolten zu haben. In rein dekorativen Elementen ist ein solcher Mangel an Bedeutung selbstverständlich. Gleichwohl sahen auch die kultivierten Prälaten und Mönchsgemeinschaften, die für die Ausschmückung von S. Clemente oder S. Nicola in Carcere verantwortlich zeichneten, anscheinend keinen Hinderungsgrund, in ihre Programme auch nichtchristliche Motive einzufügen. Das Heidentum war tot; ein Putto oder selbst ein Faunskopf war nun zu einer leeren Hülle, einer reinen Phrase geworden. Solchermaßen harmlos konnten sie wegen ihrer lebensechten Unmittelbarkeit und wegen ihrer Perfektion als Kunstwerke gepriesen werden: »besser als die Natur«, wie sich später mittelalterliche Künstler voller Staunen darüber ausdrückten, daß die menschliche Natur sich auf solche Höhen der handwerklichen Kunst hatte aufschwingen können.

Man möchte sich gerne vorstellen, daß es zu allen Zeiten Römer gegeben hat, die von den antiken Resten der Stadt beeindruckt waren. Häufiger wohl war dies bei Besuchern der Fall, die mit den Gebäuden, Skulpturen, Denkmälern, Gemälden und Mosaiken weniger vertraut waren und ihnen daher mit größerem Interesse gegenüberstanden. Gegen Ende des 11. und zu Beginn des 12. Jahrhunderts werden die Zeugnisse hierfür überwältigend zahlreich. Nichts zeigt dies Interesse besser als die antiken Dekorationen und Motive, die in den Gemälden und Mosaiken der zu jener Zeit neuerrichteten oder umgebauten Kirchen auftauchten, oder als die prächtigen römischen Säulen, Kapitelle und Sockel, die in S. Maria in Trastevere wiederverwendet wurden. Offensichtlich wurden diese Elemente von Künstlern ausgesucht, die auf den Befehl oder mit dem Einverständnis ihrer kirchlichen Mäzene beschäftigt wurden: feinsinnige Männer, die mit den Schriften der Alten gründlich vertraut waren und ihre Ausbildung oft außer Landes, etwa in Paris, genossen hatten, wie dies bei Anaklet II. Pierleone der Fall war. Irgendwann zwischen 1145 und 1150 kaufte Heinrich, Bischof von Winchester und Bruder des englischen Königs Heinrich II., auf einer Geschäftsreise nach Rom antike Skulpturen, um sie mit nach Hause zu nehmen. Er war auf seine Suche so ernsthaft versessen, daß er wie manch ein eifriger Sammler mit ungepflegtem Bart durch die Stadt streifte. Von den gebürtigen Römern wurde er wegen dieser Laune verspottet. Doch Johannes von Salisbury, der diese Geschichte erzählt, erkannte deutlich, daß die Stücke, die er zurückbrachte, »nicht aufgrund eines bösen Willens, sondern aufgrund eines subtilen und ehrlichen Irrtums der Heiden geschaffen« worden waren; ihr heidnischer Gehalt war zwar verurteilenswert, aber doch unabhängig von ihren ästhetischen Qualitäten. Höchstwahrscheinlich gab es keinen regulären Handel mit Antiquitäten. Doch wenn ein Steinmetz ein gutes Stück im Haus hatte, wie es bei jenem der Fall war, in dessen Werkstatt vor 90 Jahren eine guterhaltene Statue des Antonius zwischen Säulenschäften und anderen Spolien gefunden wurde, so trennte er sich freilich von ihm, falls ein verrückter Engländer zahlungswillig war. Um 1200 war ein anderer englischer Rombesucher, der Magister Gregor, angesichts der wundervollen Überreste aus der Antike voller Enthusiasmus und Eifer: er maß den Durchmesser des Pantheons auf 266 Fuß aus – er muß kleine Füße gehabt haben; die Säulen in den Thermen des Diokletian waren so hoch, daß er einen Kieselstein nicht bis an ihre Kapitelle werfen konnte – wer außer einem englischen Universitätsprofessor würde das je versuchen?; er wusch sich die Hände im heißen Schwefelwasser einer vermutlich antiken Bronzewanne und gab dem Bediensteten ein Trinkgeld, doch wegen des Gestanks nahm er kein Bad; vor dem Lateranpalast betrachtete er voller Faszination die Statue des Dornausziehers, »dieser lächerliche Priapus«, der angeblich auf seine übergroßen Geschlechtsteile schaue – sie sind von gänzlich normaler Größe; und »von irgendeinem Zauber oder ich weiß nicht wovon« getrieben, lief er dreimal zum Quirinal, um eine nackte Venus aus rosafarbenem Marmor – »als schäme sie sich ihrer Nacktheit« – anzuschauen – Darstellungen, die in der mittelalterlichen Kunst tabu waren, aber doch einen pikanten, besonderen Reiz hatten. Tatsächlich sah Magister Gregor in all dieser eigentümlichen Kunst der Antike Zauberkräfte am Werk – schließlich trägt seine Schrift den Titel: ›Geschichte von den Wundern der Stadt Rom, ob durch Zauberkunst oder menschliche Arbeit geschaffen‹ –, ganz sicher konnte man sich nie sein. Er glaubte an einen Großteil der phantastischen Geschichten, die damals im Schwange waren. Doch anderen Geschichten, die für Pilger oder von ihnen erzählt wurden, mißtraute er – er mochte keine Pilger – und informierte sich in Gesprächen mit den Prälaten am päpstlichen Hof. Dennoch zeigte er eine große Bewunderung für antike Kunstwerke. Von der hohen Qualität des bronzenen Konstantinkopfes am Lateran war er tief beeindruckt; er bewunderte seine kolossale Größe, seine Ausführung, »das Verdienst des Künstlers«, seine Schönheit: »kein Menschenhaupt ... weist irgendeinen Zug von perfekter Schönheit auf, den man hier vermissen könnte«, die in der harten Bronze gearbeitete Illusion seines weichen Haars, schließlich seine Lebensechtheit: »wenn man ihn mit halbgeschlossenen Augen anschaut, scheint er sich zu bewegen und zu sprechen«.

Antike Kunst also war voller Anziehungskraft, aber gefährlich; bewundernswürdig, aber von einer unheimlichen Perfektion, die nur böse Geister erreichen konnten. Ungefährlich wurde sie nur, wenn man sie entweder als christliches oder als politisches Symbol verstand. Die christliche Interpretation von aus der Antike übernommenen und in ein Mosaik eingefügten Motiven, wie zum Beispiel in S. Clemente, ist andeutungsweise schon besprochen worden. Doch die Wiederbelebung von spätantiken Vorbildern und Formelementen und die Anziehungskraft, die die Denkmäler und Statuen ausübten, hatten gerade in Rom und noch dazu in einer so von politischen Beiklängen gesättigten Atmosphäre, wie dies im 12. und 13. Jahrhundert der Fall war, notwendigerweise für sich allein schon politische Nebenbedeutungen. Seit Virgil war die Idee von Rom und seiner Vergangenheit immer mit seiner Stellung als Herrin und Haupt der Welt verknüpft gewesen. Die Erinnerung an die Stadt, die Rom einst gewesen war, blieb ein Ziel, dem man nachstrebte, oder besser, da dieses Ziel außer Reichweite lag, blieb sie eine Vision, die ewig lebendig erhalten wurde. Das Streben nach seiner einstigen Größe und Macht blieb im mittelalterlichen Rom in seinen vielfältigen Aspekten untrennbar mit der Politik verbunden: in Rhetorik und Sehnsüchten, in dem realen Gefüge von politischer Macht und politischem Handeln. Es färbte die Wehklage über den Niedergang der Stadt in der Chronik des Benedikt von Soracte ebenso wie das Streben nach Freiheit von auswärtiger Herrschaft und die aufeinanderfolgenden Rebellionen, die von Alberich, den Crescentii und den Pierleoni angeführt wurden. Es durchdrang den Traum Ottos III. von einer von Rom aus regierten universalen Monarchie und ebenso die im ganzen Mittelalter herrschende Vorstellung von einem besseren, weil christlichen Rom, das die heidnische, wenngleich ruhmreiche Stadt erobert hatte und an ihre Stelle getreten war.

Es gehörte zu der seit Nikolaus I. im 9. bis zu Innozenz III. im 13. Jahrhundert immer wieder auftretenden Überzeugung, die Stadt sei wie in der Antike die Herrin der Welt, weil sie der Sitz des Papsttums und Erbe des heiligen Petrus und der römischen Kaiser sei und daher sowohl im weltlichen wie im geistlichen Bereich die höchste Würde innehabe, oder auch zu der entsprechenden Vorstellung von Rom als der Feste einer freien Republik, die gegen die weltliche Oberherrschaft des Papstes wie des Kaisers Widerstand leistet. 1122 war das Papsttum als Sieger aus dem Investiturstreit hervorgegangen. Die deutschen Kaiser waren bezwungen, und die Kirche hatte ihre Freiheit von weltlicher Einflußnahme gewonnen. Sie hatte die weltlichen Mächte tatsächlich gezwungen, ihre Oberhoheit anzuerkennen. Seit der dritten Dekade des 12. Jahrhunderts konnten sich die Päpste immer deutlicher im Sinne jener Vorstellung sehen, die zum erstenmal von Gregor VII. umrissen worden war: sowohl als die geistlichen Führer der Christenheit wie als die obersten Herren aller weltlichen Fürsten im Westen. Diese Vorstellung fand ihren sichtbaren Ausdruck in Wandgemälden und Mosaiken und in deren Inschriften, die sich einst im Lateranpalast und im Narthex seiner Basilika befanden. Sie sind aus späten Kopien bekannt und bezogen sich alle auf den siegreichen Ausgang des Investiturstreits im Wormser Konkordat, auf den Triumph des Papsttums über die von den deutschen Kaisern eingesetzten Gegenpäpste, auf seine Ansprüche auf weltliche Oberhoheit in einem sehr realen lehnsrechtlichen Sinne und auf die historische Grundlage, auf der solche Ansprüche beruhten. In einem dieser Wandgemälde war die Jungfrau Maria, die Himmelskönigin, dargestellt, flankiert von den Päpsten Anaklet I. und Sylvester I., ersterer der Legende nach vom heiligen Petrus selbst eingesetzt und der Begründer seiner Gedenkstätte, letzterer der geistliche Gegenspieler Konstantins und angeblich der Empfänger der Konstantinischen Schenkung. Zu Füßen der Jungfrau knieten Calixtus II. und Anaklet II. Pierleone, der später zum Gegenpapst erklärt wurde und anscheinend der Stifter des Freskenzyklus aus der Zeit zwischen 1130 und 1138 war. In einer darunterliegenden Reihe waren schließlich die großen Päpste der frühen Jahrhunderte angeordnet, unter ihnen Leo I. und Gregor der Große, und ihnen gegenüber die siegreichen Päpste des Investiturstreits. Ein weiteres Wandgemälde zeigte in drei Szenen die Krönung Kaiser Lothars III. durch

Die erneute Wiedergeburt Roms: Das 12. Jahrhundert

150. SS. Quattro Coronati, Sylvesterkapelle. Fresken: Konstantin bietet dem Papst das Phrygium dar

Papst Innozenz II. von 1133 – seine Eide gegen die Stadt, gegen den Papst und schließlich seine Krönung. Eine erläuternde Inschrift deutete recht unumwunden an, der Kaiser sei ein Lehensmann des Papstes, seine Krone ein päpstliches Lehen und der Papst sei, so wurde dadurch impliziert, der höchste geistliche und weltliche Herrscher. Zuletzt illustrierte ein Mosaik im Narthex der Lateranbasilika, der zwischen 1159 und 1181 oder etwas später gebaut wurde, die Grundlage des päpstlichen Anspruchs, indem es Konstantin zeigte, wie er dem Papst die Schenkungsurkunde überreicht und ihm dadurch die kaiserlichen Insignien, Vorrechte und die tatsächliche Herrschaft über den Westen überträgt. In ähnlicher Manier zeigt ein 1246 vollendeter Freskenzyklus in der Cappella di S. Silvestro im Konvent von SS. Quattro Coronati Konstantin, wie er Papst Sylvester den kaiserlichen Kopfschmuck, das *phrygium*, überreicht (Abb. 150). Der Papst, so lautete die offizielle Version der päpstlichen Parteigänger im Hochmittelalter, kontrolliert Kaiser- und Königreiche genauso, wie er die Kirche beherrscht. Er ist ebenso der Nachfolger Konstantins und der römischen Kaiser wie des heiligen Petrus.

Diese verschiedenen Traditionsstränge – der petrinische, der konstantinische und der des kaiserlichen Rom als Herrin der Welt – bilden eine Matrix, innerhalb derer sich die Wiederbelebung der Antike im mittelalterlichen Rom zumindest in päpstlichen Kreisen mit politischen Implikationen anreicherte. Ganz selbstverständlich war die alte Peterskirche, die Gründung Konstantins und die Gedenkstätte des Apostels, der Idee nach das große Vorbild der Kirchenbauer im mittelalterlichen Rom. In Wirklichkeit aber hatte sich, wie man sich erinnern wird, seit der Karolingerzeit allmählich ein etwas anderer Standardtypus herausgebildet: die Anlage des Transcpts der Peterskirche mit seinem damals unkonventionell gewordenen niedrigen Dach und den noch niedrigeren, über die Seitenschiffe herausragenden Exedren wurde durch diejenige des Querschiffs von S. Paolo fuori le mura ersetzt, das ebenso hoch und breit war wie das Mittelschiff. Auch St. Peter selbst scheint als nach dieser Norm gebaut angesehen worden zu sein, und tatsächlich wurde die Kirche dieser Norm näher gebracht, indem man 1154 wenigstens ihre Exedren – oder vielleicht nur die nördliche – bis auf die Höhe des Querschiffdachs aufstockte. Ebenso mögen die Emporenkirchen von S. Lorenzo oder S. Agnese fuori le mura, die beide offenbar als die ursprünglichen konstantinischen Kirchen an diesen Stätten galten, als Prototypen für die Scheinemporen von SS. Quattro Coronati oder in S. Croce, wie sie 1144/1145 umgebaut wurde, gedient haben. Mosaikkünstler ließen sich, wie man sich erinnern wird, wieder und wieder von echten oder vermeintlichen konstantinischen Vorbildern inspirieren – im Lateranbaptisterium, in S. Costanza, möglicherweise auch von dem alten Mosaik der Lateranbasilika, das höchstwahrscheinlich trotz seiner Entstehung im 5. Jahrhundert dem kaiserlichen Gründer der Kirche zugeschrieben wurde. Frühchristliche Kirchen mit einer gewissen klassischen Aura, wie zum Beispiel S. Maria Maggiore, mögen sehr wohl von den Baumeistern des 12. Jahrhunderts in ein Idealbild ›konstantinischer‹ Kirchenarchitektur integriert worden sein, das als generelle Norm dienen sollte (war es der Satz von ionischen Kapitellen aus dem 5. Jahrhundert, der sich einst in S. Maria Maggiore befand, der im mittelalterlichen Rom die Auferstehung eines Typs von Kapitellen anregte, der seit der frühchristlichen Zeit kaum jemals wieder verwendet worden war?). Jedenfalls wurden in der Bezugnahme auf solche Vorbilder anscheinend die Ansprüche der Päpste, die legitimen Nachfolger sowohl des heiligen Petrus als auch Konstantins zu sein, zum Ausdruck gebracht oder bestärkt. Es läßt sich spekulieren, ob ihr Bestreben, auch als Erben der römischen Kaiser zu gelten, die Aufnahme von nichtchristlichen oder sogar entschieden heidnischen Elementen in die Kirchendekoration des 12. und 13. Jahrhunderts bewirkte. Tatsächlich hat man ver-

151. S. Cesareo, Ausschnitt der Kanzel

mutet, daß die römischen Spolien – seien sie Armlehnen in Löwenform, hüpfende Putten oder Laubranken – gerade wegen der vom Papsttum beanspruchten kaiserlichen Bedeutung in die Papstthrone eingefügt wurden, die man im frühen 12. Jahrhundert in S. Maria in Cosmedin, in S. Lorenzo in Lucina und in S. Clemente aufgestellt hatte. Ob dies auch im allgemeinen für antike Motive gilt, das heißt über die Tatsache hinaus, daß sie schon in frühchristliche Kompositionen als harmlose Genreszenen aufgenommen worden waren, ist eine strittige Frage. Schließlich fanden sich solche Elemente im Überfluß in Stuckreliefs, Wandgemälden und Boden- oder Wandmosaiken in den kaiserlichen Residenzen auf dem Palatin, in der Domus Aurea oder in den Thermen, die im Mittelalter alle für Paläste der römischen Kaiser gehalten wurden. Sicherlich jedoch wurde der Rückgriff auf antike Stilelemente im Rom des 12. und 13. Jahrhunderts zu einer Modeerscheinung. In den Werken der Cosmaten und anderer Dynastien römischer Marmorleger finden sich antikisierende Motive in Mengen, die dem Original oft erstaunlich nahekommen: Sphingen, Löwen und Greife, alles modische Reminiszenzen und ohne jeden politischen oder ideologischen Hintergrund. Die Kanzel in S. Cesareo, woher immer sie auch stammen mag, ist eines von vielen Beispielen für diese anspruchsvolle, aber krude Kunst (Abb. 151).

Ist es möglich, daß die Sammlung antiker Statuen, die im Lateranpalast, der während des ganzen Mittelalters die päpstliche Residenz blieb, zusammengestellt worden war, wenigstens seit dem 11. und 12. Jahrhundert als Bestärkung des Anspruchs der Päpste interpretiert worden ist, die Erben der antiken Tradition Roms zu sein? Zu jener Zeit war schon eine Reihe von Bronzeskulpturen unter den Portiken und vor dem Palast zusammengetragen worden: die *lupa*, die Reiterstatue des Mark Aurel, die Tafel mit der *lex Vespasiani*, der Dornauszieher, Kopf und Hand von Konstantins Kolossalstatue – die letzten drei Stücke waren auf Säulen ausgestellt – und unterhalb der *lupa* ein wasserspeiender Widder oder Widderkopf. Eine Auswahl aus diesen Stücken ist vor phantastischen Hintergründen in einem Manuskript aus dem 15. Jahrhundert abgebildet (Abb. 152). Der »Palast unserer kaiserlichen Herrschaft am Lateran, der alle anderen Paläste der Welt übertrifft«, war in der Schenkungsurkunde als eines der wichtigsten Geschenke Konstantins an den Papst

Die erneute Wiedergeburt Roms: Das 12. Jahrhundert

aufgeführt. Die Reiterstatue Mark Aurels wurde als Legitimitätsgrundlage für die Herrschaft des Papstes über Rom und den Westen verstanden, in dem Sinne, wie es die Konstantinische Schenkung intendierte. Die Statue wurde zu einem nicht bekannten Zeitpunkt aus der Villa der Ahnen des Kaisers (sie lag unter dem heutigen Krankenhaus S. Giovanni) an eine Stelle an der nordöstlichen Ecke des älteren Teils des Papstpalastes geschafft und irgendwann im 12. oder 13. Jahrhundert anscheinend auf einem neuen, von Säulen und Löwen getragenen Sockel aufgestellt (Abb. 153, 154, 260). Schon im 10. Jahrhundert glaubte man, sie stelle Konstantin dar – eine Meinung, die bis zum 12. Jahrhundert unbezweifelt blieb. Wie die *lupa* war auch diese Reiterstatue ein Gerichtsort: im Jahr 963 wurde, wie beschrieben, der unselige Stadtpräfekt, der eine Revolte gegen Kaiser und Papst angeführt hatte, an seinen Haaren an dieser Statue aufgehängt. Zu jener Zeit war sie demnach ein Symbol päpstlicher und ursprünglich vielleicht kaiserlicher Gerichtsgewalt, ein monumentales Wahrzeichen der Legitimität der weltlichen Herrschaft des Papstes, wie sie von der Konstantinischen Schenkung eingerichtet worden war. Um die Mitte des 10. oder gegen Ende des 9. Jahrhunderts, wenn nicht schon in seinen ersten 30 Jahren, kennzeichnete die bronzene Wölfin die Stelle, wo der ständige Vertreter des Kaisers in Rom, sein *missus*, in einem Portikus des Palastes zu Gericht saß (Abb. 155). Die Wölfin hatte ursprünglich auf dem Kapitol gestanden und war im Jahre 65 v. Chr. von einem Blitz getroffen worden, der offensichtlich ihre Füße zerbrach und die Zwillinge zerstörte. Mit anderen heiligen Statuen scheint sie in den Gewölben des Kapitols versteckt und von dort zu einem nicht bekannten Zeitpunkt zum Lateran geschafft worden zu sein. Der Grund für diese Verlegung ist wohl offenkundig: als ›Mutter der Römer‹, die sie war, war die *lupa* das Symbol des Herrschers von Rom. Mit dem Verschwinden der kaiserlichen Macht seit

152. Sammlung antiker Stücke am Lateran, phantasievoll angeordnet. Zeichnung von Giovanni da Modena (?) – Modena, Biblioteca Estense

153. Blick auf den Lateran um 1534–1536. Ausschnitt: Statue Mark Aurels auf einem Sockel des 15. Jahrhunderts und Löwen des 12. Jahrhunderts. Zeichnung von Marten van Heemskerck um 1534–1536 – Berlin, Kupferstichkabinett, 79 D2A, fol. 71ʳ

154. Reiterstatue Mark Aurels

155. Die kapitolinische Wölfin

der Mitte des 11. Jahrhunderts stand sie wohl in Übereinstimmung mit der Neuinterpretation der Konstantinischen Schenkung für die päpstliche Gerichtshoheit und Herrschaft über Rom. Ein dritter Zeuge für die päpstliche Herrschaft war die Bronzetafel »vor der Wölfin«, die *lex Vespasiani*. Sie war mit schönen Antiqualettern beschriftet und trug Teile eines Erlasses, durch welchen der Senat und das Volk von Rom die kaiserliche *potestas*, die zuvor Augustus innegehabt hatte, auf Vespasian übertrug. Die Tafel wird zum erstenmal von Magister Gregor erwähnt, der sie schwer zu entziffern fand, doch sie mag schon lange dort angebracht gewesen sein. Ihre Schrifttype war im 9. und möglicherweise noch im 10. Jahrhundert wohl lesbar gewesen, als nämlich die Antiquaschrift durchaus in Gebrauch war. Mit dieser Tafel hätte sich demnach der Kreis geschlossen: Senat und Volk übertrugen Gerichtsgewalt und Herrschaft über Rom dem Kaiser, und Konstantin, der Rom und das Reich christianisiert hatte, gab sie an den Papst weiter. Neben der *lupa*, der Mark-Aurel-Statue und der *lex Vespasiani* standen noch ein Bronzekopf und eine Hand, die eine Kugel hielt, vor dem Lateranpalast. Beide stammten sie von einer Kolossalstatue Konstantins. Sie hatten offenbar politische Bedeutung. Der Volksglaube sah in diesen Fragmenten seit dem späten 11. und bis hinein ins 13. Jahrhundert Überreste des Riesen Samson. Magister Gregor andererseits oder seine Bekannten in der Kurie waren sich der politischen Bedeutung der Fragmente bewußt: die Kugel bedeutete die Welt und auch die Macht, sie in der Hand zu halten. Er glaubte, die Stücke hätten zu einer Kolossalstatue auf dem oder in der Nähe vom Kolosseum gehört – er hatte sowohl Suetons ›Leben Neros‹ als auch die antiken Regionsverzeichnisse gelesen. Für ihn stellte sie den Sonnengott dar, der von den Alten als Symbol Roms verehrt worden und, wie er sagt, mit »kaiserlichem Gold« bedeckt gewesen sei. Für die Gebildeten, so scheint es, symbolisierten diese Kolossalfragmente die Macht Roms, seine Herrschaft über die Welt und seine kaiserliche Pracht.

Doch diesen am Lateran zusammengetragenen Skulpturen wurden auch noch andere Bedeutungen zugeschrieben. Der Volksglaube bildete seine eigenen Legenden – der ›Samson‹ ist ein Beispiel, die Mark-Aurel-Statue ein anderes, wie wir sehen werden. Einige Stücke waren auf Säulen aufgestellt

156. Der Dornauszieher

und konnten deshalb, wie W. S. Heckscher vorgeschlagen hat, auch als Götzenbilder verstanden werden. Jedenfalls der Dornauszieher war ein solches heidnisches Relikt, so sollte man meinen, und durchaus lächerlich angesichts des Sieges Christi und der Macht, die er durch seinen Stellvertreter, der in dem Palast residierte, auf Erden innehatte (Abb. 156). Wenn diese heidnischen ›Götzen‹ auch der Lächerlichkeit preisgegeben waren, so flößten sie doch auch eine gewisse Ehrfurcht ein. Kopf und Hand der Kolossalstatue waren, der Auskunft Magister Gregors zufolge, »von einschüchternder Größe«, und auch ihre technische Perfektion und lebensechte Schönheit wirkten einigermaßen beängstigend. Nichtsdestoweniger hatten alle diese am Lateran über Jahrhunderte hinweg zusammengetragenen Skulpturen, läßt man einmal ihre Bedeutung beiseite, noch einen anderen Aspekt. Ein großer Herr wie der Papst mußte auch stolz auf sie gewesen sein und genoß den Besitz von so vielen seltenen, eigentümlichen und schönen Stücken, ganz zu schweigen von ihrer Kostbarkeit. Daß sie politische Nebenbedeutungen hatten, war eine Sache; daß sie die Römer und Besucher beeindruckten, eine andere; und wieder eine andere Sache war es, daß sie den kultivierten Prälaten am päpstlichen Hof einfach gefielen.

Die politischen Nebenbedeutungen, die die römische Antike und ihre Wiederbelebung für das Papsttum hatten, bringen nur einen Aspekt des Gesamtbildes zum Ausdruck. Ein anderer Aspekt kommt in der Bedeutung zum Ausdruck, die diese Renaissance für die römische Republik hatte, die 1143/1144 von Senat und Volk von Rom in spezifisch mittelalterlicher Weise wieder zum Leben erweckt worden war. Doch diese republikanische Wiedergeburt spiegelt sich nur selten in Gebäuden und ihrer Dekoration, die bis heute überdauert haben. Die Einrichtung eines Senatspalastes auf dem Kapitol um 1150 war sicherlich ein greifbares Symbol für die Freiheit der Stadt, die sie mit Mühen und nur für kurze Zeit gewonnen hatte. Doch in dieses Gebäude mag einfach das Haus der Corsi-Sippe einbezogen worden sein, das über den Ruinen des Tabulariums errichtet worden war; und dessen Nachfolgebau aus dem 13. Jahrhundert, heute von dem von Michelangelo neuentworfenen Gebäude umschlossen, wies in Plan und Ausführung keine antiken Elemente auf.

Das einzige erhalten gebliebene Denkmal, das den Geist der Antike sichtbar zum Ausdruck bringt, liegt, wie es scheint, um Jahrzehnte vor der Gründung der Republik, vielleicht sogar ein halbes Jahrhundert früher – es ist die sogenannte Casa di Crescenzio (Abb. 157). Auf der Grundlage stilistischer Untersuchungen der Lettern in den Inschriften hat man ein Entstehungsdatum »zwischen dem späten 11. und der Mitte des 12. Jahrhunderts, wahrscheinlich jedoch nahe der Jahrhundertwende« mit einiger Glaubwürdigkeit vorschlagen können. Das Haus war von einem Nikolaus, dem Sohn oder Abkömmling eines Crescens und einer Theodora – beide Namen erinnern an die Familie Alberichs, des Herrn von Rom im 10. Jahrhundert –, gebaut worden und erhob sich ursprünglich als ein Geschlechterturm inmitten des im Mittelalter dichtbebauten Viertels nahe am Fluß zwischen dem Marcellustheater und S. Maria in Cosmedin. Doch es unterscheidet sich sehr deutlich von dem üblichen Schema der Geschlechtertürme. Heute sind nur noch das Erdgeschoß und ein Teil des Obergeschosses mit seiner arkadengetragenen Loggia erhalten geblieben. Sie liegen isoliert in dem zuasphaltierten Sanierungsgebiet, das vor einem halben Jahrhundert geschaffen wurde. Sieben aus Ziegeln gemauerte und halb von

157. Casa di Crescenzio

158. Casa di Crescenzio, Ausschnitt der Außenverkleidung

der Mauer verschluckte Säulenschaftsegmente gliedern, alternierend mit Ziegelpfeilern, die Fassade nur schwach. Zwei Reihen von diagonal gesetzten Ziegeln bekrönen die Schäfte anstelle von Kapitellen, während die Kragsteine und das Säulengebälk ein Sammelsurium architektonischer Fragmente darstellen – Voluten, Laubwerk, Putten, Sphingen, Kassetten –, die alle, abgesehen von einigen wenigen eingestreuten mittelalterlichen Kopien, Spolien aus antiken römischen Gebäuden sind (Abb. 158). Trotz seiner dürftigen Bauweise läßt das Gebäude die bedeutungsträchtige Wiederbelebung der Antike erahnen, wie sie auf dem Höhepunkt der römischen Republik in der Mitte des 12. Jahrhunderts vorherrschte. Die Inschriften, die der Besitzer überall anbringen ließ, bestärken diese Implikationen. In ihr Hauptthema verwoben – die Vergänglichkeit allen irdischen Ruhms und die Unausweichlichkeit des Todes, ob es nun in einem christlichen oder stoischen Sinne formuliert wurde –, betonen diese Inschriften seinen Stolz auf seine Abstammung und sein Ziel, Roms antike Pracht zu erneuern, wobei dieses Haus selbst dem römischen Volk zum Stolz gereichen könnte. In diesem Zusammenhang ist es kein Zufall, daß die Vorübergehenden mit der längst veralteten antiken Bezeichnung für die Bürger der römischen Republik als ›*quirites*‹ angesprochen wurden.

Sollte die Casa di Crescenzio tatsächlich von ungefähr 1100 oder kurz danach datieren, so beleuchtet sie schlaglichtartig die Situation jener Zeit. Derselbe Geist, der 1143 zur Bildung der Republik führte, war vermutlich unter Intellektuellen und Literaten schon lange verbreitet gewesen, bevor er sich zu politischer Aktion kristallisierte. Die Wiederbelebung der Antike und ihre politische Ausdeutung erhielt ja durch die Lektüre der antiken Schriftsteller ihren Anstoß und kam deshalb natürlich ebensosehr in literarischer wie in künstlerisch sichtbarer Form zum Ausdruck. Es dürfte wohl kaum ein Zufall sein, daß rein praktisch notwendige Reparaturen – der Stadtmauern im Jahr 1157, der Brücke des Cestius von 1191 bis 1193 – wie im antiken Rom durch Inschriften festgehalten wurden, in denen man die verantwortlichen Beamten nannte – im Falle der Brücke den Senator Benedictus Carushomo. Noch 1119 wurde der Besitz der Säule des Mark Aurel durch S. Silvestro in Capite in schlichten Worten als das Besitzrecht des Klosters an der Säule wie an der zugehörigen Kapelle und ihren Einkünften bestätigt. Im Gegensatz dazu wurde die Trajanssäule, während sie noch im Besitz von SS. Apostoli war – obgleich die angebaute Kapelle dem Nonnenkloster von S. Ciriaco in Via Lata gehörte –, direkt unter den Schutz des Senats gestellt, zu Ehren von SS. Apostoli und des ganzen Volks von Rom. Dadurch sollte garantiert sein, daß die Säule »ganz und unversehrt bleiben soll, solange die Erde besteht«, jede Verletzung dieses Erlasses sollte mit dem Tode und der Konfiskation der Besitztümer bestraft werden. Irgendwann zwischen 1150 und 1250 – ich neige zum früheren Datum, doch andere, die sich möglicherweise besser auskennen, ziehen das spätere vor – wurde ein Obelisk aus der Römerzeit instand gesetzt und an der Nordostecke des Kapitolinischen Hügels auf einem auf vier Löwen mittelalterlicher Arbeit ruhenden Sockel aufgestellt. Der Obelisk und die Löwen befinden sich heute in der Villa Mattei auf dem Caelius, wohin sie im Jahre 1582 geschafft wurden. Auf dem Kapitol stand der Obelisk zwischen dem mittelalterlichen Palazzo del Senatore und der Kirche S. Maria in Capitolio aus dem 12. Jahrhundert, die sich bis etwa 1260 an der Stelle des Querschiffs der heutigen Kirche S. Maria in Aracoeli erhob (Abb. 159). Es ist daher sehr gut möglich, daß der Obelisk als ein Symbol der *comune* und des Senats gegolten hat, der wiederbelebten römischen Republik.

Die Vorstellung eines wiedergeborenen antiken Rom und ihre Interpretation im Sinne der zeitgenössischen politischen Ziele und Realitäten kommt am deutlichsten in einem Romführer zum Ausdruck, den Benedikt, ein Kanoniker von St. Peter, zwischen 1140 und 1143 fertiggestellt und im darauffolgenden Jahr revidiert hat. Die ›*Mirabilia*‹ waren von einem Gelehrten mit einem sehr feinen Gespür für die politischen Konstellationen seiner Zeit für ebenso gelehrte und ebenso politisch wache Männer wie er selbst geschrieben und bezogen ihr Material aus vielen verschiedenen Quellen: aus Regionsverzeichnissen des 4. Jahrhunderts, aus Heiligenpassionen, aus Pilgerführern des 7. Jahrhunderts und aus Stellen aus dem ›*Liber Pontificalis*‹. Wichtiger noch in unserem Zusammenhang ist die Verwendung von Legenden, die sich seit der Spätantike um die Monumente und Örtlichkeiten des antiken Rom gerankt hatten, und ihre Neuinterpretation im Sinne der zeitgenössischen Politik und schließlich die Tatsache, daß in der beschriebenen Besichtigungstour auf Tempel und antike Sehenswürdigkeiten mit Quellenzitaten aus der römischen Literatur, besonders aus Ovids ›*Fasti*‹, Bezug genommen wird. Dies alles ist in eine Gesamtstruktur eingefügt, die von derjenigen früherer Romführer stark abweicht, wie ein Blick auf die Vorschläge für Besichtigungstouren lehrt. Die Pilgerführer hatten die Gläubigen natürlich zu den Reliquien der Heiligen in den Katakomben und Kirchen geführt. Der Katalog von Einsiedeln hatte in seinen Besichtigungstouren heidnische wie christliche Inschriften, Tempel und Kirchen in der Stadt unterschiedslos aufgelistet. Im Gegensatz dazu konzentriert der Autor der ›*Mirabilia*‹ sein Augenmerk fast ausschließlich auf das antike Rom. Kirchen dienen ihm nur dazu, die vermutliche Lage eines antiken Bauwerks oder Heiligtums zu bezeichnen. Derart stellt er eine systematische Tour durch die antike Stadt zusammen, wobei er sich immer auf die Monumente selbst konzentriert; deren genaue Identifikation aus literarischen Quellen ist ihm zwar auch wichtig, hat aber nur untergeordnete Bedeutung. Er beginnt am Vatikan und führt den Obelisken auf – seine Kugel berge, wie Benedikt zum erstenmal behauptet, die Asche Cäsars –, danach die beiden Mausoleen, deren eines er für einen Tempel Apollos hält, und die *pigna* mit ihrem Baldachin im Atrium. Von dort geht er zum Hadriansmausoleum und auf die umliegenden antiken Sehenswürdigkeiten über, dann überschreitet er den Fluß zum Augustusmausoleum, dem Pantheon und den anderen Tempeln auf dem Marsfeld, und als Höhepunkt seiner Besichtigungstour beschreibt er das Kapitol mit seinen längst verlorenen Tempeln, das Forum und den Palatin. Mit einer Tour zu den antiken Sehenswürdigkeiten im *disabitato* – auf dem Caelius, Esquilin, Quirinal und Aventin –, die in Trastevere endet, schließt sein Überblick.

159. Der Obelisk auf dem Kapitol mit Blick auf das Kolosseum im Hintergrund, um 1534–1536. Zeichnung von Marten van Heemskerck – Berlin, Kupferstichkabinett, 79 D2A, fol. 11ʳ

Das Ziel, das hinter dieser Beschwörung des antiken Rom und hinter der gesamten Schrift steht, wird an der Auswahl der wiedergegebenen Legenden deutlich, an ihrer Interpretation und der Deutung der Monumente, an den Beiklängen, die in der Beschreibung mitschwingen, und an der abschließenden Zusammenfassung. Immer wieder heißt es von Ereignissen, sie hätten »zur Zeit der Konsuln und Senatoren« stattgefunden, nicht in der Kaiserzeit. Der Bau des Pantheons wird mit der »Unterwerfung der Schwaben und Sachsen und anderer Völker des Westens unter den römischen Senat« in Verbindung gebracht – ein offenkundiger Seitenhieb gegen die deutschen Kaiser des frühen 12. Jahrhunderts, die Staufer Konrad III. und Lothar von Supplinburg – ebenso mit der »Unterwerfung der Perser im Osten«; Augustus habe seinen Namen ›*ab augendo rem publicam*‹ erhalten, weil er das Staatswesen vergrößert habe; und das Kapitol war das *caput mundi*, »wo die Senatoren und Konsuln zu Rat saßen, um die ganze Welt zu beherrschen«. Die uralte Legende von der *Salvatio Romae* – den 70 Statuen auf dem Kapitol, alle mit einer Glocke versehen, die jede Unruhe in den von Rom unterworfenen Ländern warnend ankündigen sollten – gewann erneut an Bedeutung. Die Statue des Mark Aurel am Lateran »soll angeblich Konstantin sein; aber das stimmt nicht«; statt dessen stelle sie einen Ritter dar, der »zur Zeit der Konsuln und Senatoren« Rom befreit habe, als die Stadt von einem König aus dem Osten belagert worden sei, und der diesen König gefangengenommen habe. Der Seitenhieb gegen Konstantin, dessen Schenkung den Papst im Lateran als weltlichen Herrscher eingesetzt hatte, scheint ebenso unübersehbar wie seine Verdrängung durch einen Volkshelden. In dieselbe Richtung mag auch das Übergehen der Bronzestatuen am Lateran zielen – »es sind dort viele zu bewundern, aber wir dürfen sie nicht beschreiben«, möglicherweise, weil sie Symbole der päpstlichen Herrschaft waren. Doch waren wirklich alle diese Statuen solche Symbole, sogar der Dornauszieher und der Widder, den der Magister Gregor dort sah? Der letzte Abschnitt des Buches faßt schließlich die Quellen, Methoden und politischen Ziele des Autors zusammen: »Diese und viele andere Tempel und Paläste von Kaisern, Konsuln, Senatoren und Präfekten gab es in heidnischer Zeit in dieser Stadt Rom, wie wir aus alten Annalen wissen, mit unseren eigenen Augen sehen können und von den Alten in unserer Mitte hören. Wie wunderschön sie im Glanz von Gold und Silber, Bronze, Elfenbein und Edelsteinen erstrahlten, haben wir uns, so gut wir konnten, als Erinnerung für künftige Generationen darzustellen bemüht.«

Offensichtlich bezog eine solche Beschwörung der römischen Antike ihre Bedeutung aus den politischen Zielen und Leidenschaften jener Zeit und wurde von den Intellektuellen wie zum Beispiel Arnold von Brescia geschürt. Aber dies ergibt nur ein schiefes Bild. Keiner der Gelehrten oder Politiker, die an dieser Bewegung beteiligt waren, hat bei allem Wissen um die Erinnerung an das antike Rom und seine Pracht und Monumente und bei aller Liebe dazu je vergessen, daß dies eine heidnische Vergangenheit war. Das Mittelalter war eine christliche Zeit, und diejenigen, die von der Antike begeistert waren, waren ebenso gute Christen wie alle anderen. Ihre Liebe für die antike Geschichte Roms ging Hand in Hand mit ihrer ehrlichen Überzeugung, daß diese Vergangenheit als heidnische von den christlichen Traditionen der Stadt überwunden worden war, daß ihre Zerstörung in der Tat Gottes Strafe für ihre lange sündige und heidnische Geschichte bedeutete und daß die heiligen Männer, die zu ihrer Zerstörung beigetragen hatten, richtig gehandelt hätten. Derselbe Johannes von Salisbury, der ohne Mißbilligung von Heinrich von Winchesters Sammlung antiker Statuen erzählt, berichtet fast zustimmend davon, daß Gregor der Große die antiken Bibliotheken habe verbrennen lassen, »weil die Heilige Schrift um so vieles besser ist«. Chronisten des 13. und 14. Jahrhunderts erweiterten diese Legende noch: für sie hatte Gregor »die Köpfe und Glieder der Dämonenstatuen überall in der Stadt abschlagen lassen, damit so die ketzerische Verworfenheit mit ihren Wurzeln ausgerissen und die Palme kirchlicher Wahrheit besser aufgerichtet würde«. Das lange Doppelgedicht von Hildebert von Lavardin stellt die Verflochtenheit dieser Liebe zum antiken Rom mit der Überzeugung von der göttlich vorbestimmten Zerstörung der heidnischen Stadt durch den Sieg Christi, eine echte Haßliebe, in großartigen Versen dar:

Par tibi, Roma, nihil, cum sis prope tota ruina;
Quam magni fueris integra, fracta doces.
Longa tuos fastus aetas destruxit, et arces
Caesaris et superum templa palude iacent.
Ille labor, labor ille ruit, quem dirus Araxes
Et stantem tremuit et cecidisse dolet;

Die erneute Wiedergeburt Roms: Das 12. Jahrhundert

Quem gladii regum, quem provida cura senatus,
Quem superi rerum constituere caput;
Quem magis optavit cum crimine solus habere
Caesar, quam socius et pius esse socer;
Qui crescens studiis tribus hostes, crimen, amicos
Vi domuit, secuit legibus, emit ope;
In quem, dum fieret, vigilavit cura priorum,
Iuvit opus pietas hospitis, unda, locus.
Materiem, fabros, expensas axis uterque
Misit, se muris obtulit ipse locus.
Expendere duces thesauros, fata favorem,
Artifices studium, totus et orbis opes.
Urbs cecidit, de qua, si quicquam dicere dignum
Moliar, hoc potero dicere: Roma fuit!
Non tamen annorum series, non flamma, nec ensis
Ad plenum potuit hoc abolere decus.
Cura hominum potuit tantam componere Romam,
Quantam non potuit solvere cura deûm.
Confer opes marmorque novum superûmque favorem,
Artificum vigilent in nova facta manus.
Non tamen aut fieri par stanti machina muro,
Aut restaurari sola ruina potest.
Tantum restat adhuc, tantum ruit, ut neque pars stans
Aequari possit, diruta nec refici.
Hic superûm formas superi mirantur et ipsi
Et cupiunt fictis vultibus esse pares.
Non potuit natura deos hoc ore creare,
Quo miranda deûm signa creavit homo.
Vultus adest his numinibus, potiusque coluntur
Artificum studio quam deitate sua.

Nichts kommt, Roma, dir gleich, und wenn in Trümmern du daliegst;
   Wie in der Blüte du groß warest, verrätst du im Fall.
Lange Jahrhunderte haben den Stolz vernichtet, und Cäsars
   Burg und des Göttergeschlechts Tempel versinken im Sumpf.
Da das Werk – hin stürzte das Werk, vor dem die Barbaren
   Bebten, solange es stand, klagen, seitdem es zerbrach,
Das der Könige Schwert und die sorgende Hut des Senates
   Und die Götter zum Haupt über die Erde gesetzt,
Das ein Cäsar lieber mit Schuld allein zu besitzen
   Wünschte, als andern gesellt treuer Gesippe zu sein,
Das drei Leistungen höhten: des Feinds Bezwingung durch Waffen,
   Ahndung der Schuld durch Gesetz, Freundesgewinnung durch Kraft.
Über das Werden des Bauwerks wachte die Sorge der Lenker.
   Und ihm kamen zugut Gastlichkeit, Wasser und Land.
Norden und Süden steuerten Baustoff, Künstler und Kosten
   Bei, es bot sich der Platz selber für Mauerwerk dar,
Und nun setzten die Führer die Mittel, die Meister den Fleiß ein,
   Hilfen gab alle die Welt, Segen das Schicksal hinzu.
Aber gestürzt ist die Stadt, und wenn ihrer würdig ein Wort ich
   Sagen möchte, ich weiß dies nur: es war einmal Rom.
Gleichwohl war nicht Länge der Zeit, nicht Flamme, nicht Schwertstreich
   All die Herrlichkeit hier ganz zu zerstören imstand.
Tun von Menschen vermochte es, Rom so groß zu errichten,
   Daß es von Göttern kein Tun wieder zu fällen vermocht.
Bringet nur Schätze und Marmor und Gunst der Himmlischen neu her,
   Lasset die Künstler neu schaffen mit emsiger Hand –
Nicht wird dennoch ihr Bau je gleich den stehenden Mauern.
   Noch auch richten sie je nur das Zertrümmerte auf.
So viel blieb, so vieles ist hin, daß nun die Ruine
   Niemals erreichbar steht, nie wiederherstellbar liegt.
Selber bestaunen die Himmlischen hier die Himmelsgestalten,
   Und gern ähnelten sie ihren Gesichtern im Stein.
Nicht vermochte Natur solch Antlitz den Göttern zu schaffen.
   Wie von Göttern der Mensch strahlende Bilder erschuf.
Blick geht von den Erhabenen aus, es ruft zur Verehrung
   Eher des Künstlers Bemühn als ihre Göttlichkeit auf.

Liest man diese warmen elegischen Zeilen, die mit trauriger Liebe zu den Ruinen Roms erfüllt sind, so vergißt man allzu leicht, daß es eine Fortsetzung gibt, ein zweites Gedicht, das zu diesem ersten gehört:

Urbs felix, si vel dominis urbs illa careret,
Vel dominis esset turpe carere fide!
Dum simulacra mihi, dum numina vana placerent,
Militia, populo, moenibus alta fui;
At simul effigies arasque superstitiosas
Deiiciens, uni sum famulata Deo,
Cesserunt arces, cecidere palatia divûm,
Servivit populus, degeneravit eques.
Vix scio, quae fuerim, vix Romae Roma recordor,
Vix sinit occasus vel meminisse mei.
Gratior haec iactura mihi successibus illis;
Maior sum pauper divite, stante iacens.
Plus aquilis vexilla crucis, plus Caesare Petrus,
Plus cinctis ducibus vulgus inerme dedit.
Stans domui terras, infernum diruta pulso;
Corpora stans, animas fracta iacensque rego.
Tunc miserae plebi, modo principibus tenebrarum
Impero; tunc urbes, nunc mea regna polus.
Quae ne Caesaribus videar debere vel armis,
Et species rerum meque meosque trahat,
Armorum vis illa perit, ruit alta senatus
Gloria, procumbunt templa, theatra iacent,
Rostra vacant, edicta silent, sua praemia desunt
Emeritis, populo iura, colonus agris;

Durus eques, iudex rigidus, plebs libera quondam
Quaerit, amat, patitur otia, lucra, iugum.
Ista iacent, ne forte meus spem ponat in illis
Civis et evacuet spemque bonumque crucis.
Crux aedes alias, alios promittit honores,
Militibus tribuens regna superna suis.
Sub cruce rex servit, sed liber; lege tenetur,
Sed diadema gerens; iussa tremit, sed amat.
Fundit avarus opes, sed abundat; foenerat idem,
Sed bene custodit, si super astra locat.
Quis gladio Caesar, quis sollicitudine consul,
Quis rhetor lingua, quae mea castra manu
Tanta dedere mihi? Studiis et legibus horum
Obtinui terras; crux dedit una polum.

Stadt des Glücks! ja wäre nur ohne Herren die Stadt da,
    Oder es wäre den Herrn Schmach, ohne Glauben zu sein!
Da ich die Statuen, da ich die Scheingottheiten noch liebte,
    Stiegen mein Heer und mein Volk und meine Bauten zur Höh.
Aber seitdem ich die Bilder und all die Altäre des Wahnes
    Umstieß, daß ich allein diente dem einzigen Gott,
Schwanden die Burgen dahin, die Götterpaläste versanken,
    Dienstbar wurde das Volk, Adel verlor seine Art.
Weiß nun kaum, wer ich war, ich, Roma, entsinne mich Roms kaum,
    Und, so tief ist der Fall, kaum noch gedenke ich mein.
Lieber ist dieser Verlust mir dennoch als jene Erfolge:
    Arm bin ich größer als reich, größer im Sturz als im Stand.
Denn mehr brachte das Kreuz als die Adler, Petrus als Cäsar,
    Mehr eine wehrlose Schar als die gepanzerte Macht.
Aufrecht bezwang ich die Erde – gestürzt zertret ich die Hölle;
    Leiber regiert ich im Stand – Seelen in Bruch und Verfall,
Damals der kläglichen Menge – den Fürsten der Finsternis heute
    Herrscherin; Städte dereinst – jetzt sind die Sterne mein Reich.
Daß es nicht scheine, ich danke den Kaisern so viel und den Waffen,
    Daß nicht sichtbare Pracht mich und die Meinen vom Weg
Lenke, verlor sich die Waffengewalt und der Glanz des Senates,
    Brachen die Tempel herab, sind die Theater im Schutt.
Leer nun der Markt und stumm das Gesetz; es fehlt dem Verdienste
    Löhnung, dem Volke Gericht, ja, auch dem Feld der Kolon.
Eiserne Ritter, unbeugsame Richter, die Freien von ehdem
    Sind nun schlaff, nach Gewinn gierig und dulden das Joch.
So der Verfall; denn nimmermehr darf mein Bürger auf derlei
    Hoffnung setzend vom Kreuz Hoffnung und Gnade verschmähn.
Andere Heime verheißt das Kreuz und andere Ehren:
    Seinen Streitern als Preis Herrschaft in höherer Welt.
Fürst wird Knecht vor dem Kreuz, doch frei; ihn bindet die Satzung,
    Und doch geht er gekrönt; zitternd gehorcht er, doch froh.
Schätze vertut hier der Reiche und lebt in Fülle; er wuchert
    Und verwaltet doch recht, sucht er bei Sternen den Zins.
Hat mit dem Degen ein Kaiser, mit Rate ein Konsul, hat je ein
    Redner mit mächtigem Wort, Feldzug mit tapferer Hand
Mir so Großes errungen? Durch deren Mühn und Gesetze
    Fiel die Erde mir zu: aber das All durch das Kreuz.

So hatte also das heidnische Rom einem besseren, weil christlichen Rom Platz gemacht, dem für den mittelalterlichen Menschen einzig vorstellbaren Rom. Dies war natürlich nur die allgemeine Auffassung überall in der westlichen Christenheit. Für den normalen Besucher und mehr noch für den Pilger, der um seiner Erlösung willen in die Stadt kam, war Rom die christliche Stadt überhaupt, und einzig ihre christlichen Heiligtümer zählten – ihre antiken Ruinen waren eigenartige Überreste einer vergangenen Welt, die aufgrund ihrer heidnischen, ja teuflischen Aura höchst verdächtig waren. Männer wie Hildebert von Lavardin hatten eine andere Auffassung: das heidnische Rom war überwunden, Rom war eine christliche Stadt; aber in seiner Überwindung des Heidentums hatte sich Rom die heidnischen Monumente als rechtmäßiges Erbe angeeignet. Die heidnische Stadt war mit dem christlichen Rom verschmolzen und zu einem integralen Bestandteil des neuen Rom geworden. Solche Männer bildeten natürlich nur eine kleine Gruppe, aber sie waren es, die das Bild von Rom bestimmten, wie es sich einer gebildeten Schicht bis hinein ins 15. Jahrhundert bot. Dieses Bild kommt seit dem 13. Jahrhundert immer wieder in stilisierten Stadtansichten zum Ausdruck, in denen Rom symbolisch durch einige wenige ausgewählte Gebäude dargestellt wird: diejenige von Cimabue in Assisi von ungefähr 1280 zeigt die Stadtmauern mit ihren Toren und Türmen – was an die ›Mirabilia‹ und ihre spätantiken Vorläufer erinnert –, St. Peter und S. Maria in Aracoeli mit dem Wappen der Kommune, die Torre delle Milizie und, vielleicht, die Tor de' Conti, Castel S. Angelo, den Obelisken von St. Peter, das Pantheon und einen Bau, der vielleicht das Kolosseum darstellen soll. Deutlicher noch gibt die Goldene Bulle Ludwigs des Bayern von 1328 auf ihrem Siegel die Mauern, Türme und Tore der Stadt wieder, den Tiber, das Pantheon und die Säule des Mark Aurel, vielleicht das Augustusmausoleum, den Palazzo del Senatore, das Kolosseum, einen Triumphbogen, die Cestiuspyramide, den Lateran und jenseits des Flusses Castel S. Angelo, das die Brücke schützt,

Die erneute Wiedergeburt Roms: Das 12. Jahrhundert

160. Siegel der Bulle Ludwigs des Bayern (vergrößert) – München, Bayerisches Hauptstaatsarchiv (Kaiser-Ludwig-Selekt 1263)

St. Peter, den Obelisken und weiter flußabwärts S. Maria in Trastevere (Abb. 160). Das Aufgehen des heidnischen Rom im christlichen könnte nicht deutlicher zum Ausdruck kommen. Diese wesentliche Zweipoligkeit Roms verschwindet erst, als etwa um 1460 ein Florentiner Truhenmaler Rom fast ausschließlich auf nichtchristliche Symbole reduziert (Abb. 223): Castel S. Angelo, seine Brücken, die vieltürmigen Stadtmauern, eine Triumphsäule, das Pantheon und das Kolosseum und das Kapitol mit dem Palazzo del Senatore. Diese Beschränkung ist angesichts des gestellten Themas nur natürlich: der ›Äneis‹ und Cäsars Triumph. Ebenso natürlich ist die Auslassung aller christlichen Heiligtümer außer S. Maria in Aracoeli – deren Status als bürgerliches Symbol neben dem Palazzo del Senatore und ihre legendäre Verbindung mit Augustus erklären diese Ausnahme. Aber zu jener Zeit war das Mittelalter auch schon zu Ende gegangen und mit ihm jenes problemlose Amalgam des antiken mit dem christlichen Rom, das für Hildebert von Lavardin so selbstverständlich gewesen war.

VIII.

Das 13. Jahrhundert: Ein Epilog

Dreimal erhob sich Rom im 13. Jahrhundert zu neuer Größe. Zu Beginn des Jahrhunderts wurde es unter Papst Innozenz III. und dessen Nachfolger Honorius III. durch das Papsttum in einem sehr realen Sinne zur Hauptstadt der christlichen Welt: der Sitz der Päpste, die Nachfolger sowohl Konstantins als auch des Apostels und deshalb die höchste Autorität in weltlichen wie geistlichen Angelegenheiten waren und Könige und Kaiser krönten oder absetzten; das Zentrum, in dem die rechtlichen und diplomatischen Entscheidungen des Westens letztlich gefällt wurden; eine Finanzmacht erster Größe; und gleichzeitig schließlich die Hauptstadt des Kirchenstaats, die mit ihrem Herrscher, dem Papst, friedlich zusammenarbeitete. Dieses Bild von Rom, das sich der mittelalterliche Mensch gemacht hatte, stimmte 30 Jahre lang mit der politischen Realität weitgehend überein. Nach der Jahrhundertmitte machte Brancaleone di Andalò, der ein sehr viel bescheideneres Ziel vor Augen hatte, Rom für sechs kurze Jahre zu einer nahezu gänzlich freien Stadt, der Hauptstadt eines großen Gebiets in Mittelitalien, das gut durchorganisiert und stark war. Vor dem verschwommenen Hintergrund von Roms traditionellen Größenvorstellungen trat nun die Realität scharf umrissen in den Blick. In den späten Jahren des Jahrhunderts von 1277 bis 1303 war es wieder eine Reihe von nachdrücklich römisch gesinnten Päpsten, die die Stadt noch einmal zum Haupt der Welt zu machen suchten, wie sie es zu Beginn des Jahrhunderts gewesen war. Sie scheiterten mit ihren Versuchen; die politische und ökonomische Wirklichkeit konnte der großartigen Idee nicht mehr gerecht werden. Statt dessen aber ließen sie Rom während dieser 26 Jahre zur kulturellen Hauptstadt Italiens, wenn nicht gar der Welt werden, zum Zentrum einer Kunst, die gleichberechtigt neben der von Siena, Florenz und Venedig Bestand hat. Am Ende jedoch beschnitten die politischen Ereignisse diese Spätblüte der Stadt, ihre letzte Blütezeit während des Mittelalters.

Der Höhepunkt der päpstlichen Macht und der Vorherrschaft Roms in der mittelalterlichen Welt zu Beginn des Jahrhunderts hat nur wenig sichtbare Spuren im städtischen Gefüge oder in erhalten gebliebenen Denkmälern hinterlassen. Innozenz III. baute noch als Kardinal seine Titularkirche SS. Sergio e Bacco auf dem Forum um; es war dies ein kleiner und unbedeutender Bau, der an den Septimius-Severus-Bogen angefügt war. 200 Jahre später wurde die Kirche noch einmal restauriert und dann in diesem Zustand kurz vor ihrem Abbruch im Jahre 1536 von Marten van Heemskerck gezeichnet. Als Papst war Innozenz III. mit Subventionen für den Kirchenbau recht sparsam. In seiner Biographie ist eine Liste seiner Beiträge erhalten: sie sind alle gering, außer denen, die an die Kirchen und Klöster des Zisterzienserordens gingen, welche zu jener Zeit in der Nähe von Rom gebaut wurden — Fossanova und Casamari. Sicher, er stiftete für Dutzende von Kirchen in Rom und in den Hügelstädten Stoffe und Altargefäße, aber so zahlreich, kostbar und farbenprächtig diese auch waren, so waren ihre Kosten im Rahmen des päpstlichen Gesamthaushalts doch gering.

Für Profanbauten andererseits gab er große Summen aus — für praktische, humanitäre und soziale Zwecke und aus Gründen des Prestiges sowohl des Papsttums wie der eigenen Familie. Die Bausubstanz des alten Lateranpalastes wurde verstärkt und ausgebessert, und ein kleines Krankenhaus wurde in seinem Bereich eingerichtet. Im Borgo, jenseits des Flusses und etwas östlich von Castel S. Angelo, legte er 1198 S. Spirito in Sassia als Spital und Herberge an. Schließlich erbaute er 1208 ungefähr 100 Meter nördlich der alten Peterskirche und etwas weiter oben auf dem Vatikanischen Hügel eine befestigte Papstresidenz, den Kern des heutigen Vatikanischen Palastes, welcher jetzt in einer Ecke des *Cortile del Pappagallo*, eines winzigen Innenhofs, liegt. Er war aus kleinen *tufelli*-Steinen erbaut, in *opus saracinescum*, und bildete einen massiven, dreigeschossigen Block

Das 13. Jahrhundert: Ein Epilog

mit einem fünfstöckigen Eckturm – sein oberstes Stockwerk beherbergt heute die Kapelle, die Fra Angelico mit Fresken ausgemalt hat (Abb. 161). Der Vorhof wurde von Türmen geschützt, die heute ebenso wie eine Anzahl von Amtsgebäuden verschwunden sind. Den Quellen zufolge waren sie an den Hauptflügel angebaut oder in ihm enthalten: Wohnräume, Kapelle und Amtszimmer des Kaplans, die Bäckerei, der Weinkeller, die Küche, die Schmiede und Häuser für den Kanzler, den Schatzmeister und den Almosenpfleger, natürlich alle mit ihrem Personal. Es war ein repräsentativer und nützlicher Bau, »*honorabile et utile*«, wie ihn der Biograph Innozenz' beschreibt. Für die eigene Familie begann Innozenz im ersten Jahr seines Pontifikats mit dem Bau der Tor de' Conti (Abb. 162), des riesigen und massigen Geschlechterturms hinter dem Nervaforum, »der an Höhe und Breite jeden anderen Turm übertrifft«, wie Zeitgenossen anmerkten, wobei sie hinzufügten, er habe das Spital von S. Spirito bauen lassen, um diese Demonstration von Familienstolz wieder wettzumachen. Natürlich stand der Turm nicht allein, sondern schützte vielmehr einen befestigten Bereich, der die Conti und ihr Gefolge aufnehmen sollte, eine sichere und nach außen bedrohliche Festung, die sich gleichwohl in gefährlicher Nähe des *abitato* befand.

Den Bau von Kirchen, so scheint es, überließ Innozenz anderen. Sein Kardinalkanzler Cencio Savelli, der später als Honorius III. zum Papst ge-

162. Die Tor de' Conti um 1880

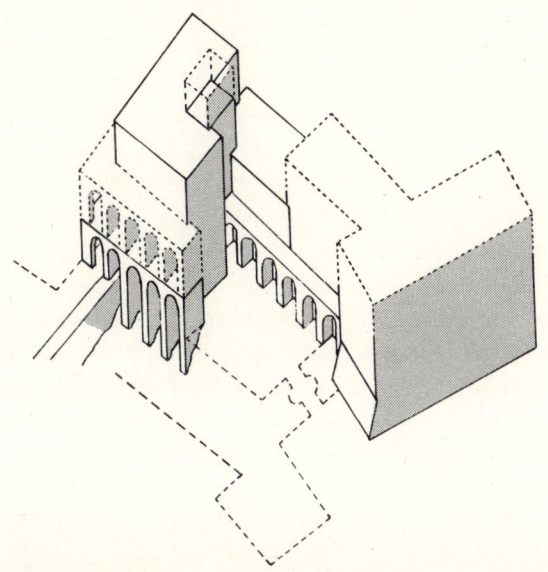

161. Der Vatikanspalast um 1280, isometrische Rekonstruktion von D. Redig de Campos

wählt wurde, hatte schon einige Jahre vor der Wahl Innozenz' mit Arbeiten an S. Lorenzo fuori le mura begonnen. Während des Pontifikats Innozenz' führte er den Bau weiter, und als er schließlich selber Papst war, vollendete er die große Kirche über dem Heiligenschrein. Möglicherweise jedoch wurde wenigstens ein Teil des Geldes von anderen aufgebracht: im Mosaikfries des Portikus taucht die Figur eines Laien auf, der vielleicht ein Geldgeber war. Die Kirche steht noch heute als ein eindrucksvoller, wenngleich altmodischer Bau – wir erwähnten ihn schon mehrfach – an der Straße nach Tivoli. Ihr schlichtes Mittelschiff ruht auf Säulen und Gebälken, die alle Spolien aus den nahe gelegenen älteren Bauten sind (Abb. 129, 130). Das Langhaus wurde an die alte Kirche aus dem 6. Jahrhundert angefügt, die in einen erhöhten Altarraum umgebaut wurde, so daß die Kirche insgesamt die beachtliche Länge von 75 Metern erreicht. Vermutlich sollte die umgebaute Kirche S. Lorenzo nach dem Willen des Honorius mit den anderen großen Basiliken innerhalb und außerhalb der Mauern Roms in Konkurrenz treten können, die wegen ihres Alters oder

163. Die alte Peterskirche, Apsismosaik Innozenz' III. Zeichnung von Giacomo Grimaldi – Biblioteca Vaticana, Arch. S. Pietro, Album, fol. 50

wegen der Märtyrerschreine, die sie bargen, oder aus beiden Gründen verehrt wurden – St. Peter, S. Paolo fuori le mura, S. Maria Maggiore und S. Sebastiano, wo Honorius ein Oratorium ausschmücken ließ. Sein Nachfolger Gregor IX. errichtete nahe beim Lateran »einen edlen Palast zur Nutzung durch die Armen« – eine Herberge für Pilger und Besucher oder ein Armenhaus und möglicherweise zugleich ein Spital, alles in einem, ähnlich der Gründung Innozenz' von S. Spirito.

Insgesamt konzentrierten sich Innozenz III. und seine beiden Nachfolger nicht so sehr auf den Kirchenbau als vielmehr auf Politik, Verwaltung, Gesetzgebung und Finanzen. Wenn sie bauten, so waren es starke Paläste, die ihnen und ihren Familien Schutz boten und angenehmes Wohnen ermöglichten; oder sie sorgten für Sozialleistungen sowohl für die Römer wie für die Besucher der Stadt – Armenhäuser, Spitäler, Herbergen. Damit war offensichtlich noch ein drittes Ziel verbunden, nämlich die Besucher Roms mit der Pracht seiner Paläste und Befestigungen und mit der üppigen Dekoration in denjenigen Kirchen, die die Pilger am wahrscheinlichsten sehen würden, zu beeindrucken. Dies alles waren Stiftungen des regierenden Papstes, die ihm und den Institutionen, für die er stand, dem Papsttum und der Kirche, Ruhm und Ansehen einbrachten. Mit dem Ziel solcher Verherrlichung wurden in der Peterskirche wie in S. Paolo fuori le mura von Innozenz große Mosaikdekorationen begonnen und von seinen zwei Nachfolgern fertiggestellt. Innozenz' Apsismosaik in St. Peter blieb bis zum späten 16. Jahrhundert an Ort und Stelle, bis es beim Bau der neuen Peterskirche weichen mußte (Abb. 163). Es zeigte den thronenden Christus zwischen den beiden Apostelfürsten, auf jeder Seite flankiert von einer Palme. Zu ihren Füßen breitete sich eine Landschaft aus, mit kleinen runden Kuppelbauten, riesigen Blumen, Zwerglöwen und winzigen menschlichen Gestalten, offensichtlich Pygmäen – einer von ihnen schlägt eine Blume mit der Axt. Unterhalb der Hauptszene floß anscheinend ein Fluß, wodurch eine nilotische Landschaft angedeutet wurde, wie sie in der Antike häufig anzutreffen gewesen war. In einem darunterliegenden Band verlief entlang der Grundlinie des Apsisgewölbes ein Fries mit zwölf Lämmern, die links von Jerusalem und rechts von Bethlehem kamen und durch Palmen voneinander getrennt waren, in deren einer auf jeder Seite ein Phönix saß. Im Zentrum stand das Lamm Gottes auf einem kleinen Hügel zwischen den Figuren der römischen Kirche – die Inschrift lautet: »*Ecclesia Romana*« –, mit einem Banner in der Hand auf der einen Seite und dem Papst auf der anderen. Der Kopf des Papstes, derjenige der *Ecclesia* und ein Phönix sind die einzigen Fragmente, die erhalten geblieben sind. Die Hauptfiguren im Apsisgewölbe, Christus, Petrus und Paulus, sowie die Palmen, die Nillandschaft und der Lämmerfries mögen durchaus eine Wiederholung des Mosaiks aus dem späten 4. Jahrhundert gewesen sein, das Innozenz ersetzen ließ, wenngleich sie wichtige Modifikationen aufwiesen: in dem frühchristlichen Mosaik wäre Christus stehend zwischen Petrus und Paulus abgebildet worden und hätte Petrus das Gesetz übergeben – die Formel einer *Traditio legis*; die Gestalten Innozenz' III. und der Kirche waren kein Teil des früheren Schemas. Aber daß sie in Innozenz' Komposition erschienen und wie sie plaziert waren, ist von bezeichnender Bedeutung. Natürlich waren die päpstlichen Stifter schon mindestens seit dem 6. bis ins 12. Jahrhundert hinein in den Apsismosaiken in Rom in Erscheinung getreten. Aber in SS. Cosma e Damiano, in S. Prassede, in S. Maria in Trastevere hatte der Papst neben den Apostelfürsten gestanden, ein Bewohner des himmlischen Reichs, der durch diese Vermittler Einlaß gefunden hatte in die Gegenwart Gottes; oder er hatte, wie in S. Maria in Domnica, inmitten der himmlischen Heerscharen zu Füßen der Muttergottes gekniet. In St. Peter nehmen Innozenz und die Kirche mit den Aposteln (den Lämmern) einen davon getrennten Raum ein: denjenigen der Welt, in der Christus, das Lamm Gottes, Fleisch geworden ist und sich geopfert hat. Diese Welt ist niedriger als der Himmel, steht aber doch höher als das alltägliche Leben. Auch ist Innozenz nicht durch ein Modell der Kirche in seinen Händen als der Stifter gekennzeichnet, wie dies üblich gewesen war. Eher ist er *der* Papst überhaupt. Er und die römische Kirche sind gleichrangig und gleichbedeutend; sie spiegeln die apostolische Nachfolge auf Erden wider, die sowohl in der himmlischen Sphäre angedeutet wird als auch durch die Tatsache, daß der Papst zwischen den Lämmern, den Aposteln, plaziert ist – *isapostolos* möchte man es nennen. Die Inschrift unter dem Apsismosaik betonte dasselbe Thema der apostolischen Nachfolge und der päpstlichen Oberhoheit: »Dies ist der Stuhl des heiligen Petrus, dies der Tempel der Apostelfürsten, der Ruhm und die Mutter aller Kirchen . . .« – damit bemächtigt sich Innozenz für St. Peter des Titels, der eigentlich der Lateranbasilika, der Kathedrale von Rom, zustand, die bisher traditionellerweise die ›Mutter aller Kirchen‹ gewesen war.

Auch das Apsismosaik in S. Paolo mag während des Pontifikats von Innozenz begonnen worden sein. Zum größten Teil wurde es unter Honorius III. ausgeführt, allerdings erst nach seinem Tode vollendet. Als die Kirche 1823 niederbrannte, wurde es schwer beschädigt und ist nur noch in einer stark restaurierten Fassung erhalten. Doch sein Thema, die Verherrlichung Christi, der zwischen den Aposteln und den Evangelisten in seiner Majestät thront, mit dem Kreuz und den Symbolen der Passion in einem darunterliegenden Abschnitt, ist unpolitischer Natur. Die Mosaiken in St. Peter hatten wieder und wieder die Größe und das Alter der Kirche, Roms und des Papsttums betont, wohingegen die in S. Paolo in dieser Hinsicht neutral blieben; bezeichnenderweise kniet die winzige Gestalt Honorius' III. unterhalb und außerhalb der himmlischen Sphäre zu Füßen Christi: der Stifter ist ein sterblicher Mensch.

Die päpstliche Macht und das päpstliche Machtbewußtsein waren um die Mitte des Jahrhunderts zurückgegangen. Statt dessen wuchs die Macht der Stadt beständig an, und im Zusammenhang mit dieser politischen Konstellation kam es auch zum Bau des auffälligsten aller kommunalen Bauten: des Palazzo del Senatore auf dem Kapitol. Ob er zu dieser Zeit von Grund auf neu errichtet oder einfach umgebaut wurde, ist unsicher, denn schon 1151 war ein Palast der Kommune in Gebrauch, als der Rat der Stadt in der »neuen Versammlungshalle des Senatspalastes« zusammentrat. Diese Halle war, wie ich schon sagte, möglicherweise in dem alten befestigten Haus eingerichtet gewesen, das die Corsi-Familie im 11. Jahrhundert oder schon davor über den Ruinen des Tabularium errichtet hatte, jenes in Arkaden geöffneten römischen Baus am Ostfelsen des Hügels,

164. Der Palazzo del Senatore um 1300, isometrische Rekonstruktion von Pietrangeli

der über das Forum blickt. Wie immer auch der frühe Kommunalpalast ausgesehen haben mag, 100 Jahre später wurde er gründlich umgebaut oder in der Tat von einem *palatium novum*, einem neuen Palast an derselben Stelle, ersetzt. Die genauen Bauperioden und Abschlußdaten dieses neuen Palazzo del Senatore müssen noch geklärt werden. Aber es scheint, als seien die Arbeiten begonnen worden, als Brancaleone *senatore* war; 1257 wurden zum erstenmal ein alter und ein neuer Palast voneinander unterschieden. Der Bau mag nur schleppend vorangekommen sein. Doch der Grundplan und das Aussehen des neuen Palastes, wie er sich 1306 darstellte, sind überzeugend rekonstruiert worden, obgleich sie bis heute unter zwei größeren Umbauten verborgen liegen: demjenigen, den Michelangelo 1538 begann und der von anderen im Jahre 1612 vollendet wurde, und einem früheren von kurz vor und nach 1400, der den Bau in eine viertürmige Festung verwandelt hatte, in der alle Öffnungen verrammelt waren. Der Kern des hohen rückwärtigen Turms scheint ebenfalls von etwa 1400 zu datieren, während die Loggia und die Schaufassade, die noch um 1550 zu sehen waren, auf einen Umbau aus der Mitte des 15. Jahrhunderts zurückgingen. Im Gegensatz dazu öffnete sich die Fassade des Palastes des 13. Jahrhunderts – möglicherweise seit dem Pontifikat Bonifatius' VIII. – in drei Arkadenreihen, die von Pfeilern und Säulen mit ionischen Kapitellen getragen wurden (Abb. 164). Im Innern nahmen drei übereinanderliegende Hallen fast den gesamten Raum des Hauptgebäudes ein; zur Rechten führte eine Rampe hinauf zum Eingang; die Treppenhäuser lagen im Rückgebäude. Der rechte Gebäudeteil war kleineren Räumen vorbehalten, von wo aus der *senatore* den Hinrichtungen beiwohnte, die auf halber Höhe der Rampe vollzogen wurden. Auf der linken Seite erhob sich über der Nordwestecke ein Turm, von dem aus die gemeinsamen Versammlungen von Volk und Senat – das Volk blieb vor dem Palast – »durch den Klang von Trompeten und das Geläut der Glocke« einberufen wurden. Das rechte Eck wurde später zu einem zweiten Turm aufgestockt, wie er dann im frühen 14. Jahrhundert bestand. Es scheint, als habe der Hauptflügel des Baus aus dem 13. Jahrhundert in Länge, Breite und Höhe Michelangelos Palast entsprochen. Die Anlage orientierte sich an den Kommunalpalästen, die die norditalienischen Kommunen schon ein Jahrhundert oder noch länger zuvor gebaut hatten – Rom bleibt bezeichnender Weise im Rückstand. Dennoch muß der Palast im 13. Jahrhundert ein eindrucksvoller Bau gewesen sein, der den Hügel selbst und darüber hinaus noch die östlichen Teile des *abitato* beherrschte.

Während in den ersten Jahrzehnten des 13. Jahrhunderts der Höhepunkt der päpstlichen Macht und das Wiederaufleben des städtischen Stolzes in den fünfziger Jahren in erhaltenen Denkmälern nur wenig zum Ausdruck kommen, fanden im Gegensatz dazu die Päpste von Nikolaus III. bis zu Bonifatius VIII. von 1277 bis 1303 ihre Lust daran, Rom zu verschönern. Päpste und Kardinäle bauten Kirchen um und schmückten sie neu aus, beschenkten sie mit kostbaren Stoffen und Altargefäßen, errichteten kunstreiche Grabmäler und bauten großartige und prächtig ausgestattete Paläste für sich selbst. Der päpstliche Hof führte inmitten seiner zur Schau gestellten Pracht ein luxuriöses Leben. Kostbare Steine, Textilien und Goldschmiedearbeiten häuften sich in den Schatzkammern der Päpste und Kardinäle, im Lateranpalast, in den Kirchen und Konventen in Rom und in den Hügelstädten. In den Inventarlisten finden sich massenhaft Beschreibungen von liturgischen Gewändern, die mit Goldstickereien, Perlen und Juwelen verziert waren und die Importen aus England, Zypern oder Sizilien ähnlich sahen oder es tatsächlich waren, lauter Geschenke von Päpsten und ausländischen Königen. Allzu wenige von ihnen haben in Rom, in Anagni und in Veroli überdauert. Niemals zuvor hatten die hohen Würdenträger der Kirche und ihre Verwandten ihren Reichtum so offenkundig zur Schau getragen. Die Päpste und Kardinäle waren in Rom geboren und hier erzogen, und sie und ihre Familien rivalisierten miteinander – man denke an die durchaus ähnliche Situation in der Karolingerzeit –, und sie schufen eine ununterbrochene Tradition, Kirchen neu auszuschmücken und ihre Schatzkammern zu füllen; alles mit dem Ziel vor Augen, Rom in eine strahlende Hauptstadt der Welt zu verwandeln. Für dieses Programm wurden große Summen aufgewandt: zu Ehren der Heiligen, für das Seelenheil der Stifter und um die Gläubigen zu beeindrucken. Zwei Mitglieder der Familie Colonna finanzierten die Arbeiten in S. Maria Maggiore, bauten das Querschiff und die Apsis und bedeckten die Wände und das Apsisgewölbe ebenso wie die alte Fassade innen wie außen mit Mosaiken und Wandgemälden. Kardinal Jean Cholet sorgte für die Neudekoration von S. Cecilia – sie wurde gänzlich mit Fresken ausgemalt und mit einem Altarbaldachin versehen. Bertoldo Stefaneschi, ein Neffe der Caetani, stiftete den Mosaikzyklus aus dem Leben der Maria an der Apsiswand von S. Maria in Trastevere. Sein Bruder, Kardinal Jacopo, legte, ohne mit der Wimper zu zucken, 8000 Golddukaten für Arbeiten in der Peterskirche auf den Tisch – 2200 für das *Navicella*-Mosaik Giottos, 800 für sein Altargemälde und 5000 für die Ausmalung der Apsis. Päpste und Kardinäle und ihre Verwandten finanzierten in denselben Jahren eine riesige Menge von protzigen Grabmälern, die alle in Rom oder in der Umgebung gebaut und geschmückt wurden.

Der Palast, den Innozenz III. auf dem Vatikanischen Hügel errichtet hatte, wurde von Nikolaus III. und seinen Nachfolgern bis 1300 zu einer luxuriösen Papstresidenz erweitert, deren Bau aus dem späten 13. Jahrhundert ebenso wie derjenige Innozenz' in der heutigen Palastanlage noch auszumachen ist, wenngleich stark verändert und von anderen Gebäuden umschlossen. Wo Innozenz einen schlichten dreigeschossigen Block mit einem Eckturm, einem Vorhof und vielleicht einigen kleinen Amtsgebäuden errichtet hatte, fügten Nikolaus und seine Nachfolger eine Anzahl von Seitenflügeln hinzu, die den heutigen Cortile del Pappagallo umgeben und sich bis in die danebenliegenden Teile aus dem 16. Jahrhundert erstrecken. Eine eindrucksvolle Loggia, die noch heute zum Teil im Cortile di S. Damaso ausgemacht werden kann, war dem Borgo zugewandt. Die Räume waren mit Wandgemälden geschmückt, von denen in den Lagerräumen des Vatikanischen Museums einige Fragmente noch erhalten sind – Vögel aller Art, Meeresungeheuer, Blumen, perspektivisch gemalte Nischen, alles in einer farbenprächtigen impressionistischen Technik ausgeführt, die an die Malerei der Spätantike erinnert. Nördlich des Palastes erstreckte sich, wie es scheint, ein großer, ummauerter Garten bis hinauf zum Nordende des Hügels, wo seit 1483 das Belvedere steht; eine Karte von 1323 läßt vermuten, daß dieser Garten ein Wildpark war (Abb. 165). Im alten Lateranpalast baute Nikolaus die Kapelle Sancta Sanctorum um, und Bonifatius VIII. machte aus dem alten Balkon, der an das große Triklinium Leos III. angefügt war, der *accubita*, wohl im Jahre

165. Das Wildgehege am Vatikan. Romkarte des Fra Paolino da Venezia, 1323 – Biblioteca Vaticana, Vat. lat. 1960, fol. 270ᵛ

1299 eine luftige *loggia di benedizione*, die nach Norden schaute und von der aus der Papst den auf dem Platz zusammengeströmten Massen den Segen spendete (Abb. 93, 260). Neben S. Maria Maggiore wurden auch die Laterankirche und die beiden anderen großen Basiliken, St. Peter und S. Paolo fuori le mura, umgebaut und mit Mosaiken und Wandgemälden, Altarbaldachinen, Altargemälden, figürlichen Sarkophagen und kostbaren Meßgewändern ausgestattet. Man würde gern diese ganze Aktivität oder wenigstens einen Teil als Vorbereitung für das Heilige Jahr 1300 ansehen. Doch dieser Versuchung muß man leider widerstehen; die Entscheidung, ein Heiliges Jahr auszurufen, wurde erst im Februar 1300 gefällt, wenngleich nicht ganz so unvorhergesehen, wie es die Zeitgenossen darstellten. Daher muß der Glanz, den die Päpste seit Nikolaus III. über Rom und seine alten Heiligtümer ausgossen, sicherlich als ein umfassendes Programm angesehen werden, die Stadt, ihre Kirchen und Papstpaläste so eindrucksvoll und großartig wie möglich darzustellen, wobei man freilich vor allem auch an den immer stärker wachsenden Zustrom von Besuchern dachte, seien es nun Pilger oder Klerus und Laien, die um ihrer Geschäfte willen nach Rom kamen – *ad limina Apostolorum* oder *ad limina curiae*.

Der große Eifer, die Stadt in neuen Glanz zu hüllen, und die Reichtümer, die dafür zur Verfügung standen, zogen von weither Künstler nach Rom. Schon 1272 kam Cimabue aus Florenz. Es bleibt freilich unklar, wo er arbeitete, wenn er überhaupt in Rom gemalt hat; es gibt Anzeichen dafür, daß er vielleicht an einigen der neugemalten Papstporträts in S. Paolo fuori le mura mitgewirkt haben könnte. Doch die bloße Tatsache, daß er überhaupt nach Rom kam, ob mit oder ohne Einladung, zeugt von der wachsenden Bedeutung des päpstlichen Hofes als eines Zentrums der Kunstförderung oder jedenfalls von den Erwartungen, die man in dieser Hinsicht in die Kurie setzte. Tatsächlich ließ sich ungefähr zur selben Zeit Arnolfo di Cambio, ein anderer Florentiner, für etwa 25 Jahre in Rom nieder. Unter Mithilfe einer großen Werkstatt lieferte er den Großteil der Steinmetz- und Skulpturarbeiten für die römischen Auftraggeber in der Stadt und für die zeitweiligen Papstresidenzen in Viterbo und Perugia. In Rom sind die Altarbaldachine von S. Paolo von 1285 und von S. Cecilia von 1293 bis 1296 erhalten geblieben; ebenso eine Reihe von Grabmälern wie dasjenige des Kardinals Riccardo Annibaldi, das ungefähr 1276 gefertigt wurde – seine Reste haben sich im Kreuzgang des Lateran erhalten (Abb. 170). Daneben schuf er die Grabkapelle Bonifatius' VIII. in der Peterskirche, die um 1300 vollendet wurde und aus Zeichnungen, die vor ihrem Abbruch im Jahre 1618 entstanden, bekannt ist (Abb. 171). Von ihr haben nur einige Fragmente überdauert, teils in den vatikanischen Grotten, teils in den Papstgemächern. Für S. Maria in Aracoeli fertigte er, wohl noch in den siebziger Jahren, die Statue des Karl von Anjou, des Senators von Rom – sie befindet sich heute im Konservatorenpalast auf dem Kapitol. Auch die Bronzestatue des heiligen Petrus in seiner Basilika von etwa 1296 ist Arnolfos Werk, und die Figuren der Krippe von S. Maria Maggiore sind wahrscheinlich die Arbeit seiner Assistenten. Giotto wurde von Kardinal Stefaneschi nach Rom gerufen, um in der Peterskirche zu arbeiten; ob schon zur Vorbereitung des Heiligen Jahres 1300 oder erst viel später oder auch zweimal, ist eine strittige Frage. Die Fresken, die er in der Apsis malte, sind verloren, und das Mosaik der *Navicella* auf der Innenwand der Fassade des Torgebäudes, das dem Atrium der alten Kirche gegenüber liegt, ist nur aus schlechten Kopien bekannt. Doch sein monumentales Triptychon für den Hochaltar ist in all seiner Größe in der Pinakothek des Vatikan erhalten. Wichtiger noch im Zusammenhang eines Profils der Stadt Rom ist, daß eine Gruppe von großen Künstlern, die in Rom ansässig waren, zu dieser Zeit in den Vordergrund trat. Geführt wurde diese Bewegung von Cavallini, der sie jedoch nicht notwendigerweise auch begründet hat. Zusammen mit bislang unbekannten Künstlern malte er die Wandgemälde aus dem 5. Jahrhundert in S. Paolo fuori le mura von 1277 bis 1290 neu; Szenen, die verlorengegangen waren, ersetzte er durch eigene Kompositionen. Die große Mehrheit dieser Fresken wurde bei dem Brand von 1823 zerstört und ist nur aus Kopien des 17. Jahrhunderts bekannt, doch einige wenige Papstporträts haben überlebt und zeigen, wie es scheint, neben der Handschrift Cavallinis noch die eines anderen Künstlers. Auch die Mosaiken und Wandgemälde, die Papst Nikolaus III. zwischen 1278 und 1280 für die Kapelle Sancta Sanctorum im alten Lateranpalast stiftete – sie befindet sich heute oben an der Scala Santa –, sind Cavallini als Frühwerk zugeschrieben worden, dies jedoch zu sichern, bedarf es weiterer Beweise. Sicher dagegen ist, daß er fünf Mosaikszenen aus dem Leben der Jungfrau Maria in S. Maria in Trastevere auf der Apsiswand zwischen den Fenstern wohl bis spätestens 1291 entworfen und ausgeführt hat. In S. Cecilia haben große Teile einer Freskendekoration überdauert, die er unter Mithilfe seiner Werkstatt zwischen 1291 und 1293 oder etwas später geschaffen hat: ein Jüngstes Gericht auf der Innenseite der Fassade und Fragmente von Zyklen aus dem Alten und dem Neuen Testament auf den Wänden des Mittelschiffs. Letztere sind deutlich am Vorbild derer in S. Paolo orientiert; und ebenfalls wie in S. Paolo bekrönte eine Reihe von Papstporträts die Arkaden des Mittelschiffs, entweder in den Zwickeln der Bögen gelegen oder in einem über ihnen verlaufenden Fries. Schließlich malte er in S. Giorgio in Velabro im Jahre 1296 oder kurz danach für Kardinal Stefaneschi Christus und vier Heilige im Apsisgewölbe. Doch all dies ist nur ein Bruchteil seines Werks. Auf der Innenseite der Fassade von St. Peter malten er und seine Werkstatt zwischen den Fenstern acht riesige Figuren, die Heiligen Petrus und Paulus, zwei weitere Apostel und die vier Evangelisten – die Bilder blieben bis 1611 unversehrt, als man die letzten Teile der alten Basilika abriß. Es bleibt eine offene Frage, ob die entsprechenden Kolossalfiguren von Heiligen, die einst die Wände des Obergadens zierten, ebenfalls aus Cavallinis Werkstatt stammten oder von anderen Künstlern gefertigt wurden. Jedenfalls waren sie wie die Serie der Papstporträts über den Kolonnaden – die ebenfalls bis 1611 überlebte – ein Teil des Programms aus dem späten 13. Jahrhundert zur Neudekoration der Kirche des Apostels. In S. Crisogono malte Cavallini das gesamte Mittelschiff aus – Ghiberti berichtet davon, wie auch von den Arbeiten in St. Peter. In S. Paolo schließlich schuf Cavallini, wenn man Ghiberti trauen darf, einen Teil des Mosaiks auf der Fassadenwand, das vielleicht schon von Innozenz III. begonnen, aber erst um 1325 fertiggestellt wurde – doch Cavallini lebte ja auch bis weit ins neue Jahrhundert hinein. Auf jeden Fall war er im letzten Viertel des 13. Jahrhunderts der führende und meistgefragte Freskenmaler und Mosaikkünstler in Rom.

Neben Cavallini beherrschte in den achtziger und neunziger Jahren des 13. Jahrhunderts Torriti die römische Szene. Er ist aller Wahrscheinlichkeit nach kein gebürtiger Römer, war aber dennoch seit den späten achtziger Jahren in Rom ansässig. Zwischen 1290 und 1295 schuf er in S. Maria Maggiore das große Mosaik der Marienkrönung im Apsisgewölbe und signierte es, ebenso den Zyklus aus ihrem Leben, der darunter liegt. Das Apsismosaik in der Lateranbasilika, gleichfalls von ihm signiert, wurde vor 1292 ausgeführt, aber 1878 ruiniert, als man es durch eine bloße Kopie des Originals ersetzte. Außerhalb Roms hat man Torritis Handschrift in Assisi in einem der ausgemalten Mittelschiffgewölbe und in einigen der Szenen aus dem Alten Testament in der Oberkirche erkannt. Filippo Rusuti, der dritte in Rom ansässige Meister, der namentlich bekannt ist, schuf wahrscheinlich zwischen 1293 und 1297 mit seinen Gehilfen die Mosaiken auf dem Oberteil der Fassade von S. Maria Maggiore. Aber neben diesen drei bekannten Künstlern arbeiteten weitere, bislang anonyme, aber hochbegabte Künstler während derselben Jahre in Rom. Einer, der möglicherweise in Assisi ausgebildet worden war, sich aber deutlich von Torriti und Cavallini unterscheidet, schuf die Blumenornamente im Querschiff von S. Maria Maggiore mit Nischen in Scheinperspektive und Prophetenbüsten in Medaillons. Ein weiterer Meister, der Torriti, Cavallini und Giotto nahesteht, sich aber eigenständig von ihnen abhebt, schuf ebenfalls in den neunziger Jahren einen enzyklopädischen Zyklus mit weltlichen Szenen, Fischern, einem Vogel im Käfig und der Geschichte von Barlaam auf der Wand einer Loggia im Obergeschoß des Konvents bei den Tre Fontane – er wurde erst vor zwanzig Jahren entdeckt. Selbst wenn noch andere Zyklen wiederaufgefunden werden können, sind die erhaltenen Kunstwerke nur ein Bruchteil der Gemälde, Mosaiken, Skulpturen, Goldschmiedearbeiten und Textilien, die sich in der kurzen Spanne von 1277 bis 1303 über Rom ergossen. Einen kurzen Augenblick lang war Rom eines der großen Zentren des Westens, in dem sich eine neue Kunst herausbildete, unterstützt von einer Reihe von reichen und prunksüchtigen Päpsten und Kardinälen und ihren Familien, wie es unter anderen Vorzeichen auch an anderen Orten in Italien und Europa der Fall war.

Doch es war nicht mehr als nur ein Augenblick. Weder die politische noch die wirtschaftliche Grundlage des Papsttums waren so stark, wie Bonifatius VIII. glaubte. Von Frankreich und den mit Recht rachedurstigen Colonna, die er erniedrigt und eines großen Teils ihrer Besitzungen beraubt hatte, wurde Bonifatius 1303 geschlagen und abgesetzt. Auf seinen Tod einige Monate später folgte nach zwei weiteren unruhigen Jahren die Übersiedlung von Papst und Kurie nach Avignon. Die Quellen der Kunstförderung in Rom versiegten, und für die Künstler gab es keine Beschäftigungsmöglichkeit mehr. Sie verließen die Stadt. Cavallini ging an den angiovinischen Hof nach Neapel – vielleicht ist er später wieder nach Rom zurückgekehrt. Über den Verbleib von Torriti oder Rusuti ist nichts bekannt; sie und andere, namentlich nicht bekannte Meister mögen zu der in Assisi arbeitenden Künstlergruppe gestoßen oder nach Avignon gegangen sein. Die gut 30 Jahre vor 1303 wurden zum letzten Kapitel in der Geschichte des mittelalterlichen Rom, wie sie in seinen Denkmälern zum Ausdruck kommt: ein wunderschöner kurzer Nachsommer.

Dennoch bringt dieser Nachklang ein Problem in aller Deutlichkeit zum Ausdruck, das in der Geschichte Roms immer wieder auftaucht. Im Grunde war die Stadt konservativ. Ihr ganzer Stolz war ihre Vergangenheit, ob christlich oder heidnisch; doch deren Last machte sie auch schwerfällig. Die Herrin der Welt, der Sitz der Nachfolger Petri, war für neue Ideen und Gedanken nicht leicht zugänglich. Es ist kein Zufall, daß die Stadt niemals eine mittelalterliche Universität beherbergte. Bologna, nicht Rom, entwickelte das römische Recht weiter; die Scholastik entstand in Paris. In ähnlicher Weise blieben Mäzene und Künstler in Rom während langer Zeitspannen von neuen Kunstströmungen, die anderswo in Europa aufkamen, gänzlich unberührt. Doch wann immer die politischen Konstellationen im Laufe ihrer langen Geschichte die Stadt schließlich dazu zwangen, sich mit solchen fremden Vorstellungen und Strömungen auseinanderzusetzen, entstand aus dem Zusammenspiel von innovativen und traditionellen Kräften immer wieder eine erstaunlich starke, neue und eminent römische Kunst. So war es im 9. Jahrhundert unter dem Einfluß der karolingischen Renaissance, die nördlich der Alpen entstanden war, und aufgrund der politischen Ambitionen von Karl dem Großen und des Papsttums geschehen. So geschah es wieder um die Wende vom 11. zum 12. Jahrhundert, als eine fremde Kunst nach Rom eindrang und in einem Prozeß aufgesogen und transformiert wurde, der zum Wiederaufschwung des

Papsttums in seinem Kampf um Reform und seinem Sieg über das Reich und zur Wiedergeburt einer römischen Republik parallel ging und ihnen entsprach. Und so geschah es noch einmal während der letzten Jahrzehnte des 13. Jahrhunderts mit der Unterstützung durch ein Papsttum, das von seiner Stellung als höchster Macht auf Erden restlos überzeugt war. Jedesmal war der Aufschwung einer neuen Kunstform mit einer politischen Erneuerungsbewegung verbunden; und jedesmal war er eng mit einem neuerlichen Wiederentdecken der zeitgemäß verjüngten heidnischen und christlichen römischen Vergangenheit verwoben. Die fremden Ideen konnten nur dann Wurzeln schlagen, wenn sie sich mit der lebendigen Tradition verbanden. Doch unter diesen periodisch wiederkehrenden Aufschwüngen zog sich eine deutlich konservative Unterströmung träge dahin.

Diese allgegenwärtige konservative Unterströmung herrschte im 13. Jahrhundert ganz offensichtlich bei den Baumeistern Roms und ihren Auftraggebern vor. Der *abitato* übervölkerte sich immer stärker, ohne jeden Plan, wie es scheint. Wahrscheinlich gab es eine beträchtliche private Bautätigkeit. Kardinäle, Kleriker, Rechtsanwälte und Geschäftsleute, von den großen Bankiers und Viehhändlern bis hin zu den kleinen Krämern, hatten dauernden Bedarf an Wohnungen und Häusern. Doch der verwendete Häusertyp scheint sich nach dem wenigen, was wir heute wissen, kaum verändert zu haben. Die Geschichte des privaten Bauens im mittelalterlichen Rom bleibt noch zu erforschen. Im 12. Jahrhundert waren am Rande des *abitato* zwei monumentale Pole entstanden: am Vatikan die alten Papstbauten neben St. Peter und der Palast Innozenz' III. und auf dem Kapitol der erste Palast der Kommune, wie immer er ausgesehen haben mag, die Kirche, die S. Maria in Aracoeli vorausging, und der Markt auf dem Hügel. Das 13. Jahrhundert entwickelte diese Pole weiter und baute sie aus, aber es fügte in die Landkarte Roms keine neuen Elemente ein.

Ebensowenig zeigte die Kirchenarchitektur bemerkenswerte Neuerungen. Zu einer Zeit, als die Gotik nördlich der Alpen schon seit fast anderthalb Jahrhunderten die Kirchenarchitektur bestimmt hatte, widerstanden Italien und besonders Rom noch immer ihrem Ansturm. Die Kapelle Sancta Sanctorum, der einzige Teil, der vom alten Lateranpalast erhalten geblieben ist, wurde, wie man sich erinnert, zwischen 1278 und 1280 auf den massiven Mauern eines früheren Erdgeschosses wiederaufgebaut. Ihre Triforienarkaden, Spitzbogenfenster im Lichtgaden und Rippengewölbe sind alles Züge mit gotischen Anklängen. Das Vorbild aber, das der päpstliche Stifter und sein Architekt, Magister Cosmatus, ausgesucht hatten, war das Querschiff von S. Francesco in Assisi, das damals schon 50 Jahre alt und überdies eine provinzielle Weiterentwicklung von Kirchen in der westfranzösischen Provinz war. Im Gegensatz zu den hohen und luftigen Mittelschiffen im Kerngebiet der Gotik hat die Kapelle Sancta Sanctorum wie ihre Vorbilder in Assisi und Westfrankreich niedrige Proportionen, die Wände sind massiv, die Fenster klein. Darüber hinaus werden die gotischen Elemente der Kapelle von der Marmorverkleidung, den Mosaiken und Wandgemälden überdeckt, die alle zu jener Zeit zum Grundinventar der römischen Kirchenarchitektur gehörten, wenn sie auch in dieser Papstkapelle prächtiger als sonst üblich ausgefallen waren. Die Außenmauern, die aus Ziegeln errichtet und nur von rundbogigen Blendarkaden und einem von Kragsteinen getragenen Karnies gegliedert werden, sind kaum von irgendeinem Gebäude zu unterscheiden, das 150 Jahre zuvor in Rom gebaut wurde. Die römischen Kirchen der Bettelorden scheuten in ihrer Architektur noch offenkundiger vor allem zurück, was an anderen Orten als modern oder fortschrittlich galt. S. Maria in Aracoeli wurde um 1260 wie irgendeine größere Querschiffbasilika des frühen 12. Jahrhunderts angelegt, abgesehen von einigen wenigen nicht recht in diesen Kontext passenden gotischen Elementen. Beim Bau von S. Maria sopra Minerva in den achtziger Jahren des 13. Jahrhunderts – die Kirche wurde zwischen 1848 und 1855 bis zur Unkenntlichkeit verändert – orientierten sich die Baumeister, ob es nun, wie Vasari behauptet, Florentiner Dominikaner waren oder nicht, offensichtlich an der Ordenskirche S. Maria Novella in Florenz, die damals noch im Bau war. Doch sie reduzierten dieses Vorbild auf eine Anlage, die man als einfachste Mendikantengotik bezeichnen könnte (Abb. 166): Spitzbögen, viergliedrig zusammengesetzte Pfeiler, Schäfte auf Halbpfeilern an kahlen Mauern und eine offene Balkendachkonstruktion; die Seitenschiffe wurden im 14. Jahrhundert, das Mittelschiff erst 1453 überwölbt.

Rom also war sich einerseits seiner uralten Tradition voller Stolz bewußt und wurde andererseits von ihr belastet; beides führte dazu, daß die Stadt von dem neumodischen Stil, der sich nördlich der Alpen entwickelt hatte, nur widerwillig und in

166. S. Maria sopra Minerva um 1840

sehr geringem Umfang Notiz zu nehmen bereit war. Selbst dessen toskanische Weiterentwicklung ging für den römischen Geschmack zu weit. Als unter Papst Nikolaus IV. die Lateranbasilika und S. Maria Maggiore in den Jahren 1288 bis 1290 beziehungsweise 1288 bis 1296 gründlich umgebaut wurden, fügte man in die neugebauten Teile nur einige wenige gotische stilistische Elemente ein: Spitzbogenfenster, allerdings ohne Maßwerk; ein Radfenster in der Fassadenwand; einen Spitzbogenfries auf Kragsteinen entlang einer Dachkante; einen rudimentären Umgang um die Apsis der Laterankirche, der nur in seiner Funktion – Raum für zusätzliche Altäre zu schaffen – an den Chorumgang einer französischen Kathedrale erinnert. Die Errichtung von Zwillingstürmen an der Nordfassade der Lateranbasilika, die auf die Piazza und den Zugang von der Stadt her blicken, erinnert eher an die mit Türmen versehenen Fassaden normannischer Kirchen in Apulien oder Sizilien aus dem späten 11. und dem 12. Jahrhundert als an gotische Fassaden. Die Apsiden am Lateran und von S. Maria Maggiore mit ihrer Gliederung durch rundbogige Blendarkaden, die auf Halbpfeilern und Schäften ruhen, erinnern hauptsächlich an provinzielle Romanik. Für den Stifter und seine Architekten waren solche oberflächlichen Verzierungen sowieso nicht von derselben fundamentalen Bedeutung wie die Planung und die Ausmaße der Umbauarbeiten. In beiden ehrwürdigen Kirchen wurde der alte Altarraum durch ein Querschiff ersetzt, das ebenso hoch und, im Falle der Laterankirche, ebenso breit war wie das Mittelschiff (Abb. 167) – bei S. Maria Maggiore zwang der abfallende Hügel die Architekten, die Breite des Transepts einzuschränken. Die alten Basiliken wurden also im Sinne jener Norm umgebaut, die seit der Karolingerzeit und bis ins 12. Jahrhundert hinein als ›frühchristliche Standardform‹ angesehen worden war. Der Papst und seine Berater müssen das Gefühl gehabt haben, als berichtigten sie lediglich die Abweichungen von einem Standardtyp, den die alten Architekten entwickelt hatten. Die Lateranbasilika auf den neuesten Stand zu bringen und zu renovieren konnte für einen mittelalterlichen Papst unter keinen Umständen bedeuten, sie in eine gotische Kathedrale zu verwandeln, selbst wenn die nötigen Gelder und ausgebildete Arbeitskräfte zur Verfügung gestanden hätten. Eine römische Kirche mußte dem Muster entsprechen, das durch sein Alter und seine enge Verbindung zu den Nachfolgern Petri geheiligt war und das deshalb in und für Rom von normativer Bedeutung war. Neuerungen in der Kirchenarchitektur konnten nur als Nebeneffekte eintreten. Das wirkliche Anliegen der Kirchenarchitekten des 13. Jahrhunderts und ihrer Auftraggeber war eine Erneuerung gemäß einem Grundmuster, das 1000 Jahre zuvor festgelegt worden war; und wie so oft in Rom war das älteste auch zugleich das neueste.

Wo es keine von der Tradition geheiligten Vorbilder gab, wurden Neuerungsgedanken und fremde Einflüsse mit größerer Bereitschaft angenommen. Im Bereich figürlicher Skulptur war in Rom seit der spätantiken Zeit nichts von Bedeutung geschaffen worden. Skulptur spielte bei den architektonischen Überlegungen oder in der Anlage von Grabstätten keine Rolle. Die dekorativen Friese und Kapitelle der Cosmatenwerkstätten – sie waren von der Mitte des 12. bis zum Ende des 13. Jahrhunderts aktiv –, ihre Sphingen, Löwen und Monster, sind eher das Werk von Handwerkern als von Künstlern. Während des ganzen Mittelalters wurden die Großen in antiken Sarkophagen bestattet: Kaiser Otto II. im Jahre 985 im Atrium der Peterskirche – der Sarkophag befindet sich nun in den vatikanischen Grotten unter der Kirche, und der aus dem Hadriansmausoleum, dem

Das 13. Jahrhundert: Ein Epilog

Castel S. Angelo, geholte Porphyrdeckel dient in St. Peter als Taufbecken. Innozenz II. wurde 1143 in Hadrians Porphyrsarkophag bestattet, der in den Lateran geschafft worden war und 1308 verlorenging, als das Kirchendach durch einen Brand einstürzte. Anastasius IV. wurde 1151 ebenfalls im Lateran beigesetzt, im Porphyrsarkophag der heiligen Helena – ein Schlachtensarkophag, der ursprünglich vermutlich für Konstantin gedacht war; Kardinal Guglielmo Fieschi im Jahre 1256 in S. Lorenzo fuori le mura in einem Hochzeitssarkophag, der mit einem gegiebelten Baldachin überwölbt wurde; Luca Savelli, der Vater Papst Honorius' IV., im Jahre 1263 oder kurz danach in St. Maria in Aracoeli in einem Sarkophag, der mit girlandentragenden jugendlichen Genien verziert ist (Abb. 168). In den römischen Kirchen haben bis in die Zeit nach der Renaissance noch Dutzende anderer antiker Sarkophage als Grabmäler von heute vergessenen Würdenträgern, als Reliquienschreine oder als Brunnen überdauert. Zuweilen baute man auch ein antikisierendes Wandgrab wie das des Kammerherrn Alfano in S. Maria in Cosmedin von ungefähr 1123 mit einer Verschlußtafel, die nur von pseudoklassischen Pilastern gegliedert war und von einem gegiebelten Wandbaldachin überragt wurde, der den kunstvoller gearbeiteten echten Baldachinen über den Sarkophagen der Fieschi und den Savelligräbern glich.

Doch im späten 13. Jahrhundert verlangten sowohl die französischen Päpste und Kardinäle als auch ihre italienischen Kollegen, ob sie sich nun bei der umherziehenden Kurie in Viterbo, Orvieto oder Perugia aufhielten oder in Rom residierten, nach einem modernen Grabmalentwurf. Dieser war, wie es scheint, von französischen Vorbildern der Jahrhundertmitte abgeleitet und wurde vermutlich von

167. Laterankirche, Apsis und Transept um 1800 – Gabinetto delle Stampe, Rom

168. S. Maria in Aracoeli, Grabmal des Luca Savelli

169. S. Maria Maggiore, Grabmal des Kardinals Consalvo Rodriguez von Giovanni Cosmate

französischen Künstlern oder französischen Auftraggebern den römischen Werkstätten nahegebracht. Er wurde rasch von Arnolfo di Cambio aufgegriffen, dem Florentiner Bildhauer und Architekten, der seit etwa 1275 in Rom zunächst im Dienste Karls von Anjou und weitere 20 oder mehr Jahre lang als Vorsteher einer großen Werkstatt tätig war, wobei er seit 1284 seine Zeit zwischen Rom und Florenz aufteilte. Arnolfo führte unter den Auftraggebern und Bildhauern im römischen Milieu den neuen französischen Typus der Grabmäler ein: in seiner einfachsten Form ein Sockel, der den Sarkophag trägt, auf dessen Deckel die Gestalt des Verstorbenen, der *gisant*, ruht; darüber an der Wand die von Heiligen umgebene Gottesmutter als Gemälde, Mosaik oder Skulptur, das Ganze unter einem Wandbaldachin mit Spitzbögen und Giebel, die mit einfachen Krabben und Fialen verziert sind. Das Grabmal des Kardinals Rodriguez in S. Maria Maggiore von etwa 1302 ist ein spätes Beispiel; es wurde von einem Nachfolger Arnolfos gefertigt, einem der Cosmati, der den neuen Stil übernahm (Abb. 169). War reichlich Geld vorhanden, so konnte der Grundtyp leicht ausgeschmückt werden: am Grabmal des Kardinals Riccardo Annibaldi im Lateran – es ist das früheste in Rom erhaltene Werk Arnolfos von ungefähr 1276 – halten Diakone oder Engel Vorhänge vom *gisant* zurück, und eine Prozession von Klerikern zieht im Hintergrund vorbei (Abb. 170); von diesem Grabmal sind nur einige Fragmente im Kreuzgang erhalten geblieben. Das Monument Bonifatius' VIII., das sich einst in St. Peter befand und 1299, lange vor dem Tod des Papstes, vollendet wurde, war eine Kapelle unter einem von einer achteckigen Kuppel bekrönten Baldachin mit 16 Fialen und ebenso vielen Miniaturgiebeln, die ihre Beherrschung des gotischen Stils zur Schau stellten. Im Innern beherbergte sie einen Altar und an der Rückwand den Sarkophag mit einem Bildnis des Papstes mit geschlossenen Augen (Abb. 171). Das Mosaik an der Rückwand stammte von Torriti und zeigte die Gottesmutter zwischen Petrus und Paulus, und eine Halbfigur des Papstes schaute von einer Seite herab. Nur diese Figur, der *gisant* und sein Sarkophag sind erhalten geblieben, erstere in den päpstlichen Gemächern im Vatikan, die beiden anderen in den vatikanischen Grotten. Die Beherrschung des gotischen Stils, auch wenn er zu jener Zeit in Frankreich schon ein wenig veraltet war, kommt auch in Arnolfos Altarbaldachinen zum Ausdruck, dem für S. Paolo von 1285 und dem für

Das 13. Jahrhundert: Ein Epilog

S. Cecilia von 1293 bis 1296. In gleicher Weise sind auch seine Skulpturen im Stil einer französischen Gotik gehalten, der aus jenem abgeleitet ist, der 30 Jahre zuvor in den Werken seines Meisters, Nicola Pisano, vorgeherrscht hatte. Während dieser also noch den zeitgenössischen französischen Stil in seine persönliche Arbeitsweise übertragen hatte, bezogen sich Arnolfos Skulpturen nur über zwei Zwischenstufen auf solche Vorbilder und waren gegen Ende des Jahrhunderts hoffnungslos veraltet. Freilich sind Arnolfos Figuren wie diejenigen Nicolas von solider Massivität mit klar geformten Köpfen, sie stehen in einem glaubhaften Bildraum oder deuten ihn wenigstens an, die Gewänder lassen den Körper hervortreten und bringen seine Glieder zur Geltung, und ihr Faltenwurf bricht sich wie bei Nicola in harten Winkeln und fließt nicht in leichten Kurven oder fällt schwer zu Boden, wie dies in Frankreich der Fall wäre. Doch Arnolfos Modellierung ist feiner als die Nicolas, seine Proportionen sind zarter, die Bewegungen eleganter: man sehe sich die Kleriker vom Grabmal des Annibaldi an oder den sitzenden Karl von Anjou, der sich heute auf dem Kapitol befindet, oder die Könige von der Krippe in S. Maria Maggiore, die, wie es scheint, ebenso wie die Statue des Anjou in Arnolfos Werkstatt hergestellt wurden. Daneben gibt es seine immer exquisiter gearbeiteten, späten römischen Werke: die kauernden Propheten und Evangelisten auf dem Altarbaldachin von S. Cecilia (Abb. 172), deren fließende und verfeinerte Gestaltung weit von den kantigen Figuren auf dem Altarbaldachin von S. Paolo fuori le mura entfernt ist. Ebenso zeigt das Sarkophagbildnis Bonifatius' VIII., das vor 1299 vollendet wurde, ein volles, festes Gesicht mit einem sensitiven, feingeschnittenen Mund, ein Porträt, das jedem anderen fast zeitgleichen Papstporträt deutlich überlegen ist (Abb. 173).

Arnolfo war unter Nicola Pisano ausgebildet worden und deshalb von Anfang an empfänglich für die Schönheit und Lebensnähe der antiken römischen Skulpturen. Schon früh finden sich in seinem Werk

170. S. Giovanni in Laterano, Kreuzgang. Ausschnitt des Grabmals von Kardinal Riccardo Annibaldi: Kleriker. Skulptur von Arnolfo di Cambio

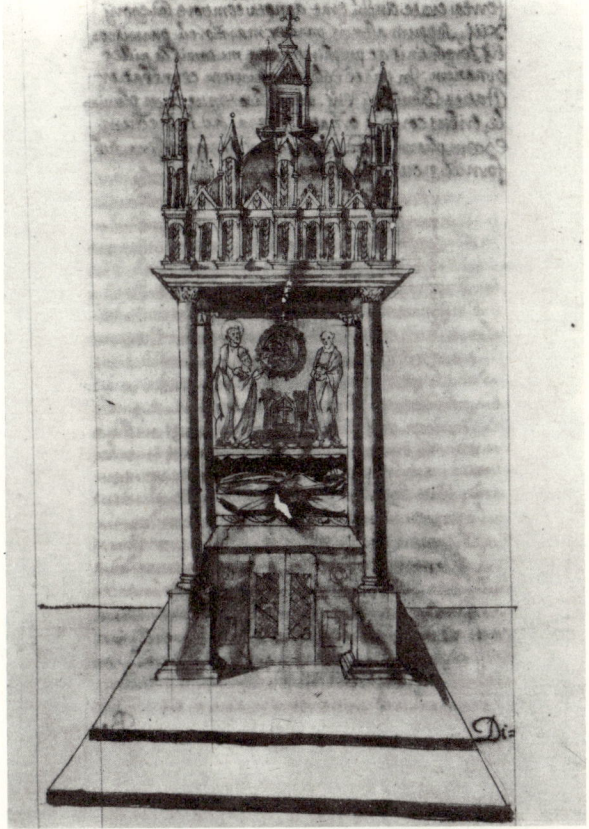

171. Grabkapelle Bonifatius' VIII. Zeichnung von Giacomo Grimaldi – Biblioteca Vaticana, Barb. lat. 2733, fol. 8ʳ

172. S. Cecilia, Ausschnitt des Baldachins. Relief von Arnolfo di Cambio

Das 13. Jahrhundert: Ein Epilog

173. Grotte Vaticane, Grabmal Bonifatius' VIII. Ausschnitt: Kopf. Skulptur von Arnolfo di Cambio

174. Bronzestatue des heiligen Petrus. Ausschnitt: Kopf. Skulptur von Arnolfo di Cambio (?)

immer wieder Übernahmen aus der Antike, die dem Musterbuch seines Meisters oder dem eines Franzosen (man denkt an Villard de Honnecourt) entstammen mögen – man sehe sich nur die zwei Eva-Figuren auf dem Altarbaldachin in S. Paolo an, die beide Varianten einer Venus sind. Je länger er in Rom und in täglichem Kontakt mit den antiken Denkmälern der Stadt blieb, desto mehr waren solche Übernahmen von einem echten Verständnis und Gefühl für den Geist und die Formkraft der Antike geprägt, ein Gefühl, das so stark war, daß es ihm zur zweiten Natur wurde. Die Bronzestatue des heiligen Petrus aus seiner Basilika, der im Sitzen seinen Segen spendet – sie stammt, wie wir überzeugt sind, von Arnolfos eigener Hand –, wurde noch in den fünfziger Jahren dieses Jahrhunderts für eine Arbeit des 4. Jahrhunderts gehalten (Abb. 174). Werke, die wie diese Statue *all' antica* gehalten waren, paßten sehr gut in das Rom des ausgehenden 13. Jahrhunderts; sie wurden von Arnolfos Auftraggebern, durchweg kultivierte Herren, mit Zu-

stimmung aufgenommen: von Bonifatius VIII., den Kanonikern der Peterskirche, Jean Cholet, dem Titularkardinal von S. Cecilia – französische Kardinäle und Päpste wurden anscheinend rasch romanisiert. Es ist in unserem Zusammenhang auch nicht ohne Belang, daß der antike Charakter aus Arnolfos Werk verschwunden zu sein scheint, sobald er um 1298 endgültig nach Florenz zurückkehrte, in ein Milieu, das von dem römischen Gefühl für die Antike noch nicht durchdrungen war.

Rom formte demnach Arnolfos Werk in einem größeren Maße, als es die eigene Kunst durch ihn prägen ließ. Die Stadt akzeptierte bereitwillig den französischen Typ der Grabmäler und einen Bildhauerstil, der über die Toskana aus Frankreich gekommen und ein wenig veraltet war. Aber sie nahm die fremden Elemente letztlich nicht wirklich auf. Ob sie dies zum Schluß doch noch getan hätte, wäre die Katastrophe von 1303 nicht dazwischengekommen, ist eine müßige Frage. In den Mosaik- und Freskenzyklen der drei zu jener Zeit in Rom führenden

175. S. Maria Maggiore, Tod Mariae. Mosaik von Jacopo Torriti

Meister – Cavallini, Torriti und Rusuti – wird dieses Wechselspiel der verschiedenen Kräfte viel deutlicher, und der Hintergrund weitet sich: die Konfrontation mit von außen hereingebrachten Kunstvorstellungen, ihre Ablehnung oder Aufnahme, ihre Vermischung mit der römischen Erbschaft und die daraus resultierende Entwicklung einer großen und spezifisch römischen Kunst in den weniger als drei Jahrzehnten, die dem Schicksalsjahr von 1303 vorausgingen. Es gehört nicht in den Rahmen dieser Arbeit und würde meinen Kompetenzbereich überschreiten, wenn ich die Fragen lösen wollte, die von den Kennern dieses Gebiets lange Jahre diskutiert worden sind: das Verhältnis der florentinischen zur römischen Malerei jener Zeit, von Cimabue zu Cavallini oder von Cavallini zu Giotto, die mögliche Rolle der Kirche S. Francesco in Assisi als Schmelztiegel der verschiedenen Schulen, die Identität des Isaakmeisters von Assisi und seine Verbindungen zu Cavallini, Torriti und Giotto, der mögliche Einfluß Cavallinis auf Torriti beziehungsweise ihre Unabhängigkeit voneinander, die Stellung Rusutis, die Unterschiede im Werk der drei Römer zwischen den Arbeiten ihrer eigenen Hand und den von Assistenten oder Nachfolgern geschaffenen Arbeiten und schließlich die Identität von noch anonymen, aber deutlich zu unterscheidenden Meistern höchster Qualität. Die Punkte, die im vorliegenden Zusammenhang am wichtigsten sind, wurden während der letzten 10 bis 15 Jahre von anderen Gelehrten für mich überzeugend herausgearbeitet, und ich nehme sie dankbar auf und stelle sie hier dar, wenngleich sie nicht auf eigenen Forschungen beruhen.

Cavallini, Torriti, Rusuti und ihre Werkstätten unterscheiden sich sehr deutlich in Qualität und Arbeitsweise voneinander, doch sie alle stehen mit

Das 13. Jahrhundert: Ein Epilog

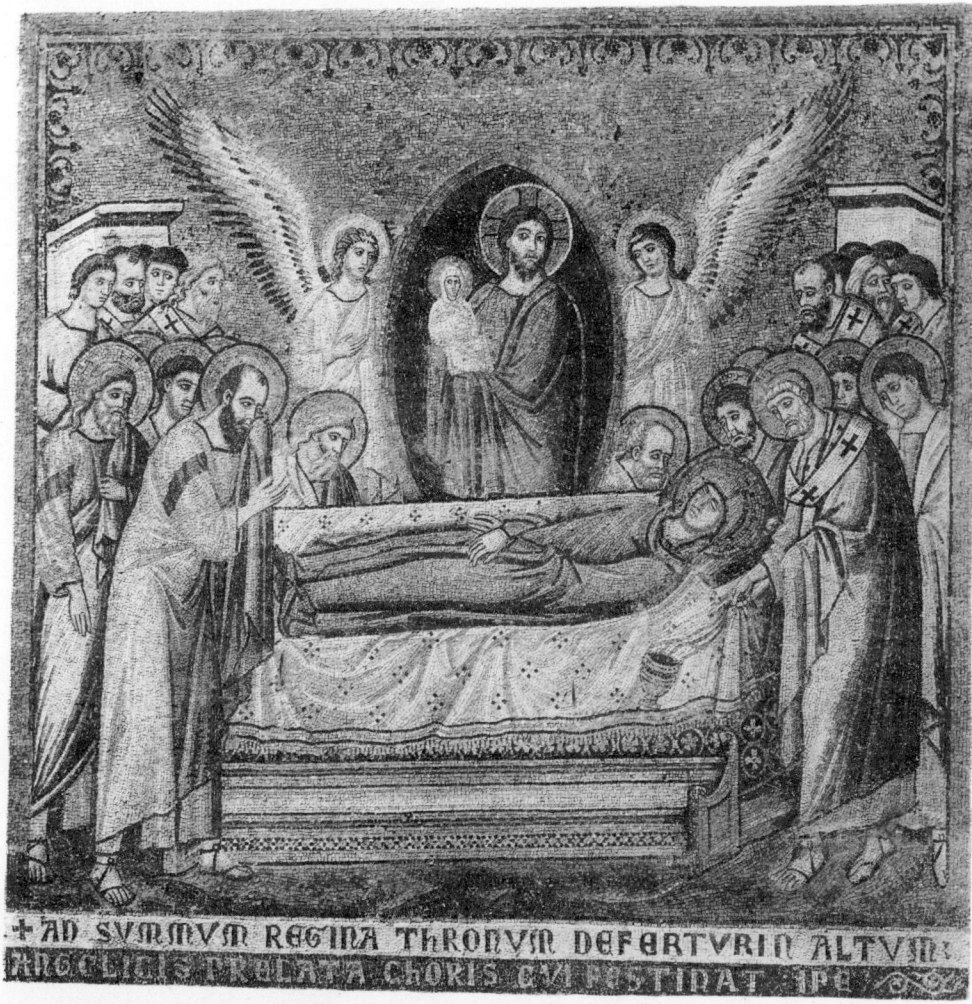

176. S. Maria in Trastevere, Tod Mariae. Mosaik von Pietro Cavallini

ihren unbekannten Assistenten innerhalb eines stilistischen Bezugsrahmens, der dem römischen künstlerischen Milieu bislang fremd gewesen war und äußerst revolutionär wirkte. Man braucht nur Torritis Mosaik vom ›Tod Mariae‹ in S. Maria Maggiore (Abb. 175) – ich wähle lieber dieses als ein Werk des noch weit revolutionäreren Cavallini (Abb. 176) – einer der Szenen in der Kapelle S. Silvestro im Atrium von SS. Quattro Coronati gegenüberzustellen (Abb. 150), um den Bruch mit der Lokaltradition deutlich zu erkennen. Die Fresken in S. Silvestro stammen von 1246 und bilden den reichsten Zyklus, der in Rom zu jener Zeit gemalt worden ist. Seine politisch-propagandistische Aussage, nämlich die Oberhoheit und Unabhängigkeit des Papsttums im Sinne der Konstantinischen Schenkung zu betonen, macht ihn zu einem der großen Monumente in dem Propagandakrieg, den

das Papsttum gegen Kaiser Friedrich II. führte. Aber es ist, wie mir scheint, kein großes Kunstdenkmal: die einzelnen Szenen sind von dürftiger, fast kunstloser Komposition, Menschenmengen erscheinen als Reihen von Köpfen, die über einer im Vordergrund angeordneten Figurenreihe aufgehäuft sind, die wie aus Pappe ausgeschnitten wirkt; der Faltenwurf wird von einem bloßen Linienmuster angedeutet, die Umrisse sind hart und die Farben grell; die Hintergründe wirken flach, ob sie nun ein leeres Feld darstellen oder mit architektonischen Requisiten ausgefüllt sind. Man kann sich nur schwer vorstellen, daß ein so eleganter und verfeinerter Stil wie der, der um 1100 in den Fresken der Unterkirche von S. Clemente zum Ausdruck kommt, auf dieses Niveau heruntergekommen sein soll. Aber die Wandgemälde der Sylvester-Legende sind kein isoliertes Phänomen; die Fresken in der Krypta der

Kathedrale von Anagni, die ungefähr ein Jahrzehnt früher entstanden waren, sind davon nicht allzu weit entfernt. Es ist diese provinzielle Kunst, die im zweiten Drittel des Jahrhunderts in Rom und in Latium zur Vorherrschaft gelangt war. Gegen nichts konnte sich die Frische und Neuheit der Kunst, die sich dann im letzten Drittel des Jahrhunderts entwickelte, deutlicher absetzen. In Torritis ›Tod Mariae‹ in S. Maria Maggiore sind die Figuren voll und gerundet, ihre Gliedmaßen von den reichen und schweren Falten ihrer Gewänder umflossen; die Apostel stehen zum Teil hintereinander und bewegen sich auf einer wenn auch flachen Bühne vorwärts und rückwärts; hinter der Gottesmutter auf ihrem Bett und deutlich aus dem Vordergrund nach hinten abgesetzt erhebt sich die Gestalt Christi vor dem Hintergrund der noch weiter in die Tiefe gesetzten Mandorla; und noch weiter rückwärts schauen, hinter den Requisiten einer felsigen Landschaft und aufgetürmten Wolken, Heilige und Engel hernieder, wobei letztere die Mandorla tragen. Der Bildraum dehnt sich seitwärts, nach hinten und nach oben aus, der Goldgrund vermittelt den Eindruck unendlicher Tiefe, und die Gesten und Bewegungen bringen das dargestellte Drama zum Ausdruck. Die Szene bleibt nicht beschränkt auf ihre Umrahmung, sondern verbindet sich mit der ›Krönung Mariae‹ im Apsisgewölbe darüber, die von ganzen Heerscharen von Engeln umgeben wird, welche diejenigen der darunterliegenden Szene wiederholen und weiterführen. Die ausgebreiteten Flügel der Engel scheinen beinahe das Gewölbegesims zu tragen, und die Mandorla nimmt in ihrer Form und ihrer Lage den Platz eines mittleren Apsisfensters ein. Durch diese Mittel bringt Torriti seine dramatische, schimmernde und in gleißenden Farben gehaltene Komposition mit ihrer architektonischen Einfassung in Einklang.

Dies ist ein Meisterwerk, es ist frisch, und es repräsentiert den neuen Stil, der Rom seit den siebziger Jahren des 13. Jahrhunderts bestimmen sollte. Seine Wurzeln müssen noch im einzelnen erforscht werden. Doch allgemein gesprochen, scheint dieser Stil aus drei Quellen entstanden zu sein; erstens aus der byzantinischen Kunst, die in eben jenen Jahrzehnten wieder zu neuem Leben erwachte und auf vielen Wegen und in vielen Formen in den Westen hinüberdrang, zweitens aus der Kunst des gotischen Nordens, die ihren Weg nach Rom fand über französische Auftraggeber und die Künstler, die ihret-
wegen nach Rom kamen, und drittens aus der Antike, die in Rom schon immer als eine Unterströmung lebendig gewesen und auch mit solchen Renaissancebewegungen verbunden war, die anderswo entstanden. Im letzten Drittel des 13. Jahrhunderts öffnete sich Rom allen diesen Einflüssen. Die Meister, die Roms neue Kunst herausbildeten, machten sich die von außen hereingetragenen Elemente und Vorstellungen zu eigen, sie verbanden sie mit dem Erbe der Antike, das tief im römischen Milieu verwurzelt war, sie erweckten dieses Erbe zu neuem Leben, indem sie es als ein Mittel benützten, die Welt um sie herum neu zu sehen. Aber sie brachen, wie mir scheint, entschieden mit den Traditionen der Werkstätten, die in Rom bis zur Mitte des Jahrhunderts und darüber hinaus dominierend gewesen waren.

Die byzantinische Komponente ist sowohl in Torritis Mosaiken in S. Maria Maggiore als auch in denen Cavallinis in S. Maria in Trastevere offenkundig. Seit dem späten 11. und im 12. Jahrhundert waren ikonographische Formeln und Kompositionsschemata der mittelbyzantinischen Kunst, so wie sie sich seit dem 10. Jahrhundert entwickelt hatten, an den Westen weitergegeben worden: durch östliche Mosaikkünstler, die in Sizilien und in Venedig tätig waren, beides richtige Außenposten von Byzanz; durch westliche Künstler, die den Osten besucht hatten, und, wichtiger noch, durch Musterbücher, Ikonen und Manuskripte. Noch enger wurden die Kontakte, als ein neuer verfeinerter Stil, der von Reminiszenzen an die Antike durchdrungen war, sich während eben der Zeit in den byzantinischen Gebieten herausbildete, als Konstantinopel von 1204 bis 1261 fast 60 Jahre lang von französischen Rittern und italienischen Kaufleuten besetzt gehalten wurde. Indirekte Verbindungen zwischen Rom und der byzantinischen Kunst hatten seit dem frühen 13. Jahrhundert existiert. Für die Apsis von St. Peter hatte Innozenz III. anscheinend fremde Mosaikkünstler nach Rom geholt; sie kamen wohl, wie man vermutet hat, aus Sizilien, sicherlich aber hatten sie eine byzantinische Ausbildung. Und für das Apsismosaik von S. Paolo beschäftigte Honorius III. venezianische Künstler, die offensichtlich aus der byzantinisch geschulten Werkstatt kamen, die in S. Marco tätig war – es gibt einen Brief des Papstes an den Dogen von 1218, in dem er ihm für die Entsendung eines Mosaikkünstlers dankt und darum bittet, noch zwei weitere nach Rom zu schicken. Es

Das 13. Jahrhundert: Ein Epilog

ist sicher richtig, daß die Kunst des Mosaiks in großem Stil in Rom auch schon im frühen 12. Jahrhundert unter dem Einfluß von Monte Cassino wiederbelebt worden war, wo einige Jahrzehnte früher byzantinische Künstler das Handwerk wieder eingeführt hatten. Aber in der zweiten Hälfte des 12. Jahrhunderts scheint diese Kunst in Rom selbst wieder ausgestorben zu sein, genau wie sie auch nach ungefähr 1230 wieder ausstarb, als die Meister aus Venedig ihre Arbeit getan hatten und vermutlich zu anderen Aufgaben nach Hause zurückgekehrt waren. Torriti und Cavallini mußten diese Technik zwei Generationen später von neuem lernen, ob sie sich nun selbst in die byzantinische Sphäre – Venedig, Saloniki, Konstantinopel – begaben oder von dort Hilfe herbeiriefen. Auch in ihrer Ikonographie orientierten sich ihre Zyklen von Szenen aus dem Leben der Gottesmutter in S. Maria Maggiore und S. Maria in Trastevere an Vorbildern, wie sie in Byzanz längst gängig waren. Läßt man jedoch einmal Ikonographie und Technik beiseite, so sind ihre Werke – wenn auch in verschiedenem Ausmaß, wie E. Kitzinger dargestellt hat – von Stilvorstellungen geprägt, die im letzten Drittel des Jahrhunderts in Byzanz und seinen Außenposten nacheinander oder nebeneinander verschiedene Darstellungsweisen hervorgebracht hatten. Daraus lassen sich auch bis zu einem gewissen Grade die offenkundigen Unterschiede in den Werken der beiden Meister erklären. Torritis Gestalten sind plastisch, ihre Gewänder hart; sie bewegen sich ruhig auf einer flachen und nicht ganz eindeutig bestimmten Bühne, und ein Landschaftshintergrund mit einigen architektonischen Requisiten verläuft parallel zur vorderen Ebene – alles Züge, die in der zeitgenössischen byzantinischen Kunst üblich waren. Im Gegensatz dazu sind Cavallinis Gestalten in seinem ›Tod Mariae‹ (Abb. 176) oder seiner ›Geburt Christi‹ in S. Maria in Trastevere zwar gleichermaßen plastisch, aber mit schwereren und weicheren Gewändern bekleidet. Sie sind mit ihren dramatischen Bewegungen in einen zwar beschränkten, aber überzeugenden Bildraum gesetzt, einen Raum, der dadurch angedeutet wird, daß die Handlung diagonal in die Tiefe führt und Landschaft und bauliche Requisiten in den Goldgrund sozusagen hineinbrechen. Wo Torriti die Wirklichkeit andeutet, stellt Cavallini die Wirklichkeit überzeugend dar. Aber seine Szenen haben nicht weniger als diejenigen Torritis ihre Parallelen und vielleicht sogar ihre Vorbilder in der verfeinerten Kunst, die zu eben jener Zeit in einigen der wichtigeren Zentren der byzantinischen Einflußsphäre in den Vordergrund trat. Ein Wandgemälde aus den sechziger Jahren des 13. Jahrhunderts in Sopoćani in Serbien gibt die Szene vom Entschlafen der Muttergottes sogar noch dramatischer wieder, als Cavallini sie darstellt; und seine ›Geburt Christi‹ erinnert in der Komposition der Figuren und der landschaftlichen Requisiten stark an eine der Moses-Szenen im Atrium von S. Marco in Venedig, die ungefähr zur selben Zeit geschaffen wurde, einschließlich einiger Gestalten und Motive, die offensichtlich antiken Prototypen entnommen worden sind.

Es ist eindeutig, daß solche Anklänge an die Antike in Rom mit offenen Armen aufgenommen und sofort eingesetzt worden sind. Die antike Vergangenheit der Stadt hatte dem römischen künstlerischen Milieu zu allen Zeiten Anregungen gegeben und war immer wieder zu neuem Leben erweckt worden, um eine neue Kunst zu schaffen – im 5., im 9. und dann wieder im 12. Jahrhundert. Tatsächlich mag sich Torritis ›Krönung Mariae‹ in S. Maria Maggiore sehr wohl auch an mittelalterlichen Vorbildern orientiert haben, wie man vermutet hat: für die Krönungsszene selbst vielleicht am Apsisgewölbe von S. Maria in Trastevere, wo Christus den Thron mit Maria teilt; für die Akanthusranken, die die Hauptszene umgeben, an der Apsis von S. Clemente. Nichtsdestoweniger scheinen damals in Rom aufzufindende Vorbilder aus der Antike selbst, heidnische oder christliche, auf Torriti einen kräftigeren Einfluß gehabt zu haben. In S. Maria Maggiore sind die Laubranken fleischiger als die in S. Clemente – eher wie diejenigen im Narthex des Lateranbaptisteriums aus dem 5. Jahrhundert; und die Wachteln, Reiher, Pfauen, Kaninchen und Papageien, die sich in diesen Ranken tummeln, scheinen ebenfalls auf eine spätantike Quelle zurückzugehen. Am Fuß der Apsis verläuft eine Flußlandschaft mit Booten, spielenden Putten, Fischern, einem Schiffer, Wasservögeln und Fischen und einem Flußgott in der Ecke; eine ähnliche ›Nil‹-Landschaft umrandete den Fuß des Apsismosaiks im Lateran. Beide orientieren sich direkt an spätantiken Vorbildern wie etwa an jenem Mosaik, das man noch im 16. Jahrhundert in der Kuppel von S. Costanza sehen konnte, oder möglicherweise sogar an den frühchristlichen Mosaiken, die einst die Apsiden von St. Peter, der Lateranbasilika und von S. Maria Maggiore zierten. Aus der Spätantike ererbte und wiederbelebte Elemente gibt es auch in Cavallinis Werk zur Genüge. Der flötespielende Schäfer und der Hund, der ihn beobachtet, in der ›Geburt Christi‹ in S. Maria in Trastevere (Abb. 177) mögen aus einer spätantiken Pastoralszene entnommen sein; ebenso mögen die Dienerinnen, die in der ›Geburt der Jungfrau‹ das Bad bereiten, direkt aus antiken Vorbildern entlehnt sein. Doch gerade solche Motive waren längst Teil des spätantiken Erbes der byzantinischen Kunst gewesen und traten nun in den letzten Jahrzehnten des 13. Jahrhunderts mit neuer Kraft auf den Plan. Cavallini könnte sie genausogut aus den byzantinischen Musterbüchern kennengelernt haben. Doch für ihn bedeutete Antike – eine Antike, die ihm aus Rom vertraut war – nicht einfach, daß er seinem Werk einzelne Motive einverleibte, seien sie auch noch so zahlreich. Für ihn hieß Antike das Verständnis für die allgemeinen Leitideen der spätantiken Kunst: deren Gefühl für die Plastizität und die überzeugende Artikulation eines Körpers, für das Fallen eines Gewandes, für einen glaubwürdigen Bildraum, der dadurch erreicht wurde, daß Figuren und bauliche Requisiten in die Tiefe gestaffelt wurden, für Atmosphäre und Licht, für dramatische Handlungsführung und für monumentale Gestalten. Solche Vorstellungen waren wahrscheinlich schon verhältnismäßig früh in seinem Leben zu einem Teil seines eigenen Denkens geworden, damals als er die Wandgemälde in S. Paolo fuori le mura aus dem 5. Jahrhundert restaurierte und durch eigene Kompositionen ergänzte. Als er über 20 Jahre später eine Serie von biblischen Szenen auf den Mittelschiffwänden in S. Cecilia malte – einige Fragmente, Teile der Jakobsgeschichte, lassen sich heute noch erkennen –, orientierten sich die Anordnung der Figuren, die Requisiten und die Erzählhandlung ganz offensichtlich an den entsprechenden Kompositionen in S. Paolo (Abb. 178). Der weite Raum der frühchristlichen Originale (soweit man dies anhand der erhaltenen Kopien und anderer Arbeiten des 5. Jahrhunderts wie zum Beispiel der Mosaiken im Mittelschiff von S. Maria Maggiore beurteilen kann) ist freilich in S. Cecilia auf eine begrenztere Bühne eingeengt, wie es bei der mittelalterlichen Übernahme eines spätantiken Vorbilds auch nur zu erwarten ist, und die spätantiken Säulchen, die die Szenen in S. Paolo umrahmen, sind durch typisch mittelalterliche gedrehte Säulchen im Stil der Cosmati ersetzt worden. Auch in S. Giorgio in Velabro bezieht sich Cavallini oder seine Werkstatt –

177. S. Maria in Trastevere, Geburt Christi. Ausschnitt: Hirte. Mosaik von Pietro Cavallini

es ist in diesem Zusammenhang unwesentlich, wer nun genau – auf das Vorbild einer frühchristlichen Apsiskomposition, die bis heute in SS. Cosma e Damiano erhalten geblieben ist – Christus im Himmel, von Heiligen umgeben –, ohne sich an den karolingischen Ableitungen von diesem Typ zu orientieren. Daß die Gestalten natürlich in die Darstellungsweise des späten 13. Jahrhunderts übersetzt worden sind, bedarf keiner Erwähnung. Die Spätantike, wie Cavallini sie aus Rom kannte und für sich zu neuem Leben erweckte, war in ihm tief eingewurzelt, tiefer als in Torriti und weit tiefer, als die antikisierenden Motive in Cavallinis Mosaiken in S. Maria in Trastevere, die er von byzantinischen Vorbildern übernommen hatte, vermuten lassen würden.

Doch im Gegensatz zur Renaissance des 12. Jahrhunderts kann man die Annäherung an die Antike und ihre Wiederbelebung im Rom des späten 13. Jahrhunderts nicht als eine Entwicklung auf nur einer Ebene verstehen. Im 12. Jahrhundert hatte

Rom seine eigene Vergangenheit sozusagen in einer christianisierten Antike wiederentdeckt – nur einige wenige heidnische Elemente waren ihrer heidnischen Bedeutungen entkleidet und in die neue Kunst mit aufgenommen worden. Ungeachtet der Tatsache, daß die ersten Anregungen von Monte Cassino ausgegangen waren, war diese Bewegung im wesentlichen ein lokales römisches Phänomen. Die antiken Vorbilder, auf die sich die Architekten und Maler in Rom bezogen, waren ausschließlich Werke der Spätantike und vorzugsweise christliche Werke, die lokal erhalten geblieben waren. Ebensowenig finden sich für diese Renaissance in den bildenden Künsten irgendwelche zeitgenössischen Parallelen im Westen außerhalb Roms. Die Wiederbelebung der Antike in Prosa und Dichtung, die im 12. Jahrhundert nördlich der Alpen vonstatten ging, war ausschließlich literarischer Natur. Im Gegensatz dazu umgriff die Bewegung in Rom sowohl die Literatur als auch die bildenden Künste. Schließlich wurde sie auch durch lokale politische Kräfte und Interessen vorangetrieben: durch das Papsttum, das im Investiturstreit siegreich geblieben war, und durch die Intellektuellen, die den Weg für die Erhebung der Bürgerschaft in der römischen Republik von 1143 bereiteten.

Die Wiederaufnahme der Antike in Mosaiken, Gemälden und Skulpturen, die sich im 13. Jahrhundert überall in Rom bemerkbar macht, zeigt ein viel breiteres Spektrum. Freilich konzentrierten auch die Meister des 13. Jahrhunderts wie ihre Vorfahren 150 Jahre zuvor ihre Aufmerksamkeit hauptsächlich auf die Denkmäler der heidnischen oder christlichen Spätantike, die am Ort erhalten geblieben waren. Aber sie griffen auch weiter aus. Die antikisierenden Stilmittel, die ihnen zur Verfügung standen, hatten ein breiteres Spektrum als diejenigen ihrer Vorgänger. Kein Künstler des 12. Jahrhunderts scheint sich je Nillandschaften oder Bogenfriese in Scheinperspektive zum Vorbild genommen zu haben, wie man sie in spätantiken Baudenkmälern wie zum Beispiel der Basilika des Junius Bassus oder S. Costanza sehen konnte. Aber gerade solche Motive kennzeichneten die Kunst des 13. Jahrhunderts in Rom: Nillandschaften ziehen sich entlang den Grundlinien der Apsisgewölbe in der Peterskirche, der Lateranbasilika, in S. Maria Maggiore; und perspektivisch gemalte Nischen bekrönten die Wände einiger Räume im Vatikanpalast Nikolaus' III. um 1280. Zehn Jahre später treten sie auf den Wänden des Querschiffs von S. Maria Maggiore in Erscheinung.

Mit der Ausweitung des Inventars an Stilmitteln wurden auch immer neue Quellen in nah und fern erschlossen, aus denen die neue römische Schule schöpfen konnte. Neben den echten antiken Vorbildern, die ihnen in der Stadt vor Augen lagen, scheinen auch lokale ›neoantike‹ Vorbilder aus dem 12. Jahrhundert ihren Einfluß, wenngleich nur zuweilen und am Rande, ausgeübt zu haben – die Apsisgewölbe in S. Clemente und S. Maria in Trastevere. Gleichzeitig aber steuerte weitab von Rom auch Byzanz, der alte ›Kühlschrank‹ spätantiker Stilmittel, antikisierende Elemente zum Werk der römischen Meister Torriti, Cavallini und anderer bei und unterstützte so die Wiederbelebung der Antike.

Vermutlich sollte man jedoch die römische Renaissance des 13. Jahrhunderts in einem noch weiteren Bezugsrahmen sehen. Schließlich gab es während des ganzen 13. Jahrhunderts überall im Westen eine Fülle von solchen Renaissancen, die zur selben Zeit wie diejenige in Rom oder eine Generation früher entstanden: die Nachbildungen antiker Vorbilder, die von ›gotischen‹ Bildhauern,

178. S. Cecilia, Jakobs Traum. Ausschnitt: Der schlafende Jakob. Fresko von Pietro Cavallini

die ihre Anregungen vielleicht indirekt von Byzanz empfangen hatten, an der Kathedrale von Reims zwischen 1225 und 1230 mit bemerkenswerter Originaltreue geschaffen wurden; die um 1240 einsetzende Wiedergeburt der Antike in Süditalien, die um die Gestalt Friedrichs II. zentriert war, mit ihren politischen Beweggründen und ihren stark augusteischen Beiklängen, eindrucksvoll, isoliert und kurzlebig; die klassischen Züge im Werk des Nicola Pisano in der Toskana um die Mitte des Jahrhunderts, die anscheinend von der Reimser Werkstatt angeregt worden waren, wenngleich Pisano ein

179. S. Cecilia, Das Jüngste Gericht. Ausschnitt: Zwei Apostel. Fresko von Pietro Cavallini

Das 13. Jahrhundert: Ein Epilog

180. S. Cecilia, Das Jüngste Gericht. Ausschnitt: Kopf eines Apostels. Fresko von Pietro Cavallini

181. S. Cecilia, Das Jüngste Gericht. Ausschnitt: Kopf eines Engels. Fresko von Pietro Cavallini

breiteres Spektrum von Stilmitteln zur Verfügung stand und er sich um ein tieferes Verständnis der Kunst der Antike bemühte und nicht einfach isolierte antikisierende Elemente kopierte und in sein Werk aufnahm – einen Kopf, die Gewänder einer Figur –, wie es die Meister von Reims und diejenigen um Friedrich II. taten. Ich denke, man müßte die römische Renaissance des späten 13. Jahrhunderts am besten in diesem weiteren Bezugsrahmen betrachten.

Durch Nicolas Schüler Arnolfo di Cambio und vielleicht auch durch Musterbücher erreichten, wie man sich erinnern wird, die Grabmaltypen der französischen Gotik Rom in den siebziger Jahren des 13. Jahrhunderts – mit einer Zeitverzögerung von etwa einer Generation; ebenso auch die verschiedenen antikisierenden Motive aus Nicolas Musterbuch – die Eva-Venus auf dem Altarbaldachin von S. Paolo. Die Maler waren, wie es scheint, zu jener Zeit schon mit den moderneren französischen Arbeiten vertraut. Man hat Torritis Farbgebung mit ihren satten Rot- und Blautönen mit Frankreich als ihrer letzten Wurzel verknüpfen können. Die direkten Quellen mögen sehr wohl die für Assisi in den achtziger Jahren gemalten Kirchenfenster gewesen sein,

als Torriti dort zur selben Zeit an den Fresken des Genesiszyklus arbeitete. Auch Cavallini scheint mit der französischen Kunst, wie sie sich bald nach der Jahrhundertmitte entwickelt hatte, vertraut gewesen zu sein: er pflegte einen ruhigen Monumentalstil, der mit der gotischen Ausdrucksweise verschmolzen war, gänzlich frei von den antikisierenden Zügen, die man eine Generation zuvor noch so stolz zur Schau getragen hatte, aber doch so ›klassisch‹, daß man unausweichlich an die römische und griechische Antike erinnert wird. Die Skulpturen auf der Innenfassade der Kathedrale von Reims, zum Beispiel die Abraham-Melchisedek-Gruppe, repräsentieren diese neue großartige Manier von ihrer besten Seite. Cavallini hat sie wahrscheinlich aus Musterbüchern gekannt, und auf jeden Fall scheint sie sich in seinem ›Jüngsten Gericht‹ auf der Innenfassade von S. Cecilia zu spiegeln (Abb. 179). Die byzantinischen Elemente sind freilich in keiner Weise in Vergessenheit geraten: die juwelenbesetzten Stolen, die *loroi*, die die Engel tragen, ihre weichen und runden Gesichter, die bärtigen und individualisierten charakteristischen Apostelköpfe (Abb. 180), der wild aussehende Täufer – sie alle erinnern an die zeitgenössische Malerei im östlichen Mittelmeerraum. Die zu

Christus aufblickenden Engel (Abb. 181) und das bartlose Gesicht des Johannes unter den anderen Aposteln haben ihre beinahe exakten Gegenstücke in den Wandbildern von Sopoćani. Doch der vorherrschende Ton in Cavallinis ›Jüngstem Gericht‹ ist in der gotischen Tradition des Nordens verwurzelt: die ruhige und doch freie Anordnung der Gestalten, die monumentalen, aber ganz und gar nicht hieratischen Posen Christi und seiner Jünger, ihre in schweren Falten fallenden dicken, wollenen Gewänder, ihre fest modellierten Gesichter – sie alle finden ihre Entsprechungen in zeitgenössischen gotischen Werken, die sich als der Antike ähnlich präsentieren, ohne doch direkt deren Stilmittel zu verwenden. Wie Arnolfo di Cambio in seinen späten Jahren in Rom hatte auch Cavallini zur selben Zeit in S. Cecilia einen großartigen neuen Stil entwickelt, in welchem die einzelnen Komponenten nicht mehr als Einzelteile zu unterscheiden, sondern zu einer schlichten Größe verschmolzen waren, die von einem Geist beseelt ist, der den der Antike ins Gedächtnis ruft, aber mit ihm dennoch nicht verwechselt werden kann. Auch Giottos römisches Œuvre sollte in einem ähnlichen Sinne gesehen werden, ungeachtet der Daten, denen es zugewiesen wird: das *Navicella*-Mosaik mit seinen antikisierenden Elementen – die Windgötter, der Angler, der Leuchtturm – und mit den Monumentalfiguren der Apostel und der Stefaneschialtar, der von antiken Motiven frei und noch monumentaler gehalten ist. Für beide hat man verschiedentlich Entstehungsdaten von vor und lange nach 1300 angenommen. Wäre das letztere Datum richtig, so wäre das Fortbestehen von künstlerischen Vorstellungen, die sich in Rom in den letzten Jahren des 13. Jahrhunderts entwickelten, im Werk eines so typisch florentinischen Meisters wie Giotto noch viel erstaunlicher.

Die zeitgenössische Kunst sowohl in Byzanz wie im gotischen Frankreich scheint zu der erneuten Wiederbelebung der Antike, wie sie sich seit den siebziger Jahren des 13. Jahrhunderts in Rom herausbildete, ihren Teil beigetragen und sie gekräftigt zu haben. Aber ihrem Wesen nach blieb diese Renaissance wie alle, die ihr in Rom vorausgingen, eine ausgesprochen römische Entwicklung, die auf die in der Stadt erhaltenen spätantiken Denkmäler gegründet war. Es ist sicher richtig, daß die römischen Meister diesmal – und das unterscheidet sie von ihren Großvätern im 12. Jahrhundert ebensosehr wie von ihren Vorläufern in Reims um 1230 und von Nicola Pisano – in unendlich umfangreicherem Maße antike Elemente aufnahmen; nicht mehr nur einen einzelnen Kopf, einen Putto, einen Vogel, sondern ganze Kompositionen. Solche Kompositionen aus der Spätantike waren fast nirgendwo außer in Rom (und in Byzanz, aber das ist eine andere Geschichte) so leicht zugänglich: die Vertrautheit mit frühchristlichen Mosaiken, die Torriti und Cavallini und ihr Kreis in S. Maria Maggiore und S. Paolo fuori le mura gewannen, öffnete ihnen die Welt der Antike und lehrte sie, von neuem in deren Geist zu denken. Sie sahen sich mit der Notwendigkeit konfrontiert, selbst die Probleme zu durchdringen, wie man die Gestalten in einem glaubhaften Bildraum glaubhaft handeln lassen und auf diese Weise eine überzeugende Realitätsnähe erreichen könnte. Sie mußten ihre mittelalterliche, aus Musterbüchern bezogene Ausbildung beiseite stellen und von neuem zu lernen beginnen. Während die Meister von S. Clemente im ersten Viertel des 12. Jahrhunderts und diejenigen von Reims um 1230 einfach Elemente aus der Antike anstelle einer Realität gesetzt hatten, die mit anderen Mitteln innerhalb der mittelalterlichen Weltsicht nicht erreichbar war, wurde die Antike für Cavallini, Torriti sowie für Arnolfo di Cambio (in dessen späteren römischen Jahren) zu einem Führer in ihrer Erforschung der Realität und zu einem Schlüssel, der ihnen die Wirklichkeit öffnete. Indem sie die Eigenart ihrer antiken Vorbilder genauestens studierten, lernten diese Künstler, die Welt um sie herum unmittelbar und mit neuen Augen zu betrachten. Die Antike wurde zu einem Mittel, mit dessen Hilfe sie die sichtbare Welt für sich eroberten.

Im Kontext der politischen und ökonomischen Situation, die während dieser Jahre in Rom herrschte, finden der Hintergrund, die Fruchtbarkeit und der Charakter der neuen Kunst ihren Platz. Die Mäzene, die die immensen Dekorationsprogramme in Kirchen und Palästen in Auftrag gaben (von der Palastdekoration jener Zeit wissen wir nur wenig), waren offensichtlich nicht nur reich, sondern auch, wie sich die Vermutung aufdrängt, hochkultiviert und sehr aufgeschlossen. Der Zustrom von Würdenträgern und deren Haushalten aus dem Ausland spielte zweifellos seine Rolle. Sie brachten wohl Kunstwerke mit sich, Meßgewänder, Textilien, Email- und Goldschmiedearbeiten, kleine Skulpturen, vielleicht eine tragbare Ikone, und aller Wahrscheinlichkeit nach befand sich in ihrem Gefolge auch hin und wieder ein Goldschmied oder ein

Das 13. Jahrhundert: Ein Epilog

Maler. Die hohen Kleriker, die in Rom geboren und hier auch erzogen worden waren, haben sich diesen neuen Geschmack und diesen offeneren Blick wohl rasch angeeignet. Wie die französischen und englischen Kardinäle begannen sie über die engen Grenzen Roms hinauszublicken: auf Paris und den Osten, auf Florenz, Pisa, Siena und Assisi. Wie ihre Mitbrüder aus dem Ausland waren sie von der neuen Kunst mit ihren antikisierenden Beiklängen fasziniert, die überall in Europa hervorsproß, wenn sie auch nicht von langer Dauer war. Aber sie waren ebenso auch von der Erlesenheit der Materialien fasziniert, dem Gold, den Edelsteinen, einem aus Goldfäden gewobenen und mit Perlen besetzten Meßgewand und wohl auch vom Goldgrund und den reichen Farben der Mosaiken. Ebenso deutlich wird der politische Bezugsrahmen der römischen Renaissance der Jahrzehnte vor 1300. Ihr Hauptthema ist das ehrwürdige Alter der Kirche und die dem Papsttum zukommende höchste Autorität auf Erden, die in der apostolischen Nachfolge verwurzelt ist. Dieses Thema wurde immer wieder von neuem aufgegriffen. Die altehrwürdigen Kirchen Roms wurden umgebaut, neu hergerichtet und neu ausgeschmückt: St. Peter und S. Paolo, die die Gräber der Apostel bergen; S. Maria Maggiore, die der Legende zufolge im 4. Jahrhundert gegründet wurde, eine Papstkirche im vollen Wortsinne, in der der Papst Weihnachten feierte; die Lateranbasilika, seit alters der Sitz des Papsttums; und ebenso der Papstpalast am Lateran, von wo aus der Papst seinen Segen *urbi et orbi* spendete.

Wieder und wieder werden das Alter der Kirche und ihre Gründung auf dem Felsen des heiligen Petrus durch Christus hervorgehoben. Sowohl Giottos *Navicella* wie sein Hochaltar in der Peterskirche, der Stefaneschialtar, spielen auf diese Themen an: Christus, der den heiligen Petrus und den Nachen der Kirche aus der Gefahr errettet, und der mit dem Scharlachmantel der Päpste angetane thronende Petrus, der vom Hochaltar in seiner Basilika auf die Gemeinde hinunterschaut. Es ist in diesem Zusammenhang nur von geringer Bedeutung, ob solche Anspielungen vor dem Heiligen Jahr 1300 liegen oder nostalgisch mahnend Winke Kardinal Stefaneschis sind, daß der angestammte und rechtmäßige Sitz des Papsttums in Rom und nicht im avignonesischen Exil sei. Dieselben Themen kommen in den Reihen von Papstporträts zum Ausdruck, die in den frühchristlichen Kirchen die apostolische Nachfolge hervorheben: in S. Paolo wurde ein neuer Zyklus dieser Art in die Zwickel der Arkaden eingefügt, der von Petrus bis zu Bonifatius I. reichte und so den ältesten Zyklus bestätigte und wiederholte, der über den Arkaden verlief und teils aus dem 5., teils aus dem späten 7. oder frühen 8. Jahrhundert stammte. In ähnlicher Manier ließ Nikolaus III. in der Peterskirche im Säulengebälk über jeder Säule ein Papstporträt anbringen, deren Serie ein weiteres Mal die ersten Anfänge des Papsttums darstellte, wie sie auch in dem älteren Zyklus zum Ausdruck kam, der über dem Säulengebälk verlief und offensichtlich wie derjenige in S. Paolo schon im 5. Jahrhundert begonnen worden war. Er ließ auch noch eine dritte Serie von Papstporträts im Lateranpalast anfertigen, die jedoch vermutlich im Feuer von 1308 verlorenging. Schließlich schuf Cavallini wahrscheinlich in den neunziger Jahren des 13. Jahrhunderts noch eine vierte Serie in S. Cecilia, von der man vermuten darf, daß sie dem Muster des Zyklus von S. Paolo folgte.

Eine ebensolche Wertschätzung des hohen Alters der Kirche war schon zu Beginn des Jahrhunderts im Apsismosaik und seiner Inschrift, die Innozenz III. in der Peterskirche anbringen ließ, glanzvoll zum Ausdruck gebracht worden. Dennoch unterscheidet sich die Haltung der Päpste von Nikolaus III. bis zu Bonifatius VIII. von derjenigen Innozenz' III. Wo dieser sich mit dem heiligen Petrus selbst identifiziert und sich auf dessen Basilika konzentriert hatte – daß er dort einen Palast bauen ließ, war eine sehr zielbewußte Handlung –, nahmen die Päpste seit Nikolaus III. einen allgemeineren Standpunkt ein. Nicht nur wurde die Arbeit auch in S. Paolo wiederaufgenommen, indem man die Fresken aus dem 5. Jahrhundert ausbesserte und ergänzte, sondern die ununterbrochene Abfolge und Weitergabe der apostolischen Autorität wurde durch die Serien von Papstporträts in den drei größeren Kirchen, ganz zu schweigen von S. Cecilia, auch *ad oculos* demonstriert. Zur selben Zeit wurde der Lateran, der traditionelle Sitz des Papsttums, wieder in seine alten Rechte eingesetzt. Die Päpste kehrten von ihren Aufenthalten in Orvieto, Perugia und Viterbo, die um die Jahrhundertmitte zeitweilig der Aufenthaltsort der umherziehenden Kurie gewesen waren, zurück und richteten ihr Augenmerk in den letzten 20 Jahren des Jahrhunderts wieder auf den Lateran als den traditionellen und rechtmäßigen Residenzort des Papstes und ebenso auf seine Kathedrale. Freilich wurde auch der Palast am Vatikan von Nikolaus III. erweitert. Er lag für die praktischen Bedürfnisse günstiger als der Lateranpalast, war befestigt und leicht zu verteidigen, und seine Lage oben auf dem Hügel sicherte ihm eine gesunde Luft. Aber er blieb ganz entschieden eine bloße Nebenresidenz. Der offizielle Sitz des Papsttums blieb der Lateran. Nikolaus III. baute die Kapelle Sancta Sanctorum um und ließ sie prächtig ausstatten. In der Kirche selbst ließ er den Zyklus mit den Papstporträts malen. Weniger als ein Jahrzehnt später ließ Nikolaus IV. das alte Apsismosaik durch eine neue Komposition ersetzen. Bonifatius VIII. schließlich, der Caetani-Papst, unterstrich die Bedeutung des alten Papstpalastes am Lateran ganz besonders, der ja der Legende nach von Konstantin der Kirche überlassen worden war. Bonifatius war es, der die Benediktionsloggia umbauen ließ, die auf den Platz hinunterschaute, auf dem sich das Volk zu versammeln pflegte. Ein Fresko, das sich einst im Palast befand und von dem heute nur ein Fragment in der Kirche erhalten geblieben ist, zeigt ihn in dieser Loggia stehend, wie er das Heilige Jahr *urbi et orbi*, der Stadt und dem Erdkreis, verkündet.

Das Gewicht, das man dem Alter der Kirche und des Papsttums beimaß, die Bedeutung, die der apostolischen Nachfolge zukam, und die Betonung der Oberhoheit des Papstes sowohl als universaler geistlicher Herrscher als auch im Sinne einer universalen weltlichen Oberherrschaft waren am Ende des 13. Jahrhunderts Themen, die längst eine feste Tradition hatten. Diese Vorstellungen und Ansprüche galten fraglos als integraler Teil des päpstlichen Amtes. Mit Innozenz III. begann allmählich ein Prozeß, der seit dem Pontifikat Nikolaus' III. mit größerem Nachdruck vonstatten ging, wobei sich der Akzent auf die Person des Papstes verlagerte. Nikolaus scheint der erste Papst gewesen zu sein, der es zuließ oder wenigstens nicht dagegen protestierte, daß man ihm zu Ehren eine Statue errichtete, wie dies in Ancona geschah, als Ausdruck der Dankbarkeit für seine Vermittlung in einem Streit der Stadt mit Venedig. Ein Jahrzehnt später wurde dann auch eine Statue für Nikolaus IV. aufgestellt; man hat sie unter Vorbehalten mit der schwer beschädigten Statue eines Papstes aus dem späten 13. Jahrhundert identifiziert, die sich in der Sammlung des Palazzo Venezia befindet. Das Pontifikat Bonifatius' VIII. schließlich bedeutet in dieser Hinsicht einen Höhepunkt, der für die nächsten zwei Jahrhunderte ohne Parallelen blieb. Jetzt war es der Caetani-Papst selbst, der verlangte, daß man solche Statuen zu seinen Ehren an markanten Orten aufstellen sollte: gleich drei Marmorstatuen in Bologna – die Kommune entschied sich statt dessen für eine einzelne Bronzestatue – als Anerkennung für seine Schlichterdienste im Streit der Stadt mit dem Markgrafen von Este; zwei, die an ähnliche Schlichterdienste erinnern sollten, über den Stadttoren von Orvieto; eine in Amiens, aus vergoldetem Silber, als Strafgebühr in der Entscheidung eines Prozesses zwischen dem Domkapitel und dem Bischof; weitere in Anagni und Padua – letztere wurde nie fertiggestellt, war aber ebenfalls als Dank für empfangene Wohltaten gemeint; noch eine in Florenz, wieder als Zeichen des Dankes, daß er zum Bau der Kirche beigesteuert hatte, sie befand sich früher an der Fassade des Doms, ist heute jedoch in der Opera del Duomo zu finden; schließlich eine am Lateran, ebenfalls zur Erinnerung an eine für die Kanoniker günstige Entscheidung des Papstes. Außer dieser letzten und vermutlich derjenigen in Amiens, wo er zusammen mit der Gottesmutter abgebildet war, zeigten alle Statuen den Papst entweder stehend oder thronend, und alle erinnern an irgendeine Rolle, die er in rein weltlichen Angelegenheiten gespielt hatte – als Schlichter, Stifter oder als Beschützer einer Stadt, möglicherweise als weltlicher Herrscher. Tatsächlich war die im späten 13. Jahrhundert noch vergleichsweise junge Tradition, Ehrenstatuen zu errichten, entschieden weltlicher Natur. In Rom war die erste derartige Statue diejenige Karls von Anjou, die der Senat 1276 zu Ehren des neuen »*senatore* auf Lebenszeit« errichten ließ. Auch daß er der Herrscher über Süditalien war, mag sehr wohl eine Rolle in der Entscheidung des Senats gespielt haben. Denn dort wurde dieser Brauch von Friedrich II. zum erstenmal eingeführt – in Capua, Acerenza, vielleicht auch noch an anderen Orten. Man darf wohl annehmen, daß er Teil der Wiederbelebung der Antike war, so wie es sich Friedrich im Rahmen seiner politischen Ideologie vorstellte, eine Wiedergeburt jenes Rom der Cäsaren, zu deren Ehren man ganz selbstverständlich solche Statuen errichtet hatte.

Als die Päpste um 1280 diese Gepflogenheit übernahmen, taten sie es als weltliche Herrscher. Doch die Rolle des Papstes als geistlicher Herrscher ließ sich nur schwer von seiner weltlichen trennen. Immer wieder zeigen seine Statuen Bonifatius VIII., wie er den Segen spendet. Es ist diese weltlich-religiöse Doppelrolle, die den Rahmen abgibt, inner-

Das 13. Jahrhundert: Ein Epilog

halb dessen man Rom und das Papsttum im späten 13. Jahrhundert sehen muß. Der Papst ist der geistliche Herrscher der Christenheit. Er beansprucht die Oberhoheit über die weltlichen Herrscher des Westens und beherrscht selbst als weltlicher Souverän die Stadt Rom und ein für mittelalterliche Verhältnisse großes Gebiet in Mittelitalien. In den beiden letzten Rollen ist er auch der Erbe der römischen Kaiser. Gemäß diesen Vorstellungen und Ansprüchen versuchten in den Jahrzehnten von 1277 bis 1303 eine Reihe von in Rom erzogenen Päpsten und Kardinälen und ihre Familien, Rom in die glanzvolle Hauptstadt des Papsttums zu verwandeln und dessen Hof zum wahren Haupt der Welt zu machen. Roms Kirchen waren, erneuert und neu geschmückt, die Zeugen seiner christlichen Vergangenheit, der Heiligen, die in dieser Vergangenheit gelebt hatten und für sie gestorben waren, und deshalb auch Zeugen für das Alter, die Legitimität und die Größe der lebendigen Kirche und für den regierenden Papst, der für die Kirche stand und sie beherrschte. Aber der Papst war auch der Erbe des römischen Reiches, eines christianisierten Reiches zwar, aber nichtsdestoweniger doch des Kaiserreiches. Durch den Papst war Rom in jedem Sinne die Hauptstadt der Welt. In dieser Hauptstadt war eine frische und sehr römische Kunst wiedergeboren worden und auf den Plan getreten, die Rom für eine kurze Weile vor 1300 zu einem der neuen Zentren werden ließ, die sich zu eben jener Zeit in Mittelitalien herausbildeten, in Pisa, Siena und Florenz. Mit der Übersiedlung des Papstes verlor Rom seine neugewonnene Stellung wieder; Siena und Florenz nahmen seinen Platz ein.

Überhaupt verlor Rom ohne das Papsttum seinen Lebenszweck. Die Stadt konnte so, wie sie es in den vergangenen 1000 Jahren getan hatte, nicht mehr länger existieren. Das Band zwischen ihr und dem Papsttum war der Idee nach niemals zerrissen gewesen. Ungeachtet jener vielen Male, wo Päpste ihre Residenz freiwillig oder gezwungenermaßen an anderen Orten nahmen, blieb Rom bis 1308 die Hauptstadt des Papstes. Der Auszug nach Avignon war eine gänzlich andere Sache. Rom und das Papsttum gehörten nicht mehr als Einheit zusammen. Für die Dauer der fast 100 Jahre, die nun heraufzogen, sollte Rom nicht mehr *caput mundi* sein.

Diese Situation kommt in dem Mangel an Kunstdenkmälern im 14. Jahrhundert zum Ausdruck. Jegliche päpstliche Aktivität in dieser Hinsicht aus der Ferne war aufs äußerste beschränkt. Die Lateranbasilika, die 1308 und noch einmal 1361 von Bränden schwer beschädigt, wenn auch nicht, wie Petrarca mit poetischer Übertreibung behauptet, zerstört worden war, wurde zweimal repariert – wobei sich beim zweiten Mal die Arbeiten bis ins 15. Jahrhundert hinzogen. Während dieser letzten Reparaturarbeiten wurde im Jahre 1368 ein Altarbaldachin bei der Sieneser Werkstatt in Auftrag gegeben, die mit den Reparaturen betraut war – in Rom selbst gab es allem Anschein nach keine Bildhauer mehr. Gegen Ende des Jahrhunderts wurde der Palazzo del Senatore, der zu jener Zeit in die Hände des Papstes übergegangen war, zu einer Festung ausgebaut. Dies alles muß man vor dem Hintergrund der politischen und wirtschaftlichen Situation der Zeit sehen. Während des größeren Teils des Jahrhunderts kam es immer wieder zu Familienfehden und Aufständen gegen die aus Avignon kommenden päpstlichen Vikare. Im letzten Drittel gab es einige wenige und erfolglose Rückkehrversuche der Päpste. Auch in ökonomischer Hinsicht bot sich ein düsteres Bild. Ein Großteil der Kurie hatte Rom verlassen; damit fielen die Einkünfte weg, die sie in die Stadt gebracht hatte; außer den für wenig Geld errichteten Privatbauten war alle Bautätigkeit praktisch zum Erliegen gekommen. Kurz, zwei der drei Gewerbezweige, die die Wirtschaft der Stadt getragen hatten, waren verdorrt. Nur der dritte, die Fremdenverkehrsindustrie, florierte weiter. Immer noch kamen Pilger in die Stadt; bis zum Heiligen Jahr, das für 1350 ausgerufen wurde, vielleicht in geringerer Menge, aber danach schwoll ihre Zahl wieder an, erreichte vielleicht sogar jene Massen, die ein halbes Jahrhundert zuvor nach Rom gekommen waren. Tatsächlich scheint in der zweiten Jahrhunderthälfte ein ökonomischer Aufschwung begonnen zu haben: Anzeichen dafür sind die wachsende politische und ökonomische Bedeutung der großen Viehzüchter und -händler, der *bovattieri*, und der Kaufmannszunft, der *arte dei mercanti*, die Wiederaufnahme der Importe aus der Toskana und von nördlicheren Gegenden und die Einrichtung von Zweigstellen der florentinischen Bankhäuser in Rom, was allerdings im wesentlichen erst nach 1400 geschah.

Es gibt nur ein großes Baudenkmal, das aus dem Rom des 14. Jahrhunderts bekannt ist: die große Treppe, die vom Rande des mittelalterlichen *abitato* hinauf zur Kirche S. Maria in Aracoeli führt. Sie wurde 1347 erbaut und bringt einen phantastischen

Traum von Cola di Rienzo zum Ausdruck, der eine römische Republik errichten wollte, die dem Kaiser und dem Papst übergeordnet wäre und ihren Sitz auf dem Kapitol hätte, von wo aus auch einst die Welt regiert worden war. Wir sehen in Cola di Rienzo heute nicht mehr die große historische Gestalt, als die er im 19. Jahrhundert die historisch-politische Phantasie der Liberalen beflügelte – Gregorovius widmete ihm beinahe 150 Seiten –, und auch nicht mehr den Helden, den er aus anderen Gründen für die italienischen Faschisten dieses Jahrhunderts darstellte. Seine rhetorischen Luftschlösser hatten keine Grundlage in der Realität und keine Auswirkungen auf die politische Situation seiner Zeit, ja, sie standen nicht einmal in einem irgendwie realistischen Verhältnis zu ihr, und sein Traum von der Wiedergeburt Roms brach nach wenigen Jahren in sich zusammen. Er läßt sich, wie mir scheint, in keiner Weise mit seinem großen Vorläufer Arnold von Brescia vergleichen, jenem Intellektuellen mit einer sehr klaren Vorstellung von dem neuen Verhältnis, das zwischen der Stadt Rom und dem Papsttum hergestellt werden sollte. Colas Bedeutung liegt, wie ich meine, anderswo. Er muß im Kontext des Frühhumanismus des 14. Jahrhunderts verstanden werden, im Hinblick auf Petrarca und dessen Literatenkollegen, die in der zweiten Jahrhunderthälfte ein neues Bild von Rom entwarfen und den Weg zur Renaissance öffneten. Doch dies ist ebenso wie der wirtschaftliche Wiederaufschwung zur selben Zeit eine andere Geschichte. Für uns bedeutet das Jahr 1303 das Ende des Mittelalters in Rom.

ZWEITER TEIL

Forma Urbis Romae Medievalis

IX.

Die Quellenlage

Es fehlt uns einfach an ausreichenden Zeugnissen, um die Entwicklung der Stadtkarte Roms in den Jahrhunderten von den Gotenkriegen bis in die Zeit Karls des Großen und seiner Nachfolger im einzelnen zu verfolgen. Die Kirchen und Papstpaläste, die in dieser Zeit gebaut wurden, spiegeln weniger die Wirklichkeit Roms wider als vielmehr die zeitgenössischen Vorstellungen von Rom und deren politischen Hintergrund. Die Wohlfahrtszentren, die man errichtete und unterhielt, geben nur sehr undeutliche Hinweise darauf, in welche Gegenden sich die Bevölkerung zurückgezogen hatte oder wo die Pilger zusammenkamen, wie das Straßennetz ausgesehen haben mag und die Wasserversorgung organisiert war und wie es um die Wohnungslage bestellt war. Das wenige, das bekannt ist, haben wir in den entsprechenden vorausgehenden Kapiteln diskutiert. Dieser zweite Teil wird sich also mit der Karte Roms im eigentlichen Mittelalter beschäftigen, der Zeit vom 10. bis zum 13. Jahrhundert, in der die Quellenlage weniger nebulös ist.

Doch selbst für diese Zeit findet man nur schwer hinreichende Zeugnisse, um einen genauen Stadtplan des mittelalterlichen Rom zu rekonstruieren oder sich eine Stadtansicht vor Augen zu führen. Natürlich ist auch die mittelalterliche Stadt ebenso wie das Rom der Kaiserzeit oder das republikanische Rom heute noch weitgehend vorhanden, aber sie ist von Bauten späterer Epochen überlagert. Nur wenige Elemente sind auch für das ungeübte Auge klar, und die meisten von ihnen sind Monumentalbauten: Kirchen, Türme, Klöster. Von Häusern und Straßen sind nur wenige Spuren übriggeblieben, und die Überlieferungslage ist lückenhaft. Selbst die Zahl der Bevölkerung bleibt fraglich. Es gibt keine Listen von den an alle Einwohner oder an jede Familie verteilten Nahrungsmitteln wie die Aufstellungen, die aus dem 4. und frühen 6. Jahrhundert erhalten sind. Ebenso fehlen Zensus-, Tauf- und Sterbelisten, wie sie seit dem 16. Jahrhundert überliefert sind. Wir wissen jedoch, daß die Bevölkerungszahl, die im 4. Jahrhundert noch bei vielleicht sogar 500 000 lag, rasch abnahm. Die Mär des Procopius, daß es am Ende der Gotenkriege nur noch 500 Männer gegeben habe, hört sich recht unwahrscheinlich an. Doch selbst nach der Rückkehr derer, die geflohen waren, blieb die Bevölkerungszahl anscheinend klein. Zur Zeit Gregors des Großen schwoll sie auf etwa 90 000 an, als Flüchtlinge aus dem Umland, oft auch ganze Mönchsgemeinschaften, von den Langobarden in die Stadt getrieben wurden. Aber dieser Zustrom war nur von kurzer Dauer. Der Zusammenbruch der Versorgung im 7. Jahrhundert führte zu einem weiteren Bevölkerungsschwund. Obwohl die Verbesserung des Versorgungswesens unter Papst Hadrian I. und seinen Nachfolgern wieder zu einem Bevölkerungszuwachs geführt zu haben scheint, kam es nach dem endgültigen Zusammenbruch des Wohlfahrts- und Versorgungswesens im 9. Jahrhundert und durch die darauffolgende politische und wirtschaftliche Desintegration im 10. zu einem erneuten Bevölkerungsrückgang. Seitdem soll die Bevölkerungszahl während der ganzen Zeit bis ins 12. und 13. Jahrhundert um 35 000 geschwankt haben, was angesichts des Mangels an genaueren Quellen zuzutreffen scheint. Wenn in der Stadt tatsächlich 20 000 Menschen an der Malariaepidemie von 1167 gestorben sind – so die exakten Worte der Quellen –, dann könnte man die Gesamtbevölkerung zu jener Zeit angemessenerweise auf 40 000 oder mehr schätzen. Doch der Chronist hat die Zahl der Opfer wahrscheinlich übertrieben, und die tatsächliche Einwohnerzahl war dementsprechend geringer, wenngleich immer noch recht groß für eine mittelalterliche Stadt. Tatsächlich legt die Größe der römischen Armee, die im selben Jahr kurz vor der Malariaepidemie in der Schlacht von Monte Porzio 30 000 Mann zählte, nach konservativen Schätzungen eine Gesamtbevölkerung von etwas unter 200 000 für Rom *und* sein Umland nahe, aus denen beiden das Aufgebot gestellt wurde. Auf der Grundlage der Vergleichszahlen von städtischer und ländlicher Bevölkerung, wie sie nach 1400 für Rom und sein Umland galten, nämlich eins zu zehn, können wir auf eine Stadtbevölkerung von unter 20 000 schließen. Im 12 und 13. Jahrhundert waren jedoch Rom und sein Distrikt vermutlich dichter bevölkert als kurz nach 1400. Überall in Italien scheint die Bevölkerung während des 14. Jahrhunderts zurückgegangen zu sein, wofür die Gründe in einer sich allgemein verschlechternden Wirtschaftslage und in den häufigen Pestepidemien zu suchen sind. In Rom selbst wurde diese Bevölkerungsdezimierung noch durch die Übersiedlung der Kurie nach Avignon verschlimmert. Tatsächlich mag die Einwohnerzahl Roms zu jener Zeit bei nur noch 17 000 gelegen haben. Im 12. Jahrhundert jedoch florierten die Stadt und ihr Umland, und diese Blütezeit dauerte auch noch während des folgenden Jahrhunderts an. Alle Anzeichen deuten darauf hin, daß auch Rom von der Bevölkerungsexplosion betroffen war, die man für jene Zeit in allen städtischen Zentren des Westens feststellen kann. Daher mag die Bevölkerungsrelation von Distrikt zu Stadt näher bei fünf zu eins als bei zehn zu eins gelegen haben; Rom hätte demnach zwischen 30 000 und 40 000 Einwohner gehabt. Freilich war Rom keine Stadt der Industrie oder des Großhandels, wie dies bei Florenz, Brügge oder Köln der Fall war. Doch hatten sich hier andere Arten von finanziellem und ökonomischem Rückhalt entwickelt: der Peterspfennig, der Zehnt und die Gebühren und Geschenke von überall aus dem Westen; die aufgeblähte Bürokratie der Kurie; die Stellung der Stadt als wichtigstes Rechtszentrum Europas, dessen Anwälte, Beamte und Schreiber Geschäfte in die Stadt lockten; der Zustrom von Pilgern, der das Wachstum der Handelstätigkeit anregte; die Bankgeschäfte, die von der Kurie getätigt wurden oder mit ihr in Zusammenhang standen. Dies alles mußte zu einem Bevölkerungszuwachs führen, was sich durch die Anzeichen für eine bedeutende Bautätigkeit und für die Ausdehnung des bebauten Gebiets, des *abitato*, zu bestätigen scheint, die man für die Zeit vom 11. bis zum Ende des 13. Jahrhunderts erkennen kann. Daß man Dutzende von neuen Kirchen, und zwar lauter Pfarrkirchen, baute, kann nur bedeuten, daß sich die Bevölkerungszahl beträchtlich vergrößerte; und auch die vielen Hunderte von Häusern, die in Kauf- oder Mietverträgen und in Schenkungsurkunden erwähnt werden, deuten in dieselbe Richtung. Freilich läßt sich aus all diesem die Bevölkerungszahl Roms weder exakt noch auch nur annähernd ablesen. Auch die Schätzungen, die bislang von Wirtschaftshistorikern und Demographen vorgelegt worden sind, scheinen im wesentlichen auf Mutmaßungen zu beruhen. Vor dem ersten echten Zensus in Rom von 1527 gibt es einfach keine gesicherte Grundlage für die Einschätzung der Bevölkerungszahl der Stadt. In dieser genannten Volkszählung zählte man über 55 000 Einwohner in der Stadt – allerdings nach einem Jahrhundert einer sich rasch entwickelnden Hochkonjunktur und Wirtschaftsexpansion. Für die Zeit des Mittelalters sollten wir wohl zugeben, daß alles, was wir bislang über die Einwohnerzahl Roms wissen, nur auf vagen Vermutungen beruht.

Auf der anderen Seite sind die Anhaltspunkte, nach denen man sich ein Bild von der Topographie der Stadt machen kann, zwar vielversprechender, aber auch sie geben bei weitem keine genaue Beweisgrundlage ab. Einige Hinweise gibt das Straßennetz, so wie es vor 100 Jahren erhalten war und auch heute noch teilweise erkennbar ist, doch sind in ihm natürlich Straßen aus der Antike, dem Mittelalter und aus späterer Zeit miteinander verquickt. Die während des Mittelalters benützten Tiberbrücken lassen auf wahrscheinlich nahe gelegene bebaute Gegenden schließen. Andere Anhaltspunkte sind die Gründung, der Unterhalt oder der Umbau von Kirchen, Konventen und *diaconiae*, ob sie nun erhalten oder nur aus Aufzeichnungen bekannt sind, in bewohnten, wiederbesiedelten oder verlassenen Gegenden. Die Kunde von Beschädigungen und Reparaturen von Aquädukten liefert zusätzliche Hinweise auf die von ihnen versorgten Stadtgebiete: Papstresidenzen, Pilgerzentren und dichtbevölkerte Stadtviertel. Zuweilen gestatten Berichte von Naturkatastrophen, etwa eine Überschwemmung durch den Tiber, einen Blick auf die Funktion eines schwer betroffenen Stadtviertels im sozialen oder städtischen Gefüge der Stadt. Die aus Urkunden bekannte Lage von Märkten, Mühlen, Landeplätzen und Häfen, die sich alle notwendigerweise nahe den bevölkerten Gebieten befanden, bietet weitere Anhaltspunkte. Die Lage der großen Familienbesitze wird, wenngleich nur annäherungsweise, in den Papstbiographien und anderswo angedeutet. Das klarste und lebendigste Quellenmaterial findet sich in den Rechtsquellen. Die Register der großen Abteien wie Farfa und Subiaco geben ihren Grundbesitz in Rom sowie seine Art und Lage an. Schließlich verzeichnen viele tausend Kauf- oder Mietverträge in den Archiven römischer

Die Quellenlage

Kirchen und Klöster die Lage und das Aussehen von Häusern, Grundstücken und Gärten in ihrem Besitz. Eine große Anzahl dieser Urkunden ist veröffentlicht worden, die meisten von ihnen im ›*Archivio della Società Romana di Storia Patria*‹, andere warten noch auf die Veröffentlichung. Diese Verträge geben mehr als irgendeine andere Quellengattung ein reales Bild der Wohnungssituation im Mittelalter seit dem 10. Jahrhundert. Die Häuser werden sehr detailliert beschrieben: die Lage – dieses oder jenes Stadtviertel; die Grenzen des Grundstücks –, das Haus oder Grundstück von diesem oder jenem zur rechten, einem anderen zur linken Seite, dahinter und davor; ein Garten hinter dem Haus, die Straße, an der es liegt; die Art des Hauses, einstöckig oder zweistöckig, eine Außentreppe vorn oder an der Seitenwand, eine Feuerstelle und ein Kamin; die Baumaterialien und die Art der Dachbedeckung, Natur- oder Ziegelsteine, Dachziegel oder auch oft ein Strohdach; die Bäume im Garten – Apfel-, Oliven- und Feigenbäume, ein Weinstock über einer Pergola. Man bekommt einen lebendigen Eindruck von den Häusern und Wohngegenden.

Es gibt noch andere Zeugnisse, die freilich aus späterer Zeit stammen und daher mit Vorsicht ausgewertet werden müssen. Die Archive der römischen Klostergemeinschaften, die im ›*Archivio di Stato*‹ aufbewahrt werden, enthalten auch ihre *catasti* – Übersichten über den jeweiligen Immobilienbesitz –, die kurz nach der Mitte des 16. Jahrhunderts begonnen wurden. Diese Listen enthalten Hunderte von Grundplänen und zuweilen auch Aufrisse oder sogar Querschnitte von den Häusern, die diesen Klöstern in allen Gegenden der Stadt gehörten. Natürlich mögen solche Häuser zu einem beliebigen Zeitpunkt vor der Erstellung der Kataster gebaut oder umgebaut worden sein. Doch die Pläne einfacher Häuser ändern sich nur geringfügig, und viele, die vielleicht nicht direkt aus dem Mittelalter stammen, scheinen mittelalterliche Bautypen zu repräsentieren. Manchmal wird aus dem Aufriß einer Fassade ihr mittelalterlicher Charakter einigermaßen verläßlich deutlich, oder ein Zusatz im Kataster gibt das Datum an, zu welchem im 14. oder 15. Jahrhundert das Haus in den Besitz des Klosters überging, und liefert auf diese Weise einen *terminus ante quem* oder *ad quem*.

So wichtig diese Listen auch sind, so geben sie doch insofern nur ein einseitiges Bild, als in ihnen lediglich der Besitz der kirchlichen Institutionen aufgeführt ist. Privatbesitz, ob in der Hand der großen Familien oder von kleinen Hausbesitzern, ist während des größten Teils des Mittelalters nur dürftig dokumentiert. Die Kauf- oder Mietverträge, die sich auf solchen Besitz bezogen, blieben in der Hand der beteiligten Parteien und sind heute verloren. Zwar wurden Abschriften in den Akten des amtierenden Notars aufbewahrt, aber solche Notariatsakten scheinen in Rom nicht weiter als bis in die Mitte des 14. Jahrhunderts zurückzureichen. Nur selten läßt sich ein Blick auf einen Teil des großen privaten Immobilienbesitzes in Rom mittels der Schenkungsurkunden erhaschen, die Laien einer Kirche oder einem Kloster ausgestellt haben, oder durch eine seltene Privaturkunde, die sich in ein kirchliches Archiv verirrt hat.

Natürlich stammen alle Karten oder Ansichten von Rom, die *vedute*, aus vergleichsweise später Zeit. Dennoch können sie dazu verhelfen, ein Bild der mittelalterlichen Stadt und ihrer Umgebung zusammenzufügen. Die früheste Karte, die erhalten geblieben ist – abgesehen von solchen, die rein symbolisch gehalten sind –, ist diejenige, die Fra Paolino da Venezia im Jahre 1323 anfertigte. Da sie jedoch auf einem Text der ›*Mirabilia*‹ aus dem Jahre 1280 basiert, kann diese Karte ebensogut auch auf ein Original aus dem 13. Jahrhundert zurückgehen (Abb. 182). Im Rahmen der mittelalterlichen kartographischen Vorstellungen gibt sie ein recht genaues Bild der Stadt, wie sie von einem Zeitgenossen gesehen wurde: die Aurelianische Mauer, wenn sie sich auch als Oval geformt präsentierte; der gewundene Lauf des Tibers und seine Insel; einige der Hügel Roms und die herausragenden Gebäude – der Palazzo del Senatore auf dem Kapitol, das Kolosseum, das Pantheon, die Torre delle Milizie, der Lateranpalast mit seiner Sammlung antiker Statuen (Mark Aurel sowie Kopf und Hand der Konstantinstatue sind abgebildet), S. Giovanni in Laterano, der Aquädukt auf dem Caelius, die Peterskirche, Castel S. Angelo, der mittelalterliche Vatikanspalast und sein Wildpark, S. Spirito in Sassia. Wichtiger noch für eine bildliche Vorstellung von Rom im Mittelalter ist, daß auf der Karte die wichtigsten Straßen, die Stadtviertel – Trastevere, der Borgo, das bebaute Gebiet im Tiberknie, die Ripa – und die Häuser entlang den Straßen, einzeln oder in Reihen, verzeichnet sind. Kurz, sie gibt ein sehr viel wirklichkeitsnäheres Bild von der mittelalterlichen Stadt als die Karten des 15. Jahrhunderts, die nur Kirchen und antike Denkmäler verzeichnen, beginnend mit Taddeo di Barto-

182. Die Romkarte des Fra Paolino da Venezia von 1323 – Biblioteca Vaticana, Vat. lat. 1960, fol. 270ᵛ

Die Quellenlage

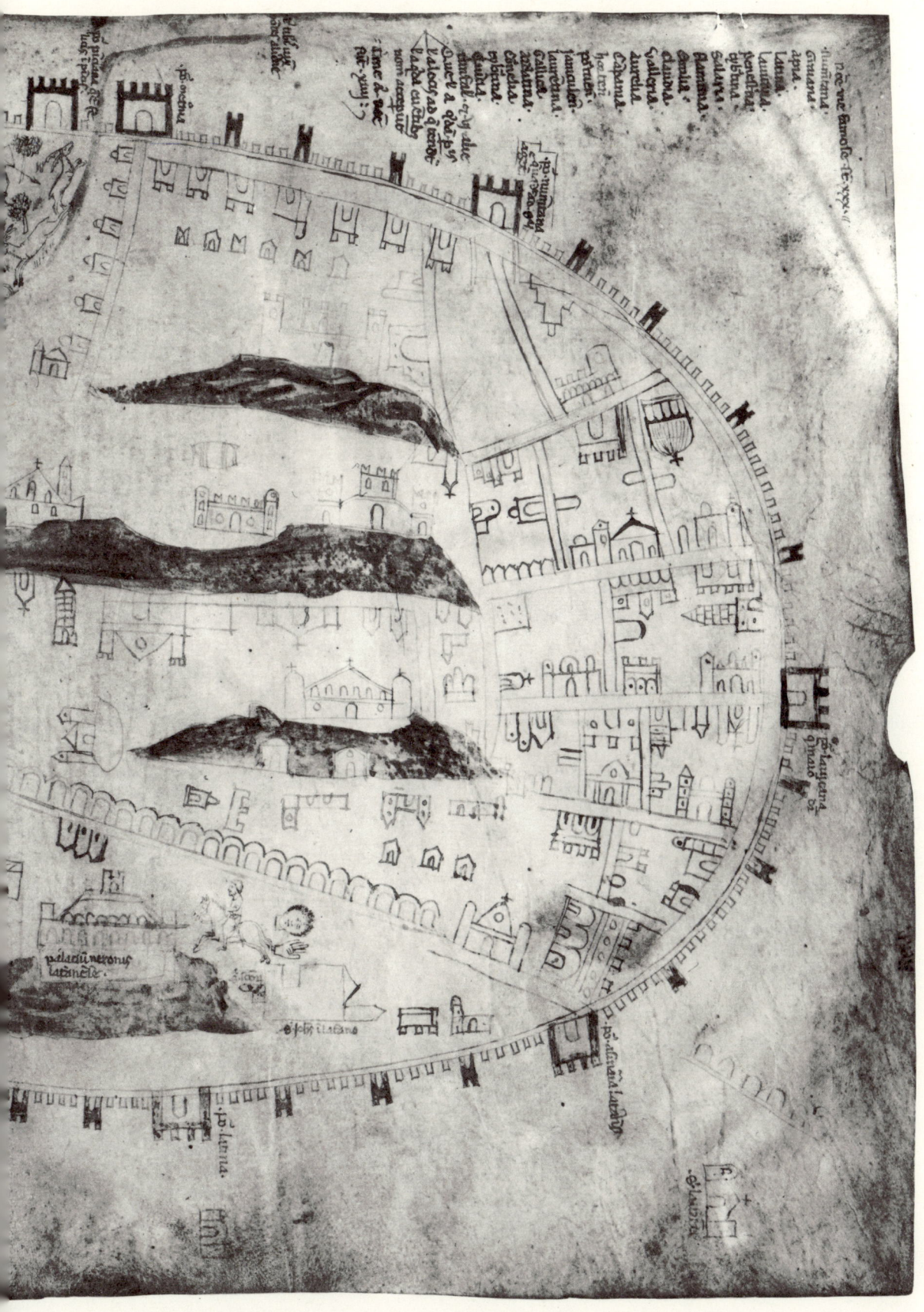

los Karte in Siena und derjenigen der Gebrüder Limbourg in den ›Très Riches Heures du Duc de Berry‹ oder mit ihren anscheinend aus dem 14. Jahrhundert stammenden Vorbildern. Fra Paolinos Karte sollte ein wahres Bild des mittelalterlichen Rom geben, und in dieser Hinsicht unterscheidet sie sich grundsätzlich von gleichzeitigen, früheren oder späteren Idealdarstellungen der Stadt wie zum Beispiel Cimabues Fresko in Assisi oder der Goldenen Bulle Ludwigs des Bayern von 1328. In diesen Darstellungen, die sich auf die ›Mirabilia‹ stützen, stehen, wie gesagt, wenige Monumentalbauten – die sich in der langen Reihe der von ihnen abhängigen Darstellungen kaum verändern – für die vergangene und gegenwärtige, heidnische und christliche Größe Roms: die mit Türmen und Zinnen bewehrten Mauern, der Tiber, seine Insel und seine Brücken, Castel S. Angelo, St. Peter, der Obelisk, S. Maria in Trastevere, das Pantheon, der Palazzo del Senatore, das Kolosseum, der Konstantins- oder der Titusbogen, die Cestiuspyramide, die Trajanssäule und wohl das Augustusmausoleum und schließlich S. Giovanni in Laterano (Abb. 160, 223).

Die Maler und Zeichner andererseits, die seit dem 15. Jahrhundert *vedute* von Rom schufen, ob es nun Panoramen oder Einzelansichten waren, wollten die Stadt ganz entschieden so wiedergeben, wie sie sie wirklich sahen: Masolino um 1435, der Zeichner des ›*Codex Escurialensis*‹ spät im 15. Jahrhundert, Marten van Heemskerck bei seinem Aufenthalt in Rom zwischen 1532 und 1536, sogar noch die Panoramen von Wijngaerde und Naldini aus den fünfziger und sechziger Jahren des 16. Jahrhunderts. Ungeachtet ihres nachmittelalterlichen Entstehungsdatums geben sie sowohl das Gesamtbild als auch einzelne Elemente getreu wieder, wie sie zu ihrer Zeit entweder noch aus dem Mittelalter erhalten geblieben oder auf einer mittelalterlichen Anlage aufgebaut waren: der Kontrast zwischen dem bebauten Gebiet und dem umliegenden Bereich, der sich als Ackerland oder als Brache bis zur Aurelianischen Mauer erstreckte; die dichtgedrängten Häuser, Kirchen und Türme im *abitato* und die dazwischen herausragenden antiken Monumente; die Ruinen, Felder und Weingärten im *disabitato*; die unbefestigten Flußufer; Häuser, gerade so, wie sie in den Kaufverträgen seit dem 10. Jahrhundert beschrieben werden, und die daher wahrscheinlich noch aus dem Mittelalter stammen; eine Gruppe von Geschlechtertürmen und noch vieles andere.

Dennoch lassen sich auch aufgrund solcher Hinweise nur die allgemeinen Grundlinien einer Stadtkarte Roms im Mittelalter erkennen. Die Anlage, das Wachstum und das äußere Bild der mittelalterlichen Stadt muß ganz offensichtlich innerhalb eines strukturellen Rahmens gesehen werden, in welchem sich politische und ökonomische Bedingungen mit den ererbten Elementen verzahnen, die konstante oder sich wenigstens nur langsam verändernde determinierende Faktoren darstellen: das Gelände aus Hügeln und Tälern, der gewundene Lauf des Tiber mit seiner weiten Westschleife; das römische Erbe die Aurelianische Mauer, die Hauptarterien des römischen städtischen Straßennetzes und der Überlandstraßen außerhalb der Mauern; die Tiberbrücken, einige der großen römischen Ruinen wie die Bauten auf dem Kapitol, die Foren oder Castel S. Angelo; die wichtigsten christlichen Heiligtümer, St. Peter und der Lateran; schließlich die Gegenden, wo sich die geschrumpfte Bevölkerung Roms nach den Katastrophen des 6. Jahrhunderts niedergelassen hatte und aus denen während der folgenden 400 oder 500 Jahre das neue Rom langsam und mühselig hervorwuchs. Die Natur, das antike und das frühmittelalterliche Rom, wobei diese beiden letzteren sozusagen zu einer zweiten Natur geworden waren, bilden zusammengenommen das Erbe, auf dem das Rom des Hochmittelalters errichtet wurde.

X.

Das Erbe

Die Aurelianische Mauer war, militärisch gesehen, niemals besonders verteidigungswirksam gewesen. Sie war viel zu lang – schon zu spätrömischer Zeit hatte man sie nicht mehr in ihrer ganzen Länge angreifen oder verteidigen können – und schützte deshalb nur gegen Teilangriffe. Andererseits fanden Angreifer nur dadurch Einlaß in die Stadt, daß man ihnen durch Verrat die Tore öffnete; nur selten, wenn überhaupt jemals, gelang es ihnen, die Mauern zu erstürmen. War dies schon in der Spätantike so, so traf es im Mittelalter in noch größerem Maße zu, als die Armeen viel kleiner waren. Dennoch wirkten die Mauern weiterhin abschreckend auf eventuelle Angreifer. Tatsächlich wurden sie noch im Hochmittelalter zuweilen ausgebessert, wovon eine Inschrift nahe der Porta Metronia aus dem Jahre 1157 Zeugnis ablegt. Aufgrund des riesigen Gebiets, das sie umschlossen, hatten sie keinen direkten Einfluß auf die Entwicklung der mittelalterlichen Stadt: die bebauten Gegenden – der *abitato* – verloren sich innerhalb der Mauern und lagen meist weit von ihnen entfernt. Die um die Peterskirche herum gebaute Leoninische Stadt blieb bis ins Hochmittelalter eine eigene Stadt jenseits des Flusses. Nur selten reichten die Felder über die Mauern hinaus, und der *abitato* blieb außer in der Leoninischen Stadt immer auf das ummauerte Gebiet beschränkt. Um die Mitte des 16. Jahrhunderts hatte sich diese Situation nur wenig verändert (Abb. 183). Die Aurelianische Mauer, die sowohl die Stadt auf dem Ostufer als auch Trastevere umschloß, bildete weiterhin die Grenze von Rom; im legalen Sinne bis zum Ende des 11. Jahrhunderts und als sichtbare Grenze sogar bis vor etwa 60 Jahren.

Innerhalb der Mauern beeinflußten die Gegebenheiten des Geländes das Wachstum des mittelalterlichen Rom natürlich in gleicher Weise, wie sie die Karte der antiken Stadt bestimmt hatten. Dennoch gab es einen grundlegenden Unterschied. In der Antike hatten die Hügel, auf deren Höhen die Luft gesund und gut war, der Pincio, Viminal, Esquilin, Oppian und Caelius, der Aventin und, jenseits des Flusses, der Gianicolo, in einem weiten Halbkreis den Grüngürtel der großen Herrenhäuser getragen. Das darunter gelegene Gebiet war der große ›Schaubezirk‹, der sich vom Tiberknie nach Osten bis zum Kolosseum erstreckte und das Kapitol und den Palatin, die Urzelle Roms, umschloß. Überall drängten sich die Wohnungen der Mittel- und Unterschichten in die Zwischenräume im und zwischen dem ›Schaubereich‹ und Grüngürtel, wobei sie sich hauptsächlich in den Tälern zwischen den Hügeln und an deren unteren Abhängen entlang vorschoben. Im mittelalterlichen Rom jedoch hatten die Hügel keine Bedeutung mehr, es sei denn, sie trugen geschlossene und eigenständige Ansiedlungen – der Caelius, der Esquilin, der Aventin. Der *abitato* breitete sich im ungesunden tiefliegenden Gebiet aus, der *città bassa* nahe beim Fluß, im antiken ›Schaubezirk‹. Das antike Rom war von den Siedlungen auf seinen Hügeln her zusammengewachsen und blieb auf das Forum, das Kapitol und den Palatin zentriert. Das Rom des Mittelalters war am Tiber verankert.

Tatsächlich war der Tiber der grundlegende Faktor für das Wachstum der mittelalterlichen Stadt. Freilich blieb er auch eine Bedrohung. Zwei- oder dreimal in jedem Jahrhundert überflutete der Fluß die Stadt in der Gegend des Tiberknies wie schon zu Zeiten des antiken Rom. Zwischen diesen Überschwemmungen lagen zuweilen 30 oder 40 Jahre, manchmal aber auch nur zwei oder drei. Die Szenen, die, wie man sich erinnert, in lebhaften Farben, wenn auch mit einer gewissen rituellen Schematik, seit dem 8. und 9. Jahrhundert von den Papstbiographen immer wieder erzählt wurden, wiederholten sich während des ganzen Mittelalters und in jüngeren Jahren bis 1870. Um die Römer dafür zu bestrafen, daß sie Papst Gregor IX. vertrieben hatten – so jedenfalls verstanden es die Zeitgenossen –, »öffnete der Herr« am 1. Februar 1231 »die Sturzbäche des Himmels, und die Fluten des Tibers stiegen in den Häusern bis

183. Die Romkarte des Ugo Pinardo von 1555

an die Dächer, töteten Menschen und Tiere, verdarben das Korn und den Wein und trugen Betten und eine Menge großer Gefäße mit sich fort ins Meer; als die Fluten fielen, ließen sie ganze Haufen großer Schlangen in der Stadt zurück, und deren Fäulnis bewirkte, daß eine Pest die Menschen und Tiere befiel; einige starben, andere wurden krank.« In derselben Flut brach auch der heutige Ponte Rotto zum erstenmal zusammen. Im Dezember 1277 lag der Hochaltar im Pantheon mehr als vier Fuß unter Wasser. Eine ähnliche Überschwemmung ist in einem Stich aus dem 19. Jahrhundert festgehalten (Abb. 184), und wahrscheinlich sind noch andere Überflutungen aufgetreten. Eine Markierung aus dem Jahr 1277, die älteste, die erhalten geblieben ist, zeigt das weiteste Vordringen der Flut nahe beim Banco di S. Spirito an, 150 Meter vom Ponte S. Angelo entfernt. Selbst heute noch kann der Tiber trotz der schützenden Uferbefestigungen bei Hochwasser furchteinflößend wirken (Abb. 185).

Dennoch war der Fluß während des Mittelalters der eigentliche Lebensnerv der Stadt. Die der Tiberinsel nördlich und südlich gegenüberliegenden Ufer behielten auch noch nach den Gotenkriegen ihre Schlüsselbedeutung, als sich die nun dezimierte Bevölkerung in einige wenige Ansammlungen von Häusern zurückzog. Als die Stadt später zu einer geschlosseneren Form zusammenwuchs, breitete sie sich über den römischen ›Schaubezirk‹ ins Marsfeld hinein aus, das vom großen Tiberknie umschlossen wird. Während des ganzen Mittelalters war der Fluß die wichtigste Verbindungsstraße mit der Außenwelt und eine Verbindung zwischen den zu beiden Seiten liegenden Teilen der Stadt. Vier der alten römischen Brücken blieben im Mittelalter erhalten: im Norden der Ponte S. Angelo, der einzige Übergang zu St. Peter hinüber; an der Insel der Pons Fabricius und der Pons Cestius, die das Südende des bebauten Gebiets auf dem Ostufer mit Trastevere verbanden (Abb. 186); und schließlich der Ponte Rotto, in antiker Zeit der römische Pons Aemilius und später Ponte S. Maria, der den Südzipfel von Trastevere mit der Gegend um S. Maria in Cosmedin verband. 1557 brach er zusammen, wurde 1574 repariert und stürzte 1598 endgültig ein; seitdem tragen die Reste den heutigen Namen. Im frühen Mittelalter war er unter dem Namen *Pons Maior*, Große Brücke, bekannt, entweder aufgrund seiner Größe oder seiner

Bedeutung oder aus beiden Gründen. Die anderen Brücken der Römerzeit waren bis zum 11. Jahrhundert eingestürzt: der Pons Agrippae (oder Aurelianus, im Mittelalter fälschlicherweise Antoninus genannt), der im 8. Jahrhundert zum äußersten Nordzipfel von Trastevere hinüberführte und im Jahre 1475 weiter flußabwärts durch den Ponte Sisto ersetzt wurde; und am Fuß des Aventin die Brücke des Theodosius, die zum Südteil von Trastevere leitete und vor 1018 zusammenbrach. Die Reste dieser Brücke gefährdeten die Schiffahrt noch stärker als die natürlichen Hindernisse (Abb. 187). Der schiffbare Kanal war sowieso schon sehr schmal, gesäumt von den sehr flachen Ufern und von Sandbänken, deren eine, die *isoletta* direkt nordöstlich der Insel lag. Man vergißt leicht die grundlegenden Veränderungen, die der Bau der Uferbefestigungen kurz vor 1900 mit sich brachte, doch jede Fotografie oder Zeichnung aus der Zeit davor vermittelt eine Vorstellung vom einstigen Zustand. Entlang dem nördlichen Abschnitt säumten bis hinunter zum Ponte Sisto auch die Reste der Aurelianischen Mauer den Fluß, die im frühen Mittelalter Häuser getragen haben und bewohnt gewesen sein mögen.

Der alte römische Hafen auf der Marmorata am Südabschnitt des Flusses war längst aufgegeben worden. Auf dem Westufer des Tiber war ein neuer Hafen entstanden, die Ripa Grande, die es auf jeden Fall schon im 9. Jahrhundert gab, als Leo IV. (847–855) den Fluß gegen die sarazenischen Piraten mit einer Kette und drei Türmen sperrte, von denen zwei an der Porta Portuense standen und der dritte am Hafen. Eine Kirche, S. Maria in turri trans Tiberim, kennzeichnete den Standort, und eine Treppe, die im 15. Jahrhundert zum erstenmal erwähnt wird, führte das steile Ufer hinauf (Abb. 188). Die Ripa Grande blieb bis ins 18. Jahrhundert der wichtigste Hafen für die Hochseeschiffe; noch vor 100 Jahren legten dort kleinere Schiffe an, unter anderen auch drei italienische Kanonenboote im Jahre 1870. Am Ostufer gab es eine zweite Mole, die südlich des Ponte Rotto beim Tempel der Fortuna Virilis lag. Dieser Tempel wurde in die Kirche S. Maria Egiziaca umgewandelt, die im Volksmund S. Maria ad Gradellis hieß; dieser Name bezog sich auf die vom Fluß heraufführende Treppe. Vom Ponte S. Maria bis zum Ponte S. Angelo war der Schiffsverkehr blockiert. Ein kleiner Landungsplatz

184. Das überflutete Pantheon. Anonymer Stich, koloriert, um 1800

185. Der Hochwasser führende Tiber beim Ponte Rotto

186. Die Tiberinsel mit ihren Brücken, um 1880

187. Blick auf den Tiber und die Stadt vom Aventin aus, zwischen 1557 und 1564. Zeichnung von Battista Naldini – Privatbesitz

Das Erbe 267

188. Die Ripa Grande um 1560. Zeichnung von Pieter Breughel – Chatsworth, Devonshire Collection

für den flußaufwärts kommenden Verkehr an der Ripetta weit oberhalb von Ponte S. Angelo ging möglicherweise auf römische Ursprünge zurück; wahrscheinlicher jedoch ist er im Mittelalter angelegt worden. Er wurde bis ins späte 19. Jahrhundert hinein benützt, und seine schön geschwungene Treppe, die 1701 erbaut worden war, blieb an Ort und Stelle, bis man sie im Jahre 1890 am selben Ufer stromaufwärts verlegte.

War der Fluß einerseits von grundlegender Bedeutung für die Versorgung in Rom, so war er andererseits auch eine wichtige, wenngleich nicht die einzige Trinkwasserquelle, so erschreckend dies auch in einem Jahrhundert klingen mag, das über Bakterien und die Entstehungsbedingungen von Typhus und Cholera aufgeklärt ist. Nahe am Fluß zu wohnen galt als Annehmlichkeit; weiter abliegende Häuser waren auf Brunnen angewiesen, und die trockneten im Sommer leicht aus. Daneben gab es auch Fische im Fluß. Seit dem 10. Jahrhundert vermieteten oder verkauften die Klöster Fischereirechte an den Ufern und in der Flußmitte. Fischteiche und Angelmolen wurden angelegt, und Reusen für Aale und andere Fische – was immer *piscaria* in den Urkunden heißen mag – wurden an den Ufern der Tiberinsel ausgelegt. Noch vor 80 Jahren konnte man dort fest verankerte Flöße mit ausgelegten Netzen und Fischreusen, *giornelli*, sehen, wie eine Fotografie, die vor 1870 aufgenommen wurde, bezeugt (Abb. 189). Schließlich trug der Fluß auch noch die schwimmenden Mühlen, die das Getreide zur Versorgung der Bevölkerung mahlten. Solche Mühlen waren seit der Römerzeit in Betrieb gewesen und von Belisarius während der Belagerung durch die Goten wiedereingeführt worden; und sie blieben während des ganzen Mittelalters und bis weit darüber hinaus in Betrieb (Abb. 187, 190). Schon im 10. Jahrhundert verkaufte und vermietete das Kloster SS. Cosma e Damiano in Mica Aurea, das in Trastevere lag, Wasserrechte und Ankerplätze für schwimmende Mühlen an der Tiberinsel und am Ufer von Trastevere. Im 12. Jahrhundert wurden zwei Kirchen auf

189. Blick über den Tiber zum Kapitol, vor 1870, mit *giornelli* – Museo di Roma

190. Schiffsmühle auf dem Tiber. Aquarell von D. N. Boguet, um 1650 – Rom, Gabinetto Nazionale delle Stampe

dem Ostufer, gegenüber der Nordspitze der Insel, ›*in capite molarum*‹ genannt. Eine Zeichnung aus dem Codex Escurialensis von ungefähr 1490 zeigt eine große Gruppe von Mühlen in diesem Flußabschnitt, wo die Strömung in den Engen am stärksten war; andere Mühlen waren flußaufwärts bis zum Ponte S. Angelo verankert, und solche Mühlen blieben bis ins späte 19. Jahrhundert in Betrieb.

Sind dergestalt die Auswirkungen des Flusses auf das Wachstum des mittelalterlichen Rom klar, so läßt sich der Einfluß der antiken Überreste in der Stadt weniger leicht bestimmen. Freilich erhoben sich die Ruinen der großen Denkmäler der Antike in größerer Zahl und augenfälliger als heute in der Stadt: die Tempel und die Basiliken auf dem Forum, die Paläste auf dem Palatin, bis 1588/1589 auch die dreistöckige Kolonnade des Septizoniums an seiner Südostecke, das Kolosseum und das Goldene Haus des Nero, weit draußen die Thermen von Diokletian und Caracalla, auf dem Quirinal die Bäder Konstantins und die Ruine des Serapistempels. Letztere lagen im *disabitato* und hatten deshalb überhaupt keinen Einfluß auf das Wachstum und das Aussehen des bebauten Gebiets. Doch sogar die Denkmäler, die innerhalb des *abitato* standen, zählten erstaunlich wenig im Wachstum der Stadt. Die meisten wurden einfach ignoriert, oder sie dienten, wenn sie erst einmal von der mittelalterlichen Stadt verschluckt worden waren, als praktikable Unterkünfte. Zuweilen war am einen oder anderen heute zerstörten Bauwerk die antike Dekoration erhalten geblieben: am östlichen Ende der Via dei Banchi Vecchi nahe S. Lucia del Gonfalone stand noch im 12. Jahrhundert ein Bau, der damals als »der Palast des Präfekten Cromatius« beschrieben wurde, »ein Tempel, der angeblich vermittels mathematischer Kunstfertigkeit ganz aus Mosaik (*olovitreum*), aus Kristall und Gold gemacht war, wo die Astronomie mit allen Himmelszeichen dargestellt war«. Doch die meisten waren nur noch Ruinen. Die zerfallenen Mauern und Gewölbe des Domitianstadions waren noch nicht von den Palästen, Häusern und Kirchen überbaut, die heute die Piazza Navona umgrenzen. Nur ein paar kleine Oratorien und vermutlich auch einige Wohnungen hatten sich in seinen Gewölben eingenistet, und die großartige Fläche der Piazza selbst blieb bis ins 15. Jahrhundert ungenutzt. Erst im 17. Jahrhundert, als die Kirche S. Agnese, der Palazzo Pamphili und der Vier-Flüsse-Brunnen errichtet wurden, wandelte man sie in den großartigen

191. Die Piazza Navona aus der Vogelschau

monumentalen Platz, als den sie sich heutzutage darstellt (Abb. 191). Östlich der Piazza Navona wurden die Ruinen der Thermae Alexandrinae in gleicher Weise von Wohnungen und kleineren Kapellen mit Beschlag belegt, wie es auch mit den Agrippathermen und dem Tempelbezirk am Largo Argentina der Fall war, die beide südlich des Pantheon lagen. Das Pompejustheater war von allen Seiten vom *abitato* umgeben (Abb. 192); seine Gewölbe wurden vermutlich von früh an als Wohnungen, Lagerräume und Läden genutzt, wie dies noch heute der Fall ist – man braucht nur einmal über die Piazza del Paradiso, die Via del Biscione und die Piazza dei Satiri um den Komplex herumzugehen. Nur einige wenige große Gebäudekomplexe der Antike wurden auch zu Ankerpunkten des mittelalterlichen Rom: das Hadriansmausoleum, das, zu Castel S. Angelo umgewandelt, den Zugang zur Peterskirche über den Ponte S. Angelo an der Nordwestspitze des Stadtgebiets beschützte; das Marcellustheater an der Südwestecke des *abitato*, das gleichermaßen früh befestigt wurde und die drei Brücken zur Insel und nach Trastevere beherrschte; und das Kapitol. Letzteres

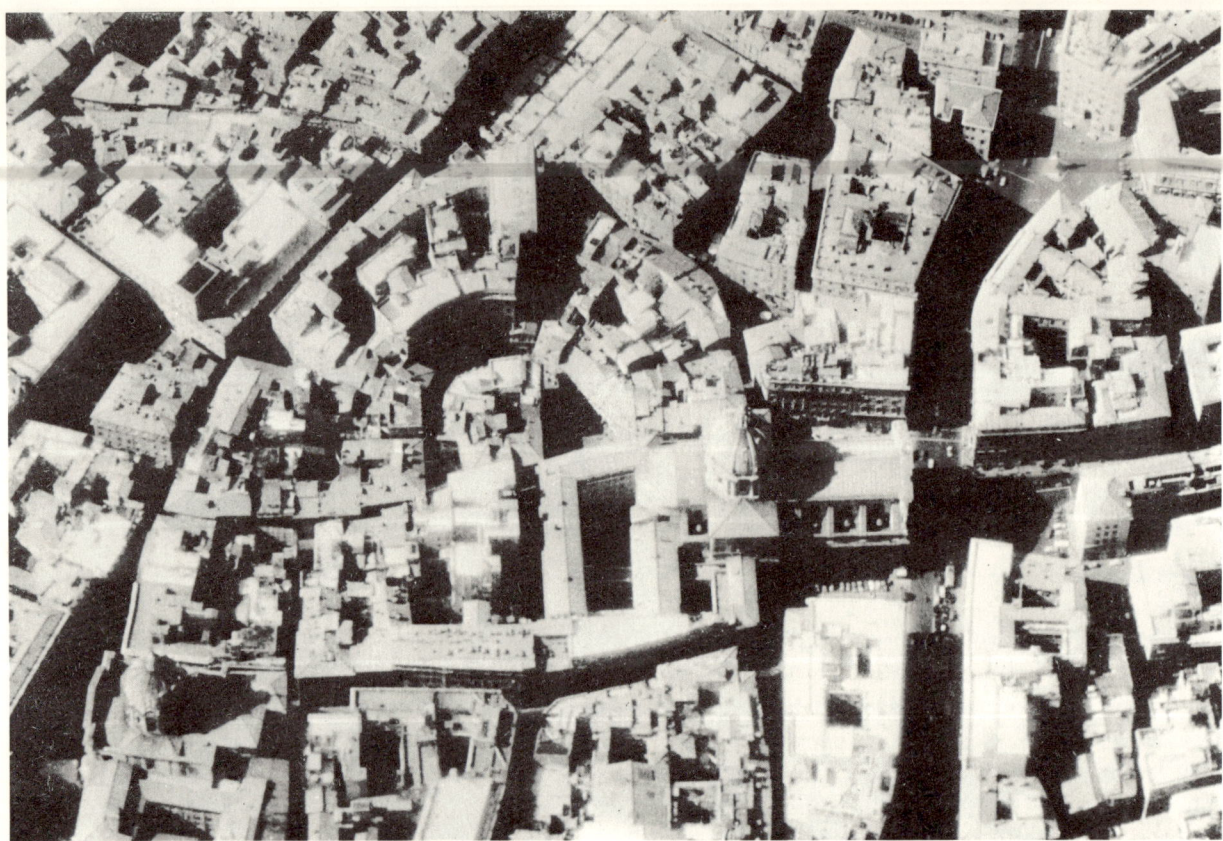

192. Das Pompejustheater aus der Vogelschau

war jedoch vor dem 12. Jahrhundert weder in die mittelalterliche Stadt eingebunden noch einer ihrer integralen Bestandteile. Gerade dieses eigentliche Herz des antiken Rom lag am äußersten Rand der bebauten Fläche und war früh zu einem Teil des *disabitato* geworden. Nur im Westen, wo sich der Hügel zum *abitato* hinuntersenkte, war es durch einen Markt mit dem bewohnten Gebiet verbunden. Für den Autor des Romführers von Einsiedeln, ungefähr um 800, war das Kapitol ein bloßer kartographischer Orientierungspunkt. Auf jeden Fall hatte es praktisch keinen Einfluß auf das Wachstum des mittelalterlichen *abitato*. Dies ist insofern verständlich, als es in der Antike nach Osten gerichtet war und auf das Forum hinunterblickte, von wo aus es zugänglich war. Der Zugang vom Westen, von der Stadt her, wurde erst im Hochmittelalter und später angelegt, um dann von Michelangelo zu einem prachtvollen Aufgang gemacht zu werden. Anders als der Ponte S. Angelo und das Marcellustheater, die zu Knotenpunkten im mittelalterlichen Straßennetz wurden, wurde das Kapitol eher von ihm umgangen.

Dennoch trug die heidnische und christliche römische Antike mit dazu bei, dem mittelalterlichen Rom seine Form zu geben. Die antike Infrastruktur garantierte auch weiterhin das Funktionieren der Stadt; die Brücken, die weiterhin den Verkehr zwischen den einzelnen Stadtbereichen ermöglichten und das Ostufer, die Insel, Trastevere und den Borgo mit St. Peter untereinander verknüpften; die Straßen; und in einem geringeren Ausmaß auch die Aquädukte. Die aus der Antike ererbten wichtigsten Verkehrsadern durchqueren und begrenzen den Bereich des mittelalterlichen Rom und sind auf jedem Stadtplan aus dem 16. Jahrhundert noch deutlich zu erkennen. Dennoch bleibt vieles ungeklärt, und der Versuch, einen Stadtplan des mittelalterlichen Rom zu rekonstruieren, ist weitgehend auf Mutmaßungen angewiesen (Abb. 193a, 193b). Einige wesentliche Tatsachen aber stehen zweifelsfrei fest. Die Grenzen, innerhalb derer sich die mittelalterliche Stadt allmählich ausdehnte, werden von zwei größeren römischen Durchgangsstraßen gebildet. Im Osten markierte die Via Lata – der Corso –, die von der Piazza del Popolo bis an den nördlichen Ausläufer

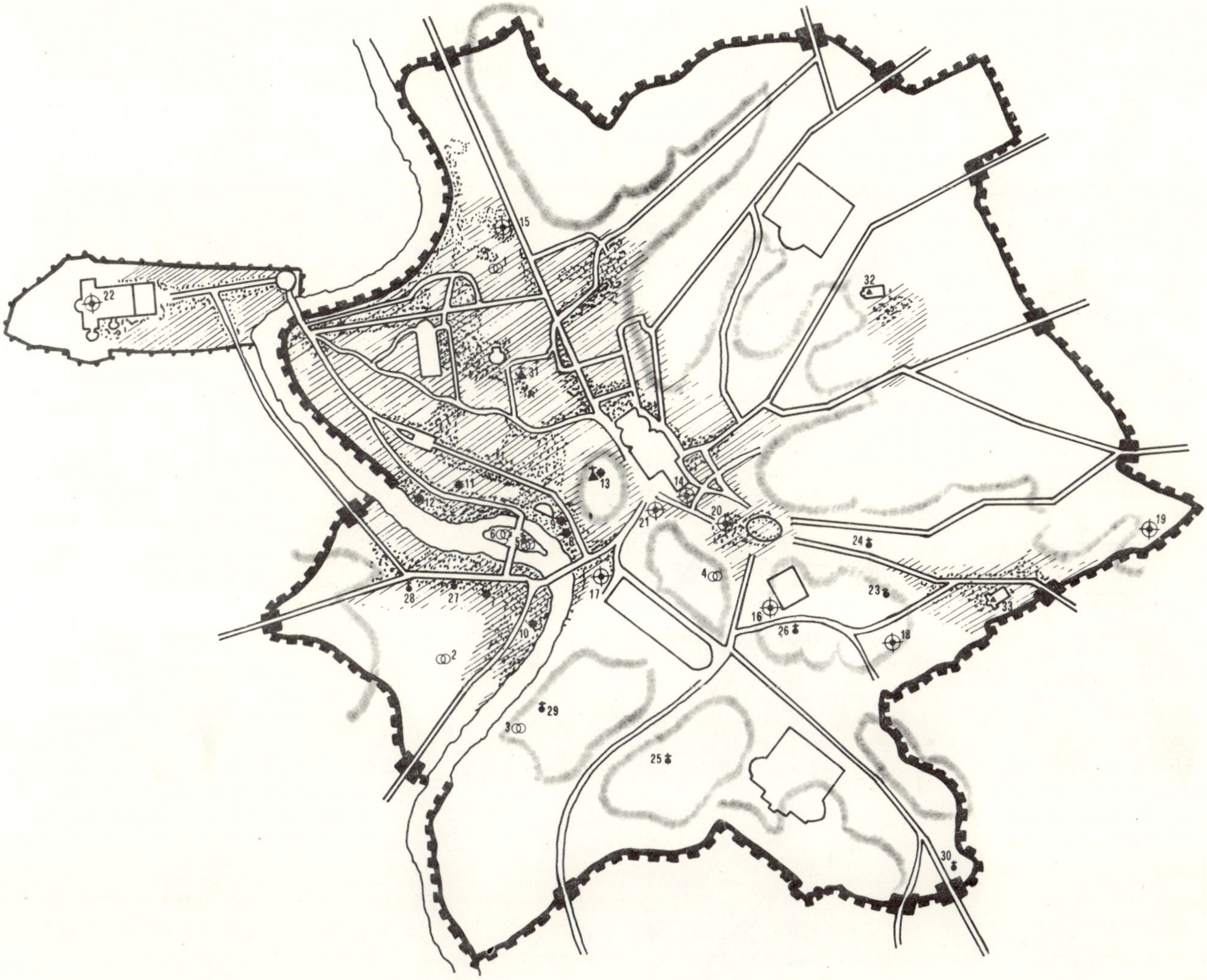

Das Erbe

⊙ Neugründungen von etwa 900 bis etwa 1050
  1. S. Maria in Campo Marzio
  2. SS. Cosma e Damiano in Mica Aurea
  3. S. Maria in Aventino
  4. S. Maria in Pallara
  5. SS. Adalberto e Paolino
  6. S. Giovanni Calabita

✳ Neugründungen von etwa 1050 bis etwa 1227
  7. S. Benedetto in Piscinula
  8. S. Maria in Porticu
  9. S. Nicola in Carcere
 10. S. Maria in Capella
 11. S. Maria in Monticelli
 12. S. Salvatore in Onda
 13. S. Maria in Capitolio

⊕ Von etwa 1050 bis etwa 1227 umgebaute ältere Kirchen
 14. S. Adriano
 15. S. Lorenzo in Lucina
 16. SS. Giovanni e Paolo
 17. S. Maria in Cosmedin
 18. S. Stefano Rotondo
 19. S. Croce in Gerusalemme
 20. S. Maria Nova
 21. SS. Sergio e Bacco
 22. St. Peter

† Von etwa 1050 bis etwa 1227 neuerbaute Kirchen älteren Ursprungs
 23. SS. Quattro Coronati
 24. S. Clemente
 25. S. Saba
  5. S. Bartolomeo in Isola (früher SS. Alberto e Paolino)
 26. SS. Andrea e Gregorio in Celiomonte
 27. S. Crisogono
 28. S. Maria in Trastevere
 29. SS. Bonifazio ed Alessio
 30. S. Giovanni a Porta Latina

⛪ Neue Kirchengründungen von etwa 1227 bis etwa 1308
 13. S. Maria in Aracoeli (die zum Teil die ältere Kirche S. Maria in Capitolio umschließt)
 31. S. Maria sopra Minerva

▲ Von etwa 1227 bis etwa 1308 umgebaute ältere Kirchen
 32. S. Maria Maggiore
 33. Lateranbasilika

Der *abitato* vor etwa 1050
Der *abitato* nach etwa 1050

193a. Karte des mittelalterlichen Rom mit den Hauptstraßen und der vermutlichen Ausdehnung des *abitato*

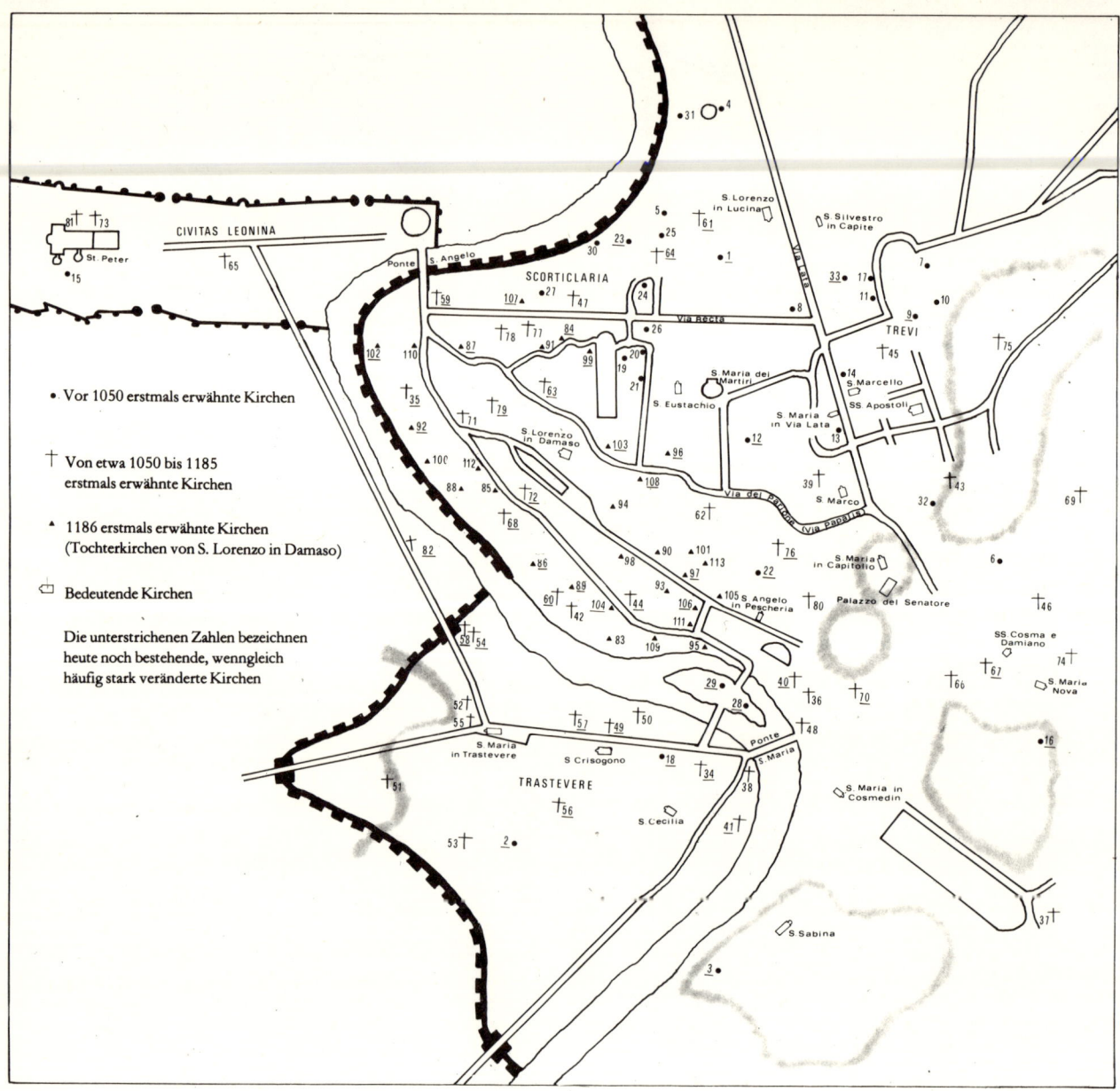

193b. Der *abitato* und seine Kirchen, von 937 bis 1186

Der *abitato* und seine Kirchen, 937 bis 1186

Die Angaben über mittelalterliche Kirchen in dieser Karte sind im wesentlichen dem Werk von Huelsen, *Chiese*, passim, entnommen. Wir haben versucht, die Kirchen, soweit möglich, in chronologischer Reihenfolge zu numerieren, und wir stellen jeder Kirche das Jahr ihrer ersten Erwähnung voran. Es sollte allerdings nicht außer acht gelassen werden, daß eine Kirche durchaus schon seit einiger Zeit bestanden haben kann, bevor sie zum erstenmal in Urkunden oder Inschriften Erwähnung fand. Die Nummern der Kirchen, die heute noch bestehen – wenn auch in Größe und Aussehen gänzlich verändert und zuweilen mit neuem Namen –, sind auf dem Plan wie auf der Liste unterstrichen, die jeweiligen neuen Namen sind in Klammern hinzugefügt.

Das Erbe

VOR 1050 ERSTMALS ERWÄHNTE KIRCHEN

1. 937 S. Maria in Campo Marzio
2. 936–939 SS. Cosma e Damiano in Mica Aurea
3. 939 S. Maria in Aventino (heute S. Maria del priorato)
4. 955 S. Angelo *de Augusta*
5. 955 S. Biagio *de Penna*
6. 955 S. Basilio
7. 955 S. Nicola *de Arcionibus*
8. 962 S. Andrea *de Columna*
9. 962 S. Anastasio *de Trivio*
10. 962 S. Ippolito *de Trivio*
11. 962 S. Maria *de Arcionibus*
12. 962 S. Giovanni *de Pinea*
13. vor 972 S. Ciriaco *in Camilliano*
14. 973 SS. Cosma e Damiano *iuxta Viam Latam*
15. 974 S. Stefano Miccini
16. vor 977 S. Maria in Pallara (heute S. Sebastianello)
17. vor 989 S. Stefano *in Senedochio*
18. 985–996 S. Salvatore *de Curtibus* (heute S. Maria della Luce)
19. 998 S. Benedetto *de Thermis*
20. 998 S. Maria *Cella Farfae*
21. 998 S. Salvatore *de Thermis*
22. um 1000 S. Maria *Domnae Rosae* (heute S. Caterina dei Funari)
23. 1002 S. Lucia *Quatuor Portarum* (heute S. Lucia della Tinta)
24. 1006 S. Trifone
25. 1006 S. Stefano *de Pila*
26. 1011 S. Andrea *de Fordivoliis*
27. 1017 S. Simeone
28. 1018 SS. Adalberto e Paolino (heute S. Bartolomeo in Isola)
29. 1018 S. Giovanni Calibita
30. 1026 S. Maria *de Posterula*
31. 1026 S. Martino *de Posterula*
32. 1029–1032 S. Nicola *de Columna*
33. 1042 S. Maria in Via

VON ETWA 1050 BIS 1185 ERSTMALS ERWÄHNTE KIRCHEN

34. 1069 S. Benedetto in Piscinula
35. 1072 S. Biagio *de Captu Secuta* (heute S. Biagio della Pagnotta)
36. 1073 S. Maria in Porticu
37. 1073–1085 S. Leone *de Septem Soliis*
38. 1073–1085 S. Salvatore *de Pede Pontis*
39. 1083 S. Lorenzo *a Ciriaco*
40. vor 1090 S. Nicola in Carcere
41. 1090 S. Maria in Cappella
42. 1096 S. Cesareo alla Regola
43. 1090–1100 S. Salvatore *de Militiis*
44. 1099–1118 S. Maria in Monticelli
45. 1104 S. Maria *de Cannella*
46. 1113 S. Pantaleo *Trium Clibanorum*
47. 1113 S. Salvatore *de Primicerio*
48. 1118 S. Maria *Secundicerii*
49. 1121 S. Agata *trans Tiberim*
50. 1121 S. Bonosa
51. 1123 S. Angelo in Gianicolo
52. 1123 S. Biagio *de Curtibus trans Tiberim*
53. 1123 S. Giovanni in Mica Aurea
54. 1123 S. Giovanni *de Porta Septimiana*
55. 1123 S. Lorenzo *in Curtibus*
56. 1123 SS. Quaranta *trans Tiberim* (heute SS. Quaranta Martiri ed S. Pasquale Baylon)
57. 1123 S. Rufina
58. 1123 S. Silvestro *de Porta Septimiana* (heute S. Dorotea)
59. 1127 SS. Celso e Giuliano
60. 1127 S. Salvatore in Onda
61. 1131 S. Cecilia *de Posterula* (heute Madonna del Divino Amore)
62. 1132 S. Nicola *de Calcaraiis*
63. 1139 S. Tomaso *de Parione*
64. 1130-1143 S. Andrea *de Montanariis* (heute S. Ivo dei Brettoni)
65. 1143 S. Lorenzo *de Piscibus*
66. um 1150 S. Antonio *prope S. Maria Antiqua*
67. um 1150 S. Lorenzo in Miranda
68. um 1150 S. Maria *in Catarina* (heute S. Caterina della Rota)
69. um 1150 S. Maria *de Puteo Probae*
70. um 1150 S. Salvatore *de Statera* (heute S. Omobono)
71. um 1150 S. Stefano *in Piscina*
72. um 1150 SS. Trinità *Scottorum* (heute St. Thomas of Canterbury in the Venerable English College)
73. 1151 S. Vincenzo in Vaticano
74. 1156 S. Maria *de Cambiatoribus*
75. 1160 S. Saturnino *de Caballo*
76. 1174 S. Salvatore *in pensilis* (heute S. Stanislao dei Polacchi)
77. 1177 S. Salvatore *de Inversis*
78. 1178 S. Maria *in Monticelli in Ponte*
79. 1179 S. Maria in Vallicella (heute Chiesa Nuova)
80. 1180 S. Nicola *de Funariis*
81. 1159–1181 S. Ambrogio in Vaticano
82. vor 1185 S. Giacomo in Settignano

1186 ERSTMALS ERWÄHNTE KIRCHEN (TOCHTERKIRCHEN VON S. LORENZO IN DAMASO)

83. S. Anastasio *de Arenula*
84. S. Andrea *de Aquarizariis* (heute S. Maria della Pace)
85. S. Andrea *a domo Iohannis ancillae Dei*
86. S. Tomaso *de Hispanis* (heute SS. Giovanni e Petronio dei Bolognesi)
87. S. Angelo *a domo Egidii de Poco* (heute S. Giuliano)
88. S. Austerii
89. S. Benedetto *de Arenula* (heute SS. Trinità dei Pollegrini)
90. S. Benedetto *in Clausura*
91. S. Biagio *Archariorum*
92. S. Lucia *ad Flumen* (heute S. Lucia del Gonfalone)
93. S. Maria *de Cacabariis*
94. S. Maria *de Crypta Pincta*
95. S. Maria *a Capite Molarum*
96. S. Maria in Monterone
97. S. Maria *de Publico* (heute S. Maria in Publicolis)
98. S. Martino *de Pannarella*
99. S. Nicola *de Cryptis Agonis* (heute S. Nicola dei Lorenesi)
100. S. Nicola *de Furcis*
101. S. Nicola *de Mellinis*
102. S. Pantaleo *ad Flumen* (heute S. Giovanni dei Fiorentini)
103. S. Pantaleo *de Pretecarolis*
104. S. Paolo *de Arenula*
105. S. Salvatore *de Baroncinis*
106. S. Salvatore *de Caccabariis* (heute S. Maria del Pianto)
107. S. Salvatore *de Lauro*
108. S. Sebastiano *de Via Papae* (heute S. Andrea della Valle)
109. S. Stefano *de Caccabariis*
110. S. Stefano *de Ponte*
111. S. Tomaso *in Capite Molarum*
112. S. Giovanni *in Agina*
113. S. Valentino *de Balneo Miccine*

des Kapitolinischen Hügels verlief, eine Linie, die im Mittelalter von dem bebauten Bereich nur selten überschritten wurde. An der Stelle, an der sie auf den Nordabhang des Kapitols traf, ungefähr da, wo heute die weißen Marmormassen des Monumento Vittoriano aufgetürmt sind, bog die Via Lata nach Osten ab; ein Zweig kreuzte das Forum, der andere wandte sich am Ostabhang, dem Hügel entlang, nach Süden in Richtung auf S. Maria in Cosmedin und führte über den Ponte S. Maria, den heutigen Ponte Rotto, hinüber nach Trastevere. Gegen Norden war der bebaute Bereich in ähnlicher Weise von der römischen Via Recta, der heutigen Via dei Coronari und ihrer östlichen Verlängerung, begrenzt. Sie begann ursprünglich an der Brücke des Nero, etwas flußabwärts von Castel S. Angelo, und wurde seit dem frühen Zusammenbruch dieser Brücke über eine kurze Straße vom Ponte S. Angelo aus erreicht, der einzigen Brücke, die noch zwischen der Stadt und St. Peter bestand. Von hier aus durchquerte die Via Recta das alte Marsfeld in einer geraden Linie von Westen nach Osten, bis sie bei der Säule des Mark Aurel an der Piazza Colonna auf den Corso traf. Der auf diese Weise von der Via Recta, dem Corso und dem Tiberknie abgegrenzte Bereich wurde in west-östlicher Richtung von drei Straßen römischen Ursprungs durchquert, die ungefähr parallel zum Corso Vittorio Emanuele verliefen und alle drei beim Ponte S. Angelo zusammenführten. Die am weitesten im Süden gelegene Straße begann an der römischen Brücke, dem Pons Fabricius – im Mittelalter der Ponte Quattro Capi – der unter dem Schutz der Festung des Marcellustheaters zur Tiberinsel hinüberführte. Die Straße verlief nahe am Ostufer entlang – ein Teilstück mußte dem Bau der Uferbefestigung weichen –, kreuzte die Via Arenula (wir behalten die heutigen Straßennamen bei), setzte sich entlang der Via Capo di Ferro fort, überquerte die Piazza Farnese und erreichte über die Via di Monserrato und die Banchi Vecchi den Ponte S. Angelo. Die zweite große Durchgangsstraße läßt sich noch heute vom Ponte Rotto (Ponte S. Maria) aus bis zur nördlichen Ecke des Marcellustheaters verfolgen und führte von dort aus am Portikus der Octavia im früheren Getto entlang, dann über die Via Arenula hinweg durch die Via dei Giubbonari und über den Campo dei Fiori weiter, von wo aus sie in zwei Zweigen, der Via dei Capellari und der Via del Pellegrino, über die Via dei Banchi Vecchi den Ponte S. Angelo erreichte. Die letzte der drei wichtigen Ostwestadern verband den Ponte S. Angelo mit dem südlichen Ende des Corso; durch die Via del Governo Vecchio, bis zum 16. Jahrhundert als Via del Parione bekannt, führte sie am südlichen Ende der Piazza Navona vorbei; in mehr oder weniger genauer Entsprechung zum Corso Vittorio Emanuele überquerte sie dann den Largo Argentina und erreichte durch die Via delle Botteghe Oscure die Nordseite des Kapitolinischen Hügels, um sich von dort ostwärts in den *disabitato* hinein fortzusetzen. Anscheinend waren Nordsüdverbindungen römischen Ursprungs innerhalb dieses Bereichs selten. Die vielen Straßen, die sich heute kreuz und quer durch dieses Gebiet ziehen – vor 100 Jahren waren es noch sehr viel mehr –, scheinen mittelalterlichen Datums zu sein. Soweit es von seinem römischen Erbe bestimmt war, verlief das mittelalterliche Straßennetz im wesentlichen von Osten nach Westen und war an drei Punkten fest verankert: dem Marcellustheater und der Brücke auf die Insel und nach Trastevere, dem Ponte S. Angelo, der die Verbindung zu St. Peter und zur Leoninischen Stadt herstellte, und dem Südende des Corso unten am Nordabhang des Kapitolinischen Hügels.

In ihrer Verbindung zu den Resten der ererbten städtischen Infrastruktur – den Straßen und Brücken – entwickelten sich die großen christlichen Heiligtümer trotz ihrer Lage außerhalb des *abitato* zu Schlüsselstellen, auf die hin sich die mittelalterliche Anlage der Stadt ausrichtete: vor allem der Lateran und St. Peter, und in geringerem Umfang auch S. Maria Maggiore und die Pilgerzentren außerhalb der Mauern, S. Lorenzo, S. Agnese, S. Sebastiano und S. Paolo (Abb. 194). St. Peter und der Lateran wurden zu Verankerungspunkten des mittelalterlichen Straßennetzes, obwohl sie weit außerhalb des bebauten Bereichs lagen. Die drei römischen Straßen, die den *abitato* von Osten nach Westen durchquerten und alle zum Ponte S. Angelo führten, waren von der Stadt auf dem Ostufer des Tiber aus die einzigen Zugangsmöglichkeiten zur Peterskirche. Obendrein setzte sich die am weitesten nördlich gelegene dieser Straßen, die Via del Parione, von dem Punkt aus, wo sie auf die Nordseite des Kapitolinischen Hügels traf, über das Forum zum Kolosseum und von dort aus durch die Via S. Giovanni den Caelius hinauf fort und endete schließlich an der Lateranbasilika und beim Papstpalast. Diese Straße war die kürzeste Verbindung zwischen der Stadt und der Kathedrale von Rom, der Mutter aller Kirchen,

Das Erbe

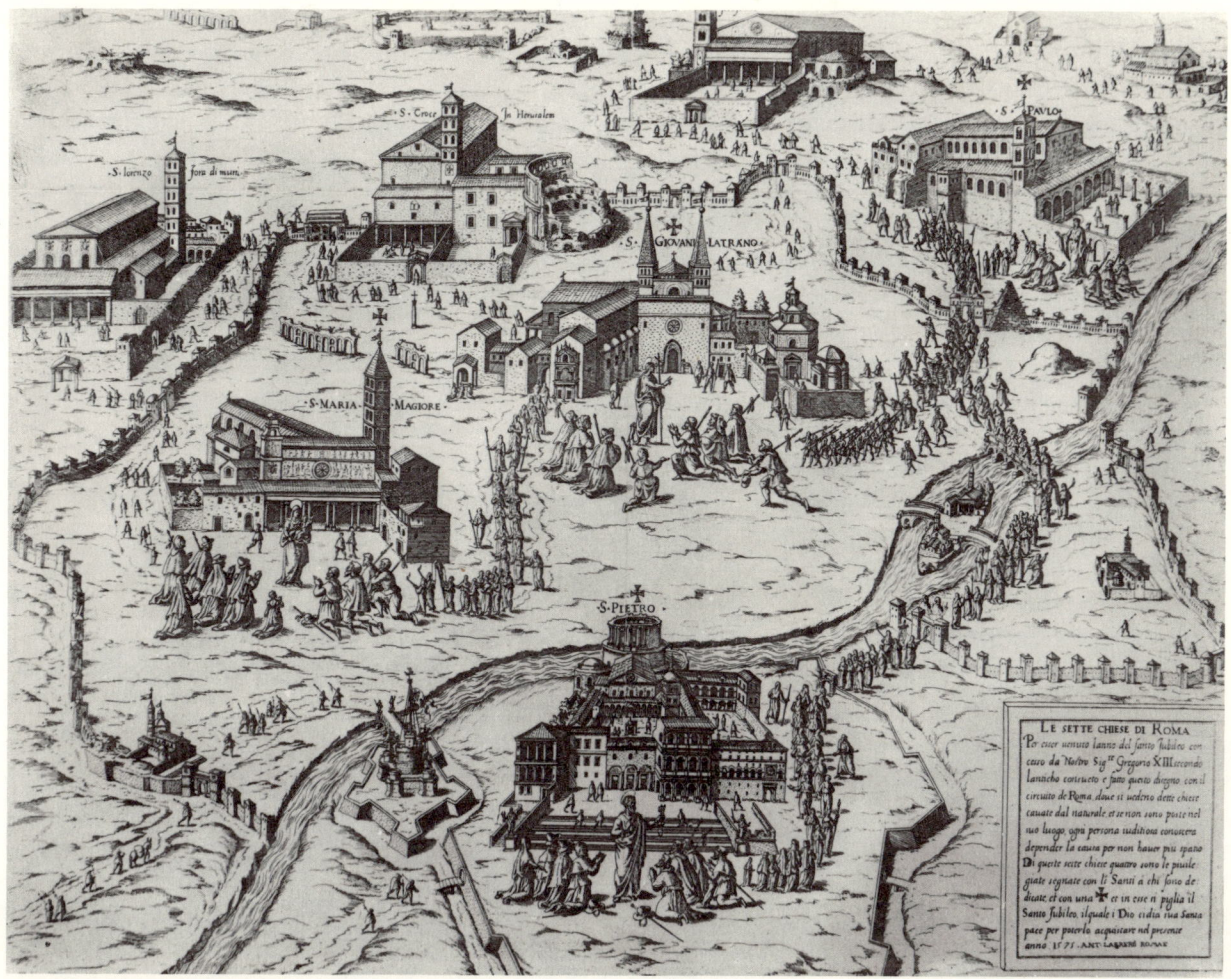

194. Die *Sette Chiese*, 1575. Stich von A. Lafréry

und ebenso der direkteste Zugang zur Papstresidenz und ihren Verwaltungsbehörden. Da diese Straße von St. Peter ihren Ausgang nahm, bildete sie eine direkte Verbindung zwischen den zwei großen christlichen Heiligtümern und wurde so zur wichtigsten Straße im Gesamtbereich des mittelalterlichen Rom, die von allen Pilgern benützt wurde und auf der während des ganzen Mittelalters die päpstlichen Prozessionen vorüberzogen. Daher auch ihre verschiedenen Namen: ›Via del Papa‹ für einen großen Abschnitt der heutigen Via del Governo Vecchio in der Stadt, ›Via Maior‹ für die heutige Via S. Giovanni, die vom Kolosseum zum Papstpalast verlief. Auch die anderen heiligen Stätten des Christentums wurden über alte römische Durchgangsstraßen erreicht. Der Pilger konnte auf seinem Weg zum Lateran schon vor dem Kolosseum nach links abbiegen, das Nervaforum durchqueren und über eine der zwei römischen Straßen auf den

Esquilin hinaufsteigen: entweder über die Suburra, die ihn dann zu S. Maria Maggiore führte, oder über die andere, die den Hügel südlich von jener Kirche überquerte und den Pilger zur Porta Tiburtina und von dort aus auf der Straße nach Tivoli zu S. Lorenzo fuori le mura führte. Eine andere Möglichkeit für den frommen Pilgersmann war es, von der Nordseite des Kapitolinischen Hügels aus die Straße nach S. Agnese zu nehmen, die auf dem Kamm des Quirinal und entlang der Via Nomentana verlief, wobei er sowohl im *disabitato* wie außerhalb der Mauern nur das antike römische Straßennetz benützte. Antike römische Straßen waren es auch, die den Pilger vom südlichen Ende des im Mittelalter bebauten Gebiets zwischen dem Westabhang des Aventin und dem Tiber hindurch zur Porta S. Paolo und von dort zur Kirche dieses Apostels führten. Oder der Pilger konnte von derselben Südspitze des *abitato* aus am Südhang des Palatin entlanggehen und über die Caracallathermen die Porta Appia und S. Sebastiano erreichen. Alle großen christlichen Heiligtümer waren in das antike Straßennetz eingegliedert, was sich ganz natürlich ergab, da sie alle in der Spätantike gebaut worden waren, als dieses Straßennetz noch voll in Gebrauch gestanden hatte. Im Mittelalter blieben diese Straßen erhalten, doch sie verliefen durch den *disabitato* und waren sozusagen an den Rand des mittelalterlichen Rom bloß angeheftet – mit der einen Ausnahme der drei Straßen, die durch den *abitato* zur Peterskirche führten. Es waren dies die einzigen Straßen, die die Stadt und ihr Leben mit jener Kirche verbanden, die rasch zur am meisten verehrten heiligen Stätte Roms und zu einem kraftvollen Schwerpunkt wurde, der die immer weiter anwachsende mittelalterliche Stadt in sein Gravitationsfeld einbezog.

Die Katastrophen, die Rom vom 6. bis zum 8. Jahrhundert heimsuchten – die Belagerung durch die Goten, die byzantinische Eroberung Roms, Hungersnöte, Epidemien, Zusammenbrüche in der Versorgung, der daraus folgende Bevölkerungsrückgang und der folgerichtige Übergang zu einer agrarischen oder halbagrarischen Wirtschaftsform –, alle diese Katastrophen mußten sowohl die Karte wie das äußere Bild der Stadt fundamental verändern. Zur Zeit Gregors des Großen waren nur noch Teile des riesigen Areals innerhalb der Aurelianischen Mauer besiedelt. Die Einwohner hatten sich in einige wenige Gebietsstreifen zurückgezogen, die günstig auf beiden Ufern des Flusses lagen, der wichtigsten Verkehrsverbindung und Versorgungsader. Oder sie ließen sich in der Nähe von Brunnen in der Ebene im Tiberknie nieder und vermieden die wasserlosen Hügel, mit Ausnahme des nahe am Fluß gelegenen Aventin. Jedenfalls blieben sie weit von der Aurelianischen Mauer entfernt. Die Stadtkarte Roms, die in der Antike so weit ausgedehnt und dennoch in sich zusammenhängend und geschlossen gewesen war, schrumpfte zusammen und veränderte sich radikal.

195. Das Marcellustheater und der Fleischmarkt um 1560. Zeichnung von G. A. Dosio – Florenz, Uffizien

Man sollte sie sich im Mittelalter nicht so sehr als zusammenhängende Einheit vorstellen als vielmehr als ein Konglomerat von kleinen Anhäufungen von Häusern, die von großen Ruinen, Gärten und brachliegendem Ödland voneinander getrennt waren und zwischen denen nur vereinzelte Häuser eine dünne Verbindung aufrechterhielten.

Die genaue Lage der römischen Brücken, Straßen und Aquädukte, die erhalten blieben und für deren Erhalt auch gesorgt wurde, die Lage von frühen *diaconiae*, Klöstern und Kirchen, die Orte, an denen Märkte eingerichtet wurden, und andere Zeugnisse lassen alle vermuten, daß eines dieser dichtbevölkerten Gebiete – dicht in einem mittelalterlichen Sinne – auf dem Ostufer des Flusses gegenüber der Tiberinsel entweder schon aus der Zeit vor der Belagerung durch die Goten stammt oder zur Zeit Gregors des Großen neu angelegt worden war (Abb. 193a). Sein Kern hat sich vermutlich vom Südausläufer des Kapitolinischen Hügels nach Süden bis zum Marcellustheater und zu S. Maria in Cosmedin erstreckt und lief entlang der Marmorata unterhalb des Westabhangs des Aventin aus. Nach Norden reichte er anscheinend am Westabhang des Kapitols entlang über den südlichen Abschnitt des Corso bis hinauf zu S. Maria in Via Lata. Nach Westen schloß er den Platz des Circus Flaminius ein, nicht weit hinter dem Portikus der Octavia, wo heute die Kirche S. Angelo in Pescheria steht. Unter den frühen Kirchengründungen in dieser Gegend lag jedoch keine westlich der Via Arenula. Erst im 11. Jahrhundert scheinen sich Kirchen und Klöster offensichtlich im Gefolge der Bevölkerungsvermehrung weiter nach Westen bis zum Theater des Pompejus und allmählich noch darüber hinaus vorgeschoben zu haben. Das Marcellustheater, der Kapitolinische Hügel, das Südende des Corso und die Tiberbrücken bildeten die Verankerungspunkte. Dies war eigentlich ganz natürlich; drei der römischen Brücken, die der Stadt während des Mittelalters dienten, überquerten den Fluß in Richtung nach Trastevere in der Nähe des Marcellustheaters: zwei an der Insel und der Ponte S. Maria (Ponte Rotto) weiter flußabwärts. Aus dem Herzen dieses Gebiets führten die drei Hauptstraßen durch den *abitato*, alle drei römischen Ursprungs, wie man sich erinnert, nach Westen zum Ponte S. Angelo und nach St. Peter. Von Norden her durchquerten zwei Straßen dieses Viertel, die beide vom Südabschnitt des Corso abzweigten und am Kapitol entlangführten. Die eine wandte sich nach

196. Der Fischmarkt im Portikus der Oktavia. Zeichnung von Jan Miel, um 1650 – Paris, Louvre

Südwesten zum Marcellustheater. Die andere, die *Canapara* (›Kornkammerstraße‹), verlief östlich des Kapitols und führte dann nach Süden, an S. Teodoro und S. Giorgio in Velabro vorbei erreichte sie den Ponte Rotto und S. Maria in Cosmedin. Zusammen mit S. Maria in Via Lata auf dem Corso markierten diese Kirchen, wie man sich erinnern wird, die Lage der ersten *diaconiae*, jener Wohlfahrtszentren, die seit dem 6. Jahrhundert eingerichtet worden waren, um die Versorgung der Pilger wie der ortsansässigen Bevölkerung zu gewährleisten (Abb. 58). S. Angelo in Pescheria war eine recht späte Gründung; sie wurde 755 hinter dem Eingang des Portikus der Octavia westlich des Marcellustheaters angelegt. Ihre Kirche wurde im 16. Jahrhundert umgebaut und ist bis heute hinter der Säulenfront des römischen Portikus erhalten geblieben. Dieser Torbau wurde schon im 3. Jahrhundert durch riesige Bögen abgestützt und gab noch bis vor 100 Jahren Raum für einen Fischmarkt ab – daher auch der Name der Kirche. Tatsächlich waren in der ganzen Gegend schon seit langem Märkte abgehalten worden, was auch weiterhin so blieb. Im 5. Jahrhundert wurde auf dem Kapitol ein Markt gehalten; im 12. war er am Westhang des Hügels bis zu jener Stelle hinuntergewachsen, die später zur Piazza Aracoeli wurde. 998 wurde ein Fleischmarkt am Marcellustheater gehalten, vermutlich an seiner Nordseite, wo es auch bis zum 16. Jahrhundert noch einen Fleischerladen gab (Abb. 195); ein zweiter Fleischerladen befand sich im 12. Jahrhundert in der Nähe von S. Teodoro. Auch der Fischmarkt bei S. Angelo in Pescheria wurde vermutlich schon früh dort abgehalten, bedenkt man seine Nähe zum Fluß. Die Marmorplatten, auf denen der Fisch ausgelegt wurde, und ihre aus Ziegeln gemauerten Träger im Inneren des römischen Torbaus vor der Kirche, der sich westwärts entlang dem Portikus der Octavia bis in die Gegend des späteren Gettos hinein erstreckte, blieben bis zum Ende des letzten Jahrhunderts erhalten (Abb. 196). Das Korn von den schwimmenden Mühlen, die unterhalb und oberhalb der Tiberinsel verankert waren, wurde vermutlich ebenso wie die Flußfische auf den nächst gelegenen Märkten verkauft, während der Binnenhafen an der Ripa Grande die Stadt mit Gütern aus weiter entfernt gelegenen Gebieten versorgte.

Ein Netz von Gassen zog sich kreuz und quer durch dieses Viertel, und überall waren kleine Piazze eingestreut. Es erstreckte sich bis hin zur Piazza Paganica und zur Piazza Mattei und war anscheinend eher von gutbürgerlichen Familien bewohnt als von Mitgliedern der großen Patrizierfamilien, wie sich den diese Gegend betreffenden Urkunden seit dem 10. Jahrhundert entnehmen läßt. Die antiken Ruinen boten Unterkunft oder Baumaterialien für die Bauten, die in ihnen oder in ihrer Nähe errichtet wurden: zu diesen Ruinen gehörte das Marcellustheater, das im 11. Jahrhundert zum erstenmal als Festung erwähnt wird, obwohl es schon früher befestigt worden war; der Portikus der Octavia, der seit dem 8. Jahrhundert zwei Konvente und S. Angelo in Pescheria beherbergte; der Circus Flaminius, näher am Fluß gelegen, in dem ein weiterer Konvent untergebracht war. Zwischen den Ruinen auf dem Kapitolinischen Hügel war um 934 noch ein weiteres Kloster eingerichtet worden, das lange vor der Kirche S. Maria in Aracoeli gebaut worden war. Bis zum 8. Jahrhundert gab es in dieser Nachbarschaft reichlich frisches Wasser. Einer der Aquädukte, die Papst Hadrian I. im späten 8. Jahrhundert wieder ausbessern ließ, die Aqua Jobia, führte von der Porta S. Sebastiano durch das Tal der Passeggiata Archeologica und den Circus Maximus »usque ad ripam« – sie verlief größtenteils unterirdisch und war daher vermutlich in einem recht guten Zustand. Der Mönch aus Einsiedeln, der davon berichtete, mag mit der Bezeichnung *ripa* nicht nur das Flußufer nahe S. Maria in Cosmedin gemeint haben, sondern die ganze Gegend bis zum Marcellustheater und vielleicht noch weiter nach Westen und Norden, wie der Name dann später im Mittelalter verwendet wurde.

Reparatur und Unterhalt der römischen Aquädukte waren zeitraubend und arbeitsintensiv und wurden deshalb von den päpstlichen Biographen auch gebührend hervorgehoben. Aus diesen Berichten lassen sich Schlüsse auf die Lage der von den Aquädukten versorgten Gegenden ziehen. Es müssen dies nicht die am dichtesten bevölkerten Viertel gewesen sein. Das Interesse der päpstlichen Beamten, die den ›*Liber Pontificalis*‹ zusammenstellten, konzentrierte sich auf die Bedürfnisse der Gegend um den Lateran, in der sie selbst sich befanden. Ein zweiter Schwerpunkt ihrer Aufmerksamkeit lag in der Gegend um St. Peter mit ihren Wohlfahrtszentren, den Unterkünften, die dem Papst bei seinen Besuchen dienten, und denen, die man seit dem 9. Jahrhundert für ausländische Würdenträger bereit hielt. Als Zweck der Reparatur der Aqua Claudia um 775 wurde daher vom Biographen Hadrians I. die Wasserversorgung des Lateran angegeben – des Bades im Palast und des Baptisteriums – und, »zu Ostern«, anderer nahe gelegener Kirchen. Wahrscheinlich waren auch die nahe dem Papstpalast eingerichteten Klöster mit angeschlossen. Ganz dieser Funktion entsprechend war der Aquädukt seit 800 im Volksmund auch als ›*Forma Lateranensis*‹ bekannt; im 12. Jahrhundert wurde er dann noch zweimal repariert. In ähnlicher Weise betont der Biograph Hadrians I. auch in seinem Bericht über die Instandsetzung des Aquädukts auf dem Gianicolo jenseits des Tiber dessen Funktion, über eine nach Norden abzweigende Rohrleitung Wasser für den Brunnen im Atrium der Peterskirche und für das nahe gelegene Bad zu liefern; der Aquädukt und die Rohrleitung wurden dann auch bereits eine Generation später noch einmal ausgebessert.

Manchmal aber sollte durch die Reparatur eines Aquädukts auch offensichtlich die Versorgung eines dichtbevölkerten Stadtviertels sichergestellt werden. Die Aqua Vergine, die Hadrian I. wieder in Betrieb nehmen ließ, verlief wie die Aqua Jobia größtenteils unterirdisch von der Porta Salaria über den Pincio hinab bis zu dem Brunnen, aus dem später dann die Fontana di Trevi werden sollte. Von dort aus überquerte sie den Corso in Höhe von S. Maria in Via Lata nach Osten und setzte sich in Richtung auf das Pantheon hin fort. Ihr Wasser floß, wie Hadrians Biograph behauptet, so reichlich, daß es fast die ganze Stadt versorgte. Die »ganze Stadt« muß man wohl am besten *totum pro parte* als einen dicht besiedelten Teil der Stadt verstehen. Tatsächlich scheint am Anfang des 7. Jahrhunderts ein Gebiet im Ostteil des vom Tiberknie umschlossenen Bereichs und einige 100 Meter westlich des Corso um das Pantheon herum dicht bebaut und gut bevölkert gewesen zu sein. Die Umwandlung dieses Tempels in eine Kirche vom Jahr 609 läßt ja schließlich auch eine Bevölkerungsverdichtung in dieser Gegend vermuten, wie übrigens auch die frühen Gründungen von *diaconiae* in ihrer nächsten Nachbarschaft: schon vor 715 bis 735 bei S. Eustachio und bei S. Maria in Aquiro, wobei letzterer Kirche ein Krankenhaus mit 100 Betten für die Bedürfnisse der Einwohner und der Pilger angeschlossen war. Die Ruinen der Thermen des Alexander Severus westlich des Pantheon beherbergten die *diaconia* von S. Eustachio, ein römischer Tempel diejenige von S. Maria in Aquiro. Südöstlich des Pantheon hatte sich um 800 ein kleineres Oratorium in den Ruinen des Minervatempels eingenistet, wo dann 500 Jahre später die Dominikaner ihre große Kirche und ihr Kloster bauten, S. Maria sopra Minerva. Zwischen dem Corso und der heutigen Piazza del Collegio Romano lag die alte *diaconia* von S. Maria in Via Lata, die im 10. Jahrhundert wieder an Bedeutung gewann, als ihr das reiche Nonnenkloster von S. Ciriaco angeschlossen wurde. Doch das Stadtviertel hatte seinen Schwerpunkt nicht am Corso, sondern im Pantheon und bei S. Eustachio, wo sich dann vom 10. und 11. Jahrhundert an die Häuser einer großen Familie, »derer von S. Eustachio«, finden. Das weiter im Süden liegende Viertel um das Pantheon herum mag mit dem Gebiet verbunden gewesen sein oder auch nicht, das sich nördlich des Flußufers und westlich des Kapitols ausbreitete. Südlich des Pantheons mögen die Thermen des Agrippa und die Ruinen, die den Largo Argentina bedeckten, eine Barriere gebildet haben, bis dann später die Brennöfen und Wohnquartiere der Kalkbrenner im benachbarten Viertel des Calcararium entstanden.

Wie weit sich die Häuser nach Norden in die heutige Via di Campo Marzio hinein erstreckten, bleibt zu erforschen; auf jeden Fall aber war schon vor dem 10. Jahrhundert und vielleicht sogar schon im Jahre 806 ein Nonnenkloster bei S. Maria in Campo Marzio eingerichtet worden. Im frühen 11. Jahrhundert war das Marsfeld dann besiedelt, welche Gegend man auch immer damals unter dieser Bezeichnung verstand. Nach Westen zu scheint das bebaute Gebiet schon früh die Piazza Navona und die Piazza S. Apollinare einbezogen zu haben. 998 gab es in den Ruinen der Thermen des Alexander Severus schon drei Oratorien und einige Klosterzellen, die an einige Gewölbe, einen Garten und einen Innenhof in Privatbesitz angrenzten. Ganz in der Nähe wurden 1006 hinter dem heutigen Standort von S. Agostino eine dem heiligen Tripho geweihte Kirche mit einer Herberge wiederaufgebaut. Am Ende des 8. Jahrhunderts war ein Oratorium S. Agnese in ein Gewölbe des Stadions des Domitian an der Piazza Navona eingefügt worden – es ist, gänzlich umgebaut, unter der prachtvollen Barockkirche erhalten geblieben. Schließlich war, vielleicht schon im 7., vielleicht aber auch erst im 9. Jahrhundert, nördlich der Piazza Navona ein Heiligtum eingerichtet worden, wo heute die große, wenn auch nicht sehr einfallsreiche Kirche S. Apollinare steht.

Irgendwo in dieser Gegend gab es eine Straße oder ein paar Gassen, die seit dem späten 10. Jahrhundert als die *Scorticlaria* bekannt wurden. Der Name geht angeblich auf das Wort *coriarii* zurück, die Abdecker und Gerber, von denen man freilich annehmen möchte, daß sie wegen der Verschmutzung, die durch ihr Gewerbe hervorgerufen wurde, eher in den Außenbezirken des *abitato* angesiedelt waren, nach Westen zu entlang der Via dei Coronari, wohin sich das Viertel im 11. Jahrhundert ausgedehnt hatte. Allerdings mag dies auch schon früher geschehen sein, denn aller Wahrscheinlichkeit nach war ein kleiner Hügel direkt südlich der Straße nahe bei ihrem westlichen Ende und daher nicht weit vom Ponte S. Angelo entfernt schon seit frühmittelalterlicher Zeit besiedelt. Seit dem 13. Jahrhundert war er als Monte Giordano bekannt. Er war vor dem Tiberhochwasser geschützt und beherrschte als strategischer Punkt einen der Zugänge zur Brücke und über sie nach St. Peter. Der Hügel wird zwar erst im 12. Jahrhundert zum erstenmal erwähnt, als er höchstwahrscheinlich befestigt war und sich im Besitz eines Giovanni di Roncione, des Herrn von Riano Flaminio, befand und auch dessen Namen trug. 100 Jahre später oder auch etwas mehr war er an die Familie der Orsini gefallen, und ein Herrenhaus auf seiner Kuppe war die Residenz des Kardinals Giordano Orsini, wovon sich der heutige Name des Hügels herleitet. Heute wird er von einem Gewirr von Palästen und Häusern aus dem 15. bis 18. Jahrhundert bedeckt (Abb. 242). Doch unter diesen ist auch eine kleine Kirche aus dem 12. Jahrhundert, SS. Simeone e Giuda, die heute profaniert ist und früher als S. Maria in Monticello oder S. Maria de Monte Johannis Ronzonis bekannt war. 1178 standen ganz in ihrer Nähe noch zwei weitere Kirchen, S. Simeone und S. Salvatore de Inversis, von denen die letztere Gärten in der *Scorticlaria* besaß. Keine dieser Kirchen braucht schon vor der Ausdehnung des *abitato* ins Tiberknie hinein im 11. und 12. Jahrhundert bestanden zu haben. Und auch die Profanbauten auf diesem Hügel, die 1262 und 1267 als Besitz der Orsini aufgezählt werden, sind vor jener Zeit nicht dokumentiert: ein Hauptgebäude mit einem Turm am Fuße des Hügels, eine um die Mitte des 13. Jahrhunderts daran angebaute Loggia und »zwei kleine Häuser innerhalb der Ummauerung am Fuß des Herrenhauses und des *faiolum* genannten Turms (im Unterschied zum Hauptturm), und dies alles liegt in dem Viertel oder der Straße der Brücke zu St. Peter und in der *Scorticlaria*«. Tatsächlich erscheint der befestigte Hügel, von einer zinnenbewehrten Mauer umgeben und mit einigen Türmen gespickt, auf der Strozzi-Karte, deren Original bis zur Mitte des 15. Jahrhunderts zurückzugehen scheint (Abb. 207). Vermutlich jedoch waren diese Gebäude aus viel älteren Bauten umgebaut worden. Tatsächlich erhob sich am südlichen Fuß des Hügels auf der heutigen Piazza dell' Orologio oder in ihrer Nähe und an der Kurve der Via del Governo Vecchio ein weiterer Turm, der 1536 abgerissen wurde. 1262 gehörte er noch mehreren Familien zusammen als ein Gemeinschaftswohnhaus, als er von den Orsini gekauft wurde. Doch sein Name, *Turris Stefani Petri*, läßt Vermutungen anstellen, ob es nicht ebenderselbe Turm *in Parione* (der alte Name der Via del Governo Vecchio) sein könnte, in dem Cencius Stefani Prefecti 1075 Gregor VII. gefangengehalten hatte; um so mehr noch, als Cencius die Herrschaft über das Gebiet bis zum Ponte S. Angelo für sich beanspruchte. Kurz, es erscheint als plausible Arbeitshypothese, daß es in dieser Gegend schon früh einige Häuser gegeben hat, die den Brückenkopf auf dem Ostufer am nordwestlichen Ausgang des Tiberknies beherrschten.

Im südlichen Bereich des Tiberknies, südwestlich der Piazza Navona, hat nur eine einzige kirchliche Gründung aus früher Zeit überlebt: der *titulus* von S. Lorenzo in Damaso aus dem 4. Jahrhundert, dessen Überreste heute unter dem Baukomplex der Cancelleria begraben sind. Ob er sich noch in dem ursprünglichen, für den christlichen Ritus umgewandelten Gebäude befand oder in einer regulären Basilika, er scheint jedenfalls im frühen Mittelalter in der Rangordnung der römischen Kirchen recht weit unten gestanden zu haben, wenn man nach dem geringen Geschenk urteilen kann, das er 806/807 erhielt, als alle römischen Kirchen und Klöster von Papst Leo III. mit neuen Leuchtern ausgestattet wurden. Auch die Kirche und Abtei S. Biagio *de captu secuta* am Flußufer, ungefähr an der Stelle, wo sich heute die Überreste von Bramantes Palazzo dei Tribunali etwas abseits der Via Giulia erheben, müssen aus einer vergleichsweise frühen Zeit stammen, da sie im Jahre 1072 reparaturbedürftig waren. Im ganzen jedoch scheint die im Westen gelegene und vom Tiberknie umschlossene Gegend, die später das eigentliche Herz des mittelalterlichen Rom werden sollte, vor dem 11. Jahrhundert nur dünn besiedelt gewesen zu sein. Einige Häuser wird es dort sicherlich gegeben haben; doch bis zum Hochmittelalter scheint diese Gegend eher am Rande des *abitato* gelegen zu haben.

Auf der Tiberinsel gab es im Frühmittelalter nur einige wenige Eremitenzellen und Fischermolen oder -teiche. Erst nach 997 wurde die Insel bebaut, als Otto III. dort die erste Kirche gründete, die seinem Vetter, dem heiligen Adalbert, geweiht wurde und an der Stelle der heutigen Kirche S. Bartolomeo in Isola lag. Im Jahre 1037 gab es neben der neuen Kirche eine Wohnung für den Bischof von Silva Candida in der Campagna. Andererseits blieb das schon in der Antike von Menschen wimmelnde Trastevere auch im Mittelalter dicht bevölkert. Noch während der Belagerung durch die Goten ließ Belisarius als eine erste Entlastungsmaßnahme den Aquädukt reparieren, der auf dem Gianicolo endete, die Aqua Sabbatina Trajans, damit ihr Wasser die am Hang liegenden Mühlen treiben konnte. Zweieinhalb Jahrhunderte später trat Papst Hadrian I. in seine Fußstapfen. Es ist eine durchaus berechtigte Annahme, daß das Wasser von den Mühlen aus dann weiter hügelabwärts geleitet wurde, um die Bevölkerung zu versorgen. Die Ausmaße der hier bebauten Fläche sind freilich nur schwer einzuschätzen. Eine dichtbesiedelte Zone scheint sich an die beiden Brückenköpfe des Ponte Rotto und des Ponte Cestio, der von der Insel herüberführte, angeschlossen zu haben, und zwar um S. Benedetto in Piscinula herum, einem weiteren Fischmarkt, wie der Name vermuten läßt. Hier nahmen zwei mittelalterliche Straßen ihren Anfang: die Via della Lungaretta, die genau nach Westen zu S. Crisogono und S. Maria in Trastevere führte, und die Via dei Vascellari, die nach Süden zu S. Cecilia und noch weiter verlief, mit einer Abzweigung zur Ripa Grande hinüber. Sicher war Trastevere nicht immer so dicht bevölkert wie im 12. Jahrhundert oder wie es heute der Fall ist. Selbst noch vor 300 oder 200 Jahren füllte die bebaute Fläche nur die Tiberkurve auf dem Westufer. Dieses Gebiet war schmal und umfaßte nie mehr als drei Straßenzüge vom Flußufer aus. Im Frühmittelalter hat es sich wohl von den beiden Brückenköpfen aus im am weitesten östlich gelegenen Abschnitt Trasteveres ausgebreitet und mag sich dann bis hin zu S. Cecilia und noch weiter in lockerer Siedlungsform erstreckt haben. Diese Kirche war bis zum 9. Jahrhundert ein altes und nicht mehr genutztes Gemeindezentrum. Nach Westen hin griff dieser besiedelte Abschnitt bis S. Crisogono aus, einem ebenfalls veralteten Bau, der im 12. Jahrhundert von der heutigen Kirche ersetzt wurde. An der Nordspitze von Trastevere scheint es schon in früher Zeit um die Kirche S. Maria in Trastevere herum ein Häuflein von Häusern gegeben zu haben. Die etwas nördlich vom Ponte Sisto gelegene römische Brücke, der *pons Aurelius*, war 1050 zusammengebrochen – vielleicht sogar schon 792 –, wodurch dieser Teil von Trastevere vom Ostufer abgeschnitten worden war. Die Kirche behielt bis ins 9. Jahrhundert hinein ihre Anlage aus dem 4. Jahrhundert bei, wie immer sie ausgesehen haben mag. Im 9. Jahrhundert jedoch wurde ein großangelegter Versuch unternommen, Trastevere wieder zu rehabilitieren, der vermutlich mit der Ausbreitung des Viertels nach Süden und Norden in Zusammenhang stand. Die zwei bislang vernachlässigten alten *tituli* wurden neu aufgebaut und durch angeschlossene Klöster gestärkt: S. Cecilia zwischen 817 und 824 als eine reguläre Basilika und bis 850 dann auch S. Maria. Im 11. Jahrhundert war dann die Gegend um S. Maria in Trastevere herum dicht bebaut. Häuser, Gärten, der Wohnturm einer Adelsfamilie und Fischerstege sind zwischen der Kirche und der Porta Settimiana dokumentarisch belegt, wo der Vicolo dei Moroni bis heute von Häusern mittelalterlichen Typs, wenn nicht gar mittelalterlichen Datums gesäumt wird. Dennoch markierte das Gebiet um S. Maria noch bis 1600 den nördlichen Außenbezirk von Trastevere. Im Süden stand schon im mittleren 9. Jahrhundert das neue Kloster SS. Cosma e Damiano in Mica Aurea inmitten von Feldern und Weingärten. Es wurde im 13. Jahrhundert durch S. Cosimato ersetzt, hatte aber während der ganzen Zeit seines Bestehens großen Reichtum besessen. Entsprechend erscheinen seit dem späten 9. Jahrhundert wohlhabende Bürger als Zeugen in seinen Urkunden, die wahrscheinlich in Trastevere wohnten. Kurz, Trastevere scheint schon früh geblüht zu haben.

Es gibt keine Hinweise darauf, wo die Herrensitze der großen Familien im *abitato* während des Frühmittelalters gelegen haben mögen – wenn diese Familien überhaupt dort gewohnt haben. Tatsächlich scheint vieles darauf hinzudeuten, daß sie die Außenbezirke vorzogen: dort gab es mehr Raum, um das Gefolge unterzubringen; man konnte Befestigungen errichten, und es stand mehr Ackerland zur Verfügung. Eine solche Gegend scheint sich bis zum 8. Jahrhundert in der Nähe des südlichen Endes des Corso, der alten Via Lata, unweit des Nordabhangs des Kapitols gebildet zu haben, die sich nach Osten bis zur Piazza SS. Apostoli und zu den Kaiserforen erstreckte. Der Familiensitz Hadrians I., in dem er als Mündel seines Onkels Theodotus, des Konsuls, *dux* und *primicerius*, aufwuchs, lag nahe der Kirche von S. Marco. Eine ganze Reihe anderer Päpste, alle aus großen Familien, kamen im 9. und 10. Jahrhundert ebenfalls ›de regione Via Lata‹ oder von dem Clivus Argentarius, der Straße, die das Südende des Corso mit dem Forum verband, oder aus der Gegend hinter den Kaiserforen bis hin zum Westabhang des Viminal. Und war es vielleicht die soziale Bedeutung des Viertels um die Via Lata, die die Papstbiographen des 8. und 9. Jahrhunderts dazu verleitete, die Überschwemmungen durch den Tiber gerade in diesem Teil der Stadt besonders detailliert zu beschreiben? – genau wie sich die Berichte von Überschwemmungen 400 oder 500 Jahre später auf das Marsfeld, das Pantheon und den Borgo konzentrierten, diejenigen wichtigen Gegenden, in denen die Chronisten selbst wohnten. In den früheren Jahrhunderten hatten sich die großen Familien jedenfalls, wie es scheint, am Ostrand des *abitato* und noch weiter draußen niedergelassen. Nahe S. Maria in Via Lata stand im frühen 11. Jahrhundert eine *domus maior*, vermutlich ein großes Herrenhaus. Neben ihm und dem nahe gelegenen Konvent von S. Ciriaco wurde zu jener Zeit eine ganze Anzahl von kleineren

197. Der frühe Colonnapalast und der Serapistempel am Quirinal, um 1534–1536. Zeichnung aus dem Kreis um Marten van Heemskerck – Kunstmuseum Düsseldorf

Häusern verkauft oder vermietet. Möglicherweise handelte es sich bei ihnen um Wohnungen von Bediensteten, Leibeigenen und von Handwerkern, die aus der Arbeit für den Herrn des Hauses ihren Lebensunterhalt bezogen. Andere große Familien wohnten entlang der Canapara, im Osten und Südosten des Kapitols, während sich im Nordosten davon, neben SS. Apostoli, die Familie Alberichs, des *princeps* und *senator* aller Römer, schon seit den Zeiten seines Großvaters Theophylactus und noch davor niedergelassen hatte. Schon um 900 bewohnte diese Familie einen von den imposanten Mauern der riesigen Treppe aus dem 3. Jahrhundert umschlossenen Bereich, die vom Serapistempel hoch oben auf dem Westausläufer des Quirinal bis hinunter zu der Stelle führte, wo heute SS. Apostoli und der Palazzo Colonna stehen. Auf dem Westabhang des Quirinal selbst lag um 963 der Wohnsitz des Crescentius in der Nähe der Gruppe der Rossebändiger »beim marmornen Pferd«, »*a caballo marmoreo*«; wahrscheinlich war das Haus in die Reste des Serapistempels hineingebaut. Die hohen Mauern sowohl der Treppeneinfassung als auch der Cella des Tempels ließen sich als großartige Verteidigungsanlagen verwenden und boten genügend Raum für das Herrenhaus mit seinen angeschlossenen Dienstwohnungen, Ställen und dergleichen mehr. Von der Rückwand des Serapistempels überragt – das Mittelalter nannte ihn den Giebel Neros, *frontispicium Neronis* –, stand an jener Stelle noch im 16. Jahrhundert ein kleiner Palast, der freilich im 13. und dann noch einmal im 15. Jahrhundert von den Colonna umgebaut worden war (Abb. 197).

Am oberen Abschnitt des Corso scheint dasjenige dieser großen Häuser, welches am weitesten nördlich gelegen war, der Familiensitz von Papst Paul I. gewesen zu sein, der auf der heutigen Piazza S. Silvestro lag und im Jahre 761 in das Kloster S. Silvestro in Capite umgewandelt worden war. Auch dieses Haus war in einem riesigen antiken Bau untergebracht worden, in den hohen Mauern und dem weiten Raum eines Tempelbezirks, möglicher-

Das Erbe

198. Der Aventin um 1870

weise dem Tempel der Sonne. Das Augustus- und das Hadriansmausoleum waren natürlich besonders gut als Verteidigungsanlagen zu gebrauchen. Das Augustusmausoleum lag allerdings weit nördlich und abseits des Corso an einer strategisch recht unwichtigen Stelle, und es scheint dementsprechend auch nur einmal, im Jahre 1002, von dem mächtigen Stadtpräfekten Stephanus de Augusta als Festung verwendet worden zu sein.

Auf der anderen Seite hatte das Hadriansmausoleum, Castel S. Angelo, möglicherweise schon seit dem späten 3. Jahrhundert als Festung gedient. Seine Verteidigung in den Gotenkriegen war einer der Höhepunkte in seiner Geschichte als militärischer Anlage gewesen. Seit dem 9. Jahrhundert wurde es jeweils von der römischen Familie übernommen, die gerade an der Macht war; zunächst von Alberichs Familie, später von den Crescentii. Tatsächlich hatte es sich noch 1084 den Namen ›Turm des Crescentius‹, *turris Crescentii*, bewahrt, als Papst Gregor VII. dort belagert wurde, bis er von Robert Guiscard ent-

setzt wurde. Doch gerade weil es eine so herausragende strategische Position innehatte, blieb es niemals für längere Zeit in privater Hand. Entweder die päpstliche oder die kaiserliche Partei sah sich gezwungen, sich diese stärkste Festung in Rom zu sichern, die den einzigen Verbindungsweg zwischen St. Peter und der Stadt sicherte.

Der Aventin, der den Brückenkopf des Ponte Rotto und die Gegend um S. Maria in Cosmedin und flußabwärts davon beherrschte, war ein weiteres bevorzugtes Wohnviertel der großen Familien im Frühmittelalter. »Mehr als irgendein anderer Hügel der Stadt«, berichtet ein Beobachter des 10. Jahrhunderts, hatte er »elegante Herrenhäuser, und sein hochaufragendes Plateau ließ die Sommerhitze erträglich werden und machte ihn zu einem guten Wohngebiet« (Abb. 198). Dort stand der »Palast des Euphimianus«, der in einen Sommer- und einen Winterpalast aufgeteilt war: ersterer schloß sich an SS. Bonifacio ed Alessio an und blickte vermutlich auf den Tiber, denn er lag »am Ende des Hügels . . .

199. Blick vom Aventin über den *disabitato* auf den Palatin und Celio um 1870 – Museo di Roma

nahe der *horrea publica*« – dies war der mittelalterliche Name für die Gegend unterhalb des Westabhangs des Aventin. Der Winterpalast dagegen lag »vor der Kirche«, vermutlich etwas weiter hügelabwärts. Eine Legende, auf die sich eine gefälschte Urkunde des 10. Jahrhunderts bezieht, sah in Euphimianus den Vater des heiligen Alexius; doch zu der Zeit, als sie verfaßt wurde, muß der Herrensitz schon alt gewesen sein, möglicherweise sogar eine *domus* aus römischer Zeit, wie es auch andere nahe gelegene Häuser waren. Um die Mitte des 9. Jahrhunderts lebten ein Gregor, der der Militärkommandant und der Zivilgouverneur des Papstpalastes war, und sein Schwiegersohn Georg, beide aus einer großen Familie – die freilich ein wenig anrüchig war – auf dem Aventin. Auch Alberich wurde dort um 900 in einem Herrenhaus geboren, das im Besitz seiner mütterlichen Familie war. Es lag dort, wo sich heute die Gärten der Cavalieri di Malta befinden, und um 940 schenkte es Alberich den Cluniazensern, die es in das Kloster S. Maria in Aventino umwandelten. Nicht ganz sicher ist, ob auch Otto III. auf dem Aventin wohnte, »in einem antiken Palast«, wie einige Chronisten behaupten. Andere nämlich verlegen seine Residenz auf den Palatin, in den »Palast des Julian in der Stadt« – vielleicht einer der Kaiserpaläste –, den er »in einen großartigen Palast zu seinem eigenen Gebrauch umzubauen begann«, an einer Stelle, an der die mittelalterlichen Altertumskundler einen »Tempel des Julian« ausfindig machten, wobei ihnen freilich jedes große antike Gebäude als Tempel galt.

Jenseits der bevölkerten Stadtviertel und der großen Herrensitze erstreckte sich der *disabitato* nach Norden, Osten und Süden bis an die Aurelianische Mauer. Er bestand zum großen Teil aus Feldern, Weingärten und Weiden. Dazwischen erhoben sich die Ruinen römischer Thermen, Aquädukte, Mausoleen und Paläste, zuweilen ein Bauernhaus oder die Behausung eines Arbeiters und verstreute Häuflein von Häusern, die sich um irgendeine Kirche oder ein Kloster drängten und, wo es nur möglich war, in nahe gelegene Ruinen eingebaut waren. Noch bis etwa 1870 vermittelt jede Stadtansicht denselben Eindruck (Abb. 199). Der Lateran, die Residenz der Päpste und ihre Kathedrale, blieb weit draußen im abgelegenen südöstlichen Winkel des *disabitato*, nahe der Aurelianischen Mauer. Er wurde schon früh, vielleicht schon im 6. und 7. Jahrhundert, zum Mittelpunkt einer Siedlung. Nach Norden und Westen, da, wo heute der Obelisk steht, erstreckte sich der *campus Laterani*, ein weiter, unregelmäßig geformter Platz, der auf den Zugang vom weit entfernt liegenden *abitato* der Via Maior entlang gerichtet war, welche vom Kolosseum den Hügel heraufführte. Der Palast nördlich der Basilika bestand im 9. Jahrhundert aus einer komplexen Anhäufung von Gebäuden, die sich nördlich und östlich der Basilika mehr oder weniger parallel zu ihrer Hauptachse ausdehnten: Empfangshallen, Kapellen und die Papstgemächer mit ihren prächtigen Mosaiken, marmornen Böden und Wandverkleidungen – man erinnert sich des Trikliniums und des Bankettsaals, der *accubita* Leos III. (Abb. 200, auch Abb. 93). Die Küchen, Speisekammern, Lagerräume, Ställe und die Schatzkammer, die im frühen 11. Jahrhundert aufgezählt werden, haben sicherlich schon lange vorher existiert. Ebenso muß es Unterkünfte für die Verwaltungsbeamten und Dienstbotenquartiere gegeben haben, und alle waren durch Korridore und wahrscheinlich auch durch Innenhöfe miteinander verbunden. Einige Urkunden scheinen sogar anzudeuten, daß sich auch westlich und südlich der Basilika Palastgebäude bis zu den Stadtmauern hin erstreckten. Der nördlich gelegene Hauptpalast wurde während des Hochmittelalters in gutem Zustand gehalten, seine Säle und Kapellen wurden immer wieder neu ausgestattet und zuweilen auch teilweise neu gebaut, wie dies mit der zweigeschossigen Kapelle Sancta Sanctorum, der Fassade und der Loggia an der *accubita* Leos III. der Fall war, die beide im späten 13. Jahrhundert angefügt wurden. Heemskerck zeichnete sie 1536, wobei die Kapelle am linken Rand, die Loggia rechts von der Mitte seines Panoramas des Lateran zu sehen ist (Abb. 260). Große Teile des Komplexes scheinen jedoch noch bis 1586 und 1589, als er dem Bau Sixtus' V. weichen mußte, aus dem frühen Mittelalter gestammt zu haben.

Palast und Kirche am Lateran waren also schon im frühen Mittelalter zu einer eindrucksvollen Residenz und einem Verwaltungszentrum geworden. Rings um den Palast entstanden noch weitere Gebäude. Häuser von Mitgliedern des päpstlichen Haushalts und von Handwerkern und Kaufleuten, die aus dem Handel mit ihm ihren Lebensunterhalt

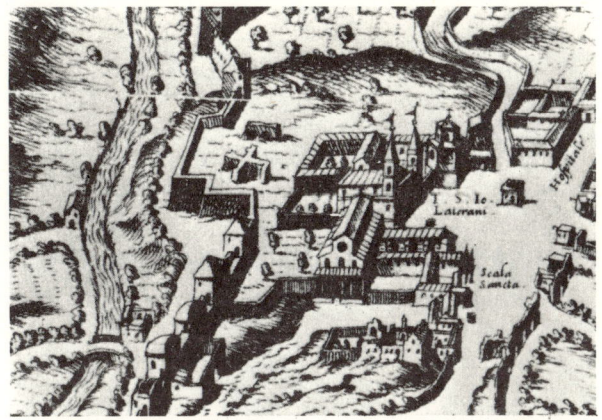

200. Romkarte von Du Pérac-Lafréry von 1577. Ausschnitt: Der Platz und die Basilika am Lateran mit Umgebung

bezogen, mußten sich um den Palast herum gedrängt haben, wie es dann im Hochmittelalter den Listen zufolge der Fall war, die dann natürlich noch eine sehr viel größere Anzahl von Gebäuden aufzählten. Seit dem 6. und 7. Jahrhundert waren ganz in der Nähe vier Klöster eingerichtet worden: eines in einem Herrenhaus, das zuvor Papst Honorius gehört hatte, zwei weitere lagen möglicherweise in den Ruinen anderer Herrensitze nahe beim Palast und beim Baptisterium und das vierte, ein Spätankömmling aus dem 9. Jahrhundert, war unter oder nahe bei den Bögen des Aquädukts installiert worden, der über den Platz im Norden der Kirche verlief. Doch der Lateran und die ihn umgebenden Gebäude blieben weit vom *abitato* entfernt und waren alle vom Kontakt mit der lebendigen Stadt Rom isoliert. Nach Norden hin lagen entlang der Via Merulana, die von S. Maria Maggiore herkam und leicht von ihrem heutigen Verlauf abwich, die frühen Gemeindezentren von S. Matteo und SS. Marcellino e Pietro – letzteres war einst als der *titulus* Nicomedis bekannt gewesen; im 8. Jahrhundert waren jedoch beide verlassen worden oder jedenfalls in einen sehr schlechten Zustand geraten. Erst sehr viel später wurden sie durch mittelalterliche Kirchen ersetzt. Auch östlich des Lateran erstreckten sich nur Felder und Bauernhöfe. S. Croce in Gerusalemme, das ja eigentlich eine konstantinische Gründung und eine große Kirche war, nahm im Frühmittelalter nur einen der unteren Ränge unter den römischen Kirchen ein: während des ganzen 8. Jahrhunderts befand sie sich in einem schlechten Zustand, und die Kerzenständer, die ihr 806/807 geschenkt wurden, waren nicht größer als die Kandelaber, die unbedeutenden Kapellen zugedacht wurden. Noch weiter östlich ist seit dem frühen 10. Jahrhundert ein Häuflein von Bauerngehöften mit einer Kirche von untergeordneter Bedeutung bei der Porta Maggiore bezeugt. Im Westen des Lateran war der Kamm des Caelius ähnlich verlassen. Der Konvent von S. Erasmo östlich von S. Stefano Rotondo, der seit dem 7. Jahrhundert geblüht hatte, war schon 937 aufgegeben worden und wurde erst wieder belebt, als er der Abtei von Subiaco übereignet wurde; danach bestand dieser Konvent noch weitere 200 Jahre fort. Im 10. Jahrhundert aber gab es nur einige wenige Kirchen, Gehöfte und Hütten (*domicellae*), die verstreut an der alten Via Celimontana und dem Aquädukt lagen, der an S. Stefano Rotondo, S. Maria in Domnica, SS. Giovanni e Paolo und dem Kloster des heiligen Gregor, dem heutigen S. Gregorio Magno, vorüber- und dann zwischen den beiden letzteren entlang der alten Straße, dem Clivus Scauri, ins Tal am Fuße des Palatin hinunterführte. Eine solche Verödung des Caelius war im Mittelalter eine natürliche Folge der Tatsache, daß die Via Celimontana nirgendwo mehr mit einem bebauten Gebiet verbunden war. Wenn die Einrichtung einer *diaconia* bei S. Maria in Domnica um 800 und der bald darauffolgende Bau der Kirche und die Erhebung von S. Stefano Rotondo in den Rang einer Titularkirche im 10. Jahrhundert je neues Leben in dieses Gebiet hätten tragen sollen, so sind sie alle gescheitert. Die Kirchen waren sogar noch bis vor 100 Jahren völlig isoliert und in desolatem Zustand, halbverfallene Bauten im *disabitato*. Palast und Kathedrale am Lateran waren mit den Häusern, Konventen und kleineren Kirchen, die sich um sie herum drängten, zu einem Residenzort und Verwaltungsmittelpunkt geworden, der völlig von der Stadt getrennt lag, die er regierte.

XI.

Die Entwicklung des Borgo

Während der Lateran im südwestlichen Abschnitt der antiken Stadt seit der christlichen Antike und dem Frühmittelalter in immer größere Isolation geriet, war am nordwestlichen Rande Roms seit dem 4. und 5. Jahrhundert allmählich ein neues Subzentrum entstanden. Die jenseits der Aurelianischen Mauer, jenseits des Flusses und somit außerhalb der antiken Stadt gelegene Peterskirche und die Vorstadt, die sich von ihr bis zum Ponte S. Angelo an den Fluß erstreckte, wurden zu einem Angelpunkt in der Entwicklung und Wandlung der Stadtkarte Roms. Im Empfinden des einfachen Volkes hatte die Basilika schon seit der Zeit Konstantins immer einen höheren Rang als die Kathedrale am Lateran eingenommen. Sie umschloß den Schrein des Apostels, dessen Nachfolger auf dem Papstthron saßen. Zu ihm strömten die Pilger in immer größeren Scharen. In seinem Namen wurde das Europa nördlich der Alpen christianisiert. An seiner Grabstätte wurden Verträge beschworen und aufbewahrt. In seiner Kirche wurden die Kaiser gekrönt. Durch seine Vermittlung erflehten und erwarteten Römer wie Fremde aus allen Gegenden des Westens das Heil ihrer Seele. Und so war um seine Kirche herum vom 5. bis zum 9. Jahrhundert eine große Siedlung – groß für mittelalterliche Begriffe – entstanden: zwischen der Kirche und dem Ponte S. Angelo lagen fünf Herbergen für Pilger; sechs Klöster kümmerten sich um die Belange der Basilika und der Pilger, eines von ihnen widmete sich speziell den Fußkranken; an die Basilika waren Zellen für die Armen und wohl auch für Eremiten angebaut; es gab ein Armenhaus und schon in der Frühzeit einige an das Atrium der Basilika angefügte Häuser, die wohl den Klerikern und Laien, die im Dienste der Kirche standen, als Wohnung dienten; schließlich gab es auf dem Vorplatz vor der Kirche einen Brunnen und eine öffentliche Toilette. Außer den mit den Klöstern verbundenen Gotteshäusern drängten sich noch andere kleinere Kirchen und Oratorien in der Umgebung, von denen sich einige in den Mausoleen südlich von St. Peter eingenistet hatten. Dasjenige Mausoleum, das an das Querschiff der Basilika angebaut war, wurde im 8. Jahrhundert der heiligen Petronilla geweiht, der Legende nach die Tochter des heiligen Petrus – der Sarkophag einer römischen Dame, den man dort um jene Zeit gefunden hatte, ließ diese Annahme entstehen –, und wurde zum Oratorium der fränkischen Könige und des karolingischen Hauses und war dann bis zum Bau der neuen Peterskirche die Kapelle der Könige von Frankreich. Die Epoche Karls des Großen, seines Sohnes und seiner Enkel und der zur selben Zeit regierenden Päpste bildete einen Höhepunkt in der Entwicklung eines architektonisch repräsentativen Bereichs um die Basilika herum. Empfangsräume für die Päpste wurden errichtet: einer von Leo III., eine Trikonchenanlage wie diejenige am Lateran; ein anderer, »ein Bau von wunderbarer Pracht und Schönheit«, mit einem Staatsbankettsaal; und Räume »für den Papst, damit er nach den Morgengebeten oder der Messe seine müden Glieder ausruhen könnte« – es war ein weiter Weg vom Lateran herüber. Diese Gebäude waren noch anderthalb Jahrhunderte später in Gebrauch. Für Staats- und Ehrengäste richtete man noch weitere Quartiere ein, darunter den ›Palast‹ Karls des Großen – außerhalb der Stadt, wohlgemerkt –, der vielleicht in irgendeinem älteren Gebäude untergebracht war und möglicherweise dort stand, wo sich heute der Campo Santo Teutonico befindet. Auch dieser ›Palast‹ wurde von den deutschen Kaisern, ihren Vertretern am Ort und ihren Abgesandten bis ins 10. Jahrhundert hinein benützt. In der Nähe der Basilika lagen die gesonderten Siedlungen der Ausländer, der Angelsachsen, der Franken, der Lombarden und der Friesen. Das Hadriansmausoleum, Castel S. Angelo, sicherte den einzigen Zugang von der Stadt über den Ponte S. Angelo. Wer immer dieses Kastell in Besitz hatte, beherrschte das Heiligtum des Apostels und die Siedlung darum herum und konnte einerseits machtvollen Schutz gewährleisten, stellte aber

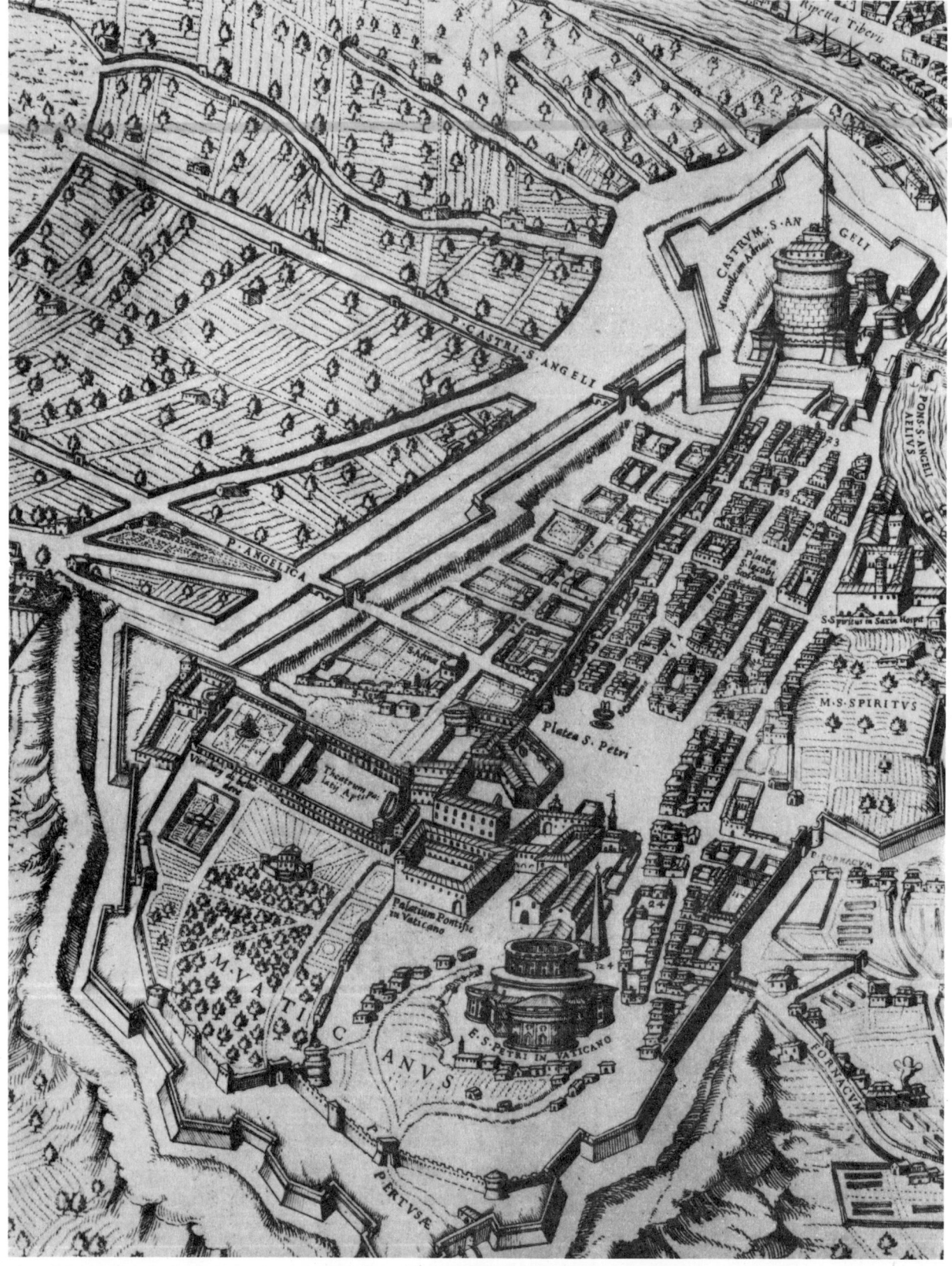

201. Die Romkarte des M. Cartaro von 1576 (die ›Große Cartaro-Karte‹). Ausschnitt: Der Borgo

anderseits auch eine potentielle Bedrohung dar. Von der Siedlung aus führte eine einzige Straße südwärts nach Trastevere, eingeklemmt zwischen dem Fluß und dem Fuß des Gianicolo. Bis 1576 blieb der Borgo im ganzen so erhalten (Abb. 201). In seinem nördlichen Bereich hatte man eine neue Straße, die Via Alessandrina, angelegt, die parallel zur Via del Borgo Nuovo verlief. Die Bauarbeiten an der neuen Peterskirche waren ein gutes Stück vorangekommen, und außerhalb der Leoninischen Mauern war von Pius IV. eine nördliche Vorstadt angelegt worden. Doch im wesentlichen hatte sich die Situation, die im Mittelalter geherrscht hatte, kaum verändert: innerhalb der Mauern Leos IV. lagen St. Peter und die kleineren Kirchen, die Konvente und Herbergen, von denen viele in den früheren Ausländervierteln entstanden waren, die seit dem 9. Jahrhundert verschwunden waren. Nördlich der Mauern lagen die *prati*, jene Felder, von denen die Versorgung Roms zu einem großen Teil abhängig war.

Im 9. Jahrhundert war die Peterskirche für den gesamten Westen zum Brennpunkt der religiösen Verehrung geworden. Obwohl sie außerhalb der Stadt lag, war sie dennoch das wichtigste Heiligtum Roms. Ungezählte Schätze hatten sich in der Basilika und ihrer Sakristei angesammelt. Der Raubzug der Sarazenen von 846 hatte die Notwendigkeit von Schutzmaßnahmen überdeutlich werden lassen. Solche Sicherheit wurde dann von den Mauern Leos IV. gewährleistet, die zwischen 847 und 853 errichtet wurden. Diese Leoninischen Mauern verliefen von Castel S. Angelo bis hinter die Peterskirche und von dort aus zurück zum Flußufer nahe der Stelle, wo heute das Spital von S. Spirito steht, und machten auf diese Weise aus dem Borgo ein befestigtes Areal, eine neue Stadt, die den Namen ihres Gründers bekam, die Leoninische Stadt. Die Mauern schützten die große Basilika und ihre Schätze, die kleineren Kirchen und Klöster, die Wohnquartiere des Klerus, die päpstlichen Gemächer, die *scholae* der Ausländer, die Häuser und Gärten derjenigen, die sich in der Nähe niedergelassen hatten, die *diaconiae* und die Pilgerherbergen. Aber sie machten die *civitas Leonina* auch zu einer eigenen Stadt, die sich von der Stadt jenseits des Flusses und deren Vorstädten innerhalb der Aurelianischen Mauer unterschied. Bis weit ins Mittelalter hinein blieben sich die Zeitgenossen dieses Unterschieds zwischen Rom und der *civitas Leonina* bewußt. Im 10. Jahrhundert beklagt Benedikt von Soracte das Schicksal Roms und der Leoninischen Stadt in getrennten Formulierungen: »Wehe dir, Rom ... Wehe dir, Leoninische Stadt«; in der Chronik des Rudolf Glaber erscheint Castel S. Angelo um 1000 als »ein Turm außerhalb der Stadt, jenseits des Tiber«; und während des ganzen 11. Jahrhunderts wird die »Neue Leoninische Stadt« in den Urkunden rechtlich gesondert behandelt. Sowohl in rechtlicher Hinsicht als auch in der allgemeinen Volksmeinung blieb sie fast 300 Jahre lang eine selbständige Einheit, ja ihre rechtliche Unabhängigkeit blieb in einem gewissen Umfang sogar bis ins späte 17. Jahrhundert erhalten.

Im 11. Jahrhundert hatte der Borgo – von *burgus*, eine kleine befestigte Siedlung – längst jene Form angenommen, die er bis weit über das Mittelalter hinaus, ja im wesentlichen bis 1938, behalten sollte, als dann die Via della Conciliazione eine breite Schneise durch das alte Straßennetz bis zu St. Peter brach. Karten und Ansichten aus dem 16. bis zum 19. Jahrhundert und Urkundenmaterial vermitteln ein beredtes Bild. Innerhalb der Mauern Leos IV. war der Borgo weitergewachsen und hatte St. Peter und die benachbarten Heiligtümer, Konvente und Mausoleen umwuchert. Noch im 15. Jahrhundert gab es außerhalb der Mauern nichts als Felder. Eine *veduta* im ›Codex Escurialensis‹ zeigt den Blick, den diejenigen Romreisenden hatten, die sich der Stadt auf der Via Cassia vom Monte Mario her näherten (Abb. 202): die Leoninische Mauer, die *meta Romuli*, eine im 16. Jahrhundert abgebrochene Pyramide, das Spital von S. Spirito, so wie es Sixtus IV. 1471 bis 1486 hatte umbauen lassen, St. Peter und den Papstpalast. Weitab im Hintergrund sind der Gianicolo und die Mauern von Trastevere zu sehen; zur Linken Teile der Stadt, erkennbar am Pantheon, S. Agostino und dem Palazzo del Senatore auf dem Kapitol; und im Vordergrund breiten sich die Felder, die *prati*, aus. Noch im späten 19. Jahrhundert erstreckten sich diese Felder nördlich des Vatikanischen Palastes bis zum Monte Mario und noch weiter (Abb. 203). Innerhalb der Leoninischen Mauern breitete sich vor St. Peter und der Treppe zu seinem Atrium die recht formlose *cortina S. Petri* oder *Platea Sancti Petri* aus (Abb. 204). Von hier aus erstreckte sich die Siedlung bis hinunter zum Fluß und Castel S. Angelo – kleinere Kirchen, Ausländerviertel, Häuser, Gärten, Werkstätten und Läden. Am Petersplatz und an den Straßen zur Basilika standen Häuser mit Portiken, in denen wohl Läden und Verkaufsstände untergebracht waren; zwischen und hinter diesen Häusern

202. Blick auf den Borgo vom Monte Mario, um 1495. Zeichnung aus dem ›*Codex Escurialensis*‹, fol. 7ᵛ und 8ʳ

Die Entwicklung des Borgo

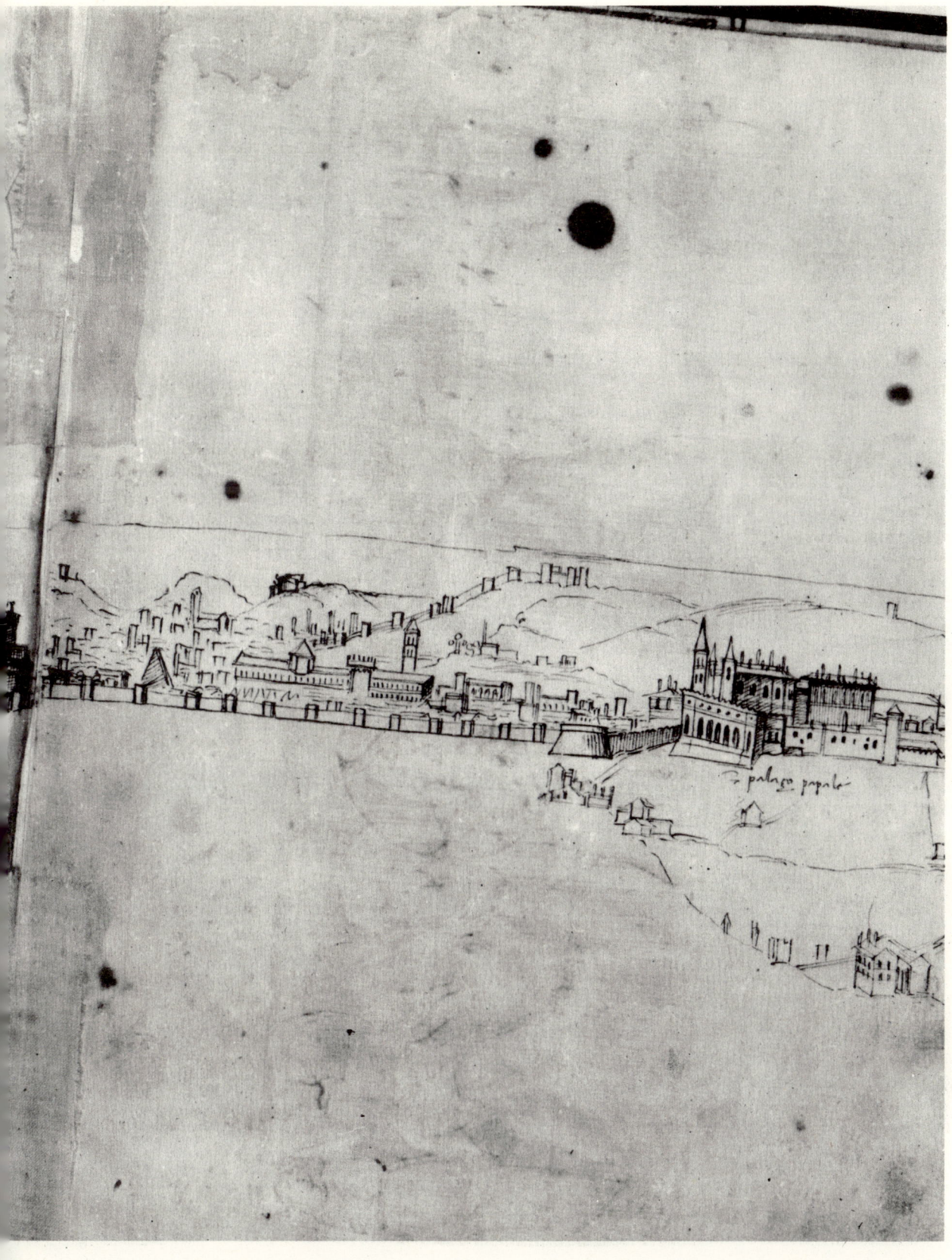

203. Die Prati und Monte Mario um 1880, im Vordergrund der Vatikanspalast des 16. Jahrhunderts und die Vatikanischen Gärten

gab es Gärten und zuweilen wohl auch ein unbebautes Grundstück. Zwei freilich recht enge Hauptdurchgangsstraßen gingen auf das antike Straßennetz zurück. Von Norden her kam entlang der altrömischen Via Triumphalis die *ruga Francigena*, die *Rue de France*, über die zunächst die Franken und später andere Reisende aus den Gebieten nördlich der Alpen die Leoninische Stadt durch die Porta Sancti Petri betraten. Auf dem Weg vom Monte Mario herab, von der Via Cassia kommend, blickten sie zum erstenmal auf Rom »mit seinen dichtgedrängten Türmen und mehr Palastbauten, als Menschen zu zählen vermögen« – dies schrieb Magister Gregor um 1200 an seine Confratres in England. Von Osten her führten zwei oder drei Straßen zu St. Peter, die alle von dem engen Brückenkopf bei Castel S. Angelo ihren Ausgang nahmen (Abb. 205). Sie sind auf Cartaros Karte von 1576 verzeichnet. Die Hauptdurchgangsstraße war der wahrscheinlich auf römischen Ursprung zurückgehende Borgo Vecchio. Diese Straße hatte vermutlich denselben Verlauf wie der Portikus von St. Peter in der christlichen Antike und endete an der südöstlichen Ecke der Treppe zum Atrium (1938 fiel die Straße dem südlichen Teil der Via della Conciliazione zum Opfer). Sie wurde verlängert von einer kleineren römischen Straße, der Via Cornelia, die um die Mausoleen und den Circus südlich der Basilika einen Bogen schlug. Weiter südlich führte eine Straße, der heutige Borgo S. Spirito, am Quartier der Angelsachsen vorbei, das dort lag, wo Innozenz III. im Jahre 1198 zum erstenmal Spital und Kirche von S. Spirito in Sassia angelegt hatte, die dann im 15. und 16. Jahrhundert neu gebaut wurden. Im großen und ganzen verlief diese Straße parallel zum Borgo Vecchio, wie es noch bis 1938 der Fall war. Eine dritte Straße, die offensichtlich eher mittelalterlichen als antiken Ursprungs war, mag entlang der Nordmauer der Leoninischen Stadt verlaufen sein. Zweifelhaft bleibt, ob schon vor dem Borgo Nuovo aus dem 15. Jahrhundert, der sich ungefähr entlang der Mitte der heutigen Via della Conciliazione hinzog,

Die Entwicklung des Borgo

irgendeine mittelalterliche Straße auf diesem Wege zum Petersplatz führte. Die von Osten nach Westen verlaufenden Straßen wurden von schmalen Straßen und Gassen in Nordsüdrichtung gekreuzt, die alle mittelalterlichen Ursprungs waren. Die wichtigste von ihnen führte an S. Spirito in Sassia vorbei zum Sächsischen Tor, von wo eine Landstraße nach Trastevere ausging. Nachdem der Pilger auch Trastevere bis fast zu seinem Südende durchquert hatte, überquerte er den Ponte S. Maria, Ponte Rotto, und ging dann unten am Aventin weiter bis zur Porta S. Paolo und von dort aus bis zu S. Paolo fuori le mura. Im frühen 11. Jahrhundert muß die Gegend nahe dem Petersplatz, der *cortina*, recht eng bebaut gewesen sein. 1030 wurde dort ein zweistöckiges Haus »mit seinem Stall, einem Torbau und einer Holztreppe« verkauft, das an drei andere Häuser angrenzte. Dazwischen gab es noch während des ganzen 12. Jahrhunderts Felder und Weingärten.

Die Straßen von St. Peter zur Brücke innerhalb der Leoninischen Stadt waren wichtige Verkehrsadern und zugleich große Einkaufsstraßen für Besucher und Pilger. Im Jahre 1041, wenn nicht schon vorher, muß das Geschäft sehr gut gegangen sein, denn damals wurde ein Haus »mit zwei Läden für den Verkauf ... mit einer Pergola und einem Vorhof« im sächsischen Quartier verkauft; zwei Jahre

205. Die Straßen des Borgo vor 1938

später wurden zwei doppelstöckige Häuser verkauft, »eines an den Portikus [die von Portikus gesäumte Straße?] angebaut, mit Läden im Inneren und den Portikus fürs Geschäft«; und 1127 dann »ein geheizter Raum, eine *caminata*, mit nach vorne gehenden Läden und einer Hütte nach hinten«. Tatsächlich erstreckten sich schon im Jahre 854 Häuser mit Lagerräumen und Kellern, mit Brunnen, Gärten und Weingärten zwischen St. Peter und dem Fluß. Auch um die Mitte des 11. Jahrhunderts wurden die Ladenbesitzer oder Gastwirte, die *tabernarii*, unter den Einwohnern der Leoninischen Stadt ebenso aufgezählt wie die Kellner oder Verkäufer, die *servientes*. 200 Jahre später war der Borgo anscheinend so sehr zum Touristenviertel, zur Via Veneto des mittelalterlichen Rom, geworden und die Gastwirte und Besitzer von Herbergen zu einem so mächtigen Wirtschaftsfaktor, daß sie nicht nur auf ihrem Gebiet ein Monopol beanspruchten, sondern sogar so weit gingen, sich gegenseitig ihre Gäste mit physischer Gewalt wegzunehmen. Brancaleone, der starke Mann, der im 13. Jahrhundert zum *senatore* gewählt worden war, legte gegen diese Gepflogenheiten sein Veto ein und gab den Pilgern das Recht, sich überall einzuquartieren, wo sie wollten, und auch überall ihre Lebensmittel zu kaufen – vielleicht war er von

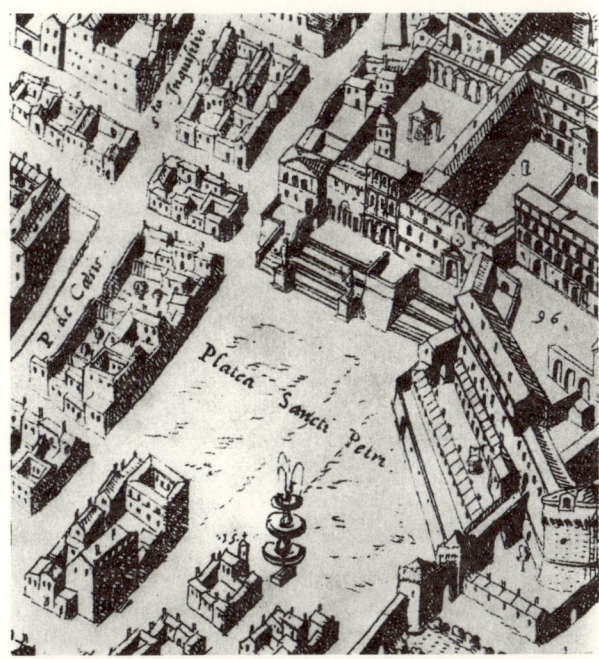

204. Romkarte von Du Pérac-Lafréry von 1577. Ausschnitt: Der Petersplatz mit Atrium und Mittelschiff der alten Basilika

den Gastwirten dazu veranlaßt worden, die sich jenseits des Flusses im eigentlichen Rom etabliert hatten.

Wie zu erwarten, drängten sich im 12. Jahrhundert und wahrscheinlich schon lange vorher die Geldwechsler in der Nähe der Basilika; im frühen 14. Jahrhundert hatten sie auf dem Petersplatz und den Treppen zum Atrium 49 Stände aufgestellt, die alle großen römischen Familien gehörten. Vor ihren Ständen boten Strohverkäufer seit dem 12. Jahrhundert oder schon vorher ihre Ware als Bettzeug an. Im Atrium der Peterskirche hatten die Buchhändler ihre Stände aufgestellt; im 14. Jahrhundert war einer von ihnen ein Jude. An den Straßen und auf dem Petersplatz gab es Kioske und Stände von Verkäufern religiöser Souvenirs, von Ikonen- und Votivbildmalern, von Phiolenverkäufern – vermutlich waren diese Fläschchen mit dem Öl der Lampen gefüllt, die in der Nähe der Grabstätte des heiligen Petrus brannten –, von Goldschmieden und Rosenkranzschnitzern; es gab Läden von Schuhmachern, Tuchhändlern und Beutelmachern und von den Kleinhändlern mit *generi alimentari*, Obst- und Gemüsehändlern, Öl- und Gewürzverkäufern, Fischhändlern. Tatsächlich waren schon um die Mitte des 13. Jahrhunderts diese Krämer auf die Stufen zum Atrium, ins Atrium selbst, den Narthex und sogar bis ins Innere der Kirche vorgedrungen, was anscheinend mit Zustimmung der Kanoniker vor sich gegangen war, die reichlich Abgaben von ihnen bezogen. Die Stadtverwaltung bemühte sich, diese Praxis im Zaum zu halten – selbstverständlich vergeblich. Kurz, die großen Durchgangsstraßen des Borgo, der Platz vor der Kirche und das Atrium mit seiner Treppe waren im Hochmittelalter zu einem einzigen großen Basar geworden.

Für den Borgo und seine Bevölkerung, die saisonbedingt von Pilgern vervielfacht wurde, brauchte man schon seit früher Zeit Herbergen und Krankenhäuser. Man erinnerte sich der Herbergen, die im 8. Jahrhundert zusammen mit den *diaconiae* von S. Silvestro und S. Maria ›*in caput portici*‹ eingerichtet worden waren, an das Krankenhaus von S. Gregorio auf dem Petersplatz und an die Urkunde von S. Stefano degli Abissini, in der die Mönche beauftragt wurden, sich um die Fußkranken zu kümmern. Aufgrund solcher Bedürfnisse, so kann man annehmen, wurde 1198 auch das Spital von S. Spirito in Sassia gegründet. Im 15. und 16. Jahrhundert wurde es durch neue Gebäude ersetzt. Im ersten Umbau entstand 1474 der prächtige Gebäudeflügel Sixtus' IV., der noch heute völlig intakt ist und sich vom Flußufer aus bis hinauf zur Porta S. Spirito, dem alten Sächsischen Tor, an der gleichnamigen Straße entlang erstreckt. Das Spital des 12. Jahrhunderts übernahm das angelsächsische Quartier, die *schola saxonum*, das damals schon längst nicht mehr genutzt wurde, und dehnte seine Grenzen vermutlich noch aus, was angesichts der mannigfaltigen Aufgaben, die die neue Gründung zu erfüllen hatte, wohl notwendig war: es sollte eine Herberge für Besucher von Rang sein, daneben gleichzeitig ein Armenhaus, ein Findlingsheim und Waisenhaus, eine Entbindungsstation und ein Heim für gefallene Frauen. Obendrein wurde dem Spital noch ausdrücklich aufgetragen, »einmal pro Woche auf den Straßen und öffentlichen Plätzen die kranken Armen zu suchen, sie in die Häuser von S. Spirito zu bringen und dort sorgsam zu pflegen«. Ob der Komplex nun von Innozenz III. als Wiedergutmachung für die Sünde des Stolzes eingerichtet wurde, die er sich mit dem Bau der Tor de' Conti, des größten Geschlechterturms in der Stadt, hatte zuschulden kommen lassen oder nicht, sei dahingestellt. Jedenfalls kam in den Aufgaben und der Organisation des Spitals von S. Spirito ein großartiges Programm zum Ausdruck. Leider aber müssen wir uns gänzlich auf unsere Einbildungskraft verlassen, wollen wir uns seine Anlage und sein Aussehen vorstellen.

Die Bruderschaft des Spitals war gemäß seiner Gründungsurkunde überall in Rom und nicht nur im Borgo tätig. Um 1200 scheint sich also ein neues Verhältnis zwischen dem Borgo, der Leoninischen Stadt, auf der einen Seite und Rom, der eigentlichen Stadt auf dem Ostufer des Tiber, andererseits herausgebildet zu haben. Rechtlich blieb die Leoninische Stadt von Rom getrennt. Aber in den Augen der Zeitgenossen stellte sie sich mehr und mehr als ein integraler Bestandteil der Stadt Rom dar. Sie beherbergte ja schließlich das Grab des heiligen Petrus und hatte sich um dessen Basilika herum entwickelt, war sozusagen aus ihr hervorgewachsen. Seine Kirche war das am meisten verehrte Heiligtum Roms, weit mehr als die Kathedrale am Lateran. Seit dem 11. Jahrhundert beanspruchten die Kanoniker von St. Peter den Vorrang ihrer Kirche vor der Lateranbasilika. Die heftige Kontroverse darum zog sich in Streitschriften von Kanonikern beider Kirchen über Jahrhunderte hin. Der Sieg derer von St. Peter war letztlich nicht aufzuhalten. Innozenz III.

Die Entwicklung des Borgo

besiegelte ihn offiziell, als er, wie man sich erinnern wird, die Basilika in seiner Inschrift auf dem Apsismosaik der Peterskirche die ›Mutter aller Kirchen‹ nannte, was bislang der traditionelle Titel der Kathedrale am Lateran gewesen war. Der Apostel und sein Nachfolger, der Papst, waren ja miteinander identifiziert worden, und beide waren gleichbedeutend mit Rom geworden. Aufgrund dessen konnten St. Peter und seine Vorstadt, die Leoninische Stadt, gar nicht mehr als von Rom unterschieden und abgetrennt aufgefaßt werden. Im Hochmittelalter gehörten St. Peter und mit der Kirche auch der Borgo zwar nicht dem Buchstaben des Gesetzes nach, aber der allgemeinen Volksmeinung zufolge zu Rom.

Nichtsdestoweniger erhielt sich der Borgo innerhalb des städtischen Gefüges während des hohen und späten Mittelalters eigene Züge. Seine Lage schützte ihn vor dem römischen Pöbel ebenso wie vor jeder Besatzungsmacht, die die Stadt hätte einnehmen können. Castel S. Angelo und die Mauern Leos IV. sorgten, wenn auch nicht immer in wirksamer Weise, für Schutz gegen feindliche Angriffe von außerhalb. Insbesondere beherbergte der Borgo die Basilika des Apostels, dessen Name zum Synonym des Papsttums geworden war. Daher wurde die Leoninische Stadt zu einem Zufluchtsort für die Nachfolger Petri: ein befestigter und geheiligter Bereich, ein integraler Bestandteil Roms, der jedoch am Rande der Stadt lag, leicht zu verteidigen und ein geeigneter Ausgangspunkt für Gegenangriffe. In Zeiten der Bedrängnis suchten Päpste Sicherheit im Borgo: sie konnten sich im Castel S. Angelo verschanzen, wie es Gregor VII. 1084 tat, als sich sowohl Rom als auch die Leoninische Stadt in Feindeshand befanden; oder sie konnten nach St. Peter hinüberziehen, wie dies Eugen III. und Hadrian IV. um die Mitte des 12. Jahrhunderts taten, als sie durch die römische Republik vom Lateran abgeschnitten waren. Sie wohnten damals in den alten Papstgebäuden, die im 5. und 9. Jahrhundert offensichtlich südlich der Peterskirche auf dem Gelände des Campo Santo Teutonico oder in seiner Nähe errichtet worden waren. Auch nördlich der Kirche lagen einige solche Gebäude, die entweder an die Seitenwände von Atrium und Kirche direkt angebaut oder durch eine Gasse von ihnen getrennt waren. Im 12. und 13. Jahrhundert waren diese Unterkünfte, die vor Hunderten von Jahren nur zum zeitweiligen Gebrauch geplant gewesen waren, in einen schlechten Zustand geraten und reichten nicht mehr aus, um dem ins Riesenhafte angeschwollenen päpstlichen Hof und seiner Bürokratie auf Dauer als Residenz zu dienen. Man brauchte neue Quartiere, stark genug, um einer Belagerung widerstehen zu können, falls dies notwendig sein sollte. Ein Anfang mag kurz vor 1150 gemacht worden sein, als Eugen III. einen ›neuen Palast‹ bauen ließ; wenn dieser freilich tatsächlich direkt an die Basilika angebaut war, wie eine Urkunde behauptet, wird man wohl kaum jemals mehr eine Spur von ihm finden können. Der Kern jenes Palastes andererseits, den Innozenz III. um 1208 errichtete und der zwei Generationen später dann von Nikolaus III. und seinen Nachfolgern bis 1300 erweitert wurde, hat auf dem Hügel nördlich der Kirche überlebt. Er bildet einen Teil des heutigen Vatikanischen Palastes und wird von dessen wuchernden Ausläufern überdeckt, ist aber dennoch im wesentlichen gut erhalten geblieben (Abb. 161). Im frühen 14. Jahrhundert stand also eine große mittelalterliche Papstresidenz oben auf dem Vatikanischen Hügel, die über den Borgo und, jenseits des Flusses, auf Rom hinüberblickte. Mit ihren starken Befestigungen stellte sie immer noch vor allem eine Zufluchtsstätte dar; zusätzliche Unterstützung gewährten die Mauern des Borgo, auch wenn sie den Palast nicht umschlossen, und zusammengenommen bildeten Castel S. Angelo, der Borgo und der Papstpalast ein gewaltiges Verteidigungsbollwerk: eine Festung für die Päpste, Schutz für St. Peter und für die Menschen, die im Borgo ihren Geschäften nachgingen, und ein bedrohliches Memento für die immer zur Rebellion neigenden Römer.

Eine Schlüsselstellung in der Verteidigung des Vatikan hatte natürlich Castel S. Angelo inne, wie es sie seit langem schon für die Verteidigung des Borgo und der Peterskirche eingenommen hatte (Abb. 206). Sein Wert für die Verteidigung der päpstlichen Festung wuchs noch, als es im späten 12. Jahrhundert widerspruchslos in den Besitz des Papstes überging und nicht mehr wie bislang unter den streitsüchtigen Adelsgeschlechtern Roms von einem zum anderen gereicht wurde. Die Befestigungen der Engelsburg waren fortwährend verbessert worden, und noch weitere 400 Jahre lang wurde an ihnen gearbeitet. Schon im 11. Jahrhundert ragte ein hoher, zinnenbewehrter Turm aus dem massigen Grundzylinder. Man kann ihn auf der ältesten erhaltenen Karte Roms erkennen, derjenigen, die Fra Paolino 1323 zeichnete, die aber möglicherweise auf

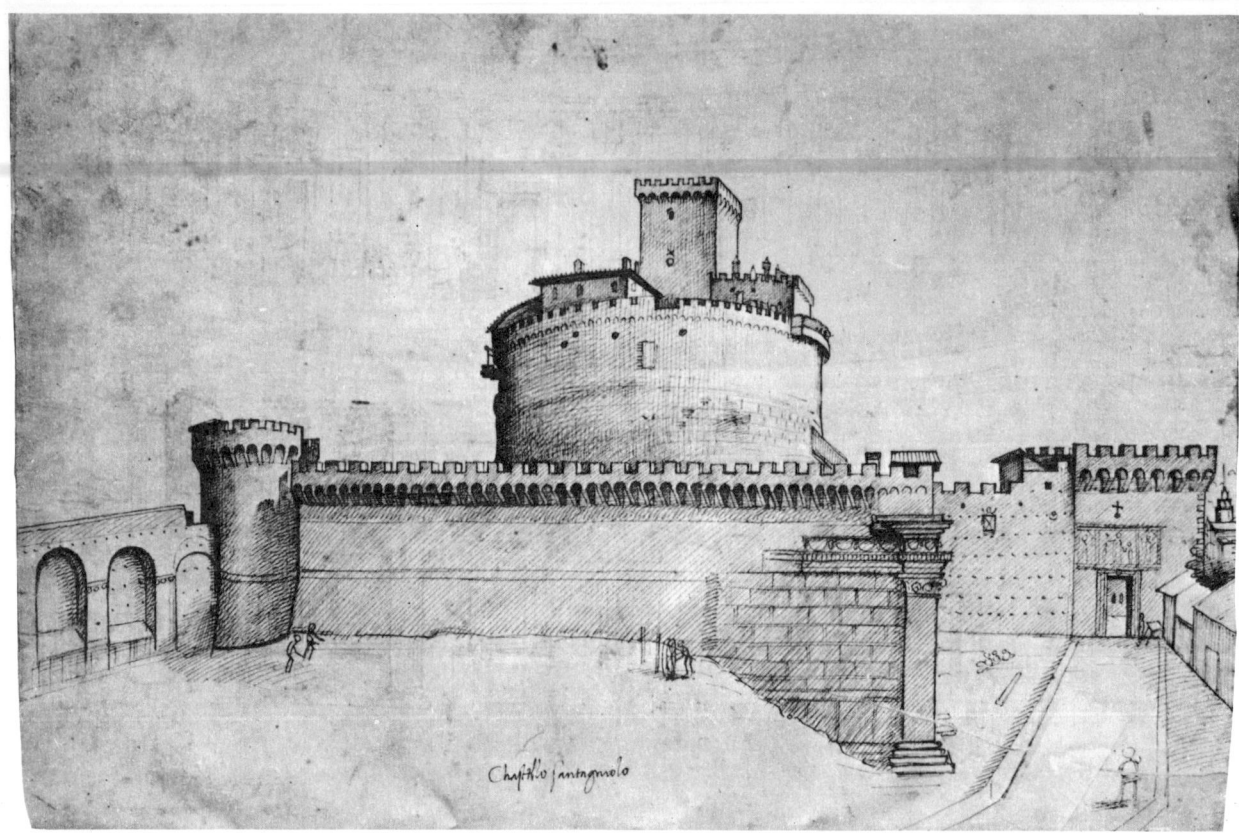

206. Die Engelsburg von Süden, um 1495. Zeichnung aus dem ›*Codex Escurialensis*‹, fol. 30^v

einem Original aus dem 13. Jahrhundert basiert (Abb. 182). Der rechteckige Turm, der 1379 neuerrichtet wurde, und die runde Masse des Mausoleums mit dem betürmten Brückenkopf an seiner Vorderseite wurden zu Hauptmerkmalen römischer *vedute*, beginnend mit der Karte des Fra Paolino und der Goldenen Bulle Ludwigs des Bayern von 1328 (Abb. 160, 207, 208, 223) bis hin zu den präziser gezeichneten, wenn auch späteren Ansichten vom Zeichner des ›*Codex Escurialensis*‹ gegen Ende des 15. Jahrhunderts (Abb. 206, 225).

Der mittelalterliche Vatikanspalast und der Borgo hatten, geschützt durch die Festung des Castel S. Angelo und durch die Leoninischen Mauern, einen im wesentlichen defensiven Charakter und waren sorgsam gegen die Stadt jenseits des Flusses abgeschirmt. Die ständige Residenz der Päpste blieb zwar bis zum 15. Jahrhundert, wenigstens idealiter, beim Lateran. Dennoch hatten sich der Borgo und St. Peter seit dem 11. Jahrhundert zu einem Magneten entwickelt, der die Ausbreitung des *abitato* jenseits des Flusses in ihrer Richtung beeinflußte und eine Anziehungskraft ausübte, die sich dann im 12. und 13. Jahrhundert ungeheuer verstärkte. Die Verlagerung des höchsten Ranges unter den Kirchen von der Lateranbasilika auf die Peterskirche, der allmähliche Ausbau einer Papstresidenz in ihrer Umgebung, die Nähe der mittelalterlichen Stadt zum Ostufer des Tiber, die wirtschaftliche Bedeutung des Borgo und seine starken Verteidigungsanlagen – sie alle zogen den *abitato* immer machtvoller zum Ponte S. Angelo hin und ins Tiberknie hinein. Das Grab Petri, seine Basilika und der Borgo bildeten den wichtigsten Bezugspunkt in der Entwicklung und Veränderung der Topografie des mittelalterlichen Rom.

XII.

Der ›Abitato‹

Die Karte Roms und die äußere Erscheinung des *abitato* wie des *disabitato* änderten sich zwischen dem 11. und dem 13. Jahrhundert allmählich, aber von Grund auf. Ursache hierfür waren der Aufstieg der Stadt zu einem großen Verwaltungsmittelpunkt und ihre Stellung als Sitz des obersten Gerichtshofs des Westens sowie die Bevölkerungsexplosion, die zu dieser Entwicklung parallel ging. Die drei Gegenden, die schon im Frühmittelalter östlich und westlich des Flusses bebaut gewesen waren, wuchsen zu einer geschlossenen und, wie es scheint, dichtbevölkerten Stadt zusammen. In Trastevere rückten kleinere Kirchen, Klöster und die schon im 11. Jahrhundert sehr eng beieinander stehenden Wohnhäuser nach Norden bis S. Maria und zur Porta Settimiana vor. Die Tiberinsel wurde zu einem befestigten Bindeglied zwischen Trastevere und dem Ostufer. Hier verschmolzen die beiden schon früh entwickelten Gegenden, die Ripa, die sich vom Flußufer aus bis an den Südabhang des Kapitols ausbreitete, und der Bereich zwischen dem Viertel um das Pantheon herum und der Piazza Navona, zu einem einzigen bebauten Areal, das sich nach Westen vordrängte, um schließlich das gesamte Tiberknie auszufüllen. Gleichzeitig breitete sich die Stadt auch nach Norden weit ins Marsfeld hinein und nach Osten bis zum Fuß des Quirinal und in die Gegend um den späteren Trevibrunnen herum aus. An den Rändern des *abitato* wurden der Borgo und St. Peter im Westen und das Kapitol im Osten zu den neuen Brennpunkten des römischen Stadtgebiets. Kurz, der *abitato* nahm das Aussehen an, das er mindestens bis zur Renaissance beibehalten sollte und das in einigen Teilen der Stadt seinem Kern nach bis heute erhalten geblieben ist. Weiter draußen entwickelten sich die Weiler, die sich schon in früher Zeit um Kirchen herum geformt zu haben scheinen, wie beispielsweise um S. Maria Nova – heute S. Francesca Romana – am Ostende des Forums oder um S. Maria Maggiore herum, zu recht ansehnlichen Vorstädten, die mit dem eigentlichen *abitato* locker verbunden waren.

Die große Siedlung um den Lateran herum lag weit draußen im *disabitato* und wurde zu einer regelrechten Satellitenstadt, und überall im Brachland vermehrten sich die Bauerngehöfte ebenso wie die befestigten Klöster und Familiensitze mit ihren Türmen.

Der Bereich im Tiberknie, der von der Piazza Navona und dem Campo dei Fiori nach Westen und Süden bis zum Fluß reichte, also mehr oder weniger der heutige *rione* Ponte und Teile der *rioni* Parione und Regola, scheint sich seit dem späten 11. Jahrhundert gefüllt zu haben. Die Gründungsdaten neuer Kirchen und Klöster können hier als Leitwerte gelten. Wo bis 1050 nur ein paar wenige Oratorien und kleinere Kirchen gebaut worden waren – eine auf dem Hügel des Monte Giordano, eine weitere, S. Lucia della Tinta, abseits des Flußufers nördlich der Via di Monte Brianzo –, entstand während des 11. und 12. Jahrhunderts eine wahre Fülle von Kirchen. Der alte *titulus* von S. Lorenzo in Damaso, der seit dem 9. Jahrhundert nur mehr selten erwähnt worden war, wurde anscheinend zu neuer Bedeutung erhoben: kurz nach dem Jahr 1000 gab es wieder eine fast ununterbrochene Reihe von Titularkardinälen. Zwischen 1173 und 1176 wurden die Grenzen zwischen S. Lorenzo und der ebenfalls mächtig gewordenen alten *diaconia* von S. Eustachio neu festgelegt, und 1186, als sein Titularkardinal als Urban III. zum Papst gewählt wurde, scheint S. Lorenzo die wichtigste Kirche im Tiberknie gewesen zu sein. Zu dieser Zeit lagen nicht weniger als 65 Kirchen innerhalb ihres Jurisdiktionsbereichs, der den gesamten südwestlichen Sektor des Gebiets im Tiberknie einnahm, etwa vom Ponte S. Angelo bis zur Gegend gegenüber der Nordspitze der Insel. Einige der Kirchen, die 1186 aufgezählt werden, haben bis heute überlebt; entweder wurden sie durch prachtvolle Bauten einer späteren Zeit ersetzt, oder sie blieben die bescheidenen kleinen Basiliken und behielten ihre ursprüngliche Anlage bei, selbst wenn sie nur schlecht restauriert wurden. Zu den ersteren

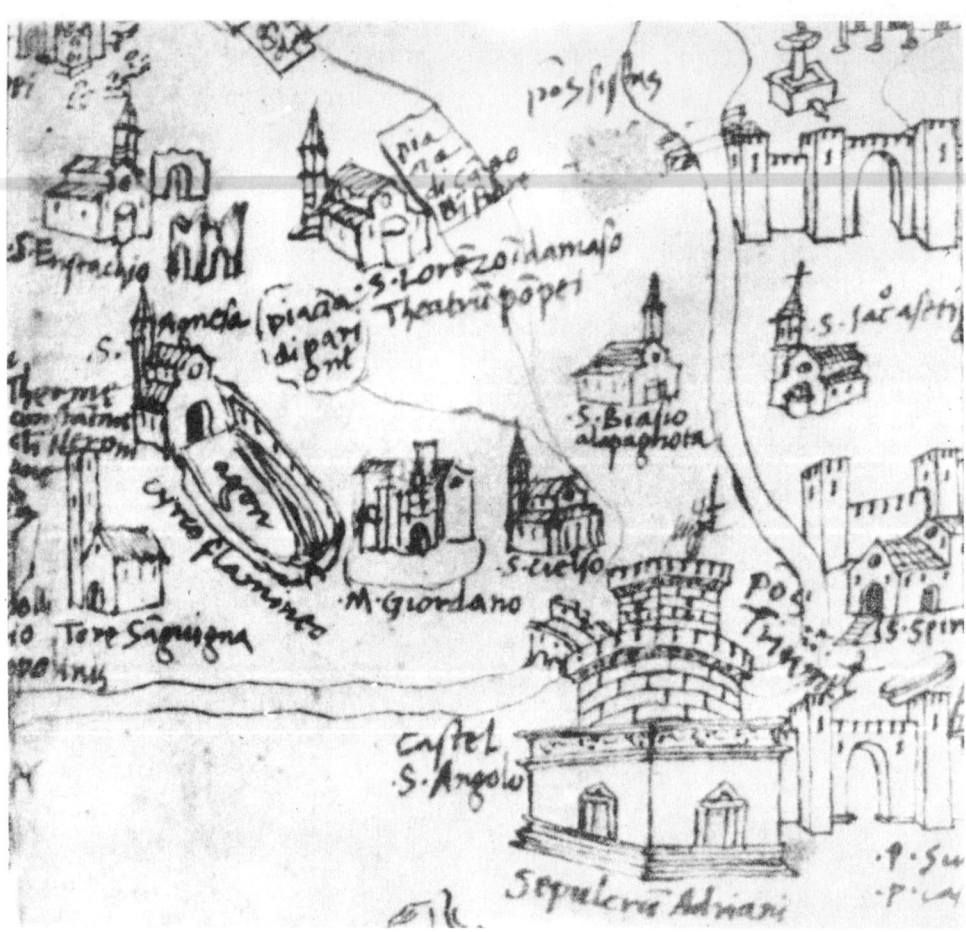

207. Die Romkarte des Alessandro Strozzi von 1474 (Original um 1450). Ausschnitt: Kirchen und befestigte Herrenhäuser im Tiberknie – Florenz, Biblioteca Laurenziana

gehören S. Agnese in Piazza Navona, S. Maria in Vallicella, S. Salvatore in Lauro; zu letzteren S. Tommaso in Parione, S. Salvatore in Onda, S. Maria in Monticello nahe der Via Arenula und S. Nicola dei Calcararii (auch: dei Cesarini) auf dem Gelände des Largo Argentina, die im Jahre 1932 bis auf die Fundamente der Apsis und die Krypta abgebrochen wurde. Freilich mögen etliche der 65 Kirchen, die 1186 als S. Lorenzo untergeordnet aufgezählt wurden, schon seit einiger Zeit bestanden haben. Aber diejenigen von ihnen, die aufgrund von Inschriften oder Urkunden datiert werden können, scheinen alle nicht sehr lange vorher gegründet worden zu sein: S. Maria in Monticello zwischen 1099 und 1118, aber erst 1143 geweiht, S. Salvatore in Onda vor 1127, S. Nicola dei Calcararii 1132 geweiht, S. Tommaso in Parione 1139. Andere Kirchen in derselben Gegend, die nicht datiert werden können, wurden jedoch anscheinend in jener Zeit umgebaut. Ein Beispiel ist S. Celso nahe dem Ponte S. Angelo. Die Kirche wird 1127 zum erstenmal er-

wähnt und wurde dann im 16. und 18. Jahrhundert umgebaut. Sie ist in einem Fresko des Benozzo Gozzoli direkt links von Castel S. Angelo dargestellt (Abb. 208): eine geräumige Basilika mit Narthex, die offensichtlich aus dem 12. Jahrhundert stammt. Auch die Apsis der kleinen Kirche auf dem Monte Giordano, SS. Simeone e Giuda, scheint aus einem Umbau des 12. Jahrhunderts zu stammen. Offenbar ist in dieser Gegend vom 11. bis weit ins 12. Jahrhundert hinein ein konsequentes Wiederaufbauprogramm durchgeführt worden. Die große Zahl der Pfarrkirchen und die Prozesse, die um die Grenzen der Pfarrbezirke geführt wurden, deuten auf dichte Bebauung und starke Bevölkerung in diesem ganzen Bereich. Mitte des 15. Jahrhunderts dokumentiert die Strozzi-Karte die Hauptzüge dieser Gegend im Tiberknie: Kirchen, turmbewehrte Herrensitze wie der Monte Giordano, *piazze* – Piazza Navona, Campo dei Fiori, Piazza di Parione, die vermutlich die heutige Piazza S. Pantaleo ist – und die Straßen, die zum Ponte S. Angelo hinführen (Abb. 207). Das

Der ›Abitato‹

gleichzeitig entstandene Fresko Gozzolis gibt einen lebendigen Eindruck von der dichtgedrängten Bebauung dieses Viertels, das vom Pantheon und weit im Hintergrund vom Kapitol und S. Maria in Aracoeli überragt wird (Abb. 208).

Daß sich der *abitato* im Verlauf des 11. und 12. Jahrhunderts nach Westen ins Tiberknie hinein ausdehnte, war eine ganz natürliche Entwicklung. Der Borgo wirkte wie ein Magnet und zog die Stadt auf dem Ostufer in Richtung auf den Ponte S. Angelo, des einzigen Verbindungsgliedes, an. Der Borgo beherbergte das Grab des heiligen Petrus und seine Basilika, in ihm fanden die Pilger Unterkunft und Verpflegung, seine Buden, Stände und Läden bildeten ein Handelszentrum von Rom, in seinen Straßen fanden sich die Geldwechsler und Bankiers, und seit dem frühen 13. Jahrhundert hatten sich die Päpste dort auch eine Residenz eingerichtet. Natürlich zog es die Geschäftsleute zum Ponte S. Angelo hin, in die Gegend, die dem Handelszentrum im Borgo gegenüberlag. Man möchte sogar meinen, daß Kaufleute und Bankiers sich an der Piazza del Ponte, dem Platz auf dem linken Tiberufer gegenüber von Castel S. Angelo, und in den benachbarten Straßen schon lange vor ihrer ersten Erwähnung in dieser Gegend im späten 14. Jahrhundert niedergelassen hatten; daß die Via dei Banchi Vecchi schon 200 oder 300 Jahre vor dem urkundlich belegten Auftreten dieses Namens die Kaufmannstraße, die *Via Mercatoria*, war, in der sich das Geschäftsviertel des Borgo fortsetzte; und daß sich in dieser Gegend auch Gasthäuser einzurichten begannen. Diese wurden hier zwar erst im 14. Jahrhundert zum erstenmal erwähnt, drängten sich dann allerdings im 15.; aber das Monopol, das die Gastwirte des Borgo im Jahre 1235 für sich beanspruchten und durchzusetzen versuchten, läßt vermuten, daß sie die unwillkommene Konkurrenz auf dem Ostufer des Tiber zu fürchten hatten.

Während sich der *abitato* nach Westen hin ausdehnte und das Tiberknie auszufüllen begann, verschmolzen die bebauten Gegenden um das Pantheon herum und von der Ripa bis zum Fuß des Kapitols und westlich bis zur Via Arenula und zum Pompejustheater allmählich miteinander, wurden dichter und dichter besiedelt und breiteten sich aus. Die Ripa, die Gegend am Flußufer gegenüber der Insel bis hinunter zum Südabhang des Kapitols, und die Insel selbst erreichten unter der mächtigen Schutzherrschaft der Pierleoni seit dem 11. Jahrhundert eine neue Blütezeit. S. Maria in Porticu wurde 1073 geweiht; 1665 wurde die kleine Kirche, die ein verehrtes Madonnenbild barg, auf ein nahe gelegenes Grundstück verlegt und durch die prächtige große Kirche S. Maria in Campitelli ersetzt. Eine weitere Kirche, S. Nicola in Carcere, die anscheinend an die Stelle eines älteren Heiligtums trat, wurde 1128 geweiht. Auf der Nordspitze der Insel scheint die Kirche S. Giovanni Calabita, die schon 1018 existiert hatte, in der ersten Hälfte des 12. Jahrhunderts umgebaut worden zu sein (Abb. 209). Weiter im Süden mußte die von Otto III. gegründete und anscheinend recht kleine Kirche S. Bartolomeo entweder 1113 oder erst ein halbes Jahrhundert später der großen Basilika weichen, die dort noch heute, zwar neu ausgestattet, aber im wesentlichen unverändert besteht. Ganz in der Nähe besaß der Bischof von Porto im frühen 11. Jahrhundert ein Haus, eine *curtis*, um die herum sich dann eine dichtbebaute Ansiedlung entwickelt haben muß. 100 Jahre später übernahmen die Pierleoni die Insel und befestigten sie; sie blieb dann viele Jahrhunderte lang ihre Festung. Eine Ansicht im ›*Codex Escurialensis*‹ von kurz vor 1500 zeigt die Kirche S. Giovanni Calabita und den Turm von S. Bartolomeo, der sich hinter den Zinnen eines hohen und befestigten Hauses erhebt. Zu diesem Haus gehört ein Turm, der auf die Ripa hinüberblickt und die Brücke beherrscht, die in der Antike *Pons Fabricius* und im Mittelalter *Ponte Quattro Capi* oder *Pons Judaeorum* hieß (Abb. 209). Der Turm, der 1192 zum erstenmal erwähnt wird, und mindestens ein Teil des zugehörigen Herrenhauses sind bis heute erhalten geblieben (Abb. 240). Die Ziegelbauweise des Turms läßt ein Entstehungsdatum im 12. Jahr-

208. Ansicht des *abitato* im Tiberknie um 1465. Ausschnitt aus einem Fresko von Benozzo Gozzoli – S. Agostino in S. Gimignano

209. Blick flußabwärts auf die Tiberinsel und den Ponte Fabricio, um 1495, mit Schiffsmühlen im Vordergrund und der mittelalterlichen Kirche S. Giovanni Calabita rechts. Zeichnung aus dem ›*Codex Escurialensis*‹, fol. 27ᵛ

hundert vermuten. Er mag von den Pierleoni errichtet worden sein; um 1300 fiel er an die Caetani.

Ebenso wie der Kernbereich des *abitato* auf dem Ostufer und die Siedlung auf der Tiberinsel scheint sich auch Trastevere vom 11. bis zum 15. Jahrhundert ausgedehnt zu haben und immer dichter bebaut worden zu sein. Die einzelnen Wachstumsphasen sind hier nicht so klar dokumentiert wie diejenigen einiger Gegenden auf dem Ostufer. In der Gegend um S. Maria in Trastevere wurden schon 1038 die Häuser Wand an Wand gebaut, und im 12. Jahrhundert scheint ganz Trastevere dicht besiedelt gewesen zu sein – doch man sollte im Gedächtnis behalten, wie schmal und kurz die bebaute Fläche bis ins 16. Jahrhundert hinein blieb: nirgends außer an ihrem Nordende hinter S. Maria in Trastevere reichte sie bis an den Fuß des Gianicolo. Der alte Konvent von SS. Cosma e Damiano in Mica Aurea, heute S. Cosimato, und S. Francesco a Ripa lagen weit draußen zwischen den Feldern. Westlich von S. Cecilia gab es keine Häuser, und südlich der Ripa Grande lagen nur noch Gärten am Flußufer.

Doch innerhalb des besiedelten Gebiets müssen sich schon seit früher Zeit große Herrenhäuser und die Geschlechtertürme der Adelsfamilien erhoben haben. Solche Häuser wurden noch bis ins 14. und 15. Jahrhundert hinein gebaut. Eine Ansicht vom Aventin aus von kurz vor 1500 im ›*Codex Escurialensis*‹ zeigt diese hochaufragenden Bauten: allein stehende Türme, turmbewehrte Anlagen und große Häuser mit Stufengiebeln und Zinnen, wie man sie normalerweise eher in den Niederlanden und in Deutschland als in Rom zu sehen bekommt; es sind jedoch auf jeden Fall spätmittelalterliche Bauten (Abb. 210). Tatsächlich lebten im 11. und 12. Jahrhundert einige der bedeutendsten römischen Familien in Trastevere oder bildeten dort ihre Vormachtstellung aus: die Pierleoni, die Papareschi, die Stefaneschi, die Tebaldi. Ihre Geschlechtertürme erhoben sich, wie wir sehen werden, überall in diesem Viertel und blieben während des ganzen Mittelalters in ihrem Besitz, auch noch lange nachdem sie, wie zum Beispiel die Pierleoni, ihren Hauptwohnsitz in der eigentlichen Stadt auf dem Ostufer genommen hatten. Zur selben Zeit aber war Trastevere, zumindest im 11. Jahrhundert, ein Viertel der Geschäftsleute. Immer wieder erscheinen neben ortsansässigen Handwerkern, Schuhmachern, Töpfern und Stellmachern auch Kaufleute, *negotiatores*, die vermutlich ebenfalls hier lebten, als Zeugen in Urkunden für den Konvent von SS. Cosma e Damiano in Mica Aurea im Außenbezirk von Trastevere. Einige dieser *negotiatores* mögen wohl kleine Krämer gewesen sein, möglicherweise mit einem Stand im nahe gelegenen Borgo oder einem Laden in Trastevere. Andere aber waren wie jener 1041 erwähnte ›*vir magnificus negoticus*‹ große Kaufleute oder möglicherweise Bankiers. Sicherlich waren dies die Pierleoni im 11. Jahrhundert. Ob es nun eine Verbindung zwischen den Adelsfamilien und den Kaufleuten und Bankiers oder auch den Juden, die in Trastevere wohnten, gegeben hat oder nicht, muß eine offene Frage bleiben. Zwar bilden die Pierleoni, die in Trastevere führende Sippe, genau ein solches dreifaches Bindeglied, aber wir wissen einfach nicht, ob irgendwelche anderen adligen Trasteverini als Geschäftsleute angefangen haben oder frühzeitig als Kaufleute tätig wurden.

Zur selben Zeit, als sich der Kern des *abitato* einheitlicher zusammenschloß und dichter besiedelt wurde und sich ins Tiberknie hinein ausbreitete, dehnte er sich auch an seinen Rändern aus (Abb. 211). Im Norden wurde das Marsfeld im Verlauf des 12. Jahrhunderts am Rande dicht bebaut. 1194 zählte das Nonnenkloster von S. Maria in Campo Marzio mehr als 150 Häuser zu seinem Besitz, von denen die Hälfte in der Nähe des Klosters selbst lagen, während die anderen nach Norden hin bis fast zur Piazza Nicosia und zur Piazza Borghese verstreut waren, wo man 1139 das Oratorium S. Cecilia de Posterula gebaut hatte. Dies wurde zwar im 18. Jahrhundert von der kleinen Kirche der Madonna del Divino Amore ersetzt, aber sein romanischer Glockenturm ist erhalten geblieben. Nach Osten hin erstreckten sich die Häuser aus dem Besitz des Klosters bis in die Nachbarschaft von S. Silvestro in Capite. Die Häuser, die um das Kloster

210. Blick vom Aventin auf Trastevere und im Hintergrund auf den *abitato* auf dem linken Ufer, um 1495. Zeichnung aus dem ›*Codex Escurialensis*‹, fol. 56ᵛ

211. Romkarte von Du Pérac-Lafréry von 1577. Ausschnitt: Der *abitato* (die nachmittelalterliche Bebauung ist abschattiert)

selbst standen, können nicht anders als in Häuserreihen dicht an dicht gebaut gewesen sein. Ein oder zwei mittelalterliche Häuser unsicheren Datums sind auf der Piazza di Campo Marzio erhalten geblieben – ihre Kolonnaden mit ionischen Kapitellen und einem schlichten Architrav sind noch heute in die Mauern eines späteren Palazzo eingelassen. Nichtsdestoweniger muß es noch mitten im Herzen der mittelalterlichen Stadt große unbebaute Flächen gegeben haben: noch um 1280 konnten die Dominikaner ihre riesige neue Kirche, S. Maria sopra Minerva, und den daran anschließenden Konvent über den Ruinen des antiken Heiligtums der Minerva oder in ihrer Nähe errichten. Diese etwas östlich des Pantheons und nicht mehr als einige 100 Schritte westlich des Corso gelegene Gegend scheint sich zu jener Zeit noch einen vorstädtischen Charakter erhalten zu haben. Die Dominikaner mochten sich, wie es sich für einen Bettelorden geziemte, gerade solch ein Grundstück am Rande der Stadt ausgesucht haben. Andererseits muß freilich auch der Kernbereich des *abitato* im späten 13. Jahrhundert gänzlich überbaut gewesen sein und konnte deswegen keinen Baugrund mehr bieten (Abb. 212, 213). Außerdem brauchte man in dem übervölkerten Stadtzentrum keine neuen Kirchen mehr, und tatsächlich wurden dort bis zum 15. und 16. Jahrhundert keine mehr gebaut.

Mit der dichten Bebauung des *abitato* wurde die Wasserversorgung zu einem Problem. Die Aqua Vergine reichte niemals weiter als bis zum Pantheon, wenn sie dieses Viertel überhaupt noch versorgte. Ihr Hauptabfluß blieb östlich des Corso – die Fontana di Trevi. In den übrigen Gegenden des *abitato* mußte man sich aus Brunnen und mit Tiberwasser versorgen. Tatsächlich scheinen Brunnen über die ganze dichtbevölkerte Gegend und noch darüber hinaus verstreut gewesen zu sein: in Kauf-und Mietverträgen werden solche Brunnen unterhalb des Aventin, südlich von S. Maria in Cosmedin und in der Nähe von S. Maria Nova erwähnt. Andere sind in Straßennamen dokumentiert: Vicolo dei Pozzi, Via del Pozzo, Piazza oder Via del Pozzetto. Es gibt sie von der Tor de' Conti bis hin zu S. Maria in Via, in Trastevere bei S. Maria in Trastevere und im Tiberknie.

Der Kernbereich des *abitato* dehnte sich auch nach Osten aus. In geringer Entfernung östlich des Corso auf der Höhe der heutigen Piazza Colonna hatte sich schon recht früh eine Siedlung um den Trevibrunnen herum gebildet. Um die Mitte des 10. Jahrhunderts gab es in jener Gegend am Fuße des Quirinal ein paar kleine Kirchen, als Außenposten in den Feldern von S. Silvestro in Capite. Die alte Pilgerherberge, die Belisarius gegründet hatte, die wahrscheinlich aber nicht mehr in Gebrauch war, und ihr Oratorium am Trevibrunnen, S. Maria in Xenodochio, mögen den Kern gebildet haben. 1042 ist die Kirche S. Maria in Via zum erstenmal bezeugt. Damals war sie anscheinend noch eine kleine Kapelle, bis sie dann im 16. Jahrhundert durch die große, wenngleich nicht übermäßig interessante Kirche hinter der Galleria ersetzt wurde. Während des ganzen 11. Jahrhunderts wurde in dieser Gegend anscheinend eine konsequente Besiedlungspolitik verfolgt, nun nicht mehr nur durch S. Silvestro in Capite, sondern auch durch S. Maria in Via Lata und das an sie angeschlossene Nonnenkloster von S. Ciriaco, das zu jener Zeit offenbar zu einem großen Grundbesitzer in dieser Gegend geworden war. 1019 verkaufte der Konvent von S. Ciriaco vier kleine Grundstücke, »um darauf Häuser direkt neben S. Maria in Xenodochio bauen zu lassen«, offensichtlich winzige Häuschen. 1042 wurde ein Haus verkauft, »das vor kurzem gebaut worden ist ... als Wohnhaus ... mit Apfelbäumen ... nicht weit von der Kirche S. Maria in Via«. Um 1065 wurden Immobilienbesitz und Hütten, die in den Quellen *casarine* heißen, schon weiter oben am Quirinal verkauft, in der Nähe der Rossebändiger. Die Gegend bewahrte sich anscheinend noch lange einen halbländlichen Charakter. Bis weit ins 13. Jahrhundert hinein waren Häuser in der Nähe des Trevibrunnens, die zum Besitz von S. Silvestro in Capite gehörten, nur einstöckig und hatten Gärten, bei manchen stand noch eine zusätzliche Hütte im Garten; oder sie waren schlichte Häuschen mit Gärten; oder aber es lagen mehrere Häuschen in einem Garten, wie dies bei einem Grundstück unterhalb des Quirinalnordabhangs noch 1217 der Fall war, das zwischen zwei Gärten lag und in dem es einige Gewölbe, vielleicht antiken Datums, gab. Zwei aneinandergebaute Häuser, die heute dem Trevibrunnen gegenüberstehen, scheinen aus einer Zeit zu stammen, als sich der ländliche Charakter dieser Trevi-Vorstadt allmählich verlor. Ihre ionischen Kapitelle und kunstlosen Säulen, die einen durchgehenden Portikus mit Gebälk tragen, legen als Entstehungszeit das 13. oder möglicherweise 14. Jahrhundert nahe. Im großen und ganzen jedoch erhielt sich der Rand des *abitato* seinen ländlichen Charakter bis weit ins Hochmittelalter hinein. Der Besitz von S. Silvestro in Capite, der sich nördlich der Piazza Colonna bis zu S. Lorenzo in Lucina erstreckte, bestand aus Gärten mit kleinen Häuschen: über eines von ihnen waren 1207 und sogar noch 1229 anstelle eines Dachs bloße Zeltplanen gespannt. Es war alles recht vorstädtisch und wirkte praktisch wie auf dem offenen Land.

Aus dem Zeremoniell der Papstprozessionen ist der Verlauf der Hauptstraßen durch den Kernbezirk der Stadt mit einiger Genauigkeit zu erkennen. Das früheste erhaltene Zeremonienbuch, der Ordo des Benedictus Canonicus, wurde um 1140 bis 1143 zusammengestellt, beruht aber auf älteren Traditionen. Auf dem Wege zu seiner Krönung kam der Papst entlang der Via Maior, der heutigen Via S. Giovanni in Laterano, vom Lateran herunter bis zu S. Clemente und zum Kolosseum. Dort bog er nach Nordwesten ab, ging durch den rückwärtigen Bogen auf dem Nervaforum und dann weiter, entlang der riesigen Abschlußmauer des Augustusforums, von dort durch die Salita del Grillo bis zur Torre delle Milizie, und dann am Südwestabhang des Quirinal entlang bis zu SS. Apostoli. Er überquerte den Corso in der Nähe der Via dell' Umiltà, der mittelalterlichen *Via Quirinalis*, ging dann an S. Maria in Aquiro vorbei, kreuzte die Via di Campo Marzio und erreichte den Ponte S. Angelo über die Via delle Stellette, die Via dell' Orso und die Tor di Nona, um von dort dann zu St. Peter zu gelangen. Auf seinem Rückweg nahm er dagegen einen Weg durch den südlichen Teil der Stadt. Vom Ponte S. Angelo aus ging er etwas westlich am Bogen des Theodosius, Arcadius und Honorius vorüber – dieser stand nahe am heutigen Ausgang der Via Giulia, wurde damals aber mit dem weiter flußabwärts gelegenen Bogen des Valentinian und Gratian verwechselt – und erreichte über die Via dei Banchi Vecchi den ›Palast des Cromatius‹, eine antike Ruine, die der Überlieferung nach über und über mit Mosaiken bedeckt war, wo ihm eine

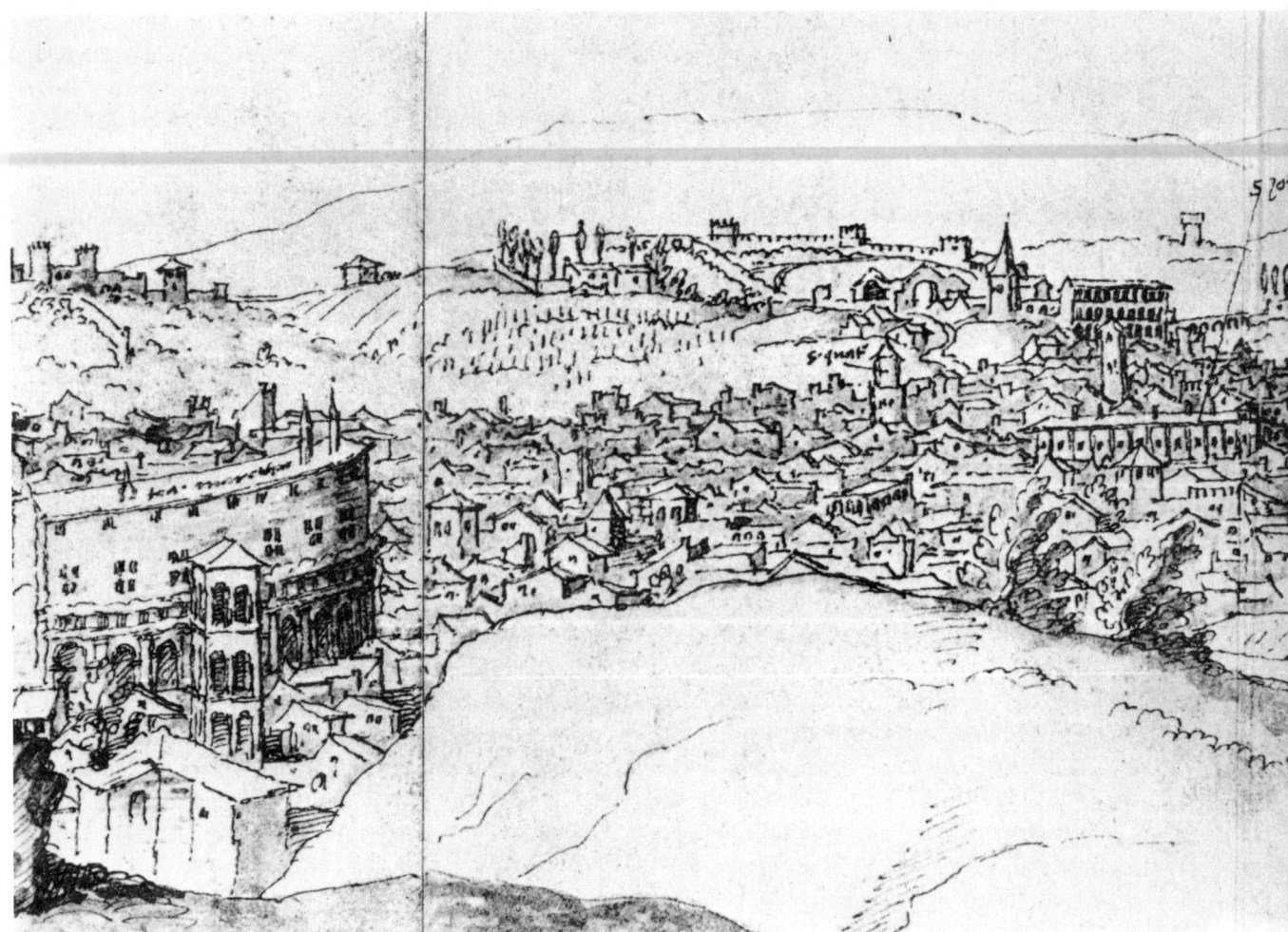

212 und 213. Ansicht des *abitato* vom Monte Caprino aus, um 1534–1536. Ausschnitte aus einer Zeichnung von Marten van

Delegation von Juden ihre Reverenz erwies. Er ging dann durch die Via del Pellegrino, bog zum Viertel des Parione und der Via del Parione nach Norden ab – die heutige Via del Governo Vecchio und ihre östliche Verlängerung, die von einem Abschnitt des Corso Vittorio Emanuele überlagert worden ist – und gelangte schließlich zwischen dem Pompejustheater im Süden und dem Alexanderbogen im Norden hindurch – letzterer konnte nicht identifiziert werden, war aber möglicherweise ein Teil der Alexanderthermen – zu den Thermen des Agrippa. Am *porticus Agrippinus* hinter dem Pantheon entlang ging die Papstprozession noch ein kurzes Stück nach Norden, um sich dann wieder nach Süden zu wenden und über die Via delle Botteghe Oscure S. Marco zu erreichen. Von hier aus überquerte sie das Forum entlang der Via Sacra, gelangte an das Kolosseum und schritt dann hinauf zum Lateran.

50 Jahre später beschreibt das Zeremonienbuch des Cencius Camerarius ungefähr dieselbe Strecke, vermittelt aber ein lebendigeres Bild. Auf der Piazza unterhalb der Stufen von St. Peter ging der Papst an den Ständen der Strohverkäufer – Bettzeug für die Pilger und Pferdefutter –, der Geldwechsler und der Kerzen- und Fackelverkäufer vorbei. Über die Hauptstraße des Borgo erreichte er Castel S. Angelo und überquerte dann die Brücke. Von hier aus ist der Weg, den die Prozession nahm, und die Stellen, an denen Geld ausgeteilt wurde, im Zeremonienbuch nicht mehr durch Kirchen und antike Denkmäler, sondern durch Angaben der Häuser und Straßen gekennzeichnet: »der Bogen« – möglicherweise derjenige des Theodosius –, »wo das Haus des Johannes Pauli steht«; das Haus des Stefano Nizo; das Marmorhaus; »der Turm des Stephanus Serpetri, der am Eingang zum Parione steht . . . und die Stelle, wo die Juden ihre Reverenz erweisen«, auf der Piazza dei

Heemskerck – Berlin, Kupferstichkabinett, 79 D2A, fol. 91ᵛ und 92ʳ

Campo, der heutigen Piazza dell' Orologio – der Ort für die Audienz der Juden war offenbar verlegt worden –; das Haus des Massimo – vielleicht einer der Massimi; der Palast des Cencio Musca Inpunga »in Via del Papa«; der Turm des Odo Bonfigli – die Familie gehörte zum niederen Adel –; »das Haus des Johannes mit den Holzschuhen und das nebenan liegende Häuschen des Nikolaus, Sohn des Hugo«; dann die Via dei Calcararii; der Mandelbaum – eine Straßenkreuzung –; und immer so fort bis S. Marco und noch weiter nach Osten. Bei der Krönungsprozession wurden die Straßen von vermutlich girlandengeschmückten Bögen überspannt; die entstehenden Kosten wurden den dafür verantwortlichen Hausbesitzern zurückerstattet. Man bekommt den Eindruck, als haben die Häuser kreuz und quer durcheinander gestanden, Häuschen, Herrensitze, normale Wohnhäuser und Geschlechtertürme. Da die Zeremonienbücher nur eine Auswahl der Häuser entlang des Weges aufzählen und diese vermutlich unter den wichtigeren aussuchten, erscheint es als wahrscheinlich, daß die Gebäude eng beieinander standen, entweder in Häuserzeilen oder nur durch kleine Abstände getrennt. Man kann die Prozession geradezu sehen, wie sie sich unter den girlandengeschmückten Bögen durch die Straßen windet, hie und da einmal anhält, wie die Hausbesitzer ihre Geldgeschenke empfangen und sich die Menge um die Münzen prügelt, die an bestimmten Haltepunkten auf dem Weg unter die Leute geworfen wurden. Tatsächlich scheinen während des Mittelalters alle Prozessionen in Rom so ziemlich nach demselben Muster verlaufen zu sein, was immer ihr Anlaß gewesen sein mag. Ein langes Gedicht, das zur Zeit Ottos III. ein oder zwei Jahre vor der Jahrtausendwende verfaßt wurde, beschreibt eine Prozession, bei der eine Madonnenikone durch die Stadt getragen wurde: die Aufregung der Menschen und ihre Rufe,

214. Der Vicolo dei Tre Archi

215. Der Vicolo dell'Atleta, im Hintergrund die Außentreppe eines mittelalterlichen Hauses

die strahlenden Banner, die Fackeln, die Kronleuchter, die man in den Straßen aufgehängt hatte, und die Lampen auf den Dächern, die mit den Sternen und dem Mond wetteiferten. Auf seinem Weg zur Weihe von S. Maria in Trastevere im Jahre 1215 schritt Innozenz III. durch Straßen und über Plätze, die durch von Haus zu Haus gehängte Girlanden von Lampen erleuchtet waren, und zwischen Geschlechtertürmen hindurch, die mit Bannern und Purpurbehängen drapiert waren – ganz zu schweigen von der Pracht der Prozessionsteilnehmer selbst, die mit seidenen Purpurgewändern angetanen römischen Edlen, die Musik, Trompeten, Zymbeln und Harfen, der Klerus und das Volk, die Kinder, die dem Papst mit Olivenzweigen entgegeneilten.

Die Alltagswelt zeigte die Straßen in einem anderen Licht. Die Häuser entlang den Straßen des mittelalterlichen Rom sind zwar während der vergangenen 600 oder 700 Jahre immer wieder umgebaut worden. Aber die Straßen selbst sind dieselben geblieben. Straßennetze sind konservativ, und die alten Durchgangsstraßen und Gassen im Herzen der Stadt zwischen dem Corso, dem Tiberknie und im Süden der Insel haben sich in der Mehrzahl noch heute den Verlauf und oft auch die Breite ihrer mittelalterlichen Vorgänger bewahrt. Sie sind krumm und gewunden, und wo sie einmal eine Strecke geradeaus führten, war dies so bemerkenswert, daß eine solche Straße den Namen *via recta*, ›gerade Straße‹, erhielt. Schmale Gassen hatte es schon im antiken Rom gegeben – einen Eindruck von ihnen vermittelt diejenige, die zwischen den beiden unter S. Clemente ausgegrabenen römischen Häusern verläuft; sie ist so schmal, daß gerade ein Fußgänger bequem zwischen den beiden Häusern hindurchgehen kann. Ob antiken oder mittelalterlichen Ursprungs, die Straßen scheinen schmal und dunkel gewesen zu sein – die Via del Pellegrino, im Mittelalter eine wichtige Durchgangsstraße, ist gerade 5 Meter breit; die Via dei Coronari 4,70 Meter; andere sind noch enger – der Vicolo della Cuccagna ganze 2,80 Meter; der Vicolo del Divino Amore 2,40 Meter; der Vicolo Savello 2,30 Meter; der Vicolo dei Tre Archi 2,35 Meter (Abb. 214). In Trastevere maßen im Jahre 1250 zwei Straßen sogar nur 1,30 Meter und 1,80 Meter in der Breite, und der Vicolo S. Trifone, der von der Via dei Coronari abzweigt, ist bis heute nur 1,38 Meter breit. In dem Maße, in dem sich der mittelalterliche *abitato* im Herzen der Stadt immer dichter füllte – um das Pantheon herum, zu beiden Seiten der Via dei Coronari und der Via della Scrofa, um den Campo dei Fiori, auf dem Marsfeld und in Trastevere –, führte der wachsende Bedarf an Wohnungen dazu, daß alle

Der ›Abitato‹

Ecken und Winkel ausgenutzt wurden. Wand an Wand gebaute, schmale und zwei, drei oder gar vier Stockwerk hohe Häuser reihten sich an den Straßen aneinander. Der Vicolo dell' Atleta hat sich bis heute sein mittelalterliches Aussehen erhalten, ungeachtet dessen, daß die meisten Häuser in späteren Jahrhunderten neugebaut wurden (Abb. 215); ebenso die Via del Pellegrino (Abb. 216) oder auch eine Seitenstraße in Trastevere, die Via della Fonte d'Olio (Abb. 217). Mit der immer dichteren Besiedlung des *abitato* verschwanden auch die Gärten und unbebauten Grundstücke, wenngleich niemals vollständig. Noch auf Stadtansichten und Karten aus dem 16. Jahrhundert kann man ein paar mit Bäumen bepflanzte Flecken, die sich zwischen die Häuser quetschen, oder sogar einen ansehnlichen Garten mitten im Zentrum der Stadt, in der Nähe des Pantheon, beim Campo dei Fiori oder hinter dem Palazzo Spada erkennen. Im großen und ganzen aber entwickelte sich der *abitato* während des Mittelalters zu dem Labyrinth von großen und kleinen Häusern, winzigen, offenen oder umschlossenen Piazze,

216. Die Via del Pellegrino; die Häuser sind nachmittelalterlich

217. Die Via della Fonte d'Olio in Trastevere, eine mittelalterliche Straße; die Häuser sind jüngeren Datums

218. Straße im Getto von S. Angelo in Pescheria mit den Bänken der Fischverkäufer im Vordergrund, um 1850

Hinterhöfen mit oder ohne Brunnen und schmalen und dunklen Gassen, wie man sie noch heute in der Via degli Osti, im Vicolo dei Tre Archi oder zwischen der Via di Monte Brianzo und der Via della Scrofa in der Nähe des Albergo delle Due Torri antreffen kann. Die Straßen wurden von mächtigen Bögen überspannt, die die einander gegenüberliegenden Häuser oder einen angebauten Hausflügel abstützten. Dutzende von ihnen gingen in dem Säuberungsprozeß in Rom im späten 19. Jahrhundert verloren (Abb. 218), aber der Arco dei Tolomei hat in Trastevere abseits der Via dei Salumi ebenso überdauert wie der Arco dei Sinibaldi, der die Via Monterone und die Via Torre Argentina miteinander verbindet, und noch einige weitere auf der Piazza dei Cenci und, wie der Name schon sagt, im Vicolo dei Tre Archi, der von der Via dei Coronari abzweigt (Abb. 219). Bögen mußten, jedenfalls im 13. Jahrhundert, hoch genug angebracht werden, wie eine Urkunde für eine Gasse in Trastevere im Jahre 1250 fordert, »damit eine Frau, die auf ihrem Kopf einen großen und oben darauf noch einen kleineren Behälter trägt, darunter hindurchgehen kann«. In der Zeit der wirtschaftlichen Prosperität im 12. und 13. Jahrhundert hat sich das Gedränge im *abitato* wohl noch verstärkt. Miet- und Kaufurkunden und Erbschaftsregelungen vermitteln eine ungefähre Vorstellung davon, wie die Gebäude, ob groß oder klein, aneinander und ineinander geschachtelt wurden. Noch im 18. und 19. Jahrhundert zeigen Pläne und Stadtansichten, wie dicht die übermäßige Bebauung Roms gewesen ist. Die Gassen und Innenhöfe im Getto, wie sie bis vor 80 Jahren erhalten geblieben waren, spiegelten nur die Situation wider, die im Mittelalter überall im *abitato* geherrscht hatte (Abb. 220). Die alten Viertel von Florenz oder besser noch von Venedig mit ihren schmalen Gassen, den *sottoporteghi*, und schachtartigen *corti* lassen ebenfalls ahnen, wie es im 13. und 14. Jahrhundert auch in Rom ausgesehen haben muß. Sie vermitteln eine Vorstellung davon, wie eng nebeneinander reich und arm im selben Gebäudekomplex beieinander wohnten, wie dies aus den von Robert Brentano so lebendig dargelegten und erklärten Verfügungen oder Erbschaftsregelungen hervorgeht: der Besitzer wohnte in einem Palazzo mit Kolonnade und in einem Haus; in den gleichen Gebäuden befanden sich ein Schreiber, ein Sattler, die Witwe eines Barbiers und eine Goldschmiedewerkstatt; daneben Läden, zu denen angeblich noch Wohnungen im Palazzo gehörten; sie lagen aller Wahrscheinlichkeit nach unter der Kolonnade. Oder es wohnte solcher *popolo minuto* in Häusern, die an die Mauern eines Adelssitzes angebaut waren: neben einem zinnenbewehrten Palast standen die bescheidenen Wohnungen eines Schuhmachers, eines Schmieds, eines Schreibers, eines Gewürzhändlers. Die Savelli, die im befestigten Marcellustheater wohnten, vermieteten die Gewölbe im Erdgeschoß an Metzger und Handwerker. Die Kanoniker von S. Angelo in Pescheria vermieteten die Steinbänke im Portikus an die Fischhändler (Abb. 218). Das Einkommen aus der Grundrente war willkommen und wurde gebraucht; und, wie mir Professor Lewine erklärt hat, »dasselbe war mit den Menschen selbst der Fall, die in Zeiten des Bürgerkriegs Gefolgsleute der Adligen abgaben«.

Die engen Straßen, die sowieso schon überfüllt waren und in denen man nur schwer vorankam, wurden obendrein noch durch hervorstehende Gebäudeteile und Portale beengt und waren vom Abfall aus den Metzger- und Schusterläden verschmutzt. Aus den Häusern wurde der Müll einfach auf die Straße geschüttet, und das Schmutzwasser aus den Werkstätten der Färber und Gerber überschwemmte

219. Bogen im Vicolo dei Tre Archi

Der ›Abitato‹

220. Die Via delle Azimelle im Getto, vor 1890 – Museo di Roma

sie. Für den Unterhalt der Straßen und ihre Reinigung mußte die verantwortliche Behörde Sorge tragen, die *magistri stratarum* oder *maestri di strada*. Seit 1233 sind sie ohne Unterbrechung bis ins 18. Jahrhundert urkundlich belegt; sie wurden ursprünglich vom Senat gewählt und nicht, wie dann seit 1425, vom Papst bestellt. Sie mögen jedoch schon früher, im 13. Jahrhundert oder sogar schon im 12., im Amt gewesen sein, als man den Senat, die ihnen übergeordnete Behörde, wieder einrichtete. Ihre Pflichten und Machtbefugnisse wurden zwar ständig erweitert und präzisiert, blieben aber im wesentlichen dieselben, die 1233 festgelegt worden waren, »über alle Fragen zu entscheiden, die Mauern, Häuser, Straßen, öffentliche Plätze und deren Teile innerhalb und außerhalb der Stadt und im allgemeinen alle Bauten betreffen«. Insbesondere bedeutete dies zu verhindern, daß Verkaufsstände und Portiken über eine festgelegte Grenze hinaus in die Straßen und Plätze hineinragten: bis zu 1,50 Meter waren auf dem Petersplatz und der von Norden zu ihm hinführenden Straße, der *ruga Francigena*, gestattet, die offensichtlich bemerkenswert breit war; in engeren Straßen bestand ein geringerer Spielraum. Es bedeutete, über die Begrenzungen der Gebäude und der Baugrundstücke zu wachen, den Müll von einem unbebauten Grundstück wegschaffen zu lassen und ein – übrigens von Juden geführtes – Färbergeschäft zu zwingen, vor seiner Werkstatt eine Abflußrinne graben zu lassen, damit das Abwasser nicht mehr über die Straße flösse. Im 14. Jahrhundert mußten die *maestri di strada* dann außerdem noch dafür sorgen, daß Teile von Straßen nicht durch Privateigentümer mit Beschlag belegt wurden, mußten verbieten, daß sich aus Wasserspeiern Wasser oder Schmutz über die Straßen ergoß, mußten Zäune und provisorische Bauten von den Straßen wegschaffen lassen, Aquädukte unterhalten, die Straßen einmal pro Woche reinigen lassen, wobei der Müll in den Fluß geworfen wurde, und mußten schließlich den öffentlichen Besitz wieder unter Kontrolle bekommen, der von Privatleuten annektiert worden war, zum Beispiel »Weingärten, Gärten, Triumphbögen und Brücken, [vermutlich antike] Bauten und Mauern«. Dies alles vermittelt einen Eindruck von der Situation auf den Straßen des mittelalterlichen Rom: sie waren von Schmutz bedeckt und ungepflastert, im Regen und bei schlechtem Wetter unpassierbar, immer wieder vom Tiber überflutet, durch Lasttiere und Lastenträger verstopft, voller Hindernisse, von Portalen und Verkaufsständen bis hin zu regelrechten Zäunen, und überall von Handwerkern mit Beschlag belegt, die vor ihren Läden ihrer Arbeit nachgingen, oder von Hausfrauen und Mägden, die auf der Straße wuschen oder kochten. Alles dies blieb während des ganzen Mittelalters und noch darüber hinaus gleich, ungeachtet der Verbotserlasse, die regelmäßig wiederholt wurden und daher offensichtlich fruchtlos waren. Die Straße war im Mittelalter schließlich eine Fortsetzung des Hauses und keine selbständige Einheit, wie es ja bis heute in den Innenstädten von Neapel, Jerusalem und Damaskus mehr oder weniger der Fall ist und wie es auch in Rom bis vor 100 Jahren üblich war.

Das Kapitol am Ostrand des *abitato*, ehemals der eigentliche Mittelpunkt des antiken Rom, blieb während des ganzen Frühmittelalters ein vernachlässigter Bereich, der eher zum *disabitato* als zur Stadt gehörte. Der radikale Umschwung kam im 12. Jahrhundert. Er vollzog sich im Gefolge jener Rebellion, in der das Volk von Rom im Kampf gegen das Papsttum, der dann in einem Kompromiß beigelegt wurde, sein Recht auf Mitbestimmung und Mitverantwortung in städtischen Belangen durchsetzte.

Heute kann man sich das Kapitol nur schwer in irgendeiner anderen als der von Michelangelo endgültig festgelegten Form vorstellen: die trapezförmige *area Capitolina*, die nach Westen geht und in deren ovalem mittlerem Bereich die Statue Mark Aurels steht; die drei sie umschließenden Paläste, das Museo Capitolino und der Palazzo dei Conservatori links und rechts vom Palazzo del Senatore; zur Linken, etwas höher gelegen, S. Maria in Aracoeli, die ebenfalls nach Westen blickt; der Aufgang, die *cordonata*, die von der Piazza Aracoeli zur *area Capitolina* hinaufführt. Man vergißt allzu leicht, daß die Hauptgebäude auf dem Kapitol zur Römerzeit nach Osten über das Forum blickten: die turmhohe Arkadenfassade des Tabularium, das sich über der Ostwand des Felsens erhob, wo heute der Palazzo del Senatore steht; der Jupitertempel auf dem südlichen Ausläufer des Hügels, der im 16. Jahrhundert Monte Caprino hieß und im Tarpeischen Felsen endet; der Tempel der Juno Moneta auf dem nördlichen Vorsprung, dort, wo sich heute die Kirche S. Maria in Aracoeli erhebt; und zwischen dem nördlichen und dem südlichen Höcker ein Patrizierhaus und mehrere weniger bedeutende Götterschreine. Auch die Hauptzugänge führten von Osten her zum Kapitol; die gepflasterte Straße, die sich nach ihrer Restaurierung auch heute wieder den Monte Caprino hinaufwindet; und eine schmale und steile Treppe, die nördlich des Tabularium auf die Hügelkuppe führte. Der dritte Zugang, der den Westabhang des Hügels erklomm, hatte anscheinend nur zweitrangige Bedeutung; er führte in die Mulde zwischen den beiden Höckern des Hügels und vielleicht zu dem Markt, der in der Spätantike auf dem Kapitol gehalten wurde. Die genaue Lage dieses Marktes ist unbekannt, doch wo immer er sich auch befunden haben mag, er scheint nur eine hügelaufwärts gehende Fortsetzung des Marktbereichs auf dem Forum gewesen zu sein. Ein großes Mietshaus schmiegte sich unten an den Westabhang des Hügels – seine Ruinen sind erhalten geblieben (Abb. 14). Im Gegensatz zum Ostabhang scheint der westliche Abhang eher alltäglichen als monumentalen Charakter besessen zu haben.

Im Mittelalter hatte sich diese Situation von Grund auf gewandelt. Die Tempel waren verschwunden; die unteren Stockwerke des Tabularium waren von der Corsi-Sippe in eine nach Osten blickende Festung verwandelt worden, an die vermutlich noch Obergeschosse und Türme angefügt waren, um die Straßen zu beherrschen, die vom *abitato* zum Lateran führten. Auf der Hügelkuppe hatten sich im Westen und Norden des befestigten Tabularium Trümmer angehäuft, die das Niveau des Hügels ungefähr 6 Meter über dasjenige der Antike anhoben. Die Kuppe des Hügels blieb uneben, voller Höcker und Löcher, bis Michelangelo dann seine *area Capitolina* anlegte (Abb. 222). Im Norden waren schon im 8. Jahrhundert oder sogar noch früher das Kloster und die Kirche von S. Maria in Capitolio eingerichtet worden, wobei man sich vielleicht der Ruinen des Junotempels bedient hatte. Die Kirche lag wahrscheinlich ebenso wie ihr Neubau aus dem 12. Jahrhundert auf dem Platz des Querschiffs der heutigen Kirche S. Maria in Aracoeli und blickte nach Süden. Teile des Glockenturms aus dem 12. Jahrhundert kann man noch am südlichen Querhaus der heutigen Kirche erkennen. Auf dem Monte Caprino hatten sich im 12. Jahrhundert in einem Portikus, der vielleicht zum Jupitertempel gehörte oder in seiner Nähe lag, Seiler eingenistet, die ihrem Gewerbe dort noch im 16. Jahrhundert nachgingen. Von besonderer Bedeutung für die topographische Entwicklung des mittelalterlichen Rom ist jedoch der Markt, der vor S. Maria in Capitolio auf der unebenen Kuppe des Hügels gehalten wurde und wahrscheinlich sehr alt war; eine Bulle Anaklets II. (1130–1138) erwähnt ihn. Obendrein zog sich der Markt den Westabhang des Hügels hinunter bis zur Piazza Aracoeli, an der zwei Kirchen standen, deren Namen eine Verbindung zum Markt andeuteten. Eine war in die Ruinen des römischen Mietshauses hineingebaut, aus dem sich noch heute ihr winziger Glockenturm erhebt. Während also die vom Forum aus zum Kapitol führende Treppe zwar immer noch in Gebrauch war, wie in Anaklets Bulle ausdrücklich vermerkt wird, erreichte man den Hauptzugang zum Hügel zu dieser Zeit aus dem Westen, das heißt vom *abitato* her, was vermutlich schon seit einiger Zeit der Fall gewesen war.

Damit hatte sich ein entscheidender Wechsel der Blickrichtung vollzogen. Aber weder der neue Zugang noch auch die Anlage und der Charakter der Bauten auf dem Kapitol hatten bislang irgendwelche monumentalen Züge an sich. Anaklets Bulle zählt Häuser, Gewölbe, Innenhöfe und Gärten neben Bäumen, Steinen und Säulen auf, die alle locker über den Hügel verstreut lagen, wie es scheint. Tatsächlich muß es im Jahre 1061 dort ein Haus für einen kaiserlichen Abgesandten gegeben haben, das *palatium Octaviani*, das möglicherweise in eine antike Ruine hineingebaut war. Es gab auch den *porticus Camellariae* – vielleicht war dies, wie man vermutet hat, das Tabularium, das zur Zeit Anaklets II. keine Festung der Corsi mehr war, sondern wie der gesamte Hügel Eigentum des Klosters und alles andere als großartig.

Doch das Kapitol hatte seinen alten Ruhm als *caput mundi* niemals ganz verloren. Nach einer Legende, die aus dem 7. Jahrhundert oder sogar aus noch früherer Zeit stammt, der *Salvatio Romae*, soll für jede der Rom unterworfenen Provinzen symbolisch eine Statue auf dem Kapitol gestanden haben; auf diese Weise wurde die Erinnerung an die alte Größe wachgehalten. Der kaiserliche Gesandte des Jahres 1061, ein großer Antikennarr, war sich der alten Größe jedenfalls sehr bewußt. Daher war es dann für die römische Republik von 1143/1144 nur natür-

221. Blick vom Monte Caprino nach Norden auf den Palazzo del Senatore und die *area Capitolina*, um 1534–1536. Ausschnitt aus dem Rompanorama von Marten van Heemskerck – Berlin, Kupferstichkabinett, 79 D 2 A, fol. 91^v und 92^r

lich, ihren Senat auf dem Kapitol einzurichten, »das Kapitol wiederzuerrichten, die Würde des Senats zu erneuern, den Ritterstand zu reformieren« waren die Ziele, die man den Revolutionären zuschrieb. Der Wiederaufbau des Kapitols, oder was der mittelalterliche Mensch eben darunter verstand, muß unverzüglich in Angriff genommen worden sein. Doch die neue Anlage auf dem Kapitolinischen Hügel war noch immer bei weitem nicht von Unklarheiten frei. Die neue Versammlungshalle der Kommune, die man vielleicht im alten Haus der Corsi eingerichtet hatte, muß nicht unbedingt nach Westen orientiert gewesen sein. Sie mag ebensogut nach Osten auf das Forum oder nordwärts geblickt haben, wo die Fassade und der Glockenturm von S. Maria in Capitolio, die ungefähr zur selben Zeit umgebaut wurde, dem Kommunalpalast gegenüberlagen. Zwischen dem Palast und der Fassade der Kirche wurde irgendwann im 12. oder 13. Jahrhundert ein antiker Obelisk auf der erhöhten mittelalterlichen Hügelkuppe aufgerichtet. Um 1200 waren dann aber der Palazzo del Senatore, sein Vorplatz und der Marktbereich wahrscheinlich nach Westen gewandt (Abb. 221). Die Kirche und der Obelisk andererseits richteten sich noch immer nach einem Weg, der den Hügel von Ost nach West überquerte und von der Treppe herkam, die vom Forum heraufführte.

Seine endgültige Form erhielt der Grundplan des mittelalterlichen Kapitol dann im 13. Jahrhundert,

222. S. Maria in Aracoeli von Süden, um 1534–1536. Zeichnung von Marten van Heemskerck – Berlin, Kupferstichkabinett, 79 D2A, fol. 164

und diese Form war es auch, die 300 Jahre später Michelangelos Anlage bestimmte. Auf den Resten des Tabularium wurde, wie schon erwähnt, der Palazzo del Senatore von Grund auf neu gebaut – man wird sich erinnern, daß der Senat des 12. Jahrhunderts mit der Zeit durch einen einzigen *senatore* als dem höchsten Exekutivbeamten der Stadt ersetzt wurde. Hier mag es genügen anzuführen, daß der imposante neue Palast den Hügel und die Gegend vor ihm, den östlichen Teil des *abitato*, beherrschte. Zusammen mit ihm überblickten auch der neue Konvent und die neue Kirche S. Maria in Aracoeli, wie man sie nun nannte, denselben Bereich. Sie traten im 13. Jahrhundert an die Stelle der Kirche und des Konvents von S. Maria in Capitolio (Abb. 222). Die alten Gebäude waren 1250 an die Franziskaner abgetreten worden, und der Neubau, mit dem man in den späten fünfziger Jahren begonnen hatte, scheint zehn Jahre später abgeschlossen gewesen zu sein. Aus dem alten Bau wurden nur kleine Teile in die große neue Kirche übernommen, die nach dem in der römischen Kirchenarchitektur nur allzu fest verwurzelten Muster als Basilika mit Balkendach gebaut und mit einigen wenigen gotischen Elementen etwas zeitgemäßer gestaltet wurde: Spitzbogenfenster, Fensterrosetten in der Fassadenwand und Kapellen an den Seitenschiffen. Die Tatsache, daß die Franziskaner danach trachteten, sich auf dem Kapitol einzurichten, läßt sich vielleicht aus den engen Verbindungen erklären, die seit seiner Entstehung im zweiten Jahrzehnt des 13. Jahrhunderts zwischen diesem Orden und den Kommunen und den sich herausbildenden städtischen Strukturen bestanden. Es gibt hier jedoch Unterschiede: in Frankreich, England, den Rheinlanden, Norditalien und der Toskana, wo sich Städte und Kommunen früh entwickelt und ihre kommunalen Gebäude im Zentrum der Stadt errichtet hatten, ließen sich die Franziskaner an der Peripherie und in den Slums nieder. In Rom hatten sowohl die späte Entstehung der kommunalen Bewegung als auch die emotionalen Werte und Traditionen, die mit dem Kapitol verknüpft waren, dazu geführt, daß sich das kommunale Zentrum am Rande der Stadt einrichten mußte und daß sich deshalb die Franziskaner in seiner unmittelbaren Nachbarschaft niederlassen konnten. Tatsächlich hatten schon 1242, wenn nicht gar vorher, die alte Kirche S. Maria in Capitolio und ihr Konvent auch als städtische Gebäude gedient: Erlasse wurden vor der Kirche öffentlich kundgetan, und der Stadtrat, der den *senatore* unterstützte, trat im Konvent, möglicherweise in einem der Kreuzgänge, zusammen.

S. Maria in Aracoeli ragte aus dem mittelalterlichen Stadtbild Roms heraus. Die neue Kirche stand hoch oben zur Linken des Palazzo del Senatore an einem weiter vorn liegenden und daher noch auffälligeren Standort als dieser und blickte über den am Fuß des Hügels liegenden *abitato*. Ihre alles überragende Stellung wurde 1348 noch zusätzlich durch den Bau der steilen Treppe herausgestrichen, die von der Piazza Aracoeli zur Kirche hinaufführt. Die Gebäudegruppe, bestehend aus dem Palazzo del Senatore, so wie er um 1300 bestand, und S. Maria in Aracoeli, wurde zusammengefaßt zu einem Symbol der mittelalterlichen Kommune; wieder und wieder tauchen beide Bauwerke nebeneinander auf Karten und Ansichten von Rom im 14. und 15. Jahrhundert auf (Abb. 223). Es sei auch daran erinnert, daß die goldverbrämten Marmormassen des Monumento Vittoriano seit seiner Vollendung im Jahre 1911 dem Kapitol den Rang abgelaufen haben, es verbergen und ihm seine ehemals beherrschende Lage im Stadtbild streitig machen. Vor der Errichtung dieser gigantischen Monstrosität ragten die Bauten auf dem Kapitol zusammen mit S. Maria in Aracoeli weithin sichtbar auf, hoch über dem *disabitato* vom Lateran und dem Gianicolo bis zur Porta del Popolo und zum Monte Mario wie über dem *abitato*, der sich vom Fuß des Hügels bis zum Ponte S. Angelo, zu St. Peter und zum Vatikanspalast des 13. Jahrhunderts hin erstreckte. Der Gegensatz zwischen Papsttum und

223. Idealisiertes Rombild mit Castel S. Angelo, Pantheon, Kolosseum und Kapitol, S. Maria in Aracoeli und Palazzo del Senatore, um 1450. Ausschnitt aus einer Truhenbemalung mit Begebenheiten aus der Geschichte von Dido und Aeneas, von Apollonio di Giovanni – Yale University Art Gallery, James Jackson Jarves Sammlung

Kommune, der 1280 zwar politisch beigelegt worden war, blieb in den beiden weithin sichtbaren Brennpunkten an den äußeren Rändern der Stadt lebendig. Das Kapitol blieb freilich ungeachtet seiner großen Tradition und neuerlichen Bedeutung als ein politischer Mittelpunkt im mittelalterlichen Rom topographisch in den Randbereich der Stadt verbannt, ein letzter Außenposten am Rande des *disabitato*. Es hatte keinen Einfluß auf das Wachstum des *abitato* und führte auch nicht zu einem Wandel in seiner Topographie. Die Stadt blieb endgültig nach Westen ausgerichtet, verblieb im Gravitationsfeld der Viertel im Tiberknie, des Ponte S. Angelo und des Borgo, dem lebendigen Herzen des mittelalterlichen Rom.

XIII.

Häuser, Türme und Herrensitze

Es ist nicht immer einfach, sich das Aussehen der Häuser im mittelalterlichen Rom vorzustellen. Archäologische Zeugnisse über Profanbauten sind rar, und die wenigen erhaltenen Häuser vermitteln nicht immer ein besonders genaues Bild: sie sind überrestauriert, sie stammen aus verhältnismäßig später Zeit, kaum eines entstand früher als im 13. Jahrhundert, sie sind solide gebaut und repräsentieren daher die Bauweise der Oberschicht, und sie stehen im *abitato*, sind oft ein Teil von Häuserzeilen, so daß ihnen das Gartenstück fehlt, das bis ins 16. Jahrhundert hinein in vielen Fällen als notwendiger Bestandteil zu einem Wohnhaus gehörte. Wenn einmal irgendwelche früheren oder bescheideneren Häuser in veränderter Form erhalten geblieben sind oder ausgegraben wurden, so hielt man es nicht für nötig, Grundriß und Details aufzunehmen. Selbstverständlich kommt es bei Häusern ebenso wie bei den Straßen im mittelalterlichen Teil Roms ungeachtet ihres vergleichsweise späten Entstehungsdatums häufig vor, daß sie auf den Fundamenten ihrer mittelalterlichen Vorgänger ruhen oder deren Unterbau oder irgendeine Mauer mit in ihre Konstruktion einbezogen haben. Aber die Archäologen haben weder den Typen und Charakteren der Profanbauten noch der Verteilung und Dichte der Besiedlung im mittelalterlichen Rom Aufmerksamkeit geschenkt. Wie die Dinge liegen, scheint es der beste Weg zu sein, sich zunächst einmal den Stadtansichten des späten 15. und des 16. Jahrhunderts und den Miet- und Kaufurkunden aus mittelalterlicher Zeit zuzuwenden, bevor man die wenigen erhaltenen Bauten diskutiert. Diese dokumentarischen Quellen vermitteln ein weit wahrhaftigeres und weit lebendigeres Bild von den Häusern, die während des Mittelalters innerhalb und außerhalb des *abitato* anzutreffen waren.

Der Blick auf Trastevere im ›*Codex Escurialensis*‹ (Abb. 210) und die anderen Veduten in diesem Werk oder sogar noch irgendeine Stadtansicht Heemskercks aus den Jahren um 1535 (Abb. 212/213) vermitteln alle denselben Gesamteindruck. Die wenigen Bauten aus dem 15. oder 16. Jahrhundert, die auf solchen Stadtansichten erscheinen, kann man im Gesamtbild der mittelalterlichen Stadt, die damals noch im wesentlichen unberührt erhalten war, leicht übergehen. Die Häuser standen dicht gedrängt, wobei sie der Straße entweder die Giebel oder die Längsseite des Dachs zuwandten. Schon die Karte des Fra Paolino von 1323 (oder ihre Vorlage aus dem 13. Jahrhundert) zeigt neben einzeln stehenden Häusern besonders im Borgo und auf dem Ostufer in der Nähe des Monte Brianzo auch Häuserzeilen an den Straßen. Der Zeichner hat jedoch beides nur als Symbol für die Bebauung verwendet, und wahrscheinlich waren solche Häuserzeilen überall im Stadtzentrum üblich (Abb. 182). Entsprechend gab es in diesem Bereich im Lauf der Zeit sowohl weniger als auch kleinere Gärten. Am Flußufer zeigt der Zeichner des ›*Codex Escurialensis*‹ bescheidenere wie anspruchsvollere Häuser und Türme, die sich zum Fluß hinunterziehen. Die römische Stadtmauer trug seit dem Mittelalter vom Ponte Sisto bis mindestens zum Ponte S. Angelo Häuser, wie es sie noch vor 100 Jahren entlang der Via di Monte Brianzo gab, wenngleich dies neugebaute und aufgestockte Häuser waren (Abb. 224). Auch weiter flußabwärts gegenüber der Tiberinsel, wo keine alten Befestigungen als Grundmauern dienten, standen an beiden Ufern gefährlich zum Fluß hinuntergebaute Häuser: völlig durcheinandergewürfelt, von unterschiedlicher Höhe und verschiedenen Bautypen, in Zeilen eng beieinander oder mit kleinen Zwischenräumen. Natürlich brauchen die Häuser, die im ›*Codex Escurialensis*‹ oder bei Heemskerck abgebildet sind, nicht früher als im 15. Jahrhundert entstanden zu sein. Doch die Architektur von Profanbauten, besonders derjenigen der Unterschichten, ist äußerst konservativ, und manch ein kleines Haus aus dem 15. oder sogar 17. Jahrhundert weist noch alle Kennzeichen einer früheren Epoche auf. Es gibt keinen Grund für die Annahme, daß im 11. oder 12. Jahr-

224. Auf die antike Stadtmauer aufgesetzte Häuser entlang der Via di Monte Brianzo, um 1886. Aquarell von E. Roesler Franz – Museo di Roma

hundert ein bescheidenes Haus völlig anders ausgesehen haben sollte als diejenigen, die die Zeichnungen im ›Codex Escurialensis‹ auf dem Ostufer gegenüber der Tiberinsel oder unterhalb von Castel S. Angelo zeigen: winzig, mit einem Portalvorbau im Erdgeschoß, mit Bögen nach vorn und an den Seiten, und oben nur mit einem Speicher oder auch ohne Obergeschoß; oder aber zweigeschossige Häuser mit bloßen Gucklöchern statt Fenstern im Obergeschoß (Abb. 225).

Gibt es auch nur geringe archäologische Zeugnisse und nur wenige Stadtansichten, so vermitteln doch Urkunden und Kaufverträge ein lebendiges Bild. Die Grundstücke waren klein, oft nur 36 mal 36 Fuß (10,60 Meter im Quadrat); kaum einmal erreichte ein Grundstück die Größe von 110 mal 44 Fuß (32,50 Meter mal 13 Meter). Die Zugangsmöglichkeiten waren immer sorgfältig festgelegt – ein Pfad von der öffentlichen Straße »für einen Karren oder einen Esel oder einen Reiter«. Die meisten Häuser hatten entweder vorn oder hinten einen Garten mit Apfel- und Olivenbäumen und manchmal auch einem Feigenbaum oder einem Weinstock – was in den Kauf- oder Mietverträgen immer sorgfältig aufgezählt wurde. Oft gab es auch einen kleinen Vorhof oder einen Portalvorbau. Gebaut waren die Häuser zuweilen aus Ziegeln, *tegulicia*, die aller Wahrscheinlichkeit nach aus römischen Ruinen geplündert waren. Dann wieder werden Häuser als *scandalicia* beschrieben, was bedeutet, daß sie mit Schindeln gedeckt oder möglicherweise verkleidet waren. Meistens jedoch waren die Dächer strohgedeckt, und manchmal mögen beide Arten der Dachbedeckung miteinander kombiniert worden sein. Häufig waren es einstöckige Häuser, *terrinea*; es gab auch zweistöckige, *solarata*. Die Obergeschosse waren über Außentreppen zugänglich, die manchmal aus Marmor waren wie diejenigen, die in den kleinen mittelalterlichen Städtchen in Latium erhalten geblieben sind, oder wie die in Trastevere im Vicolo dei Moroni, der nahe der Porta Settimiana zur Aurelianischen Mauer hinführt – die Häuserzeile mag durchaus aus dem 16. Jahrhundert stammen, aber der Häusertyp stammt aus dem Mittelalter (Abb. 226).

Sowohl ein- als auch zweistöckige Häuser werden seit dem 10. Jahrhundert in den Verkaufsurkunden aus der Gegend in der Nähe von S. Maria Nova immer wieder beschrieben: »ein Haus mit einem Obergeschoß, aus Ziegeln und Schindeln gebaut ... mit seinem kleinen Vorhof und seiner Marmortreppe vorn, mit einem Hintergarten, in dem es Oliven- und Apfelbäume gibt«, aus dem Jahre 982; oder 1127 ein elegantes Wohnhaus »mit einem Zimmer mit Kamin [*camminatam*] oben und unten, aus Ziegelsteinen, mit einer vorderen Treppe und einem Portalvorbau und seinen Steinen und einem Garten, ebenfalls mit seinen Steinen«, möglicherweise eine Terrasse aus Steinfliesen; oder ein »einstöckiges Haus, mit Schindeln und strohgedeckt, mit einem kleinen Hintergarten ... in der Nähe des Bogens des Siebenarmigen Leuchters«, des Titusbogens. Es ist wenig verwunderlich, ein solches Häuschen in der ländlichen Umgebung von S. Maria Nova zu finden; ein sehr ähnliches Häuschen aber stand im Jahre 1008 knapp abseits vom Corso bei S. Maria in Via Lata, in der besten Wohngegend im Rom des 11. Jahrhunderts: »ein Haus aus Schindeln mit einem Strohdach und seinem kleinen Vorgarten, in dem eine Weinlaube und Apfelbäume stehen ... gelegen in Rom im vierten Bezirk, nahe beim Marmorbogen«, dem Bogen des Diokletian, der den Corso überspannte. In der Vorstadt von S. Maria Maggiore nahe bei S. Prassede wird 1091 ein Haus beschrieben, »ganz aus Ziegelsteinen, das zwei Räume hat und über ihnen einige Schuppen [vielleicht einen Dachspeicher?] ... mit Planken gedeckt ... und ein Olivenhain«, wobei die Planken vom Mieter gestellt worden waren. In ähnlicher Weise stand am Nordrand des *abitato* auf dem Marsfeld noch 1154 neben einem Häuschen eine Strohhütte. Jedes Haus, ob ein- oder zweistöckig, hatte seinen Vorhof, seinen eigenen Garten und meistens auch unbebaute Grundstücke in der Nähe. In der Nähe des Ripettahafens, wo der stromaufwärts kommende Verkehr anlegte, wurden Lagerräume an die Schiffer vermietet. Nur ganz allmählich entwickelte sich die Bebauung im Herzen des *abitato* zu dem späteren Labyrinth von Häusern, und nur allmählich verschwanden die unbebauten Grundstücke

225. Blick auf Castel S. Angelo mit mittelalterlichen Häusern, um 1495. Zeichnung aus dem ›*Codex Escurialensis*‹, fol. 26ᵛ

226. Der Vicolo dei Moroni

Häuser, Türme und Herrensitze

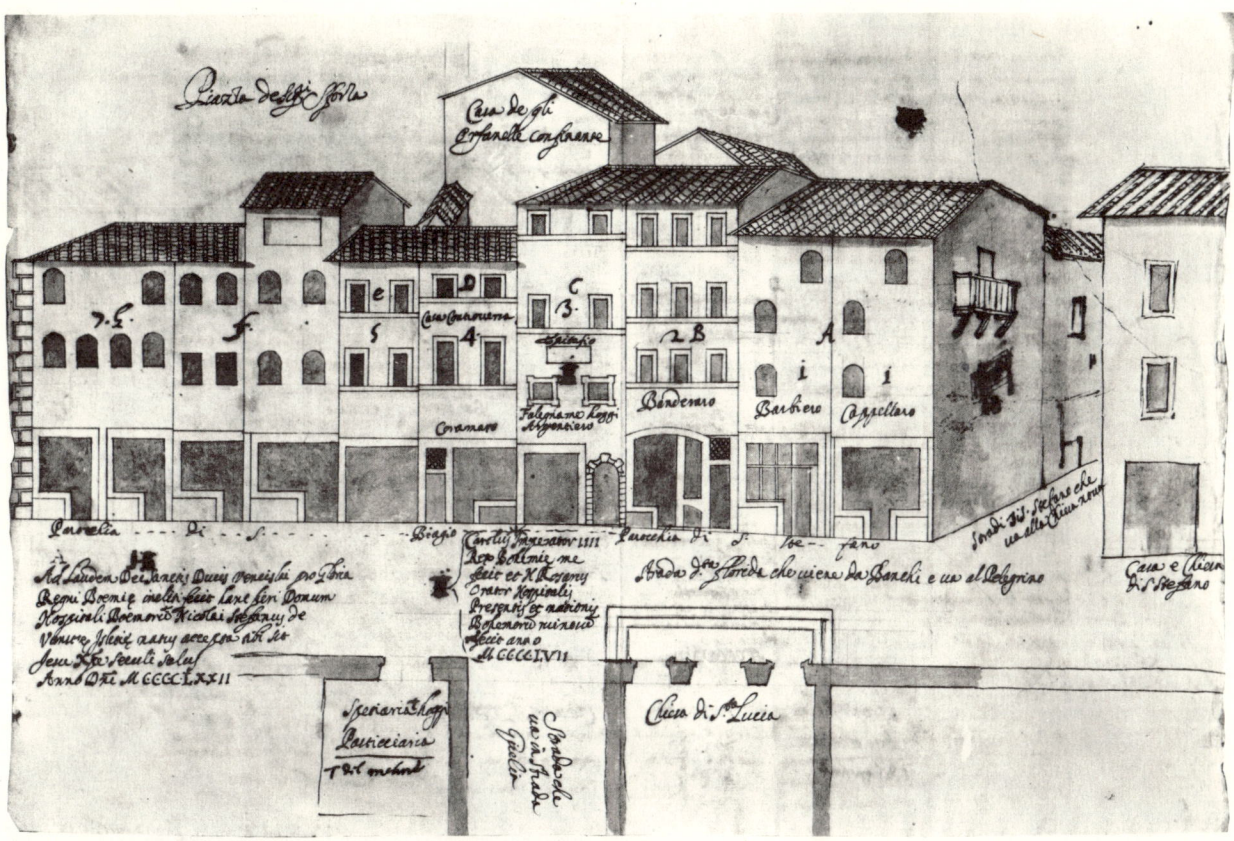

227. Häuser in der Via del Pellegrino, um 1600 – Archivio di Stato, Rom

und die Gärten, wenn auch niemals vollständig. In ihrer Mehrzahl jedoch mußten sie dem Labyrinth aus Gassen und von Bögen überwölbten Passagen weichen, das für die planlose Stadtentwicklung des Hochmittelalters so typisch ist. Derartige verworrene Überbebauung und solche solideren Häusertypen scheinen recht früh aufgetreten zu sein. 1092 stand in der Nähe von S. Apollinare in der Scorticlaria ein Haus mit Schindeln, das einen Portiko und ein *preforulum* »für das Geschäft« besaß, wobei der Portiko und das *preforulum* anscheinend direkt nebeneinander standen. Der Portiko hatte vielleicht ein einziges Arkadenjoch wie diejenigen auf den Zeichnungen im ›Codex Escurialensis‹, während das *preforulum* vermutlich entweder ein Dachüberhang zum Schutz für ein Ladenfenster oder ein herausklappbarer Fensterladen war. Ein halbes Jahrhundert zuvor mögen tatsächlich auch schon Häuserzeilen entlang einer Straße in der Nähe von S. Maria in Trastevere gestanden haben, »ein halbes Haus mit einem Obergeschoß und einem Schindeldach« wurde der Kirche im Jahre 1038 geschenkt, »das auf der einen Seite an mein eigenes [des Schenkers] Haus grenzt, auf der anderen an das Haus des Urso, auf der dritten an ein leeres Grundstück und auf der vierten an die Straße«. Solche Reihenhäuser öffneten sich sehr oft im Erdgeschoß in zwei oder mehr Arkaden und bildeten auf diese Weise einen durchgehenden Portikus an der Straße, der freilich verschieden hoch war. Ein Haus in der Via dell' Arco della Pace (Abb. 229), das freilich in Anbetracht seiner Bauweise aus kleinen Tuffblöcken, *opus saracinescum*, wohl eher dem 13. Jahrhundert zuzuordnen ist, scheint den wohl traditionellen Bautypus zu repräsentieren. Ein solches Haus mit Portikus stand 1041 im Borgo: »zweistöckig ... aus Ziegeln, mit seinem Hintergarten und einem Portalvorbau, in dem zwei Verkaufsstände eingerichtet werden können ... begrenzt von ... dem Monument [wahrscheinlich eine antike Ruine] ... und dem Portikus, der zu St. Peter führt«.

Im Geschäftsviertel der Stadt waren solche Häuserzeilen im Hochmittelalter wahrscheinlich die Regel. Die Via dei Banchi wird sich in ihrem Aussehen zwischen dem 12. und dem 16. Jahrhundert wohl kaum geändert haben, als das Ospizio della SS. Trinità dei Pellegrini um 1600 einen Katalog seines Immobilienbesitzes erstellen ließ (Abb. 227). Die drei am linken und die zwei am rechten Ende liegenden Häuser mögen aus dem Mittelalter oder dem 15. Jahrhundert stammen; nur die Ladeneingänge wurden später neu gefaßt. Die Häuser sind alle schmal, zwei oder höchstens vier Fenster breit, und hoch, mit einem Erdgeschoß und zwei oder drei darüberliegenden Stockwerken. Bei jedem der Häuser nimmt der Laden die gesamte Breite des Erdgeschosses ein, wobei ein oder sogar zwei Steintische die Öffnung zu drei Vierteln oder sogar noch weiter ausfüllen – es ist dieselbe Anlage, die man aus Pompeji und sogar noch von der Ladenzeile des 16. Jahrhunderts in Farfa her kennt. Ein Hutmacher, ein Barbier, ein Tuchhändler, ein Silberschmied – sein Laden ehemals eine Tischlerwerkstatt –, ein Rosenkranzschnitzer, ein Zuckerbäcker – sie alle hatten hier ihre Läden dicht bei dicht.

Ein paar mittelalterliche Häuser sind erhalten geblieben, die dieses Bild bestätigen können. Sie sind schmal, niedrig und vergleichsweise tief. Ihre zur Straße gehende Front ist selten mehr als 5 Meter breit, ihre Höhe beträgt höchstens zwei oder drei niedrige Stockwerke, insgesamt etwa 8 Meter. Niedrige und hohe Häuser, breitere und schmalere Bauten standen Seite an Seite. Ihre Fassaden mochten völlig schlicht sein und eine Tür im Erdgeschoß aufweisen, wie die drei Häuser bezeugen, die links an den Portikus der Octavia anschließen (Abb. 228). Häufig aber

229. Mittelalterliches Haus, Via dell'Arco della Pace 10/11

nahm ein Portalvorbau oder ein säulengetragener Portikus – schließlich gab es ja massenweise Spolien – fast den halben Raum des Erdgeschosses ein. Manchmal öffnete sich dieser Portikus auch nach der Seite in einem schmalen Bogen, mit einem breiteren nach vorn hinaus, wie bei jenen Häusern, die im ›Codex Escurialensis‹ abgebildet sind. Von diesem Typus haben sich zwei Häuser erhalten, eines im Vicolo della Luce in Trastevere, das andere ausgebaut und in einen großen Gebäudekomplex an der Piazza in Piscinula eingebaut. Oder das Haus öffnete sich zur Straße in zwei Bögen wie dasjenige in der Via dell' Arco della Pace 10/11 (Abb. 229). Dann wieder gab es Außentreppen, entweder an der Fassade oder an einer Seitenwand, wie bei den mittelalterlichen Häusern im Vicolo dei Moroni und an der Ecke des Vicolo della Luce (Abb. 230). Oft waren diese Treppen durch ein Dach geschützt und führten zu einem kleinen Portal hinauf oder zu einer offenen Loggia im Obergeschoß. Ob nun freilich das einzelne Haus schlicht oder elegant war, einen Portalvorbau

228. Mittelalterliche Häuser in der Nähe des Portico di Ottavia, Ausschnitt

Häuser, Türme und Herrensitze

hatte oder sich in einem Portikus öffnete – die schiere Vielfalt der Häuser in einer Straßenzeile an Höhe, Breite, Abstand voneinander, Baumaterial, Fensteranordnung und Dachbedeckung belebte und bereicherte die Straße und sorgte für eine vor- und zurückspringende Grundlinie der Häuserfront wie für eine diskontinuierliche Giebellinie.

Im Lauf der Zeit wurden häufig nebeneinander stehende Häuser von reichen Besitzern aufgekauft und zu einem einzigen Komplex verschmolzen. Ungeachtet ihrer Unterschiede an Höhe und im Niveau der Fußböden wurden sie durch Verbindungstüren und -treppen zusammengefügt. Ein solches Haus steht gegenüber von S. Cecilia in Trastevere (Abb. 231). Eine Ecke ist fast zu einem Turm ausgebaut; entlang der Fassade und einer Seite verläuft ein früher offener L-förmiger Portikus, der von Säulen mit ionischen Kapitellen und einem Eckpfeiler getragen wird. Ebensolche Bögen öffnen sich im Erdgeschoß von vier oder fünf schmalen und hohen Häusern, den Case di S. Paolo, eines davon ein Turm. Sie liegen in der Via S. Maria in Monticello,
einer Seitenstraße der Via Arenula, und wurden zu verschiedenen Zeiten, einige anscheinend im 14. Jahrhundert, aneinandergebaut und schließlich zu einem Komplex verschmolzen. Aber sowohl dieser Gebäudekomplex als auch derjenige gegenüber von S. Cecilia ist so durchgreifend gesäubert und so stark restauriert worden, daß man sie lieber auf einer alten Fotografie als auf einer neueren Aufnahme betrachtet (Abb. 232). Arkadentragende oder Säulenportiken mit ionischen Kapitellen und Gebälk, ob nun aus Plündergut oder aus mittelalterlichen Werkstätten, scheinen zum Markenzeichen der prächtigeren Typen der hochmittelalterlichen Wohnhäuser in Rom geworden zu sein: einige sind bis zu fünf Jochen lang wie derjenige an einem Haus in der Via S. Bartolomeo degli Strengari 29, das zwar längst abgerissen, aber aus Fotografien bekannt ist; oder ein anderer in der Piazza di Campo Marzio 6, dessen sechs gedrungene Säulenschäfte mit Zwischenräumen von ungefähr 3 Metern angeordnet sind. Andere waren vorn nur drei Joche breit, ungefähr 9 Meter, wie der an der Ecke der Via Capo di Ferro 31 und

230. Mittelalterliches Haus, Via dei Salumi 161, Ecke Vicolo della Luce

231. Das Herrenhaus gegenüber von S. Cecilia vor der Restaurierung

232. Die Case di S. Paolo von Norden, restauriert

233. Mittelalterliches Haus mit Säulenportikus, Via S. Celso 60/61, Ecke Piazza del Ponte

der Via Arco del Monte oder der in der Piazza di Trevi 93 und 93 A. Die Säulen scheinen ausnahmslos Spolien zu sein, schlank oder gedrungen, wie man sie eben am besten auftreiben konnte. Ebenso waren auch die Architrave in der Regel Spolien und zum Teil prachtvoll gearbeitet, wie zum Beispiel der in der Via Capo di Ferro und in einem der Häuser an der Piazza di Trevi oder in einem dem Ponte S. Angelo auf dem Ostufer genau gegenübergelegenen Haus (Abb. 233). Wo solche Häuser in Reihen aneinandergebaut waren wie diejenigen, die auf den Trevibrunnen blicken, oder die Case di S. Paolo, bildeten die Kolonnaden einen durchgehenden Portikus längs der Straße. Ungeachtet der verschiedenen Höhen und der heterogenen Gestaltung der Säulen, Architrave oder Bögen boten solche Portiken Schutz vor der Sommersonne und vor Regen und waren wahrscheinlich ebenso wie in den norditalienischen Städten auch in Rom dazu gedacht, den Fußgängerverkehr zu gewährleisten und zu erleichtern. Aber es ist zweifelhaft, ob sie diese Funktion in Rom auch tatsächlich erfüllten. Denn ihr Hauptzweck war es, Raum für die Kaufleute zu bieten, und deren Stände oder Klappläden mußten den Verkehr unter den Arkaden ebensosehr behindern wie auf den Straßen,

die ja trotz aller Verordnungen der *maestri di strada* auch durch Verkaufsstände blockiert oder sogar mit regelrechten Zäunen abgeteilt waren.

Im Innern sind freilich alle erhaltenen mittelalterlichen Häuser, ob sie nun zu den bescheidenen oder den reicheren gehörten, in jüngerer Zeit umgebaut worden. Wenigstens aber sind die Grundpläne der einfacheren Häuser recht konservativ, und die Kataster aus dem 16. Jahrhundert, von denen in Bruderschaftsarchiven noch viele lagern, vermitteln noch immer eine recht genaue Vorstellung von der Art der mittelalterlichen Wohnhäuser, wobei es unwichtig ist, wann sie nun genau gebaut worden sind, ob im 16. Jahrhundert oder früher: im Erdgeschoß und im ersten Stockwerk waren sie ein oder zwei Zimmer tief, ein anspruchsvolleres Haus besaß auch öfter eine große *sala* im Obergeschoß (Abb. 234). In dem eleganten, wiewohl kleinen Haus im Vicolo dell' Atleta 14 – man denkt an einen Junggesellen, vielleicht an einen geistlichen Herrn – ist die Treppe nach innen verlagert und verläuft parallel zur Ziegelfassade; das Obergeschoß öffnet sich in einer doppelbogigen Loggia auf Säulen und Pfeilern, die von einem vorspringenden, aus Tuffstein gemauerten Spitzbogenfries auf marmornen Konsolen bekrönt wird, der möglicherweise erst später hinzugefügt wurde (Abb. 235). Für das Zusammenwohnen großer Familien, die möglicherweise Lagerräume und ähnliches für ihr Geschäft benötigten, hatte sich, anscheinend über eine lange Zeit hinweg, ein größerer Häusertypus entwickelt. Das Haus des Gatten der heiligen Francesca Romana, in dem sie um 1400 lebte, hat A. Esch in lebhaften Farben beschrieben: im Erdgeschoß befanden sich neben der Treppe Lagerräume und höchstwahrscheinlich Ställe – es war eine Familie von Viehzüchtern und -händlern; im Hauptgeschoß lagen um eine große *sala* mit Kamin die Schlafzimmer der Familie und der Dienstboten, die Küche, eine Toilette, zum Innenhof hinaus eine Loggia und zur Straße hin ein Korridor; und darüber gab es noch eine Dachterrasse. Freilich waren in dieses Gebäude vermutlich auch ältere und kleinere Bauten einbezogen worden, wie man dies ja üblicherweise tat. 1433 kaufte Francesca für die von ihr gegründete Gemeinschaft ein erstklassiges Bürgerhaus, das aus dem 14. Jahrhundert oder aus noch früherer Zeit stammte. Es liegt am Fuß des Kapitolinischen (oder besser, des Tarpeischen) Hügels und ist bis heute erhalten geblieben, freilich umgebaut und durch den Zukauf benachbarter Häuser im

235. Mittelalterliches Haus im Vicolo dell'Atleta 14

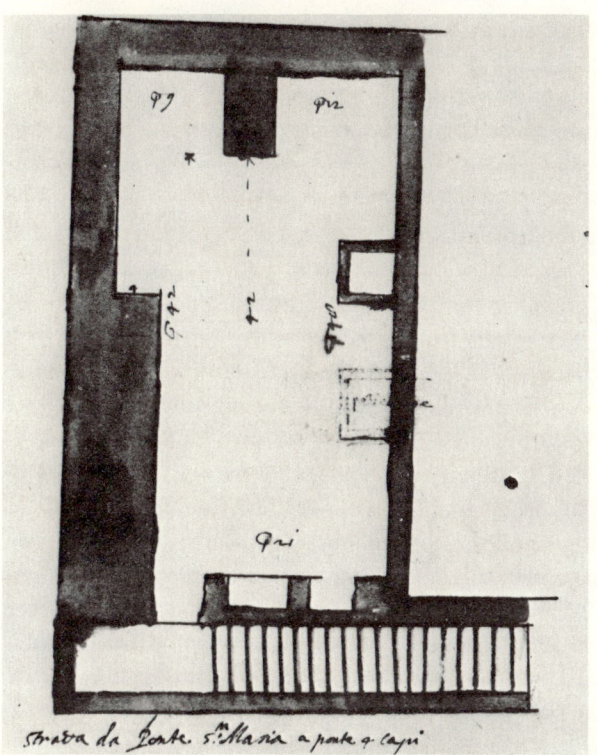

234. Reihenhaus-Plan – Archivio di Stato, Archivio SS. Annunziata

15. Jahrhundert erweitert; ein Erweiterungs- und Umbau des 17. Jahrhunderts hat den Komplex dann nochmals verändert. Der aus dem 15. Jahrhundert stammende Teil bildet das typische spätmittelalterliche Labyrinth: Räume verschiedener Größe – einer eine große *sala*, andere kleine Kämmerchen – liegen auf mehreren verschiedenen Fußbodenniveaus; ein schmaler, hoher und dunkler Innenhof; eine Außentreppe, die im Zuge der Umbauten nach innen verlegt wurde; Türdurchbrüche und Verbindungstreppen zu den Nachbarhäusern. Ob ein Haus dieser Größe und dieses Typs auch schon im 12. oder 13. Jahrhundert existiert haben könnte, ist eine nicht zu beantwortende Frage. Ich bin der Meinung, daß dieser Häusertyp den Bedürfnissen der größeren Geschäftsleute entsprach, die sich in Rom im Laufe des 12. und 13. Jahrhunderts herausbildeten. Das römische Stadthaus, das um 1130 dem Ptolemäus von Tusculum gehörte – er war ein großer Getreidehändler, Reeder und Herr in der Campagna –, kann nicht allzu verschieden ausgesehen haben.

Wo immer es möglich war, nützte man während des ganzen Mittelalters antike Bauten für den Wohnungsbau. Das römische Mietshaus am Fuß des

236. Palazzo dei Cavalieri di Rodi, Fassade zum Augustusforum

Kapitolinischen Hügels wurde nicht nur von der Kirche S. Biagio in Mercato, sondern auch von Hausbesetzern mit Beschlag belegt. Dasselbe geschah mit einer Zeile römischer Häuser entlang der Via S. Martino ai Monti, der alten Suburra, entlang dem Atrium von S. Prassede – und dieser Zustand ist bis heute so geblieben. In der Via della Lungarina war ein hohes, wohl aus der Spätantike stammendes Haus, das im Mittelalter als Geschlechterturm gedient hatte, noch bis 1877 bewohnt. Die riesigen Monumente der Antike, die Theater, Portiken und Thermen, boten willkommene Unterschlupfmöglichkeiten. Zuweilen wurde auch ein neues Gebäude auf eine antike Ruine aufgesetzt. Ein Beispiel hierfür ist der Palazzo Orsini, der auf dem obersten Stockwerk des Marcellustheaters steht. Ein Flügel des Palastes der Malteserritter, Palazzo dei Cavalieri di Rodii, der das Augustusforum überragt, weist trotz eines Umbaus aus dem 15. Jahrhundert noch heute in seiner mittelalterlichen geschwungenen Mauer im obersten Stockwerk eine Reihe von romanischen Fenstern und einen auf eckigen Kragsteinen ruhenden Karnies auf (Abb. 236). Der nahe gelegene Trajansmarkt wurde teilweise für mittelalterliche Geschlechtertürme wiederbenützt und durch sie ergänzt. Bis heute füllen Wohnungen, Weinhandlungen, *trattorie* und andere Läden die Gewölbe des alten Pompejustheaters, deren Öffnungen bis auf eine Tür oder ein Fenster zugemauert sind. Auch die Gewölbe des Marcellustheaters waren bis in die zwanziger Jahre dieses Jahrhunderts von Altwaren- und Altkleiderhändlern, Holzkohleverkäufern (*carbonari*) und Gastwirten besetzt (Abb. 237). Wann sie sich dort einnisteten, ist nicht bekannt, doch es steht durchaus zu vermuten, daß dies irgendwann im frühesten Mittelalter geschah. Auch die Kolonnaden des Portikus der Octavia sind in ähnlicher Weise von Wohnungen mit Beschlag belegt, wie sie es schon seit dem Frühmittelalter waren. In der Via dei Calderari war ein von gebälktragenden Säulen dorischer Ordnung umrahmter antiker Bogen bis ins 19. Jahrhundert vermauert, um das Erdgeschoß eines winzigen Hauses aufzunehmen; das Obergeschoß erhob sich über dem römischen Säulengebälk (Abb. 238). Während des ganzen Mittelalters wurden überall in der Stadt antike Gewölbe vermietet oder verkauft, »ein antikes Gewölbe mit einem kleinen Haus davor im Viertel von S. Lorenzo in Lucina«; auf dem Quirinal »ein einstöckiges Haus mit dahinterliegenden Apsiden in der Nähe des Marmorpfades, es grenzt auf ... der einen Seite an zwei Apsiden, auf der anderen an eine antike Mauer, auf der dritten an den Eingang zu den [Konstantins-]Thermen, auf der vierten an eine öffentliche Straße«; und ein Grundstück, »auf dem sich ein Gewölbe und Mauern befinden, wo es früher noch andere Gewölbe gab ... hinter der Apsis von S. Maria in Xenodochio«, das heißt in der Nähe der Fontana di Trevi. Solche Gewölbe mochten entweder als reine Werkstätten dienen oder mit Wohnräumen verbunden sein, oder sie bildeten einen Teil eines recht viel umfangreicheren Besitzes, »eine antike, wasserdicht gemachte Krypta mit zwei antiken Pfeilern und mit dem ganzen Haus, das mein Vater über der besagten Krypta gebaut hat, und einem Turm« in der Nähe von S. Lorenzo in Lucina.

In den drei großen Ruinen um S. Maria Nova herum, dem Tempel der Venus und Roma, dem Goldenen Haus Neros und dem Kolosseum, vermietete man Gewölbe – in den Urkunden heißen sie *cryptae* – und Apsiden, wobei die Mieter aus allen Lebensbereichen kamen: ein Schmied, ein Metzger, Kalkbrenner, ein Geistlicher – alles ehrenwerte Bürger, *viri honesti*. Im Kolosseum waren um die Mitte des 11. Jahrhunderts alle oder fast alle der überwölbten Räume vermietet: »eine ganze *crypta*, gänzlich überwölbt, mit der [jeweiligen] Hälfte der Travertinpfeiler auf jeder Seite in dem Amphitheater, das man das Kolosseum nennt, welchselbe *crypta* auf der einen Seite an die *crypta* und den Raum des Guido de Berta angrenzt, auf der anderen an die *crypta* des Doda, auf

Häuser, Türme und Herrensitze

237. Das Marcellustheater um 1880

238. Ein in römische Überreste hineingebautes Haus in der Via dei Calderari, um 1819. Radierung von Rossini

der dritten an die *crypta* und den Raum des Singiorectus und auf der vierten an die öffentliche Straße« – sie lag also am äußeren Rand des Kolosseums. Oder aber: »die Hälfte eines einstöckigen Gewölbes [daher möglicherweise auf die Arena hinausgehend] mit der Hälfte des davorliegenden Innenhofes mit dem gemeinsamen Ein- und Ausgang ... im ... Kolosseum, das auf der einen Seite an die andere Hälfte desselben Gewölbes angrenzt und an das ganze Gewölbe, das einem Johannes gehört, auf der zweiten Seite an das Gewölbe des Peter Beccli, auf der dritten an das Gewölbe des Sposa und auf der vierten an den Gemeinschaftseingang«. Auch die Arena des Kolosseums war offensichtlich von Wohnungen übernommen worden. Eine Urkunde von 1060 beschreibt »ein zweigeschossiges Gewölbe und die Hälfte eines zweigeschossigen Hauses mit Ziegeln und Schindeln mit einer Marmortreppe davor ... das heißt, die Hälfte, die an die Kirche des Erlösers anschließt, mit ihrem kleinen Gärtchen daneben und einem Apfelgarten dahinter«, wobei mit der Kirche des Erlösers vermutlich S. Salvatore de Rota in der Arena oder in einem der Gewölbe direkt daneben gemeint war. Manchmal war solch ein Gewölbe oder auch nur eine Gewölbehälfte vorn mit einer groben Fassade abgeschlossen und besaß einen kleinen Vorhof und einen Zugang über eine Außentreppe. Die Abmessungen, die in der Verkaufsurkunde genannt werden, entsprechen denen von einem der Eingangsgewölbe im Kolosseum. Dann wieder dienten die Gewölbe offenbar als Lagerräume, Werkstätten oder Kalköfen: »die Hälfte einer antiken Apsis, im Inneren eines Kalkofens [und] am Ende dieses Kalkofens, der die Apsis halbiert ... alles überwölbt ... mit den Eingängen und Ausgängen durch diese Kalköfen«. Auch die Gewölbe des Circus Maximus waren seit dem 13. Jahrhundert, aber möglicherweise auch schon längst zuvor, von ihrem Besitzer, der Klostergemeinschaft von S. Gregorio Magno, für Wohnzwecke freigegeben worden.

Ebenso waren auch die Ruinen in der Umgebung von S. Maria Nova und die darin untergebrachten Wohnungen im Besitz der Kirche, wie überhaupt vom 10. Jahrhundert bis ins Hochmittelalter die Kirchen und Klöster die großen Immobilieneigentümer in Rom waren. Erst seit dem 14. Jahrhundert scheinen die aufstrebenden Bruderschaften mit ihnen auf einer Stufe gestanden und sie schließlich als Hausbesitzer verdrängt zu haben, allen voran die Bruderschaft von Sancta Sanctorum und vom Spital von S. Giovanni in Laterano. Auch Privatleute haben wahrscheinlich schon von Anfang an beträchtlichen Immobilienbesitz im *abitato* wie im *disabitato* ihr eigen genannt. Angesichts des Quellenmangels bei nichtkirchlichem Besitz ist ihre Bedeutung jedoch nur schwer abzuschätzen. Die großen Schenkungen von frommen Laien und ihren Familien an Kirchen und Klöster einerseits und die periodische Entfremdung von Kirchenbesitz andererseits können nur einen ungefähren Hinweis auf den Umfang des in privater Hand befindlichen Immobilienbesitzes geben. Es ist jedoch wahrscheinlich, wie mir Professor Lewine erklärt hat, daß die alten Familien und aufstrebenden Geschäftsleute schon seit frühester Zeit nicht nur in landwirtschaftliche Güter, sondern daneben auch in Grundrente abwerfende Immobilien in der Stadt investiert haben. Für die Zeit seit dem 13. Jahrhundert kann jedenfalls nachgewiesen werden, daß der Privatbesitz an Häusern im *abitato* einen bedeutenden Umfang erreicht hat, als sich nämlich die großen Familien aus wirtschaftlichen wie strategischen Gründen große Stücke an Immobilienbesitz innerhalb wie außerhalb des *abitato* sicherten. Dennoch haben sicherlich die Kirchen und Klöster seit frühester Zeit wenn nicht den größten, so doch große Teile des Immobilienbesitzes im *abitato* und in den äußeren Vorstädten kontrolliert, ebenso wie auch Höfe, Felder, Salinen und anderen landwirtschaftlichen Besitz im *disabitato* und außerhalb der Mauern in ganz Latium. Die Miet-, Kauf- und Schenkungsurkunden sprechen eine deutliche Sprache: St. Peter, die Lateranbasilika, S. Maria Maggiore, S. Maria Nova, S. Silvestro in Capite und andere, sie alle hatten großen Immobilienbesitz, wobei ihnen manchmal einige Dutzend, manchmal aber auch Hunderte von großen und kleinen Häusern gehörten. Dieser Besitz lag in der Regel in der Nähe der Kirche; was insofern selbstverständlich war, als die Stifter zumeist Gemeindeglieder waren, die in der Nähe wohnten. Einige Kirchen und Konvente aber besaßen anscheinend auch Häuser in anderen Stadtvierteln; dies galt insbesondere für St. Peter.

Mit der Ausdehnung und der immer dichteren Besiedlung der Stadt ging auch ein radikaler Wandel ihrer Silhouette einher. Seit dem 11. Jahrhundert oder schon seit früherer Zeit wurden bis zum 15. Jahrhundert Hunderte von Geschlechtertürmen gebaut. Dutzende solcher Türme erheben sich zwischen den dichtgedrängten Häusern in Masolinos 1435 gemaltem Panorama von Rom (Abb. 239), und

239. Rompanorama um 1435. Fresko von Masolino im Baptisterium von Castiglione d'Olona

noch in den Stadtansichten von Heemskerck (Abb. 212, 213) und Naldini (Abb. 187) finden sie sich in großer Zahl. Ihr Bau und ihre bis zur Mitte des 13. Jahrhunderts sich – abgesehen von großangelegten Abbruchskampagnen – ständig vergrößernde Zahl hängt natürlich mit dem Aufstieg des neuen stadtsässigen Adels zusammen. Viele der neuen Familien waren in Trastevere und jenseits des Flusses in der Ripa zwischen dem Flußufer und dem Fuß des Kapitolinischen Hügels ansässig. Der turmbewehrte Familiensitz der Papareschi lag in der Nähe von S. Maria in Trastevere. Ein riesiger Turm, dessen Name und Besitzer nicht bekannt sind, beherrschte den Brückenkopf des Ponte S. Maria, des Ponte Rotto, auf dem westlichen Flußufer. Zwei weitere standen noch im 18. Jahrhundert gegenüber dem Atrium von S. Cecilia auf der Piazza de' Mercanti. Sie sind auf einer Zeichnung im ›*Codex Escurialensis*‹ aus dem späten 15. Jahrhundert zu erkennen (Abb. 210) und ebenso auf einem 70 Jahre später entstandenen Blatt von Naldini (Abb. 187). Daß Geschlechtertürme in dieser Gegend gehäuft anzutreffen waren, ist freilich schon von Masolino dargestellt worden. Auch die Familien der Tebaldi, Romani und Brancucci stammten wie die Pierleoni aus Trastevere. Die Lage des ursprünglichen Familiensitzes der Pierleoni ist unbekannt. Möglicherweise stand das Stammhaus in der Nähe des Brückenkopfes gegenüber der Tiberinsel, denn am Ende des 11. Jahrhunderts hatten sie sich auf der Insel niedergelassen. Ein Turm, der vermutlich ihnen gehört hatte, beherrscht sogar heute noch den Brückenkopf des Ponte Quattro Capi – *Pons Judaeorum* –, der von der Ripa auf die Insel hinüberführt (Abb. 240). Um 1100 hatten die Pierleoni auch ein befestigtes Haus unterhalb der Südklippe des Kapitolinischen Hügels, des Tarpeischen Felsens, errichtet. Ein Teil dieses Hauses, das aus dem späten Mittelalter zu stammen scheint und vor 50 Jahren in barbarischer Weise überrestauriert worden ist, steht heute noch gegenüber von S. Nicola in Carcere

240. Der Geschlechterturm auf der Tiberinsel am Ponte Fabricio

(Abb. 241). Weitere Pierleoni-Türme scheinen weiter nördlich, in der Nähe von S. Marco gestanden zu haben, dort, wo heute der Palazzo Venezia liegt. Im Süden hatten nahe dem östlichen Brückenkopf des Ponte Rotto ein Zweig der Normanni-Familie, ein Mitglied der Corsi-Sippe mit dem vielsagenden Namen Petrus Latrone und einer der Bulgamini, die im Jahre 1119 alle mit den Pierleoni verbündet waren, eine Reihe von befestigten Häusern in ihrem Besitz. Das Marcellustheater, der Schlüsselpunkt der Ripa, befand sich im 12. Jahrhundert anscheinend in der Hand einer anderen Adelsfamilie, der Faffi oder Fabii. Im 13. Jahrhundert fiel es an die Savelli und später an die Orsini. Es gibt keinen Beweis dafür, daß die Pierleoni jemals im Besitz dieses Monuments gewesen wären; doch da sie um 1100 seine ganze Umgebung beherrschten, läßt sich nur schwer glauben, sie hätten diese stärkste Festung des Viertels im Besitz einer anderen Familie belassen.

So wie die Pierleoni die Ripa kontrollierten, scheinen die Cenci die Herren im Tiberknie gewesen zu sein. Auf der Piazza dell'Orologio, damals noch der *Campo*, »wo der Parione beginnt«, stand bis 1536 der Turm des Stephanus Serpetri, der um 1050 das Haupt der Cenci-Sippe gewesen war. Es war vielleicht dieser Turm gewesen, in dem Gregor VII. gefangengehalten wurde, nachdem er im Jahre 1075 aus der Christmesse in S. Maria Maggiore heraus verschleppt worden war. Der Turm – es war wohl eher ein vieltürmiges befestigtes Haus – stand am Zugang zum Monte Giordano, und vielleicht war auch das Hügelchen selbst von den Cenci besetzt – im 13. Jahrhundert war es dann in den Besitz der Orsini übergegangen. Die vielfältigen verschachtelten Bauten auf dem Hügelchen sind zwar immer wieder um- und ausgebaut worden, geben aber ein hervorragendes Beispiel dafür ab, wie sich ein befestigtes Herrenhaus des Mittelalters im Laufe der Jahrhunderte ausdehnte und ein Gebiet überwucherte (Abb. 242). Ein anderer Cenci-Turm, der 1074 zur Sicherung des Ponte S. Angelo gebaut worden war, wurde schon im darauffolgenden Jahr von Gregor VII., dem Erzfeind der Cenci, wieder niedergerissen. Weitere Cenci-Türme standen entlang der Grenze zur Ripa, entweder auf dem Monte Cenci oder an der Piazza Paganica oder sogar an beiden Orten. Die Türme »derer von S. Eustachio«, die auch die Statii hießen, erhoben sich offensichtlich nahe bei dieser Kirche und daher auch in der Nähe des Pantheon. Im frühen 13. Jahrhundert hatten die Orsini auch eine Festung in den Ruinen des Circus Flaminius in Besitz. Weiter draußen, wo vor 1100 schon der Randbereich des *abitato* begann, standen zwei Türme nahe bei einem der Kirche von S. Maria in Via Lata angeschlossenen Nonnenkloster; einer von ihnen war oben auf einen römischen Bogen aufgesetzt. Auf dem Kapitolinischen Hügel hatte die Corsi-Sippe bis 1118 ihr befestigtes Haus, vermutlich an der Stelle, wo sich heute der Palazzo del Senatore über den Resten des antiken Tabularium erhebt.

Von den solchermaßen bezeugten Türmen innerhalb des *abitato* scheinen nur wenige, wenn überhaupt, bis heute Bestand gehabt zu haben, und die wenigen erhalten gebliebenen sind urkundlich nur schlecht bezeugt: die Torre del Papito am Largo Argentina, die Torre Sanguigna nördlich der Piazza Navona, die Torre della Scimmia abseits der Via della Scrofa, die Torre dei Margani an der gleichnamigen Piazza (Abb. 243), ein riesiger namenloser Turm im Innenhof des Palazzo Mattei di Paganica, ein weiterer der Boveschi-Familie in der Via della Tribuna di Tor dei Specchi, die Tor Millina in der Via dell' Anima, die zusammen mit dem angeschlossenen Herrenhaus um 1490 aus älteren Bauten umgebaut wurde, und schließlich in Trastevere der Turm der Anguillara-Familie. Noch viele weitere Türme kann man auf Karten und Veduten aus dem 16. Jahrhundert ausfindig machen: die Torre del Merangolo, die dem Palazzo Patrizi nahe S. Catarina dei Funari einverleibt worden war, und auf Campo dei Fiori die Torre dell' Arpacata, um nur diese zwei zu nennen.

241. Das Herrenhaus der Pierleoni (?)

Häuser, Türme und Herrensitze

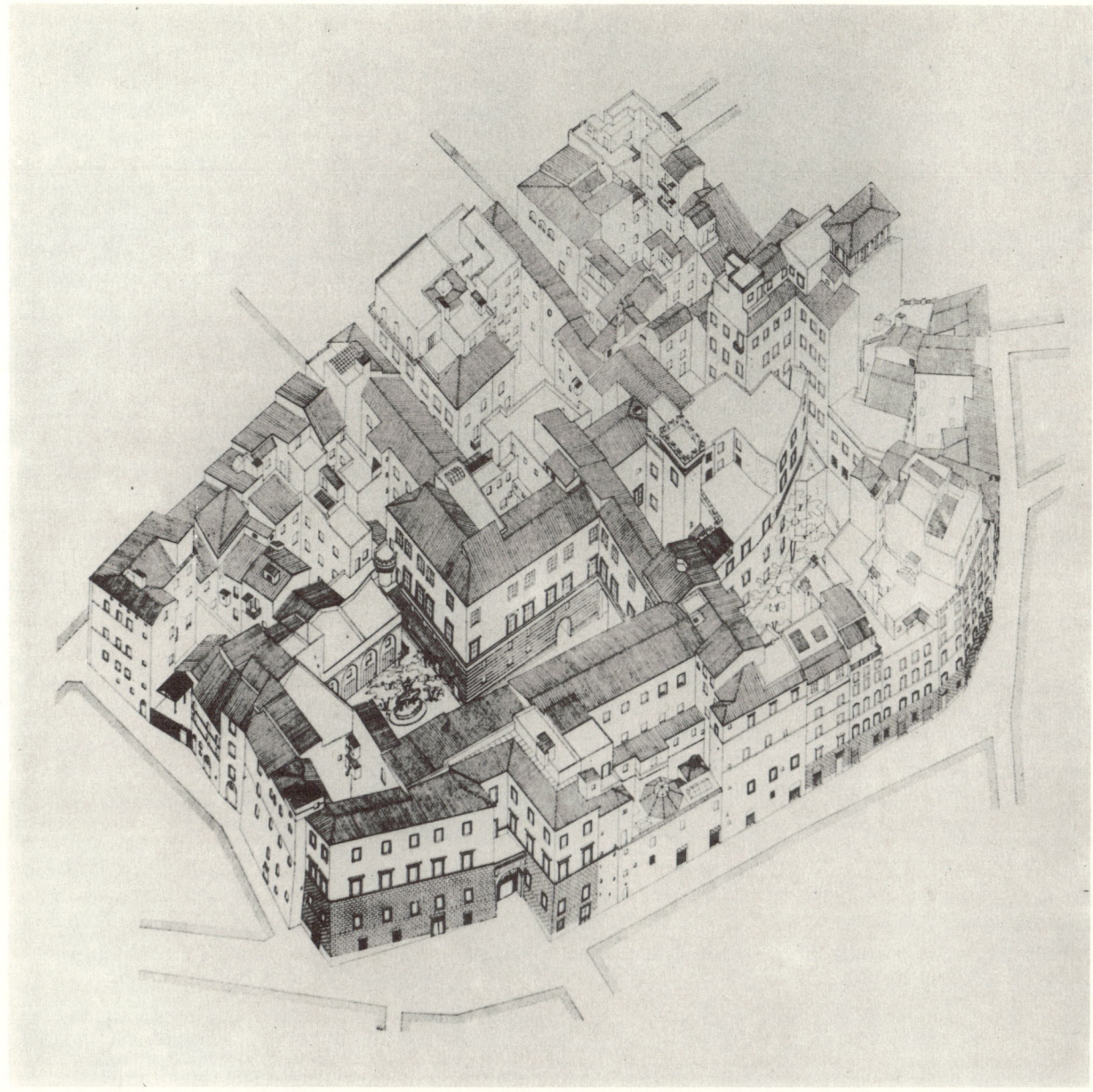

242. Der Monte Giordano um 1950, isometrische Sicht. Zeichnung von M. P. F. Asso

Kaum einer dieser Türme stand freilich so isoliert, wie man sie heute sieht. Sie einsam und verloren als Denkmäler auf einem leeren Platz auszustellen war der unglückselige und eher ins 19. Jahrhundert passende Einfall der Stadtplaner des 20. Jahrhunderts: die Torre del Papito auf dem Largo Argentina ist ein trauriges Beispiel. Im Mittelalter bildeten die Türme vielmehr einen Teil von größeren Gebäudekomplexen. Immer wieder sprechen die Zeitgenossen von dem Turm und dem Herrenhaus einer Familie, *turris* und *domus*, die zusammengehören und fast austauschbare Bezeichnungen sind. Auch ganze Anhäufungen von Türmen gab es häufig, wie etwa diejenige, die auf der Zeichnung im ›*Codex Escurialensis*‹ in der Nähe von S. Cecilia zu sehen ist. Sie gehörten Familien, die mal verbündet, mal verfeindet waren – Allianzen brachen offensichtlich recht schnell wieder auseinander. 1238 vermietete die Familie der Arcioni einen Teil der Konstantinsthermen auf dem Quirinal unter der Bedingung, daß der Mieter von den offensichtlich befestigten Zinnen der Ruinen aus »Krieg und Frieden mit jedermann

243. Die Torre dei Margani

244. Turmbewehrte Herrenhäuser im Tiberknie. Ausschnitt einer Karte aus dem ersten Viertel des 15. Jahrhunderts

nach Gutdünken machen dürfe, außer mit den Arcioni«, was ebenso auch umgekehrt galt. Karten und Ansichten selbst noch aus dem 16. Jahrhundert und einige kostbare Überreste lassen ein Bild von solchen Anhäufungen von Türmen und turmbewehrten Herrenhäusern entstehen (Abb. 244). Einige waren von einem äußeren zinnenbewehrten Mauerring und äußeren Türmen geschützt, die einen hohen Hauptturm im Inneren umgaben. Andere bildeten rechteckige Anlagen, deren Außenmauern zinnenbewehrt waren. An die Innenseiten dieser Mauern waren Ställe und Wohnquartiere, zuweilen auch ein hohes Herrenhaus angebaut, und eine Ecke war durch einen Turm noch zusätzlich befestigt. Das Haus der Anguillara-Familie in Trastevere, jenseits des Ponte Garibaldi und gegenüber von S. Crisogono (Abb. 245), das zwar erst im 13. Jahrhundert und noch später gebaut wurde, stellte dennoch ein perfektes Beispiel dieses Typs dar, allerdings bevor es innen und außen gesäubert und geschrubbt worden ist; ein Aquarell von E. Roesler Franz zeigt den Innenhof aus der Zeit vor der Schönheitsoperation (Abb. 246). Das Haus der Margani, das zum erstenmal vor 1305 erbaut wurde, in seinem heutigen Zustand freilich aus dem 14. und 15. Jahrhundert stammt, wenn es auch restauriert und allzusehr gesäubert worden ist, besteht aus einem Turm, der über die Piazza blickt, und aus einem Seitenflügel mit Portikus, der sich in dem ummauerten Innenhof nach hinten erstreckt; der Eingang zu diesem Geviert

wird von Fragmenten eines römischen Gesimses umrahmt. Der älteste erhaltene Komplex dieser Art scheint der Kardinalspalast bei S. Maria in Cosmedin zu sein, wo Bauten von unterschiedlicher Größe, Anlage und Höhe und von unterschiedlichem Entstehungsdatum zu einem solchen Geviert zusammengefügt sind, wobei anstelle des obligaten Turms der Campanile der Kirche steht. Ob dieser Palast nun Elemente aus dem 8. und 9. Jahrhundert umfaßt oder nicht, er scheint doch auf jeden Fall zum größten Teil zwischen dem frühen 12. und dem 15. Jahrhundert gebaut beziehungsweise umgebaut worden zu sein. Tatsächlich scheinen die meisten der aus alten Ansichten bekannten turmbewehrten Häuser in mehreren aufeinanderfolgenden Bauabschnitten entstanden zu sein. Ein mit einem niedrigen Turm befestigtes Geviert war noch zur Zeit des ›Codex Escurialensis‹ an die Tor de' Conti angebaut. Es ist freilich unbekannt, ob es zur selben Zeit wie der erhaltene riesige Turm gebaut wurde oder erst später, oder ob es sogar noch älteren Datums ist (Abb. 225). Manchmal wurde auch ein hohes Haus, das groß oder klein sein mochte, jedenfalls aber nicht befestigt war – möglicherweise ein spätmittelalterlicher Bautypus –, an einen schon bestehenden Turm angebaut: die Residenz der Millini in der Via dell' Anima besteht aus zwei Flügeln, die im späten 15. Jahrhundert an den älteren Familienturm angefügt wurden, der zur selben Zeit restauriert wurde. Auch die Torre della Scimmia in der Via dei

Portoghesi weist Anzeichen dafür auf, daß hier einst ein solcher Komplex aus Turm und Wohnbau gestanden hat.

Frühe Stadtpläne vermitteln zwar einen Eindruck von dieser Verbindung von Wohnhäusern mit Türmen, wie sie im mittelalterlichen Rom üblich war; aber sie verzerren auch das Gesamtbild des *abitato* insofern, als sie solche Herrenhäuser und die Kirchen, die ihre Bezugspunkte sind, isoliert darstellen. Die Wirklichkeit sah ganz anders aus. Die Herrenhäuser wurden ebenso wie die größeren oder kleineren Kirchenbauten von allen Seiten von normalen Häusern umdrängt. Masolinos Vedute aus dem frühen 15. Jahrhundert (Abb. 239) gibt ebenso wie die Ansichten aus dem ›*Codex Escurialensis*‹ und diejenigen von Heemskerck, erstere 70, letztere 100 Jahre später entstanden, ein wahrhaftigeres Bild. Auch an den wenigen erhaltenen Beispielen läßt sich dies erkennen, wenn sie auch durch die Jahrhunderte immer wieder verändert und umgebaut worden sind.

Kirche und Kloster von S. Prassede sind noch heute von allen Seiten von Gebäuden eingeschlossen – vor dem Atrium, an den Seiten der Kirche und hinter ihrer Apsis und dem Querschiff –, die alle einen mittelalterlichen oder sogar noch älteren Kern haben. Auch S. Cecilia war im frühen 15. Jahrhundert in ähnlicher Weise von Gebäuden umringt, unter ihnen, im Judenhof gelegen, ein kleines doppelstöckiges Haus, das an die Wand einer Kapelle der Kirche angebaut war. Auch die Bebauung des Monte Giordano zeigt trotz ihrer vielfältigen Veränderungen während der letzten 500 Jahre in beispielhafter Weise, wie die Häuser eines Familienverbandes, von dem jeder Zweig in einem eigenen Flügel untergebracht war (aus Gründen der Sicherheit und der Privatsphäre), ineinander verschachtelt waren und wie sie die aus dem 12. Jahrhundert stammende Apsis der kleinen Kirche S. Simeone geradezu umschlingen. Sie zeigt auch, wie sich an die Mauern der großen Häuser der Orsini von allen Seiten kleinere

245. Außenansicht des Hauses der Anguillara-Familie nach der Restaurierung

246. Der Innenhof des Hauses der Anguillara vor der Restaurierung, um 1880 (?). Aquarell von E. Roesler Franz – Museo di Roma, Rom

Häuser anlehnen (Abb. 242). Eine Urkunde von 1279 wiederum, die Brentano lebendig erläutert hat, bringt das verschachtelte Ineinander des Hauses der Sippe von S. Eustachio in der Nähe des Pantheon mit Dutzenden von anderen Häusern zum Ausdruck, die zum Teil im Besitz derer von S. Eustachio, zum Teil in anderen Händen waren: das eigentliche Herrenhaus mit einem kleinen Turm und einem Torbogen grenzte auf der einen Seite an eine Mauer des Pantheon und auf der anderen an das Wohnhaus einer anderen Familie. Daneben lagen eine ans Pantheon angebaute Befestigung, die zum Teil der Familie von S. Eustachio gehörte – wir wissen nicht, wie sie aussah –, dann ein ›Palast‹, der von einem Schmied bewohnt wurde, und daneben ein einstöckiges Haus; ein weiteres Haus mit einer Kuppel und einem Bogen, das von einem Mitglied der Familie bewohnt wurde – könnte dieser Bogen der Arco della Ciambella in den Thermen des Agrippa 100 Meter südlich des Pantheon sein? Schließlich liegen dazwischen noch weitere Häuser und Schuppen, die alle in schmalen Sträßchen eng aneinandergebaut und von Menschen aus allen möglichen Lebensbereichen bewohnt sind: von Rechtsanwälten, Beamten, Handwerkern. Klassenunterschiede kommen in der Wohngegend nicht zum Ausdruck: Adlige, Notare und Schuhmacher wohnen im selben Gebäude Seite an Seite, wie dies ja auch noch vor 100 Jahren die Regel war und noch heute in vielen der alten Palazzi der Fall ist. Im Erdgeschoß und im Innenhof liegen Läden und Werkstätten von Handwerkern, während die Costaguti oder irgendeine andere Adelsfamilie auf dem *piano nobile* wohnen. Es gab keine getrennten Wohnviertel von reich und arm im mittelalterlichen Rom.

Viele der Türme und Herrenhäuser, ob sie nun erhalten geblieben oder nur aus alten Ansichten bekannt sind, stammten aus dem Spätmittelalter. Aber schon im 12. und im frühen 13. Jahrhundert gab es sie in großer Zahl: 1257 ließ Brancaleone di Andalò 140 von ihnen abreißen, 100 Jahre zuvor hatte die kurzlebige republikanische Kommune die Türme der papsttreuen Familien niedergerissen, und noch früher waren wieder andere Geschlechtertürme während des Investiturstreits zerstört worden. Aber Türme waren schnell wiederaufgebaut oder leicht von neueren und stärkeren ersetzt, und noch im 15. Jahrhundert wurden gänzlich neue errichtet.

Während des ganzen Mittelalters wurde die Silhouette von Rom sowohl im *abitato* wie im *disabitato* von Türmen beherrscht. Aus den schmalen und gewundenen Straßen und der Masse der dichtgedrängten Häuser oder auch aus dem umliegenden Brachland, das sich bis zu den Stadtmauern erstreckte, ragten die Geschlechtertürme der großen Familien himmelwärts; ebenso die zahllosen *campanili*, die seit der zweiten Hälfte des 11. Jahrhunderts einen integralen Bestandteil der römischen Kirchenbauten darstellten: winzige wie diejenigen von S. Benedetto in Piscinula – schon 1069 errichtet und S. Rufina, die beide in Trastevere liegen, oder der von S. Biagio in Mercato, der am Fuß des Kapitols aus den Ruinen eines römischen Hauses ragt. Seit den dreißiger Jahren dieses Jahrhunderts ist er wieder sichtbar, als man nämlich die aus dem 18. Jahrhundert stammende Kirche S. Rita da Cascia Stein um Stein einen guten halben Kilometer weit in die Nähe des Marcellustheaters versetzte. Daneben standen auch große Turmbauten wie die Glockentürme von SS. Giovanni e Paolo, S. Maria Nova, S. Crisogono, S. Maria in Trastevere und S. Maria in Cosmedin. Während eines Großteils des Mittelalters muß auch Rom jenes igelartige Aussehen besessen haben, das sich S. Gimignano bis heute erhalten hat und das in Bologna bis zum 18. Jahrhundert bestand. Ein Unterschied bleibt jedoch bestehen: trotz der Geschlechtertürme und der *campanili* waren es die Ruinen und die Bauten der Antike, die die Silhouette des mittelalterlichen Rom prägten. Sie waren es, wie wir meinen, die neben der »Saat von Türmen« den Engländer Magister Gregor als ›Paläste‹ beeindruckten, als er vom Monte Mario aus auf Rom hinunterschaute – jede antike Ruine und insbesondere die Thermen wurden im mittelalterlichen Rom als ›Palast‹ bezeichnet. Aus dem *abitato* sahen Gozzoli, der Zeichner des ›*Codex Escurialensis*‹, Heemskerck und Naldini das Pantheon, Castel S. Angelo und das Marcellustheater herausragen, dessen zinnenbewehrte Mauern sich mit abweisender Gebärde gegen den Fluß wenden (Abb. 187, 208, 210, 212, 213). Selbst heute noch vermittelt der Blick von SS. Trinità dei Monti hinüber zur Kuppel des Pantheon, sofern man nur die dazwischenliegenden Bauten aus dem 19. und 20. Jahrhundert verdeckt, einen Eindruck von der überwältigenden Weise, in der die antiken Gebäude und Ruinen den mittelalterlichen *abitato* beherrscht haben müssen. Bis vor gut 50 Jahren war dies auch noch mit dem Marcellustheater der Fall, als es nämlich noch von allen Seiten von Häusern umdrängt wurde. Zumindest die Caracallathermen und das Kolosseum bringen dem Betrachter noch heute zum Bewußtsein, welchen überwältigenden Eindruck diese Ruinen auch im *disabitato* machten, in dessen unbebautem Brachland sie in einsamer Größe standen. Masolinos Panorama von etwa 1435 ist zwar in den topographischen Details nicht verläßlich, vermittelt aber einen überzeugenden Gesamteindruck von der dichtgedrängten Bebauung im Herzen der Stadt, aus deren Masse die drei- und vierstöckigen Türme und ein paar antike Ruinen herausragen und höher aussehen, als sie es in Wirklichkeit waren, wobei das Ganze gegen den Hintergrund des spärlich besiedelten *disabitato* abgesetzt ist.

XIV.

Der ›Disabitato‹ und der Lateran

Gleich östlich hinter dem Kapitol, südlich beim Marcellustheater oder bei S. Maria in Cosmedin, nördlich bei S. Lorenzo in Lucina und auf dem Marsfeld begann der *disabitato*, der die eigentliche Stadt rings umgab und sich bis an die Aurelianische Mauer erstreckte. Abgesehen von den schriftlichen Quellen, vermittelt Heemskercks Panorama ungeachtet seines späten Entstehungsdatums immer noch den besten Eindruck davon, wie diese Zone ausgesehen hat. Direkt unterhalb der Ostklippe des Kapitols standen zwischen den Säulen des Tempels der Concordia einige Hütten und Häuser mit Gärten; andere waren in die Gewölbe des Unterbaus dieses oder eines anderen Gebäudes eingefügt; zwei weitere lehnten sich an den Sockel der *»columna perfectissima«*, womit möglicherweise die Säule des Phokas gemeint ist; dazwischen erstreckte sich ein Olivenhain (Abb. 247). Noch 300 und 400 Jahre später hatte sich die Lage kaum verändert, und die Häuser, die in die Maxentiusbasilika hineingebaut waren, mögen durchaus unter denjenigen gewesen sein, die Cencius Camerarius schon 1192 aufgezählt hatte (Abb. 248). Die Ruinen des Forums waren ebenso wie der Kamm und der Abhang des Palatin

247. Blick auf das mit Häusern umbaute Forum zum Kapitol, um 1534–1536. Zeichnung aus dem Kreis um Marten van Heemskerck – Berlin, Kupferstichkabinett, 79 D2A, fol. 12ʳ

mit Bäumen, Feldern und Weingärten bedeckt; etwas weiter entfernt waren der Caelius und der kleine Aventin – auf dem S. Saba liegt – ebenfalls überwachsen. Dutzende von Dokumenten berichten während des ganzen Mittelalters von Feldern, Weingärten, Weiden und einigen wenigen Bauernhäusern in der Gegend vom Lateran bis SS. Giovanni e Paolo am Kamm des Caelius entlang, hinunter bis unterhalb von S. Gregorio Magno und nach Osten bis hin zur Porta Maggiore. So war um 938 zum Beispiel in der Nähe von S. Stefano Rotondo der Konvent von S. Erasmo verlassen worden »mit seinen Gebäuden und Gärten oder Feldern mit Oliven- und Apfelbäumen überall, ... der auf der einen Seite an den Hof [eines] Georg ... und die Hütte des Peter und diejenigen von einigen anderen ... und an Gewölbe und die Felder des Ursus angrenzt ... und auf der anderen Seite an das Feld des Presbyters Leo und auf der dritten Seite an das Feld der Erben des Hadrian von Magnanapoli [*de banneo neapolim*] und an die Weingärten der edlen Dame Sergia und auf der vierten an eine Hütte«. Gegen Ende des Jahrhunderts war der inzwischen an Subiaco gekommene Konvent noch immer ein großes Gehöft mit »Häusern, einem Weinkeller, einer Scheune und mit Gärten und Weingärten, Olivenhainen und Apfelbäumen rings herum«. In der Nähe der Porta Maggiore wurde 924 eine Gruppe von Bauernhöfen, die einen Garten und eine Kapelle des heiligen Theodor umgaben, dem Priester (und späteren Bischof) Florus geschenkt; 958 gab es dort Häuschen mit Höfen und Gärten und ein größeres Gehöft »mit seinem Hof und seiner Pergola, mit Garten und einem ummauerten Weingarten und einem Apfelgarten und Gewölben an der Straße, die nach [S. Croce in] Jerusalem führt«.

Auf dem eigentlichen Aventin sah Heemskerck um die Festung der Savelli herum, die erst 1285 bis 1287 in der Nähe von S. Sabina gebaut worden war, ein paar Häuser liegen, und noch ein paar drängten sich um S. Maria in Cosmedin am Fuß des Hügels; der nahe gelegene Janusbogen und die Kirche S. Anastasia waren bloße Ruinen (Abb. 249). Natürlich waren zu Heemskercks Zeit schon einige ältere Bauten verschwunden und einige neuere Gebäude entstanden. Doch abgesehen von der spätmittelalterlichen Burg der Savelli auf dem Aventin und von zwei Bauten des 15. Jahrhunderts am Fuß des Palatin, nämlich der Rotunde von S. Teodoro und dem Spital und der Kirche von S. Maria della Consolazione, zeigt die Gegend auf Heemskercks

248. Häuser in der Nähe von S. Maria Nova in der Maxentiusbasilika, um 1625. Zeichnung von B. Breenbergh – Amsterdam, Rijksmuseum

Panorama kaum ein anderes Bild, als es der *disabitato* 400 oder 500 Jahre zuvor gezeigt haben muß. Auch der gesamte Bereich nördlich von S. Silvestro, vom Tiber bis zum Fuß des Pincio und von der Piazza Colonna und der Fontana di Trevi bis zur Porta del Popolo, war bis in die ersten Jahre des 16. Jahrhunderts landwirtschaftlich genutzte Fläche. Im 9. und 10. Jahrhundert hatte diese Gegend dem Konvent von S. Silvestro in Capite gehört, dessen Besitz sich außerhalb der Mauern entlang der Via Flaminia bis hin zur allmählich verfallenden Kirche S. Valentino und zum Ponte Milvio fortsetzte. Inmitten dieser Äcker erhoben sich die Monumente des nördlichen Marsfeldes – das Augustusmausoleum, der Obelisk mit der dazugehörigen kolossalen Sonnenuhr, die Säule Mark Aurels ebenso wie die spätantike Basilika S. Lorenzo in Lucina aus dem 5. Jahrhundert. Dieser riesige Besitz war S. Silvestro bei seiner Gründung im Jahre 761 ganz oder teilweise übereignet worden. Ein Jahrhundert später hatte er seine größte Ausdehnung erreicht, mit allen Monumenten und dergleichen, wobei die Säule Mark Aurels, die Porta del Popolo und der Ponte Milvio ausdrücklich mit eingeschlossen waren. Die Annahme scheint berechtigt, daß große Teile dieses Be-

249. Blick auf den *disabitato* um 1534–1536. Ausschnitt: S. Anastasia und S. Maria in Cosmedin. Zeichnung von Marten van Heemskerck – Berlin, Kupferstichkabinett, 79 D2A, fol. 91[v] und 92[r]

sitzes vor 761 der Familie der beiden Gründer, der Päpste Stephan II. und Paul I., gehört hatten. Erst gegen Ende des 10. Jahrhunderts scheint der Besitz teilweise aufgesplittert worden zu sein. Im hohen und späten Mittelalter hat sich wohl das Augustusmausoleum, das um die Jahrtausendwende für eine kurze Zeitspanne befestigt gewesen war, in schlechtem Zustand befunden und verfiel allmählich. Weiter nördlich am Tiberufer erhob sich der Turm, »in dem der Geist Neros herumzuspuken pflegte« – möglicherweise eine wiederaufgebaute römische Ruine. Montecitorio ist vielleicht schon vor seiner Besetzung durch die Colonna im späten 13. Jahrhundert eine Festung gewesen oder auch nicht. Strategisch nämlich scheint der Nordabschnitt des Corso, die Porta del Popolo und die Via Flaminia vor dem Tor bedeutungslos gewesen zu sein. Noch im 12. und 13. Jahrhundert aber reichten die Besitzungen von S. Silvestro in Capite von S. Lorenzo in Lucina und dem Campo Marzio bis zur Piazza Colonna, wo die Säule des Mark Aurel ein hochgeschätztes Besitzstück war, sowie bis zur Gegend um die Fontana di Trevi und an den Westabhang des Quirinal, und im Osten bis zur Porta Pinciana. Der ganze Bereich hatte einen ausgeprägt ländlichen Charakter, mit seinen kleinen Häusern, Schuppen und Strohhütten, mit den winzigen Kirchlein, den Gärten und Feldern und mit antiken Ruinen wie den Konstantinsthermen und dem Serapistempel auf dem westlichen Ausläufer des Quirinal. Etwas weiter östlich blieben der Kamm des Quirinal und der Pincio ein gänzlich ländliches Gebiet, bis sie dann im 16. und 17. Jahrhundert zu einem eleganten Villenvorort wurden.

Nichtsdestoweniger hatten sich auf der weiten Fläche von landwirtschaftlich genutztem Gebiet und Brachland, die den *disabitato* ausmachte, schon früh einige Siedlungen gebildet: eine am Lateran, eine andere um S. Maria Maggiore und eine dritte am nordöstlichen Fuß des Palatin um S. Maria Nova (heute S. Francesca Romana) und das Kolosseum herum. Bei S. Maria Maggiore hat man wohl schon früh erfolgreiche Anstrengungen unternommen und dann auch durch die Jahrhunderte hindurch fortgesetzt, die Verbindungen mit dem *abitato* offenzuhalten, das bestehende Kirchengut zu pflegen und auszuweiten und einen Siedlungskern lebendig zu erhalten und zu stärken. Hadrian I. baute im Jahre 786 ein nahe der Basilika gelegenes Kloster, das für den Unterhalt der Kirche verantwortlich sein sollte, wieder auf und stattete es reich aus. Im 9. Jahrhundert wurden die Gemeindezentren von S. Prassede und S. Martino ai Monti durch prächtige neue Kirchen ersetzt – erstere wurde außerdem mit Reliquien versehen, wodurch Pilger herbeigezogen werden sollten – und an neu eingerichtete und wohlversorgte Klöster übertragen. Vor dem 10. Jahrhundert (möglicherweise sogar schon lange davor) waren zwei dem heiligen Andreas geweihte Klöster nahe bei S. Maria Maggiore eingerichtet worden. Die etwas entfernte, aber immer noch vergleichsweise nahe gelegene *diaconia* von S. Vito in Macello wurde anscheinend ebenfalls seit dem 9. Jahrhundert einem Kloster angeschlossen. Noch weiter im Osten war schon im 5. Jahrhundert die Kirche S. Bibiana gegründet worden. Im Jahre 806/807 war die Kirche, nach dem kleinen Geschenk, das sie von Leo III. erhielt, zu urteilen, nur unbedeutend; doch schon bald danach gewann sie wieder an Bedeutung, als sie nämlich mit einem wohlhabenden Nonnenkloster verbunden wurde, das im 10. Jahrhundert zu einem der reichsten in ganz Rom geworden war. Sie wurde im 13. Jahrhundert anscheinend zu einer winzigen Basilika umgebaut, deren Mittelschiff vielleicht von gebälktragenden Kolonnaden getragen wurde. Heute ist sie in der Form erhalten, die ihr dann Bernini im Jahre 1624 gab. Um diese Kirchen und Klöster herum mußte sich notwendigerweise ein bevölkerter Siedlungskern entwickeln, ein Satellitendorf auf dem Esquilin, das sich in Richtung auf den Colle Oppio

250. Die Siedlung um S. Maria Maggiore, der anschließende Palast und S. Pudenziana um 1550. Ausschnitt einer Zeichnung von A. van Wijngaerde – Oxford, Ashmolean Museum

ausbreitete und deutlich ländliche Züge besaß. Im Laufe der Jahrhunderte wuchs dieses Dorf dann weiter, und 1192 werden über 40 Häuser mit Schuppen, Hütten und Gärten um S. Maria Maggiore und S. Andrea in Catabarbara herum aufgezählt, die alle der Basilika oder einem der umliegenden Klöster gehörten. Weitere Häuser solcher Art lagen bei dem Kloster, das S. Prassede unterhielt; sie reichten noch ungefähr 150 Meter nach Südosten bis zu S. Martino ai Monti. Schon um die Mitte des 11. Jahrhunderts wurde diese Gegend von einer Rohrleitung mit Wasser versorgt, die vielleicht auf römische Ursprünge zurückging. Auch ein Markt wurde in der Nähe gehalten, möglicherweise auf dem Gelände des alten Macellum Liviae, nahe bei S. Vito in Macello, mehr oder weniger an der Stelle, wo heute der große Markt auf der Piazza Vittorio Emanuele stattfindet. Weitere Häuser gab es um S. Pudenziana herum, nordwestlich von S. Maria Maggiore und etwas hügelabwärts gelegen, wo Wijngaerde sie um 1550 dann zeichnete (Abb. 250). Die Straßen zum *abitato* wurden von frühester Zeit an offengehalten. Nach Westen, in Richtung auf SS. Apostoli und das Südende des Corso wurde die Verbindung durch die Einrichtung von zwei Klöstern nahe den Kirchen S. Eufemia und S. Lorenzo in Panisperna gesichert. Seit der Römerzeit war diese Gegend mit dem Viertel um die Kaiserforen durch zwei Straßen verbunden, die während des ganzen Mittelalters offengehalten wurden. Beide verließen das Nervaforum, das *Forum Transitorium* oder ›Durchgangsforum‹, wie es einst geheißen hatte, unter einem riesigen Bogen hindurch. Die mittelalterliche Etymologie hatte seinen Namen verändert und aus *Arcus Nervae*, ›Nervabogen‹, eine *Arca Noe*, ‹Arche Noah›, gemacht. Hinter diesem Bogen drängten sich die Häuser auf dem Gelände, auf dem seit 1198 der Tor de' Conti stand, den Innozenz III. für seine Familie hatte bauen lassen. Im 14. Jahrhundert gab es hier ein Ladenzentrum, das freilich vermutlich schon lange zuvor entstanden war: eine oder zwei Gassen in der Nähe des Turms waren von Metzgerläden gesäumt, und der Tempel des Forums beherbergte schon um 1200 die »Kornkammer der Kardinäle«. Dieser Getreidespeicher war vielleicht in dem turmartigen Bau untergebracht, der in den Torbau des Tempels eingebaut war und bis zum 17. Jahrhundert häufig gezeichnet wurde (Abb. 251). Dieser Bau war in jedem

251. Nervaforum mit der ›Kornkammer der Kardinäle‹ im Minervatempel um 1495, im Mittelpunkt die *Arca Noe* und dahinter ein Haus mit Portikus, rechts die Tor de' Conti. Zeichnung aus dem ›*Codex Escurialensis*‹, fol. 57ᵛ

252. Die Siedlung um S. Maria Nova um 1560 mit dem Konstantinsbogen im Vordergrund. Zeichnung von G. A. Dosio – Florenz, Uffizien

seiner drei Stockwerke in vier Joche mit Kreuzgewölbe unterteilt, das im Erdgeschoß von einer Säule, im ersten und möglicherweise auch im zweiten Obergeschoß von einem Pfeiler getragen wurde; seiner Bauweise nach mag der Speicher durchaus aus dem 12. Jahrhundert stammen. Diese Gegend muß also gut besiedelt gewesen sein – was die Liste des Cencius Camerarius bestätigt – und bildete eine auf halbem Wege zwischen dem *abitato* und S. Maria Maggiore liegende Ansiedlung. Vom Nervabogen am rückwärtigen Ende des Forums aus verlief die Straße in zwei parallelen Ästen zum Esquilin und zum Colle Oppio hinauf. Die eine dieser Parallelstraßen, die in der Antike *Vicus Patricius* geheißen hatte, führte entlang der heutigen Via Madonna dei Monti und Via Urbana an S. Pudenziana vorbei und endete eine kurze Strecke hinter S. Maria Maggiore; die andere, der antike *Vicus Suburranus*, folgte ungefähr dem Verlauf der heutigen Via Cavour an S. Lucia in Selcis vorbei, wo ein Stück des antiken Pflasters erhalten geblieben ist, und teilte sich dann hinter der Apsis von S. Martino ai Monti. Ein Zweig führte über S. Prassede und S. Vito in Macello zur Porta S. Lorenzo; der andere wandte sich nach Südwesten und reichte bis zur Porta Maggiore. Beide

trafen auf Überlandstraßen durch die Campagna, die nach Tivoli beziehungsweise nach Palestrina führten.

Mindestens seit dem 10. Jahrhundert hatte sich am östlichen Ende des Forums eine weitere Vorstadt gebildet, die viel näher am *abitato* lag als das ›Dorf‹ bei S. Maria Maggiore. Die um 855 gebaute S. Maria Nova bildete ihren Kern. Wie sich seit dem späten 10. Jahrhundert und während des ganzen Mittelalters aus zahlreichen Urkunden belegen läßt, erstreckte sich hier die Bebauung bis in den Tempel der Venus und Roma, ins Kolosseum, ins Haus des Nero hinein und zog sich allmählich auch den Abhang des Palatin hinauf. Die Mieter und ihre Zeugen in den Urkunden, anscheinend Nachbarn, dürften zum größten Teil Handwerker gewesen sein: Kupferschmiede und Schmiede, Stellmacher, ein Schuhmacher, ein Maurer und viele Kalkbrenner – gerade sie wurden von dem Überfluß an Marmor in den Ruinen in so großer Zahl angezogen, daß auch diese Gegend, wie so manche ähnliche, als *calcarium* bekannt war. Neben diesen kleinen Leuten traten freilich schon früh ein *scrinarius* – ein Beamter der päpstlichen Kanzlei –, Kleriker, ein Notar, ein Adliger auf; letztere beiden waren vielleicht Grundherren in dieser Gegend, die anderswo wohnten. Auch ein

Bankier hatte schon vor der Mitte des 11. Jahrhunderts seine Bank in der Nähe, an der ›Bankierskreuzung‹, eingerichtet; und 1180 gab es dann eine *contrada cambiatorum*, eine ›Wechslerstraße‹, in der Nähe des Kolosseums, die vielleicht den Pilgern diente, die auf ihrem Weg zum Lateran hier entlang kamen. Im 12. Jahrhundert war aus dieser Vorstadt jedenfalls eine ansehnliche Siedlung geworden, in der Grund und Boden häufiger in Privatbesitz waren und auch das soziale Niveau sich gehoben zu haben scheint. Als Cencius Camerarius 1192 seinen ›*Liber Censuum*‹ zusammenstellte, zählte er über 40 Häuser auf. Eine Häusergruppe in der Nähe von irgendwelchen öffentlichen Bädern bildete das Herrenhaus der Familie der Frangipani; andere Häuser gehörten Klerikern, Metzgern und anderen ehrenwerten Bürgern, die es sich leisten konnten, ihre Häuser und den davorliegenden Straßenabschnitt für die Prozessionen des Papstes mit Girlanden zu schmücken. Andererseits wurden die Wohnstätten derer, die einen solchen Luxus nicht bezahlen konnten – Häuschen, Hütten und Baracken –, kaum in die Liste mit aufgenommen. Eine gewisse Rolle für das Wachstum und die Bedeutung dieser Vorstadt spielte zu jener Zeit wohl auch die Tatsache, daß die Frangipani seit dem späten 11. Jahrhundert das Kolosseum, den Hang des Palatin und Teile des Weges zur Stadt unter ihrer Kontrolle hatten. Die Anhäufung von Häusern um die Kirche S. Maria Nova herum dehnte sich sowohl vor der Kirche wie nach Süden den Palatin hinauf aus, wobei die Entwicklung hier entlang einem Pfad folgte, der zur Kirche S. Maria in Pallara, der heutigen S. Sebastiano alla Polveriera, hinaufführte (Abb. 252). Mit dem Rande des *abitato* war diese Gegend über zwei Straßen verbunden, deren eine durch das Forum Romanum zur Nordklippe des Kapitols und die andere über die Kaiserforen auf den südlichen Abschnitt des Corso verlief. Einige der Häuser, die Cencius Camerarius entlang diesen Straßen und auf dem Abhang des Palatin in der Nähe von S. Maria Nova und des Titusbogens aufgezählt hat, sind noch auf Ansichten des 16. Jahrhunderts zu erkennen, wenngleich sie vermutlich bis damals schon umgebaut worden waren.

Während das Dorf um S. Maria Maggiore herum auf dem Kamm des Esquilin weiterhin wuchs, scheint die Ansiedlung um S. Maria Nova bis auf die Teile auf dem Abhang des Palatin eher abgenommen zu haben. Dies ist nicht weiter verwunderlich: die Hügel waren eine vergleichsweise gesunde Umgebung, während man den tiefer liegenden Bereichen des *disabitato* nicht recht trauen konnte. Das Kolosseum und seine Umgebung waren bis auf die höher gelegenen Gebiete noch im 19. Jahrhundert gesundheitlich keineswegs sicher, wofür Henry James' ›Daisy Miller‹ Zeugnis ablegt; und obgleich man den Überträger der Krankheit, die Anophelesmücke, erst seit weniger als 100 Jahren identifizieren kann, kannten schon die Menschen des 12. Jahrhunderts deren Brutstätten nur zu genau, von denen her sich die Malaria ausbreitete: man dachte, aus den Sümpfen und stehenden Gewässern erhöben sich dunkle, fieberschwangere Nebel. Aus dem *disabitato* gelangte die Malaria in die Stadt und zwang deren Einwohner, sich jedes Jahr während der sommerlichen Hitze auf die Hügel zurückzuziehen und die Stadt sich selbst zu überlassen. Wirklich verlassen konnten die Stadt freilich nur diejenigen, die es sich leisten konnten – die anderen blieben selbstverständlich zurück. Doch die Gegend außerhalb des *abitato* war auch sonst furchteinflößend: zu weiten Teilen bestand sie aus Ödland, in dem einige Ruinen verstreut lagen, wo sich grüne Schlangen, schwarze Kröten und geflügelte Drachen versteckt hielten, deren Atem die Luft ebenso vergiftete wie der Gestank verfaulender Kadaver – dies alles entstammt der Beschreibung eines Augenzeugen jener Malariaepidemie, der im Juli 1155 die halbe Armee Friedrich Barbarossas zum Opfer fiel.

Gleichwohl hätte um die Mitte des 12. Jahrhunderts ein kühner Besucher des *disabitato* diese Gegend ganz anders vorgefunden, als sie seinem Großvater erschienen war. Der nämlich hatte nur ein paar Kirchen in schlechtem Zustand und einige einsame Hütten und Gehöfte angetroffen. Sein Enkel sah innerhalb wie außerhalb der Stadtmauern schon weit mehr bebautes Land. Im 12. und 13. Jahrhundert war es nichts Ungewöhnliches mehr, daß Handwerker oder kleinere Beamte vor den Toren der Stadt Felder oder Weingärten besaßen. Fraglich bleibt allerdings, ob der Besitzer eines Weingartens sich an warmen Tagen mit seiner Familie hinaus auf sein Grundstück begab, wie es dann im 15. Jahrhundert üblich geworden war. Doch der *disabitato* wurde allmählich erschlossen, wenn auch nur innerhalb gewisser Grenzen.

Der Besucher des 12. und 13. Jahrhunderts sah im *disabitato* allerdings auch bedrohlichere Dinge: befestigte Häuser und Türme waren zu Dutzenden gebaut worden und wurden immer noch errichtet, und auch die antiken Monumente wurden von den

253. Die Torre del Grillo vor 1900

großen Familien des *disabitato* zu Festungen ausgebaut – auf dem Forum, um das Kolosseum, auf dem Abhang des Colle Oppio und auf dem Quirinal, dem Esquilin und um den Palatin. Diese Festungen beherrschen die Straßen, die das Herz der Stadt mit den Vorstädten auf dem Esquilin und derjenigen beim Kolosseum verbanden und zum Lateran führten; ebenso die Straßen, die auf die Überlandwege vor den Toren und letztlich zu den Familiensitzen auf dem Lande leiteten. Noch heute stehen einige Türme auf dem Südwestabhang des Quirinal: am unteren Ende der Via Cavour hinter dem Nervaforum der Tor de' Conti, der anscheinend seit 1198 von Papst Innozenz III. gebaut worden war (Abb. 162); die Torre del Grillo hinter dem Trajansforum (Abb. 253); etwas weiter oben an der Via Quattro Novembre ein Turm, von dem weder der Eigentümer noch sein Entstehungsdatum bekannt sind; auf der Höhe von Magnanapoli, in der Nähe des Trajansmarktes, die Torre delle Milizie, die den ganzen Bereich bis hin zum Pincio und zum Gianicolo überschaute. Die Torre delle Milizie ist noch heute mehr als 51 Meter hoch und besaß ursprünglich noch ein Stockwerk mehr. Gebaut wurde sie wohl in einem Zuge über den Resten einer viel älteren, möglicherweise byzantinischen Festung. 1179 befand sie sich in der Hand der Frangipani, fiel jedoch 1250 an die Annibaldi und dann 1301 an die Caetani (Abb. 254). Nach seiner Bauweise und seinen Strebepfeilern zu urteilen, scheint der heutige Turm aus dem 13. oder 14. Jahrhundert zu stammen. Zusammen mit dem Trajansmarkt – seit dem 12. Jahrhundert gab es hier einen Palast, der später an die Malteserritter überging – bildeten die drei Türme, die sich hinter der römischen Ruine erhoben, eine gewaltige Verteidigungsanlage, vorausgesetzt allerdings, daß die Sippen sich nicht untereinander bekriegten. Auf jeden Fall formen sie ein eindrucksvolles Bild. Auf dem Colle Oppio standen bei S. Pietro in Vincoli drei Geschlechtertürme. Der eine blickt nach Norden auf die überwölbte Treppe, die von der Via Cavour heraufführt, und ist über einem Unterbau errichtet, der wie der des Tor de' Conti aus schwarzen und weißen Steinen in einem Bändermuster gebaut ist. Der zweite Turm dient heute als Glockenturm von S. Francesco di Paola, und ein dritter auf dem Westabhang, einst im Besitz der Annibaldi, blickt auf die Via del Fagutale, die zum Kolosseum hinunterführt. Hinter S. Martino ai Monti gibt es noch zwei weitere Türme, die zunächst den Familien der Arcioni und Cerroni und später der Capocci-Sippe gehörten. Bis zum 16. und 17. Jahrhundert gab es allerdings noch mehr Geschlechtertürme in diesem Teil des *disabitato*.

Die Frangipani, die um 1100 neben den Pierleoni die mächtigste Familie waren, hatten überall auf dem Forum, dem Palatin und beim Kolosseum so viele befestigte Häuser gebaut, daß man die Gegend bald unter dem Namen ›*Campo Torrechiato*‹ kannte (Abb. 255). Spätestens 1130 hatten sie das Kolosseum befestigt, doch die Gewölbe im Erdgeschoß blieben im Besitz von S. Maria Nova und wurden noch weitere 50 Jahre lang als Wohnungen und Werkstätten vermietet. Die Frangipani saßen auch auf dem Nordabhang des Palatin, in der Gegend um S. Maria in Pallara, der heutigen Kirche S. Sebastiano alla Polveriera. Der Aufgang wurde von einem Turm geschützt, der an den Titusbogen angebaut und als *turris cartularia* bekannt war (Abb. 252). Weiter nach Westen gab es ein halbes Dutzend Türme: einer, im Besitz der Frangipani, in der Nähe des Tempels von Antoninus und Faustina; im Jahre 1199 standen zwei, die wahrscheinlich viel früher gebaut worden waren, oben auf dem Bogen des Septimius Severus

254. Die Torre delle Milizie um 1625. Zeichnung von B. Breenbergh – British Museum, London

Der ›Disabitato‹ und der Lateran

255. Blick von S. Maria in Aracoeli auf die Tor de' Conti, Oppianus und Esquilin, mit Geschlechtertürmen um 1495. Zeichnung aus dem ›*Codex Escurialensis*‹, fol. 40ᵛ

(Abb. 256), wobei der auf der Südseite stehende zum Besitz der nahe gelegenen Kirche SS. Sergio e Bacco gehörte und noch im Jahre 1600 erhalten war. Wieder ein anderer, die Torre del Campanaro, befand sich in der Nähe der Phokassäule. 1145 erwarben die Frangipani einen Turm am östlichen Ende des Circus Maximus und mieteten die nahe gelegenen Ruinen des Septizoniums an der Südostecke des Palatin, die längst befestigt worden waren. Weitere Frangipani-Festungen standen nahe bei S. Prassede auf dem Esquilin. Kurz, die Straßen, die von Westen und Norden her zum Lateran führten, wurden um 1150 von den Frangipani beherrscht, die dadurch je nach den Umständen die Päpste verteidigen oder belagern konnten. Als dann im 13. und 14. Jahrhundert die Macht der Frangipani zurückging, fielen ihre Türme und Herrenhäuser an jüngere Familien, die sie, wo nötig, neu ausbauten. Um 1240 hatten die Annibaldi von den Frangipani eine Hälfte des Kolosseums übernommen und schon eine Generation später dann das ganze Amphitheater. Um 1250 hatten sie von derselben Familie auch noch die

Torre delle Milizie erworben, höchstwahrscheinlich den Vorläufer des heutigen Baus. Tatsächlich hatten die Annibaldi schon zu Beginn des 13. Jahrhunderts überall in dieser Gegend Türme besessen oder gebaut, von S. Pietro in Vincoli bis gegenüber dem Kolosseum und zum Lateran hinaus, wo sie einen Turm oben auf dem Aquädukt errichteten, der den Zugang zum päpstlichen Palast überwachte; diesen Turm mußten sie allerdings auf Befehl Innozenz' III. wieder abreißen. Neben den Annibaldi beherrschten die Capocci wie die Frangipani vor ihnen die Straßen zu S. Maria Maggiore auf dem Esquilin, wie ihre Türme bezeugen, die noch heute hinter S. Martino ai Monti stehen. Die Arcioni kontrollierten im 13. Jahrhundert den westlichen Ausläufer des Quirinal, entweder von den Konstantinsthermen oder vom Trajansmarkt aus. Die Savelli saßen im frühen 13. Jahrhundert auf dem Aventin in der Nähe von S. Sabina, wo Honorius III. einige Erlasse unterzeichnete. Bis 1279 hatte dann Honorius IV., wieder ein Savelli, offenbar den befestigten Bereich hinter der Basilika gebaut. Schon 1279, als er noch Kardinal

256. Septimius-Severus-Bogen mit aufgesetztem mittelalterlichem Turm, um 1575. Stich von E. Du Pérac

war, zählte er in seinem Testament seinen Besitz auf: »alle Häuser, Türme oder Turmruinen, die wir von der Kirche S. Maria ad Gradellis [dem Tempel der Fortuna Virilis] aus entlang der Marmorata besitzen, und die Festung über der Marmorata ... und andere Häuser und Türme, die wir von jener Kirche aus zur Ripa hin und im Rione Ripa besitzen, und die Festung auf dem *mons Fabiorum* [das Marcellustheater]«. In ähnlicher Weise beherrschten die Colonna zu dieser Zeit den Nord- und Ostrand des *abitato*, wo sie auf dem Montecitorio und auf dem Westabhang des Quirinal saßen und wo sie sich schon seit 900 oder noch früher in den Ruinen des Serapistempels eingenistet hatten. Um 1300 traten dann die Caetani in den Vordergrund: von den Besitzern der Tiberinsel, die vermutlich nicht mehr die Pierleoni waren, erwarben sie den Turm, der den Ponte Quattro Capi überragte, und von den Annibaldi übernahmen sie große Teile von deren Befestigungsanlagen.

Die Geschlechtertürme spielten offensichtlich eine entscheidende Rolle in den Kämpfen zwischen den einzelnen Sippen und zwischen der jeweils papsttreuen und der papstfeindlichen Partei. Einer dieser Turm-Kriege aus dem Jahre 1203 wird in den ›Gesta Innocentii‹ sehr lebendig beschrieben. Die Capocci, die Bösewichte des Dramas, bauten gegen den Befehl des obersten *senatore* einen Turm wieder auf und griffen ihrerseits einen Turm des *senatore* in der Nähe von Magnanapoli an, wobei sie sich hölzerner Belagerungstürme, Wälle und Gräben bedienten, die Thermen und Kirchen ringsum befestigten und Belagerungsmaschinen oben auf »einem antiken Monument« aufstellten – vielleicht auf dem Trajansmarkt. Zum Schutz gegen die Capocci bauten die Söhne des Petrus Alexius einen sehr hohen Turm, und ein gewisser Gildo Carbone errichtete drei weitere, während die Annibaldi einen Turm in der Nähe des Kolosseums aufführten. Dies klingt alles schlimmer, als es in Wirklichkeit war. Die Kämpfe blieben auf einen winzigen Bereich beschränkt, nämlich auf die Gegend zwischen Magnanapoli, SS. Quirico e Giulitta und dem Kolosseum, und glichen eher den Rangeleien von Straßenbuben als einem wirklichen Krieg. Die Türme aber waren wichtig, wenn nicht für ernsthafte Kriegführung, so doch als Statussymbole.

Unter diesen Umständen brauchte der Lateran angesichts seiner isolierten Lage Schutz. Um diesen zu ermöglichen, wurde schon im 9. Jahrhundert der alte *titulus* der SS. Quattro Coronati durch eine

Der ›Disabitato‹ und der Lateran

riesige Kirche ersetzt, deren Torturm den Hügelaufgang über die Via Maior strategisch beherrschte. Während der Kämpfe des Investiturstreits im frühen 12. Jahrhundert wurde noch intensiver an der Befestigung des Lateranumkreises gearbeitet. Im Jahre 1084 hatten die Normannen unter Robert Guiscard bei ihrem Versuch, Gregor VII. zu entsetzen, »die Gegend um den Lateran [bis hinunter] zum Kolosseum mit Feuer und Schwert verwüstet« und ebenso den Bereich zwischen S. Lorenzo in Lucina und S. Silvestro in Capite – offensichtlich betrafen diese Verwüstungsfeldzüge die Gegend am Ost- und Nordrand des *abitato*. Um 1115 wurde die Basilika von S. Clemente aus dem 4. Jahrhundert, die vielleicht kaum 15 Jahre nach diesen Verwüstungen repariert und neu ausgeschmückt worden war, verlassen und an ihrer Stelle 5 Meter weiter oben eine neue Kirche gebaut. Dieser wurden dann für die Kanoniker neue Häuser angefügt, die mit starken Mauern versehen wurden. Als man 1116 hügelaufwärts auf dem Weg zum Lateran die Kirche SS. Quattro Coronati neu errichtete, wurde eine Mönchsgemeinschaft aus einem nahe gelegenen Kloster dorthin verlegt; »denn«, so heißt es in der päpstlichen Bulle, »die Gegend ist zu einer Einöde geworden, weil die Bewohner ringsum . . . durch die immerwährenden Kriege zugrunde gegangen sind«, wodurch implizit der Absicht Ausdruck verliehen wurde, für die Wiederbevölkerung dieser Gegend einen neuen Brennpunkt zu schaffen. Die riesigen Konventsgebäude, die man damals errichtete, und ihre späteren Zusätze verwandelten den Komplex von SS. Quattro Coronati in eine richtiggehende Festung, die die Mönchsgemeinschaft schützen, den Zugang zum Papstpalast verteidigen und den neuen Siedlern Sicherheit bieten sollte. Hoch oben auf dem Felsen beherrscht der Komplex noch heute seine Umgebung (Abb. 257). Auch die Straße, die über den Kamm des Caelius zum Lateran führte, wurde im Rahmen dieses Verteidigungsprogramms aus dem 12. Jahrhundert in ähnlicher Weise gesichert. Die Klosterbauten, die irgendwann zwischen 1099 und 1118 bei SS. Giovanni e Paolo errichtet wurden, machten sich die massigen Reste eines aus soliden Blöcken errichteten römischen Wasserreservoirs, des Claudianum, zunutze, das eine gewaltige Verteidigungsposition darstellte. Um die Mitte des 12. Jahrhunderts wurde dann dieser Komplex noch weiter

257. SS. Quattro Coronati, Kirche und befestigtes Kloster um 1625. Zeichnung von B. Breenbergh – Paris, Louvre

258. Das befestigte Septizonium um 1560. Zeichnung von G. A. Dosio – Florenz, Uffizien

verstärkt, indem man die Klosterbauten vergrößerte und den 50 Jahre zuvor gebauten niedrigen und starken Turm auf seine heutige imposante Höhe aufstockte (Abb. 128). Der Neubau von S. Gregorio Magno auf der SS. Giovanni e Paolo gegenüberliegenden Straßenseite bot zusätzlichen Schutz für den Zugang zum Caelius und damit zum Papstpalast von der Straße aus, die im Tal von Porta S. Paolo herführte: die Kolonnade an der südöstlichen Ecke des Palatin jenseits des Tals, das Septizonium, wurde schon 975 von den Mönchen von S. Gregorio Magno als Festung gehalten; 1084 konnte es gegen Heinrich IV. verteidigt werden – damals wurden ein paar Säulen herausgebrochen – und diente dann 1117 wieder als Zufluchtsort, diesmal für Papst Paschalis II. (Abb. 258).

Ein wesentliches Ziel der päpstlichen Bau- und Besiedlungspolitik im südöstlichen Sektor des *disabitato* war es also, einen Verteidigungsring um den Lateranpalast und seine Kathedrale zu legen. Im 11. und 12. Jahrhundert war der Palast zum Herrenhaus eines großen Landguts geworden, mit »Ruinengewölben, Gebäuden, Weingärten und Gärten mit Oliven- und Apfelbäumen«, für das im 12. Jahrhundert Mühlen, eine Zisterne und eine große Pferdeschwemme angelegt wurden, die alle aus jenem Aquädukt gespeist wurden, den man um 1120 wieder instand gesetzt hatte. Die Klostergebäude und alle sonstigen Häuser, die neu gebaut oder in ältere Bauten eingefügt worden waren, scheinen damals von den Kanonikern bewohnt gewesen zu sein oder an päpstliche Beamte, Diener und Gefolgsleute und an diejenigen vermietet worden zu sein, die mit dem päpstlichen Hof in geschäftlichen Verbindungen standen und nahe bei Hofe wohnen wollten. Um die Mitte des 13. Jahrhunderts hatte sich die Siedlung zu einer ansehnlichen Satellitenstadt ausgewachsen: fast 250 Häuser wurden von den Kanonikern am Lateran vermietet, manche davon an Mitglieder der führenden römischen Familien. Diese Häuser lagen zwischen der Aurelianischen Mauer und dem Palast und nördlich bis zum römischen Aquädukt und zogen sich außerdem an der Via S. Giovanni in Laterano in Richtung auf das Kolosseum den Hügel hinunter. Darüber hinaus gab es 57 Stände von Handwerkern, Krämern und Geldwechslern, einen Metzgerladen und ein öffentliches Badehaus. Viele dieser Bauten stammten offensichtlich aus viel früherer Zeit. Ebenso muß es im 12. Jahrhundert und schon davor Herbergen für Besucher gegeben haben, die geschäftlich mit dem päpstlichen Hof zu tun hatten, und für die Pilger, die sich danach drängten, die in der Basilika aufbewahrten Reliquien zu verehren. In einer dieser Herbergen, deren Reste diejenigen an der Via Merulana sein mögen, wohnte im Jahre 1209 bis 1210 der heilige Franziskus. Das bekanntere Spital von S. Giovanni, ehemals S. Angelo, an der Straße zu SS. Quattro Coronati wurde erst von 1333 bis 1348 erbaut.

Diese ganze Anlage und insbesondere der Papstpalast mußten verteidigt werden. Dennoch darf man die Bautätigkeit des 12. und 13. Jahrhunderts am Lateran und in seiner Umgebung nicht ausschließlich unter militärischen Gesichtspunkten betrachten. Der Palast, die Kathedrale und die Kirchen in diesem gesamten Bereich wurden ausgiebig restauriert und erneuert. Nun waren der Neu- oder Umbau von Kirchen und ihre Neuausstattung sicherlich ein Teil der Bau- und Renovierungstätigkeit, die man seit der Mitte des 11. Jahrhunderts und während der folgenden 250 Jahre überall in Rom antraf. Ihr Ziel war ein verjüngtes Rom voller neuer oder neu umgebauter Kirchen, eine Stadt mit einem neuen Gesicht. Doch im Rahmen dieses großen Erneuerungsprogramms wurden für den Lateran und seine Umgebung besondere Anstrengungen unternommen. Entlang des Verteidigungsrings wurden die befestigten Kirchen neu gebaut und neu ausgeschmückt. Innerhalb des so abgesteckten Bereichs wurden vergleichbare Bemühungen angestellt, diejenigen alten Kirchen zu renovieren, die mit dem Lateran und mit den liturgischen Funktionen der Kathedrale eng verknüpft waren. In S. Stefano Rotondo wurden zwischen 1130 und 1143 die Arkaden, die zu den zerfallenen Kapellen und Innenhöfen des äußeren Rings führten, zugemauert, und der Mittelraum wurde mit drei riesigen Querbögen überwölbt, um das Dach abzustützen, da Balken in der benötigten Länge offenbar nicht mehr zu beschaffen waren. S. Croce in Gerusalemme wurde 1144 bis 1145 in ähnlicher Weise umgebaut: zwei Mauern, die von Arkaden getragen wurden und durch die Öffnungen von Scheinemporen Licht einließen – in die Emporen waren keine Zwischenböden eingezogen –, teilten die alte Halle in ein Mittelschiff, zwei Seitenschiffe und ein Transept vor der Apsis; diese Mauern wurden mit reicher Freskendekoration bedeckt. Vorn ans Langhaus wurde ein hoher Turm angebaut (Abb. 259). Zur künftigen Sicherung des Unterhalts der Kirche und ihrer notwendigen geistlichen Funktionen

259. Blick auf S. Croce in Gerusalemme, vor 1743. Anonyme Zeichnung – Stockholm, Nationalmuseum

260. Palast, Basilika und Baptisterium am Lateran mit einer Ecke des Spitals (?), um 1535.

wurde eine Gemeinschaft von Regularkanonikern in neu errichteten Gebäuden gebildet. Im Rahmen desselben Programms zur Renovierung und Verschönerung des Lateran und seiner Umgebung wurden bald nach der Mitte des 12. Jahrhunderts Vorhallen an die Fassaden von S. Croce, S. Maria Maggiore, SS. Giovanni e Paolo, S. Stefano Rotondo und an die der Lateranbasilika selbst angefügt. Einige Jahrzehnte später, kurz vor 1190, stand ein Palast neben S. Maria Maggiore; er mag um diese Zeit oder auch schon früher errichtet worden sein. Noch auf Zeichnungen des 16. Jahrhunderts ist er zu sehen (Abb. 250). Dieses Verschönerungsprogramm der Mitte des 12. Jahrhunderts schloß auch die Reparatur des Lateranpalastes und seiner Kapellen und die Neuausmalung mit Fresken mit ein; wir haben diese Dekoration oben schon besprochen. Ebenso bildeten die Inschrift, die auf dem Narthex der Lateranbasilika angebracht wurde, und die Tatsache, daß zwischen 1063 und 1198 die Päpste ausschließlich in dieser Kirche begraben wurden, einen Teil desselben Programms – nur wenige Päpste, die fern von Rom starben, wurden anderswo begraben, wie etwa Gregor VII. und zwei andere, die man aus besonderen Gründen in St. Peter beisetzte. Diese neuerliche Konzentration auf den Lateran sollte im Rahmen der wiedererstandenen Macht des Papsttums gesehen werden, die unter den Reformpäpsten gewonnen und in ihren Siegen im Investiturstreit und denen ihrer Nachfolger über die römische Kommune und deren Republik konsolidiert worden war.

Über 100 Jahre später machten die Päpste in den letzten Jahrzehnten des 13. Jahrhunderts noch einmal eine Anstrengung, die Basilika wie den Palast am Lateran zu verschönern und die Vorstadt um sie herum weiterzuentwickeln. So umfassend auch diese Bautätigkeit am Lateran während des gesamten Mittelalters gewesen war, so beschränkt war sie doch in ihren Auswirkungen geblieben. Im Rahmen der städtischen Struktur des mittelalterlichen und nachmittelalterlichen Rom und der Stellung des Lateran in der Stadt markierte das Bauprogramm des 13. Jahrhunderts einen Endpunkt. Die Päpste des 5. Jahrhunderts hatten, wie man sich erinnern wird, versucht, im südöstlichen Sektor der Stadt ein aus-

Zeichnung von Marten van Heemskerck – Berlin, Kupferstichkabinett, 79 D2A, fol. 12^r und 71^r

gedehntes päpstliches Quartier mit dem Lateran als Zentrum anzulegen, welches den neuen Angelpunkt Roms bilden und die schon damals nach Westen zurückweichende Stadt zu sich heranziehen sollte. Der Versuch war gescheitert; der Lateran, die Kathedrale der Stadt und die Papstresidenz mit der päpstlichen Verwaltung gerieten in eine immer größere räumliche Isolation. Die päpstliche Bautätigkeit am Lateran im 8. und 9. Jahrhundert war zwar recht umfangreich, aber in ihren Zwecken begrenzt. Sie zielte auf die Erweiterung des Palastes, der noch prächtiger gestaltet werden sollte, und auf die Erhaltung eines guten Bauzustands der Kirche. Die Stellung des Lateran innerhalb des städtischen Gefüges und seine Verbindung mit dem *abitato* wurden nicht berücksichtigt. Statt daß S. Maria Maggiore als ein Außenbereich des Viertels am Lateran gesehen worden wäre, wurde die Gegend um diese Kirche zu einem unabhängigen Bereich mit seinen eigenen subsidiären Klöstern wie S. Prassede und S. Martino ai Monti, die wiederaufgebaut wurden und um die herum sich Häuser und Gärten scharten. Auf den ersten Blick scheint dann das 12. Jahrhundert jenes an das 5. Jahrhundert erinnernde Projekt wiederaufgegriffen zu haben, nämlich einen großen ›Lateran-Borgo‹ zu schaffen, der sich nach Osten, Westen und Norden bis zu SS. Giovanni e Paolo, SS. Quattro Coronati, S. Clemente und S. Maria Maggiore ausdehnen sollte. Doch während das Programm des 5. Jahrhunderts es darauf angelegt hatte, sich der zurückweichenden Stadt dadurch zu nähern, daß man das päpstliche Viertel in ihre Richtung hin ausdehnte,

suchten die Planer des 12. Jahrhunderts ganz im Gegenteil einen Verteidigungsring um die renovierte Papstresidenz zu legen. Anstatt sich dem *abitato* zu nähern, schloß sich der ›Lateran-Borgo‹ des 12. Jahrhunderts von der Stadt ab und blieb durch ein weites Niemandsland von ihr getrennt. Diese Isolation blieb auch im Bauprogramm des 13. Jahrhunderts bestehen. Die neu renovierten Bauten der Kirche und des Palastes, das Ziel der Papstprozessionen wie der Pilger, blicken nach Norden und Westen auf die Piazza S. Giovanni in Laterano, auf der heute der Obelisk Sixtus' V. steht (Abb. 260). Auf diesen Platz mündete der wichtigste Zugang von der Stadt her, der vom Kolosseum den Hügel heraufführte. Daher wurde beim Umbau der Lateranbasilika die Nordfassade des Querschiffs durch die Zwillingstürme betont, die sich hinter einem gekehlten Giebel erheben. Deshalb ließ auch Bonifatius VIII. 1299 bei der Renovierung des an die Kirche anschließenden Palastflügels den Balkon vorn an dem Bankettsaal aus dem 9. Jahrhundert zu einer Benediktionsloggia umformen, von der aus er dann im bevorstehenden Heiligen Jahr die auf dem Platz zusammengeströmten Pilgerscharen segnen konnte. Der Platz selbst, unregelmäßig, ungepflastert und am Ostende durch andere mittelalterliche Bauten eingeengt, bildete einen Teil des Laterankomplexes, stellte aber ebensowenig wie der Palast oder die Kirche eine Verbindung zur Stadt dar. Die Papstresidenz und die päpstliche Kathedrale blieben isoliert. Die Verbindung zur Stadt, die sie eigentlich beherrschen und der sie dienen sollten, war unterbrochen.

Anhang

Chronologische Liste der Päpste

(Nach ›*Liber Pontificalis*‹ I, S. CCCX, und Partner, ›*Lands*‹.
Die Gegenpäpste stehen in Klammern.)

Miltiades	311–314	Severinus	640	Hadrian III.	884–885
Sylvester	314–335	Johannes IV.	640–642	Stephan V. (VI.)	885–891
Markus	336	Theodor I.	642–649	Formosus	891–896
Julius I.	337–352	Martin I.	649–653	Bonifatius VI.	896
Liberius	352–366	Eugen I.	654–657	Stephan VI. (VII.)	896–897
(Felix	355–365)	Vitalian	657–672	Romanus	897
Damasus I.	366–384	Deusdedit II.	672–676	Theodor II.	897
(Ursinus	366–367)	Donus	676–678	Johannes IX.	898–900
Siricius	384–399	Agatho	678–681	Benedikt IV.	900–903
Anastasius I.	399–401	Leo II.	682–683	Leo V.	903
Innozenz I.	401–417	Benedikt II.	684–685	(Christophorus	903–904)
Zosimus	417–418	Johannes V.	685–686	Sergius III.	904–911
Bonifatius I.	418–422	Konon	686–687	Anastasius III.	911–913
(Eulalius	418–419)	(Theodor	687)	Lando	913–914
Zölestin I.	422–432	(Paschalis	687)	Johannes X.	914–928
Sixtus III.	432–440	Sergius I.	687–701	Leo VI.	928
Leo I.	440–461	Johannes VI.	701–705	Stephan VII. (VIII.)	928–931
Hilarus	461–468	Johannes VII.	705–707	Johannes XI.	931–935
Simplicius	468–483	Sisinnius	708	Leo VII.	936–939
Felix III.	483–492	Konstantin	708–715	Stephan VIII. (IX.)	939–942
Gelasius I.	492–496	Gregor II.	715–731	Marinus II.	942–946
Anastasius II.	496–498	Gregor III.	731–741	Agapitus II.	946–955
Symmachus	498–514	Zacharias	741–752	Johannes XII.	955–964
(Laurentius	498–505)	Stephan II. (III.)	752–757	Leo VIII.	963–965
Hormisdas	514–523	Paul I.	757–767	Benedikt V.	964
Johannes I.	523–526	(Konstantin	767–769)	Johannes XIII.	965–972
Felix IV.	526–530	(Philippus	768)	Benedikt VI.	973–974
Bonifatius II.	530–532	Stephan III. (IV.)	768–772	(Bonifatius VII.	974; 984–985)
(Dioskuros	530)	Hadrian I.	772–795	Benedikt VII.	974–983
Johannes II.	533–535	Leo III.	795–816	Johannes XIV.	983–984
Agapitus I.	535–536	Stephan IV.(V.)	816–817	Johannes XV.	985–996
Silverius	536–537	Paschalis I.	817–824	Gregor V.	996–999
Vigilius	537–555	Eugen II.	824–827	(Johannes XVI.	997–998)
Pelagius I.	556–561	Valentin	827	Sylvester II.	999–1003
Johannes III.	561–574	Gregor IV.	827–844	Johannes XVII.	1003
Benedikt I.	575–579	(Johannes	844)	Johannes XVIII.	1004–1009
Pelagius II.	579–590	Sergius II.	844–847	Sergius IV.	1009–1012
Gregor I.	590–604	Leo IV.	847–855	(Gregor	1012)
Sabinianus	604–606	Benedikt III.	855–858	Benedikt VIII.	1012–1024
Bonifatius III.	607	(Anastasius	855)	Johannes XIX.	1024–1032
Bonifatius IV.	608–615	Nikolaus I.	858–867	Benedikt IX.	1032–1044
Deusdedit I.	615–618	Hadrian II.	867–872	Sylvester III.	1044–1045
Bonifatius V.	619–625	Johannes VIII.	872–882	Benedikt IX.	1045; 1047–1048
Honorius I.	625–638	Marinus I.	882–884	Gregor VI.	1045–1046

Clemens II.	1046–1047	Honorius II.	1124–1130	Innozenz III.	1198–1216
Damasus II.	1048	(Zölestin II.	1124)	Honorius III.	1216–1227
Leo IX.	1049–1054	Innozenz II.	1130–1143	Gregor IX.	1227–1241
Viktor II.	1054–1057	(Anaklet II.	1130–1138)	Zölestin IV.	1241
Stephan IX. (X.)	1057–1058	(Viktor IV.	1138)	Innozenz IV.	1243–1254
(Benedikt X.	1058–1059)	Zölestin II.	1143–1144	Alexander IV.	1254–1261
Nikolaus II.	1059–1061	Lucius II.	1144–1145	Urban IV.	1261–1264
Alexander II.	1061–1073	Eugen III.	1145–1153	Clemens IV.	1265–1268
(Honorius II.	1061–1072)	Anastasius IV.	1153–1154	Gregor X.	1271–1276
Gregor VII.	1073–1085	Hadrian IV.	1154–1159	Innozenz V.	1276
(Clemens III.	1080–1100)	Alexander III.	1159–1181	Hadrian V.	1276
Viktor III.	1086–1087	(Viktor IV.	1159–1164)	Johannes XXI.	1276–1277
Urban II.	1088–1099	(Paschalis III.	1164–1168)	Nikolaus III.	1277–1280
Paschalis II.	1099–1118	(Calixtus III.	1168–1178)	Martin IV.	1281–1285
(Theoderich	1100)	(Innozenz III.	1179–1180)	Honorius IV.	1285–1287
(Albert	1102)	Lucius III.	1181–1185	Nikolaus IV.	1288–1292
(Sylvester IV.	1105–1111)	Urban III.	1185–1187	Zölestin V.	1294
Gelasius II.	1118–1119	Gregor VIII.	1187	Bonifatius VIII.	1294–1303
(Gregor VIII.	1118–1121)	Clemens III.	1187–1191	Benedikt XI.	1303–1304
Calixtus II.	1119–1124	Zölestin III.	1191–1198	Clemens V.	1305–1314

Abkürzungen häufig zitierter Werke

Acta – ›*Acta ad archaeologiam et artium historiam pertinentia*‹, hrsg. vom Institutum Romanum Norvegiae

Armellini-Cecchelli, ›*Chiese*‹ – M. Armellini, ›*Le chiese di Roma*‹, hrsg. von C. Cecchelli, Rom 1942

Art Bull – ›*Art Bulletin*‹

ASRStP – ›*Archivio della Società Romana di Storia Patria*‹

Bartoloni, ›*Codice del Senato*‹ – ›*Codice diplomatico del Senato Romano*‹, hrsg. von F. Bartoloni, Rom 1948

Bertelli, ›*Trastevere*‹ – ›*La Madonna di Santa Maria di Trastevere*‹, Rom 1961

Bertolini, ›*Roma di fronte*‹ – O. Bertolini, ›*Roma di fronte . . . a Bisanzio e ai Langobardi*‹, Bologna 1941

BISI – ›*Bolletino dell' Istituto Storico Italiano*‹

Brentano, ›*Rome before Avignon*‹ – R. Brentano, ›*Rome before Avignon*‹, New York 1974

BullComm – ›*Bullettino della Commissione Archeologica Comunale di Roma*‹

Burl Mag – ›*Burlington Magazine*‹

CahArch – ›*Cahiers Archéologiques*‹

Caspar, ›*Papsttum*‹ – E. Caspar, ›*Geschichte des Papsttums*‹ I–II, Tübingen 1930–1933

›*Codex Escurialensis*‹ – ›*Codex Escurialensis*‹, hrsg. von H. Egger, ›Österreichisches Archäologisches Institut‹, Sonderschriften IV, Wien 1905–1906

Corpus – R. Krautheimer u. a., ›*Corpus Basilicarum Christianarum Romae*‹ I–V, Vatikanstadt, Rom und New York 1937–1977

CSEL – ›*Corpus Scriptorum Ecclesiasticorum Latinorum*‹

DissPontAcc – ›*Atti della Pontificia Accademia Romana di Archeologia, Dissertazioni*‹

DOP – ›*Dumbarton Oaks Papers*‹

Egger, ›*Veduten*‹ – H. Egger, ›*Römische Veduten . . .*‹, Wien und Leipzig 1911–1931 (Bd. I, 2. Aufl., Wien 1932)

›*Esplorazioni*‹ – B. M. Apollonj Ghetti u. a., ›*Esplorazioni sotto la confessione di San Pietro in Vaticano*‹, Vatikanstadt 1951

Ferrari, ›*Monasteries*‹ – G. Ferrari, ›*Early Roman Monasteries*‹, Vatikanstadt 1957

Forcella, ›*Iscrizioni*‹ – V. Forcella, ›*Iscrizioni delle chiese . . . di Roma*‹, Rom 1869–1893

Frutaz, ›*Piante*‹ – A. P. Frutaz, ›*Le piante di Roma*‹, Rom 1962

GBA – ›*Gazette des Beaux Arts*‹

Gnoli, ›*Topografia*‹ – U. Gnoli, ›*Topografia e toponomastica di Roma medioevale e moderna*‹, Rom 1939

Gregor, *Epp.* – ›*Gregorii Magni Epistolae*‹, in: MGH AA I und II

Gregorovius, ›*Geschichte der Stadt Rom*‹ – F. Gregorovius, ›Geschichte der Stadt Rom im Mittelalter‹, Stuttgart 1859–1872, häufig nachgedruckt

Grimaldi, ›*Descrizione*‹ – ›*Descrizione della Basilica Vaticana*‹, hrsg. von R. Niggl, Vatikanstadt 1972

›*Guide Rionali*‹ – ›*Guide Rionali di Roma*‹, hrsg. von C. Pietrangeli u. a., 1967 ff.

Hartmann, ›*S. Maria in Via Lata*‹ – L. M. Hartmann, ›*Ecclesiae Scae Mariae in Via Lata Tabularium*‹, Wien 1905

Heemskerck, ›Skizzenbücher‹ – C. Huelsen und H. Egger, ›Die Römischen Skizzenbücher von Marten van Heemskerck‹, Berlin 1913–1916

Huelsen, ›*Chiese*‹ – C. Huelsen, ›*Le chiese di Roma nel medio evo*‹, Florenz 1927

JDAI – ›Jahrbuch des Deutschen Archäologischen Instituts‹

JWC – ›*Journal of the Warburg and Courtauld Institutes*‹

Kehr, ›*It. Pont.*‹ – P. Kehr, ›*Italia Pontificia*‹, Rom 1906 ff.

Kitzinger, ›*Malerei*‹ – E. Kitzinger, ›Römische Malerei vom Beginn des 7. bis zur Mitte des 8. Jahrhunderts‹, München 1935

Kitzinger, ›*Byzantium*‹ – E. Kitzinger, ›*The Art of Byzantium and the Medieval West; Selected Studies*‹, Bloomington, Indiana, 1976

Krautheimer, ›*Architecture*‹ – R. Krautheimer, ›*Early Christian and Byzantine Architecture*‹, ›Pelican History of Art‹, 4. Aufl. Harmondsworth 1986

Ladner, ›*Papstbildnisse*‹ – G. Ladner, ›Die Papstbildnisse des Altertums und des Mittelalters‹ I und II, Vatikanstadt 1941 und 1970

Lanciani, ›*Destruction of Rome*‹ – R. Lanciani, ›*The Destruction of Ancient Rome*‹, New York 1899

Lanciani, ›*Scavi di Roma*‹ – R. Lanciani, ›*Storia degli Scavi di Roma*‹ I–IV, Rom 1902–1912

LCL – ›*Loeb Classical Library*‹

Llewellyn, ›*Rome*‹ – P. Llewellyn, ›*Rome in the Dark Ages*‹, New York 1971

LP – ›*Le Liber Pontificalis*‹, hrsg. von L. Duchesne, Paris 1886–1892, Nachdruck 1955–1957; 3. Bd. hrsg. von Cyrille Vogel, Paris 1957

Lugli, ›*Monumenti*‹ – G. Lugli, ›*I monumenti antichi di Roma e suburbio*‹, Rom 1934–1940

Matthiae, ›*Mosaici*‹ – G. Matthiae, ›*Mosaici medioevali delle chiese di Roma*‹, Rom 1967

Matthiae, ›*Pittura*‹ – G. Matthiae, ›*Pittura romana del medioevo*‹, Rom 1965

MEFR – ›*Mélanges d' Archéologie et d' Histoire de l' École Française de Rome*‹

MemPontAcc – ›*Atti della Pontificia Accademia Romana di Archeologia, Memorie*‹

MGH AA – ›Monumenta Germaniae Historica, Auctores Antiquissimi‹

MGH Epp – ›Monumenta Germaniae Historica, Epistolae‹

MGH FIG – ›Monumenta Germaniae Historica, Fontes Iuris Germanici‹

MGH LL – ›Monumenta Germaniae Historica, Leges‹

MGH PL – ›Monumenta Germaniae Historica, Poetae Latini‹

MGH SS – ›Monumenta Germaniae Historica, Scriptores‹

MGH SS RG – ›Monumenta Germaniae Historica, Scriptores Rerum Germanicarum‹

MGH SS RM – ›Monumenta Germaniae Historica, Scriptores Rerum Merovingicarum‹

Mon. antichi – ›Monumenti antichi Accademia dei Lincei‹

Nash, ›Bildlexikon‹ – E. Nash, ›Bildlexikon zur Topographie des antiken Rom‹, 2 Bde., Tübingen 1961 und 1962

Paeseler, ›Giottos Navicella‹ – W. Paeseler, ›Giottos Navicella und ihr spätantikes Vorbild‹, in: Röm Jbch V, 1941, S. 49 ff.

Panofsky, ›Die Renaissancen der europäischen Kunst‹ – E. Panofsky, ›Die Renaissancen der europäischen Kunst‹, Frankfurt 1979

Partner, ›Lands‹ – P. Partner, ›The Lands of Saint Peter‹, London 1972

PBSR – ›Papers of the British School at Rome‹

Piétri, ›Roma Christiana‹ – C. Piétri, ›Roma Christiana. Recherches sur l' Église de Rome . . . 311–440‹ (›Bibliothèque des Écoles Françaises d' Athènes et de Rome‹ CCIV), Rom 1976

PL – J. P. Migne, ›Patrologiae Cursus Completus, Series Latina‹, Paris 1844–1890, Supplementbände 1958–1974

›Quaderni‹ – ›Quaderni dell' Istituto di Storia dell' Architettura‹, Università di Roma, Istituto di Storia dell' Architettura

›Quellen und Forschungen‹ – ›Quellen und Forschungen aus italienischen Archiven‹

RAC – ›Rivista di Archeologia Cristiana‹

Reg Farf – ›Il Regesto di Farfa‹, hrsg. von I. Giorgi und U. Balzani, Rom 1887–1914

Reg Sub – ›Il Regesto Sublacense . . .‹, hrsg. von L. Allodi und G. Levi, Rom 1885

RendPontAcc – ›Atti della Pontificia Accademia Romana di Archeologia, Rendiconti‹

RIS – ›Rerum Italicarum Scriptores‹, hrsg. von L. A. Muratori, Mailand 1723–1754

RM – ›Mitteilungen des deutschen Archäologischen Instituts, Römische Abteilung‹

Röm Jbch – ›Römisches Jahrbuch für Kunstgeschichte‹

›Roma e l' età Carolingia‹ – ›Roma e l' età Carolingia‹, hrsg. vom Istituto di Storia dell' Arte del Università di Roma, Rom 1976

Romano, ›Strade‹ – P. Romano, ›Roma nelle sue strade e nelle sue Piazze‹, Rom 1947–1949

RQSCHR – ›Römische Quartalschrift‹

Schramm, ›Renovatio‹ – P. Schramm, ›Kaiser, Rom und Renovatio‹ I–II (›Studien der Bibliothek Warburg‹ XVII), Leipzig 1929

Schramm, ›Kaiser, Könige und Päpste‹ – P. Schramm, ›Kaiser, Könige und Päpste‹ I–IV, Stuttgart 1968–1970

›Studi Gregoriani‹ – ›Studi Gregoriani‹, hrsg. von G. B. Boreno, Bd. I–VII, Rom 1947ff.

›Studies‹ – R. Krautheimer, ›Studies in Early Christian, Medieval and Renaissance Art‹, New York 1969

Tierney, ›Crisis‹ – B. Tierney, ›The Crisis of Church and State, 1050–1300‹, Englewood Cliffs, N. J., 1964

Urlichs, ›Codex‹ – L. C. Urlichs, ›Codex Urbis Romae Topographicus‹, Würzburg 1870

Valentini-Zucchetti, ›Codice topografico‹ – R. Valentini und G. Zucchetti, ›Codice topografico della città di Roma‹ I–IV, 1940–1953 (›Fonti per la Storia d' Italia‹)

Vielliard, ›Origines‹ – René Vielliard, ›Recherches sur les origines de la Rome Chrétienne‹, Mâcon 1942, Nachdruck Rom 1959

Waley, ›Papal State‹ – D. Waley, ›The Papal State in the Thirteenth Century‹, London 1969

Wilpert, ›Mosaiken und Malereien‹ – J. Wilpert, ›Die römischen Mosaiken und Malereien‹, Freiburg 1916

ZKG – ›Zeitschrift für Kunstgeschichte‹

ZSRG – ›Zeitschrift der Savigny Stiftung für Rechtsgeschichte, Kanonische Abteilung‹

Hinweise zur Bibliographie

Ich gebe hier die von mir für das vorliegende Buch verwendeten Arbeiten an, unabhängig davon, ob ich im Text auf sie verwiesen habe oder nicht. Quellen und grundlegende Literatur werden getrennt aufgeführt.

Zunächst die Quellen. Von größter Bedeutung ist ›*Le Liber Pontificalis*‹, hrsg. von L. Duchesne, 2 Bde., Paris 1886–1892, Neudruck 1955–1957; Bd. III, hrsg. von C. Vogel. Paris 1957; im folgenden zitiert als *LP* I, II oder III. Die Reihe der ›*Monumenta Germaniae Historica*‹ (MGH), die seit 1826 publiziert wird und in die Abschnitte ›*Scriptores*‹ (SS), ›*Scriptores Rerum Germanicarum*‹ (SS RG), ›*Auctores Antiquissimi*‹ (*AA*), ›*Epistolae*‹ (*Epp*) und andere eingeteilt ist, liefert ausgezeichnete Editionen vieler wichtiger Werke und Urkunden, die in unserem Zusammenhang von Interesse sind; sie wird, wo immer nötig, mit den in Klammern angegebenen Abkürzungen zitiert werden. Dasselbe gilt für J. P. Migne, ›*Patrologiae Cursus Completus, Series Latina*‹, Paris 1844–1890, Erg. 1958–1974; seine 221 Bände, einschließlich der vier Registerbände (218 ff.), des nützlichsten Teiles dieser so nützlichen Sammlung, sollen als *PL* mit der jeweiligen Angabe des Bandes zitiert werden. Auf die Sammlung von L. A. Muratori, ›*Rerum Italicarum Scriptores*‹, Mailand 1723–1754, und ihre Fortsetzung in der ›*Nova Series*‹, Città di Castello (später Bologna) 1900 ff., soll unter den Siglen *RIS* und *RIS* n. s. verwiesen werden. ›*Italia Pontificia I, Roma*‹, hrsg. von P. F. Kehr, Berlin 1906, ist ein ausgezeichnetes kritisches Register zu den päpstlichen Urkunden vor 1198, die sich auf den Klerus, die Kirchen und die großen Familien Roms beziehen, und verweist auf die Originalquellen; dieses Werk wird als Kehr, *It. Pont.* zitiert.

Soweit die historischen Quellen. Topographische Angaben mit besonderer Berücksichtigung des mittelalterlichen Rom finden sich in den in Archiven der römischen Kirchen erhaltenen Urkunden, die sich mit ihrem Besitzstand befassen; um die Jahrhundertwende wurden sie von verschiedenen Forschern ediert, zum größten Teil im ›*Archivio della Società Romana di Storia Patria*‹, künftig zitiert als *ASRStP*. R. Valentini und G. Zucchetti, ›*Codice topografico della città di Roma*‹, Rom 1940–1953, künftig: Valentino-Zucchetti, haben, freilich nicht ohne einige Irrtümer, aus verschiedenen Quellen Hinweise auf die städtebauliche Gestalt Roms und seine Monumente exzerpiert. Vor langem schon hat C. L. Urlichs, ›*Codex Topographicus Urbis Romae*‹, Würzburg 1870, eine umfangreichere Anzahl von Quellen zur Topographie Roms veröffentlicht; ich zitiere sie einfach als Urlichs, *Codex*. Die drei Bände von A. P. Frutaz, ›*Le Piante di Roma*‹, Rom 1962, enthalten eine nahezu vollständige Sammlung von Karten und Plänen von Rom, in der Hauptsache vom 13. Jahrhundert bis fast in die Gegenwart, daneben einige Beispiele aus der ›*Forma Urbis*‹ des 3. Jahrhunderts und einige Versuche, die antike und frühmittelalterliche Stadt kartographisch zu rekonstruieren.

Um Mißverständnissen vorzubeugen, sei an dieser Stelle ein Hinweis gegeben. Es sind viele Bücher über die Geschichte des frühchristlichen und mittelalterlichen Rom geschrieben worden, von denen jedoch nur einige wenige unten aufgeführt werden. Ich bin kein Historiker, und das vorliegende Buch war niemals als eine weitere Geschichte der Stadt Rom, des Papsttums oder der mittelalterlichen Kirche gedacht. Daher wird auch meine Behandlung historischer Fragen weniger gründlich ausfallen als diejenige eines Spezialisten auf diesem Gebiet.

F. Gregorovius, ›*Geschichte der Stadt Rom im Mittelalter*‹, Stuttgart 1859–1872, ist meiner Meinung nach noch immer die beste Darstellung der Geschichte der mittelalterlichen Stadt. Trotz aller seither geleisteten Forschungsarbeit und der zuweilen ausgezeichneten späteren Bücher über einzelne Aspekte und Persönlichkeiten bleibt Gregorovius unübertroffen, und ungeachtet der Tatsache, daß er in Stil und Betrachtungsweise dem 19. Jahrhundert völlig angehört, muß man ihn wegen seiner in den Anmerkungen zum Ausdruck kommenden Quellenkenntnis und wegen seiner Darstellungsweise bewundern. Sein Werk ist vielfach neu aufgelegt und in verschiedene Sprachen übersetzt worden. F. Schneider, ›*Rom und Romgedanke im Mittelalter*‹, München 1926, ist ein phantasievoller erster Versuch, die Geschichte der Rom-Idee darzustellen, wenngleich er zuweilen an Genauigkeit zu wünschen übrig läßt. Unter den vielen Büchern über das Papsttum habe ich vor allem E. Caspar, ›*Geschichte des Papsttums*‹, Bd. I und II, Tübingen 1930–1933, verwendet, die freilich nur bis zum Ende des 8. Jahrhunderts reicht. Ebenfalls, wenn auch weniger häufig, habe ich W. Ullmann, ›*A Short History of the Papacy in the Middle Ages*‹, Rom 1972, benützt. G. Falcos Untersuchung, deren englische Übersetzung als ›*The Holy Roman Republic*‹, London 1964, erschienen ist, hat sich trotz ihres Titels als eine ausgezeichnete Darstellung der politischen Ideen und Ereignisse und der ökonomischen Entwicklungen, soweit sie das Papsttum betreffen, erwiesen. P. Partner, ›*The Lands of St. Peter*‹, Berkeley und Los Angeles 1972, gibt eine vorzügliche Darstellung der Geschichte des Kirchenstaates von seinen Anfängen bis zum Ende des Mittelalters. Das schmale Penguin-Bändchen von R. W. Southern, ›*Western Society and the Church in the Middle Ages*‹, Harmondsworth 1970 (deutsche Ausgabe: ›*Kirche und Gesellschaft im Abendland des Mittelalters*‹, Berlin 1976), das die Zeit vom 8. bis zum 15. Jahrhundert behandelt, gibt einen hervorragenden Überblick über die administrativen, ökonomischen und juristischen Probleme, mit denen Rom als der Sitz des Papsttums konfrontiert war. Die Aufsätze von R. Morghen, die als ›*Medioevo Cristiano*‹, Bari 1972, neu veröffentlicht wurden, haben sich als äußerst anregende Lektüre erwiesen.

Ohne in einem üblichen Einleitungskapitel auf die Masse der in den letzten Jahren veröffentlichten urbanistischen Studien über Rom einzugehen, seien hier einige urbanistische Werke genannt. Als Darstellung der Topographie der Stadt verdienen die ersten beiden Abschnitte von F. Castagnoli, C. Cecchelli, G. Giovannoni und M. Zocca, ›*Topografia e urbanistica di Roma*‹ (Istituto di Studi Romani), Bologna 1958, an erster Stelle genannt zu werden. R. Vielliard, ›*Recherches sur les origines de la Rome Chrétienne*‹, Mâcon 1942, war ein erster mutiger Versuch, die urbanistische Entwicklung Roms von der christlichen Antike bis ins 9. Jahrhundert zu klären. Die zahlreichen Bücher von Lanciani, ›*New Tales of Old Rome*‹, ›*Christian and Pagan Rome*‹, ›*The Ruins and Excavations of Rome*‹, ›*The Destruction of Ancient Rome*‹, sind eine Fundgrube von manchmal nützlichen Informationen. U. Gnoli, ›*Topografia e toponomastica di Roma medioevale e moderna*‹, Rom 1939, und P. Romano, ›*Roma nelle sue strade e nelle sue piazze*‹, Rom 1950 (häufig nachgedruckt), sind Standardwerke. Selbstverständlich habe ich immer wieder auf alte Romführer zurückgegriffen. Diese werden in L. Schudt, ›*Le guide di Roma*‹ (Quellenschriften zur Geschichte der Barockkunst in Rom), Wien und Augsburg 1930, aufgezählt, einem Buch, das sich trotz des Titels der Reihe nicht auf diese spätere Zeit beschränkt. Der moderne Überblick über die römische Topographie der ›*Guide Rionali di Roma*‹, hrsg. von C. Pietrangeli, ist eine sehr große Hilfe; die Reihe wird allmählich vervollständigt.

Ebenso ist auch das Werk von S. Pressouyre, ›*Rome au fil du temps*‹, Boulogne 1973, von größtem Nutzen, insofern als es die urbanistische Geschichte der Stadt in einer Reihe von hervorragend klaren Karten darstellt, die jedoch zuweilen unweigerlich auf bloßen Hypothesen beruhen müssen.

Für die Bauten von Rom muß ich ohne übertriebene Bescheidenheit auf das von mir selbst und verschiedenen Mitarbeitern verfaßte ›*Corpus Basilicarum Christianarum Romae*‹, 5 Bde., Vatikanstadt, Rom und New York 1937–1977, verweisen, im nachfolgenden zitiert als *Corpus*. Trotz seiner Mängel stellt es die grundlegenden Tatsachen über die Kirchen dar, die in Rom seit dem 4. bis ins 9. Jahrhundert und manchmal auch darüber hinaus gebaut wurden, und gibt ausführliche bibliographische Hinweise. Eher topographisch ausgerichtet, aber dennoch unentbehrlich ist C. Huelsen, ›*Le Chiese di Roma nel medio evo*‹, Florenz 1927, zitiert als Huelsen, *Chiese*. M. Armellini, ›*Le Chiese di Roma dal Secolo IV al XIX*‹, hrsg. von C. Cecchelli, Rom 1942 – zitiert als Armellini-Cecchelli, *Chiese* – ist an manchen Stellen veraltet; aber sowohl Armellinis Text als auch die Anmerkungen Cecchellis enthalten eine Menge nützlicher Informationen, wobei die Anmerkungen auch auf abgelegene bibliographische und archivalische Fundstellen verweisen. W. Buchowiecki, ›*Handbuch der Kirchen Roms*‹, Wien 1967 ff., bisher 3 Bde., ist höchst praktisch und, soweit ich es überprüft habe, äußerst präzise in seiner Darstellung. Für die einzelnen Kirchen kann man die Reihe der ›*Chiese illustrate di Roma*‹ benützen, die zwar nur teilweise gut ist, bei der sich aber in jedem Bändchen ein paar nützliche Informationen finden. G. Ferrari, ›*Early Roman Monasteries*‹, Vatikanstadt 1957, ist die grundlegende Arbeit über Klostergründungen und Klosterbauten in Rom vom 5. bis zum 10. Jahrhundert.

Anmerkungen

I.

S. 13 ff.: Um die komplexe Gestalt Konstantins und seine Politik in bezug auf Rom, das Heidentum und die Kirche besser zu verstehen, habe ich die folgenden Werke noch einmal gelesen: Eusebius' ›Leben Konstantins‹ und seine Lobrede auf ihn, beide in: ›Eusebius' Werke‹, hrsg. von I. Heikel, ›Die griechischen Schriftsteller‹ VII, Leipzig 1902; dazu das in H. Dörries, ›Das Selbstzeugnis Kaiser Konstantins‹, Göttingen 1964, dankenswerterweise zusammengestellte Material. Von den monographischen Untersuchungen zu Konstantin empfehle ich dem Leser H. Dörries, ›Konstantin der Große‹, Stuttgart 1958; R. MacMullen, ›Constantine‹, London 1970, und besonders A. Alföldi, ›*The Conversion of Constantine and Pagan Rome*‹, Oxford 1948.

Die zusammenfassende Beschreibung des antiken Rom um das Jahr 312 n. Chr. und der einzelnen Baudenkmäler auf den folgenden Seiten beruht im wesentlichen auf folgenden Studien: L. Homo, ›*Rome Impériale et l'Urbanisme*‹, Paris 1951; G. Lugli, ›Monumenti‹; Nash, ›Bildlexikon‹, A. Boethius und J. B. Ward-Perkins, ›*Etruscan and Roman Architecture*‹ (›Pelican History of Art‹), Harmondsworth 1970, besonders die letzten, von Ward-Perkins geschriebenen Abschnitte. Für ein Gesamtbild der äußeren Erscheinung Roms in der Spätantike sei auf die bis heute unentbehrliche ›*Forma Urbis Romae*‹ verwiesen, hrsg. von R. Lanciani, Mailand 1896, und auf die Veröffentlichung der Fragmente des Marmorplans durch G. Carrettoni, A. M. Colini, L. Cozza und G. Gatti, ›*La pianta marmorea di Roma antica*‹, Rom 1960.

Äußerst hilfreich für die Klärung und Bereicherung meiner in diesem Kapitel dargelegten Gedanken waren meine häufigen Diskussionen mit Professor Alfred R. Frazer, Columbia University, und seine Vorschläge und Anregungen.

S. 14: Die Bevölkerungszahlen im antiken Rom und besonders für die Zeit zu Beginn des 4. Jahrhunderts sind höchst umstritten. Die Schätzungen reichen von 172 000 bis zu anderthalb Millionen. Erstere Zahl, die J. C. Russell, ›*Late Ancient and Medieval Population of Rome*‹, in: ›*Transactions of the American Philosophical Society*‹ XLVIII, 3, 1958, S. 64 ff., errechnet hat, liegt vermutlich viel zu niedrig, während die zweite Schätzung (G. Lugli, ›Monumenti‹ IV, 2, S. 71 ff.) wahrscheinlich viel zu hoch angesetzt ist. Eher scheint mir eine Zahl zwischen 600 000 und 700 000 wahrscheinlich (A. von Gerkan, ›Die Einwohnerzahl der Kaiserzeit‹, in: RM LV [1940], S. 149 ff.; auch F. Castagnoli, ›L'insula nei cataloghi regionari...‹, in: ›*Rivista di Filologia*‹ CIV [1976], S. 45 ff., der ungefähr 600 000 vorschlägt), und auch eine Zahl von knapp unter einer Million (J. E. Packer, ›*The Insulae of Imperial Ostia*‹, in: ›*Memoirs of the American Academy in Rome*‹ XXXI [1971], besonders S. 74 ff.) scheint mir noch im Bereich des Möglichen zu liegen.

S. 16 f.: Neben der Monographie von I. Richmond, ›*The City Wall of Imperial Rome*‹, Oxford 1930, sei auch auf G. Lugli, ›Monumenti‹ II, S. 139 ff., und auf die Anmerkungen und Illustrationen in Nash, ›Bildlexikon‹ II, S. 86 ff., verwiesen; im letztgenannten Werk finden sich insbesondere Informationen über die Tore.

S. 17 ff.: Die äußere Erneuerung Roms unter Diokletian und Maxentius hat A. Frazer, ›*The Iconography of the Emperor Maxentius' Buildings on Via Appia*‹, in: *Art Bull* XLVIII, 1966, S. 385 ff., behandelt, und ich bediene mich hier schamlos seiner Gedanken. Zu einzelnen Gebäuden sei der Leser auf Nash, ›Bildlexikon‹, A. Boethius und J. B. Ward-Perkins, beide wie in der ersten Anmerkung angegeben, verwiesen. Zum Bau, in dem SS. Cosma e Damiano eingerichtet wurde, vgl. unten, Kapitel III, Anmerkung zu S. 85 f.

S. 18 f.: Zum Sessorium vgl. A. M. Colini, ›*Horti Spei Veteris*‹, in: *MemPontAcc*, Bd. VIII, Nr. 3, 1955, S. 137 ff.; zu den Ausgrabungen westlich der Laterankirche: Derselbe, ›*Storia e topografia del Celio nell' Antichità*‹, *MemPontAcc*, Bd. VII, 1944, und die vorläufigen Berichte von den neueren Forschungen von V. Santa Maria Scrinari, ›*Egregiae Lateranorum Aedes*‹, Rom 1967, und Dieselbe, ›*Scavi sotto la sala Manzoni all'ospedale di S. Giovanni in Roma*‹, in: *RendPontAcc* XLI, (1968/1969), S. 167 ff.

S. 19 ff.: Die beste Darstellung des antiken Straßennetzes findet sich noch immer im oben erwähnten Werk von R. Lanciani, ›*Forma Urbis Romae*‹. Für den ›Schaubezirk‹ sei der Leser auf die schon zitierten Arbeiten von Lugli und Nash verwiesen; dazu G. Lugli, ›*Roma antica, il centro monumentale*‹, Rom 1946.

S. 24 ff.: Die *regionaria* sind leicht zugänglich bei Urlichs, ›*Codex*‹, S. 1 ff., bei H. Jordan, ›Topographie der Stadt Rom im Alterthum‹, Bd. II, Berlin 1871, bei Valentini-Zucchetti, ›*Codice Topografico*‹ I, S. 63 ff., und bei A. Nordh, ›*Libellus de Regionibus Urbis Romae*‹ (Skrifter... Svenska Institutet i Rom III, 8°), Lund 1949, publiziert. Zum Verhältnis der beiden Versionen, *Curiosum* und *Notitia*, und zu ihrer Datierung – vorkonstantinisch,

konstantinisch oder etwas später – siehe Valentini-Zucchetti, a.a.O., und Nordh., a.a.O., S. 60 ff.

Während die genaue Bedeutung des Wortes *insula* umstritten ist, wie sich in den in der Anmerkung zu S. 14 zitierten Arbeiten zeigt, ist das Auftreten von Mehrfamilien-Wohnhäusern durch die in Ostia erhaltenen Reste deutlich belegt. Dort wurden sie auch zum erstenmal näher erforscht: G. Calza, ›*La preminenza dell'insula nell'edilizia romana*‹, in: *Mon. antichi* XXVIII, 1914, S. 541 ff., und A. Boethius und J. B. Ward-Perkins, a.a.O., passim. Wie sie angelegt waren, sich um enge Straßen drängten und in ›Schaubezirke‹ und Grüngürtel vordrangen, wird am besten in den Resten des Marmorplans deutlich, auf den in der Anmerkung zu S. 13 verwiesen wurde.

S. 27f.: Weitere Informationen zu römischen Mausoleen, *columbaria* und *aediculae* (es gibt eine Menge) sind leicht zugänglich bei A. Boethius und J. B. Ward-Perkins, a.a.O., passim, und J. C. Toynbee und J. B. Ward-Perkins, ›*The Shrine of Saint Peter*‹, London, New York und Toronto 1956, besonders in den Abschnitten S. 24–124.

Die sozialen Bedingungen im antiken Rom scheinen für mein nicht fachmännisches Urteil gut und lebendig von J. Carcopino, ›*Daily Life in Ancient Rome*‹, New Haven und Rom 1960 (Taschenbuchausgabe), beschrieben worden zu sein. Das Vergil-Zitat stammt natürlich aus der ›*Aeneis*‹ VI, 851 ff.

S. 28 ff.: Zu den christlichen Bauten in Rom vor Konstantin und zu seiner Zeit kann ich nur auf Vielliard, ›*Origines*‹, S. 13 ff., verweisen, dazu auf die entsprechenden Abschnitte meines *Corpus*, auf meine ›*Architecture*‹, S. 29 ff., und auf Pietri, ›*Roma Christiana*‹, S. 3 ff., S. 90 ff.

Die *tituli* oder *domus ecclesiae* Roms stellen ein komplexes Problem dar. J. P. Kirsch, ›Die römischen Titelkirchen im Altertum‹, Paderborn 1918, war der erste, der die Reste ehemaliger Mietshäuser, Privathäuser oder anderer Profanbauten aus dem 2. oder 3. nachchristlichen Jahrhundert, die unter wichtigeren Stadtkirchen lagen oder in sie einbezogen worden waren, als Hinweise auf einstige *tituli* interpretierte. In Rom wurde allerdings während der letzten 2000 Jahre und noch länger immer wieder neu gebaut, und die Reste älterer Bauten werden immer wieder verwendet und finden sich überall, wo gerade gebaut wird. Andererseits werden in Rom vor dem 4. nachchristlichen Jahrhundert nirgendwo *tituli* erwähnt, und außer vielleicht im Falle von SS. Giovanni e Paolo fehlt es an klaren archäologischen Hinweisen darauf, daß die unter diesen Kirchen gefundenen Reste jemals als *domus ecclesiae* benutzt wurden. Daher bezweifelt Pietri, ›*Roma Christiana*‹, S. 83 ff., auch folgerichtig, daß die Reste irgendeines vorkonstantinischen *titulus* in Rom de facto überdauert hätten. Wie die Dinge liegen, ist das einzige Haus, von dem man mit Sicherheit weiß, daß es in eine *domus ecclesiae* umgewandelt wurde, dasjenige in Dura, weit draußen in der Provinz und in einer kleinen Stadt gelegen. Meine gegenwärtige Einschätzung der Frage der *tituli* wird in meiner ›*Architecture*‹, S. 26 ff., dargelegt. Es ist durchaus möglich, daß ich sie in Zukunft im Sinne eines größeren Skeptizismus modifiziere.

Die deutsche Fassung des Vergil-Zitats ist der Übersetzung von Johannes Götte, München, 3. Aufl. 1955, entnommen.

S. 29 f.: Vorkonstantinische Märtyrerschreine und Katakomben haben eine äußerst umfangreiche Forschungsliteratur hervorgerufen. Der Einfachheit halber sei der Leser wieder auf meine ›*Architecture*‹, S. 32 ff., verwiesen; zu S. Sebastiano siehe *Corpus*, Bd. IV, S. 99 ff.; zum Schrein des heiligen Petrus siehe *Corpus*, Bd. V, S. 165 ff., wo ich mich auf den offiziellen Grabungsbericht, B. M. Apollonj Ghetti, A. Ferrua, E. Josi und E. Kirschbaum, ›*Esplorazioni sotto la confessione di S. Pietro in Vaticano...*‹, Vatikanstadt 1951, stützte; dazu J. C. Toynbee und J. B. Ward-Perkins, ›*The Shrine of Saint Peter*‹, London, New York und Toronto 1956, und E. Kirschbaum, ›Die Gräber der Apostelfürsten‹, Frankfurt 1957.

S. 31 ff.: Die Schenkungen, die Konstantin seinen Gründungen zukommen ließ, sind in *LP* I, S. 172, anscheinend nach den Originaldokumenten aufgezählt. Vgl. auch Piétri, ›*Roma Christiana*‹, S. 4 ff. In einem breiteren Zusammenhang sind Konstantins Kirchengründungen im ganzen Imperium und ihre Abweichungen in Anlage, Funktion und Entwurf von mir selbst in ›*The Constantinian Basilica*‹, in: *DOP* XXI, 1967, S. 114 ff., behandelt worden; eine knappere Fassung findet sich in meiner ›*Architecture*‹, S. 39 ff.

S. 33 ff.: Zum Lateran siehe *Corpus*, Bd. V, S. 1 ff.; doch in bezug auf die *domus Faustae*, von der oft angenommen wird, sie sei dem Bischof von Rom durch Konstantin geschenkt worden, vgl. E. Nash, ›*Convenerunt in Domum Faustae in Laterano. S. Optati Milevitani*‹, I, 23, in: *RQSCHR* LXXI, 1976, S. 1 ff.; zu S. Croce in Gerusalemme siehe *Corpus*, Bd. I, S. 165 ff., ergänzend dazu meine nunmehr alte Untersuchung und Rekonstruktion mit A. M. Colini, ›*Horti Spei Veteris*‹ (wie Anmerkung zu S. 18), besonders S. 154 ff., und (ich bedaure, mich selbst noch einmal zitieren zu müssen) meine ›*Architecture*‹, S. 50 und Anmerkung 28. Colini ist der Meinung, der ursprüngliche Bau des 3. Jahrhunderts sei nicht gedeckt gewesen (›*Il grande atrio*‹), vermutlich wegen seiner weiten Spanne. Wenn dem so wäre, wozu wären dann die Fenster nötig gewesen?

S. 36 ff.: Die Grabbasiliken von S. Lorenzo, SS. Marcellino e Pietro und S. Sebastiano werden in *Corpus*, Bd. II, S. 1 ff., besonders S. 116 ff., Bd. III, S. 190 ff., und Bd. IV, S. 99 ff., beschrieben; dort auch weitere bibliographische Angaben. Die Basilika bei S. Agnese ist behandelt bei F. W. Deichmann, ›Die Lage der... Hl. Agnes‹, in: *RAC* XXII, 1946, S. 213 ff., und bei R. Perrotti, ›*Recenti ritrovamenti presso S. Costanza*‹, in: ›*Palladio*‹, n. s. VI, 1956, S. 80 ff. Zu St. Peter, einer Begräbnisbasilika, die freilich das Märtyrergrab selbst mit einschließt, siehe *Corpus*, Bd. V, S. 165 ff. Meine Meinung zur allgemeinen Problematik dieser Begräbnisbasiliken habe ich in ›*Mensa-Coemeterium-Martyrium*‹, in: *CahArch* XI, 1960, S. 15 ff., und in meiner ›*Architecture*‹, S. 52 ff., dargelegt. Siehe dagegen F. W. Deichmann, ›Märtyrerbasilika, Martyrion, Memoria und

Anmerkungen

Altargrab‹, RM LXXVII, 1970, S. 144 ff.; auch idem, ›Rom, Ravenna, Konstantinopel und Naher Osten‹, Wiesbaden 1982, S. 375 ff.

S. 40 ff.: Leider muß ich schon wieder auf eine eigene Publikation verweisen, in der ich zum erstenmal versuchte, die Ambivalenz der Lage und der prächtigen Ausstattung der Lateranbasilika im Rahmen von Konstantins innerlich widersprüchlicher Politik in Rom in einer vorläufigen Form darzustellen: ›*Il Laterano e Roma . . .*‹, in: ›*Accademia Nazionale dei Lincei Adunanze straordinarie . . .*‹, Bd. I, Nr. 2, 1975, S. 231 ff. Inzwischen habe ich entdeckt, daß schon H. Grisar, ›*Roma alla fine del Mondo Antico*‹, Bd. I, Rom 1908, in ein paar wenigen Zeilen darauf hingewiesen hat, daß man das Forum bei kirchlichen Gründungen offensichtlich mied; er schrieb diese Tatsache der klugen Vorsicht der Kirche zu.

II.

S. 43 ff.: Alle Kirchen, die in diesem Kapitel behandelt werden, sind im *Corpus*, Bde. I–V, passim, dargestellt. Neue Entdeckungen oder Veränderungen in meiner Bewertung sollen, soweit sie im vorliegenden Kontext von Belang sind, in den Anmerkungen angeführt werden. Für einen Gesamteindruck von der Durchdringung Roms durch neue Kirchen im Verlauf des späten 4. und des 5. Jahrhunderts vgl. Vielliard, ›*Origines*‹, passim, und S. Pressouyre, ›*Rome au fil du temps*‹, Boulogne 1973, Tafel XII und XIII, und natürlich C. Piétri, ›*Roma christiana, recherches sur l'Eglise de Rome, son organisation, sa politique, son idéologie de Miltiade à Sixte III (311–440)*‹, Rom 1970; das Zitat über die moralische Verpflichtung des neugewählten Papstes, eine Kirche zu bauen, stammt von D. Kinney, ›*S. Maria in Trastevere from its Founding to 1215*‹, Diss. phil., New York University 1975, S. 29.

S. 45: Darauf, daß sich die Kirchenfassaden in Arkaden öffnen – möglicherweise ein lokal auf Rom begrenzter Brauch während des ersten Viertels des 5. Jahrhunderts –, hat G. Matthiae, ›*Basiliche paleocristiane con ingresso polifora*‹, in: ›*Bollettino d'Arte*‹ XLII, 1957, S. 107 ff., hingewiesen; vgl. auch meine ›*Architecture*‹, S. 69 ff. und S. 479, Anm. 8.

S. 46 ff.: Auf die ständige Reparatur und Verschönerung öffentlicher Bauten und Plätze während des 4. Jahrhunderts ist R. Lanciani, ›*The Destruction of Ancient Rome*‹, London 1903, S. 28 ff., S. 47 ff., kurz eingegangen; desgleichen auf die Statuen entlang der Via Sacra, vgl. ebenda, S. 36. Zum *macellum Liviae*, das von Augustus' Gattin Livia über der nördlichen Ecke der heutigen Piazza Vittorio Emanuele gegründet worden war und 367 restauriert wurde, siehe G. Lugli, ›*Monumenti*‹, Bd. III, Rom 1938, S. 418 f.; die Identifizierung des Gebäudes, das man unter S. Maria Maggiore gefunden hat, mit diesem *macellum*, wie von F. Magi, ›*Il calendario dipinto sotto S. Maria Maggiore*‹ (*MemPontAcc* XI, 1), Rom 1972, S. 59 ff., vorgeschlagen, bedarf noch weiterer Beweise. Zum *porticus deorum consentium* siehe Nash, ›Bild-

lexikon‹, Bd. II, S. 241; zur Basilika des Junius Bassus siehe Nash, a.a.O., Bd. I, S. 190, und ausführlicher auch R. Enking, ›*S. Andrea in Cata Barbara e S. Antonio Abbate*‹ (›*Chiese illustrate*‹), Rom 1964, S. 83, und G. Becatti, ›*Scavi di Ostia*‹, Bd. VI, Rom 1969, S. 181 ff. Zum Besuch Constantius' II. im Jahre 357 schließlich siehe Ammianus Marcellinus, ›*Rerum . . . gestarum historia*‹, XVI, x, 13, (*LCL* CCC, 1, London 1958, S. 248 ff.), und R. Lanciani, ›*Destruction of Rome*‹, S. 47 f.

S. 48 ff.: Aus der Vielzahl der Veröffentlichungen zum Kampf zwischen Heidentum und Christentum, zur gegenseitigen Konkurrenz zwischen dem Hof und dem senatorischen Adel in Rom um die politische Vorherrschaft und zu den kulturellen Bestrebungen der Senatsaristokratie und ihrem Ziel, das Erbe der Antike zu retten, so wie es sich vor und nach ihrer Bekehrung ausprägte, scheinen mir die folgenden Werke herauszuragen: A. Alföldi, ›*A Conflict of Ideas in the Late Roman Empire*‹, Oxford 1952; ›*The Conflict between Paganism and Christianity in the Fourth Century*‹, hrsg. von A. Momigliano, Oxford 1963; P. Brown, ›*Augustine of Hippo*‹, Berkeley und Los Angeles 1967; und eine Reihe von Artikeln desselben Autors, die in Derselbe, ›*Religion and Society in the Age of St. Augustine*‹, New York 1972, wieder veröffentlicht wurden; J. Matthews, ›*Western Aristocracies and Imperial Court, 364–425*‹, Oxford 1975, und Piétri, ›*Roma Christiana*‹, S. 405 ff. Die Verwandlung heidnischer Heiligtümer in christliche Kultstätten wurde schon vor langem von F. W. Deichmann, ›Frühchristliche Kirchen in antiken Heiligtümern‹, in: JDAI LIV, 1939, S. 105 ff., (auch Rom, Ravenna, Kap. Nr. 6, S. 56 ff.), behandelt, wobei auch auf kaiserliche Erlasse Bezug genommen wurde. Die Briefe des Cassiodorus finden sich in *MGH AA* XII, S. 1 ff. (›*Variarum libri duodecem*‹); ›*The Letters of Cassiodorus*‹, hrsg. von T. Hodgkins, London 1886, gibt sie in einem viktorianischen Englisch wieder. Unsere Zitate stammen aus: I, 39 (›*Roma communis patria*‹), III, 29 (Getreidespeicher), III, 30 (Kanalisation), IV, 51 (Pompejustheater), VII, 13 (Menge von Statuen und Diebstahl von Bronzestatuen), und X, 30 (Elefanten). Procopius' Aufzählung der Schätze, die in Rom erhalten blieben, findet sich in seinen ›Gotenkriegen‹ VII, xxi (Prokop, ›Werke‹ II, 881), und das Boot des Aeneas erwähnt er ebenda, VIII, xxii, 6.

S. 50 f.: Die Luxuskunst des späten 4. Jahrhunderts, ihre klassischen Beiklänge und heidnischen Ausdrucksmittel werden von R. Bianchi Bandinelli, ›Rom. Das Ende der Antike‹, München 1971, S. 88 ff.), brillant dargestellt. In Einzelstudien befassen sich R. Delbrück, ›*Die Consular-Diptychen . . .*‹, Berlin 1929, S. Poglayen-Neuwall, ›Über die ursprünglichen Besitzer des Silberfundes vom Esquilin . . .‹, in: RM XLIV, 1930, S. 124 ff., F. Gerke, ›Der Sarkophag des Junius Bassus‹, Berlin 1936, und, unter Verwendung wunderschöner Photographien, L. von Matt und E. Josi, ›Frühchristliches Rom‹, Würzburg 1961, mit dem Elfenbein der Nicomachi-Symmachi, dem Schatz der Projecta und dem Sarkophag des Junius Bassus, in ebendieser Reihenfolge.

S. 52: Die beste Zusammenfassung und Darstellung dieses häufig diskutierten Konflikts zwischen einer klassischen Erziehung und dem Christentum findet sich noch immer in Hieronymus' Brief XXII, 29 und 30 (Jerome, ›Selected Letters‹, *LCL* CCLXII, 1954, S. 124 ff.), dem auch die Zitate entnommen sind. Damasus' Haltung kommt in seiner Dichtung deutlich zum Ausdruck; siehe A. Ferrua, ›*Epigrammata Damasiana*‹, Vatikanstadt 1942. Zum Kalender des Philocalus vgl. H. Stern, ›*Le calendrier de 354*‹, Paris 1953.

S. 52 ff.: Die Romanisierung des Christentums und die führende Rolle, die Damasus dabei spielte, ist vor einigen Jahren von C. Piétri, ›Concordia Apostolorum et renovatio urbis‹ (›Culte des martyrs et propagande pontificale‹), in: *MEFR* LXXIII, 1961, S. 275 ff., und jüngst wieder von demselben, ›*Roma Christiana*‹, S. 1571 ff., dargestellt worden. Unser Zitat aus Prudentius ist seinem ›Peristephanon‹ II, Verse 433 ff. (Prudence IV, ›*Sources Chrétiennes*‹, Paris 1951, S. 44) entnommen. Über S. Paolo fuori le mura, sowohl zum Bau des 4. Jahrhunderts als auch zum Neubau Leos I., jetzt *Corpus*, Bd. V, S. 93 ff., besonders S. 149 ff. und S. 161 ff. (der Brief der drei Kaiser findet sich in ›*Epistolae imperatorum*...‹ hrsg. von O. Guenther [*CSEL* XXXV], Wien 1895, S. 46 f.); jetzt auch mein Aufsatz ›*Intorno alla fondazione di S. Paolo fuori le mura*‹, *RendPontAcc* LIII–LIV, 1980–1982 [1981], S. 307 ff. Zu den Mosaiken in S. Pudenziana ist G. Matthiae, ›*Mosaici medioevali di Roma*‹, I, Rom 1967, S. 55 ff. leicht greifbar.

S. 54 ff.: Für die Wiederbelebung der klassischen Antike im 5. Jahrhundert sei auf meinen Aufsatz ›*The Architecture of Sixtus III. A Fifth Century Renascence?*‹, in: ›*Essays in Honor of Erwin Panofsky*‹, New York 1961, S. 291 ff., verwiesen, der, mit einem Postskriptum versehen, in meinen ›*Studies*‹, S. 181 ff., neu abgedruckt worden ist. Natürlich habe ich einen Gutteil jenes Materials in den vorliegenden Seiten wiederverwendet, wenngleich mit einigen Modifizierungen, wie sie von Piétris Aufsatz in *MEFR* LXXIII, 1961, seiner ›*Roma Christiana*‹ und den Arbeiten von Peter Brown und anderen (wie oben zitiert) unterstützt werden. Als den Brennpunkt dieser Renaissance verstehe ich nicht so sehr die Person Sixtus' III. Vielmehr bildet sich diese Renaissance nach 350 unter den christlichen Aristokraten und der Elite der kirchlichen Führer allmählich heraus.

Die schriftlichen Quellen, aus denen diese Vorstellungen einer christlichen Wiedergeburt hervorgehen, werden in meinem erwähnten Artikel und von Piétri reichlich zitiert; ich kann mich deshalb mit der Wiederholung einiger der eindrücklichsten Stellen begnügen: zur Einnahme Roms und zu dem durch sie bewirkten Schock unter den Römern Augustinus, ›Gottesstaat‹ I, 1 (*LCL* CDXI, 1957, S. 10 ff.), und Hieronymus (Jerome), ›*Selected Letters*‹, Letter CXXVII, 12 (*LCL* CCLXII, 1954, S. 462 ff.); aus diesem Brief stammt das im Text verwendete Zitat. Zur Position Leos I., wie sie in meinem Zitat aus seiner Predigt 82 (*PL* LIV, Sp. 423) zusammengefaßt wird, siehe Caspar, ›Papsttum‹, Bd. I, S. 427 ff. und S. 489 f.; zu S. Maria Maggiore, Bau und Datierung, *Corpus*, Bd. III, S. 1 ff.; und zu den Mosaiken jüngst B. Brenk, ›Die frühchristlichen Mosaiken in S. Maria Maggiore zu Rom‹, Wiesbaden 1975, und J. G. Decker, ›Der alttestamentliche Zyklus von S. Maria Maggiore in Rom‹, Diss. phil. Bonn 1976; ergänzt werden diese Arbeiten durch den Bildband von H. Karpp, ›Die frühchristlichen und mittelalterlichen Mosaiken in S. Maria Maggiore zu Rom‹, Baden-Baden 1966, und durch C. Cecchelli, ›*I mosaici della basilica di S. Maria Maggiore*‹, Turin 1956.

S. 61 ff.: Die jüngste Untersuchung, die sich mit dem Bau des Lateranbaptisteriums befaßt, G. Pellicioni, ›*Le nuove scoperte sulle origini del battistero lateranense*‹ (*MemPontAcc* XII, iii), Vatikanstadt 1973, schlüsselt die archäologischen Funde zwar gründlich auf, kommt aber zu Ergebnissen, die weiterer Klärung bedürfen. Auch die in der Nähe gelegene Kapelle S. Croce muß noch weiter erforscht werden, sowohl hinsichtlich der erhaltenen Zeichnungen als auch in den Resten, die noch unter dem heutigen Platz liegen.

S. 64 ff.: Der Rekonstruktionsvorschlag von S. Corbett, *Corpus*, Bd. IV, S. 232 ff., Abb. 195, zu S. Stefano Rotondo mit den zwischen den Kapellen gelegenen Innenhöfen ist in überzeugender Weise durch eine Beobachtung von Carlo Ceschi bestätigt worden (C. Ceschi, *S. Stefano Rotondo; MemPontAcc* XV, Rom 1984, S. 76). Ich ziehe selbstverständlich meine Zweifel zurück, die ich in *Corpus*, Bd. IV, zum Ausdruck gebracht habe. Zum Bau und zur Renovierung der Märtyrerkirchen außerhalb der Mauern, einschließlich der Peterskirche, durch Leo I. und seine Nachfolger vgl. *Corpus*, passim, und L. Reekmans, ›*L'implantation monumentale chrétienne dans la zone suburbaine de Rome*...‹, in: *RAC* XLIV, 1968, S. 173 ff.

S. 66 ff.: Eine vorläufige zusammenfassende Darstellung der vorgetragenen Hypothese, gemäß welcher dem Lateran im päpstlichen Bauprogramm des 5. Jahrhunderts eine Rolle als Brennpunkt zugedacht war, findet sich in meiner schon zitierten Arbeit ›*Il Laterano e Roma*...‹ in den Anmerkungen zu Kapitel I. Zu den bei S. Lorenzo fuori le mura neu eingerichteten Baptisterien innerhalb und außerhalb der Stadt siehe J. Zettinger, ›Die ältesten Nachrichten über Baptisterien der Stadt Rom‹, *RQSCHR* XVI, 1902, S. 326 ff., und *LP* I, S. 244; zu S. Marcello al Corso siehe jetzt A. Nestori, ›*Il battistero paleocristiano a S. Marcello*‹, *RAC* LVIII, 1982, S. 81 ff., und *Corpus*, Bd. II, S. 205 ff.; zu S. Sabina siehe *LP* I, S. 233. Zur Einrichtung der Stationsgottesdienste bedarf es noch weiterer Forschungen.

S. 70: Zu S. Andrea in Catabarbara, der alten Basilika des Junius Bassus, siehe R. Enking, ›*S. Andrea in Cata Barbara e S. Antonio Abbate*‹, wie oben zitiert.

III.

S. 72 ff.: F. H. Dudden, ›*Gregory the Great*‹, London 1905, ist heute veraltet. Die beste Darstellung der Persönlichkeit Gregors und seiner Politik scheint mir immer noch diejenige von Caspar,

Anmerkungen

›Papsttum‹, Bd. II, S. 306 ff., zu sein; im vorliegenden Kapitel halte ich mich eng an diese Arbeit. Neuere Forschungen hierzu bringt Bertolini, ›*Roma di fronte*‹, S. 231 ff., mit reicher Bibliographie, und Llewellyn, *Rome*, S. 78 ff. J. Burckhardt, ›Rom unter Gregor dem Grossen‹, geschrieben 1857 und neu erschienen in Derselbe, ›Kulturgeschichtliche Vorträge‹, Leipzig 1930, S. 20 ff., ist, wenngleich in den Details veraltet, eine vorzügliche Zusammenfassung.

Alle neueren Untersuchungen stützen sich auf die naheliegenden Quellen: Gregors Korrespondenz (*MGH Epp* I, II, künftig nach Buch und Brief zitiert) und seine Biographien, vornehmlich diejenige, die von Johannes dem Diakon (Johannes Diaconus, Johannes Immonides; siehe C. Leonardi, ›*La ,Vita Gregorii' di Giovanni Diacono*‹, in: ›*Roma e l'età Carolingia*‹, S. 381 ff.) fast 300 Jahre später im Rückblick verfaßt worden ist.

Der Abschnitt über die drei Kapellen am Clivus Scauri bei S. Gregorio Magno im *Corpus*, Bd. I, S. 320 ff., muß durch die neuen Funde ergänzt werden, die von I. Toesca, ›*Antichi affreschi a Sant' Andrea al Celio*‹, in: ›*Paragone*‹ XIII, 1972, S. 263 ff., kurz diskutiert werden. Eine gründliche neue Erforschung ihrer Baugeschichte wie derjenigen der Bibliothek des Agapitus ist dringend vonnöten; bis sie vorliegt, sei auf H. I. Marrou, ›*Autour de la bibliothèque du Pape Agapite*‹, in: *MEFR* XLVIII, 1931, S. 124 ff., verwiesen.

S. 73 ff.: Zur Finanzverwaltung der Kirchenländereien siehe Partner, ›*Lands*‹, S. 4 ff.; A. H. M. Jones, ›*Church Finances in the Fifth and Sixth Centuries*‹, in: ›*Journal of Theological Studies*‹ XI, 1960, S. 84 ff.; und Llewellyn, ›*Rome*‹, S. 138 ff. Zur päpstlichen Bürokratie unter Gregor vgl. Llewellyn, ›*Rome*‹, S. 109 ff., besonders S. 114 ff.; außerdem S. 141 ff. zur byzantinischen Verwaltung. Zu letzterem Bereich ist auch C. Diehl, ›*Études sur l'administration de l'exarchat ...*‹ (›*Bibliothèque des Écoles Françaises d'Athènes et de Rome*‹ LIII), Paris 1888, immer noch nützlich. Siehe auch Caspar, ›*Papsttum*‹, Bd. II, S. 306 ff.

S. 74: Caspar, ›*Papsttum*‹, passim, besonders S. 394 ff.; Erich Auerbach, ›*Mimesis*‹, Bern 1946, S. 53 ff., S. 81 ff.; und Derselbe, ›*Sermo humilis*‹, in: Derselbe, ›*Romanische Forschungen*‹ LXIV, 1952, S. 304 ff., wo der Geist der neuen Zeit durch eine Analyse der Sprache vom 4. Jahrhundert bis zum Pontifikat Gregors des Großen vorzüglich herausgearbeitet ist.

S. 74 f.: Zu Benedikt und seinem Mönchsorden vgl. Caspar, ›*Papsttum*‹, S. 320 ff.; Bertolini, ›*Roma di fronte*‹, S. 210 ff.; L. Salvatorelli, in: ›*Dizionario biografico degli italiani*‹ VIII, Rom 1968, S. 249 ff. Zur Englandmission Beda, ›*Ecclesiastical History of the English People*‹, Bd. I, 23 ff., Bd. II, 2 ff. und passim (›*Bedae opera historica*‹, *LCL* CCXLVI, 1962, S. 100 ff., S. 204 ff. und passim).

S. 75: Johannes Diaconus, ›*Vita Gregorii*‹, I, 36 und 42 (*PL* LXXV, Sp. 78, Sp. 80 f.), stützt sich anscheinend auf die ›*Homiliae in Ezechielem*‹ I, ix, 9 und II, vi, 22, des Papstes (*PL* LXXVI, Sp. 873 f., Sp. 1009 f.) und auf Gregor von Tours, ›*Historia Francorum*‹, X, I (*MGH SS RM* I, S. 406 ff.).

S. 76 ff.: Zu den Belagerungen von Rom siehe Procopius, ›Gotenkriege‹ V, xvi bis VI, x (537–538, erste Belagerung); VII, xiii–xx (544, zweite Belagerung); VII, xxiv–xxv (547, dritte Belagerung); VIII, xxxiii–xxxv (552, vierte Belagerung); Prokop, ›Werke‹, ed. O. Veh, Bd. II, passim. Dazu Robert Graves, ›*Count Belisarius*‹, London 1962 (zuerst 1938), besonders S. 291 ff.

Zur Instandsetzung der nach Rom führenden Brücken vgl. A. M. Colini, ›*Ponte Salario attraverso la storia*‹, in: ›*Capitolium*‹ VII, 1931, S. 390 ff., und G. M. de Rossi, ›*Torri e castelli ... della Campagna Romana*‹, Rom 1969, S. 111 f.; und ebenda, S. 117 f., zum Ponte Nomentana. Die Inschrift auf dem Ponte Salario ist bei E. Diehl, ›*Inscriptiones Latinae Christianae Veteres*‹, Berlin 1925, Nr. 77 a+b, abgedruckt.

Über die Verwüstung des Umlands und die wiederholte Bedrohung Roms durch die Langobarden vgl. Gregor, *Epp* I, 1 ff. und passim; dazu Llewellyn ›*Rome*‹, S. 93 ff., und Bertolini, ›*Roma di fronte*‹, passim; über die Notwendigkeit, die Landbevölkerung und die Mönchsgemeinschaften, die vor der langobardischen Invasion in die Stadt getrieben wurden, zu ernähren, siehe Gregor, *Epp* VI, 26.

S. 78: Überschwemmungen durch den Tiber werden in *LP* I, S. 317 f., S. 513, und II, S. 145, S. 153 f., S. 154, beschrieben. Für frühere und spätere Überschwemmungen siehe Lugli, ›*Monumenti*‹ II, S. 278 ff. Die Bevölkerungszahlen sind diejenigen, die in der ›*Enciclopedia italiana*‹, Bd. XXIX, S. 767, angegeben werden; doch sie beruhen auf Vermutungen.

S. 78 f.: Cassiodorus, Briefe (wie oben, Anmerkung zu S. 48 ff.), es wird auf dieselbe Passage und einige zusätzliche Stellen Bezug genommen.

Für die Wiederverwendung von Spolien in Kirchen siehe F. W. Deichmann, ›*Säule und Ordnung in der frühchristlichen Architektur*‹, in: *RM* LV, 1940, S. 114, und jüngst Derselbe, ›*Spolien in der spätantiken Architektur*‹ (›Abhandlungen der Bayerischen Akademie der Wissenschaften, phil.-hist. Klasse, Sitzungsberichte‹ 1975, H. 6), München 1975.

S. 80: Zur Säule des Phokas siehe Nash, ›*Bildlexikon*‹, Bd. I; zu den im Jahre 536 noch funktionstüchtigen Aquädukten siehe Procopius, ›Gotenkriege‹ V, xix, 13 (*LCL* CCXVII, 1962, S. 188 f.), und zu jenen, die auch noch 602 funktionierten, Gregor, *Epp* XII, 6. Flußmühlen wurden von Belisarius eingerichtet, vgl. Procopius, a.a.O., V, xix, 20 (*LCL* CCXVII, 1962, S. 190 ff.). Zum Forum und den zur Zeit Gregors noch benützten Bädern siehe ›*Homilae in Evangelium*‹ I, vi, 6 (*PL* LXXVI, Sp. 1098), worauf Caspar, ›*Papsttum*‹, Bd. II, S. 390, Anm. 2, verweist; zur Besichtigungstour Constans' siehe Lanciani, ›*Destruction' of Rome'*‹, S. 124 ff.; zum ›*durator palatii*‹ siehe *LP* I, S. 386, Anm. 1.

Zu den bisher aufgezählten Kirchen: SS. Quirico e Giulitta: *Corpus*, Bd. IV, S. 37 ff.; SS. Apostoli: ebenda, Bd. I, S. 67 ff.; ich bin jedoch nicht mehr davon überzeugt, daß die Dreikonchenanlage aus dem 6. Jahrhundert stammt; S. Giovanni a

Porta Latina: ebenda, Bd. I, S. 404 ff.; die Datierung auf 550 wurde von N. und R. Schumacher, ›Die Kirche San Giovanni a Porta Latina‹, in: ›Kölner Domblatt‹ XII/XIII, 1957, S. 22 ff., vorgeschlagen; SS. Nereo ed Achilleo in der Domitillakatakombe: *Corpus*, Bd. III, S. 124 ff.; und S. Lorenzo fuori le mura: *Corpus*, Bd. II, S. 1 ff., besonders S. 44 ff. und S. 123 f.

S. 83 ff.: Zur finanziellen Lage der Kirche und ihrer Ländereien vgl. o., Anmerkung zu S. 73 ff.

S. 85 f.: Zu in christliche Kirchen umgewandelten öffentlichen Gebäuden siehe B. M. Apollonj Ghetti, ›*Nuove Considerazioni... (su)... SS. Cosma e Damiano*‹, in *RAC* L, 1974, S. 7 ff. Dieser Aufsatz ergänzt *Corpus*, Bd. I, S. 144 ff., und modifiziert es teilweise; für unhaltbar halte ich allerdings die in ihm aufgestellte Behauptung, die Halle sei schon unter Konstantin christianisiert worden. Zur ursprünglichen Verwendung von S. Maria Antiqua als Wachsaal siehe C. Bertelli, ›*La Madonna di Trastevere*‹, Rom 1961, S. 52 ff.; zu S. Martina: E. Nash, ›*Secretarium Senatus*‹, in: ›Essays... in memoriam Otto Brendel‹, Mainz 1976, S. 191 ff.; zur Umwandlung der Senatskurie in die Kirche S. Adriano siehe A. Mancini, ›*La chiesa medioevale di S. Adriano*‹, in: RendPontAcc XL, 1967/1968, S. 191 ff.; zu S. Lucia in Selcis siehe *Corpus*, Bd. II, S. 185 ff.; zu SS. Quattro Coronati siehe *Corpus*, Bd. IV, S. 1 ff.

S. 86 ff.: Zur Christianisierung des Pantheon siehe *LP* I, S. 317; der Rat Gregors an die englischen Missionare findet sich in Gregor, *Epp* XI, 56; zur Engelsburg siehe C. D'Onofrio, ›*Castel S. Angelo*‹, Rom 1971, S. 56 ff., S. 105 f., und C. Cecchelli, ›*Documenti per... Castel S. Angelo*‹, in: ASRStP LXXIV, 1951, S. 27 ff.

S. 89 f.: Zur Weihe römischer Kirchen an östliche Heilige vgl. H. Delehaye, ›*Les Origines du culte des Martyrs*‹, Brüssel 1933, passim. Die Existenz einer byzantinischen Befestigung auf dem Grundstück des Torre delle Milizie, die Verbindung zwischen den *Militiae Tiberinae* und dem Kaiser Mauricius Tiberius und die Erklärung von Magnanapoli als ›bannum Neapolis‹ schlägt C. Cecchelli in F. Castagnoli u. a., ›*Topografia ed urbanistica di Roma*‹, Bologna 1958, S. 259 f., vor.

S. 90 ff.: In seiner Korrespondenz kommt Gregor immer wieder auf die Versorgung der Bevölkerung mit Lebensmitteln zu sprechen, siehe *MGH Epp* I, ii, wie oben, und auch Johannes Diaconus, ›*Vita*‹, passim, besonders II, 22 ff. Zu den Getreidespeichern der Kirche siehe Gregor, *Epp,* passim; z. B. I, 42; IX, 115. Vgl. auch *LP* I, S. 315, und Llewellyn, ›*Rome*‹, S. 95 ff.

Die östliche Herkunft der *diaconiae*, ihre Funktion und ihre Verwaltung in Rom, so wie sie sich bis zum 8. Jahrhundert entwickelten, sind von H.-I. Marrou, ›*L'Origines orientale des diaconies romaines*‹, in: MEFR LVII, 1940, S. 95 ff., geklärt worden; siehe auch O. Bertolini, ›*Per la storia delle diaconie romane*‹, in: ASRStP LXX, 1947, S. 1 ff., und in zusammenfassender Form G. Ferrari, ›*Monasteries*‹, S. 255 ff. Ihr erstes Auftauchen in Rom bleibt jedoch umstritten. Da sie zum erstenmal im Jahre 682/683 erwähnt werden (*LP* I, S. 364), hat man ihre früheste Verwendung in Rom in der zweiten Hälfte des 7. Jahrhunderts vermutet. Ich selbst neige jedoch dazu, die ersten römischen *diaconiae* in die zweite Hälfte des 6. Jahrhunderts und die ersten Jahre des 7. zu datieren. Es sei eingeräumt (Bertolini, a.a.O.), daß die Existenz einer Kirche oder auch eines Freskos oder Mosaiks mit einem religiösen Sujet, die aufgrund von urkundlichen oder archäologischen Quellen oder aufgrund ihres Stils um oder vor 600 datiert werden können und durch spätere urkundliche Quellen mit einer *diaconia* verknüpft sind, nicht schon das frühere Gründungsdatum einer solchen *diaconia* beweisen. Andererseits scheinen mir mindestens zwei Gründe dafür zu sprechen, eine frühe Verbindung von solchen Bauten oder Fresken und Mosaiken mit den *diaconiae* anzunehmen, auch wenn diese erst spät urkundlich belegt sind: erstens ihre Einrichtung in ehemaligen Getreidespeichern der Regierung oder Gebäuden der Nahrungsmittelverwaltung, so bei S. Teodoro, S. Maria in Cosmedin, S. Maria in Via Lata (das Fresko der Siebenschläfer ist nur in einer Photographie erhalten, vgl. C. Bertelli, ›*The Seven Sleepers...*‹, in: ›Paragone‹ CCXCI, 1974, S. 233 ff.); und zweitens das Auftreten eben dieser Bauten als *diaconiae* in späten Eintragungen des ›*Liber Pontificalis*‹, ohne daß auf ihr Gründungsdatum Bezug genommen würde, das im Gegensatz dazu bei fast allen *diaconiae*, die nach 700 gegründet wurden, angegeben wird. Zu S. Maria in Cosmedin siehe *Corpus*, Bd. II, S. 277 ff., besonders S. 300 ff.; zu S. Giorgio in Velabro: *Corpus*, Bd. I, S. 244 ff., besonders S. 260; zu S. Maria in Via Lata: *Corpus*, Bd. III, S. 72 ff.; zu S. Teodoro: *Corpus*, Bd. IV, S. 279 ff., außerdem E. Monaco, ›*Ricerche sotto... S. Teodoro*‹, in: RendPontAcc XLV, 1974, S. 223 ff., doch deute ich den unter der Apsis des 6. Jahrhunderts ausgegrabenen Bau mit Apsis eher als einen Verwaltungsraum und Teil des römischen Getreidespeichers denn als Kirche. Auch S. Maria Antiqua mag schon im späten 6. Jahrhundert mit einer *diaconia* verbunden gewesen sein; vgl. dazu C. Bertelli, ›*La Madonna di Trastevere*‹, Rom 1961, S. 53.

S. 92 f.: Das Standardwerk zu diesem Thema ist Ferrari, ›*Monasteries*‹.

S. 94: Die Zitate sind Gregor, *Epp* IV, 30, entnommen; vgl. auch Caspar, ›Papsttum‹, Bd. II, S. 397, Anm. 1. Feilspäne von den Ketten des Apostels werden schon 519 vom päpstlichen Legaten für die vom Kronprinzen Justinian erbaute Kirche der Heiligen Petrus und Paulus in Konstantinopel erbeten (›*Epistulae Imperatorum...*‹, hrsg. von O. Guenther, *CSEL*, Wien 1895, besonders 680); vgl. auch Caspar, ›Papsttum‹, S. 291 ff., Anm. 4.

S. 95 f.: Zu den ›Häusern für die Armen‹ in Rom siehe *LP* I, S. 261 f.; allgemein über Pilger und Wallfahrten Llewellyn, ›*Rome*‹, S. 173 ff. und passim; J. Zettinger, ›Die Berichte der Rompilger aus dem Frankenreich‹ (RQSCHR, Suppl. XI), Rom 1900; W. J. Moore, ›*The Saxon Pilgrims to Rome...*‹, Fribourg

Anmerkungen

1937. Im einzelnen zum Zusammentreffen irischer Pilger mit Pilgern aus dem Osten siehe ›*Vita S. Cummiani*‹ (*PL* LXXXLII, Sp. 977, zitiert bei Llewellyn, ›*Rome*‹, S. 181); zu den Herbergen und den Straßen nach Rom siehe Gregor, *Epp* II, 382, IX, 197 und passim, A. L. Muratori, ›*Antiquitates Italicae...*‹ II, Mailand 1751, S. 465 ff., und J. Zettinger, a.a.O., S. 18 f.; zu Benedict Biscop siehe Beda, ›*Lives of the Abbots...*‹ (*LCL* CCXLVIII, 1954, II, 400); zu Theodo siehe *LP* I, S. 398, und Zettinger, a.a.O., S. 18 f. und S. 44 f.; zu Hunald siehe *LP* I, S. 441; zu der Schweizer Dame siehe Zettinger, a.a.O., S. 68; ebenda auch zu den liederlichen Pilgern unter Verwendung eines Zitats aus einem Brief des heiligen Bonifatius, *MGH Epp* III, 301. Das Empfehlungsschreiben aus der Formelsammlung des Marculf findet sich in *MGH Epp* II, S. 49 (*PL* LXXXVII, S. 755) und bei Zettinger, a.a.O., S. 40; die Aufgaben von S. Stefano degli Abissini in *LP* II, S. 52; diejenigen eines Spitals im ›*Liber Diurnus*‹, hrsg. von Th. von Sickel, Wien 1889, Formel 66, S. 62 (zitiert bei Llewellyn, ›*Rome*‹, S. 116, als Formel 46).

S. 96 f.: Zu S. Pellegrino siehe *Corpus*, Bd. III, S. 175 ff.; zu S. Stefano degli Abissini ebenda, Bd. IV, S. 178 ff.; zu S. Eustachio und S. Maria in Aquiro siehe *LP* I, S. 419 f. und S. 440, und Kehr, ›*It. Pont*‹, Bd. I, S. 97; zu S. Angelo in Pescheria siehe *Corpus*, Bd. I, S. 64 ff. (die Datierung auf 755, derer ich mir vor 40 Jahren noch nicht sicher war, ist korrekt); zur Einrichtung von *diaconiae* bei SS. Cosma e Damiano und S. Adriano siehe *LP* I, S. 509 f.; zu SS. Sergio e Bacco siehe M. Bonfioli, ›*La diaconia dei SS. Sergio e Bacco*‹, in: *RAC* L, 1974, S. 55 ff.

S. 96: Das Zitat zu Bonifatius stammt aus seiner ›*Vita*‹, cap. V (*PL* LXXXIX, Sp. 613). Zu Cadwalla und Ina siehe Beda, ›*Ecclesiastical History*‹, V, 7; zu Coinred und Offa ebenda V, 19 (*LCL* CCXLVI, 1962, II, S. 224, S. 229); ebenso Moore, a.a.O., passim. Zu den Besuchen Benedict Biscops und seinen Erwerbungen siehe Beda, ›*Lives of the Abbots*‹ (*LCL* CCXLVIII, 1954, II, S. 404 ff., S. 412 ff.); zu demselben und zum Erzkantor von St. Peter: Derselbe, ›*Ecclesiastical History*‹ IV, 18 (*LCL* CCXLVI, 1962, II, S. 96 ff.).

Zur Entstehung der *scholae* siehe *LP* II, S. 36, Anm. 27; F. Ehrle, ›*Ricerche in alcune chiese nel Borgo*‹, in *DissPontAcc*, ser. II, X, 1910, S. 1 ff.; L. Reekmans, ›*Le développement topographique de la region du Vatican*‹, in: ›*Mélanges...Lavalleye*‹, Löwen 1970, S. 197 ff.; und zu ihren Kirchen: Huelsen, ›*Chiese*‹, S. 279, S. 363, S. 388, S. 454; S. Michele in Borgo auch: *Corpus*, Bd. III, S. 125 ff.

S. 96 ff.: Die Zitate stammen aus ›*De locis sanctis martyrum (Epitome Salisburgense)*‹ und aus ›*Notitia ecclesiarum (Itinerarium Salisburgense)*‹, in: G. B. de Rossi, ›*Roma sotteranea*‹, Bd. I, Rom 1864, S. 141 bzw. S. 139. Zu S. Lorenzo fuori le mura und SS. Nereo ed Achilleo in Domitilla vgl. die Anmerkungen zu S. 36 ff. und S. 80; zu S. Agnese siehe *Corpus*, Bd. I, S. 14 ff. Zur Ringkrypta der Peterskirche und ihrer Datierung siehe *Corpus*, Bd. V, S. 277 f.; zu derjenigen von S. Crisogono: *Corpus*, Bd. I, S. 156 ff., und B. M. Apollonj Ghetti, ›*S. Crisogono*‹ (›*Chiese illustrate*‹ XCII), Rom 1966, S. 39 ff., der einige Punkte revidiert; zur Krypta in S. Pancrazio siehe *Corpus*, Bd. III, S. 163, S. 174; und zur Verbreitung dieses Typs in Rom und in Latium siehe B. M. Apollonj Ghetti, ›*La chiesa di S. Maria in Vescovio*‹, in: *RAC* XXIII/XXIV, 1947/1948, S. 253 ff.

IV.

S. 103: Das Nebeneinanderbestehen von päpstlicher und kaiserlicher Autorität in den weltlichen Angelegenheiten in Rom, das vor bald 100 Jahren von Charles Diehl (wie o., Kapitel III, Anmerkung zu S. 73 ff.) zum erstenmal herausgearbeitet worden ist und dann von Bertolini, ›*Roma di fronte*‹, passim, aufgegriffen wurde, ist bei Llewellyn, ›*Rome*‹, S. 141 ff., gut zusammenfassend dargestellt; einige Passagen aus dem ›*Liber Pontificalis*‹ geben Hinweise: zur Bildung eines römischen Herzogtums und zur wachsenden Unabhängigkeit *LP* I, S. 392 f., S. 403 und S. 426 ff. und weitere Stellen; zur Anwesenheit des Papstes oder seines Vertreters bei den Synoden in Konstantinopel ebenda, S. 350, S. 371 ff.; Besuch Constans' II. ebenda, S. 343; Besteuerung ebenda, S. 366, S. 368 f. und passim; Einmischung des Exarchen in römische Angelegenheiten und die Verhaftung Papst Martins ebenda, S. 328 f., S. 356 ff., S. 369, S. 390; vgl. auch *PL* LXXXVIII, S. 113 ff., S. 200.

S. 104 f.: J. Gay, ›*Quelques remarques sur les papes grecs...*‹, in: der Festschrift ›*Mélanges Schlumberger*‹, Paris 1924, S. 40 ff., erläutert die Gründe für die Wahl von Päpsten aus dem Osten. Zur Einrichtung von Klostergemeinden östlicher Herkunft in Rom siehe: zu S. Saba, Kirche und Friedhof: Ferrari, ›*Monasteries*‹, S. 281 ff., und *Corpus*, Bd. IV, S. 51 ff.; zu den Tre Fontane: Ferrari, ›*Monasteries*‹, S. 33 ff., und C. Bertelli, ›*Caput Sancti Anastasii*‹, in: ›*Paragone*‹ CCXLVII, 1970, S. 12 ff., S. 18 ff.; für die anderen aus dem Osten zugewanderten Klostergemeinschaften in Rom: Ferrari, ›*Monasteries*‹, S. 75, S. 117, S. 119, S. 276; und zu den östlichen Missionaren, die nach England geschickt wurden: Beda, ›*Ecclesiastical History*‹ IV, 1 (*LCL* CCXLVI, 1962).

Reliquien östlicher Herkunft in Rom sind in *LP* I, S. 310, S. 331, S. 334, belegt; Festtage und liturgische Bräuche von dort ebenda, S. 376; alle diese Daten sind *termini ante quos*; vgl. auch I. Gay, a.a.O. Zur Verlegung von Reliquien *ex ossibus* durch ›östliche‹ Päpste siehe *LP* I, S. 330, S. 332, S. 360. Für das Kreuz von S. Stefano Rotondo und seine Verbindung mit Jerusalem siehe É. Mâle, ›*La Mosaïque de Sto. Stefano Rotondo...*‹, in: ›*Scritti in onore di Bartolomeo Nogara*‹, Vatikanstadt 1937, S. 257 ff., und A. Grabar, ›*Les Ampoules de Terre Sainte*‹, Paris 1958 (auch Matthiae, ›*Mosaici*‹, S. 181 ff.).

S. 105: Zu den Veränderungen in der liturgischen Einrichtung, die mit den sich wandelnden liturgischen Bräuchen in Rom verbunden sind: Th. F. Mathews, ›*An Early Roman Chancel Arrangement...*‹, in: *RAC* XXXVIII, 1962, S. 73 ff.; zu der Säulenreihe mit Gebälk vor dem Altarraum in St. Peter: *Corpus*, Bd. V, S. 198, S. 261 und *LP* I, S. 417; zum Gebrauch von Ikonen (*imagines*) in Reliefform oder als Tafelgemälde siehe *LP* I, S. 374, S. 404 und passim. Die hier aufgezählten erhaltenen Ikonen werden weiter unten behandelt.

S. 106: Zum Mangel an griechisch sprechenden Theologen in Rom im Jahre 680 siehe *LP* I, S. 350, und Mansi, ›*Sacrorum Conciliorum Nova et Amplissima Collectio*‹, Florenz und Venedig 1758 ff., Bd. XI, S. 230 ff.; die Gesandten, die zum Konzil von Trullo in Konstantinopel geschickt wurden, stammten alle entweder aus östlichen Klöstern in Rom, aus Ravenna, der Hauptstadt des Exarchats, aus Süditalien oder aus Familien aus dem Osten; zur verbesserten Situation im 8. Jahrhundert siehe *LP* I, S. 415, S. 426; sowohl Papst Gregor III. als auch Zacharias beschäftigten sich mit Übersetzungen aus dem Lateinischen ins Griechische und umgekehrt. Zu der Übernahme von römischen Klöstern durch Mönche aus dem Osten siehe Ferrari, ›*Monasteries*‹, S. 302 ff. und passim.

S. 106 ff.: Unübertroffen unter den Schriften zur Malerei und Mosaikkunst des 7. und 8. Jahrhunderts in Rom und deren Verbindungen sowohl zu Byzanz als auch zur römischen Spätantike bleibt Kitzinger, ›*Malerei*‹, ergänzt durch einige seiner späteren Aufsätze, z. B.: ›*On Some Icons of the Seventh Century*‹, in: ›*Late Classical and Medieval Studies ... Albert Mathias Friend*‹, Princeton 1955, S. 132 ff., und: ›*Byzantine Art in the Period between Justinian and Iconoclasm*‹, in: ›Berichte des ... XI. Internationalen Byzantinisten-Kongresses‹, München 1958, IV, 1, S. 1 ff. (beide Artikel sind in seinem ›*Byzantium*‹, S. 157 ff., bzw. S. 233 ff., wiederabgedruckt); und schließlich sein ›*Byzantine Art in the Making*‹, London 1977, besonders S. 113 ff. Die Komplexität der Probleme wurde durch seinen neuen Beitrag zu der lebhaften Diskussion der letzten Jahre deutlich in den Vordergrund gerückt: C. Bertelli, ›*La Madonna di Trastevere*‹, Rom 1961; eine Reihe von Studien von P. J. Nordhagen oder unter seiner Mitwirkung, wie z. B.: P. Romanelli und P. J. Nordhagen, ›*S. Maria Antiqua*‹, Rom 1960; P. J. Nordhagen, ›*The Earliest Decorations in S. Maria Antiqua*‹, in: *Acta* I, 1962, S. 53 ff.; Derselbe, ›*The Mosaics of John VII*‹, in: *Acta* II, 1965, S. 121 ff.; Derselbe, ›*The Frescoes of John VII*‹, in: *Acta* III, 1968, S. 1 ff., besonders S. 101 ff.; schließlich die Überblicksdarstellungen und die prachtvollen Illustrationen, die sich in Matthiae, ›*Mosaici*‹ und ›*Pittura*‹, passim, finden.

S. 107 ff.: Zum Mosaik in SS. Cosma e Damiano: Kitzinger, ›*Malerei*‹, S. 5 f.; G. Matthiae, ›*SS. Cosma e Damiano e S. Teodoro*‹, Rom 1948, der allerdings die Mosaiken auf der Wand um die Apsisöffnung herum irrtümlich in das späte 7. Jahrhundert datiert; und Derselbe, ›*Mosaici*‹, S. 135 ff., S. 203 ff. Zu S. Teodoro: Derselbe, ›*SS. Cosma e Damiano e S. Teodoro*‹, und ›*Mosaici*‹, S. 143 ff. Zu S. Lorenzo fuori le mura und S. Agnese: Kitzinger, ›*Malerei*‹, S. 6 f., und Derselbe, ›*Byzantium*‹, S. 172 f. und passim; G. Matthiae, ›*Tradizione e reazione nei mosaici romani del sec. VI–VII*‹, in: ›*Proporzioni*‹ III, 1950, S. 10 ff.; und Derselbe, ›*Mosaici*‹, S. 149 ff., wo die stilistischen Unterschiede innerhalb des Mosaiks von S. Lorenzo durch die gleichzeitige Arbeit von drei Meistern des 6. Jahrhunderts erklärt werden, während N. Baldass, ›*The Mosaic on the Triumphal Arch of S. Lorenzo ...*‹, in: *GBA* XLIX, 1947, S. 1 ff., in den Figuren der Heiligen Paulus, Stephan und Hippolytus eine Hand des 12. Jahrhunderts am Werk sieht.

P. J. Nordhagen, *Acta* II, S. 121 ff., betrachtet den vorherrschenden Gebrauch von Glaswürfeln für die fleischfarbenen Töne in den Mosaiken als ein Zeichen für die Praxis der Spätantike und ihr Überdauern in Rom. Er stellt dies der Verwendung von größtenteils marmornen Mosaiksteinchen gegenüber, die seiner Meinung nach eine Gewohnheit der östlichen Werkstätten war. Diese These scheint mir weiterer Differenzierung und weiterer Beweise zu bedürfen.

S. 109: Allgemein übereinstimmend wird für die *Madonna Regina* in S. Maria Antiqua ein Entstehungsdatum in der ersten Hälfte des 6. Jahrhunderts angenommen (Kitzinger, ›*Malerei*‹, S. 5; Bertelli, ›*Trastevere*‹, S. 52 ff.). Zur Ikone im Pantheon siehe C. Bertelli, ›*La Madonna del Pantheon*‹, in: ›*Bollettino d'arte*‹ XLVI, 1961, S. 24 ff.

S. 113 f.: Kitzinger hat in ›*Malerei*‹, S. 10 ff., und ausführlicher in ›*Byzantium*‹, passim, die Verbindungen zwischen dem konstantinopolitanischen und dem römischen Hellenismus herausgearbeitet, ein Phänomen, das schon früher vermerkt, aber nie erklärt worden ist. Seine Datierung des ›Schönen Engels‹ und der mit ihm verwandten ›hellenistischen‹ Fresken auf etwa 630 bis 640 (›*Byzantium*‹, S. 158, ebenso ›*Byzantine Art in the Making*‹, S. 151 f.) wird von P. J. Nordhagen, *Acta* III, S. 110 f., bestritten, der ein Entstehungsdatum um 570 bis 580 vorschlägt und frühere Datierungsvorschläge zurücknimmt (frühes 7. Jahrhundert in Romanelli Nordhagen, wie oben; und noch ungenauer sind die Angaben in *Acta* I, S. 57: ›*after 576–578*‹, meint er hier ›*567–578*‹?). Die Datierung auf 570 bis 580 soll offensichtlich mit dem Datum der Umwandlung des Gebäudes in eine Kirche zusammenfallen, gesetzt, daß man tatsächlich drei Münzen aus der Zeit von 567 bis 578 unter einem Säulensockel, der während der Umwandlung gesetzt wurde, gefunden hat, wie der Archäologe Boni im Jahre 1900 berichtete. Die Münzen sind verschwunden, und der Bericht über die genaue Lage des Fundes ist von Kitzinger, ›*Byzantine Art in the Making*‹, S. 151 f., bezweifelt worden. Ich selbst bin ausnahmsweise einmal weniger skeptisch. Ein so erfahrener Grabungsleiter wie Boni erinnert sich der genauen Umstände eines so außergewöhnlichen Fundes auch noch Jahre danach, und ich denke, daß man die *Maria Regina*, die bei der Umwandlung des Wachsaals in eine Kirche beschädigt wurde, wohl rasch übermalt haben wird, vermutlich noch vor 600. Aber ich werde mich gern der Meinung der Fachleute beugen, wenn sich der Staub erst einmal gelegt haben wird.

S. 114: Zu den Wandgemälden der Kirchenväter in S. Maria Antiqua siehe Kitzinger, ›*Malerei*‹, S. 8 f., und P. J. Nordhagen, *Acta* I, S. 55; zu den Mosaiken von S. Venanzio und S. Stefano Rotondo siehe Kitzinger, ›*Malerei*‹, S. 12 f. und S. 14, und Matthiae, ›*Mosaici*‹, S. 191 ff.; zum Mosaik des heiligen Sebastian

Anmerkungen

in S. Pietro in Vincoli siehe Kitzinger, ›Malerei‹, S. 21, und Matthiae, ›*Mosaici*‹, S. 199 ff. Die Ikone in S. Francesca Romana wird von Kitzinger, ›*Byzantium*‹, S. 233, zu der Serie von Malereien gezählt, die seiner Meinung nach im Gefolge der ersten ›hellenistischen Welle‹ entstanden, und auf um 700 datiert; Bertelli, ›*Trastevere*‹, S. 88, scheint einem etwas späteren Entstehungsdatum zuzuneigen.

S. 115 ff.: *LP* I, S. 385 f., gibt Auskunft über die Bautätigkeit von Johannes VII., einschließlich seines Plans, einen Palast oberhalb von S. Maria Antiqua zu bauen (ebenda, S. 386, Anm. 1, findet sich die Grabinschrift seines Vaters Plato wiedergegeben); dieser Plan steht im Gegensatz zu den geringen Stiftungen, die seine Vorgänger gemacht hatten, z. B. *LP* I, S. 375; zu den Mosaiken in seiner Kapelle in St. Peter siehe P. J. Nordhagen, *Acta* II, S. 121 ff. Zu den Schenkungen der Päpste Gregor III. und Zacharias siehe *LP* I, S. 417 ff. und S. 431 f.; zu den von Gregor II. und Gregor III. neu eingerichteten *diaconiae* siehe *LP* I, S. 397 f. und S. 419; zu den Klöstern siehe Ferrari, ›*Monasteries*‹, S. 365 ff. und passim; schließlich *LP* I, S. 432, zur Verschönerung des Lateranpalastes durch Zacharias.

S. 116 ff.: Die Fresken Johannes' VII. in S. Maria Antiqua und ihre Charakteristika, die zuerst von Kitzinger, ›Malerei‹, S. 15 ff., beschrieben worden sind, werden hinsichtlich ihrer Ikonographie und ihres Stils ausführlich in einer sehr schön illustrierten Monographie Nordhagens in *Acta* III besprochen. Nordhagen (ebenda, S. 110 ff.) glaubt nicht an zwei aufeinanderfolgende Wellen von 630 oder etwas früher und dann wieder 705 bis 707, die den ›*perennial Hellenism*‹ Byzanz' nach Rom getragen hätten (Kitzinger, ›*Byzantium*‹, S. 193 ff.), sondern sieht die Wiedergeburt des Hellenismus um 570 aus der weltlich-höfischen Kunst in Konstantinopel in die religiöse Malerei eindringen, durch die sie dann nach Rom getragen wurde. In Rom wie in Byzanz habe sich dieser Hellenismus dann ohne Unterbrechung bis ins 8. Jahrhundert erhalten, bis er sich dann allmählich verlor. Alles dies bedarf der weiteren Erforschung.

Zur Ikone von S. Maria in Trastevere siehe Bertelli, ›*Trastevere*‹; seine Zuschreibung des Bildes an Johannes VII., die ich für überzeugend halte, ist von D. Kinney, ›*S. Maria in Trastevere*‹, Diss. phil. New York University 1975, in Frage gestellt worden, die ein Entstehungsdatum im 9. Jahrhundert vorschlägt, ebenso von M. Andaloro, ›*La datazione della tavola di S. Maria in Trastevere*‹, in: ›*Rivista Istituto Nazionale di Archeologia e Storia dell'Arte*‹ XIX/XX, 1972/1973, S. 139 ff., die ihrerseits die Entstehung im 6. Jahrhundert annimmt. Zu den Mosaiken Johannes' VII. siehe P. J. Nordhagen, *Acta* II, S. 121 ff.

Die Unterscheidung von verschiedenen Modi, die auf verschiedene Gegenstände angewendet werden, eine Unterscheidung, die heute als eines der fruchtbarsten Kriterien in der Analyse der frühchristlichen, frühbyzantinischen und frühmittelalterlichen darstellenden Kunst allgemein anerkannt ist, geht auf Ernst Kitzinger zurück (vgl. z. B. ›*Byzantium*‹, S. 193 und passim, und jüngst auch ›*Byzantine Art in the Making*‹, S. 123 ff.).

S. 116 ff.: Allgemein zur Malerei des 8. Jahrhunderts in Rom nach Johannes VII. siehe Kitzinger, ›Malerei‹, S. 26 ff. und S. 31 f.; ebenso auch Matthiae, ›*Pittura*‹ und ›*Mosaici*‹, passim. Im einzelnen: zu S. Saba: P. Styger, ›Die Malereien in der Basilika des hl. Sabas . . .‹, in: RQSCHR XXVIII, 1914, S. 49 ff., besonders S. 60 ff., und zum Stil dieser Malereien und seinem Fortdauern im 9. Jahrhundert: C. Davis-Weyer, ›Die Mosaiken Leos III. . . .‹, in: ZKG XXIX, 1966, S. 111 ff.; zu den Fresken des Theodotus und der Päpste Paul I. und Hadrian in S. Maria Antiqua: Kitzinger, ›Malerei‹, a.a.O.; zu den Porträts der Päpste Gregor III. und Zacharias und die daraus resultierende Datierung der Wandgemälde des Theodotus: ebenda, S. 43 ff.; vgl. auch: Derselbe, ›*Byzantium*‹, S. 256 ff.; zu S. Crisogono: Derselbe, ›Malerei‹, S. 32, und B. M. Apollonj Ghetti, ›*S. Crisogono*‹ (›*Chiese illustrate*‹ XCII), Rom 1966, S. 59 f.

S. 116 f.: Über die Möglichkeit, daß der byzantinische Einfluß im Rom des späten 8. und 9. Jahrhunderts durch griechische Zentren im Westen vermittelt war: P. Battifol, ›*Inscriptions grècques à St. Georges au Velabre*‹, in: MEFR VII, 1887, S. 419 f.; C. Davis-Weyer, ›Die ältesten Darstellungen der Hadesfahrt Christi‹, in: ›*Roma e l'età Carolingia*‹, Rom 1976, S. 183 ff.; und zur Kirchenarchitektur: *Corpus*, Bd. I, S. 46 ff. (S. Angelo in Pescheria); *Corpus*, Bd. II, S. 277 ff. (S. Maria in Cosmedin), und S. 308 ff. (S. Maria in Domnica); *Corpus*, Bd. III, S. 128 ff. (SS. Nereo ed Achilleo).

S. 120: Zu Benedict Biscop siehe oben Kapitel III, Anmerkung zu S. 95 f. und S. 96.

S. 121 f.: Zur Stellung, die das Papsttum in Westeuropa innehatte und beanspruchte, vgl. z. B. R. W. Southern, ›Kirche und Gesellschaft im Abendland des Mittelalters‹, Berlin 1976, S. 77 ff.; dort auch das Zitat aus dem Brief Gregors II. aus *PL* LXXXIX, Sp. 520 ff. Zum Druck der Langobarden und Byzantiner auf die Päpste während des zweiten Drittels des 7. Jahrhunderts und der daraus folgenden Hinwendung der Päpste zu den Franken: ebenda, und Llewellyn, ›*Rome*‹, S. 202 ff. Zur Rolle der großen Familien in einer Art Freiheitsbewegung in Rom, wie sie sich in der Entstehung der Milizen und des *populus* seit der Mitte des 7. Jahrhunderts darstellt: *LP* I, S. 337 f., S. 371 ff., S. 383, S. 386 f.; und zur entsprechend wachsenden Entfremdung zu Byzanz: Llewellyn, ›*Rome*‹, S. 165 ff., und *LP* I, S. 392, S. 403 ff. und S. 430 (Papst Zacharias als Hirte seines Volkes begrüßt).

S. 122 f.: Zur Reise Papst Stephans zu Pippin (und zum vorausgehenden Appell seiner Vorgänger an Karl Martell): *LP* I, S. 444 ff., und Llewellyn, ›*Rome*‹, S. 208 ff., der auf die Briefe Stephans verweist, ›*Libri Carolini*‹, Nrn. 4, 5, 6, (*MGH Epp* III, 487 ff.); zum Begriff *patricius*: Llewellyn, ›*Rome*‹, S. 212; zur zweideutigen Position von Byzanz: Partner, ›*Lands*‹, S. 17 ff., und *LP* I, S. 442 ff.; zur Stellung Roms unter Stephan II.: Llewellyn, ›*Rome*‹, S. 215 f. Zur Identifikation von Rom und Papsttum mit dem heiligen Petrus siehe z. B. die Briefe

Gregors III. an Karl Martell, ›Libri Carolini‹, Nrn. 1, 6 (*MGH Epp* III, S. 476 f. und S. 488 ff.; nämlich der *peculiaris populus* des heiligen Petrus und die *res publica Romanorum*); vgl. auch F. Kampers, ›Roma aeterna et sancta Dei ecclesia rei publicae Romanorum‹, in: ›Historisches Jahrbuch der Görresgesellschaft‹ XLIV, 1924, S. 240 ff. Zum *patrimonium Petri* im späten 8. Jahrhundert siehe Partner, ›Lands‹, S. 15 ff. Schließlich zu den Papstwahlen: *LP* I, S. 371 und S. 471, wo die Beteiligung der Laienführer seit dem späten 7. Jahrhundert zum Ausdruck kommt; vgl. auch Llewellyn, ›Rome‹, S. 130, S. 159, S. 217 und S. 225. Zum Gebrauch altrömischer und byzantinischer Titel einschließlich dessen des *senatus nobilium*: *LP* I, S. 486, S. 506, und Bd. II, S. 6 und passim; ebenso Llewellyn, ›Rome‹, passim; z. B. S. 217; zum Gebrauch von *Senatus Populusque Romanus* siehe *LP* II, S. 91.

V.

S. 125 ff.: Ich bin Herrn Professor Robert Brentano für das Durchlesen dieses Kapitels und seine größeren und kleineren Veränderungsvorschläge zutiefst verpflichtet.

S. 125 f.: Zu Herkunft und Charakter Hadrians: *LP* I, S. 486; daraus auch die Zitate. Zu den Langobardeneinfällen des 8. Jahrhunderts und den nachfolgenden Verwüstungen vor dem Pontifikat Hadrians siehe die Biographien der Päpste Gregor II. (ebenda, S. 396 ff.), Gregor III. (ebenda, S. 415 ff.) und Stephan II. (ebenda, S. 441 ff.), dazu die ›Libri Carolini‹, in: *MGH Epp* III, S. 494 ff., letztere zu den Verwüstungen des Jahres 755; zum Konflikt zu Beginn seines Pontifikats: *LP* I, S. 494 ff., ›Libri Carolini‹, a.a.O., und zusammenfassend Llewellyn, ›Rome‹, S. 199 ff.

S. 126 f.: Zu den vor Hadrian bestehenden *domus cultae*: *LP* I, S. 434 f., und *MGH Epp* III, S. 494 ff., zu den Verwüstungen des Jahres 755; zur Wiederbelebung der *domus cultae* durch Hadrian: *LP* I, S. 501 f., S. 505 f., S. 508 f. Dazu auch Partner, ›Lands‹, S. 36 ff., und zu ihrem Ende: ebenda, S. 50, S. 93 ff.; ausführlicher Derselbe, ›Notes on the Lands of the ... Church‹, in: *PBSR* XXXIV, 1966, S. 68 ff., und O. Bertolini, ›La ricomparsa ... di ‚Tres Tabernae'...‹, in: *ASRStP* LXXV, 1952, S. 102 ff.; und zu den Bauten, die bei Capracorum in der Nähe von Veii ausgegraben wurden, der knappe Bericht bei: A. Kahane, L. Murray Threipland und J. B. Ward-Perkins, ›The Ager Veientanus...‹, in: *PBSR* XXXVI, 1968, S. 1 ff., besonders S. 161 ff. Zur Verteilung von Lebensmitteln im Portikus des Lateran: *LP* I, S. 502.

S. 127 f.: Zu den unter Hadrian I. und Leo III. neu eingerichteten *diaconiae*: *LP* I, S. 508 f., S. 512, und Bd. II, S. 12, S. 21; dazu Vielliard, ›Origines‹, S. 115 ff. Zur Reparatur der Aquädukte: *LP* I, S. 503 ff., S. 510 ff., S. 520, und Bd. II, S. 77, S. 154, und das Einsiedeln-Itinerar in Valentini-Zucchetti, ›Codice topografico‹, Bd. II, S. 173; vgl. die Anmerkung zu S. 130 f. Zur Reparatur der Stadtmauern vor Hadrian: *LP* I, S. 388, und unter seinem Pontifikat: *LP* I, S. 493, S. 501, S. 503; zur Uferbefestigung am Tiber: *LP* I, S. 504.

S. 128 ff.: Zu Bau, Reparatur und Verschönerung von Kirchen: im allgemeinen *LP* I, S. 499, S. 501 (daher das Zitat) und passim; zu S. Maria in Cosmedin: *LP* I, S. 507 f., und *Corpus*, Bd. II, S. 277 ff., besonders S. 306; zu den größeren Dachreparaturen: *LP* I, S. 500, S. 503, S. 505 f., S. 508, und ›Libri Carolini‹, Nrn. 65, 78, (*MGH Epp* III, S. 592, S. 609 ff.); zu den Vorhängen und silbernen Einrichtungsgegenständen: *LP* I, S. 499 f., S. 504 und passim.

S. 129: Gescheiterte Versuche, die Katakomben instand zu setzen, und die neue Politik seit 761, die Reliquien in die Stadt zu verlegen, finden sich in *LP* I, S. 420 und S. 464 f., illustriert und ebenso durch die Gründungsurkunde von S. Silvestro in Capite, wie sie im Jahre 762 ratifiziert wurde: V. Federici, ›Regesto del monastero di S. Silvestro in Capite...‹, in: *ASRStP* XXII, 1899, S. 213 ff. Die in dieser Hinsicht unschlüssig wirkende Politik Hadrians sucht einerseits, die Katakombenkapellen zu restaurieren (*LP* I, S. 509), andererseits jedoch Reliquien in die Stadt zu verlegen, wofür die Hallenkrypta von S. Maria in Cosmedin Zeugnis ablegt (*Corpus*, Bd. II, S. 298 f., S. 306 f.). Diese Verlegungspolitik, die in der ersten Hälfte des 9. Jahrhunderts allgemein üblich wurde, wird dadurch belegt, daß die Ringkrypten zu einem regulären Bestandteil der Kirchen wurden (*Corpus*, passim; B. M. Apollonj Ghetti, ›La chiesa di S. Maria in Vescovio...‹, in: *RAC* XXIII/XXIV [1947/1948], S. 253 ff.; zur Ringkrypta, die in der Peterskirche eingerichtet wurde, vgl. auch Kapitel III, Anmerkung zu S. 96 ff.) und durch die lange, wenn auch ergänzte Liste von Reliquien in S. Prassede (U. Nilgen, ›Die große Reliquieninschrift von Santa Prassede...‹, in: *RQSCHR* LXIX [1974], S. 7 ff.).

S. 130–160: Ich habe die karolingische Renaissance, soweit sie in der Kirchenarchitektur zum Ausdruck kommt, vor vielen Jahren in meinem Artikel ›The Carolingian Revival of Early Christian Architecture‹, in: *Art Bull* XXIV, 1942, S. 1 ff., umrissen (Neudruck mit einem Postskriptum in: ›Studies‹, S. 203 ff.). In jüngerer Zeit sieht auch Caecilia Davis-Weyer, ›Die Mosaiken Leos III. ...‹, in: *ZKG*, 1966, S. 111 ff., die Rückwendung zu spätantiken Zügen in den ersten Jahren Leos III. ihren Anfang nehmen, wenngleich sie sich auf ein verlorenes Mosaik in S. Susanna und nicht primär auf das Mosaik im Triklinium bezieht. Die vollentwickelte Wiederbelebung der frühchristlichen Vorbilder vollzog sich ihrer Ansicht nach eher unter dem Pontifikat Paschalis' I. H. Belting, ›Die beiden Palastaulen Leo's III. im Lateran‹, Frühmittelalterliche Studien XII, 1978, S. 55 ff., greift im Gegensatz dazu die These wieder auf, nach der die Bewegung in den Mosaiken in Leos III. Triklinium ihren Anfang nahm, und verknüpft sie so implizite, wie mir scheint, mit der Allianz zwischen Papsttum und Karl dem Großen und der daraus resultierenden päpstlichen Neudefinition des eigenen Auftrags und der eigenen Sendung.

Nach meiner in diesem Kapitel vorgetragenen Auffassung sollte man das Phänomen einerseits auf seinen verschiedenen Ebenen betrachten und andererseits seine nur allmähliche Entwicklung im Auge behalten. Die rein bauliche Erneuerung Roms und die Idee von seiner Wiedergeburt als Angelpunkt der christlichen Welt bilden sich als rein lokale Entwicklung unter Hadrian I. heraus. Gleichzeitig und unabhängig davon bereitete sich nördlich der Alpen eine Wiedergeburt der Gelehrsamkeit in den Klöstern in England und auf dem Kontinent vor, und diese kulturelle Wiedergeburt erreichte ihre volle Blüte in den letzten Jahrzehnten vor 800 am fränkischen Hof. Nach Rom aber gelangte sie erst spät, um die Mitte des 9. Jahrhunderts. Die Vorstellung einer auch politischen Renaissance schließlich, die auf Konstantin zentriert war und auf Rom als Sitz des Papsttums, das sich als rechtmäßiger Erbe der römischen Kaiser betrachtete, gewann während des späten 8. Jahrhunderts allmählich am päpstlichen Hof an Boden. Unter Leo III. dann verstand man diese politische Renaissance als vom Papst und dem neu kreierten karolingischen Kaiser gemeinsam verkörpert; diese Auffassung wurde zwar niemals in aller Klarheit formuliert, herrschte aber gleichwohl in Rom wie am fränkischen Hof vor. Der Idee nach war Rom die Hauptstadt von beiden, Papst und Kaiser. Bald nach dem Tod von Leo und Karl dem Großen brach in dieser Hinsicht eine Kluft auf: seit Paschalis sah sich das Papsttum selbst als das Haupt der Welt und Rom als den Sitz einer universalen Monarchie an, eine Vorstellung, die dann unter Nikolaus I. kulminierte, während das Reich dem viel vageren Traum einer Weltherrschaft mit Rom als seiner Hauptstadt nachhing.

S. 130 f.: Zu S. Petronilla: *LP* I, S. 455, S. 464; dazu A. Angenendt, ›*Mensa Pippini Regis*...‹, in: RQSCHR, Suppl. XXXV, 1977, S. 52 ff. Zur Wiederbelebung einer konstantinischen Terminologie im ›*Liber Pontificalis*‹: *LP* I, S. 503 und Bd. II, S. 20 f., S. 54, S. 79, und C. Huelsen, ›Zu den römischen Ehrenbögen‹, in: ›Festschrift... Otto Hirschfeld...‹, Berlin 1903, S. 423 ff. H. Geertman, ›*More veterum*‹, Groningen 1975, S. 143 ff., erklärt das erneute Auftauchen der Bezeichnung *titulus* aus dem Gebrauch von alten Listen durch die Verfasser des ›*Liber Pontificalis*‹; unsere Argumentation wird davon nicht berührt. Zur Datierung und Bedeutung des Itinerars von Einsiedeln: Valentini-Zucchetti, ›*Codice topografico*‹ II, S. 154 ff., und schon älter: R. Lanciani, ›*L'itinerario di Einsiedeln*...‹, in: *Mon. antichi* I, 1891, S. 473 ff., dem C. Huelsen, ›*La Pianta di Roma dell'Anonimo Einsidlense*‹, in: DissPontAcc, ser. II, IX, 1907, S. 379 ff., widerspricht.

S. 131 f.: Meine Quellen- und Literaturangaben aus den Anmerkungen zu meinem Aufsatz von 1942 und aus dem Postskriptum von 1969 zu den hochkomplexen Fragen um die Konstantinische Schenkung, ihre Datierung, ihren Ursprung und ihre Bedeutung und zur Bedeutung der Krönung Karls des Großen im Kontext der fränkischen wie der päpstlichen Politik möchte ich an dieser Stelle durch den Hinweis auf einige ausgewählte neuere Publikationen ergänzen: H. Fichtenau, ›*Das Karolingische Imperium*‹, Zürich 1949, S. 60 ff.; P. Classen, ›Karl der Große, das Papsttum und Byzanz‹, in ›Karl der Große...‹, Bd. I, hrsg. von H. Beumann, Düsseldorf 1965, S. 537 ff.; H. Fuhrmann, ›Das Constitutum Constantini...‹, in: MGH FIG, Bd. X, 1968, zu Text und Datierung; W. Gericke, ›Wann entstand die Konstantinische Schenkung‹, in: ZSRG XLIII, 1957, S. 1 ff., und Derselbe, ›Das Constitutum Constantini und die Sylvesterlegende‹, in: ZSRG XLIV, 1958, S. 343 ff. Zur Krönung und den unklaren und voneinander abweichenden Vorstellungen, die die Zeitgenossen von der Stellung des Kaisers gegenüber dem Papst und dem antiken wie zeitgenössischen Rom hatten, und zur ›*imitatio Constantini*‹ die folgenden Quellen: *LP* II, S. 6, im Gegensatz zu *LP* I, S. 496 f.; *LP* II, S. 7; *MGH SS* I, S. 38, S. 189 und S. 305 f.; ›*Einhardi Vita Karoli*...‹, in: *MGH SS RG*, hrsg. von G. M. Pertz und G. Waitz, 1911, S. 32; *MGH PL* I, S. 226, und II, S. 36 f. und S. 65, um nur einige wenige zu nennen.

S. 132 f.: Professor Caecilia Davis-Weyer hat das Trikliniumsmosaik Leos III. gründlich erforscht. In ihrem Aufsatz ›Die Mosaiken Leos III.‹ (wie oben), besonders S. 114 f., hat sie es überzeugend auf 798/799 datiert; sie hat bezüglich der angeblichen Restaurierung der links auf dem Apsisbogen gelegenen Gruppe mit Konstantin vom Jahre 1625 ihre Zweifel angemeldet (›Eine patristische Apologie des Imperium Romanum‹, in: ›*Munuscula Discipulorum*... Studien Hans Kaufmann...‹, Berlin 1968, S. 71 ff., besonders S. 73 f.) – aber wer sonst sollte im Denken des 8. Jahrhunderts Karl dem Großen typologisch entsprochen haben? (vgl. auch Belting, ›Die beiden Palastaulen...‹, wie oben) – und hat unter den erhaltenen Fragmenten ein Originalstück und ein Teil aus dem 17. Jahrhundert unterschieden (›Karolingisches und nicht-Karolingisches‹, in: ZKG XXXI [1974], S. 31 ff.).

S. 133 f.: Zur kaiserlichen Terminologie siehe die in meiner vorletzten Anmerkung angegebenen Quellen. Zur neuen Situation, die sich unter den Nachfolgern Karls des Großen und Leos III. ergab: O. Bertolini, ›*Osservationi sulla ‚Constitutio Romana'... dell' 824*‹, in: ›Studi... in onore di A. de Stefano‹, Palermo 1956, S. 43 ff.; ebenso *MGH LL*, *Capitularia* I, 323; *MGH SS* I, S. 216 (›*Einhardi Annales*‹, ad. an. 827); *LP* II, S. 87 ff., S. 97 f. und passim; und Llewellyn, ›*Rome*‹, S. 259 ff.

S. 134 ff.: Die wichtigsten Quellen für den Bau der Leoninischen Mauer und die Entstehung der Leoninischen Stadt sind *LP* II, S. 123, und ein *capitulare* des Kaisers Lothar II., zitiert von L. Duchesne in *LP* II, S. 137, Anm. 46, in dem der Beschluß zum Bau der Mauer 847 auf Initiative des Kaisers gefaßt wird. Zu Bau, Reparaturen, Inschriften und natürlich auch zur Mauer selbst siehe I. Richmond, ›*The City Wall of Ancient Rome*‹, London 1930, S. 43; A. Prandi, ›*Precisazioni... sulla Civitas Leonina*‹, in: ›Miscellanea... Nozze Jacovelli... Castano‹, Massafra 1969, S. 109 ff.; Derselbe, ›*L'Antiquarium del Passetto di Borgo*‹, in: ›*Strenna dei Romanisti*‹ XXXIV, 1973, S. 356 ff.; C. Belli Barsali, ›*... La civitas Leonina*...‹, in: ›Roma e l'età Carolingia‹ (wie oben), S. 210 ff., und Sh. Gibson und J. B. Ward-Perkins, ›*The surviving remains of the Leonine Wall*‹, PBSR XLVII, 1979, S. 30 ff.

S. 137: Leos III. Geschenke an die Kirchen sind in *LP* II, S. 3 ff., passim, verzeichnet. H. Geertman, ›*More veterum*‹, hat die Liste der Schenkungen an alle Kirchen, *diaconiae* und Klöster genauestens nach den Verteilungsprinzipien untersucht und sie auf das Jahr 807 und nicht 806 datiert.

S. 137 ff.: Ungeachtet der monumentalen Werke von C. Rohault de Fleury, ›*Le Latran au Moyen-Age*‹, Paris 1877, und P. Lauer, ›*Le Palais de Latran*‹, Paris 1911, sind Anlage und Baugeschichte des mittelalterlichen Lateranpalastes längst nicht geklärt. Die wenigen erhaltenen Quellen hierzu sind: verstreute Bemerkungen im ›*Liber Pontificalis*‹ und in mittelalterlichen Urkunden; ungenaue Beschreibungen, die wenige Jahre vor seinem Abbruch entstanden sind; ein Plan von um 1560 im Lateranarchiv (P. Lauer, a.a.O., S. 311, Abb. 116, Kopie des Originals); Ansichten, diejenigen Heemskercks von 1534 bis 1536, eine in der Bibliothek Sixtus' V. im Vatikan von etwa 1586; Stadtpläne aus den siebziger Jahren des 16. Jahrhunderts; und, als einziges archäologisches Zeugnis, die Kapelle Sancta Sanctorum (1278–1281) und ihre viel älteren Unterbauten, beide hinter der Scala Santa gelegen. Etwas besser sind wir nur über die beiden Bauten Leos III. informiert: über sein Dreikonchentriklinium aus einer Skizze Ugonios in einem vatikanischen Codex (Barb. lat. 2160, fol. 5^r), durch die Stiche bei N. Alemanni, ›*De Lateranensibus parietibus*‹, Rom 1625, aus dessen Beschreibungen und aus den Hinweisen, die im *LP* II, S. 3 f., gegeben werden; über die *accubita* wiederum aus einer Skizze und Beschreibungen Ugonios in Barb. lat. 2160, fol. 157^v, 158; aus einer Passage in *LP* II, S. 11, und durch zwei Außenansichten, die eine von Heemskerck, die andere ein Fresko in der Vatikanischen Bibliothek Sixtus' V. Die *accubita* und die vermutliche Abhängigkeit der Halle selbst und der anschließenden Palastteile von den entsprechenden Teilen des Kaiserpalastes in Konstantinopel habe ich selbst behandelt (›*The Ennedekacubita* . . .‹, in: ›*Tortulae*‹, RQSCHR, Suppl. XXX, Freiburg 1966, S. 195 ff.) und kann meine Bemerkungen durch den Hinweis auf weitere Beispiele von mit Nischen versehenen Bankettsälen in Konstantinopel (U. Alemanni, a.a.O., S. 18) und Ravenna (A. Weis, ›*Der römische Schöpfungszyklus im Triklinium Neons zu Ravenna*‹, in: ›*Tortulae*‹, S. 300) ergänzen. Zu der *macrona*: *LP* II, S. 28 f.; zu den Zusätzen Gregors IV. und Nikolaus' I.: *LP* II, S. 76, S. 81, S. 166. Vgl. auch E. David, ›Überreste des vatikanischen Tricliniums Leos III. im Campo Santo‹, in: RQSCHR XXXI, 1923, S. 139 ff.

S. 141 ff.: Zu S. Prassede: *Corpus*, Bd. III, S. 232 ff., zum Bau selbst und seiner Geschichte; zu den Mosaiken vgl. neben den Tafeln bei Wilpert, ›*Mosaiken und Malereien*‹, S. 115 ff., Matthiae, ›*Mosaici*‹, Bd. I, S. 233. P. J. Nordhagen, ›*Un problema . . . a S. Prassede*‹, in: ›*Roma e l'età Carolingia*‹, S. 159 ff., weist auf Ähnlichkeiten in der Technik und der Anordnung der Mosaiken zwischen S. Prassede und SS. Cosma e Damiano hin und schließt daraus, daß sich S. Prassede direkt auf SS. Cosma e Damiano bezieht. Ich neige immer noch zur Annahme eines gemeinsamen Prototyps, aus dem sich beide entwickelt haben.

S. 145: Ich übernehme die von H. Geertman, a.a.O., passim, für SS. Nereo ed Achilleo, S. Prassede, S. Cecilia, S. Maria in Domnica und S. Marco vorgeschlagenen Datierungen. Für S. Susanna ziehe ich jedoch wie in *Corpus*, Bd. IV, S. 254 ff., besonders S. 276, das Jahr 799 als Entstehungsdatum des gesamten Bauabschnittes vor, das von C. Davis-Weyer, ›*Das Apsismosaik Leos III. . . .*‹, in: ZKG XXVII, 1965, S. 177 ff., vorgeschlagen worden ist.

S. 146: Die byzantinischen Elemente in der römischen Ikonographie sind in den letzten Jahren häufig betont worden – vielleicht sogar zu sehr: zu S. Maria Egiziaca, dem Tempel der Fortuna Virilis, siehe F. Lafontaine-Dosogne, ›*Peintures médiévales dans le Temple . . . de la Fortuna Virile*‹, Brüssel und Rom 1959; zum Mosaik mit Christus in der Vorhölle: C. Davis-Weyer, ›*Die ältesten Darstellungen der Hadesfahrt Christi . . .*‹, in: ›*Roma e l'età Carolingia*‹, S. 183 ff.; zum Tempio della Tosse: B. Brenk, ›*Die Wandmalereien im Tempio della Tosse*‹, in: ›*Frühmittelalterliche Studien*‹ V, 1971, S. 401 ff.; und, außerordentlich wichtig, zum Programm der Zenokapelle: Derselbe, ›*Zum Bildprogramm der Zenokapelle . . .*‹, in: ›*Archivio Español de Arqueologia*‹ XLV–XLVII, 1972–1974, S. 213 ff.

Caecilia Davis-Weyers demnächst zur Veröffentlichung anstehende Untersuchung über die Mosaiken im Rom des 9. Jahrhunderts wird eine ausführliche Darstellung des Materials und der Probleme der Technik, des Stils, der Ikonographie, der Quellen, Entwicklungen und der Verbindungen zu Byzanz, dem Norden und der näheren und ferneren römischen Vergangenheit bieten; auf die Probleme des Stils und der Technik dieser Mosaiken ist sie schon in ihren bisherigen Arbeiten vorläufig und skizzenhaft eingegangen, wie z. B. in ihren Artikeln über das Tricliniumsmosaik Leos III. in ZKG XXIX, 1966, und ebenda XXXIV, 1974, wie oben. Zweifellos werden ihre Ergebnisse zu Revisionen des Bildes führen, das ich im vorliegenden Kapitel darzustellen versuche, und unsere Kenntnis der Epoche auf eine solidere Grundlage stellen.

S. 146 ff.: Zur Zenokapelle: *Corpus*, Bd. III, S. 252 ff.; die Identifikation der Zeichnung aus dem 16. Jahrhundert, die dort als Abb. 222 wiedergegeben wird, mit einem Plan dieser Kapelle ist ein Fehler, für den ich mich entschuldigen möchte; die Zeichnung stellt ein spätantikes Mausoleum, vielleicht dasjenige des Tiburtius, dar. Zu den Mosaiken: B. Brenk, ›*Zum Bildprogramm der Zenokapelle*‹, wie oben, zum Gesamtprogramm; eine brillante Stilanalyse der Figuren und Gewänder und ihrer Quellen findet sich bei C. Davis-Weyer, in: ZKG XXIX, 1966, S. 121 ff.; zu den Vorläufern des »bevölkerten Rankenwerks«, wie es in der Zenokapelle vorkommt, in der antiken Kunst: J. B. Ward-Perkins und J. Toynbee, ›*Peopled Scrolls . . .*‹, in: *PBSR* XVIII, 1950, S. 23 ff. Zur Dekoration der Kapelle von S. Croce aus dem 5. Jahrhundert: A. M. Colini, ›*Storia e Topografia del Celio*‹ (*MemPontAcc* VII), Vatikanstadt 1944, S. 309; zur vermuteten Existenz einer *etimasia* im Lateran: T. Buddensieg, ›*Le coffret d'ivoire de Pola*‹, in: *CahArch* X, 1959, S. 157 ff., besonders S. 178 und Abb. 130.

Anmerkungen

S. 152 ff.: *Corpus*, Bd. IV, S. 178 ff., zu S. Stefano degli Abissini; ebenda, S. 1 ff., zu SS. Quattro Coronati; zu S. Maria Nova (S. Francesca Romana): ebenda, Bd. I, S. 220; zu S. Martino ai Monti: ebenda, Bd. III, S. 87 ff.; zu S. Giorgio in Velabro, S. Marco, S. Maria in Domnica: ebenda, Bd. I, S. 244 ff., Bd. II, S. 216 ff., besonders S. 243, und S. 308 ff.; *Corpus*, Bd. I, S. 94 ff., zu S. Cecilia wird ergänzt von E. Bentivoglio, ›*I progetti del XIX secolo per S. Cecilia*...‹, in: ›*Quaderni*‹ XCII-CXIV, 1975, S. 133 ff. Zum karolingischen Neubau von SS. Quattro Coronati: *Corpus*, Bd. IV, S. 1 ff., besonders S. 29 f. Siehe auch Chr. H. Mellendon, ›*The revival of opus sectile pavements... in the Carolingian period*‹, in: *PBSR* XLVIII, 1980, S. 157 ff.

Weder in der ursprünglichen Version meiner Arbeit zum ›*Carolingian Revival*‹ von 1942 noch im Postskriptum von 1969 erkannte ich, wie überaus wahrscheinlich es ist, daß S. Giovanni in Laterano das Vorbild für die karolingischen Kirchen ohne Querschiff abgab oder daß Arkaden einfach deshalb bevorzugt verwendet wurden, weil lange Spolien nur schwer zu beschaffen waren. Die einfachste Erklärung kommt einem immer zuletzt.

S. 156 f.: Es war Professor Milton Lewine, der mich darauf aufmerksam machte, daß sich die wirtschaftliche Macht der Kirche in Rom wahrscheinlich durch die Einrichtung von neuen Klöstern im *disabitato* vergrößert hat – einer der vielen Hinweise, für die ich ihm gern danken möchte.

Zu S. Silvestro in Capite: *Corpus*, Bd. IV, S. 144 ff. Schon 755 wurden Blöcke aus der ›Servianischen‹ Mauer für die Fundamente von S. Angelo in Pescheria verwendet, vgl. *Corpus*, Bd. I, S. 64 ff., und zu S. Anastasia ebenda, S. 42 ff.

S. 157: Der gegenwärtige Wissensstand über karolingische Kirchen nördlich der Alpen ist verdienstvollerweise in ›*Vorromanische Kirchenbauten*‹, Bde. I–III, hrsg. von F. Oswald, L. Schaefer und R. Sennhauser, München 1966–1971, zusammengestellt. Zu Fulda siehe ebenda, Bd. I, S. 84 ff.; die Kirche müßte vielleicht eher mit Arkaden als mit Gebälk über den Säulen rekonstruiert werden. Zum hölzernen Turm über der Peterskirche: *LP* I, S. 454; zur Aktivität des Walcharius: ›*Libri Carolini*‹, *MGH Epp* III, Nr. 60, S. 592, S. 605; zum Turm von SS. Quattro Coronati: *Corpus*, Bd. IV, S. 36.

S. 158 f.: Die nördlichen Ursprünge der karolingischen Renaissance sind von E. Panofsky, ›*Die Renaissancen der europäischen Kunst*‹, Frankfurt (M.) 1979, besonders S. 57 ff., unterstrichen worden und werden allgemein akzeptiert, vgl. z. B. Llewellyn, ›*Rome*‹, passim, und Fichtenau, a.a.O., passim. Zu den seltenen, aber bedeutungsvollen Importen von Kunstwerken und Künstlern aus dem Norden nach Rom siehe J. Ramackers, ›*Die Werkstattheimat der Grabplatte Papst Hadrians I.*‹, in: *RQSCHR* LIX, 1964, S. 36 ff.; sie stammt aus Aachen oder seiner Umgebung und nicht aus Aquitanien, wie man früher meinte; dazu: ›*La cattedra lignea di S. Pietro in Vaticano*‹, hrsg. von M. Maccarone u. a. (*MemPontAcc* X), Vatikanstadt 1971, und ›*Nuove ricerche sulla cattedra*‹, hrsg. von denselben (*MemPontAcc in 8°*), Vatikanstadt 1975. Zur Himmelfahrt Mariae in S. Clemente: G. Ladner, ›*Die italienische Malerei im 11. Jahrhundert*‹, in: ›*Jahrbuch der kunsthistorischen Sammlungen in Wien*‹, n. s. V, 1931, S. 33 ff., besonders S. 90 ff.; zur Anastasis ebenda J. Osborne, ›*The Painting of the Anastasis*‹, in: ›*Byzantium*‹, 1981, S. 225 ff.

S. 158: Professor Robert Brentano hat mich freundlicherweise auf die Bedeutung politischer Vorstellungen und deren gregorianischer Wurzeln schon im Denken Bedas hingewiesen.

VI.

S. 161: Niemand sollte sich in Bereiche vorwagen, die außerhalb seines Forschungsgebietes liegen. Doch das Leben ist zu kurz, als daß man es, wenn überhaupt, auf mehr als einem Gebiet zum Experten bringen könnte; und die Tollkühnen, die 1000 Jahre Rom in einem darstellen wollen, stellen fest, daß dies unmöglich ist. Auf der anderen Seite hat der Leser bei einem Buch, das die Geschichte der Stadt behandelt, so wie sie sich in ihren Baudenkmälern widerspiegelt, das Recht, wenigstens einige wenige Seiten zu verlangen, in denen die wichtigsten Tatsachen, Faktoren und Ideologien, die dieser Geschichte zugrunde liegen, zusammengefaßt werden. Der einzige Ausweg aus dem Dilemma liegt für den armen Außenseiter darin, ohne Scheu die Ergebnisse derer zu plündern, die dieses Gebiet gründlich behandelt haben, und dies dann auch zuzugeben.

Daher habe ich alles, was ich für dieses Kapitel brauchte, ohne Umschweife einer kleinen Zahl von Arbeiten entnommen, die sich nicht so sehr an die Fachgelehrten, sondern an ein breiteres gebildetes Publikum wenden, zu dem ich mich selbst zähle: die unumgängliche Grundlage bildet Gregorovius, ›*Geschichte der Stadt Rom im Mittelalter*‹, ein ausgezeichnetes Werk, wie ich meine, wenn es auch in manchen Einzelheiten überholt und von den liberalen, nationalistischen und romantischen Vorstellungen der Mitte des 19. Jahrhunderts gefärbt ist; hinzu kommen von neueren inzwischen zu Klassikern gewordenen Arbeiten: P. E. Schramm, ›*Renovatio*‹, Leipzig 1929; G. Falco, ›*The Holy Roman Republic*‹, London 1964, 2. Aufl. der Übersetzung von ›*La Santa Romana Repubblica*‹, Mailand 1954; Raffaele Morghens Band seiner gesammelten Aufsätze, ›*Medioevo Cristiano*‹, Bari 1972; R. W. Southern, ›*Kirche und Gesellschaft im Abendland des Mittelalters*‹, Berlin 1976; Partner, ›*Lands*‹; die letzten Kapitel bei Llewellyn, ›*Rome*‹; P. Toubert, ›*Les structures du Latium médiévale... du IXe à la fin du XIIe siècle*‹, Rom 1973; D. Waley, ›*Papal State*‹; und R. Brentano, ›*Rome before Avignon*‹. Diese Arbeiten führten mich zu den wichtigsten Artikeln in *ASRStP*, ›*Studi Gregoriani*‹, *BISI*, ›*Traditio*‹, ›*Dizionario biografico degli Italiani*‹ und zu einer Vielzahl von weiteren Zeitschriften und Reihen, deren Aufzählung zu viel Raum in Anspruch nehmen würde. Mit den veröffentlichten Quellentexten habe ich mich nur in Auswahl befaßt, hauptsächlich mit denen in *MGH* und *RIS*, und unveröffentlichte Quellen habe ich nicht zu Rate gezogen. Von F. Bartolinis ›*Codice del Senato*‹ und dem ›*Liber Pontificalis*‹ habe ich gründlicheren Gebrauch gemacht. Aber ich habe keine eigenen Archivforschungen auf Gebieten unternommen, die jenseits meines Kompetenzbereiches liegen. Ich habe schlicht und einfach versucht, die Fakten und Ideen, die von den mir auf diesem Gebiet überlegenen Forschern gesammelt und interpretiert worden sind, so klar ich konnte, darzustellen.

Dennoch erinnere ich mich mit einigem Bangen der kritischen Anmerkungen und Fragezeichen, die ich selbst an den Rand der Veröffentlichungen von Kollegen gekritzelt habe, die, von anderen Forschungsgebieten herkommen, sich auf das Feld der Kunstgeschichte gewagt haben. Es ist unvermeidlich, daß dem Außenseiter eine solide Grundlage fehlen muß; unausweichlich wird er zu sehr vereinfachen; und ebenso unausweichlich ist er nicht auf dem neuesten Stand der Forschung und der Interpretation. Ich habe versucht, die schlimmsten Lücken dadurch zu vermeiden, daß ich zwei meiner Freunde, beides Fachhistoriker, darum gebeten habe, dieses Kapitel durchzugehen und die gravierendsten Fehler auszumerzen. Die Fehler, die sich in diesen Zeilen noch finden, sind allein mir zuzuschreiben. Bei mir bleibt der Schwarze Peter hängen.

S. 161: Wir haben uns schon oben mit den *domus cultae* beschäftigt und die diesbezügliche Literatur angegeben; vgl. o. Kapitel V, Anmerkung zu S. 126 f.

S. 162 f.: Für das 10. Jahrhundert habe ich mich im allgemeinen auf Llewellyn, ›Rome‹, S. 286 ff., und Partner, ›Lands‹, S. 77 ff., gestützt, und für den ideologischen Hintergrund der Epoche auf Schramm, ›Renovatio‹, Bd. I, S. 44 ff. und S. 68 ff. Der Familienhintergrund Alberichs, seine Persönlichkeit und seine Politik werden in der knappen Zusammenfassung, die G. Arnaldi zum ›Dizionario biografico degli Italiani‹, Bd. I, S. 647 ff., beigesteuert hat, großartig dargestellt. Ungeachtet seiner prokaiserlichen und antirömischen Einstellung ist der beste Quellentext hierzu noch immer Liutprand von Cremona (›*Liutprandi opera omnia*‹, hrsg. von J. Becker, in: *MGH SS RG*, 1915), sowohl in seiner ›*Antapodosis*‹, Bd. III, xlv, und passim, wie in seiner ›*Historia Ottonis*‹ I, viii ff. (*MGH SS RG*, 1915, S. 97 f. und S. 164 f.). Für meine knappe Darstellung der Ausmaße und Einflüsse der cluniazensischen Reform in Rom habe ich mich der Ausführungen von B. Hamilton, ›Monastic Revival in Tenth-Century Rome‹, in: ›*Studia monastica*‹ IV, 1962, S. 19 ff., und von P. Fedele, ›Le carte del carte del monastero di SS. Cosma e Damiano in Mica Aurea‹, in: *ASRStP* XXI, 1898, S. 471 ff., besonders S. 474 ff., bedient.

S. 162: Die Vorstellungen von Rom als *caput mundi*, *Roma Aurea* und so weiter stehen im Zentrum von Schramms Untersuchung zur ›Renovatio‹; der Gebrauch dieser Wendungen und ihrer Variationen von der Spätantike bis zu Otto III. sind aufgeführt in: a.a.O., Bd. I, S. 37 f. Zu Nikolaus I. siehe ebenda, Bd. I, S. 24 ff.; die Darstellung stützt sich auf folgende Quellen: die Biographie in *LP* II, S. 151 ff.; die Briefe in: *MGH Epp* VI, passim; und auf die zeitgenössische Meinung wie etwa Regino von Prüm, in: *MGH SS RG*, hrsg. von F. Kunze, Hannover 1890, S. 94.

S. 163 f.: Zu den Aufständen gegen Otto I. und ihrer Niederschlagung siehe *LP* II, S. 252, und die Zusammenfassungen bei Gregorovius, ›Geschichte der Stadt Rom‹, Bd. III, S. 360 ff., S. 367 ff., und bei Partner, ›Lands‹, S. 90. Die Wehklage von Benedikt von Soracte findet sich in: ›Chronicon di Benedetto ... di S. Andrea‹, hrsg. von G. Zucchetti (›*Fonti della Storia d'Italia*‹ LV), Rom 1920, S. 186.

S. 163 ff.: Die wenigen Zeilen hier über Otto III., seine Vorstellungen von Rom als der Hauptstadt einer universalen Monarchie und als Sitz der Apostel und von seiner eigenen Rolle als *isapostolos*, sind eine bloße Zusammenfassung von Schramm, ›Renovatio‹, passim, woher ich auch die Zitate genommen habe (Bd. I, S. 108 f., S. 132, Anm. 5, Bd. II, S. 62 ff.; »*Gaude papa, gaude Caesar...*«); aber vgl. auch R. Morghen, ›*Medioevo Cristiano*‹, a.a.O., S. 71 ff. Das Staatsporträt im Münchner Evangeliar (Cod. Monac. lat. 4453, cml. 58, fol. 23^v, 24^r) ist in bezug auf seine politische Bedeutung von Schramm, ›Renovatio‹, Bd. I, S. 118 f., und Derselbe, ›Die deutschen Kaiser und Könige in Bildern ihrer Zeit‹, Bd. I, Leipzig und Berlin 1928, S. 93 f., behandelt worden. Zu Ottos Verwendung des Titels ›Konsul des Senats‹ in seinen Erlassen siehe Schramm, ›Renovatio‹, Bd. I, S. 128 f.

S. 167 f.: Die Literatur zur Kirchenreform des 11. Jahrhunderts, zum Reformpapsttum, zur herausragenden Gestalt Gregors VII. und zum Investiturstreit ist endlos. Ich habe meine Informationen entnommen aus: A. Fliche, ›*La réforme Grégorienne*‹, Bd. I und II (›*Spicilegium Sacrum Lovaniense*‹ 6, 9), Löwen und Paris 1924/1925, aus R. Morghen, ›*Medioevo Cristiano*‹, a.a.O., S. 91 ff. und S. 189 ff.; aus Derselbe, ›Gregorio VII e la riforma della Chiesa...‹, Palermo 1974, und aus anderen Aufsätzen desselben Verfassers in *ASRStP* und in den ›Studi Gregoriani‹. Ich habe mich für diese Seiten auch auf einige Primärquellen gestützt: *LP* II, S. 331 ff. und S. 351 ff., für die Epoche vor dem Pontifikat Gregors; zu seinem Pontifikat selbst *LP* II, S. 282 ff., und die Biographie von Paul von Bernried in: *PL* CXLVIII, Sp. 39 ff.; und ich habe auch Gregors Briefe hier und da verwendet: ›Gregorii VII Registrum‹, hrsg. von E. Caspar (*MGH Epp Selectae* II), Berlin 1920, 1923. Ein Teil des Materials ist von B. Tierney, ›Crisis‹, besonders S. 40 ff., S. 49 f. (der ›Dictatus Papae‹) und S. 57 ff., ausgewählt, übersetzt und kommentiert worden. Als Zusammenfassung siehe auch Partner, ›Lands‹, S. 107 ff. und S. 117 ff.

S. 167 f.: Gregorovius, ›Geschichte der Stadt Rom‹, Bd. IV, S. 127 ff., gibt meiner Meinung nach immer noch das beste Bild von dem Kampf zwischen der Partei Hildebrand-Gregors und dem Gegenpapst während der sechziger Jahre; ebenda, S. 175 ff., zum Kampf Gregors VII. während seines Pontifikats; und ebenda, S. 213 ff., zu den Kämpfen in und um Rom von 1081 bis 1084. Benzos Bericht von seiner Gesandtschaft von 1061 und seine Darstellung der Belagerungen von Rom durch Heinrich IV. in den Jahren 1081 bis 1083 finden sich in *MGH SS* XI, S. 591 ff., besonders S. 612 ff. und S. 658 ff.; die Straßen-

Anmerkungen

kämpfe in Rom werden in *LP* II, S. 336 f., beschrieben; die Entführung Gregors am Heiligabend 1075 ebenda, S. 282, und von Paul von Bernried, Kap. V, in: *PL* CXLVIII, Sp. 56 ff.; die Kämpfe in der Leoninischen Stadt von 1082 und 1083 und die Entsatzexpedition der Normannen von 1084 in Benzos Werk und in *LP* II, S. 290.

S. 169: Die unruhigen Pontifikate von Urban II., Paschalis II. und Gelasius II., die andauernden Kämpfe innerhalb der Stadt und die Invasionen Heinrichs V. von 1111 und 1117 werden ausführlich in deren Biographien in *LP* II, S. 293 f. (Urban und die Pierleoni), S. 296 ff. (Paschalis und die Unruhe in der Stadt, S. 298 f.; die Invasion von 1111, der Kompromiß des Papstes und seine Entführung S. 300 ff., S. 338 ff.; die Invasion von 1117 S. 303 f.), und S. 311 ff. (Entführung des Gelasius, seine Befreiung und Flucht) dargestellt und dokumentiert. Zum andauernden Propagandakrieg, zum fehlgeschlagenen Kompromiß Paschalis' und zum endlichen Abschluß im Wormser Konkordat siehe Tierney, ›*Crisis*‹, S. 74 ff., S. 89 f. und S. 91 f.

S. 169: Zum Streit zwischen Anaklet und Innonzenz II. habe ich mich auf P. F. Palumbo, ›*Lo schisma del MCXXX*‹ (›*Miscellanea Dep. Romana di Storia Patria*‹), Rom 1942, verlassen, ebenso auf die Biographie Innozenz' in *LP* II, S. 379 ff., und auf eine vielleicht allzu wahllose Lektüre der Briefe der beiden Kontrahenten in der ›*Bibliotheca Rerum Germanicarum*‹, V, ›*Monumenta Bambergensia*‹, hrsg. von P. Jaffé, Leipzig 1869.

S. 170 f.: Die Wandgemälde im Lateran sind abgebildet und gründlich behandelt bei Ladner, ›*Papstbildnisse*‹, Bd. I, S. 195 ff. (Paschalis II., Calixtus II., Anaklet II.), und Bd. II, S. 17 ff. (Innozenz II.); vgl. auch E. Kitzingers Beitrag in ›*Renaissance and Renewal in the Twelfth Century*‹: ›*The arts as aspect of a Renaissance renewal*‹, Cambridge (Mass.) 1982, S. 637 ff. Die Streitigkeiten von 1157 und 1158 lassen sich am besten in den Exzerpten bei Ladner, a.a.O., Bd. II, S. 21 f., verfolgen; vgl. auch Tierney, ›*Crisis*‹, S. 106 ff. Um die These von der päpstlichen Oberhoheit in ihren geistlichen und weltlichen Verflechtungen auch nur halbwegs gründlich darzustellen, müßte man ganze Bibliotheken, geschriebene und noch nicht geschriebene, durchlesen und zitieren. Für einen Nichtfachmann wie mich scheinen diese Fragen von Tierney, a.a.O., S. 97 ff., S. 110 f., S. 116 ff. und S. 127 ff., gut zusammengefaßt worden zu sein. Schramm, ›*Kaiser, Könige und Päpste*‹, Bd. IV, 1, S. 186 ff., behandelt die Frage der von den Päpsten beanspruchten kaiserlichen Insignien, mit der entsprechenden Terminologie, die auf Calixtus II. und Innozenz II. angewendet wurde, auf S. 183 f., Anm. 26; und zur Geschichte der päpstlichen Tiara auf S. 107 ff., wodurch Ladners grundlegender Aufsatz, ›*Die Statue Bonifaz' VIII ... und die Entstehung der dreifachen Tiara*‹, in: RQSCHR XLII, 1934, S. 35, ergänzt wird. Die vermutlich apokryphe Anekdote über Bonifatius VIII. geht auf Franciscus Pippinus, ›*Chronicon*‹, Kap. 47, in: *RIS* IX, S. 745, zurück; seine authentischen Aussagen zur päpstlichen Oberhoheit sind von Finke, ›*Aus den Tagen Bonifaz' VIII.*‹, Münster 1902, S. 151 ff., gesammelt und kommentiert worden. Zu den Inschriften auf den kaiserlichen Bullen siehe Schramm, ›*Die Bilder der deutschen Kaiser und Könige*‹, Bd. I, Leipzig 1928, S. 122, und W. Erbes, ›*Rombilder auf kaiserlichen Siegeln*‹, Graz, Wien, und Leipzig 1931, S. 40.

S. 171: Die Untersuchung der Rolle der Päpste als Territorialherren und der allmählichen Entwicklung eines Kirchenstaates bildet das Rückgrat von Partners ›*Lands*‹, S. 154 ff., S. 200 ff.

S. 171: Die Wiederbelebung einer antikisierenden Terminologie ist für die Zeit von Karl dem Großen bis zu Otto III. mit besonderer Berücksichtigung Papst Nikolaus' I. und seiner unmittelbaren Nachfolger von Schramm, ›*Renovatio*‹, Bd. I, S. 44 ff., verfolgt worden; zu ihrer Erneuerung unter Heinrich IV. siehe ebenda, S. 257 ff., und Benzos Bericht in *MGH SS* XI, besonders S. 614 und S. 657 f., das ›Neue Rom aus Zelten‹. Der Brief der römischen Adligen an König Lothar findet sich bei C. Baronius, ›*Annales...*‹, XII, Rom 1607, S. 195.

S. 171 f.: Eine neuere zusammenfassende Geschichte der Römischen Republik von der Revolte von 1143 bis zum Pontifikat Innozenz' III. habe ich nicht gefunden. Den Ereignissen folgt man am besten in nachstehenden Werken: für die frühen Jahre: Otto von Freising, ›*Chronica*‹ VII, 27 ff. (*MGH SS RG*, hrsg. von Hofmeister, S. 253 ff.), und *LP* II, S. 385 ff.; zu den Ereignissen von 1155: Otto von Freisings ›*Gesta Frederici imperatoris*‹ I, 29, und II, 20 ff. (*MGH SS* XX, S. 404 ff.; zur Ansprache der römischen Delegation und zu Friedrichs grober Antwort, Tierney, ›*Crisis*‹, S. 103 f.); dazu die Darstellung in Versen durch den Dichter Gunther, ›*Ligurinus sive de rebus gestis Frederici*‹ IV, Vers 15 ff. (*PL* CCXII, S. 378 ff.), besonders der lebendige Bericht vom Kampf im Borgo und von der Malària-Epidemie (ebenda, Vers 73 ff. und Vers 185 ff.), und schließlich *LP* II, S. 391 ff. Zur Schlacht am Monte Porzio von 1167 und der nachfolgenden Straßenschlacht um St. Peter herum siehe *LP* II, S. 415 f.; und dazu die Nacherzählung bei Gregorovius, ›*Geschichte der Stadt Rom*‹, Bd. IV, S. 581 ff., wo die wichtigsten Passagen in den Fußnoten abgedruckt sind. Die Vorstellungen, die der Schaffung der Republik zugrunde lagen, und die allmähliche Verschiebung des Schwerpunktes kommen in den Senatsdokumenten im ›*Codice del Senato*‹ I, passim, zum Ausdruck.

S. 172 f.: Partner, ›*Lands*‹, S. 201, behandelt den Bruch zwischen Friedrich Barbarossa und Alexander III. Der Kompromiß zwischen der Stadt und dem Papsttum findet sich bei Bartoloni, ›*Senato*‹, S. 69 ff. Zu Benedictus Carushomo, zu den Wandlungen im Senat und zu den wachsenden territorialen Bestrebungen der römischen Bürgerschaft siehe Waley, ›*Papal State*‹, S. 23 ff.

S. 173 f.: Die besten Quellen zu Innozenz III. sind noch immer die ›*Gesta Innocenti*‹, in: *PL* CCXIV, Sp. xviii ff., und seine Briefe, ebenda CCXIV, S. 1 ff., CCXV, S. 9 ff., und CCXVI, S. 9 ff. Die groben Umrisse seiner Kirchenpolitik sind von R. Morghen,

›Medioevo Cristiano‹, Sp. 149 ff. skizziert worden. Bezüglich seiner weltlichen Politik, insbesondere im Hinblick auf Rom und seine Expansion in Latium, habe ich die Ausführungen von D. Waley, ›The Papal State‹, passim, zugrunde gelegt, woher auch die beiden Zitate stammen; daneben: Partner, ›Lands‹, S. 299 ff., und R. Brentano, ›Rome before Avignon‹, S. 101 ff. Der Zusammenprall zwischen den päpstlichen Parteien und der ›römischen‹ Partei im Jahre 1203/1204 ist in den ›Gesta‹, S. c, S. cxxx ff. (PL CCXIV, Sp. clcccii ff.) festgehalten; wir werden darauf zurückkommen, wenn wir die Karte Roms im Mittelalter behandeln.

S. 174: Die zunehmende Feudalisierung der großen landbesitzenden Familien unter dem Papsttum und ihr Einfluß auf dieses und ebenso ihre Rolle in der städtischen Politik, die schon von Partner, ›Lands‹, S. 159 ff. und S. 229 ff., umrissen worden sind, sind von P. Toubert, ›Les structures...‹, Rom 1973, besonders S. 493 ff. und in einer Zusammenfassung S. 1355 ff., eingehend untersucht worden. Auf das Eindringen von Nichtitalienern in die päpstliche Verwaltung ist von Partner, ›Lands‹, S. 159, hingewiesen worden. Toubert, a.a.O., S. 635 f., S. 673 ff., faßt auf der Grundlage der Dokumentation in den Archiven römischer Kirchen und im Klosterarchiv von Farfa (vgl. unten) die älteren Studien über die Zünfte in Rom zusammen und verbreitert ihre Basis; aber L. M. Hartmann, ›Zur Wirtschaftsgeschichte Italiens...‹, Gotha 1904, S. 16 ff., ist immer noch von grundlegender Bedeutung.

S. 175: L. Duchesne, ›Les régions de Rome au Moyen-Age‹, in: MEFR X, 1890, S. 126 ff. (wiederabgedruckt in: ›Scripta Minora‹, Rom 1973, S. 90 ff.), bleibt grundlegend und ersetzt E. Re, ›Le regioni di Roma nel medioevo‹, in: ›Studi di Storia e Diritto‹, X, 1889, S. 349 ff. Die Zitate stammen aus *LP* I, S. 497 f., und II, S. 252, S. 313, und – dasjenige aus dem 12. Jahrhundert – aus dem ›Ordo‹ des Benedictus Canonicus im ›Liber Censuum‹, hrsg. von P. Fabre und L. Duchesne, Bd. II, Paris 1905, S. 141.

S. 175 f.: Das Quellenmaterial zum Kaufhandel und Bankgeschäft in Rom vor dem 13. Jahrhundert ist, so spärlich es auch ist, von P. Toubert, ›Structures‹, a.a.O., S. 669 ff., gesammelt und interpretiert worden. Von den beiden Geschäftsunternehmungen von Vater und Sohn Ptolemäus von Tusculum illustriert die erste von 1105 (›Codex diplomaticus Caietanus‹ II, Monte Cassino 1891, S. 169, Nr. 278) ihre ›internationalen‹ Geschäfte mit einem Schiffseigentümer in Gaeta, die zweite von 1127 (ebenda, Nr. 312) ihre Partnerschaft mit den Mönchen von Monte Cassino und ihre Zusammenarbeit mit den führenden römischen Familien. Vgl. auch Partner, ›Lands‹, S. 142. Der Zustrom von Geld nach Rom und der daraus resultierende Bedarf an Banken wird von G. Falco, ›The Roman Republic‹, London 1964, S. 248, dargestellt, während die Begründung dafür, die Akkumulation von Geschäften bei der Kurie, von R. W. Southern, ›Kirche und Gesellschaft im Abendland des Mittelalters‹, S. 111 ff., ausgezeichnet behandelt wird. Zur Rolle der toskanischen (und römischen) Bankiers an der Kurie im 13. und 14. Jahrhundert vgl. E. Jordan, ›De Mercatoribus Camerae Apostolicae‹, Rennes 1909.

S. 176 f.: Daß verschiedene Familien in verschiedenen Bezirken von Rom dominierten, ist zum erstenmal von G. Tomassetti, ›La Campagna Romana‹, Bd. I, Rom 1910, S. 137 ff., angemerkt worden; bei L. Casanelli, G. Delfini und D. Fonti, ›Le mura di Roma‹, Rom 1974, S. 84, Anm. 38, Abb. 87, wird diese Tatsache wiederholt und durch eine Karte illustriert. R. Brentano, ›Rome before Avignon‹, passim, besonders S. 34 ff. und S. 182 ff., vermittelt unabhängig davon ein lebendiges Bild von dem ökonomischen wie politischen Gewicht dieser Familien in ihren Stadtvierteln und ihrer Symbiose mit dem ›popolo minuto‹. Zu den Anfängen der Pierleoni siehe D. B. Zema, ›The Houses of Tuscany and of Pierleoni‹, in *Traditio* II, 1944, S. 155 ff.; zu den anderen großen Familien vgl. die Artikel, die sich verstreut in *ASRStP* finden, und die knappen Bemerkungen in Brentano, a.a.O., S. 173 ff.

S. 177 ff.: Rom als Machtzentrum in Politik, Recht und Verwaltung wird von Southern, a.a.O., S. 105 ff., dargestellt, seine Rolle im Finanz- und Bankgeschäft in Europa von Falco, a.a.O., S. 248, woher auch unser Zitat stammt.

S. 178 f.: Zu Brancaleone di Andalò siehe ›Dizionario biografico‹, Bd. III, S. 45 ff., Waley, ›Papal State‹, S. 157 ff., und Partner, ›Lands‹, S. 258 f.; zu Karl von Anjou: Waley, ›Papal State‹, S. 172 ff.; und zu Nikolaus III. ebenda, S. 189 ff., und Partner, ›Lands‹, S. 269 ff.

S. 179: Den Verfall der päpstlichen Bürokratie betont Southern, ›Kirche und Gesellschaft im Abendland des Mittelalters‹, S. 107 ff., S. 118 f. Die Ziffer der Zehnteinnahmen stammt aus K. Kaiser, ›Das späte Mittelalter‹, Stuttgart und Gotha 1925, S. 60 ff., die zu den Geschenken der Pilger aus Gregorovius, Bd. V, S. 552. Die Politik der Päpste, Familienvermögen aufzubauen, wird von Partner, ›Lands‹, passim, besonders S. 275 ff. zu Nikolaus III. und S. 278 ff. zu Bonifatius VIII., behandelt.

S. 179 f.: Die Literatur zum Heiligen Jahr im allgemeinen und im besonderen zum Heiligen Jahr von 1300 ist umfangreich. Ich stütze mich auf Morghens Artikel in ›Medioevo Cristiano‹, S. 265 ff., und auf eine erneute Lektüre der wichtigsten Quellen: Ventura, ›Chronica Astense‹, in: *RIS* XI, S. 191 f., und G. Villani, ›Cronica‹, Buch VIII, Kap. 36, Florenz 1587, S. 311.

VII.

S. 181–198: Eine umfassende Untersuchung über die Kirchenbauten des 12. Jahrhunderts in Rom liegt bisher noch nicht vor – ganz zu schweigen von einer über die Profanbauten. Selbst gute Monographien sind selten. Unter letzteren ragen G. B. Giovenale ›La basilica di S. Maria in Cosmedin‹, Rom 1927, und D. Kinney, ›S. Maria in Trastevere from Its Founding to 1215‹, Diss. phil. New York University 1975, heraus; einige der kleinen Monographien in der Reihe der ›Chiese illustrate di Roma‹, wie die Reihe der

Anmerkungen

›*Guide rionali*‹, enthalten nützliche, wenngleich notwendigerweise verkürzte Darstellungen über den Bau oder Umbau einzelner Kirchen im Mittelalter. Und Armellini-Cecchelli, ›*Chiese*‹, bleibt, auch wenn man sich nicht immer darauf verlassen kann, für diese Epoche unerläßlich. Für die Kirche S. Clemente aus dem 12. Jahrhundert liegt jetzt die Dissertation von Joan Barday Lloyd vor (›*The Architecture of the medieval church and conventual buildings of S. Clemente*‹), die bald veröffentlicht werden wird. Siehe bisher zur Datierung und Weihe – die nicht mehr auf das Jahr 1128 angesetzt wird – und zur Datierung der Abstützung der Unterkirche L. Boyle, O. P., ›*The Date of the Consecration of the Basilica of San Clemente in Rome*‹, in: ›*Archivum Fratrum Praedicatorum*‹ XXX, 1960, S. 418 ff., und H. Toubert, ›*Le renouveau paléochrétien à Rome au debut du XII*^{e} *siècle*‹, in: *CahArch* XX, 1970, S. 100, Anm. 4. Zu den zwei aufeinanderfolgenden Umbauten der Kirche SS. Quattro Coronati zu jener Zeit: *Corpus* IV, S. 1 ff., wo versucht wird, das Quellenmaterial zusammenzufassen; für S. Maria in Trastevere ist die oben angegebene Monographie maßgebend. R. Malmstrom, ›*The Colonnades of High Medieval Churches in Rome*‹, in: *Gesta* XIV, 1975, S. 37 ff., hat einen wichtigen Beitrag geleistet, indem er auf die Bedeutung der Pfeiler hingewiesen hat, die häufig in die Mittelschiffkolonnaden eingefügt wurden, um die liturgisch begründeten Unterteilungen zwischen den dem Klerus und den Laien vorbehaltenen Abschnitten zu kennzeichnen. Für eine Chronologie des Ziegelmauerwerks im Rom des 12. und 13. Jahrhunderts siehe jetzt J. B. Lloyd, *PBSR* LIII, 1985, S. 225 ff.

Mosaiken und Gemälde, die in Wilperts ›Mosaiken und Malereien‹ abgebildet sind, werden von G. Matthiae, ›*Mosaici*‹, und Derselbe, ›*Pittura*‹, nach Stil, Schulen und in ihrer Entwicklung behandelt. Ich habe mich zu einem gewissen Teil auf Matthiaes Ergebnisse gestützt. Aber meine wichtigste Grundlage in diesem gesamten Kapitel war Touberts eben zitierter brillanter Aufsatz, abgesehen von den Arbeiten von Ernst Kitzinger und Otto Demus, auf die ich im folgenden dann jeweils verweisen werde.

S. 183 f.: D. Kinney, a.a.O., S. 225 ff., hält den Plan von S. Maria in Trastevere aus dem Gabinetto Nazionale delle Stampe, Rom, Inv. 2826, fol. 2510, F. N 32 746(35), für einen Vorschlag zum Umbau. Gegenwärtig muß ich mir ein Urteil dazu noch vorbehalten. Ebenso ist von Kinney der Vorschlag gemacht worden, das Entstehungsdatum des *opus-sectile*-Fußbodens im 13. Jahrhundert statt im 12. anzusetzen. Ernst Kitzinger schlägt in dem Aufsatz ›*A Virgin's face*‹, *Art. Bull.* LXII, 1980, S. 6 ff., als Quelle für die Komposition des Apsismosaiks eine ›antikisierende‹ Wiederaufnahme des längst in Rom üblichen Motivs der Begegnung von zwei Prozessionen mit den beiden berühmten Ikonen von Christus und der Muttergottes vor.

S. 186 ff.: Zu den kleinen Kirchen des 10. und 11. Jahrhunderts: *Corpus*, Bd. I, S. 39 (S. Agnese in Piazza Navona); G. di Geso, ›*Un caso lamentevole: la Chiesa di S. Barbara dei Librai*‹, in: ›*Bolletino dei Curatores dell'Alma Città di Roma*‹ XVI, 1976, S. 4 ff. (S. Barbara dei Librai); L. Paterna-Baldizzi, ›*La chiesa di S. Maria Egiziaca...*‹, Neapel 1928; P. Fedele, ›*Una chiesa del Palatino – S. Maria ,in Pallara'*‹, in: *ASRStP* XXVI, 1903, S. 343 ff. Professor U. Nilgen bereitet eine Studie über letztere Kirche vor. Zu den hier erwähnten Kirchen des 12. Jahrhunderts: L. Huetter, ›*S. Salvatore in Onda*‹ (›*Chiese illustrate*‹ LI); P. Styger, ›*La decorazione... del secolo XII... di S. Giovanni ante Portam Latinam*‹, in: ›*Studi Romani*‹ II, 1914, S. 261 ff.; Schwester Margaret Manion, I.B.V.M, von der Universität Melbourne bereitet eine auf den neuesten Stand gebrachte Untersuchung über die Fresken des 12. Jahrhunderts vor, die auf ihrer Dissertation ›*The Frescoes of S. Giovanni a Porta Latina in Rome*‹, Bryn Mawr 1972, beruht; zur Kirche S. Stefano del Cacco: Armellini-Cecchelli, ›*Chiese*‹, Bd. I, S. 572 ff.; das Stifterporträt aus der Zeit vor 1607, das in der Apsis erhalten war, stellte wohl eher Paschalis II. als Paschalis I. dar. Zu den großen Kirchen und Umbauten des 12. Jahrhunderts siehe B. M. Apollonj Ghetti, ›*S. Crisogono*‹ (›*Chiese illustrate*‹ XCII), S. 68 ff.; *Corpus*, Bd. I, S. 40 f. und S. 165 ff., zu SS. Bonifacio ed Alessio bzw. S. Croce in Gerusalemme; beide Stellen beruhen auf Berichten aus dem 18. Jahrhundert über ihre mittelalterlichen Anlagen. Zu S. Bartolomeo in Isola: P. Casimiro, ›*Memorie istoriche delle Chiese... dei Fratri Minori*‹, 2. Aufl., Rom 1845, S. 370 ff., und Derselbe, ›*Dissertazioni... di S. Bartolomeo in Isola*‹, Rom 1742; beide Arbeiten scheinen bis heute unübertroffen.

S. 191 ff.: Für die Campanili muß man auf die monumentale Veröffentlichung von A. Serafini, ›*Torri campanarie di Roma e del Lazio nel medioevo*‹, Rom 1927, zurückgreifen; so unverläßlich und durch vorgefaßte Vorstellungen über Werkstätten und die Entwicklung der Glockentürme diese Arbeit auch sein mag, so bietet sie doch zumindest gute Illustrationen. Hinsichtlich der Kircheneinrichtungen des 12. und 13. Jahrhunderts und der aufeinanderfolgenden Werkstätten, die in diesem Bereich tätig waren, muß man sich noch immer an G. Giovannoni, ›*Note sui marmorari romani*‹, in *ASRStP* XXVII, 1904, S. 5 ff., und Derselbe, ›*Opere dei Vassalletti*‹, in: *L'Arte* XI, 1911, S. 262 ff., halten, die beide von A. M. Bessone Aurelj, ›*I marmorari Romani*‹, Rom 1935, verwendet worden sind; dazu E. Hutton, ›*The Cosmati. The Roman Marble Workers of the Twelfth and Thirteenth Centuries*‹, London 1950. Ein umfassendes Werk über die Marmorarii von P. C. Clausen, ›*Magistri doctissimi Romani*‹ ist in Vorbereitung. Auf Ronald E. Malmstroms Artikel über die durch die Kircheneinrichtung erreichte liturgisch bedingte Unterteilung des Raumes wurde oben schon hingewiesen. Die *opus-sectile*-Fußböden sind von D. Glass, ›*Studies on Cosmatesque Pavements*‹, Oxford 1980, untersucht worden; diese Studie von Professor Glass ist mir in Manuskriptform bekannt; sie wird demnächst in einer erweiterten und revidierten Fassung veröffentlicht werden. Eine umfassende Arbeit von Joan Barday Lloyd und Jeremy Blake über römische Klosterbauten im Mittelalter ist in Vorbereitung; für die Gebäude der Kanoniker an S. Clemente siehe J. B. Lloyd, wie oben, Anm. zu S. 181–198.

S. 197 ff.: Die Beibehaltung (oder Wiederbelebung?) von frühchristlichen Typen in den mittelalterlichen Kirchen Roms wird im selben Sinne von D. Kinney, a.a.O., S. 306 ff., behandelt.

S. 199: Eine allgemeine Vorstellung von der Architektur, Dekoration und Einrichtung der Kirche des Desiderius in Monte Cassino läßt sich aus der Beschreibung Leos von Ostia, ›*Chronicon Cassinense*‹, Bd. III, Kap. 26 ff., aus den nach dem Zweiten Weltkrieg ausgegrabenen Resten und aus der Anlage ihrer Tochterkirchen gewinnen. Vgl. A. Pantoni, ›*Le Vicende della basilica di Montecassino attraverso la documentazione archeologica*‹, Monte Cassino 1973; Derselbe, ›*La basilica di Montecassino e quella di Salerno*‹, in: ›*Benedictina*‹ X, 1956, S. 23 ff.; die beste Ausgabe von Leos Text findet sich bei O. Lehmann-Brockhaus, ›*Schriftquellen zur Kunstgeschichte des 11. und 12. Jahrhunderts...*‹, Berlin 1938, S. 476 ff.; eine überzeugende Rekonstruktionszeichnung von K. J. Conant und H. M. Willard enthält der Artikel des letzteren, ›*A project for the graphic reconstruction of... Monte Cassino*‹, in: ›*Speculum*‹ X, 1935, S. 144 ff. Für die vereinfachten Tochterkirchen von Monte Cassino, die ich erwähne, stütze ich mich auf J. Wettstein, ›*Les fresques de S. Angelo in Formis*‹, Genf 1960 (die Datierung der verschiedenen Teile dieses Zyklus, die wiederum umstritten ist – vgl. W. Paeseler, ›*Bauwerk und Bildkunst von Sant' Angelo in Formis*‹, in: ›*Actes... XXe Congrès International... Histoire de l'Art... Budapest 1969*‹, Budapest 1972, S. 259 ff. –, ist in unserem Zusammenhang unwichtig); zu Castel S. Elia bei Nepi siehe O. Hjørt, ›*The Frescoes of Castel Sant'Elia. A Problem of Stylistic Attribution*‹, in: ›*Hafnia*‹, 1970, S. 7 ff., und P. Hoegger, ›*Die Fresken von S. Elia bei Nepi*‹, Frauenfeld und Stuttgart 1975.

Zur Geschichte der Abtei und ihrer führenden Stellung im 11. und 12. Jahrhundert ist H. Blochs meisterhafte Studie ›*Montecassino, Byzantium and the West...*‹, in: *DOP* III, 1946, noch immer die wichtigste Arbeit. Sie wird bald durch sein *magnum opus* zu diesem Thema ergänzt werden.

S. 201 f.: Die Fragmente des Mosaiks in Salerno sind von E. Kitzinger als Widerspiegelung des entsprechenden Mosaiks in Monte Cassino identifiziert und in ihrer Beziehung zu den Mosaiken auf dem Apsisbogen in S. Clemente in Rom und zum historischen Kontext dargestellt worden: ›*The Gregorian Reform and the Visual Arts: A Problem of Method*‹ in: ›*Transactions of the Royal Historical Society*‹, 5th ser., XXII, 1972, S. 87 ff. (neu abgedruckt in: Derselbe, ›*Byzantium*‹, S. 271 ff.). O. Demus, ›*The Mosaics of Norman Sicily*‹, London 1949, S. 206 ff., hat die Beteiligung von sizilianischen oder süditalienischen, in Byzanz ausgebildeten Künstlern an der Arbeit in Monte Cassino vermutet.

Zu den Bronzetüren, die für S. Paolo, Monte Cassino und einige süditalienische Städte in Konstantinopel in Auftrag gegeben wurden, siehe G. Matthiae, ›*Le Porte bronze bizantine in Italia*‹, Rom 1971, und E. Josi, ›*La Porta Bizantina di S. Paolo*‹, Rom 1967.

S. 202 ff.: G. Ladner, ›*Die italienische Malerei im 11. Jahrhundert*‹, in: ›*Jahrbuch der Wiener kunsthistorischen Sammlungen*‹, n. s. V, 1931, S. 33 ff., ist noch immer von grundlegender Bedeutung für das Verständnis der römischen Malerei im 11. und frühen 12. Jahrhundert und der entscheidenden Rolle, die Monte Cassino in dieser Zeit spielte. Jüngere Untersuchungen haben Ladners Ergebnisse ergänzt, indem sie auf den starken Einfluß byzantinischer, vielleicht süditalienischer Elemente in Monte Cassino hingewiesen und die sich daraus ergebende größere Unabhängigkeit dieses Zentrums von Rom vermutet haben; vgl. O. Demus, ›*Byzantium and the West*‹, New York 1970, S. 103 ff. Das Problem einer Renaissance frühchristlicher Kunst, die sich in Stil, Technik, Ornamentik und Ikonographie in der römischen Malerei widerspiegelt, von den Fresken in der Unterkirche von S. Clemente bis zu jenen in S. Nicola in Carcere und zu den Mosaiken von S. Clemente und S. Maria in Trastevere, die genauen Datierungen und der intellektuelle Hintergrund sind von Hélène Toubert in ihrem Artikel in den *CahArch* XX, 1970, S. 99 ff., und von Kitzinger, wie oben, Anmerkung zu S. 170 f. in brillanter Weise dargestellt worden.

Die früher kaum beachteten Fresken von S. Nicola in Carcere befinden sich heute in den Lagerräumen des Vatikanischen Museums; mein herzlicher Dank gilt Dr. F. Mancinelli, der sie mir zugänglich gemacht hat. O. Demus, a.a.O., S. 205 ff., hatte schon auf die Rolle der Benediktiner, besonders derer von S. Paolo fuori le mura, innerhalb dieser Renaissancebewegung sowie auf den Einfluß der frühchristlichen Mosaiken von St. Peter und S. Paolo fuori le mura auf diese Bewegung hingewiesen.

S. 208: E. Panofsky, ›*Die Renaissancen der europäischen Kunst*‹, Frankfurt (›*Renaissance and renascences*‹, Upsala 1960), passim, war der erste, der die beiden Seiten der ›Renaissance‹ des 11. und 12. Jahrhunderts, die künstlerische und die literarische, und die während des ganzen Mittelalters immer wiederkehrenden Renaissancen der Antike in einem Zusammenhang gesehen hat.

S. 209 ff.: Die unterschiedlichen, oft sich diametral gegenüberstehenden Haltungen gegenüber der antiken dekorativen oder figürlichen Bildhauerei und der Gebrauch von Spolien sind mit Sorgfalt und Brillanz von A. Esch, ›*Spolien*‹, in: ›*Archiv für Kulturgeschichte*‹, LI, 1969, S. 1 ff., behandelt worden. Vgl. auch R. Lanciani, ›*Scavi*‹, Bd. I, S. 8 ff. und S. 22 ff., wo auf die Viertel der *calcararii* in Rom Bezug genommen wird; dazu auch Gnoli, ›*Topografia*‹, S. 44 f. Die Rolle der *marmorarii* als Antiquitätenhändler wird von R. Lanciani, a.a.O., S. 9 ff. skizziert; ebenso P. Fedele, ›*Sul commercio delle antichità in Roma nel XII secolo*‹, in: *ASRStP* XXXII, 1909, S. 465 ff.; E. Panofsky, ›*Die Renaissancen der europäischen Kunst*‹, S. 359, Anm. 65, warnt vor einer Überschätzung dieses Handels; vgl. auch A. Esch, a.a.O., passim. Dazu J. B. Ross' lebendige und nützliche Untersuchung ›*A Study of Twelfth Century Interest in the Antiquities of Rome*‹, in: ›*Medieval and Historiographical Essays in Honor of J. Westfall Thompson*‹, Chicago 1938, S. 302 ff. Zu Sugers Projekt, die Säulen aus den Diokletiansthermen nach Saint-Denis schaffen zu lassen: E. Panofsky, ›*Abbot Suger*‹, Princeton 1946, S. 90 f. Das Zitat auf S. 211 in meinem Text stammt aus einem Brief von

Anmerkungen

Giovanni Dondi von 1375, siehe R. Krautheimer und T. Krautheimer-Hess, ›*Lorenzo Ghiberti*‹, Princeton 1956 (Neudrucke 1970 und 1982), S. 296.

S. 211 f.: Die oft zitierte Stelle über Henry von Winchester stammt aus Johannes von Salisbury, ›*Historiae pontificalis quae supersunt*‹, hrsg. von R. L. Poole, Oxford 1927, S. 81 f. (Kap. 40); kennengelernt habe ich sie durch J. B. Ross' Hinweis in J. B. Ross, a.a.O., S. 308 f. Magister Gregorys Bericht – seine Persönlichkeit und das Datum seines Besuchs sind meines Wissens noch nirgends genau untersucht worden – ist mehrfach ediert worden, die jüngste Ausgabe stammt von R. B. Huygens, ›*Magister Gregorius ... Narracio*‹ (›*Textus Minores*‹ XLII), Leiden 1970; vgl. jedoch auch die älteren Editionen von G. McN. Rushforth, ›*Magister Gregorius de Mirabilibus Urbis Romanae*‹, in: ›*Journal of Roman Studies*‹ IX, 1919, S. 14 ff., und Valentini-Zucchetti, ›*Codice topografico*‹, Bd. III, S. 137 ff.; siehe auch J. B. Ross, a.a.O., S. 316 ff.

S. 212 f.: Zu den Fresken im Lateran und dem Mosaik am Narthex: Ladner, ›*Papstbildnisse...*‹, Bd. I, Vatikanstadt 1941, S. 195 ff., und Bd. II, Vatikanstadt 1970, S. 17 ff.; C. Walter, ›*Political Imagery in the Medieval Lateran Palace*‹, in: *CahArch* XX, 1970, S. 155 ff., besonders S. 162 ff., und ebenda, XXI, 1971, S. 109 ff. (zum Freskenzyklus in der Cappella di S. Silvestro in SS. Quattro Coronati: ebenda, auch J. M. Mitchell, S. 124 ff.). Ebenso G. Matthiae, ›*Pittura politica del medioevo Romano*‹, Rom 1964.

S. 213: Auf die Erhöhung des ursprünglich niedrigeren Querschiffs von St. Peter im Jahre 1154 hat als erster J. Christern, ›*Der Aufriß von Alt-St. Peter*‹, in: RQSCHR LXII, 1967, S. 133 ff., hingewiesen; vgl. auch *Corpus*, Bd. V, S. 176 u. 278.

S. 213 f.: Zur Wiederverwendung antiker Fundstücke im Zusammenhang mit den politischen und kulturellen, heidnischen und christlichen Renaissancen des 12. Jahrhunderts in Rom: K. Noehles, ›*Die Kunst der Cosmaten und die Idee der Renovatio Romae*‹, in: ›*Festschrift Werner Hager...*‹, Recklinghausen 1966, S. 17 ff.; H. Toubert, a.a.O.; F. Gandolfo, ›*Riimpiego di sculture antiche nei troni papali del XII secolo*‹, in: *RendPontAcc* XLVII, 1976, S. 203 ff.

S. 214 ff.: Die Sammlung antiker Skulpturen am Lateran ist hervorragend, wenngleich zuweilen recht spekulativ von W. S. Heckscher, ›*Sixtus III. Aeneas insignes statuas Romano populo restituendas censuit*‹, Den Haag 1955, untersucht und interpretiert worden; Hinweise darauf, wann die einzelnen Statuen zum erstenmal am Lateran belegt sind, werden in den Fußnoten gegeben. Siehe neuerdings mit neuen Perspektiven Ingo Herklotz, ›*Der Campus Lateranensis im Mittelalter*‹, Röm Jbch XXII, 1985, S. 1 ff. Zur juristischen Bedeutung einiger dieser Monumente seit mindestens dem 9. Jahrhundert: A. Erler, ›*Lupa, Lex und Reiterstandbild...*‹, Wiesbaden 1971. Der Wandel in der Interpretation der Reiterstatue des Mark Aurel, die einmal Konstantin und dann einen Volkshelden darstellen sollte, ist von J. S. Ackerman, ›*Marcus Aurelius on the Capitoline Hill*‹, in: ›*Renaissance News*‹, X, 1957, S. 69 ff., skizziert worden; daß die Löwen, die die Statue trugen, als Heemskerck sie zeichnete (Abb. 153), aus dem 12. Jahrhundert stammen, ist von K. Noehles, a.a.O., überzeugend vorgeschlagen worden.

S. 218 ff.: Professor Bernhard Bischoff hat nach Rückfrage und in Übereinstimmung mit Dr. Rudolf M. Kloos als Entstehungsdatum der Inschriften an der Casa di Crescenzio eine Zeit zwischen dem Ende des 11. und der Mitte des 12. Jahrhunderts vorgeschlagen, wobei seiner Meinung nach der Anfang dieser Zeitspanne am wahrscheinlichsten sei (Brief von Professor Bischoff vom 22. Juli 1976, für den ihm an dieser Stelle gedankt sei). Wenn diese Annahme zutrifft (und es gibt keinen Grund, sich dem Urteil der besten Fachleute auf dem Gebiet der Epigraphik nicht anzuschließen), so muß das Gebäude, an dem diese Inschriften einen integralen Teil bilden, als ein Baudenkmal betrachtet werden, das schon um 1100 den Geist ›*ante litteram*‹ vorwegnahm, aus dem dann 40 Jahre später die Römische Republik entstanden ist.

Die Urkunden zu den Säulen des Mark Aurel und Trajan finden sich bei P. L. Galletti, ›*Del Primicerio...*‹, Rom 1767, S. 323 f., doc. 16 (Mark Aurel), bzw. bei A. Nibby, ›*Roma nel MDCCCXXXVIII*‹ I, 2, Rom 1839, S. 642 (Trajanssäule). Zur Kirche S. Maria in Capitolio aus dem 12. Jahrhundert, der Vorläuferin von S. Maria in Aracoeli, siehe R. E. Malmstrom, ›*The Twelfth Century Church of S. Maria in Capitolio and the Capitoline Obelisk*‹, in: Röm Jbch XVI, 1976, S. 1 ff. Zur Aufstellung des Obelisken auf dem Kapitol und zu den ihn tragenden Löwen, die sich heute alle in der Villa Mattei befinden, schlägt Malmstrom ein Datum um 1200 vor und wendet sich damit gegen K. Noehles, ›*Die Kunst der Cosmaten und die Idee der Renovatio*‹, in: ›*Festschrift W. Hager*‹, Recklinghausen 1966, S. 17 ff., der ein Datum im 13. Jahrhundert annimmt, das mit dem Regime von Brancaleone in Zusammenhang stünde, und ebenso gegen ein Datum im 14. Jahrhundert, das mit Cola di Rienzos Herrschaft verbunden wäre, wie es C. D'Onofrio, ›*Gli obelischi di Roma*‹, Rom 1967, S. 214 ff., vorschlägt.

S. 221 f.: Die neueste Edition der ›*Mirabilia*‹ ist diejenige von Valentini-Zucchetti, ›*Codice topografico*‹, Bd. III, S. 1 ff., die mit einer guten Einleitung und nicht immer überzeugenden Anmerkungen versehen ist. Von den älteren Editionen möchte ich die von L. Duchesne im ›*Liber Censuum*‹, hrsg. von P. Fabre und L. Duchesne, Paris 1905, Bd. I, S. 262 ff., und diejenige von Urlichs in seinem ›*Codex*‹, S. 91 ff., angeben. Die Autorschaft des Benedictus Canonicus und das Datum 1143 als *terminus ante quem* sind überzeugend von L. Duchesne, ›*L'auteur des Mirabilia*‹, in: MEFR XXIV, 1904, S. 479 ff., bewiesen worden. Die vor 50 Jahren schon bekannten Quellen und Vorlagen zu den ›*Mirabilia*‹ sind von Schramm, ›*Renovatio*‹, Bd. II, S. 45 ff. und S. 105 ff., diskutiert worden; in neuerer Zeit wurden noch weitere Quellen vermutet, vgl. z. B. M. Demus-Quatember, ›*Zur Weltwunderliste des Pseudo-Beda*‹, in: ›*Römische historische Mitteilungen*‹ XII, 1970, S. 67 ff.

S. 222 f.: Die Haßliebe, die das mittelalterliche Verhältnis zum Altertum kennzeichnete, ist in jüngerer Zeit von T. Buddensieg, ›Gregory the Great: The Destroyer of Pagan Idols‹, in: *JWC* XXVIII, 1965, S. 4 ff., herausgestrichen worden, woher ich auch das Zitat aus Martin von Oppau genommen habe (S. 47, Anm. 9).

S. 222 ff.: Der lateinische Text ist bei Schramm, ›Renovatio‹, Bd. I, S. 300 ff., abgedruckt, dort findet sich auch (S. 304 f., Anm. 1) die deutsche Übersetzung.

VIII.

S. 226: Aus der reichhaltigen Literatur zum 13. Jahrhundert in Rom gebe ich die wichtigsten Werke, die in der Anmerkung zu S. 161 (Kap. VI) erwähnt wurden, noch einmal an: Waley, ›Papal State‹; Morghen, ›Medioevo Cristiano‹; R. W. Southern, ›Kirche und Gesellschaft im Abendland des Mittelalters‹; Partner, ›Lands‹; und Brentano, ›Rome before Avignon‹; dazu die Biographie Innozenz' III., ›Gesta Innocentii Papae III‹, in: *PL* CCXIV, Sp. xvii ff., seine Korrespondenz ebenda, Sp. 1 ff., und *PL* CCXV, Sp.CCXVI. Zu Brancaleone di Andalò stütze ich mich auf den Artikel von E. Christiani in: ›Dizionario biografico degli Italiani‹, Bd. III, 1961, S. 45 ff.; zur Reihe von römischen Päpsten zu Beginn und am Ende des Jahrhunderts vgl. Brentano, S. 116 ff.

S. 226 f.: Zur weltlichen wie kirchlichen Bautätigkeit der Päpste und ihren Kirchendekorationen siehe die nützliche Zusammenstellung von H. Schröder, ›Die kunstfördernde Tätigkeit der Päpste im 13. Jahrhundert‹, Diss. phil. Leipzig 1931. Die Liste der Schenkungen Innozenz' III. findet sich in ›Gesta‹, Kap. CXLV-CL (*PL* CCXIV, Sp. CCIII-CCXXIII); vgl. auch A. Mai, ›Spicilegium, Additamentum‹, S. 300 ff. Zu SS. Sergio e Bacco: ›Gesta‹, Kap. IV und CXLV (*PL* CCXIV, Sp. XVIII und CCVII), und M. Bonfioli, ›La diaconia dei SS. Sergio e Bacco...‹, in: *RAC* L, 1974, S. 55 ff., besonders S. 62 f., mit weiteren Literaturangaben; zur Reparatur des Lateranpalastes und Einrichtung eines Krankenzimmers (*cameram egestivam*); ›Gesta‹, Kap. CXLVI (*PL* CCXIV, Sp. CCXI); zum Spital von S. Spirito: ebenda, Kap. CXLIV (*PL* CCXIV, Sp. CC f.), und sehr lebendig R. Brentano, a.a.O., S. 19 ff., mit Anmerkungen zur älteren Literatur, insbesondere zum Gründungsstatut des Spitals; zur Tor de' Conti und der Verbindung zwischen dem Bau dieses Turms und der Gründung des Spitals: Ptolemäus von Lucca, ›Historia Ecclesiastica‹ XXI, S. 16 (*RIS* XI, 1127), und Derselbe, ›Annales‹ (ebenda, 1276), besser: Derselbe, ›Die Annalen des Tholomeus von Lucca‹, hrsg. von B. Schmeidler, *MGH SS* n. s. VIII, 1930, S. 90; ebenso Riccobaldo von Ferrara, ›Historia Pontificum Romanorum‹ (*RIS* IX, 179), und zur Gründung von S. Spirito: Franciscus Pippinus, ›Chronicon‹ (*RIS* IX, 632). Schließlich zum von Innozenz »honorabile et utile« gebauten Vatikanischen Palast: ›Gesta‹, Kap. CCXI (*PL* CCXIV, Sp. CCXI; ebenso F. Ehrle und H. Egger, ›Der Vatikanische Palast...‹ [›*Studi e documenti per la storia del Palazzo Apostolico Vaticano*‹, II], Vatikanstadt 1935, S. 33 f.), und, wichtiger noch in unserem Zusammenhang, D. Redig de Campos, ›I Palazzi Vaticani‹ (›Roma Cristiana‹ XXVIII), Bologna 1967, wo auf S. 22 f. die noch erhaltenen Teile des Palasts von Innozenz identifiziert und in überzeugenden Rekonstruktionszeichnungen dargestellt werden. K. B. Steinke, ›Die mittelalterlichen Vatikanpaläste und ihre Kapellen‹ (›*Studi e documenti per la storia del Palazzo Apostolico Vaticano*‹ V), Vatikanstadt 1981, schreibt die ältesten erhaltenen Teile nicht Innozenz III., sondern Innozenz IV. (1243–1254) zu.

Zum Mäzenatentum von Honorius III. und Gregor IX.: H. Schröder, a.a.O., S. 22 ff. und S. 33 ff. Im einzelnen: zum Neubau von S. Lorenzo fuori le mura: *Corpus*, Bd. III, S. 1 ff., besonders S. 35 ff. und S. 139 f.; zur Möglichkeit, daß diese Bauarbeiten teilweise von einem Laien finanziert wurden: Ladner, ›Papstbildnisse‹, Bd. II, S. 92 f.; zu den Arbeiten des Honorius an S. Paolo siehe die folgende Anmerkung; zu Gregors IX. Herberge am Lateran: Kardinal von Aragon (Nicola Roselli), ›Vita Gregorii Papae IX‹, in: *RIS*, III, 1, 577.

S. 228 f.: Zum Mosaik in der alten Peterskirche: Ladner, ›Papstbildnisse‹, Bd. II, S. 56 ff.; am besten bekannt ist es in der Kopie, die für Jacopo Grimaldi angefertigt wurde (›*Descrizione della Basilica Vaticana*‹, hrsg. von R. Niggl., Vatikanstadt 1972, S. 196 f.); danach dann J. Ciampini, ›De sacris aedificiis...‹, Rom 1693, Tafel XIII; siehe auch J. Ruysschaert, ›Le tableau Mariotte...‹, in: *RendPontAcc* XL, 1967/1968, S. 295 ff., wo sich eine leicht davon abweichende Kopie abgebildet findet. Die zwei erhaltenen Fragmente, die Köpfe der Ecclesia Romana und von Innozenz III. (Ladner, ›Papstbildnisse‹, Bd. II, S. 64 f.) befinden sich im Museo di Roma; siehe Matthiae, ›Mosaici‹, S. 327 ff. Ladner, a.a.O., S. 66, interpretiert das Gegenüber von Papst und Kirche überzeugend dahingehend, daß es die Kirche darstellen soll, die im Papst als dem Führer der Christenheit verkörpert wird. Zu der frühchristlichen Komposition, die dem Mosaik Innozenz' vorausging: C. Davis-Weyer, ›Das Traditio-Legis-Bild und seine Nachfolge‹, in: ›Münchner Jahrbuch‹ XII, 1961, S. 7 ff.

Zum Mosaik in S. Paolo: Ladner, ›Papstbildnisse‹, Bd. II, S. 80 ff., der ebenfalls auf Franciscus Pippinus, ›Chronicon‹, II, 42 (*RIS* IX, 664), und auf *LP* II, S. 453, Anm. 6, Bezug nimmt.

S. 229 ff.: Zum Bau des Palazzo del Senatore: C. Pietrangeli, ›Il palazzo Senatorio nel Medioevo‹, in: ›Capitolium‹ XXXV, 1960, S. 3 ff., der auf die Quellen verweist, wie z. B. auf F. Bartoloni, ›Senato‹ – auf den Seiten 216 ff. ist die Urkunde von 1257 abgedruckt –, und den ersten klaren Bericht über die in Michelangelos Bau erhaltenen mittelalterlichen Teile und ihre vermutlichen Entstehungsdaten gibt; zu Michelangelos Neubau und den Ansichten, die diesen während des Umbaus zeigen: J. Ackerman, ›The Architecture of Michelangelo‹, London 1961, ›Catalogue‹, S. 49 ff., und ›Plates‹ 30a ff.

S. 231 f.: Die Kunstförderung im Rom des späten 13. Jahrhunderts, besonders unter Nikolaus III. und Nikolaus IV., ist das Thema einer ausgezeichneten Untersuchung (die zwar un-

Anmerkungen

veröffentlicht ist, mir aber vom Autor freundlicherweise zugänglich gemacht worden ist), auf die sich meine Arbeit hier zu großen Teilen stützt: J. Gardner, ›*The Influence of Popes' and Cardinals' Patronage on the Introduction of the Gothic Style into Rome, 1254–1305*‹, Diss. phil., Courtauld Institute, London University, 1969. Ich bin Professor Gardner außerordentlich dankbar dafür, daß er mich mit dieser seiner frühen Arbeit und den darauffolgenden Untersuchungen bekannt gemacht hat, und für viele interessante und anregende Unterhaltungen.

Unter den erhaltenen Inventarlisten sind besonders interessant: L. Mortari, ›*Il tesoro della Cattedrale di Anagni*‹, Rom 1963, E. Muentz und A. L. Frothingham, ›*Il tesoro della Basilica di S. Pietro*‹, in: *ASRStP* VI, 1883, S. 1 ff.; die Daten der (späten) Inventarlisten von 1361 und 1436 stellen nur *termini ante quos* dar, während diejenige von 1303, die dem ›*Liber anniversariorum*‹ der Basilica Vaticana entnommen ist, ›*Necrologi della Provincia Romana*‹ I (›*Fonti per la storia d'Italia*‹ XLIV), hrsg. von P. Egidi, Rom 1980, S. 260 ff., nur die Schenkungen von Bonifatius VIII. enthält. Zu den Geschenken von Nikolaus III. siehe ebenda, S. 288. Vgl. auch ›*Mostra tesori d'arte sacra di Roma e del Lazio*‹, Rom 1975, S. 53 ff., für die Stücke aus Casamari, die sich jetzt in Veroli befinden. Die Summen, die Kardinal Stefaneschi für Arbeiten an St. Peter ausgegeben hat, sind im ›*Liber anniversariorum*‹ der Basilica Vaticana, a.a.O., S. 222 f., aufgezählt.

S. 231 f.: Zu den Erweiterungen des Vatikanpalastes durch Nikolaus III. und seine Nachfolger bis 1300 siehe: D. Redig de Campos, ›*I Palazzi Vaticani*‹, S. 25 ff., und ›*Grafici*‹ III–V, wo die erhaltenen Teile identifiziert, illustriert und zeichnerisch rekonstruiert sind, die Dokumentation von Ehrle und Egger, ›*Der Vatikanische Palast...*‹, S. 37 ff., und neuerdings K. B. Steinke, wie oben, Anmerkung zu S. 226 f. Zu den aufgefundenen Wandgemälden: D. Redig de Campos, ›*Di alcune traccie del palazzo di Niccolo III...*‹, in: *RendPontAcc* XVIII, 1941/1942, S. 71 ff.

S. 232 f.: Wo immer dies im Zusammenhang des von uns gezeichneten ›Profils‹ wichtig ist, wird das Werk der großen Künstler, die in Rom im letzten Drittel des 13. Jahrhunderts tätig waren, weiter unten dargestellt werden – viel zu oberflächlich im Kontext dieses Buchs, wie ich wohl weiß. Es mag jedoch von Nutzen sein, hier die wichtigsten Veröffentlichungen aufzuzählen, auf die ich mich neben Matthiae, ›*Pittura*‹, Bd. II, S. 175 ff., und ›*Mosaici*‹, S. 343 ff., gestützt habe: J. Gardners Dissertation, wie in der voraufgehenden Anmerkung zu S. 231 f.; J. White, ›*Art in Italy, 1250–1400*‹ (›*Pelican History of Art*‹), Harmondsworth 1966; A. M. Romanini, ›*Arnolfo di Cambio*‹, Mailand 1969; J. Gardner, ›*Arnolfo di Cambio and Roman Tomb Design*‹, in: *Burl Mag* CXV, 1973, S. 422 ff.; Derselbe, ›*The Tomb of Cardinal Annibaldi by Arnolfo di Cambio*‹, in: *Burl Mag* CXIV, 1972, S. 136 ff.; und noch immer H. Keller, ›*Der Bildhauer Arnolfo di Cambio und seine Werkstatt*‹, in: ›*Jahrbuch der Preussischen Kunstsammlungen*‹ LXXV, 1934, S. 205 ff., und LXXVI, 1935, S. 22 ff.; G. Matthiae, ›*Pietro Cavallini*‹, Rom 1972, und schon früher S. Lothrop, ›*Pietro Cavallini*‹, in: ›*Memoirs of the American Academy in Rome*‹ II, 1918, S. 77 ff.; J. White, ›*Cavallini and the Lost Frescoes in S. Paolo*‹, in: *JWC* XIX, 1956, S. 84 ff.; J. Gardner, ›*S. Paolo Fuori le Mura, Nicholas III and Pietro Cavallini*‹, in: ZKG, 1971, S. 240 ff.; P. Hetherington, ›*The Mosaics of Pietro Cavallini in S. Maria in Trastevere*‹, in: *JWC* XXXIII, 1970, S. 84 ff.; und, konkurrierend mit Gardners These, Hetherington, ›*Pietro Cavallini, Artistic Style and Patronage...*‹, in: *Burl Mag* CXIV, 1972, S. 4 ff.; R. Bertos, ›*Jacopo Torriti*‹, Diss. phil. München 1963; und J. Gardner, ›*Pope Nicholas IV and the Decoration of S. Maria Maggiore*‹, in: ZKG, 1973, S. 1 ff., wo auch die Fresken auf der Außenfassade behandelt werden; schließlich zu Giottos Werk in Rom: W. Paeseler, ›*Giottos Navicella*‹; W. Kemp, ›*Zum Programm von Stefaneschi-Altar und Navicella*‹, in: ZKG XXX, 1967, S. 309 ff.; M. Gosebruch, ›*Giottos Stefaneschi Altarwerk...*‹, in: ›*Miscellanea Bibliothecae Hertzianae*‹, München 1961, S. 104 ff., und neuerdings J. Gardner, ›*The Stefaneschi Altarpiece...*‹, in: *JWC* XXXVII, 1974, S. 57 ff., wo ein Entstehungsdatum vor 1300 vorgeschlagen wird, im Gegensatz zur meist gegebenen Datierung auf 1314 oder später. Die in dieser Anmerkung aufgezählten Arbeiten werden künftig nur mit Autorname, Jahr und, wo nötig, Kurztitel zitiert.

Cimabue tritt in Rom als Zeuge einer Urkunde von 1272 auf (siehe E. Battisti, ›*Cimabue*‹, Mailand 1963, S. 93).

S. 233: Zu den Aquarellkopien der Wandgemälde von S. Paolo aus der Zeit zwischen 1630 und 1640 (Barb. lat. 4406, Vatikanische Bibliothek): St. Waetzold, ›*Die Kopien des 17. Jahrhunderts nach Mosaiken und Wandmalereien in Rom*‹ (›*Römische Forschungen der Bibliotheca Hertziana*‹ XVIII), München und Wien 1962, S. 55 ff. J. Garber, ›*Wirkungen der frühchristlichen Gemäldezyklen...*‹, Wien und Berlin 1918, versuchte, gestützt auf diese Kopien des 17. Jahrhunderts, bei den verlorenen Originalen Szenen, die von Cavallini neu erfunden wurden, solche, die er nach Originalen aus dem 5. Jahrhundert kopierte, und Originalszenen des 5. Jahrhunderts, die bis 1823 erhalten blieben, zu unterscheiden – ein bestenfalls gewagtes Unternehmen. Tatsächlich höre ich, daß die von Garber vorgeschlagene Unterteilung wieder umstritten ist. J. Gardner, ZKG XXXIV, 1971, S. 240, sieht noch die Hand eines anderen Meisters des 13. Jahrhunderts aus der Zeit vor Cavallini in diesen Fresken. Cavallinis Tätigkeit in der Kapelle Sancta Sanctorum ist häufig angezweifelt worden (Matthiae, ›*Pittura*‹, S. 195); siehe dazu jetzt J. Wollesen, ›*Eine vorcavallineske Mosaikdekoration in Santa Sanctorum*‹, Röm Jbch XIII, 1979, S. 9 ff., und Derselbe, ›*Die Fresken in Santa Sanctorium*‹, ebenda XIX, 1981, S. 35 ff. Daß das Jahr 1291 eher einen *terminus ante quem* (White, a.a.O., 1956, S. 97) als einen *terminus post quem* (Hetherington, *JWC* [1970]) für die Entstehung der Mosaiken in S. Maria in Trastevere darstelle, scheint mir sehr viel wahrscheinlicher. Die Datierung der Fresken von S. Cecilia auf 1291 bis 1293 oder wenig später und ihre offenkundige Verbindung sowohl mit den frühchristlichen Wandgemälden in S. Paolo als auch mit denen von Cavallini stammen ebenfalls von White und sind mehr oder weniger allgemein anerkannt (die

Serie von Papstporträts, die sich einst in S. Cecilia befunden hat, wird von G. Marangoni, ›Delle cose gentilesche ... delle Chiese‹, Rom 1744, S. 311, erwähnt – ein Passus, der bislang unbemerkt geblieben ist). Zu den verlorenen Werken in der Peterskirche: ›Lorenzo Ghibertis Denkwürdigkeiten‹, hrsg. von J. von Schlosser, Berlin 1912, Bd. I, S. 39, und J. Grimaldi, ›Descrizione‹, fol. 120ᵛ, fol. 121ʳ, S. 156 f.; zu S. Crisogono und dem Fassadenmosaik in S. Paolo: ›Lorenzo Ghibertis Denkwürdigkeiten‹, a.a.O., zu letzterem auch N. M. Nicolai, ›Della basilica di S. Paolo‹, Rom 1815, Tafel VI, und J. Gardner, ›Copies of Roman Mosaics in Edinburgh‹, in: Burl Mag CXV, 1973, S. 583 ff., besonders S. 589 f. mit der älteren Bibliographie, der dazu neigt, auch hier Ähnlichkeiten zu Cavallinis Stil zu sehen.

S. 234: Zu Torriti: Bertos, 1963; J. Gardner, ZKG XXXVI, 1973; und Ladner, ›Papstbildnisse‹, Bd. II, S. 235 ff. (das Mosaik in S. Giovanni in Laterano mit der Inschrift von 1292) und S. 241 ff. (das Apsisgewölbe in S. Maria Maggiore; die Inschrift wurde im 16. Jahrhundert als 1296 gelesen, aber ich übernehme Gardners Lesung, a.a.O., S. 2, S. 8, S. 12 und passim, der 1290 und 1295 angibt). Zu Rusuti: Gardner, a.a.O., S. 21 ff.; ebenda S. 18 f. zum anonymen Meister der Fresken im Querschiff, »der mit dem Isaakmeister ... in Assisi in engem Zusammenhang steht«. Zum Zyklus der Tre Fontane: C. Bertelli, ›L'enciclopedia delle Tre Fontane‹, in: ›Paragone‹ CCXXXV, 1969, S. 24 ff.

S. 235: J. Gardner, ›Nicholas III's Oratory of the Sancta Sanctorum‹, in: Burl Mag CXV, 1973, S. 283 ff., stellt die Geschichte der Kapelle dar und analysiert ihren Stil, wobei er sie mit dem Querschiff von S. Francesco in Assisi in Zusammenhang bringt, übertragen »in die schwerfällig klassizistische Manier der zeitgenössischen römischen Architektur«. R. E. Malmstrom, ›S. Maria in Aracoeli at Rome‹, Diss. phil. New York University 1973, untersucht die heutige Kirche und ihre aufeinanderfolgenden Bauabschnitte ebenso wie die erhaltenen Teile ihrer Vorgängerin aus dem 12. Jahrhundert, während G. Urban, ›Die Kirchenbaukunst des Quattrocento in Rom‹, in: Röm Jbch IX/X, 1961/1962, S. 73 ff., besonders S. 119 ff., sich auf S. Maria sopra Minerva konzentriert. Zu den Umbauten von S. Maria Maggiore und S. Giovanni in Laterano allzu knapp Corpus, Bd. III, S. 1 ff., und Bd. V, S. 1 ff.; eine gründliche Untersuchung des mittelalterlichen Umbaus der frühchristlichen Kirchen Roms steht noch aus. Zur konservativen Grundhaltung der mittelalterlichen römischen Kirchenarchitekten: D. Kinney, ›S. Maria in Trastevere‹, Diss. phil. New York University 1975, S. 306 f.

S. 236 ff.: Zur Bestattung in antiken Sarkophagen: F. Gregorovius, ›Die Grabmäler der römischen Päpste‹, Leipzig 1857, passim, besonders S. 33 (Otto II.); J. Déer, ›The Dynastic Porphyry Tombs of the Norman Period ...‹ (›Dumbarton Oaks Studies‹ V), Cambridge, Mass., 1959, S. 146 ff. (Innozenz II.), S. 150 f. (Anastasius IV.), S. 152 (Hadrian IV.); und neuerdings I. Herklotz ›‚Sepulcra' e ‚Monumenta' del Medioevo‹, Rom 1985; dazu: G. Marangoni, ›Delle cose gentilesche‹, Rom 1744, passim. Zum Eindringen gotischer Grabmaltypen nach Rom und in die zeitweiligen Papstresidenzen und zum Anteil, den Arnolfo an dieser Bewegung hatte, jetzt auch Herklotz, a.a.O., vor ihm Gardners Artikel Burl Mag, 1972 und 1973, und Ladner, ›Papstbildnisse‹, Bd. II, S. 209 ff. (Grabmal Nikolaus' III. – nur der *gisant* hat sich in den Grotte Vaticane erhalten); S. 229 ff. (Grabmal Honorius' IV., dessen Fragmente sich in S. Maria in Aracoeli befinden), und S. 302 ff. (Grabmal Bonifatius' VIII.; es befand sich ursprünglich unter einem schwerfälligen, altmodischen und allzu nachdrücklich gotischen Baldachin – heute stehen der Sarkophag und der *gisant* in den vatikanischen Grotten; das halblebensgroße Porträt des segnenden Papstes, das sich ursprünglich an einer Seitenwand des Baldachins befand, ist heute in den Papstgemächern; das Mosaik auf der hinteren Wand, das von Torriti signiert war und daneben auch Arnolfos Unterschrift trug, ist verloren [Ladner, a.a.O., Bd. II, S. 310 ff., der auch auf Grimaldi, ›Descrizione‹, S. 44 f., verweist]; das Ganze wurde vor Januar 1301 abgeschlossen [Ladner, a.a.O., S. 310]). Zu den Baldachinen in S. Paolo und S. Cecilia: Romanini, a.a.O., S. 57 ff., 75 ff. und passim.

S. 241: M. Salmi und B. Bearzi, ›Il problema della statua bronzea di S. Pietro‹, und ›Esame tecnologico e metallurgico della statua di S. Pietro‹, in: ›Commentari‹ XI, 1960, S. 22 ff., 30 ff., haben die Bronzestatue des heiligen Petrus nun definitiv in die letzten Jahre des 13. Jahrhunderts, möglicherweise in die Jahre 1296 bis 1298 datieren können. Sowohl H. Keller, ›Der Bildhauer Arnolfo di Cambio ...‹, in: ›Jahrbuch der Preussischen Kunstsammlungen‹ LV, 1934, S. 223, als auch Romanini, a.a.O., S. 181, glauben, daß die Statue eine Werkstattarbeit ist. Mit Salmi neige ich jedoch zu der Annahme, daß sie von seiner eigenen Hand stammt, wenngleich ihm das Material nicht vertraut war.

S. 241 ff.: Wieder einmal muß ich meine mangelnde Fachkenntnis zugeben und grundlegende Fragen beiseite lassen, wie z. B. die nach den Verbindungen zwischen der römischen und der florentinischen Kunst am Ausgang des *Dugento* oder die nach der Rolle, die Assisi in der Herausbildung der neuen Kunst Roms spielte. Selbst wenn ich mich darauf beschränkt habe, das Werk der römischen Meister in einem kurzen Überblick darzustellen, so kann ich nur ein weiteres Mal auf die wichtigen Veröffentlichungen hinweisen, die ich in der Anmerkung zu S. 232 angeführt und auf die ich mich weitestgehend gestützt habe. Zu den Wandgemälden in der Sylvesterkapelle: Matthiae, ›Pittura‹, S. 146 ff., und Derselbe, ›Pittura politica del medioevo Romano‹, Rom 1964, S. 86 ff.; zu Anagni: Matthiae, ›Pittura‹, S. 132 ff. – doch könnte das Jahr 1231, das Datum des Fußbodens in der Krypta, nicht ebensogut auch einen *terminus ante quem* markieren wie einen *terminus post quem*, wie Matthiae meint?

S. 244 f.: Der Einfluß der byzantinischen Kunst auf die römischen Meister und besonders auf Torriti ist innerhalb des Rahmens einer umfassenden Untersuchung von E. Kitzinger,

Anmerkungen

›*The Byzantine Contribution to Western Art of the Twelfth and Thirteenth Centuries*‹, in: *DOP* XX, 1966, S. 27 ff. (Neudruck in Derselbe, ›*Byzantium*‹, S. 357 ff.), dargestellt worden, die ich über weite Strecken paraphrasiere. Davon unabhängig, aber in ähnlicher Weise, ist dieses Thema von O. Demus, ›*Byzantium and the West*‹, New York 1970, S. 121 ff., besonders S. 226 ff., angegangen worden.

Zu Torritis Tätigkeit in S. Maria Maggiore stütze ich mich im wesentlichen auf Gardner, ZKG XXXVI, 1973; dazu und zum Lateranmosaik auch auf Ladner, ›Papstbildnisse‹, Bd. II, S. 241 ff. und S. 234 ff.; vgl. auch die zusammenfassenden Abschnitte bei Matthiae, ›*Mosaici*‹, S. 355. Die Mitwirkung sizilianischer Mosaikarbeiter an dem Mosaik in St. Peter ist von O. Demus, ›*The Mosaics of Norman Sicily*‹, London 1950, S. 453 ff., vermutet worden; der Brief von Honorius III. über S. Paolo fuori le mura findet sich in ›*Regesta Honorii III Papae*‹, hrsg. von P. Pressuti, Paris 1888, S. 173, und wird von Ladner, ›Papstbildnisse‹, Bd. II, S. 80 ff., zitiert. Zu Sopoćani: Kitzinger, ›*Byzantium*‹, S. 373 ff.; Demus, ›*Byzantium and the West*‹, S. 226 ff.; V. J. Djurić, ›*Sopoćani*‹, Belgrad 1963.

S. 245 ff.: Zwischen Torritis ›Krönung‹ und den Apsismosaiken in S. Clemente und S. Maria in Trastevere sind von Gardner, ZKG XXXVI, 1973, Verbindungen vermutet worden. In groben Umrissen ist das erneute Zurückgreifen des 13. Jahrhunderts auf antike Vorbilder von W. Paeseler, ›Der Rückgriff der römischen Dugentomalerei auf die christliche Spätantike‹, in: ›Beiträge zur Kunst des Mittelalters, Vorträge der ersten deutschen Kunsthistorikertagung ... 1948‹, Berlin 1950, S. 157 ff., skizziert worden. Ich stimme der Auffassung Paeselers zu, daß durch den Rückgriff des 13. Jahrhunderts nicht mehr nur bloße Kopien der Vorbilder, sondern auch Neuschöpfungen entstanden; doch seine Definition der spätantiken Malerei als ›alexandrinisch‹ ist heute überholt, und das vorgeschlagene Spektrum von Vorbildern, auf die im 13. Jahrhundert zurückgegriffen worden sei, scheint mir übertrieben weit gegriffen.

S. 247 ff.: Die unterschiedlichen Charaktere der mittelalterlichen Renaissancen nördlich und südlich der Alpen sind zum erstenmal von Erwin Panofsky, ›Die Renaissance der europäischen Kunst‹, in brillanter Weise herausgearbeitet worden. Auch die Renaissancebewegungen des 13. Jahrhunderts sind von Panofsky in diesem Buch besprochen worden, besonders S. 73 ff. (Reims), S. 75 ff. (Friedrich II.), S. 77 f. und passim (Nicola Pisano); zu Friedrich II. siehe auch E. Kantorowicz, ›Kaiser Friedrich II.‹, Berlin 1927, S. 483 ff.; und zu Nicola Pisano und sein Verhältnis zur Antike jüngst: M. Seidel, ›Studien zur Antikenrezeption Niccolò Pisanos‹, in: ›Mitteilungen des Kunsthistorischen Instituts Florenz‹ XIX, 1975, S. 307 ff.

S. 249 f.: Der französische Einfluß auf Torriti, der vermutlich den Weg über Assisi genommen hat, ist von Gardner, ZKG XXXVI, 1973, aufgewiesen worden. Für die Vermutung, daß auch zwischen Cavallini und Frankreich Verbindungen be-

standen, übernehme ich die volle Verantwortung. Zu Giottos Verhältnis zur Antike: Paeseler, ›Giottos Navicella‹ und ›Der Rückgriff‹, wie oben. Bezüglich der unterschiedlichen Daten, die für Giottos Aufenthalt in Rom angenommen werden, begnüge ich mich damit, einige Beispiele aufzuzählen: P. Murray, ›*Notes on Some Early Giotto Sources*‹, in: *JWC* XVI, 1953, S. 58 ff., (Navicella um 1300); Paeseler ›Giottos Navicella‹ (Navicella 1306/1307–1311); M. Gosebruch, ›Giottos Stefaneschi Altarwerk ...‹, in: ›*Miscellanea Bibliothecae Hertzianae*‹, München 1961, S. 104 ff. (Altar nach 1313); W. Kemp, ›Zum Programm von Stefaneschi-Altar und Navicella‹, in: ZKG XXX, 1967, S. 309 ff. (Altar und Navicella nach 1309); J. Gardner, ›*The Stefaneschi Altarpiece ...*‹, in: *JWC* XXXVII, 1974, S. 57 ff. (Altar und Navicella um 1300, im Zusammenhang mit dem Heiligen Jahr).

S. 252: Zu den Ehrenstatuen: Ladner, ›Papstbildnisse‹, Bd. II, S. 215, im allgemeinen, wobei er auch auf Friedrich II. eingeht; zur Statue Nikolaus' III. ebenda, S. 226; zur Statue im Palazzo Venezia, die vielleicht Nikolaus IV. darstellt, ebenda, S. 253 f.; zu denen von Bonifatius VIII.: S. 296 ff. (Statue von Bologna), S. 301 (Amiens), S. 322 ff. (Florenz), S. 332 ff. (Orvieto), S. 337 ff. (Anagni) und S. 339 zu derjenigen, die für Padua geplant war. Siehe auch U. Sommer, ›Die Anklage der Idolatrie gegen Bonifatius VIII.‹, Freiburg 1920, und H. Keller, ›Die Entstehung des Bildnisses am Ende des Hochmittelalters‹, in: Röm Jbch III, 1938, S. 227 ff.

S. 253 f.: Zur Marmortreppe zu S. Maria in Aracoeli hinauf, zur Inschrift, die den Namen des Maurermeisters nennt, und zum Datum von 1348: Forcella, ›*Iscrizioni*‹, Bd. I, S. 127, Nr. 453. Zum Altarbaldachin von S. Giovanni in Laterano: A. Monferini, ›*Il ciborio Lateranense e Giovanni di Stefano*‹, in: ›*Commentari*‹ XIII, 1962, S. 182 ff.

IX.

S. 257 f.: Bevölkerungszahlen sind gerade für Rom seit dem 6. Jahrhundert und während des ganzen Mittelalters bekanntermaßen überaus schwer zu ermitteln. Zu der von Procopius angegebenen Zahl von nur 500 überlebenden Männern – wohl Männer und nicht Menschen – siehe ›Gotenkriege‹ VII, xx, 19 (Prokop, ›Werke‹ II, S. 573). Hinsichtlich der demographischen Geschichte des Umlandes und der kleinen Städte in Latium während des Mittelalters und besonders im 14. und 15. Jahrhundert konnten in jüngerer Zeit durch die Auswertung von Steuerlisten einige Ergebnisse gewonnen werden; doch die Interpretationen der Zahlen weichen zuweilen weit voneinander ab, und die Schätzungen sind bestenfalls recht grob. Siehe Partner, ›*Lands*‹, passim, und besonders S. 354 f., S. 389 f., S. 420 ff.; A. Esch, ›Bonifaz IX. und der Kirchenstaat‹, Tübingen 1969, S. 209 ff., für die Zeit um 1400; und, wenngleich recht veraltet, K. J. Beloch, ›Bevölkerungsgeschichte Italiens‹, Berlin und Leipzig 1937–1939 (aber schon vor 1929 geschrieben), besonders Bd. II, S. 36 ff. Zur umstrittenen Interpretation der Zahlen, die auf der Grundlage der Listen für die 1420 bis 1422 nur im Distrikt von Rom und ohne die Stadt selbst erhobenen Haus- und Salzsteuern beruhen, siehe G. Tomassetti, ›Del sale e focatico del comune di Roma...‹ in: *ASRStP* XX, 1897, S. 313 ff., der auf eine Bevölkerungszahl von ungefähr 460 000 kommt, und G. Pardi, ›*La populazione del distretto di Roma sui primordi del Quattrocento*‹, in *ASRStP* XLIX, 1926, S. 331 f.; dessen Zahl von bloß 176 000 mit der niedrigen Schätzung, die von Beloch, a.a.O., Bd. II, S. 37 f., vorgeschlagen wird, übereinzustimmen scheint. Auch J. C. Russell, ›*Medieval Regions and Their Cities*‹, Bloomington, Ind., 1972, S. 51 ff., besteht wie schon zuvor in seinem ›*Late Ancient and Medieval Population*‹ (›*Transactions of the American Philosophical Society*‹ XLIII, 3), 1958, auf niedrigen Schätzungen für Rom: 17000–20000 im späten 13. Jahrhundert – was auf der fragwürdigen Verhältnisrechnung von Klerus zu Gesamtbevölkerung wie 1:3 oder 1:4 beruht; die Zahl von ungefähr 5000 Klerikern gehört übrigens ins frühe 14. und nicht ins 13. Jahrhundert. Um jedoch auf Pardis Zahlen zurückzukommen, so war die Bevölkerungszahl um 1420 in einem Umland, das durch ein Jahrhundert des ständigen Krieges, der Epidemien und der Auflassung von Gehöften und Dörfern, so wie Partner es einschätzt, wohl weit niedriger als 150 oder 200 Jahre zuvor, als Latium florierte (Partner, ›*Lands*‹, S. 189 ff.).

Im 12. und 13. Jahrhundert scheint die einzige Zahl, derer man habhaft werden kann, die Größe des römischen Aufgebots von 1167 in der Schlacht bei Monte Porzio zu sein: 30 000 Mann, wie die ›*Annales Colonienses Maximi*‹, *MGH SS* XVII, S. 766, berichten, und, verläßlicher noch, auch Acerbo Morena (›*Das Geschichtswerk des Otto Morena und seiner Fortsetzer*‹, hrsg. von F. Güterbeck, *MGH SS RG*, n. s. VII, 1930, S. 197 ff.), der das Aufgebot mit 30 000 beziffert und die Zahl der Gefallenen mit 2000 angibt.

Beloch, a.a.O., Bd. II, S. 1, hält die für solche Aufgebote angegebenen Zahlen – die 22 000 Mann, die 1362 genannt werden – für gänzlich unverläßlich. Ich bin mir dessen nicht so sicher; für Rom und seinen Bezirk, und nicht nur für Rom allein, wie er fälschlicherweise offenbar annimmt, scheint die Zahl von 22000 im Jahre 1362 durchaus wahrscheinlich. Im Vergleich zu einer Gesamtbevölkerung des Bezirks von 180 000 im Jahre 1420 – vielleicht ein paar Tausend weniger im Jahre 1362 –, zuzüglich etwa 17 000 in der Stadt, erhält man ein überzeugendes Verhältnis von 1:8 oder 1:9 (Aufgebot zur Gesamtbevölkerung). Dieses Verhältnis unterscheidet sich zugegebenermaßen stark von dem von 1:3,5, das D. Herlihy, ›*Medieval and Renaissance Pistoia*‹, New Haven und London 1967, S. 72 ff., annimmt. Wenn ich seine Argumentation jedoch richtig verstehe, so gilt dies Verhältnis nur für die männlichen Bürger zwischen 17 und 60 oder mehr Jahren, die den Treueeid ablegen (ebenda, S. 73; auch Derselbe, ›*Pisa in the Early Renaissance*‹, Port Washington, New York und London 1973, Neudruck, S. 36). Doch viel mehr als ein Drittel der männlichen Bevölkerung über 17 wird wohl kaum willens oder fähig gewesen sein, zu den Waffen zu greifen, also ein Achtel oder Neuntel der Gesamtbevölkerung. Insofern scheint mir aus einem Aufgebot von 30 000 Mann für Rom und seinen Distrikt eine Gesamtbevölkerung von 240 000 bis 270 000 nahezuliegen.

Für die Bevölkerungszahl von Rom allein, ohne seinen Distrikt, lassen sich selbst grobe Schätzungen nur schwer anstellen. Die Zahl von 20 000 Toten in der Malariaepidemie von 1167 allein für Rom, die in den ›*Annales Cameracenses*‹, *MGH SS* XVI, S. 540, angegeben wird, ist nicht verläßlich; wenn man sie akzeptiert, so umgreift sie wahrscheinlich Rom und seinen Distrikt. R. Brentano, a.a.O., S. 13, übernimmt mit einigem Zögern die Zahl von 35 000 Einwohnern in der Stadt im 12. und 13. Jahrhundert, die von F. Cancellieri, ›*Lettera sopra il tarantismo*‹, Rom 1817, S. 19, für die Zeit Innozenz' III. angegeben wird und dann als möglicherweise richtig von Beloch, a.a.O., Bd. II, S. 1, übernommen wurde. Belochs eigene Schätzung von 25 000 am Ende des 14. Jahrhunderts (ebenda, S. 2) erscheint in ihrer Höhe nicht überzeugend; und obgleich die Bevölkerungszahl von 17 000 von Cancellieri, a.a.O., S. 26, falsch gelesen wurde und von Beloch, a.a.O., berichtigt wird, braucht die tatsächliche Zahl nicht viel höher gewesen zu sein. Auf jeden Fall lag die Zahl weit unter derjenigen aus der Zeit zwischen 1150 und 1300, als Rom ein wichtiges europäisches Verwaltungs- und Rechtszentrum war. Sein Aufstieg als solches Zentrum aufgrund der in Geschäften Reisenden und der Pilger, die aus allen Gegenden des Westens nach Rom kamen, ist für das frühe Mittelalter von Llewellyn, ›*Rome*‹, S. 109 ff. und passim, und für das Hochmittelalter von R. W. Southern, ›*Kirche und Gesellschaft im Abendland des Mittelalters*‹, Berlin 1976, dargestellt worden.

Der Zensus von 1527 ist von D. Gnoli, ›*Descriptio Urbis' o censimento... di Roma avanti il sacco Borbonico*‹, in: *ASRStP* XVII, 1894, S. 375 ff., veröffentlicht worden.

S. 258 f.: Zu den Straßen siehe R. Lanciani, ›*Forma Urbis Romae*‹, Rom 1893 ff., wo antike und moderne Straßen gekennzeichnet sind. Ebenso bleiben auch Stadtpläne aus der Zeit zwischen dem 16. und 19. Jahrhundert ungeachtet ihrer späten Entstehungszeit nützlich, wie sie dankenswerterweise in Frutaz, ›*Piante*‹, zusammengestellt sind: Rom hat sich eine lange Zeit hindurch sein mittelalterliches Straßennetz unverändert bewahrt. Siehe auch die Faksimile-Reproduktionen einiger dieser Stadtpläne (F. Ehrle, ›*Roma al tempo di Giulio III*‹, Rom 1911; Derselbe, ›*Roma primo di Sisto V. La pianta di Roma Du Pérac-Lafréry del 1577*‹, Rom 1908; Derselbe, ›*Roma al tempo di Clemente VIII. La pianta di Roma di Antonio Tempesta del 1593...*‹, Vatikanstadt 1932; Derselbe, ›*Roma al tempo di Urbano VIII. La pianta di Roma Maggi-Maupin-Losi del 1626*‹, Rom 1915; Derselbe, ›*Roma al tempo di Clemente X. La pianta di Roma di Giambattista Falda del 1676...*‹, Rom 1931; Derselbe, ›*Roma al tempo di Benedetto XIV. La pianta di Roma di Giambattista Nolli del 1748*‹, Vatikanstadt 1932), und die zwei Pläne bei Huelsen, ›*Chiese*‹. Zu den Straßen- und Platznamen: U. Gnoli, ›*Topografia*‹, und P. Romano, ›*Roma nelle sue strade...*‹, Rom 1950. Zur städtischen Kontrolle und Reinigung der Straßen: E. Re, ›*Maestri di strada*‹, in: *ASRStP* XLIII, 1920, S. 5 ff.; Derselbe, ›*Maestri delle strade del 1452*‹, in: *ASRStP* XLVI, 1923, S. 407 ff.; C. Scaccia Scarafoni, ›*L'antico studio dei*

Anmerkungen

,magistri stratarum'‹, in: *ASRStP* L, 1927, S. 239 ff.; und E. Rossi, ›*L'albergo dell'Orso*‹, in: *ASRStP* L, 1927, S. 51 ff. Zu den in den Prozessionsbüchern angegebenen Routen: ›*Liber Censuum*‹, hrsg. von Fabre und Duchesne, Paris 1905, Bd. II, S. 139 ff. (Benedictus Canonicus) und Bd. I, S. 290 ff. (Cencius Camerarius).

Zu den im Mittelalter benützten und unterhaltenen Brücken siehe Nash, ›*Bildlexikon*‹ II, S. 178 ff., und Gnoli, ›*Topografia*‹, S. 219 und S. 222 ff.

S. Pressouyre, ›*Rome au fil du temps*‹, Boulogne 1973, gibt einen generellen Überblick über die Lage der bebauten Gegenden im Laufe der Jahrhunderte. Eine Menge wichtiger Informationen wird in den ›*Guide Rionali*‹ gegeben; künftig zitiert mit Angabe des Rione und der Bandzahl.

Zu Kirchen siehe: *Corpus*, passim; Huelsen, ›*Chiese*‹; Armellini-Cecchelli, ›*Chiese*‹; und die Reihe der ›*Chiese di Roma Illustrate*‹. Für Neugründungen gibt es Quellen verschiedenster Art – Inschriften, Papstbiographien, Chroniken –, auf die, wo nötig, verwiesen werden wird. Zu Konventen und Klöstern ist Ferrari, ›*Monasteries*‹, das Standardwerk für die frühmittelalterliche Zeit. Eine Liste der 806/807 bestehenden Kirchen, Klöster und Diakonien gibt *LP* II, S. 22 ff.; über die Abteien im 12. Jahrhundert informiert P. Mallius, ›*Historia basilicae Antiquae S. Petri ...*‹, ›*Acta Sanctorum*‹, Juni VII; Appendix 51[x], Paris und Rom 1867, und der ›*Liber Censuum*‹, Bd. I, 309.

Im Mittelalter neugegründete Kirchen und Klöster lassen sich am besten mit Hilfe von Huelsen, ›*Chiese*‹, passim, und seinem Plan II ausfindig machen. Zu den *diaconiae* und Aquädukten, die noch funktionstüchtig waren oder instand gesetzt wurden, siehe oben, Kap. IV und V.

Auf die im *LP*, passim, in zeitgenössischen Chroniken und in anderen Urkunden berichteten Naturkatastrophen wird an den gegebenen Stellen hingewiesen werden.

Zur Wohnungslage ist die reichste Quellengattung die der Rechtsurkunden über den Immobilienbesitz römischer Kirchen und Klöster. Viele von ihnen sind in den Bänden des *ASRStP* veröffentlicht worden. Ich führe sie hier in alphabetischer Reihenfolge nach Kirche oder Kloster an und gebe den vollen Titel jeder einzelnen Publikation wieder; künftig werde ich nur noch den entsprechenden Band des *ASRStP*, die Nummer der Urkunde und ihr Datum anführen, die Seitenzahl wird nur dort hinzugefügt, wo mehr als nur ein *cartularium* in einem Band veröffentlicht sind:

SS. Alessio e Bonifazio: A. Monaci, ›*Regesto dell'abbazia di Sant'Alessio all'Aventino*‹, in: *ASRStP* XXVII, 1904, S. 351 ff.; fortgesetzt in *ASRStP* XXVIII, 1905, S. 395 ff.

S. Bibiana: siehe unter *S. Maria Maggiore*

S. Cecilia: E. Loevinson, ›*Documenti di S. Cecilia in Trastevere*‹, in: *ASRStP* XLIX, 1926, S. 355 ff.

SS. Cosma e Damiano in Mica Aurea: P. Fedele, ›*Carte del monastero dei SS. Cosma e Damiano in Mica Aurea*‹, in: *ASRStP* XXI, 1898, S. 459 ff.; fortgesetzt in: *ASRStP* XXII, 1899, S. 25 ff. und S. 383 ff.

S. Maria Maggiore: G. Ferri, ›*Le carte dell'archivio Liberiano dal secolo X al XV*‹, in: *ASRStP* XXVIII, 1905, S. 23 ff., und *ASRStP* XXX, 1907, S. 119 ff.

S. Maria Nova: P. Fedele, ›*Tabularium S. Mariae Novae ab an. 982 ad an. 1200*‹, in: *ASRStP* XXIII, 1900, S. 171 ff.; fortgesetzt in: *ASRStP* XXIV, 1901, S. 159 ff., *ASRStP* XXV, 1902, S. 169 ff., und *ASRStP* XXVI, 1903, S. 21 ff.

St. Peter: L. Schiaparelli, ›*Le carte antiche dell'archivio Capitolare di S. Pietro in Vaticano*‹, in: *ASRStP* XXIV, 1901, S. 393 ff., und *ASRStP* XXV, 1902, S. 273 ff.

S. Prassede: P. Fedele, ›*Tabularium S. Praxedis*‹, in: *ASRStP* XXVII, 1904, S. 27 ff., und *ASRStP* XXVIII, 1905, S. 41 ff.

S. Silvestro in Capite: V. Federici, ›*Regesto del monastero di S. Silvestro in Capite*‹, in: *ASRStP*, XXII, 1899, S. 213 ff. und S. 489 ff., fortgesetzt in: *ASRStP* XXIII, 1900, S. 67 ff. und S. 411 ff.

Ähnliche Urkunden, die an anderen Orten ediert worden sind, beziehen sich auf den römischen Immobilienbesitz der Abteien Farfa und Subiaco und denjenigen von hier nicht aufgezählten Kirchen und Klöstern in Rom. Der römische Besitz der großen Abteien wird in *Reg Farf* und *Reg Sub* immer wieder angesprochen und zuweilen auch im ›*Chronicon Farfense*‹, hrsg. von U. Balzani, Rom 1903. Zu den *cartularia* von oben nicht aufgeführten Kirchen und Klöstern:

S. Agnese und S. Costanza: P. F. Kehr, ›*Papsturkunden in Rom*‹, in: ›*Göttinger Nachrichten*‹ (›Nachrichten der K. Gesellschaft der Wissenschaften zu Göttingen‹), 1900, S. 140 ff.

S. Lorenzo in Damaso: J. Ciampini, ›*De Sanctae Romanae ecclesiae vicecancellario*‹, Rom 1697, S. 140 ff.

S. Maria in Campo Marzio: E. Carusi, ›*Cartario di S. Maria in Campo Marzio (986–1199)*‹ (›Miscellanea della Società Romana di Storia Patria‹ XVII), 1948; und F. Martinelli, ›*Roma ex ethnica sacra*‹, Rom 1653, S. 201 f.

S. Maria in Trastevere: P. A. Galletti, ›*Chartularium S. Mariae Transtiberim*‹, Vat. lat. 8051 (unveröffentlicht).

S. Maria in Via Lata: L. M. Hartmann, ›*S. Maria in Via Lata*‹, und L. Cavazzi, ›*La diaconia di S. Maria in Via Lata*‹, Rom 1908. Der Besitz und die Kirche gehörten dem reichen Konvent von SS. Ciriaco e Nicola.

Weitere Informationen finden sich bei P. F. Kehr, ›*It. Pont.*‹, Bd. I, ›*Roma*‹, Berlin 1906 (Neudruck 1961), und Bd. II, ›*Latium*‹, Berlin 1907 (Neudruck 1961), passim, wo noch weitere Hinweise über den Verbleib von Kirchen- und Klosterarchiven gegeben werden.

Brentano, ›*Rome before Avignon*‹, passim, gibt bewundernswert lebendige Beschreibungen mittelalterlicher Häuser und Hausbesitzer in Rom, wobei er sich außer auf die obengenannten Quellen auf weitere, nicht veröffentlichte Urkunden stützt.

Zu den *catasti* der Bruderschaften in Rom im 16. und 17. Jahrhundert: F. Fregna und S. Politi, ›*Fonti di archivio per una storia edilizia di Roma*‹, in: ›*Controspazio*‹ III, 1971, fasc. 9, S. 2 ff., und ebenda IV, 1972, fasc. 7, S. 2 ff.

S. 259 ff.: Zu Stadtansichten von Rom vom 15. bis zum 19. Jahrhundert siehe vor allem: ›*Codex Escurialensis*‹ für die letzten Jahre des 15. und allerersten des 16. Jahrhunderts; die Skizzenbücher Heemskercks in Berlin, hauptsächlich aus den dreißiger Jahren des 16. Jahrhunderts; Egger, ›*Veduten*‹; und Frutaz, ›*Piante*‹. Ebenso sind Kataloge über Ausstellungen von Zeichnungen und Radierungen nützlich; auf sie wird an den entsprechenden Stellen hingewiesen werden.

Das Standardwerk über die frühen Stadtpläne von Rom ist Frutaz, ›*Piante*‹. Zum Plan des Fra Paolino: B. Degenhart und A. Schmitt, ›*Marino Sanudo und Paolino Veneto*‹, in: Röm Jbch XIV, 1973, S. 1 ff., insbesondere zum Datum von 1323; ausführlicher: W. Holtzmann, ›*Der älteste mittelalterliche Stadtplan von Rom*‹, in: *JDAI* XLI, 1926, S. 56 ff.

Zur Goldenen Bulle Ludwigs des Bayern: Frutaz, ›*Piante*‹, und W. Erben, ›*Rombilder auf kaiserlichen und päpstlichen Siegeln ...*‹, Graz, Wien und Leipzig 1931, S. 55 ff. und passim. Vgl. schließlich Millard Meiss, ›*French Painting in the Time of Jean de Berry*‹, Bd. III, ›*The Limbourg Brothers and Their Contemporaries*‹, London und New York 1974, S. 209 ff., zur Romkarte in den ›*Très Riches Heures*‹, derjenigen von Taddeo di Bartolo und einer dritten, die bisher unbekannt war (Meiss, Abb. 4), die alle mit unterschiedlicher Genauigkeit dasselbe verlorene Original reproduzieren.

X.

S. 263 ff.: Zum Tiber und seiner Rolle im Leben der Stadt Rom im allgemeinen: C. D'Onofrio, ›*Il Tevere e Roma*‹, Rom 1970. Die immer wiederkehrenden Überschwemmungen sind in mehreren Werken knapp aufgezählt; 1. bis 3. Jahrhundert: Lugli, ›*Monumenti*‹, Bd. II, S. 278 ff.; frühes Mittelalter: vgl. die Angaben oben zu Kap. III.; diejenige von 1231: Kardinal von Aragon (Niccolò Rosselli), ›*Vita Gregorii Papae IX*‹, in: *RIS* III, 1, S. 578, dem unser Zitat entnommen ist. Eine Liste der Überschwemmungen, die zwischen 1180 und 1870 durch Hochwassermarken bezeugt sind, findet sich bei P. Frosini, ›*Una inondazione di Roma ... 1557*‹, in: ›*Strenna dei Romanisti*‹ XXVII, 1966, S. 183 ff. Beschreibungen von 1495 und 1530 geben jeweils eine gute Vorstellung von der Überschwemmung hauptsächlich der *rioni* Trastevere, Ponte und des Borgo: G. Dati, ›*Del diluvio di Roma di MCCCCLXXXXV ...*‹, Rom 1495; E. Amadei, ›*Il diluvio di Roma del 1530*‹, in: ›*Strenna dei Romanisti*‹ XIII, 1952, S. 263 ff., der D. M. Novara, ›*Del diluvio di Roma*‹, Bologna 1531, zitiert. Zum mehrmaligen Zusammenbruch und Wiederaufbau des Ponte Rotto: Nash, ›*Bildlexikon*‹, Bd. II, S. 182, Gnoli, ›*Topografia*‹, S. 223 f., und beide passim, zu den anderen Brücken.

S. 265 ff.: Zu Schiffahrt und Häfen: Ripa Grande (Ripa Romea): C. D'Onofrio, a.a.O., S. 242 ff., erstmals erwähnt im Jahre 1074: *ASRStP* XXII, 1899, Nr. 76; vgl. auch Gnoli, ›*Topografia*‹, S. 267, und *LP* II, S. 115, zu den Hafenbefestigungen durch Leo IV., und Huelsen, ›*Chiese*‹, S. 372, zu S. Maria in turri trans Tiberim; zu S. Maria ad Gradellis (S. Maria Egiziaca): Huelsen, ›*Chiese*‹, S. 336; zum nahe gelegenen Dock (wenn es ein solches war) der ›*Ripa Graeca*‹: Gnoli, ›*Topografia*‹, S. 266; zu den mittelalterlichen Vorläufern der Ripetta: Carusi, ›*Cartario di S. Maria in Campo Marzio ...*‹, Nr. 3, datiert von 1010; zu den Sandbänken, besonders der *isoletta*, und zu den flach abfallenden Flußufern neben alten Photographien und Zeichnungen auch: V. Campajola, ›*Il Ghetto di Roma ...*‹, in: ›*Quaderni*‹ LXVII-LXX, 1965, S. 67 ff. Schließlich einige von vielen Beispielen zu den schwimmenden Mühlen und Fischereirechten: Kehr, ›*It. Pont.*‹, Bd. I, S. 82 (931–936): eine schwimmende Mühle ›mit ihren Seilen und ihrem Zugang‹ nahe der Cloaca Maxima; ebenda, S. 89, Nr. 10, auf der Grundlage einer Bulle von 1194 (Carusi, ›*Cartario di S. Maria in Campo Marzio ...*‹, S. 115 ff., Nr. 62); F. Martinelli, ›*Roma ex ethnica sacra*‹, Rom 1653, S. 201 ff., eine weitere Mühle vor der Marmorata; Kehr, ›*It. Pont.*‹, Bd. I, S. 129, Nr. 4, auf der Grundlage einer 1123 datierten Bulle (G. B. Crescimbeni, ›*L'istoria di ... S. Giovanni avanti Portam Latinam*‹, Rom 1716, S. 243 ff.); drei im Besitz von S. Maria in Trastevere beim *pons Aventinus* (möglicherweise fälschlich für ›Antoninus‹, wenn nicht der Ponte Rotto gemeint ist), und eine Fischermole oder ein Fischteich (*piscaria*) beim *pons fracta*, womit der *pons Antoninus* in der Nähe des Ponte Sisto gemeint ist, siehe Gnoli, ›*Topografia*‹, S. 224; weitere Mühlen auf der Tiberinsel: *ASRStP* XXI, 1898, Nr. 1, im Jahre 948/949; in Trastevere: *ASRStP* XXII, 1899, Nr. 38, im Jahre 1033, S. 64 ff., und P. A. Galletti, ›*Chartularium S. Mariae Transtiberim*‹, Vat.lat. 8051 (unveröffentlicht), fol. 13 ff. und fol. 20, von 1073 bzw. 1082, letztere in der Nähe der Porta Settimiana, und ebenda, fol. 9 f., eine *piscaria* in derselben Gegend, die 1062 bis 1063 erwähnt wird.

S. 269: Zu den im *abitato* gelegenen antiken Baudenkmälern, die verlassen oder wieder in Gebrauch genommen wurden: der Palast des Cromatius: ›*Liber Censuum*‹, hrsg. von Fabre und Duchesne, Paris 1905, Bd. I, S. 272 (›*Mirabilia*‹, Kap. XLI), dazu Valentini-Zucchetti, ›*Codice topografico*‹ III, S. 212, S. 219; zur Piazza Navona: Nash, ›*Bildlexikon*‹, Bd. II, S. 387; Gnoli, ›*Topografia*‹, S. 186 ff., der auf *Reg Farf*, Nr. 474, 690 und 804 (aus den Jahren 999, 1012 und 1044) Bezug nimmt; dazu Huelsen, ›*Chiese*‹, S. 168, und *Corpus*, Bd. I, S. 39, zu S. Agnese in Piazza Navona; über das Pompejustheater im Mittelalter ist die Quellenlage schlecht, vgl. jedoch Huelsen, ›*Chiese*‹, S. 204, zu S. Barbara dei Librai; zum Marcellustheater: C. Huelsen, ›*Sulle vicende del Teatro di Marcello ...*‹, in: *RendPontAcc* I, 1921–1923, S. 169 ff., der auch auf das Testament des Kardinals Jacopo Savelli (Papst Honorius IV.) von 1279 in: ›*Les régistres d'Honorius IV*‹, hrsg. von M. Prou, Paris 1888, S. 579 ff. (wo das Theater ›Mons Saffo‹ [›Faffo‹] genannt wird), Bezug nimmt, dazu: G. Marchetti-Longhi, ›*Theatrum Marcelli et Mons Fabiorum*‹, in: *RendPontAcc* XX, 1943/1944, S. 14 ff.; ebenso ›*Guide Rionali*‹, S. Angelo, I, S. 6 ff., und zu seinem Aussehen, bevor es in den dreißiger Jahren übermäßig gesäubert wurde, P. Fidenzoni, ›*Il teatro di Marcello*‹, Rom 1970; zum nahe gelegenen Markt, der 998 als ›*sub templo Marcelli*‹ erwähnt wird: *Reg Farf*, Nr. 459.

Anmerkungen

S. 270 ff.: Das antike Straßennetz ist am besten aus Lancianis ›*Forma Urbis*‹ zu ersehen, außerdem durch ›*La pianta marmorea di Roma*‹, die beide oben in der Anmerkung zu S. 13 angegeben sind. Die Hauptlinien des mittelalterlichen Straßennetzes spiegeln sich in den Routen der Papstprozessionen wider, wie sie von Benedictus Canonicus (›*Liber Censuum*‹, a.a.O., Bd. I, S. 292 ff., S. 298 ff.) und in anderen *ordines* beschrieben werden; und aufgrund der Tatsache, daß das mittelalterliche Straßennetz zu großen Teilen vom 15. bis zum 18. Jahrhundert erhalten geblieben ist, können auch spätere Stadtpläne zu Rate gezogen werden: derjenige von Strozzi von 1474, der auf einem Original von etwa 1447 beruht (Frutaz, ›*Piante*‹, Taf. 159; G. Scaglia, ›*The Origins of an Architectural Plan of Rome*‹, in: *JWC* XXVII, 1964, S. 137 ff.); derjenige von Bufalini aus dem Jahre 1551 (Frutaz, ›*Piante*‹, Taf. 189 ff.); und auch noch derjenige von Nolli aus dem Jahre 1748 (ebenda, Taf. 396 ff.). Siehe auch T. Magnuson, ›*Studies in Roman Quattrocento Architecture*‹ (›*Figura*‹ IX), Stockholm 1958, S. 21 ff. und Taf. II, und S. Pressouyre, ›*Rome au fil du temps*‹, Boulogne 1973, Taf. XIV-XVII. Zu den Straßennamen Via del Papa, del Parione, del Pellegrino, dei Banchi Vecchi usw.: Gnoli, ›*Topografia*‹, passim.

S. 276 ff.: S. Pressouyre, a.a.O., Taf. XIV, sieht wie wir den Kern des mittelalterlichen Rom nach Norden und Westen um die Ripa (das Marcellustheater) herum sich ausdehnen, mit dem einen Unterschied, daß sie die Ausdehnung nach Westen bis hin zum heutigen Ponte Mazzini reichen läßt. Unsere Vorstellungen stimmen auch darin überein, daß wir beide der Ansicht sind, die frühe Stadt habe sich in vereinzelten Häuseranhäufungen gebildet und keine kohärente Masse dargestellt.

S. 279 f.: Zum Häuserkomplex in der Nähe des Pantheon, offensichtlich ein Herrensitz: *Reg Farf*, Nr. 428 von 998; zum *calcararium*: G. Marchetti-Longhi, ›*Le contrade medioevali della zona in Circo Flaminio. Il calcarario*‹, in: *ASRStP* XLII, 1919, S. 401 ff.; zum Marsfeld: Carusi, ›*Cartario di S. Maria in Campo Marzio...*‹, passim; zu den Oratorien in den Alexanderthermen: *Reg Farf*, Nr. 458 f. aus dem Jahr 998, dazu Huelsen, ›*Chiese*‹, S. 212, S. 378, S. 455; zur Piazza Navona und einigen in ihren Gewölben befindlichen Oratorien: *Reg Farf*, Nr. 474 von 999, und Huelsen, ›*Chiese*‹, S. 168: Zur ›*Scorticlaria*‹: *Reg Farf*, Nr. 458, Nr. 539, Nr. 557, die beiden letzteren aus den Jahren 1017 und 1019, und Gnoli, ›*Topografia*‹, S. 294 ff.; *ASRStP* XXIV, 1901, Nr. 23 und Nr. 24 von 1066, S. 485 ff., ›*terra vacante*‹; ebenda, Nr. 25 von 1073, S. 488 ff., ein strohgedecktes Häuschen. Zum Monte Giordano: M. P.F. Asso, ›*Monte Giordano*‹, in: ›*Quaderni*‹ I, 1953, S. 12 ff., und ›*Guide Rionali*‹, ›*Ponte*‹ II, S. 30 ff.; dazu Gnoli, ›*Topografia*‹, S. 179 f. (s.v. *Monte Roncione*), und P. Pecchiai, ›*Palazzo Taverna a Monte Giordano*‹, Rom 1963; zu dem Herrensitz *in Parione* des Cencio di Stefano prefetto: *LP* II, S. 282.

S. 280 f.: Zur Tiberinsel, die, wie es scheint, noch 987 und 996 unbewohnt war: *ASRStP* XXVII, 1904, Nr. 2, S. 365 ff., Nr. 5, S. 371 ff.; und, nach dem Bau eines bischöflichen Wohnsitzes (in der Nähe von S. Bartolomeo oder von S. Giovanni Calibita?): Kehr, ›*It. Pont.*‹, Bd. II, 20, aus dem Jahr 1018. Zu Häusern in Trastevere: *ASRStP* XXI, 1898, S. 459 ff., und *ASRStP* XXII, 1899, S. 25 ff. und S. 383 ff., und, besser noch: P. A. Galletti, ›*Chartularium S. Mariae Transtiberim*‹, Vat.lat. 8051, fol. 7 ff., fol 16 ff., fol. 18 ff. und fol. 21, alle in der Nähe von S. Maria in Trastevere und der Porta Settimiana, aus den Jahren 1038, 1075/1076 und 1089.

S. 281 f.: Zu den Wohnsitzen der Adelsfamilien außerhalb des *abitato* allgemein: *Reg Sub*, Nr. 155 von 942 (auch Gregorovius, ›*Geschichte der Stadt Rom*‹, Bd. III, S. 326); im einzelnen: Paul I. (S. Silvestro): *LP* I, S. 464; die Familie Hadrians I.: *LP* I, S. 486; Stephan V., Johannes XII., Sohn des Alberich (siehe gleich): *LP* II, S. 247, beide »*de regione Via Lata*«; Leo VIII.: *LP* II, S. 250, »*de clivo argentario*«; Benedikt VI.: *LP* II, S. 255, »*de regione VIII sub Capitolio*«; Johannes XV.: *LP* II, S. 260, »*de regione Gallinae albae*« (Quirinal?); Johannes XVIII.: *LP* II, S. 266, »*de regione secus portam Metrovi*«; Crescentius »*de Caballo marmoreo*«, »*dux Gregorio de Canapara*« und Petrus Canaparius, die alle drei im Jahre 963 in Liutprand ›*Historia Ottonis*‹, Kap. 9, genannt werden (*MGH SS RG* CLXVI, ›*Liutprandi Opera omnia*‹ hrsg. von J. Becker, 1915); auch Johannes Canaparius, um 1000, Abt von SS. Bonifacio ed Alessio (F. Nerini, ›*De templo... Bonifacii et Alexii...*‹, Rom 1752, S. 134 ff.); Alberichs Familiensitz: ›*Il chronicon di Benedetto... di Soracte*‹, hrsg. von G. Zucchetti (›*Fonti per la Storia d'Italia*‹ LV), Rom 1920, S. 163; dazu *Reg Sub*, Nr. 155 von 942 (wie oben zitiert), und *Reg Farf*, Nr. 637 von 1013: »*... domus domni Alberici eminentissimi consulis et ducis iuxta sanctos apostolos...*«; zum Augustusmausoleum: *ASRStP* XXII, 1899, S. 268, Nr. 3 und Nr. 4, von 955 bzw. 962, als das Mausoleum noch im Besitz von S. Silvestro in Capite war, und ebenda, S. 532, Nr. 19, von 1002, als es in der Hand des »Stephanus Präfekt von Rom« war (unterschrieben in griechischen Buchstaben).

C. D'Onofrio, ›*Castel S. Angelo*‹, Rom 1971, S. 73 ff., zu seiner mittelalterlichen Geschichte; dazu C. Cecchelli, ›*Documenti per la storia antica e medioevale di Castel S. Angelo*‹, in: *ASRStP* LXXIV, 1951, S. 27 ff., und Derselbe, ›*Castel S. Angelo al tempo di Gregorio VII*‹, in: ›*Studi Gregoriani*‹, II Rom 1947, S. 103 ff.

S. 283 f.: Auf dem Aventin: Georgius de Abentino, um 890: *LP* II, S. 225; ein gleichnamiger Gregorius im Jahre 963, Liutprand (wie in der voraufgehenden Anmerkung); Palast des Euphimianus: *ASRStP* XXVII, 1904, Nr. 1, S. 364 ff., Fälschung, bestätigt ebenda, Nr. 5, S. 372 ff., im Jahr 996; Alberichs Familiensitz mütterlicherseits (?), der von seiner Großmutter Theodora wiederhergestellt worden war (A. Muñoz, ›*La basilica di Santa Sabina*‹, Mailand 1925, S. 40) und von ihm als »das Haus, in dem er geboren wurde, auf dem Aventin« im Jahre 936/937 dem neugegründeten Kloster von S. Maria in Aventino geschenkt (Ferrari, ›*Monasteries*‹, S. 205). Zur gesunden Hügellage: ›*Vita S. Odilonis*‹ (›*Acta S. Benedicti*‹ VIII, 1, Venedig 1733, S. 698).

Zur Lage des Palastes von Otto III. auf dem Palatin, nicht auf dem Aventin: C. Brühl, ›*Die Kaiserpfalz bei St. Peter und die*

Pfalz Ottos III. auf dem Palatin‹, in: ›Quellen und Forschungen aus italienischen Archiven‹ XXXIV, 1954, S. 1 ff.

S. 285 f.: Zum Lateranpalast und den zugehörigen Gebäuden: Kehr, ›*It. Pont.*‹, Bd. II, Nr. 25 von 1037, bestätigt 1050 (a.a.O.) und 1154 (a.a.O., S. 28), wo die Bezeichnung *suburbium* auf die Existenz von Häusern in der Nähe des Palastes hinzudeuten scheint. Zu den Konventen auf dem Caelius, besonders zu S. Erasmo: Ferrari, ›*Monasteries*‹, S. 119 ff.; zu Bauernhäusern: *Reg Sub*, Nr. 82 und Nr. 91, beide von 1003. Zu einer bäuerlichen Ansiedlung in der Nähe der Porta Maggiore, die während des ganzen 10. Jahrhunderts nachzuweisen ist: *Reg Sub*, Nr. 27, Nr. 59 und Nr. 79; zu anderem Ackerland in der Nähe von S. Bibiana: *ASRStP* XXVII, 1904, S. 441 ff., Nr. 173 f., Nr. 181 f., Nr. 195 ff. und Nr. 442, nachzuweisen zwischen 981 und 1148.

XI.

S. 287: Die Verehrung des heiligen Petrus und seiner Basilika hat in vielen der voraufgehenden Kapitel eine Schlüsselstellung innegehabt. Zur Ansammlung von kleineren Kirchen, Konventen, Herbergen, *diaconiae,* Ausländerquartieren und Spitälern um die Kirche herum verweise ich noch einmal auf L. Reekmans, ›*Le développement topographique... du Vatican*‹, in: ›*Mélanges... Jacques Lavalleye*‹, Löwen, 1970, S. 197 ff. Zu den von Leo III. in der Nähe der Peterskirche errichteten Papstgemächern: *LP* II, S. 8 und S. 27 f., und ebenda, Bd. I, S. 420, zu den älteren, die noch 731 bis 741 erhalten waren; zu ihrer ständigen Verwendung bis mindestens 983: *Reg Sub*, Nr. 185, und Kehr, ›*It. Pont.*‹, Bd. II, S. 90, Nr. 22. Tatsächlich wird noch 1143 ein päpstliches Gebäude in der Nähe des Obelisken, die ›*domus Aguglie*‹, von Benedictus Canonicus erwähnt: ›*Liber Censuum*‹, hrsg. von Fabre und Duchesne, Paris 1905, Bd. II, S. 143. Zum ›Palast‹ Karls des Großen und zu seiner fortdauernden Verwendung bis über das 9. Jahrhundert hinaus: ›*De imperatoria potestate libellus*‹, hrsg. von G. Zucchetti (›*Fonti per la storia d'Italia*‹ LV), Rom 1920, S. 197 f. und S. 203, und *Reg Farf*, Nr. 325 und Nr. 537 von 872 bzw. 1017; dazu C. Brühl, ›Die Kaiserpfalz bei St. Peter und die Pfalz Ottos III. auf dem Palatin‹, in: ›Quellen und Forschungen aus italienischen Archiven‹ XXXIV, 1954, S. 1 ff. Siehe zu diesem ganzen Kapitel jetzt auch meine kleine Schrift ›*St. Peter's and medieval Rome*‹ [Unione Internationale degli Istituti], Rom 1985.

S. 289: Die Gründung der Leoninischen Stadt habe ich in Kapitel V dargestellt. Ihre von Rom sowohl in der öffentlichen Meinung wie in rechtlicher Hinsicht getrennte Lage kommt an mehreren Stellen zum Ausdruck: in den Inschriften auf der Mauer (»*civitas leonina vocatur*«; A. Prandi, ›*Un'iscrizione frammentaria di Leone IV*...‹, in: *ASRStP* LXXIV, 1951, S. 149 ff.); in Benedikt von Soractes Wehklage (›*Il chronicon di Benedetto... del Soratte*‹, hrsg. von G. Zucchetti [›*Fonti per la storia d'Italia*‹ LV], Rom 1920, S. 186); oder in einem Hinweis auf Castel S. Angelo von 998 als »dem Turm, der außerhalb der Stadt [gemeint ist Rom] jenseits des Tiber liegt« (Rodolphus Glaber, ›*Historiarum libri IV*‹, I, 4, in: *MGH SS* VII, S. 56); und in juristischen Dokumenten, beginnend mit dem Privileg von 854, das Leo IV. dem Konvent von S. Martino ausstellte: *ASRStP* XXIV, 1901, S. 432 ff., Nr. 2 von 854 (»in dieser unserer neuen Leoninischen Stadt«), bis hin zu ebenda, S. 467 ff., Nr. 16 von 1053 (»alle Menschen der Leoninischen Stadt«), oder zu Hartmann, ›*S. Maria in Via Lata*‹ XXXVI von 1014 (»innerhalb dieser neuen Stadt, die die Leoninische genannt wird«).

S. 289 ff.: Häuser, Gärten und Baugrundstücke in der Leoninischen Stadt werden wiederholt aufgelistet, beginnend im Jahre 854 mit *ASRStP* XXIV, 1901, Nr. 2, S. 432 ff.: »die Kirche von St. Michael der Friesen [S. Michele Magno]... mit Häusern, Gewölben, Brunnen, Bäumen... [und] ein Garten... am Anfang [Kopf] des Portikus«, mit letzterem ist die mit einem Portikus gesäumte Straße gemeint, die zu St. Peter hinführte; ebenda, Nr. 10 von 1030, S. 456 f., das zweistöckige Haus mit seinem Stall bei der *cortina*, von dem im Text die Rede ist; ebenda, Nr. 29 von 1088, S. 495, ein Baugrundstück im Quartier der Friesen neben einem schon bestehenden Haus; *ASRStP* XXV, 1902, Nr. 54 von 1166, S. 309 ff., ein unbebautes Grundstück, wohl ein Stück Ackerland, nahe bei der Mauer; ebenda, Nr. 69 von 1185, S. 329 ff., ein Grundstück und ein Weinberg – und so weiter. Zur Bebauungsdichte im 13. Jahrhundert vgl. auch den ›*Liber anniversariorum della Basilica Vaticana*‹ in: ›*Necrologi della Provincia Romana*‹, Bd. I, hrsg. von P. Egidi, Rom 1920, S. 164 ff. und passim.

Auch kommerziell genutzte Räume sind häufig. Zu den im Text genannten: *ASRStP* XXIV, 1901, Nr. 12 von 1041, S. 460 f.; ebenda, Nr. 13 von 1043, S. 461 ff.; und *ASRStP* XXV, 1902, Nr. 35 von 1127, S. 277 f.; vgl. auch ebenda, Nr. 40 von 1144, S. 284 ff.: »ein einstöckiges Haus aus Ziegeln mit einer ›*ponteca*‹ [›*apotheca*‹, ›Lagerraum‹?] im Inneren und Läden nach vorn in seinem großen Portikus... in der Nähe der Meta«, d.i. die sogenannte ›*Meta Romuli*‹ gleich westlich neben Castel S. Angelo.

Außer den Läden in den Häusern werden im ›*Liber Censuum*‹, Bd. I, S. 299 (auch Valentini-Zucchetti, ›*Codice topografico*‹, Bd. III, S. 224) auch Händler entlang des Weges aufgezählt, den der Papst, ausgehend von St. Peter, nahm; vermutlich schlugen sie Stände oder Buden auf, und zwar in folgender Reihenfolge: Strohverkäufer (›*paliarii*‹), Geldwechsler, Phiolenverkäufer (›*fiolarii*‹); es gab auch einen Fischmarkt, vermutlich in der Nähe von S. Lorenzo in piscibus, eine Kirche, die bis 1938 am Borgo S. Spirito stand. Eine lange Liste von Händlern, die sich im 14. Jahrhundert im Borgo niedergelassen haben, gibt P. Pecchiai, ›*Banchi e botteghe dinanzi alla basilica Vaticana...*‹, in: ›*Archivi d'Italia*‹, ser. II, XVIII, 1951, S. 81 ff. Zu den Kaufleuten und Krämern in der Nähe von St. Peter im 12. Jahrhundert siehe auch I. Guidi, ›*La descrizione di Roma nei geografi arabi*‹, in: *ASRStP* I, 1878, S. 173 ff., wo die recht phantastische Beschreibung des arabischen Reisenden Idrisi zitiert wird.

Schon 1053 gibt es im Borgo Gasthöfe und Logiergelegenheiten: *ASRStP*, 1901, Nr. 16, S. 467 ff., zählt unter den in der

Leoninischen Stadt Ansässigen neben Hausbesitzern und Pächtern mit langen Pachtverträgen, ›tabernarii‹, vermutlich Gastwirte, und ›servientes‹, wahrscheinlich Kellner, auf, im Gegensatz zu den nicht Ortsansässigen, nämlich den Pilgern und anderen Fremden (›advenae‹), und erwähnt die Unterbringung von ›oratores‹ und den Verkauf von lebensnotwendigen Dingen. Zum Bruch des Gastwirtmonopols des Borgo durch Brancaleone: Bartoloni, ›Senato‹, Nr. 86 von 1235; zum Vordringen von Händlern bis in die Basilika selbst hinein: ebenda, Nr. 108 vom Mai 1244.

S. 294: Zu den *diaconiae* und ihren Funktionen siehe oben Kapitel III; zum Spital von S. Spirito: Kapitel VIII, und zu seinen Aufgaben: P. De Angelis, ›Regula ... *hospitalis Sancti Spiritus*‹, Rom 1954, und R. Brentano, ›*Rome before Avignon*‹, S. 19 ff. Die Primatsansprüche von St. Peter über den Lateran kommen bei P. Mallius, ›*Historia Basilicae Antiquae S. Petri*‹, in: ›*Acta Sanctorum*‹, Juni VII (Neudruck Paris 1867), S. 37 ff., zum Ausdruck; zur Inschrift Innozenz' III. siehe oben Kapitel VIII, und Anmerkung.

S. 294 f.: Zum mittelalterlichen Vatikanpalast und seinen Vorläufern siehe oben Kapitel VIII, mit dem Hinweis auf F. Ehrle und H. Egger, ›*Studi e documenti per la storia del Palazzo Apostolico*‹, Vatikanstadt 1935, und auf D. Redig de Campos, ›*I Palazzi Vaticani*‹, Bologna 1967, S. 19 ff.

S. 295 f.: Zu Castel S. Angelo: C. D'Onofrio, ›*Castel S. Angelo*‹, Rom 1971, passim, und die ältere Literatur wie oben, Kapitel VIII.

XII.

S. 297: Für ein Gesamtbild sei auf die ›*Guide Rionali*‹ verwiesen. Zu S. Lorenzo in Damaso: A. Fonseca, ›*De Basilica S. Laurentii in Damaso ...*‹, Fano 1745, wo die Bulle Urbans III. ausführlich wiedergegeben wird (S. 250 ff.); vgl. auch Kehr, ›*It. Pont.*‹, Bd. I, 94, Huelsen ›*Chiese*‹, S. 284, und Armellini-Cecchelli, ›*Chiese*‹, S. 457 und S. 1326 f. Zu den im Text aufgezählten kleineren Kirchen in dieser Gegend, die aus dem frühen 12. Jahrhundert stammen und erhalten oder aus alten Illustrationen bekannt sind, siehe L. Huetter, ›*S. Salvatore in Onda*‹ (›*Chiese Illustrate*‹ XLI); G. Segni, C. Thoenes und L. Mortari, ›*SS. Celso e Giuliano*‹ (›*Chiese illustrate*‹ LXXXVIII), besonders S. 29 ff.; G. Marchetti-Longhi, ›*Le trasformazioni medioevali dell'area Sacra Argentina*‹, in: *ASRStP* ser. 3, XXVI, 1972, S. 5 ff.; und natürlich, unter ihren jeweiligen Namen, Huelsen, ›*Chiese*‹, Armellini-Cecchelli, ›*Chiese*‹, und Forcella, ›*Iscrizioni*‹.

S. 297 f.: Zum Rione Ponte im allgemeinen: ›*Guide Rionali*‹, ›*Ponte*‹ I–IV. Zur Via dei Banchi Vecchi: Romano, ›*Strade*‹, S. 70; Gnoli, ›*Topografia*‹, S. 31 und S. 106 ff. (siehe unter Via Florida), S. 165 (siehe unter Via Mercatoria). Zur Einwohnerschaft des Rione Ponte, noch im späten 14. Jahrhundert viele einfache Leute, die nur allmählich von Florentiner Bankhäusern verdrängt wurden: A. Esch, ›Vom Mittelalter zur Renaissance: Menschen in Rom 1350–1400‹, in: ›Jahrbuch der Akademie ... Göttingen‹, 1970, S. 26 ff., besonders S. 29 ff., und Derselbe, ›Florentiner in Rom um 1400‹, in: ›Quellen und Forschungen‹ LII, 1972, S. 476 ff. Zu den Gaststätten: U. Gnoli, ›*Alberghi ed osterie di Roma nella Rinascenza*‹, Spoleto 1935; zum Monopolanspruch des Borgo: Bartoloni, ›Senato‹, Nr. 86.

Zur Ripa: ›Guide Rionali‹, ›S. Angelo‹ I. Zu ihren Kirchen und denen auf der Tiberinsel siehe Huelsen, ›Chiese‹, Armellini-Cecchelli, ›Chiese‹, und: G. Matraca, ›*Historia [di] ... S. Maria in Portico ...*‹, Rom 1750; C. A. Erra, ›*Storia ... di S. Maria in Portico ...*‹, Rom 1750; und L. Pasquali, ›*Santa Maria in Portico*‹, Rom 1902; G. B. Proia, ›*S. Nicola in Carcere*‹ (›*Chiese illustrate*‹ CXII), dazu Th. Mommsen, ›Petrarch and the „Sala Virorum Illustrium" in Padua‹, in: *Art Bull* XXXIV, 1952, S. 95 ff. (Zeichnungen der Kirche aus dem 14. Jahrhundert, S. 110, und H. Toubert, ›*Le rénouveau paléochrétien ...*‹ in: *CahArch* XX, 1970, S. 100, Anm. 4. Vgl. auch mein Kapitel VII. Zu S. Bartolomeo in Isola, einer Kirche, die wie die mittelalterliche Vorgängerin der benachbarten Kirche S. Giovanni Calibita noch praktisch unerforscht ist, immer noch: P. Casimiro, ›*Memorie istoriche ...*‹, Rom 1845, S. 307 ff., und Derselbe, ›*Dissertazioni*‹, Rom 1742; Urkunden zu S. Bartolomeo bei Kehr, ›*It. Pont.*‹, Bd. I, 112, und Bd. II, 17 ff., wo die ›curtis‹, der Sitz des Bischofs von Porto, erwähnt wird. Zum Turm beim Ponte Quattro Capi: ›*Liber Censuum*‹, Bd. II, S. 109, und Kehr, ›*It. Pont.*‹, Bd. I, 189.

S. 300 ff.: Zu Trastevere siehe Galletti, Vat. lat. 8051, passim; zu den Geschäftsleuten, ›negotiatores‹, die dort lebten: *ASRStP* XXI, 1898, Nr. 16 und 17, beide aus dem Jahr 1000, und *ASRStP* XXII, 1899, Nr. 20, 45, 46 und 56 (Leo »vir magnificus et laudabilis negotiator«), von 1003, 1041 und 1051, S. 25 ff., S. 79 ff., S. 81 ff. und S. 97 ff.

S. 301 ff.: Die Ausdehnung des *abitato* während des 11. und 12. Jahrhunderts nach Norden hin läßt sich mit Carusi, ›*Cartario di S. Maria in Campo Marzio ...*‹, passim, leicht verfolgen; zur dichten Bebauung am Ende des 12. Jahrhunderts: Kehr, ›*It. Pont.*‹, Bd. I, S. 89, Nr. 10 von 1194, auf der Grundlage von F. Martinelli, ›*Roma ex ethnica sacra*‹, Rom 1653, S. 201, wo die Urkunde in italienischer Übersetzung wiedergegeben wird; zu S. Cecilia in Posterula (Madonna del Divino Amore): Huelsen, ›*Chiese*‹, S. 228; zu S. Maria sopra Minerva: ebenda, S. 346 f., und J. J. Berthier, ›*L'église de la Minerva*‹, Rom 1910, und G. Urban, ›Die Kirchenbaukunst des Quattrocento in Rom‹, in: Röm Jbch IX/X, 1961/1962, S. 73 ff., besonders S. 119 f. Zur Ausbreitung des *abitato* nach Osten, um die Fontana Trevi herum: Hartmann, ›*S. Maria in Via Lata*‹, XLI–XLIV, alle von 1019, LXXXI von 1051 – alle in der Nähe von S. Maria in Xenodochio; ebenda, LXXIV (1042), LXXXX (1063) und andere in der Nähe von S. Maria in Via; und LXXXXIII (1065) »nahe beim Marmorpferd« und den Konstantinsthermen auf dem Quirinal.

S. 303 f.: Die Wege, die die Papstprozessionen nahmen, finden sich im ›*Liber Censuum*‹, Bd. II, S. 139 ff. (Benedictus Canonicus), und Bd. I, S. 290 ff. (Cencius Camerarius); siehe auch die Auszüge bei Valentini-Zucchetti, ›Codice topografico‹, Bd. III, S. 210 ff. und S. 213 ff. Das Gedicht, das die Prozession unter Otto III. beschreibt, findet sich erstmals bei W. Giesebrecht, ›Geschichte der deutschen Kaiserzeit‹, Bd. I, Leipzig 1881, S. 898 ff., veröffentlicht; zur Prozession Innozenz' III. zu S. Maria in Trastevere siehe S. Kuttner und A. Garcia y Garcia, ›A New Eyewitness Account of the Fourth Lateran Council‹, in: ›Traditio‹ XX, 1964, S. 115 ff.

S. 307 ff.: Gärten oder Felder in der Nähe des Palazzo Spada finden sich noch auf der Tempesta-Karte von 1593: Frutaz, ›Piante‹, Taf. 272, und auch in Wijngaerdes Panorama von um 1550 (New York, Metropolitan Museum), Detailabbildung bei C. L. Frommel, ›Der römische Palastbau der Hochrenaissance‹ (›Römische Forschungen der Bibliotheca Hertziana‹ XXI), Bd. III, Tübingen 1973, Taf. 30 f. Die Verordnung über die Mindesthöhe des Bogens in Trastevere bei: Galletti, Vat. lat. 8051, I, fol. 41, von 1250. Die Abschnitte über das Nebeneinander von reichen und armen Bewohnern bei R. Brentano, ›Rome before Avignon‹, S. 37, S. 39 f. und S. 41 ff., letzterer zum Marcellustheater. Zur Bebauungssituation im Ghetto: A. Milani, ›Il Ghetto di Roma‹, Rom 1964, S. 201 ff., und V. Campajola, ›Il Ghetto di Roma ...‹, in: ›Quaderni‹, LXVII–LXX, 1965, S. 67 ff.

S. 311 ff.: Zu den ›magistri stratarum‹ und ihren Verordnungen: L. Schiaparelli, ›Alcuni documenti sui ‚Magistri aedificiorum urbis'‹, in: *ASRStP* XXV, 1902, S. 5 ff.; E. Re, ›Maestri di Strada‹, in: *ASRStP* XLIII, 1920, S. 5 ff.; und C. Scaccia Scarafoni, ›L'antico statuto dei ‚Magistri Stratarum'‹, in: *ASRStP* L, 1927, S. 239 ff. Die zitierten Beispiele sind L. Schiaparelli, a.a.O., entnommen: S. 6 f., Dok. I, das Statut von 1233 und die Begrenzung der Ausmaße der Vorbauten und Portiken bei St. Peter und in seiner Nähe, letzteres wird im Dok. V. von 1279 wiederholt; Dok. III von 1238 betrifft die Färberwerkstatt; Dok. X von 1306 über den Abfall auf den Grundstücken gegenüber von S. Spirito; die späteren Verordnungen und Aufgaben werden von E. Re, a.a.O., umrissen, der sich auf eine Bulle Martins V. vom 29. Mai 1425 stützt, die ältere Präzedenzfälle kodifiziert. Das Zitat zur Straße als einer bloßen Ausdehnung des Hauses nach außen ebenda, S. 7; Professor Frank E. Brown sagte mir, daß im antiken Rom die ganze Breite des Gehwegs rechtlich zum Hausgrundstück gehörte. Bis heute ist ja schließlich der Hausbesitzer etwa in den Vereinigten Staaten für den Gehwegabschnitt vor seinem Haus verantwortlich.

S. 312 f.: Allgemein zum Kapitel: ›Guide Rionali‹, ›Campitelli‹ II, passim; in der Antike: G. Lugli, ›Roma antica. Il centro monumentale‹, Rom 1946, S. 3 ff., dazu E. Rodocanachi, ›Le Capitole Romain‹, Paris 1905, S. 1 ff., und C. D'Onofrio, ›Renovatio Romae‹, Rom 1972, S. 12 ff. Zur Lage im Mittelalter: E. Rodocanachi, a.a.O., S. 51 ff., dort, S. 62, Anm. 1, wird auf die von Anaklet II. 1130 ausgestellte Bulle verwiesen (auch: C. L. Urlichs, ›Codex‹, S. 147, und Kehr, ›It. Pont.‹, Bd. I, S. 101); C. D'Onofrio vermutet, meiner Meinung nach zu Unrecht, daß diese Bulle eine von Gregor III. (731–741) wiederhole; C. Cecchelli, ›Il Campidoglio nel medioevo‹, in: *ASRStP* LXVII, 1944, S. 209 ff.; C. D'Onofrio, a.a.O., S. 72 ff.; zu den Befestigungen der Corsi: *LP* II, S. 290 und S. 298, und C. D'Onofrio, a.a.O.; zum Gelände der Seiler auf dem Monte Caprino: E. Rodocanachi, a.a.O., S. 106 ff., mit Verweis auf die ›Mirabilia‹; zum Markt am Westabhang und am Fuß des Hügels: C. Cecchelli, a.a.O., Huelsen, ›Chiese‹, S. 218 und S. 273, und die Bulle Anaklets; schließlich zur Kirche S. Maria in Capitolio aus dem 12. Jahrhundert, die der Bausubstanz von S. Maria in Aracoeli teilweise einverleibt wurde: R. E. Malmstrom, ›S. Maria in Aracoeli‹, Diss. phil. New York University 1973, passim, und Derselbe, ›The Twelfth Century Church of S. Maria in Capitolio ...‹, in: Röm Jbch XVI, 1976, S. 1 ff.

S. 313: Der Hinweis auf das ›palatium Octaviani‹ in Benzos Bericht an Heinrich IV. von 1061 findet sich in *MGH SS* XI, S. 612 f., vgl. auch oben, Kapitel VI. Zum ›porticus Camellariae‹, der in Anaklets Bulle erwähnt wird, und zu seiner wahrscheinlichen Identität mit dem ›Tabularium‹: C. D'Onofrio, a.a.O., S. 73. Zu den mit dem Kapitol verknüpften Legenden siehe oben, Kapitel VII, und A. Graf, ›Roma nella memoria ...‹, 2. Aufl., Turin 1923, passim.

Zur historischen und politischen Bedeutung des Kapitol in den Augen des mittelalterlichen Menschen: Benzos Bericht, a.a.O. Duchesne, ›Liber Censuum‹, Bd. I, S. 106, und Derselbe, ›L'auteur des ‚Mirabilia'‹, in: *MEFR* XXIV, 1904, S. 479 ff., hat auf der Grundlage von *LP* II, S. 313, vermutet, das Kapitol sei schon 1118 als ein Ort für Volksversammlungen und als Sitz des Präfekten von Rom verwendet worden. Zu seiner offiziellen Wiederinbesitznahme durch die römische Republik: Otto von Freising, ›Chronica‹ VII, Kap. 27 (*MGH SS RG*, n s , hrsg. von A. Hofmeister, 1912, S. 352 ff.; auch *MGH SS* XX, S. 263); Derselbe, ›Gesta Friderici Imperatoris‹ I, 28 (*MGH SS RG* XLIV, hrsg. von G. Waitz, 1912). Zum Palazzo del Senatore siehe oben, Kapitel VIII, und die Anmerkung zu S. 229 f., mit dem Verweis auf C. Pietrangeli, ›Il palazzo Senatorio nel Medioevo‹, in: ›Capitolium‹, XXXV, 1960, S. 3 ff.; zur Kirche S. Maria in Capitolio des 12. Jahrhunderts und zum Kapitolinischen Obelisken siehe oben, Kapitel VII; zu der zu S. Maria in Aracoeli hinaufführenden Treppe und dem Baudatum von 1348, das durch eine Inschrift auf der Fassade der Kirche angegeben wird: Forcella, ›Iscrizioni‹, Bd. I, S. 127, Nr. 453, und oben, Kapitel VIII.

XIII.

S. 317: So unglaubwürdig es auch scheinen mag, es existiert kein Inventar der mittelalterlichen oder späteren Häuser, die in Rom erhalten sind. Der Versuch, eine solche Liste im ›Inventario dei monumenti di Roma‹, hrsg. von der ›Assoziazione artistica dei cultori di architettura‹, Rom 1908 ff., Bd. I, S. 369 f., zusammenzustellen, ist längst völlig veraltet; auch A. Prova und P. Romano, ›Roma nel Cinquecento‹, Rom 1935 (zusammengestellt nach den *rioni*), ist keine große Hilfe. Am besten schaut man die ›Guide Rionali‹ durch und sucht die dort erwähnten mittelalterlichen Häuser

Anmerkungen

heraus. Alte Photographien wie diejenigen von J. W. Parker und A. Moscioni vermitteln einen recht guten Eindruck von den in der zweiten Hälfte des 19. Jahrhunderts noch in vergleichsweise großer Zahl erhaltenen Häusern. Zur Karte von Fra Paolino von 1323, zu den Karten und Ansichten aus dem 15. Jahrhundert und aus späterer Zeit, und allgemein zu Wohnhäusern, siehe Kapitel IX, Anmerkungen zu S. 258 f.

Häuserpläne, die vor dem späten 16. Jahrhundert liegen, sind zu Hunderten in den *catasti* römischer Klöster und Kirchen erhalten geblieben und liegen im *Archivio di Stato*, eine noch praktisch unerforschte Fundgrube. Auswahleditionen bei: P. M. Lugli, ›Storia e cultura della città italiana‹, Bari 1967, S. 146 f., und R. Fregna und S. Polito, ›Fonti di archivio per una storia edilizia di Roma‹, in: ›Controspazio‹, III, 1971, fasc. 9, S. 2 ff., und ebenda, IV, 1972, fasc. 7, S. 2 ff.

S. 317 ff.: Zur Größe der Grundstücke, die zum Bau von Häusern verkauft oder verpachtet wurden: Hartmann, ›*S. Maria in Via Lata*‹, Nr. XLII, Nr. XLIII und Nr. XLIV, alle von 1019, und alle in der Größe von 36 x 36 römische Fuß; dazu Nr. XXVIII von 1017 mit den Maßen von 110 x 44 römische Fuß. Interessant in diesem Zusammenhang ist, daß die Grundstücke im antiken Rom und in kleineren antiken römischen Städten wie z. B. Cosa ähnliche Abmessungen hatten, wie mir Professor Frank E. Brown sagte, nämlich 30 x 30 römische Fuß.

Beschreibungen von Häusern und ihren Zugangspfaden gibt es in den Rechtsurkunden zu Häusern zuhauf — wie oben in den Anmerkungen zu Kapitel IX aufgezählt; das Zitat über den Zugang stammt aus *ASRStP* XXIII, 1900, Nr. 13 von 1042, S. 206 f.; siehe auch ebenda, Nr. 15 von 1052, S. 211 ff. Die Baumaterialien und das Aussehen von Häusern im ganzen werden in jeder der oben, Kapitel IX, aufgezählten Urkunden angegeben. Die Terminologie ist klar, und die Erklärung bei Du Cange von ›scandalicia‹ als ›mit Schindeln bedeckt‹ scheint unangreifbar. Die Frage ist nur, ob sich das Wort auch auf die Außenverkleidung der Mauern oder einzig auf die Dachbedeckung bezieht; der Text macht dies nicht eindeutig klar.

Die von mir für die Gegend um S. Maria Nova herum gegebenen Beispiele sind aus *ASRStP* XXIII, 1900, Nr. 1 von 982, S. 182 ff.; aus *ASRStP* XXIV, 1901, Nr. 45 von 1127, S. 180 ff.; und aus *ASRStP* XXIII, 1900, Nr. 19 von 1062, S. 218 f. (zum Diokletiansbogen, der den Corso bis 1491 überspannte, Nash, ›Bildlexikon‹, Bd. I, S. 120, siehe unter ›*Arcus Novus*‹.) Das strohgedeckte Haus am Corso: Hartmann, ›*S. Maria in Via Lata*‹, Nr. XXIX von 1008; das Haus in der Nähe von S. Prassede: ›*ASRStP* XXVII, 1904, Nr. 10 von 1091, S. 62 ff.; das Häuschen auf dem Marsfeld: Carusi, ›*Cartario di S. Maria in Campo Marzio...*‹, Nr. 49 von 1154; ebenda, Nr. 3 von 1010, zu den Lagerräumen nahe der Ripetta.

Das Aussehen der Stadt im späten 15. und im 16. Jahrhundert wird am besten nach den Veduten des Zeichners des ›Codex Escurialensis‹, Heemskercks und Wijngaerdes vorstellbar, ebenso wie auch noch 1593 aus der Karte von Tempesta (Frutaz, ›*Piante*‹, Tafel 262 ff.).

Zur ›Scorticlaria‹ siehe oben, Kapitel X, S. 279 f. und die dazugehörige Anmerkung; das hier beschriebene Haus: Gnoli, ›*Topografia*‹, S. 295, zitiert aus Schede Marini, Vat. lat. 9113, c. 8 (die Angabe der ›carta‹ ist leider ein Irrtum Gnolis).

S. 318 ff.: Das Haus nahe bei S. Maria in Trastevere wird bei P. A. Galletti, Vat. lat. 8051, I, fol. 7 ff. beschrieben (datiert 1038); zum Haus in der Via dell'Arco della Pace 10–11 siehe ›*Guide Rionali*‹, ›*Ponte*‹ II, S. 50; zum Haus im Borgo: Hartmann, ›*S. Maria in Via Lata*‹, Nr. XXXVI, von 1014. Zu den Reihenhäusern im Besitz des Ospizio della SS. Trinità siehe die Urkunden im Archivio di Stato, Rom, ›*Buste patrimoniali*‹, n. 192, und R. Fregna und S. Polito, a.a.O., in: ›Controspazio‹ III, 1971, fasc. 9, S. 2 ff., besonders S. 19, und ebenda, 1972, fasc. 7, S. 2 ff. Zu den Case di S. Paolo siehe ›*Guide Rionali*‹, ›*Regola*‹ III, S. 44, daneben einige alte Photographien im Museo di Roma und ein Aquarell von E. Roesler Franz im selben Museum; zum Haus in der Via S. Bartolomeo degli Strengari: H. Bergner, ›Rom im Mittelalter‹, Leipzig 1913, S. 89, Abb. 105.

S. 326 ff.: Zur Innenanlage eines mittelalterlichen Hauses, wie sie noch heute in dem der Gemeinschaft der heiligen Francesca Romana zum Ausdruck kommt. Siehe auch die Beschreibung des Hauses ihrer Familie: A. Esch, ›Die Zeugenaussagen im Heiligsprechungsverfahren für S. Francesca Romana‹, in: ›Quellen und Forschungen aus italienischen Archiven‹ LIII, 1973, S. 93 ff., besonders S. 121 f.

Mein verstorbener Freund Milton Lewine hat mich vor Jahren darauf hingewiesen, daß das mittelalterliche Haus, das die heilige Francesca Romana für ihre Gemeinschaft kaufte, noch im Konvent des Tor de' Specchi erhalten ist. Ich bin beschämt, daß ich nichts davon wußte, obgleich das Haus in ›*Guide Rionali*‹, ›*Campitelli*‹ I, S. 46 ff., beschrieben wird.

S. 328 ff.: Zu den römischen Häusern entlang der Via S. Martino ai Monti: B. M. Apollonj Ghetti, ›*Santa Prassede*‹ (›Chiese illustrate‹ LXVI), S. 12 ff., mit einer Vielzahl zeichnerischer Aufnahmen; zum Haus in der Via della Lungarina: Lanciani, ›*Destruction of Rome*‹, S. 202, Abb. 35. Wohnhäuser, Werkstätten und Lagerräume, die in antiken Baudenkmälern untergebracht waren, werden in Rechtsurkunden immer wieder erwähnt, vgl. dazu oben, Kapitel IX, die Anmerkungen zu den Wohnhäusern. Zum Haus in der Via dei Calderari: ›*Guide Rionali*‹, ›*Regola*‹ I, S. 50 f., und L. Rossini, ›*Antichità Romane*‹, Taf. 97, 1819; zum Pompejustheater: ›*Guide Rionali*‹, ›*Parione*‹ II, S. 147 ff. Die zitierten Textstellen sind *ASRStP* XXII, 1899, Nr. 22 von 1158, S. 497 f., entnommen; ebenso Hartmann, ›*S. Maria in Via Lata*‹, Nr. LXXXX von 1065 und Nr. LXXXI von 1051; und zum Haus, das einem größeren Besitz einverleibt wurde: Carusi, ›*Cartario di S. Maria in Campo Marzio...*‹, Nr. 17 von 1076.

Zu den Wohnungen in den antiken Ruinen nahe bei S. Maria Nova siehe die oben, Kapitel IX, in den Anmerkungen zu den Wohnhäusern angegebenen Quellen. Die im Text zitierten Stellen stammen aus *ASRStP* XXIII, 1900, Nr. 10 von 1038, S. 204 f.; Nr. 8 von 1061, S. 216 ff.; Nr. 17 von 1060, S. 214 ff., und Nr. 3 von 1011, S. 187 ff. Zum Kolosseum im Mittelalter vgl. auch M. Di Macco, ›Il Colosseo‹, Rom 1971; zu S. Salvatore de Rota: Huelsen, ›Chiese‹, S. 452; zu den Gewölben im Circus Maximus: Lanciani, ›Scavi di Roma‹ I, Rom 1902, S. 31 ff.

Der Besitz der Bruderschaft von Sancta Sanctorum und des Spitals von S. Giovanni in Laterano ist auf dem Stand von 1326 in den ›Necrologi della Provincia Romana‹, Bd. I, hrsg. von P. Egidi, Rom 1920, S. 317 ff. verzeichnet; zum Besitz, der in den dreißiger Jahren des 14. Jahrhunderts dem örtlichen Priorat des Ordens des heiligen Johannes von Jerusalem (der späteren Malteserritter) gehörte: R. Brentano, ›Rome before Avignon‹, S. 41. Zum privaten Immobilienbesitz im späteren Mittelalter: ebenda, S. 27 ff.

S. 331 ff.: Bislang gibt es keine zufriedenstellende Veröffentlichung über die mittelalterlichen Türme in Rom. Der einzige Gelehrte, der sich in jüngerer Zeit mit diesem Gebiet gründlich befaßt hat, scheint Milton Lewine gewesen zu sein. Vieles von dem, was auf diesen Seiten über erhaltene wie verlorene Geschlechtertürme oder über die damit zusammenhängenden übergreifenden Probleme gesagt ist, beruht letztlich auf den Unterhaltungen, die ich mit ihm in den vergangenen Jahren geführt habe, und auf den vielen Seiten von Vorschlägen und Anregungen, die er mir zukommen ließ, nachdem er mein Manuskript gelesen hatte. Ich konnte freilich bei weitem nicht alle seine Vorschläge aufgreifen. Es wäre nicht fair gewesen. Seine Kenntnis dieser Baudenkmäler und ihrer Dokumentation und sein intimes Verständnis der allgemeinen Bedingungen, die dem Bau von Türmen im mittelalterlichen Rom zugrunde lagen, waren so umfassend und tief, daß ich den Großteil des Materials, das er mir in so großzügiger Weise zur Verfügung gestellt hatte, unberührt lassen mußte. Ich kann ihm nicht genug dafür danken.

Im folgenden nenne ich, *faute de mieux*, die gegenwärtig verfügbare Literatur. Zu den noch bestehenden Türmen siehe ›Guide Rionali‹, passim; zu den anderen, die aus Veduten oder Karten bekannt sind: oben, Kapitel IX, Anmerkungen. Schriftliche Zeugnisse sind in vielen verschiedenen Quellen und Quellengattungen zu finden, wie z. B. im ›Liber Pontificalis‹, in den ›Mirabilia‹, im ›Liber Censuum‹, in zeitgenössischen Berichten über Straßenkämpfe zwischen römischen Sippen (z. B. *MGH*, ›De Lite‹, I, S. 606; oder ›Gesta Innocentii Papae III‹, in: *PL* CCXIV, Kap. CXXXVII, und in Urkunden zum Immobilienbesitz in Rom, siehe dazu die Anmerkungen zu Kapitel IX. Ein paar, freilich nicht immer verläßliche Informationen gibt F. Sabatini, ›Monumenti e reliquie medioevali della città di Roma‹, Rom 1907. Zu den allgemeineren Untersuchungen zu Türmen gehört G. Tomasetti, ›Torri di Roma‹, in: ›Capitolium‹ I, 1925, S. 266 ff.; und das einzige zu diesem Thema veröffentlichte Buch: E. Amadei, ›Le torri di Roma‹, Rom 1969 (zuerst 1932).

Wir führen die Türme großer Familien, die nur aus schriftlichen Quellen oder aus Zeichnungen bekannt sind, hier kurz auf. Zu denjenigen in Trastevere: P. A. Galletti, Vat.lat. 8051, I, fol. 13 f. von 1073: die Brücke des Antoninus »nicht sehr weit vom Turm der Erben des Giovanni Brazuti« entfernt; zu den Türmen der Papareschi nahe bei S. Maria in Trastevere:

F. Gregorovius, ›Geschichte der Stadt Rom‹, Bd. IV, S. 401, Anm. 2. Zum Turm auf der Tiberinsel, der möglicherweise zum Besitz der Pierleoni gehörte: Kehr, ›It. Pont.‹, Bd. I, 189; zur Herrschaft der Pierleoni über die Insel im Jahre 1118: *LP* II, S. 311; zu ihrem Haus unterhalb der ›rupe Tarpeia‹ in der Nähe von S. Nicola in Carcere: *LP* II, S. 294 und S. 303, von 1099 bzw. 1116; zu ihren Türmen in der Nähe von S. Marco: ebenda, S. 380, Anm. 1. Zu den Herrenhäusern von Stephanus Normannus, Petrus Lastro aus der Corsi-Sippe und denen der Bulgamini, die sich alle am Flußufer in der Nähe des Tempels der Fortuna Virilis drängten: *LP* II, S. 314 ff. Zum Marcellustheater verweise ich auf das Testament des Jacopo Savelli (Honorius IV.) von 1279, siehe ›Les registres d'Honorius IV‹, hrsg. von M. Prou, Paris 1886, S. 576. Zum Cenci-Turm unterhalb des Monte Giordano, dem Torre del Campo, siehe M. T. Russo, ›La Torre del Campo a Monte Giordano‹, in: ›Strenna dei Romanisti‹ XXVI, 1965, S. 374 ff. Zum Monte Giordano und zu seinen Befestigungen: M. P. F. Asso, ›Monte Giordano‹, in: ›Quaderni‹ I, 1953, S. 23 ff.; zum Cenci-Turm, der den Ponte S. Angelo sperrte, siehe Benzo *ad amicum* (*MGH*, ›De Lite‹ I, S. 603 und S. 605). Zu den Türmen der Statii in der Nähe von S. Eustachio siehe R. Brentano, ›Rome before Avignon‹, S. 199; zu denen im Circus Flaminius: ›Gesta Innocentii Papae III‹, PL CCXIV, Kap. CXXXVII. Zu den Türmen nahe bei S. Maria in Via Lata, die der Familie der Adelmari gehörten, siehe wiederum Hartmann, ›S. Maria in Via Lata‹, Nr. CXV von 1086 und Nr. CXXI von 1094 – zwei verschiedene Türme. Zu den Befestigungen der Corsi auf dem Kapitol: *LP* II, S. 290 und S. 298 f. Mindestens zu einem der Geschlechtertürme der Frangipani: E. Tea, ›La Rocca dei Frangipani alla Velia‹, in: *ASRStP* XLIV, 1921, S. 235 ff. Einige Türme, die nicht mehr erhalten sind, sind auf alten Stadtplänen wie demjenigen des Tempesta von 1593 (Frutaz, ›Piante‹, Taf. 262 ff.) deutlich gekennzeichnet, wenn auch nicht immer mit dem Namen ihrer Besitzer versehen, und tauchen auch in Veduten auf, wie etwa in Heemskercks ›Panorama‹ (ebenda, Taf. 176).

Die Türme, die im *abitato* erhalten geblieben sind, werden, abgesehen von denen, die E. Amadei, a.a.O., passim, G. Tomassetti, a.a.O., oder auch Gnoli, ›Topografia‹, S. 391 ff., erwähnen, in den folgenden Untersuchungen etwas detaillierter, wenn auch häufig in ungenügender Weise behandelt. Wir geben sie in der alphabetischen Reihenfolge der Türme an: zum Anguillara-Turm: D. Camillo Massimo, ›Cenni storici sulla Torre Anguillara‹, Rom 1847 (2. Aufl. 1869), und U. Gnoli, ›La famiglia ed il palazzo dell'Anguillara in Roma‹ in: ›Cosmos Catholicus‹ III, 1907, S. 670 ff.; zum Turm im Largo Argentina, der zuweilen als Torre Argentina erwähnt wird, siehe unten ›Torre del Papito‹; zur Torre dell'Arpacata: Gnoli, ›Topografia‹, S. 320, und ›Guide Rionali‹, ›Parione‹ II, S. 150 f.; zur Tor de' Conti: F. Mora, ›Di Tor de' Conti‹, in: ›Atti del Collegio degli Ingegneri ed Architetti in Roma‹ IX, 1885, S. 37 ff., C. Cecchelli, ›Tor de' Conti‹, in: ›Pan‹ III, 1934, S. 540 ff., und A. M. Colini, ›Forum Pacis‹, in: *Bull Comm* LXV, 1937, S. 7 ff.; zur Torre Margana: ›Guide Rionali‹, ›S. Angelo‹ I, S. 82 f.; zur Torre del Merangolo (Melangolo): ›Guide Rionali‹, ›S. Angelo‹ I, S. 71 f., und detailliert Gnoli, ›Topo-

Anmerkungen

grafia‹, S. 326 f.; zur Tor Millina: G. B. Giovenale, ›*Tor Millina*‹, in: ›*Annuario Accademia di San Luca*‹ I, 1910/1911, S. 127 ff., und ›*Guide Rionali*‹, ›Ponte‹ I, S. 34 f.; zur Torre del Papito: D. Gnoli, ›*La Torre Argentina in Roma*‹, in: ›*Nuova Antologia*‹, 1908, S. 3 ff., und G. Marchetti-Longhi, ›*La turris Papiti ...*‹, in: ›*Capitolium*‹ VIII, 1932, S. 245 ff., dazu ›*Guide Rionali*‹, ›Pigna‹ I, S. 24 ff.; zur Tor Sanguigna: F. Sabatini, a.a.O., S. 31, und P. Adinolfi, ›*La Torre dei Sanguigni*‹, Rom 1863.

Auf die Türme im *disabitato* gehe ich im Kapitel XIV ein.

S. 336: Zu gehäuft stehenden Türmen und betürmten Herrensitzen: zu den von der Familie der Arcioni gemieteten Ruinen: *ASRStP* XXIII, 1900, Nr. 94 von 1238, S. 74; typische Areale mit Türmen sind in Frutaz, ›*Piante*‹, passim, abgebildet, siehe besonders Taf. 148 (die Brüder Limburg), Taf. 150 (anonym, erstes Viertel des 15. Jahrhunderts), Taf. 159 (Strozzi-Karte); zum Areal der Anguillara wie zum Herrensitz der Margana vgl. die vorige Anmerkung; zum Areal von S. Maria in Cosmedin: G. B. Giovenale, ›*La Basilica di S. Maria in Cosmedin*‹, Rom 1927, S. 48, S. 278 ff., und zu seiner Rekonstruktion S. 406 ff.

S. 337 f.: Zu den dichtgedrängten Häusern um S. Cecilia: *ASRStP* XLIX, 1926, Nr. 8 von 1404; um das Pantheon: R. Brentano, ›*Rome before Avignon*‹, S. 199.

S. 338 f.: Die genaue Anzahl der Türme in Rom ist unsicher und hat natürlich gewechselt. F. Sabatini, ›*Monumenti e reliquie medievali ...*‹, Rom 1899, nennt eine Zahl von über 900 im 13. Jahrhundert, 360 für das 16. und noch 30 für das 18. Jahrhundert, doch er gibt keine Quellen an; zur Zerstörung von 140 Türmen durch Brancaleone siehe E. Amadei, ›*Le torri di Roma*‹, Rom 1969, S. 11, wo auch von weiteren Zerstörungen aus dem Jahre 1313 die Rede ist; zur Zerstörung von Türmen durch das Volk von Rom im Jahr 1144 siehe Otto von Freising, ›*Chronica*‹ VII, 31 (*MGH SS RG* XII, hrsg. von A. Hofmeister, 1912, S. 360) – aber wie viele wurden zerstört?

S. 339: Zu den mittelalterlichen Campanili in Rom verweise ich wieder auf A. Serafini, ›*Torri campanarie di Roma e del Lazio nel medioevo*‹, Rom 1927, wobei nochmals zur Vorsicht gemahnt sei, und ebenso auf meine knappen Bemerkungen in Kapitel VII. Im selben Kapitel habe ich die ›*Narracio*‹ des Magister Gregor behandelt und ihre verschiedenen Editionen in der Anmerkung zu S. 211 ff. angeführt. Masolinos Panorama wird bei Frutaz, ›*Piante*‹, Bd. I, S. 128 f., und Bd. II, Taf. 152, beschrieben und abgebildet.

XIV.

S. 340 ff.: Wohnhäuser am Fuß des Kapitol und die ›*columna perfectissima*‹ werden in einem Privileg Innozenz' III. erwähnt: *PL* CCXIV, Sp. 651 ff.; vgl. auch die Liste des Cencius Camerarius in: ›*Liber Censuum*‹, hrsg. von Fabre und Duchesne, Paris 1905, Bd. I, S. 300.

Zu Forum und Palatin im Mittelalter: G. F. Carettoni, ›*Il Palatino nel medioevo*‹, in: ›*Studi Romani*‹ IX, 1961, S. 508 ff., und Derselbe, ›*Il foro romano nel medioevo e nel rinascimento*‹, in: ›*Studi Romani*‹ XI, 1963, S. 406 ff.

Zum ländlichen Charakter des Caelius und seines östlichen Ausläufers siehe *Reg Sub*, Nr. 24 von 938 (auch: Ferrari, ›*Monasteries*‹, S. 121), über den Konvent von S. Erasmo, woher unser Zitat genommen ist; ebenda, Dok. 13 von 997; und zu den Bauernhöfen in der Nähe der Porta Maggiore: ebenda, Dok. 27 von 924, Dok. 3 von 967, Dok. 12 von 958 und Dok. 15 von 1015. Auf dem Aventin scheint es im Jahr 1216 einen Wohnsitz der Savelli, vielleicht im Kloster von S. Sabina, gegeben zu haben (›*Regesta Honorii Papae III*‹, hrsg. von P. Pressuti, Rom 1888, Dokumente 89, 153, 196, 553 und 878, alle aus den Jahren 1216/1217). 1279 wird eine Befestigung auf dem Hügel im Testament des Kardinals Jacopo Savelli (Honorius IV.) genannt: ›*Les registres d'Honorius IV*‹, hrsg. von M. Prou, Paris 1886, S. 576; und Ptolemäus von Lucca erzählt vom Bau »eines Palastes und vieler anderer Gebäude« während seines Pontifikats (›Die Annalen des Tholomeus von Lucca‹, hrsg. von B. Schmeidler, Berlin 1930, *MGH SS* n.s. VIII, S. 204, auch: ›*Historia Ecclesiastica*‹ XXIV, 19, *RIS* XI, 1194). Ob es auch noch weiterhin kleine Bauernhöfe am Fuß des Hügels entlang der Marmorata gab, wie dies im 10. Jahrhundert der Fall gewesen war (*Reg Sub*, Dok. 19 von 926), bleibt unbekannt. Zum nördlichen Teil der Stadt bis hinauf zur Porta del Popolo siehe *ASRStP* XXII, 1899, Nr. 1 von 761, S. 254 ff.; Nr. 2 von 844, S. 263 f.; Nr. 3 und 4 von 955 bzw. 962, S. 265 ff., und so weiter. Zum »Turm, in dem Neros Schatten herumzuspuken pflegte«: Frutaz, ›*Piante*‹, Taf. 158.

S. 342 f.: Zur Vorstadt um S. Maria Maggiore: *LP* I, S. 511 (das Kloster Hadrians); *LP* II, S. 54 f. (S. Prassede) und S. 96 (S. Martino ai Monti); Ferrari, ›*Monasteries*‹, S. 51 ff. (S. Andrea in Massa Juliana oder in Catabarbara und S. Andrea in Assaio), S. 68 ff. (S. Bibiana) und S. 345 ff. (S. Vito). Belege seit dem 11. Jahrhundert: *ASRStP* XXVI, 1904, S. 147 ff.; *ASRStP* XXVII, 1905, S. 23 ff., und *ASRStP* XXX, 1907, S. 119 ff.; *ASRStP* XXVII, 1904, Nr. 22 von 1192, S. 451 ff., hat eine lange Liste von Häusern, Gärten und Feldern nahe bei der Basilika. Zu den Häusern um S. Prassede: *ASRStP* XXVII, 1904, S. 27 ff., z. B. Nr. 10 von 1091, Nr. 37 von 1143 und Nr. 49 von 1209, die sich alle auf Häuser beziehen, die an die Kirche oder das Kloster angebaut waren. Die Rohrleitung in einer Straße, die am Kloster von S. Lorenzo *ad gradatas* entlangführte und wegen dieser Treppe wohl hinter der Apsis von S. Maria Maggiore lag, wird in *ASRStP* XXVII, 1904, Nr. 9 von 1056, S. 190, erwähnt (»*fistula domnica qui dicitur centinaria*«), wo auch von einer gepflasterten Straße (»*silice publica*«), und einer Straße, die zum Markt hinführt, die Rede ist.

Zum Nervaforum, seinem Namen und seiner Umgebung im Mittelalter: Gnoli, ›*Topografia*‹, S. 8 (*Arca Noe*); vgl. auch ›*Polistoria Johannis Caballini de Cerronibus*‹, zit. bei Urlichs, ›*Codex*‹, S. 140, und Magister Gregor (die ›Kornkammer der Kardinäle‹), wie oben in der letzten Anmerkung zu Kapitel XIII angegeben. Valentini-Zucchetti, ›Codice topografico‹, Bd. III, S. 156, Anm. 1, erklärt die Bezeichnung aus der Tatsache, daß der Wohnsitz von drei Conti-Kardinälen in deren Familienturm ganz in der Nähe lag.

S. 345 ff.: Zur Vorstadt bei S. Maria Nova: *ASRStP* XXIII, 1900, *ASRStP* XXIV, 1901, *ASRStP* XXV, 1902, und *ASRStP* XXVI, 1903. Zum *calcararium*: Lanciani, ›*Scavi di Roma*‹, Bd. I, S. 25 und passim, und *ASRStP* XXIII, 1900, Nr. 13 von 1042, S. 206 ff.; zu seinen Bewohnern: ebenda, Nr. 1 von 982, S. 182 ff.; Nr. 3 von 1011, S. 187 ff.; Nr. 4 von 1017, S. 190 ff. und passim; ›*Liber Censuum*‹, Bd. I, S. 300, zur Liste des Cencius Camerarius; Gnoli, ›*Topografia*‹, S. 46, und *ASRStP* XXIII, 1900, Nr. 29 von 1052, S. 211 ff. (Bankierskreuzung, *trivium cambiatoris*); schließlich, zur Ausdehnung am Abhang des Palatin entlang: *ASRStP* XXIII, 1900, Nr. 29 von 1092, S. 233 f., und *ASRStP* XXIV, 1901, Nr. 61 von 1147 (?), S. 176 f., und dann weitere Beispiele.

S. 346 ff.: Zur Malaria im *disabitato* und außerhalb der Mauern siehe das Gedicht des Ligurinus, Buch IV, Verse 185 ff. (*PL* CCXII, Sp. 382). Zu Feldern vor den Toren siehe R. Brentano, ›*Rome before Avignon*‹, S. 27, S. 51 und passim; zum 15. Jahrhundert siehe A. Esch, ›Die Zeugenaussagen im Heiligsprechungsverfahren für S. Francesca Romana ...‹, in: ›Quellen und Forschungen aus italienischen Archiven‹ LIII, 1973, S. 93 ff., besonders S. 133 ff.

Zu Türmen im *disabitato* siehe E. Amadei, ›*Le torri di Roma*‹, Rom 1969, und im einzelnen: zur Torre delle Milizie: Kehr, ›*It. Pont.*‹, S. 193 (er war 1179 im Besitz der Frangipani), es scheint jedoch, als gebe es bisher keine architektonische Untersuchung; zu den Befestigungen der Frangipani, zur Torre Cartularia und zu ihren anderen Türmen überall im ›*Campo torrechiano*‹, siehe Gnoli, ›*Topografia*‹, S. 323 (der Name); E. Tea, ›*La rocca dei Frangipani*‹, in: *ASRStP* XLIV, 1921, S. 235 ff., S. 244 ff.; Gnoli, ›*Topografia*‹, S. 322 (Torre Cartularia); Urlichs, ›*Codex*‹, S. 110 (ein Turm der Frangipani beim Tempel von Antoninus und Faustina); Brief Innozenz' III. (*PL* CCXIV, Sp. 631 ff.; Türme oben auf dem Septimius-Severus-Bogen); J. B. Mittarelli, ›*Annales Camaldulenses*‹ III, Venedig 1758, App., Sp. 417, Dok. 271 (Turm im Circus Maximus; die Urkunde ist auf den 18. März datiert und darf nicht mit Kehr, ›*It. Pont.*‹ I, S. 191, vom 31. Jan. 1145 verwechselt werden); zu den Türmen nahe bei S. Prassede: *LP* II, S. 316. Schließlich zur Verwendung des Kolosseums als Festung der Frangipani im Jahre 1133: Ptolemäus von Lucca, ›*Annales*‹, (›Die Annalen des Tholomeus von Lucca‹, hrsg. von B. Schmeidler, 1930, *MGH SS RG* n.s. VIII, S. 47 f.; auch *RIS* XI, 1263), und: Kardinal von Aragon (Nicola Roselli), ›*Vitae Pontificum Romanorum*‹ (*RIS* III. 1, 434); beide werden bei P. Colagrossi, ›*L'anfiteatro Flavio ...*‹, Florenz 1913, S. 150 f., und bei M. Di Macco, ›*Il Colosseo*‹, Rom 1971, S. 113 f., erwähnt. Die Besetzung des Kolosseums durch die römische Republik (Colagrossi, a.a.O., S. 151 f.) kann urkundlich nicht belegt werden (Di Macco, a.a.O., S. 114, Anm. 24). Auf jeden Fall ist der Bau während der zweiten Hälfte des 12. Jahrhunderts und noch im 13. im Besitz der Frangipani, in den sie sich dann allerdings mit den Annibaldi teilen mußten (Di Macco, a.a.O., S. 31 f. und S. 113 f., Anm. 20 und 26).

Die anderen Türme im *disabitato* wie z. B. die sogenannten Capocci-Türme hinter S. Martino ai Monti und die Torre del Grillo scheinen nicht ausführlich untersucht worden zu sein, obgleich sie bei E. Amadei, a.a.O., passim, behandelt werden.

S. 347 ff.: Zur Vorherrschaft der großen Familien in den verschiedenen Stadtbezirken siehe G. Tomassetti, ›*La Campagna Romana*‹, Bd. I, Rom 1910, S. 137 ff., und dazu L. Casanelli, G. Delfini und D. Fonti, ›*Le Mura di Roma*‹, Rom 1974, S. 84, Anm. 38 und Abb. 87. Im einzelnen: zu den Arcioni: *ASRStP* XXIII, 1900, Nr. 94 von 1238, S. 74 f., und C. Corvisieri, ›*Il trionfo romano di Eleanora D'Aragona*‹, in: *ASRStP* X, 1887, S. 629 ff., besonders S. 685 ff., Dok. V, das eine Lage auf dem Trajansmarkt vermuten läßt. Zu den Savelli: das Testament des Jacopo Savelli wie in der ersten Anmerkung zu diesem Kapitel; zu den Colonna, anscheinend Abkömmlinge der Familie Alberichs: P. Colonna, ›*I Colonna dalle origini al secolo XIX*‹, Rom 1927.

Der Krieg der Türme von 1203 findet sich in den ›*Gesta Innocentii Papae III*‹, Kap. CXXXVII ff. (*PL* CCXIV, Sp. CLXXXV ff.), beschrieben.

S. 350 ff.: Zu den befestigten Kirchen und Klöstern, die im Halbkreis um den Lateran lagen: zu den Verwüstungen durch Robert Guiscard: *LP* II, S. 290; zu S. Clemente: meine Bemerkungen und die zu Kapitel VII angegebene Literatur; zu SS. Quattro Coronati: dasselbe und P. F. Kehr, ›*Papsturkunden in Umbrien*‹, in: ›Göttinger Nachrichten‹, (›Nachrichten der K. Gesellschaft der Wissenschaften zu Göttingen‹), 1889, S. 379 f., dazu Kehr, ›*It. Pont.*‹ I, S. 41 f.; zu SS. Giovanni e Paolo: A. Prandi, ›*Il complesso monumentale della Basilica ... dei SS. Giovanni e Paolo*‹, Rom 1953, besonders S. 249 ff. und S. 355 ff.; zu S. Gregorio Magno: *Corpus*, Bd. I, S. 320 ff., und zum Septizonium als Verteidigungsposition und Zufluchtsort: J. B. Mittarelli, ›*Annales Camaldulensium*‹ I, Venedig 1955, S. 117 f. von 974 und *LP* II, S. 290 (zum Jahr 1084) und S. 344 (zum Jahr 1117).

S. 353: Die Erweiterung des Lateranpalastes und die Ausdehnung der umliegenden Vorstadt ist durch eine Reihe von Bullen dokumentiert: 1037 (F. Ughelli, ›*Italia Sacra*‹ I, Venedig 1717, Sp. 100 ff., besonders Sp. 104; auch bei Urlichs, ›*Codex*‹, S. 205, und Kehr, ›*It. Pont.*‹ II, S. 26); 1050 (C. Rasponi, ›*De Basilica et Patriarchio Lateranensi*‹, Rom 1656, S. 110; Kehr, ›*It. Pont.*‹ I, S. 25); 1061 bis 1073 (Kehr, ebenda), wo »Häuser um die Basilika herum« erwähnt werden; 1153 (Kehr, ebenda, S. 28, aus dem ›*Bullarium Romanum*‹ II, Rom 1739, S. 345); und 1154 (G. B. Crescimbeni, ›*Istoria della Chiesa S. Giovanni avanti Porta Latina*‹, Rom 1716, S. 248 ff.; auch in Kehr, ebenda), wo die »Vorstadt ... um die Basilika« erwähnt wird, »mit Häusern dort und am Aquädukt und Häuser ›*in cancello*‹ [?] und Häusern entlang der via maior ... und Gärten und einem Teich ... und der Mühle am Ende des Teiches außerhalb des Tores von

Anmerkungen

S. Giovanni«. Bei den Bestätigungen dieser Bulle von 1216 und 1228 (›Regesta Honorii Papae III‹, hrsg. von P. Pressuti, Rom 1888, Appendix, S. LVII, S. LXI, wo die Bezeichnung ›*suburbium*‹ gebraucht wird; Crescimbeni, a.a.O., S. 251 ff.) werden noch mehr Häuser und Verkaufsstände aufgezählt. Siehe auch *LP* II, S. 379, zur Wasserversorgung, »die von den alten Aquädukten gebracht wird«, und zu dem »Teich, um die Pferde zu tränken«, den verschiedenen Mühlen, die dort gebaut waren, und »vielen Weingärten und Obstgärten« um den Teich.

Die große Vorstadt, die hier im späten 13. Jahrhundert bestand, wird in zwei Listen der an die Kanoniker gezahlten Mieten von 1247 umrissen (P. Lauer, ›*Le Palais de Lateran*‹, Paris 1911, S. 236 f.).

S. 353 ff.: Zur Renovierung der Kirchen beim Lateran siehe zu S. Stefano Rotondo: *Corpus*, Bd. IV, S. 199 ff.; zu S. Croce in Gerusalemme: *Corpus*, Bd. I, S. 165 ff., und zu den Fresken: G. Biasiotti und S. Pesarini, ›*Pitture del secolo XII… in S. Croce…*‹, in: ›*Studi Romani*‹ I, 1913, S. 245 ff., G. Matthiae, ›*Gli affreschi medioevali di S. Croce in Gerusalemme*‹, Rom 1968, Derselbe, ›*Pittura*‹, S. 93 und 252, und C. Bertelli, ›*Un problema medioevale ‚romano'*‹, in: ›*Paragone*‹ CCXXXI, 1969, S. 3 ff., und zur Einrichtung eines Kanonikerkollegiums: *LP* II, S. 385; zum Palast bei S. Maria Maggiore: Kehr, ›*It. Pont.*‹ I, S. 36, und G. Biasiotti, ›*Una descrizione… di S. Maria Maggiore nel secolo XII*‹, in: ›*Atti del III Congresso Nazionale di Studi Romani…*‹ II, 1935, S. 5 ff. Zu den Wandgemälden im Lateranpalast: Ladner, ›Papstbildnisse‹, Bd. I, S. 198 ff., und Bd. II, S. 17 ff., vgl. auch oben, Kapitel VII: Zu den Papstbegräbnissen in der Basilika siehe Johannes Diaconus, ›*Liber de Lateranensi Ecclesia*‹, und O. Panvinio, ›*De septem praecipuis basilicis Urbis Romae*‹, beide in: P. Lauer, a.a.O., S. 392 ff., besonders S. 400 f. und 439 f.; auch I. Herklotz, ›„Sepulcra' e ‚Monumenta' del Medioevo‹, Rom 1985, S. 91 ff. und passim; zur Neuausrichtung der Querschiff- und Palastfassade auf die *piazza* und den Zugang vom *abitato* her: *Corpus*, Bd. V, S. 15 und S. 61 f., und Abb. 2, Abb. 70–72.

Orts- und Sachverzeichnis

(Alle nicht mit einem Sternchen * gekennzeichneten Stichworte beziehen sich auf Rom)

*Aachen 158
abitato s. Stadtplan
Abteien s. Klöster
*Acerenza 252
*Ägypten 31, 48, 89, 95, 103
*Afrika (Nord-) 13, 28, 31, 51, 76, 82, 103, 104, 119
Albergo delle Due Torri 310
*Alexandria 89
*Amalfi 134
   Bronzetüren des Doms 200–202
*Amiens 252
Amphitheatrum Castrense 27
*Anagni 231, 252
   Dom 244
*Ancona 13, 252
Aniene 13
*Antiochia 14
apostolisches Ackerland s. *domus cultae*
*Apulien 236
Aquädukte 14, 15, 46, 48, 69, 76, 78–80, 85, 126–128, 258, 259, 270, 277, 278, 284, 285, 311, 349, 353
   Aqua Claudia 14, 127, 128, 278, 286
     Forma Lateranensis 278, 286
   Aqua Jobia 128, 278, 279
   Aqua Julia 14; Abb. 3
   Aqua Marcia 128
   Aqua Sabbatina 127, 128, 280
   Aqua Vergine 128, 278, 302
Archivio di Stato 259
Arco s. Bogen
*Arezzo 13
*Assisi, S. Francesco 224, 234, 235, 242, 249, 251, 262
*Athen 52
Audienzhalle des Stadtpräfekten 18, 20, 39, 85
*Autun, St. Martin 119
*Avignon 179, 234, 251, 253, 258

Bäder (Thermen) 27, 39, 209–211, 214, 278, 284, 328, 339
   des Agrippa 23, 209, 269, 279, 304, 338
   des Alexander Severus 23, 269, 279, 304
   des Caracalla 17, 27, 39, 119, 269, 276, 339
   des Diokletian 17, 27, 39, 210, 211, 269
   des Konstantin 39, 42, 269, 328, 335, 342, 349
   des Nero 23
   des Titus 22
   des Trajan 22
*Balkan 14, 103
*Bari 199
Basiliken
   Aemilia 20, 57
   Constantini s. Nova
   Julia 17, 20
   Junius Bassus 47, 51, 70, 247; Abb. 33
   Maxentius s. Nova
   Nova 18, 20, 39, 42, 71, 311; Abb. 6, 248, 252
   Ulpia 22
*Bayern 95
*Berbergebirge 16
*Bethlehem 51, 183, 229
Beulenpest 104; s. a. Epidemien
Bibel von S. Paolo fuori le mura 158
Bögen (Triumphbögen; Arco) 14, 15, 19, 130, 209, 224, 310, 312
   des Alexander 304
   der Ciambella 338
   des Diokletian 319
   des Hadrian 39
   des Janus Quadrifons 39, 42, 80, 91, 341; Abb. 26
   des Konstantin 39, 42, 130, 262; Abb. 27, 252
   des Nerva 344, 345; Abb. 251
   des Septimius Severus 20, 96, 226, 347; Abb. 56, 256
   der Sinibaldi 310

   des Theodosius, Arcadius und Honorius 303, 304
   des Titus 20, 262, 319, 346, 347
   der Tolomei 310
   des Trajan 39
   des Valentinian und Gratian 303
*Bologna 234, 252, 339
Boot des Aeneas 48
Borgo, Burgus Saxonum 66, 96, 97, 161, 163, 172, 175, 181, 226, 231, 259, 270, 281, 289, 292–297, 299, 301, 304, 316, 317, 321; Abb. 202, 205
Borgo Pio 289
*Bosporus 42, 138
*Brindisi 13
Brücken 13, 19, 81, 225, 262, 264, 270, 277, 312
   Aeliusbrücke 13, 23, 38, 86, 169, 181, 209, 264, 265, 267, 269, 270, 274, 277, 279, 280, 287, 296–299, 303, 315–317, 326, 334; Abb. 13
   Aemilianusbrücke 13, 14, 90, 91, 264, 265, 274, 277, 280, 283, 293, 332; Abb. 185
   Agrippinusbrücke 265
   Antoninusbrücke 265
   Aurelianusbrücke 13, 265, 281
   Cestiusbrücke 13, 220, 264, 280
   Fabriziusbrücke 13, 90, 264, 274, 299, 332, 350; Abb. 2, 209
   Garibaldibrücke 29, 336
   Judaeorum s. Fabrizianische
   Milvische 13, 66, 78, 341
   Nerobrücke 13, 274
   Nomentanusbrücke 76; Abb. 55
   Pons Aelius s. Aeliusbrücke
   Pons Aurelius s. Aurelianusbrücke
   Pons Cestius s. Cestiusbrücke
   Pons Fabricius s. Fabrizianische
   Pons Maior s. Aemilianusbrücke
   Ponte Fabrizio s. Fabriziusbrücke
   Ponte Rotto s. Aemilianusbrücke
   Ponte Salario s. Salarianische
   Ponte S. Angelo s. Aeliusbrücke
   Ponte S. Maria s. Aemilianusbrücke

Orts- und Sachverzeichnis

Ponte Sisto 13, 78, 265, 281, 317
Ponte Quattro Capi s. Fabrizianische
Salarianische 13, 76; Abb. 54
des Theodosius 265
*Brügge 258
*Burgund 196
byzantinische Eroberung und Verwaltung
Italiens 73, 76, 82–84, 91, 92, 94,
100, 102, 103, 109, 112, 120, 122,
126, 131, 175, 276
Einfluß auf Rom 76, 80, 85, 89, 94,
103–109, 112–116, 119–124, 146,
175, 244–250
Byzantinisches Reich (Ostreich)
Kaiser, Kulturkreis, religiöses
Umfeld 13, 57, 58, 76, 94, 102,
103, 105, 106, 108, 114, 115,
119–122, 131, 132, 162,
244–250
Byzanz s. Byzantinisches Reich;
Konstantinopel

*Caen, St. Étienne 196
Campagna di Roma 41, 66, 76, 126, 136,
161, 169, 174, 280, 327, 345
Campo Marzio s. Campus Martius
Campo Santo Teutonico 287, 295
Campo Torrechiato 347; Abb. 255
Campo Verano 27, 41
Campus Martius (Marsfeld) 23, 27, 28,
45, 68, 168, 209, 221, 264, 274,
279, 281, 297, 301, 306, 319, 340,
341
*Canossa 168
Capracorum (*domus cultae*) 126, 127
*Capua 95, 252
Casa di Crescenzio 218, 220; Abb. 157,
158
Case di S. Paolo 323, 326; Abb. 232
*Castel Sant' Elia 199
Castel S. Angelo s. Engelsburg
Castra Praetoria 27
catasti 259, 322, 326; s. a. Register
cathedra Petri 158
Circus
Flaminius 277, 278, 334
Orsini-Festung 334
Maximus 19, 22, 27, 48, 176, 278,
331, 349
des Nero 24
des Romulus, Sohn des Maxentius 19
Civitas Leonina s. Leoninische Stadt
Claudianum, Wasserreservoir 127, 351
Codex Einsidlensis (Itinerarium Einsidlense)
131, 221, 270, 278

Codex Escurialensis 262, 269, 289, 296,
299, 300, 317, 318, 321, 322,
335–337, 339
Colonacce (Kolonnaden) 20, 22
columbaria 27, 129
cordonata 312
Cortina S. Petri s. Vatikanstadt, St. Peter
Curia Senatus s. Senatsgebäude

*Dalmatien 44, 113
*Damaskus 312
*Deutschland 75, 95, 97, 166, 196, 300
diaconiae (Wohlfahrts-, Fürsorgeeinrichtungen) 81, 89–93, 95, 96,
102, 115, 116, 120, 121, 125, 127,
129, 137, 156, 177, 257, 258,
277–279, 286, 289, 294, 297, 343
disabitato s. Stadtplan
Docks s. *marmorata*; Ripetta
domus aurea s. Paläste
domus cultae (apostolisches Ackerland,
Kirchengehöfte) 126, 127, 136, 161
Domus Faustae 33
*Donauländer 13
*Durham, Kathedrale 196, 197

*East Anglia 96
*Eichstätt 97
*Einsiedeln (Codex Einsidlensis) 131,
221, 270, 278
*Elbe 166, 197
Engelsburg (Castel S. Angelo,
Mausoleum Hadrians) 13, 14, 19, 23,
24, 28, 38, 86, 89, 128, 135, 137, 162,
163, 167–169, 181, 209, 221,
224–226, 236, 237, 259, 262, 269,
274, 283, 287, 289, 292, 295, 296,
298, 299, 304, 318, 339; Abb. 13, 206,
225
St. Michaelskapelle 89
Turm des Crescentius 283, 296
*England 75, 83, 86, 97, 104, 105, 120,
158, 166, 177, 196, 207, 231, 292, 314
Epidemien (Malaria, Cholera, Pest) 76,
78, 86, 104, 172, 257, 258, 267, 276,
346

*Farfa s. Klöster außerhalb Roms
*Florenz 13, 115, 181, 197, 226, 232,
238, 241, 242, 251–253, 258, 310
S. Maria Novella 235
S. Miniato 197
Foren:
allgemein 28, 46, 68, 89, 127, 209,
262

kaiserlich 20, 27, 28, 48, 89, 281, 344,
346; s.a. Forum
Forum:
des Augustus 22, 209, 303, 328
Boarium (Viehmarkt) 22, 39, 42, 91,
92
des Caesar 22
Holitorium (Kräutermarkt) 22, 91
des Nerva 20, 89, 177, 209, 227, 275,
303, 344, 347; Abb. 251
Pacis 20, 48
Romanum 17–20, 22, 27, 39, 42,
46–48, 57, 78, 80, 85, 96, 144, 154,
188, 209, 221, 226, 230, 263, 269,
270, 274, 281, 297, 304, 312, 313,
340, 344–347; Abb. 247
des Trajan 22, 48, 61, 80, 89, 209, 347
*Frankreich 75, 93, 95, 131, 166, 169,
173, 174, 177–179, 196, 207, 234,
235, 238, 239, 241, 244, 249, 250, 314
Fresken s. Kirchen; Lateran; Vatikan
frontispicium Neronis (Giebel des
Nero) 282
*Fulda, Abteikirche 157, 158

*Gaeta 134, 161, 175
Gärten:
Cavalieri di Malta 284; s. a. Herren-
häuser, Villen und Gärten, antike
*Gallia 166
*Gallien 13, 28, 51, 57, 75, 76, 82, 120,
123, 133
*Genua 13
*Germania 166
Germanien 75, 123, 133
Getreidespeicher der Kirche 90, 127
Getto 23, 274, 278, 310; Abb. 218, 220
Gewölbe s. Häuser, mittelalterliche
Giebel des Nero 282
Graffiti 29, 30
*Griechenland 13, 31, 48, 52, 103, 105,
112

Häfen s. *marmorata*; Ripa Grande;
Ripetta
Häuser, antike
domus 25, 29, 68
Häuser der Kirche s. *tituli*
insulae 25, 26, 28, 29
Kapitol 25; Abb. 14
Via della Lungarina 328
Wohnhäuser 25–29, 31, 45, 72, 79,
81, 263; Abb. 14
s. a. Häuser, mittelalterliche; Herren-
häuser, antike und mittelalterliche

Häuser, mittelalterliche 66, 83, 95, 126, 228, 235, 282, 283, 300, 317–319, 321–323, 326–328, 331, 340–342, 344–346
  Borgo 293, 301, 317
  Campo Marzio 301, 302, 319
  Casa di Crescencio 218, 220; Abb. 157, 158
  Cencio Musca Inpunga 305
  cryptae 328, 331
  Engelsburg Abb. 225
  Gewölbe, alte 269, 310, 328, 331, 340
  Johannes mit den Holzschuhen 305
  Johannes Pauli 304
  Nikolaus, Sohn Hugos 305
  Piazza Campo Marzio 302, 323
  Piazza in Piscinula 322
  Piazza di Trevi 326
  Ponte S. Angelo 209
  Portikus der Octavia 322
  S. Maria Nova 319, 345, 346
  S. Maria in Trastevere 300
  S. Maria in Via 303
  S. Maria in Xenodochio 303, 328
  Scorticlaria 321
  Stefano Nizo 304
  Trastevere 301, 306
  Trevibrunnen 303, 328
  Via Arco del Monte 326
  Via dell'Arco della Pace 321, 322; Abb. 229
  Via Capo di Ferro 209, 323, 326
  Via del Corso 319
  Via della Fonte d'Olio 307; Abb. 217
  Via di Monte Brianzo 317; Abb. 224
  Via del Pellegrino 307; Abb. 216
  Via S. Bartolomeo degli Strengari 323
  Vicolo dell'Atleta Nr. 12 307; Abb. 215
  Vicolo dell'Atleta Nr. 14 326; Abb. 235
  Vicolo della Luce 322
  Vicolo dei Moroni 281, 318, 322; Abb. 226
Häuser der Armen 28, 66, 71, 83, 95, 228
Häuser im Besitz religiöser Stiftungen 259, 331, 338, 341
Häuser an den Papstprozessionswegen 303–306
Hauptpostamt 129
*Hebriden 16
Heiliges Jahr 179, 180, 232, 233, 251–253, 356
*Heiliges Land 32, 51

Heiliges Römisches Reich 132–134, 137, 139, 158–160, 162, 163, 168, 212, 213, 222
Herbergen:
  S. Cecilia 337
  S. Eustachio 338
  S. Maria Maggiore 297, 319, 331, 342–346, 355, 356
  S. Maria Nova 297, 303, 319, 331, 342, 345–347
  S. Maria in Trastevere 281, 297, 300, 321, 332
  S. Maria in Via 303
  S. Maria in Via Lata 281, 303, 319, 334
  S. Maria in Xenodochio 303, 328
  S. Martino ai Monti 344, 356
  S. Prassede 337, 344
  S. Pudenziana 344
  S. Silvestro in Capite 294, 302, 303, 331, 341, 342
*Herculaneum 25
Herrenhäuser, Villen und Gärten, antike
  Gärten:
    Garten des Nero 24, 27, 37, 41
    Garten des Sallust 27, 57
    Licinianische Gärten 18, 27
  Herrenhäuser 19, 25, 27–30, 46, 47, 78, 79, 81, 86, 102
    domus Faustae 33
    Domus des Junius Bassus 68
  Villen:
    ad duas lauros 27, 36
    der gordianischen Kaiser (Tor de Schiavi) 27
    Hadrians 64
    Konstantinische Besitzungen 41
    des Lucullus 27
    des Maecenas 27
    des Maxentius 27
    des Quintilius 27
    der Valerii 57
    des Verus 27, 41
    s.a. Paläste; Türme
Herrenhäuser, mittelalterliche 228, 281, 282, 285, 298, 323, 326, 327, 336–338, 346, 347, 349
  der Anguillara 336; Abb. 245, 246
  Case di S. Paolo 323; Abb. 232
  des Crescentius auf dem Quirinal 282
  der Familie der heiligen Francesca Romana 327
  der Frangipani 346, 349
  der Margani 336
  der Millini 336

  der Pierleoni 332, 334; Abb. 241
  gegenüber von S. Cecilia 323; Abb. 231
  ›derer von S. Eustachio‹ 279, 338
  s.a. Paläste; Türme
*Hippo 51
Historia Augusta 15
*Holland 97; s.a. Niederlande
Hügel:
  Aventin 13, 44, 45, 55, 57, 63, 70, 91, 127, 177, 186, 221, 263, 265, 275–277, 283, 284, 293, 300, 302, 341, 349; Abb. 198
  Caeli 14, 25–27, 45, 57, 64, 68, 72, 81, 86, 93, 106, 127, 128, 177, 220, 221, 259, 263, 274, 286, 341, 351, 353; Abb. 199
  Esquilin 17, 19, 25, 27, 45–47, 51, 58, 68, 86, 176, 177, 221, 263, 275, 343–347, 349; Abb. 255
  Vorstädte 343, 344
  Gianicolo 16, 80, 101, 127, 263, 278, 280, 289, 300, 315, 347
  Kapitolinischer 19, 20, 22, 27, 28, 44, 46, 48, 78, 81, 90, 91, 156, 168, 169, 171, 172, 181, 215, 218, 220–222, 225, 228, 229, 233, 235, 239, 259, 262, 263, 269, 270, 274, 275, 277–279, 281, 282, 289, 297, 299, 312–316, 327, 328, 332, 334, 339, 340, 346; Abb. 14, 159
  Aracoeli 199
  area Capitolina 48, 312; Abb. 221
  cordonata 312
  mittelalterliche Ansicht 312, 313
  Museo Capitolino 209, 312
  Senatorenpalast (Palazzo del Senatore) 218, 220, 224, 225, 229, 253, 289, 312, 334
  frühe Anlage 229
  Neuer Senatorenpalast 230, 231, 253, 259, 262, 312–315
  Kleiner Aventin 104, 341
  Oppinianischer 22, 263, 343, 345, 347; Abb. 255
  Palatin 14, 19, 20, 22, 25, 27, 28, 39, 42, 45, 80, 81, 85, 89–92, 96, 115, 127, 168, 169, 176, 209, 214, 221, 263, 275, 284, 286, 340–342, 345–347, 349, 353; Abb. 199
  Paläste 22, 28, 39, 45, 80, 85, 89, 115, 209, 214, 269
  Pincio 27, 263, 278, 341, 342, 347
  Quirinal 19, 22, 39, 42, 45, 57, 68, 176, 177, 209, 211, 221, 269,

Orts- und Sachverzeichnis

275, 282, 297, 303, 328, 335, 342, 347, 349, 350
Vatikanischer 19, 23, 24, 27, 29, 30, 37, 66, 175, 221, 226, 231, 295
Viminal 45, 68, 177, 263, 281

Ikonen 97, 104–106, 114, 116, 120, 128, 129, 154, 250, 305
*Ikonoklasmus 105, 106, 119, 122, 145
*Indien 16
insulae 25, 26, 28, 29
Investiturstreit 167–169, 172, 176, 212, 247, 351, 355
*Iran 103
*Irland 75, 123
›Itinerarium Einsidlense‹ s. ›Codex Einsidlensis‹

Janusheiligtum 48
Janus Quadrifons s. Bögen
*Jerusalem 35, 52, 94, 103, 104, 183, 229, 312
Johannipolis 137
*Judaea 52
Judäas, Hügel 104
Judenhof 337
Julian, Tempel oder Palast des 284

Kapellen:
  S. Croce 62, 63, 148; Abb. 47
  S. Silvestro s. Kirchen, SS. Quattro Coronati
  S. Teodoro bei der Porta Maggiore 341
  S. Zeno s. Kirchen, S. Prassede
Karten (Stadtpläne), frühe 58, 231, 259, 280, 289, 295, 296, 307, 310, 315, 321; Abb. 182, 183
  Karte des Cartaro 292; Abb. 52, 59, 201
  Karte des Fra Paolino da Venezia 259, 262, 295, 296, 317; Abb. 182
  Karte der Gebrüder Limbourg 262
  Karte des Taddeo di Bartolo 259, 262
  Strozzi-Karte 135, 136, 280, 298; Abb. 91, 207
  s. a. Veduten
*Karthago 52
Katakomben 29, 35–37, 46, 65, 66, 97, 98, 100, 104, 112, 115, 126, 129, 152, 221
  der Domitilla 80, 81, 98, 120
  der Generosa 104
*Kiew 168
*Kilikien 31, 89, 104

Kirchen:
  Madonna del Divino Amore 301
  S. Abaciro 89
  S. Adriano 86, 89, 90, 102
    diaconia 96, 127
  S. Agata dei Goti 68
    Apsismosaik 145
  S. Agnese fuori le mura 96, 102, 106, 274, 275; Abb. 69, 75
    Kirche des 7. Jahrhunderts 81, 98, 198, 213; Abb. 69
    Konstantinische Friedhofskirche 36, 37, 39, 41; Abb. 22
    Mosaiken 106, 108, 112
  S. Agnese in Agone (Piazza Navona) 269, 298
    Oratoriumskapelle 186, 279
  S. Agostino 279, 289
  S. Anastasia 25, 45, 115, 341; Abb. 249
    Basilika des 9. Jahrhunderts 157
    titulus 28, 29, 45, 89, 157
  S. Andrea in Catabarbara 45, 70, 344
    Apsismosaik 47, 145
    s.a. Basilika des Junius Bassus
  S. Angelo in Pescheria 23, 96, 106, 119, 140, 277, 278, 310
    diaconia 96, 125, 277
  S. Apollinare 279, 321
  SS. Apostoli 80, 81, 84, 89, 112, 129, 220, 282, 303, 344
    Apsis 128
  S. Balbina 47
  S. Barbara dei Librai 186
  S. Bartolomeo in Isola 188, 191, 280, 299
  S. Benedetto in Piscinula 281, 339
  S. Biagio de captu secuta 280
  S. Biagio in Mercato 328, 339
  S. Bibiana 70, 105, 343
  SS. Bonifacio ed Alessio 189, 191, 283
  S. Caterina dei Funari 334
  S. Cecilia 29, 145, 155, 156, 233, 239, 241, 246, 250, 281, 300, 323, 332, 335, 337; Abb. 98, 172, 178–181
    Fresken 231, 233, 246, 249, 251
    Kloster 156
    Kreuzgang 195
    Mosaiken 144, 145, 150, 151
    titulus 28
    Wohnhaus 337
  S. Cecilia de Posterula, Oratorium 301
  S. Celso 298
  S. Cesareo 214; Abb. 151
  S. Ciriaco s. S. Maria in Via Lata

  S. Clemente Abb. 29, 117, 118, 136, 139, 141–145
    Oberkirche (12. Jahrhundert) 181–186, 189, 191, 203, 205, 206, 208, 214, 303, 351, 356
    Fußboden 182, 183, 186, 191
    Mosaiken 181–183, 202, 206–208, 211, 212, 245, 247, 250
    Unterkirche (4. Jahrhundert) 25, 45, 128, 181, 202, 303, 306, 351
    Ausgrabungen 306
    Fresken 146, 158, 202, 243
    titulus 28, 29, 45
  S. Cosimato 281, 300
    Kreuzgang 191, 195
  SS. Cosma e Damiano 18, 20, 39, 85, 89, 90, 152; Abb. 71–73
    Audienzsaal des Stadtpräfekten (?) 14, 15, 18, 20, 39, 85
    diaconia 96, 127
    Mosaiken 85, 107–109, 144, 145, 229, 246
  S. Costanza 36, 39, 61, 79; Abb. 22, 23
    Mosaiken 36, 206, 213, 245, 247
  S. Crisogono:
    frühe Kirche 29, 69, 115
    Fresken 115, 116
    Ringkrypta 101, 115, 116
    titulus 28, 29
    Kloster 115
    mittelalterliche Kirche 188, 193, 197, 202, 281, 336, 339
    Fresken 233
    Fußboden 188
  S. Croce in Gerusalemme 19, 27, 341; Abb. 259
    Fresken 189, 353
    Konstantinische Kirche 35, 69, 70, 285; Abb. 47
    Restaurierung des 12. Jahrhunderts 189, 193, 213, 353, 355
  SS. Cyrus und Johannes, Oratorium 89
  S. Domitilla 80, 98, 120
  S. Eufemia 344
  S. Eustachio:
    diaconia 96, 279, 297
    Wohnhaus 338
  S. Francesca Romana s. S. Maria Nova
  S. Francesco di Paola 347
  S. Francesco a Ripa 300
  S. Giorgio in Velabro 22, 91, 155, 191, 246, 277
    diaconia 92
    Fresken, Apsis 233, 246

S. Giovanni Calibita 299; Abb. 209
S. Giovanni in Laterano s. Lateran, Basilika, Konstantinische
SS. Giovanni e Paolo 25, 26, 127, 286, 341; Abb. 128, 133, 138
 frühchristliche Kirche 29, 43, 45, 65
 Konvent 351
 mittelalterlicher Neubau 191, 197, 339, 353, 355, 356
 titulus 43, 45, 131
S. Giovanni a Porta Latina 80, 81, 112, 187; Abb. 124
S. Gregorio Magno 14, 72, 191, 286, 341, 353; Abb. 53
 Atrium 72, 203
 Bibliothek des Agapitus 72
 frei stehende Kapellen (S. Andrea, S. Barbara, S. Maria, S. Silvia) 72
 Kloster 72, 75, 93, 106, 286, 331, 353
S. Justin 96
S. Lorenzo fuori le mura Abb. 67, 68, 74, 129, 130, 246
 Baptisterium 66
 Grabmal des Kardinals Fieschi 237
 Kirche des Pelagius 79–81, 84, 98, 101, 126, 128, 193, 274, 275; Abb. 67, 74
 Kirchenausstattung 195
 Kloster S. Stefano 66
 Kreuzgang 195
 Kultzentrum und Konstantinische Friedhofskirche 35–39, 41, 58, 65, 91, 92, 95, 96, 213; Abb. 22, 67
 Mosaiken 101, 108, 109
 päpstliches Landhaus 66
 Schiff, Chor und Narthex um 1200 193, 198, 227; Abb. 129, 130
 Schrein des heiligen Agapitus 66
S. Lorenzo in Damaso 43, 45, 280, 297, 298
S. Lorenzo in Lucina 19, 45, 69, 168, 191, 214, 303, 328, 340–342, 351
 Baptisterium 69
 frühchristliche Kirche 45
S. Lorenzo in Panisperna 98, 344
S. Lucia del Gonfalone 269
S. Lucia in Selcis 86, 102, 345
S. Lucia della Tinta 297
S. Marcello al Corso, Baptisterium 69
SS. Marcellino e Pietro:
 Gemeinschaftszentrum 285

Kultzentrum und Konstantinische Friedhofskirche 36, 39, 41, 128, 146
Mausoleum des Märtyrers Tiburtius 146
S. Marco 43, 44, 125, 128, 155, 156, 281, 304, 305, 334
 Mosaiken 145
S. Maria Antiqua 85, 89, 105, 113–116, 119, 125, 128, 146, 154; Abb. 62
 diaconia 96
 Fresken 85, 109, 113–116, 119, 125, 128, 146; Abb. 76, 79, 80, 82, 83, 85
S. Maria in Aquiro 303
 diaconia 96, 279
 Hospital 279
S. Maria in Aracoeli 193, 221, 224, 225, 233, 235, 237, 253, 278, 299, 312, 314, 315; Abb. 168, 222
S. Maria in Aventino 167, 284
S. Maria in Campitelli s. S. Maria in Porticu
S. Maria in Campo Marzio 279, 301
S. Maria in Capitolio 220, 312–315
 Kloster 278, 312, 314, 315
S. Maria in Cappella 186
S. Maria in caput portici 294
S. Maria della Consolazione, Hospital und Kirche 341
S. Maria in Cosmedin Abb. 84, 87, 125, 126, 148, 249
 diaconia 91, 92, 120; Abb. 65
 Kardinalspalast 336
 Kirche des 8. Jahrhunderts (Hadrian I.) 119, 128, 129, 191
 Kirche des 12. Jahrhunderts 191, 214, 218, 237, 264, 274, 277, 278, 283, 302, 339–341
 Ausstattung 191, 195
 Fresken 191, 207
 Mosaik 191
 Oratorium 92
 statio annonae, loggia 46, 91, 92
S. Maria in Domnica 119, 140, 155, 156, 286
 diaconia 286
 Mosaiken 145, 146, 150, 151; Abb. 99, 100
S. Maria Egiziaca 146, 186, 229, 265
 Fresken 146
S. Maria della Febbre 24, 37
S. Maria ad Gradellis 186, 265, 350

S. Maria Maggiore 68, 70, 71, 83, 115, 129, 145, 228, 236, 251, 274, 275, 285, 334, 343, 345, 349, 355
 Baptisterium 69
 Basilika des 5. Jahrhunderts 58, 59, 63, 64, 154, 159, 203, 209, 213; Abb. 40, 41
 Krippe 104, 128, 233, 239
 mittelalterliche Veränderungen 191, 193, 231, 232, 236
 Mosaiken:
  des 5. Jahrhunderts 58, 59, 61, 63, 107, 108, 145, 148, 151, 206, 245, 246, 250; Abb. 42–45
  des 13. Jahrhunderts 231, 232, 234, 243–247, 250; Abb. 175
 Fresken 231, 232
 Skulptur 238; Abb. 169
 Wohnhäuser 297, 319, 331, 342, 344–346, 356; Abb. 250
S. Maria sopra Minerva 235, 279, 302; Abb. 166
S. Maria de Monte Johannis Ronzonis s. SS. Simeone e Giuda
S. Maria in Monticelli 280, 298
S. Maria Nova (S. Francesca Romana) Abb. 81, 252
 Kirche des 9. Jahrhunderts 85, 105, 114, 152, 154
 Mosaiken 188, 193
 Restaurierung des 12. Jahrhunderts 188, 193, 338, 339
 Wohnhäuser 297, 303, 319, 328, 331, 342, 343, 345–348
S. Maria in Pallara (S. Sebastiano alla Polveriera) 186, 187, 346, 347
S. Maria in Porticu 177, 299
S. Maria Rotunda (Pantheon) 86; Abb. 63
 Ikone der Maria mit Kind 86, 105, 109; Abb. 77
S. Maria in Trastevere 105, 116, 169, 225, 262, 281, 303, 306, 339
 Kirche des 4. Jahrhunderts 43, 45, 281
 Kirche des 12. Jahrhunderts 181, 183, 186, 188, 193, 196, 197, 202, 211, 225; Abb. 119, 120
 Mosaiken:
  des 12. Jahrhunderts 116, 183–185, 188, 203, 206, 207, 229; Abb. 121, 146
  des 13. Jahrhunderts 231, 233, 244–247; Abb. 176, 177
 Neubau des 9. Jahrhunderts 281

Titelkirche 43, 281
Wohnhäuser 281, 297, 300, 321, 332
S. Maria in turri trans Tiberim 265
S. Maria in Vallicella 298
S. Maria in Via 303
S. Maria in Via Lata 19, 277, 279, 281, 303
diaconia 91, 92, 277, 279
Kloster S. Ciriaco 220, 279, 281, 303, 334
Wohnhaus 319, 334
S. Maria in Xenodochio 303, 328
S. Martina 89, 102, 209
Oratorium 86
S. Martino ai Monti 25, 70, 143, 152, 344, 345, 347, 349, 356
diaconia 127
Fresko des 17. Jahrhunderts 33, 34; Abb. 18
Kirche des 9. Jahrhunderts 143, 152, 343; Abb. 113
Kloster 343, 356
Wohnhaus 343, 356
S. Matteo 285
S. Michele in Borgo 100
S. Michele Magno 135
SS. Nereo ed Achilleo, Katakombe der Domitilla 80, 98, 120
SS. Nereo ed Achilleo, Thermen des Caracalla 119; Abb. 86
diaconia 127, 156
Mosaiken 145, 151
S. Nicola dei Calcararii 298
S. Nicola in Carcere 22, 91, 177, 211, 299, 332
Fresken 207, 208; Abb. 147
S. Nicola dei Cesarini 298
S. Pancrazio:
Kirche des 7. Jahrhunderts 101, 102, 128, 129
Märtyrergrab 95
Ringkrypta 101
S. Paolo fuori le mura:
Altarbaldachin 238–240
Bronzetüren 202; Abb. 135
Fresken:
des 5. Jahrhunderts 55, 63, 246
des 13. Jahrhunderts 233, 246, 251
Johannipolis 137
Kirche des 4. und 5. Jahrhunderts 53, 54, 57, 63, 68, 93–95, 115, 126, 128, 129, 137, 143–145, 155, 158, 159, 161, 193, 195, 197, 198, 203, 209, 213, 228, 232, 233, 250, 274, 293
Kloster 93, 94, 115, 180, 202
Kreuzgang 195; Abb. 132
Mosaiken:
des 5. Jahrhunderts 54, 55, 107, 145, 200, 203; Abb. 94
des 13. Jahrhunderts 193, 228, 229, 232, 233, 244, 250
S. Pellegrino 96
S. Peter s. Vatikanstaat
S. Pietro in Vincoli 45, 69, 79, 104, 105, 347, 349
Mosaikikone 104, 105
S. Prassede 25, 129, 141, 151, 152, 156, 191, 203, 319, 328, 337, 344, 345, 349; Abb. 94–97
diaconia 343
Kapelle S. Zeno 145, 146, 148, 150–152; Abb. 101–106, 109–112
Kloster 156, 337, 344, 356
Mosaiken 144–146, 150, 151, 229; Abb. 107
Wohnhäuser 337
S. Prisca 131
S. Pudenziana 44, 52, 63, 191, 192, 345; Abb. 36
Mosaik 52, 63, 206; Abb. 36
Wohnhäuser 344
SS. Quattro Coronati 102, 129, 131, 143, 213, 353
Apsishalle 47, 86, 350
Kirche des 9. Jahrhunderts 151, 152, 156, 157; Abb. 108, 114
Kirche des 12. Jahrhunderts 181, 185, 186, 189, 191, 195, 198, 356; Abb. 122, 123
Atrium 152, 203, 243
Kapelle S. Silvestro 186, 213, 243; Abb. 150
Kloster 181, 182, 213, 351; Abb. 257
Kreuzgang 186, 195; Abb. 131
SS. Quirico e Giulitta 80, 81, 89, 112, 350
S. Rita da Cascia 339
S. Rufina 191, 339; Abb. 127
S. Saba 104, 191, 341
Kirchenausstattung 195
Oratorium 104, 116
Skriptorium 146
S. Sabina 29, 44, 45, 55, 57, 63, 69, 79, 83, 148, 155, 183, 191, 198, 209, 341, 349; Abb. 38
Baptisterium 69
Kreuzgang 195
Mosaiken 55, 145, 195; Abb. 39
S. Salvatore de Inversis 280
S. Salvatore in Lauro 298
S. Salvatore in Onda 187, 198, 298
S. Salvatore de Rote 331
S. Sebastiano 27, 29, 35, 36, 54, 66, 95, 97, 274; Abb. 16, 21
Kloster 92
Oratorium des 13. Jahrhunderts 228
S. Sebastiano alla Polveriera 186, 346, 347
SS. Sergio e Bacco 82, 127, 226, 349
diaconia 82, 127
Turm 349
S. Silvestro (bei St. Peter)
diaconia 294
S. Silvestro in Capite 116, 129, 130, 143, 156, 157, 168, 220, 303, 331, 342
Kloster 106, 129, 156, 220, 282, 341
Häuser 302, 303, 341, 342, 351
S. Simeone 280, 337
SS. Simeone e Giuda 280, 298
S. Spirito in Sassia 96, 226, 259, 292–294
S. Stefano degli Abissini 129, 135, 152, 294
diaconia 96
S. Stefano del Cacco 187
S. Stefano Rotondo 27, 57, 64, 69, 70, 83, 129, 286, 341, 353, 354; Abb. 48–50, 78
Apsismosaik 105, 112
Primus und Felicianus, Reliquien 104
titulus 286
S. Stefano in Via Latina 66
S. Stefano bei S. Lorenzo fuori le mura 66
S. Susanna:
Apsismosaik 145
karolingische Kirche 120, 156, 203
Marmorziborium 115
römische Halle 47, 100
S. Teodoro 277, 278, 341; Abb. 66
Apsismosaik 92, 108
diaconia 91, 92
Kirche des 5. Jahrhunderts 92; Abb. 66
S. Tommaso in Parione 298
S. Trifone 279

SS. Trinità dei Monti 27, 339
SS. Trinità dei Pellegrini 321
S. Valentino 66, 341
S. Vitale 43, 45, 46, 68; Abb. 30
  Baptisterium 69
S. Vito in Macello 343–345
Kirchengehöfte s. *domus cultae*
Kirchenländereien 73, 74, 76, 82, 84, 90, 102, 103, 122, 126, 127, 134, 135, 162; s.a. Patrimonium Petri
*Kleinasien 89, 103, 104
Klöster, römische 66, 70, 78, 90–93, 97, 104, 121, 129, 135, 137, 156, 162, 180, 202, 226, 257, 259, 267, 277–279, 287, 297, 301, 331, 343
  SS. Cosma e Damiano in Mica Aurea 267, 281, 300
  S. Erasmo 286, 341
  S. Eufemia 344
  S. Gregorio Magno 14, 72, 75, 93, 191, 286, 341, 353; Abb. 53
  S. Lorenzo fuori le mura 92
  S. Lorenzo in Panisperna 344
  S. Paolo fuori le mura 202
  bei St. Peter 66, 92
  S. Saba 104, 105
  Tre Fontane 104, 234
    Fresken 234
Klöster außerhalb Roms 76, 158, 161, 163, 166
  Casamari 226
  Cluny 162, 166, 196
  Farfa Sabina 127, 162, 258, 322
  Fossanova 226
  Montecassino 175, 176, 203, 210, 245, 247; Abb. 134
    Basilika 199–202
      Einfluß auf römische Kirchen 202
      Fresken 199, 200
      Mosaiken 199–201
  Norditalien 146
  Subiaco 258, 286, 341
*Köln 258
Kolosseum 18–20, 22, 39, 42, 45, 48, 78, 81, 168, 169, 176, 177, 209, 210, 217, 224, 225, 259, 262, 263, 269, 274, 275, 285, 303, 304, 328, 331, 339, 343, 345–347, 349–351, 353, 356; Abb. 9, 61
Kommune s. Republik, Römische, von 1143
Konstantinische Schenkung 31, 131–134, 137, 168, 170, 212–215, 217, 222, 243

*Konstantinopel (Byzanz) 32, 42, 43, 49, 50, 57, 58, 72–74, 82, 85, 86, 89, 92, 93, 103, 105, 112–116, 119–122, 124, 138, 139, 144, 200–202, 244, 245, 247, 248, 250
  Hagia Sophia 105
  Kaiserpalast 85, 138, 139
    Chalke 85, 138
    Halle der neunzehn Diwane 138
    Mosaiken 85
›Kornkammer der Kardinäle‹ 344; Abb. 251
Krankenhäuser (Spitäler):
  von S. Giovanni 215, 331, 353
  von S. Gregorio 294
  von S. Maria in Aquiro 279
  von S. Maria della Consolazione 341
  von S. Spirito 135, 227, 228, 264, 289, 292, 294
*Kroatien 168

Landstraßen
  Via Appia 13, 19, 27, 29, 36, 39, 54, 97; Abb. 21
  Via Aurelia 13, 95
  Via Cassia 13, 289, 292
  Via Cornelia 292
  Via Flaminia 13, 66, 341, 342
  Via Latina 19, 66
  Via Nomentana 27, 36, 41, 61, 98, 104, 275
  Via Ostiensis 53, 66
  Via Portuensis 104, 105
  Via Quirinalis 303
  Via Salaria 13
  Via Tiburtina 27, 36, 66, 97
  Via Triumphalis 292
Lateran
  area (Bezirk) 38, 64, 66–71, 74, 83, 91, 127, 128, 168, 169, 186, 215, 217, 222, 224, 252, 262, 274, 275, 278, 285, 287, 303, 304, 315, 342, 347, 349–351, 355, 356; Abb. 93, 152, 153, 200, 260
  Aquädukt, Forma Lateranensis 69, 278, 286
  Baptisterium:
    Kapelle S. Venanzio 104, 112–114
    Konstantinischer Bau 34, 35, 39, 68, 205
    Mosaiken 61, 62, 148, 205, 206, 213, 245; Abb. 140
    Neugestaltung unter Papst Sixtus III. 61, 62, 64, 66, 67, 128, 278

  Basilika 19, 27, 138
    Borrominis Neugestaltung 33, 34
    Kloster 115
    Kreuzgang 195, 233
    Konstantinische Basilika 33–35, 37–39, 52, 57, 58, 63, 66, 68, 69, 71, 79, 93, 104, 107, 115, 128, 129, 144, 152, 154, 159, 169, 193, 195, 198, 205, 209, 213, 229; Abb. 18, 19, 167, 170
    Fresken 63, 66, 170, 212, 232
    mittelalterliche Umgestaltung 33, 200, 232, 236–238, 251, 253, 259, 262, 274, 284, 285, 294–296, 331, 353, 355; Abb. 93, 167, 260
    Mosaiken 66, 107, 205, 212, 214, 232, 234, 245, 247
  Borgo 66, 71, 289, 297, 356
  domus Faustae 33
  Kapelle S. Croce 62, 63, 148; Abb. 47
  Palast, frühchristlicher und mittelalterlicher 66–68, 71, 73, 90, 115, 131, 132, 137–139, 143, 170, 176, 211, 212, 214, 215, 217, 218, 226, 231, 235, 251, 252, 259, 274, 275, 278, 284, 285, 287, 295, 296, 351, 353, 355, 356; Abb. 93, 260
    Fresken 115, 116, 170, 212
    Kapelle Sancta Sanctorum 231, 233, 235, 252, 285
      Mosaiken, Fresken 233
    macrona 138
    Mosaiken 115, 116, 170, 285
    Oratorium von S. Silvestro 116
    Palast von Papst Sixtus V. 285
    Triclinia Papst Leos III. 132–134, 138, 143, 145, 231; Abb. 88–90
      accubita 138, 231, 285
      Benediktionsloggia 232, 252, 285, 356
      Mosaik 132, 133, 138, 143, 145; Abb. 88–90
    Triclinium des Papstes Zacharias 116, 143
  Skulpturensammlung 214, 217, 218, 222, 259
    ›Dornauszieher‹, Priapus 211, 214, 218, 222; Abb. 166
    Konstantins Bronzekopf und -hand 212, 214, 217, 218, 259
    lex Vespasiani 214, 217
    lupa (die Wölfin) 214, 215, 217; Abb. 155

Orts- und Sachverzeichnis

Statue Mark Aurels 163, 214, 215, 217, 222, 259, 312; Abb. 153, 154
Widder 214, 222
*Latium 14, 123, 128, 162, 167, 171–175, 178, 244, 318, 331
*Lavinium 13
Lavra (S. Sabbas) 104, 105
Leoninische Stadt (Civitas Leonina) 136, 137, 163, 167, 168, 175, 263, 274, 289, 292–295
lex Vespasiani 214, 217
Liber Censuum 304, 305, 346
Liber Pontificalis 31, 53, 78, 130, 137, 175, 221, 278
*Ligurien 83
*Lombardei 13, 75, 196, 197
*Lothringen 166
*Lund 197

macrona 138
Märkte, antike:
    auf dem Kapitol 277, 312, 313
    der Livia (*macellum Liviae*) 46, 68, 344
    Trajans 22, 26, 89, 328, 347, 349, 350
    s. a. Forum, Boarium; Forum, Holitorium
Märkte, mittelalterliche:
    auf dem Kapitol (Aracoeli) 277, 278, 313
    S. Angelo in Pescheria, Fischmarkt 277, 278, 310; Abb. 218
    S. Benedetto in Piscinula, Fischmarkt 281
    S. Teodoro, Metzgerladen 278
    am Theater des Marcellus 161, 278; Abb. 195
*Mailand 14, 49, 51, 166
    S. Ambrogio 196
*Marmara-Meer 14
marmorata 13, 265, 277, 350
*Marseille 95
Mauer, Aurelianische 16–19, 27–29, 57, 66, 76, 128, 136, 161, 168, 174, 187, 256, 259, 262, 263, 265, 276, 284, 287, 289, 318, 340, 353
    byzantinische Restaurierungen 76, 80
Mauer, Leoninische 135–137, 289, 295, 296; Abb. 92
    Passetto 135
    Torrione 136
    turres castellatae 136
Mauer, Servianische 16, 143, 157
Mauern von Trastevere 289

Mausoleum des Augustus 23, 27, 28, 45, 176, 209, 221, 224, 262, 283, 341, 342
Mausoleum Hadrians s. Engelsburg
*Mentana (Nomentum) 13
*Mercia 96
*Mesopotamien 103, 104
meta Romuli 23, 289
*Metz 158
Militiae Tiberinae 90
Minerva Medica 18
Mirabilia 221, 224, 259, 262
*Mittelitalien 76, 83, 85, 90, 102, 103, 121–123, 126, 131, 162, 199, 253
*Modena 208
Mons Fabiorum s. Theater des Marcellus
Monte Carpino 312, 313
*Monte Cassino s. Klöster außerhalb Roms
Monte Cenci 334
Montecitorio 342, 350
Monte Giordano 177, 279, 280, 297, 298, 334, 337; Abb. 242
    Festung der Familie Orsini 177
    Kirchen 280, 297, 298
Monte Mario 163, 289, 292, 315, 339
*Monte Porzio 172, 257
*Monte Soracte 163
Monumento Nazionale, Monumento Vittoriano 20, 274, 315
*Monza 94
Mosaiken s. Kirchen, passim; Lateran, Vatikan
Mühlen 80, 127, 258, 267, 269, 278, 280; Abb. 57, 190, 209
*München 163
Musterbücher 241, 246, 249, 250

Naumachia 24
*Neapel 13, 51, 82, 90–92, 95, 104, 122, 134, 161, 234, 312
*Nepi 199
*Nicomedia 14
*Niederlande 75, 93, 95, 166, 300
*Ninfa 179
*Nola 51
*Nomentum s. Mentana
*Norditalien 75, 76, 95, 122, 126, 166, 173, 314, 326
*Normandie 196
*Northumbrien 95

Obelisken 24, 48, 209, 356
    Sonnenuhr des Augustus 23, 45, 48, 341; Abb. 159

    Guglia 24
    kapitolinischer Obelisk 220, 221, 313
    Lateran-Obelisk 285
    Obelisk bei St. Peter 24, 209, 210, 221, 224, 225, 262; Abb. 149
    Terebinth 24
*Orte 115
*Orvieto 237, 251, 252
*Ostia 13, 25, 47, 53
    Herrenhäuser 47

*Padua 252
Paläste, antike:
    Goldenes Haus des Nero 22, 28, 209, 214, 269, 328, 345
    Palatin 22, 28, 39, 45, 80, 85, 89, 115, 209, 214, 269
    Sessorium 18, 27, 35
Paläste, kaiserlich byzantinische 85, 115, 138; Abb. 62
Paläste, mittelalterliche:
    Cavalieri di Rodii 328; Abb. 236
    Cencio Musca Inpugna 278
    des Euphimianus 283, 284
    Karls des Großen 287
    ›Palast des Cromatius‹ 269, 303
    Palatium Octaviani 313
Paläste, nachmittelalterliche:
    Cancelleria 43, 280
    Colonna 282; Abb. 197
    Conservatori 22, 233, 312
    Mattei di Paganica 334
    Orsini 328
    Pamphili 269
    Patrizi 334
    Rospigliosi 39
    Senatorenpalast 218, 220, 224, 225, 229, 253; Abb. 164, 221
    Spada 307
    Tribunali 280
    Venezia 44, 125, 252, 334
*Palästina 95, 103–106, 119, 120
*Palestrina (Praeneste) 13, 27, 345
Pantheon 23, 27, 48, 78, 86, 89, 96, 103–105, 109, 115, 156, 161, 209–211, 221, 222, 224, 225, 259, 262, 264, 269, 279, 281, 289, 297, 299, 302, 304, 306, 307, 334, 338, 339; Abb. 63, 77, 184
    s. a. S. Maria Rotunda
Papstprozessionen (›*Liber Censuum*‹) 303, 304, 315
*Parenzo (Poreč) 119
*Paris 211, 234, 251
Passegiata Archaeologica 19, 278

Patrimonium Petri 73, 74, 85, 90, 123, 127, 134, 137, 162, 167, 170
   castra Petri 123
*Pavia 122
*Perugia 233, 237, 251
*Piazza Armerina (Sizilien) 59
*Pisa 251, 253
Platea Sancti Petri s. Vatikan
Plätze:
   Aracoeli 278, 312, 313, 315
   Bocca della Verità 19, 22, 46, 78, 86, 91, 92
   Borghese 301
   Campo (Orologio) 280, 304, 305, 334
   Campo dei Fiori 274, 297, 298, 306, 307, 334
   Campo Marzio 302, 323, 342
   Cenci 310
   Collegio Romano 187, 279
   Colonna 23, 274, 303, 341, 342
      Galleria 25
   Farnese 274
   Largo Argentina 27, 209, 269, 274, 279, 298, 334, 335
   Magnanapoli 89, 90, 341, 347, 350
   Margani 334, 335
   Mattei 278
   Mercanti 332
   Navona 23, 186, 269, 274, 279, 280, 297, 298, 334; Abb. 191
   Nicosia 301
   Orologio 280, 304, 305, 334
   Paganica 278, 334
   Paradiso 269
   Parione (S. Pantaleo) 298
   Piazza S. Pietro s. Vatikan
   Pietra 23
   Piscinula 322
   Ponte 299; Abb. 233
   Popolo 270
   S. Apollinare 279
   SS. Apostoli 281, 303
   S. Giovanni in Laterano 356
   S. Pantaleo 298
   S. Silvestro 282
   Satiri 269
   Trevi 326
   Venezia 20
   Vittorio Emmanuele 46, 344
Pomerium 42
*Pompeji 25, 114, 322
Porticus Agrippinus 304
Porticus Camellariae 313
Porticus Deorum Consentium 46

Porticus der Octavia 22, 96, 274, 277, 278, 322, 328; Abb. 196, 228
*Porto 13, 299
*Praeneste s. Palestrina
Prati 78, 126, 161, 289; Abb. 203
Projecta, Brautschatz der 51, 57; Abb. 35
*Provence 13, 95, 208
Pyramide des Cestius 209, 224, 262
Pyramide beim Mausoleum Hadrians 23, 209

*Ravenna 57, 62, 74, 76, 78, 82, 85, 91, 101, 103, 121, 122, 130, 148, 175
   Mosaiken 62, 108
   Palastkapelle des Erzbischofs 148
   S. Vitale 148
Register
   über Grundbesitz der Klöster 258, 259
   Hofregister 30
   über Immobilienbesitz 175
   regionaria (Gebäuderegister Roms aus dem 4. Jahrhundert) 24, 217, 221
*Reims 158, 208, 248–250
Renaissance, karolingische 125, 133, 134, 137, 139–141, 144–146, 151, 155, 157–159, 161, 181, 184, 186, 197, 198, 203, 209, 234, 236
   Manuskripte 158, 207
Republik, Römische, vom Jahr 1143 175, 218, 237, 247, 295, 313, 338, 355
*Rhein 166
*Rheinlande 166, 173, 196, 197, 314
*Riano Flaminio 279
*Rimini 82, 91
Ringkrypta 100, 101, 103, 105, 129, 141, 152, 155, 157; Abb. 70
rioni (Stadtviertel) 163, 169, 175, 176
   Calcararium 279, 345
   Campitelli 167, 299
   Monti 176, 177
   Parione 168, 177, 203, 297, 298, 304, 334
   Ponte 177, 297
   Regola 297
   Ripa 156, 169, 177, 259, 278, 297, 299, 333, 334, 350
   S. Eustachio 279, 334, 338
   s. a. Römische Familien, Pierleoni
Ripa Grande 265, 278, 281, 300, 350; Abb. 188
Ripetta 267, 319
*Romagna 83

Romführer:
   Benedikt, ›*Mirabilia*‹ 221, 224, 259, 262
   Gregor, ›*Narracio de mirabilibus Urbis Romae*‹ 211, 212
   ›*Itinerarium Einsidlense*‹ 131, 211, 270, 278
*Rußland 95
*Sabiner Berge 13
Säulen und Kapitelle:
   Cosmaten-Säulen 246
   dorisch 79, 328
   ionisch 46, 58, 61, 64, 152, 181, 187, 191, 193, 203, 213, 302, 303, 323; Abb. 137, 138
   korinthisch 54, 55, 79, 101, 182, 183, 185
Säule des Mark Aurel 23, 27, 48, 209, 220, 224, 274, 341, 342
Säule des Phokas 80, 340, 349
Säule des Trajan 22, 48, 80, 209, 220, 262
*Saint-Denis 122, 196, 210
*Saint-Gilles-du-Gard 208
*Salerno 168, 199, 201, 202
*Salona, Märtyrer von 104, 113
*Saloniki (Thessaloniki) 14, 245
Salvatio Romae 222, 313
S. Angelo in Formis 200
S. Felice al Circeo 179
*San Gimignano 339
*Sankt Gallen 95
Sankt-Peters-Pfennig 176, 258
*Santiago de Compostela 197
*Sardinien 31, 73, 83
Sarkophage 51, 63, 232, 236–238, 287;
   s. a. Skulptur, antike
Saxa Rubra 13
Scala Santa 67, 132, 138, 233
schola cantorum 74, 91, 115, 182, 191, 202
scholae (Ausländerviertel) 289
   Francorum 96, 287
   Frisorum 97, 135, 282
   Graeca 92
   Longobardorum 96, 287
   Saxonum 96, 135, 287, 292, 294
   s. a. Borgo; Zünfte
*Schweiz 75, 95
secretarium senatus (Senatsgericht) 57, 86, 102
*Seligenstadt 158
Senatsgebäude (*curia Senatus*) 17, 20, 86, 89, 90, 102; Abb. 5, 9
*Sens 129

Orts- und Sachverzeichnis

Septizonium 269, 349, 353
  mittelalterliche Befestigung 168, 353; Abb. 258
*Sermoneta 179
*Siena 226, 251, 253, 262
*Silva Candida 148, 280
*Sirmium 14
*Sizilien 13, 31, 73, 76, 83, 85, 90, 102–104, 106, 122, 167, 169, 172, 176–178, 193, 231, 236
  Mosaizisten 244
*Skandinavien 157
Skulptur, antike 78, 207–212, 217, 218, 220–222, 239, 241
  Antonius 211
  Bronzekalb des Myron 48
  Bronzestier des Lysippus oder Phidias 48
  caballi di marmo (Rossebändiger) 209, 282, 302
  ›Dornauszieher‹ 211, 214, 218, 222
  Janusschrein und -statue 48
  Konstantins Kopf und Hand 212, 214, 217, 218, 259
  lex Vespasiani 214, 217
  lupa (Wölfin) 214, 215, 217
  Marforio 209
  Reiterstatue Konstantins 39, 42, 48
  Reiterstatue Mark Aurels 163, 214, 215, 217, 222, 259, 312
  ›Samson‹ 217
  Sarkophage 63
    Aurea Petronilla 130, 287
    Helena 237
    Junius Bassus der Jüngere 51; Abb. 34
    wiederverwendete Sarkophage 236, 237
  Trophäen des Marius 209
  Venus auf dem Quirinal 211
  Widder 214, 222
Skulptur, mittelalterliche 231–233, 236, 247, 252
  all'antica 214, 217, 241, 247–250
  Altarbaldachin
    S. Cecilia 231, 233, 239; Abb. 172
    S. Paolo fuori le mura 232, 233, 238, 239, 241, 246, 249
  Bronzestatue des heiligen Petrus 241; Abb. 174
  Grabmäler 231, 249
    Annibaldi, Lateran 233, 238, 239; Abb. 170
    Bonifatius VIII., Vatikanische Grotten 233, 238, 239; Abb. 171, 173

    Kardinal Rodriguez, S. Maria Maggiore 238; Abb. 169
  Kanzel, S. Cesareo 214; Abb. 151
  Karl von Anjou, Kapitol 233, 239, 252
  Krippe, S. Maria Maggiore 233, 239
  Löwen und kapitolinischer Obelisk, Villa Mattei 220
  Papststatuen 252
*Slavia 166
*Sopoćani (Serbien) 245, 250
*Spanien 13, 28, 75, 76, 82, 103, 158, 177
*Speyer 196
Spital s. Krankenhaus
*Spoleto 129
Stadion des Domitian 23, 48, 269, 279
Stadtpläne:
  abitato 81, 96, 156, 157, 177, 181, 187, 227, 231, 235, 253, 258, 262, 263, 269, 270, 274–277, 279–281, 285, 296, 299–303, 306, 307, 310, 312–317, 319, 331, 334, 337, 339, 343–346, 350–352, 356; Abb. 193a, 193b, 208, 210–213
  disabitato 81, 156, 168, 174, 203, 221, 262, 269, 270, 274–276, 285, 286, 297, 312, 315, 316, 331, 339–342, 346, 347, 353; Abb. 60, 61, 199, 249
statio annonae 46, 91, 92
Stefaneschialtar, St. Peter 231, 250, 251
Straßen:
  Alessandrina 289
  Alta Semita 19
  Anima 334, 336
  Arco del Monte 327
  Arco della Pace 321, 322; Abb. 229
  Arenula 81, 90, 274, 277, 298, 299, 323
  Atleta 307, 326; Abb. 215, 235
  Aventino 19
  Banchi Vecchi 269, 274, 299, 303, 321
  Biberatica 26; Abb. 15
  Biscione 269
  Borgo Nuovo 289, 292
  Borgo S. Spirito 292
  Borgo Vecchio 292
  Botteghe Oscure 274, 304
  Calcararii 305
  Calderari 328; Abb. 238
  Campo Marzio 279, 303
  Canapara 277, 282
  Capellari 274

  Capo di Ferro 209, 274, 323, 326
  Cavour 345, 347
  Celimontana 286
  Cerchi 19
  Clivus Argentarius 281
  Clivus Scauri 26, 286
  Conciliazione 289, 292
  Contrada Cambiatorum 346
  Coronari 274, 279, 306, 310
  Corso 19, 23, 78, 91, 92, 129, 187, 270, 274, 277, 279, 281–283, 302, 303, 306, 319, 342, 344, 346
  Corso Vittorio Emmanuele 274, 304
  Cuccagna 306
  Divino Amore 306
  Fagutale 347
  Fonte d'Olio 307; Abb. 217
  Fori Imperiali 20
  Giubbonari 274
  Giulia 280, 303
  Governo Vecchio 274, 275, 280, 304
  Grillo 303
  Labicana 19, 27, 36, 41, 128
  Lata 19, 248, 270, 274, 281
  Luce 322
  Lungaretta 281
  Lungarina 328
  Madonna dei Monti 345
  Maior 275, 285, 303, 351
  Mercatoria 299
  Merulana 285, 353
  Monserrato 274
  Monte Brianzo 297, 310, 317; Abb. 224
  Monterone 310
  Moroni 281, 318, 322; Abb. 226
  Nazionale 19, 45
  Orso 303
  Osti 310
  Papale (Governo Vecchio) 275, 305
  Parione 274, 280, 304
  Pellegrino 274, 303, 306, 307; Abb. 216, 227
  Portoghesi 336, 337
  Pozzi, Pozzo, Pozzetto 303
  Quattro Novembre 19, 347
  Recta 274, 306
  ruga Francigena 292, 311
  S. Bartolomeo degli Strengari 323
  S. Giovanni 19, 274, 275, 303, 353
  S. Gregorio 19
  S. Maria in Monticello 323
  S. Martino ai Monti 328
  S. Trifone 306
  Salumi 310; Abb. 230

Savello 306
Scorticlaria 279, 280, 321
Scrofa 306, 310, 334
Stellette 303
Suburra (*Vicus Suburranus*) 275, 328, 345
Torre Argentina 310
Tre Archi 306, 310; Abb. 214, 219
Tribuna di Tor dei Specchi 334
Umiltà 303
Urbana 19, 345
Vascellari 281
Veneto 27, 293
Venti Settembre 19
Via Sacra 46, 47, 78, 85, 89, 304
vicus longus 19, 45
vicus patricius 19, 345
s.a. Landstraßen
*Süditalien 13, 76, 83, 90, 92, 102, 103, 106, 122, 126, 167, 169, 176–178, 199–202, 248, 252
Sylloge Einsidlensis s. ›*Codex Einsidlense*‹
*Syrien 31, 103–106, 119, 120

Tabularium 20, 218, 229, 312–314, 334
   Zitadelle der Familie Corsi 218, 229, 312, 313, 334
Tarpejischer Felsen 312, 327, 332
*Tarsus 89, 104
Tempel:
   Antoninus und Faustina 20, 347
   Apollo (?) 221
   Concordia 20, 89, 96, 340
   Fortuna Virilis 86, 146, 186, 265, 350
   Hadrian 23
   Juno Moneta 312
   Jupiter 22, 48, 312, 313
   Mars Ultor 22
   Minerva 279, 302
   Saturn 20, 46; Abb. 32
   Serapis 269, 282, 343, 350
   Sonnentempel 210, 283
   Trajan 22
   Venus 22
   Venus und Cupido 18
   Venus und Roma 18, 20, 48, 86, 102, 328, 345; Abb. 9
   Vesta 47
Tempio delle Tosse in Tivoli 146
Templum Divi Romuli 18; Abb. 7
*Terracina 161
Theater des Marcellus 22, 28, 81, 90, 156, 161, 177, 209, 218, 269, 270, 274, 277, 278, 310, 328, 339, 340, 350; Abb. 195

Fleischmarkt 161, 278
mittelalterliche Befestigung 167, 169, 278, 310, 339
mons Fabiorum 350
Theater des Pompejus 23, 28, 48, 156, 177, 186, 209, 269, 277, 299, 304, 328; Abb. 192
Thermen s. Bäder
*Thessaloniki 14
Tiber 13, 16, 17, 19, 24, 27, 39, 41, 46, 49, 68, 75, 80, 91, 128, 163, 168, 175, 224, 258, 259, 262–265, 267, 269, 274–278, 281, 283, 287, 289, 294, 296, 297, 299, 300, 302, 318, 332, 341, 342; Abb. 185, 187, 189, 190
   Überschwemmungen 27, 75, 78, 126, 161, 258, 263, 264, 279, 281, 312
   Uferbefestigung 78, 128, 264, 265, 274
Tiberinsel 13, 27, 81, 168, 169, 175, 177, 259, 262, 264, 267, 269, 270, 274, 277, 278, 280, 297, 299, 300, 306, 317, 318, 332; Abb. 186, 209, 240
   mittelalterliche Befestigung 168, 169, 280, 297, 299
Tiber *isoletta* 265
Tiberkai 91
Tiberschleife, -knie 23, 68, 181, 187, 259, 262–264, 274, 276, 279–281, 296–299, 301, 303, 306, 316, 334; Abb. 208, 211
*Tibur s. Tivoli
tituli 28, 29, 34, 35, 37, 43, 70, 89, 127, 129–131, 226, 280, 281, 285, 286, 297, 350
*Tivoli (Tibur) 16, 64, 146, 171, 227, 275, 345
Tombe Latine 66
Tor de' Conti 224, 227, 294, 303, 336, 344, 347; Abb. 162, 255
Tor di Nona 303
Tor de' Schiavi 27
Tore, Aurelianische Mauer:
   Porta Appia (S. Sebastiano) 16, 19, 276, 278
   Porta Aurelia (S. Pancrazio) 16, 19, 101
   Porta Flaminia (del Popolo) 16, 17, 19, 23, 66, 78, 96, 315, 341, 342
   Porta Maggiore (Labicana) 14, 16, 19, 127, 286, 341, 345
   Porta Metronia 263
   Porta Ostiensis (S. Paolo) 16, 19, 81, 275, 293, 353

   Porta Pinciana 342
   Porta Portuense 265
   Porta Salaria 278
   Porta S. Giovanni 19
   Porta Settimiana 281, 297, 318
   Porta Tiburtina (S. Lorenzo) 16, 19, 275, 345
   Porta Viminalis 19
Tore, Leoninische Mauer:
   Porta Pertusa 135
   Porta S. Pellegrino 135, 137
   Porta Sancti Petri 292
   Porta S. Spirito (Sächsisches Tor) 135, 137, 293, 294
Torre delle Milizie 89, 90, 92, 176, 177, 224, 259, 303; Abb. 254
   Militiae Tiberinae 90
   mittelalterliche Befestigung 347, 349
*Toskana 83, 85, 123, 196, 241, 248, 253, 314
*Toulouse, Saint-Sernin 196
*Tours 158
   Saint-Martin 196
*Trani 199
Trastevere 13, 16, 17, 19, 26, 29, 69, 81, 90, 91, 127, 156, 163, 169, 175, 177, 186, 188, 203, 221, 259, 263–265, 267, 269, 270, 274, 277, 280, 281, 289, 293, 297, 300, 301, 303, 306, 307, 310, 318, 322, 323, 332, 334, 336, 339; Abb. 210
›*Très Riches Heures du Duc de Berry*‹ 262
Trevibrunnen 278, 297, 302, 303, 326, 328, 341, 342
*Trier 14, 32, 158
Triumphbögen s. Bögen
Türme 17, 224, 227, 257, 262, 281, 283, 295, 296, 299, 300, 305, 306, 317, 323, 328, 331, 332, 334–339, 346, 347, 349, 350; Abb. 240, 243, 244, 253
   der Familie Anguillara 334
   des Apacata 334
   der Familie Boveschi 334
   der Familie Cenci 334
   des Crescentius 283
   dei Margani 334
   del Merangolo 334
   Millina 334
   del Papito 334, 335
   Sanguigna 334
   della Scimmia 334, 336
   s. a. Tor de'Conti; Torre delle Milizie
turris cartularia 347

*Tusculum 172; s. a. Römische Familien, Herzöge von Tusculum
*Tuszien 83, 90, 176

*Umbrien 13, 14
*Ungarn 168, 177
*Utrecht 97

Vatikanstaat:
   Circus des Nero 24, 292
   Cortina S. Petri 289, 293
   Empfangsräume des 9. Jahrhunderts 287
      Triclinium Leos III. 287
   Gärten des Nero 24, 27, 37, 41
   Mausoleen 24, 27, 37, 66, 130, 287, 289, 292
      S. Maria della Febbre 24, 37
   meta Romuli 23, 289
   Obelisk (Guglia) 24, 209, 210, 220, 221, 224, 262
   Petersplatz 24, 135, 289, 293, 294, 304, 311
   St. Peter:
      Alte Basilika 37–39, 57, 58, 66, 68, 69, 79, 86, 89, 93–96, 100–102, 105, 115, 120, 126, 128–131, 133–138, 141, 143, 144, 152, 155, 157, 158, 161, 168, 169, 172, 175, 179, 181, 193, 197, 198, 200, 203, 209, 210, 213, 224–226, 228, 229, 231–233, 235, 237, 238, 241, 244, 245, 247, 251, 259, 262, 263, 269, 270, 274, 275, 277–280, 283, 287, 289, 292–297, 299, 303, 304, 315, 321, 331, 355; Abb. 17, 24, 25, 70, 163, 204
      Atrium 38, 66, 96, 127, 128, 138, 141, 210, 221, 231, 233, 236, 238, 289, 292, 295
      Fresken 63, 232
      Mosaiken 102, 115, 128, 193, 203, 228, 229, 231, 232, 238, 244, 247, 251, 295
      Mosaiken, *Navicella*, Giotto 231, 233, 250, 251
      Ringkrypta 100–102, 105, 115, 129, 141, 155; Abb. 70
      Klöster 66, 92
      Neue Basilika 24, 27, 37, 135, 228, 287, 289
      Siedlungen 287, 288, 293
      Vatikanische Grotten 116, 233, 236, 238; Abb. 84
      pigna 38, 210, 221
      Schrein 29, 30, 37–39, 41, 66, 68, 94, 101, 287, 294, 296, 299
      Stefaneschialtar 231, 250, 251
   Vatikanbibliothek 132
   Vatikanhügel s. Hügel, Vatikan
   Vatikanmuseen 207, 231, 233
   Vatikanpalast 68, 135, 226, 231, 233, 235, 238, 251, 259, 289, 295, 296, 315; Abb. 161, 203
      befestigte Residenz Innozenz' III. 226, 235, 295
      Kapelle Fra Angelicos 227
      Palast Nikolaus' III. 247, 251, 295, 315
      Cortile di S. Damaso 231
      Cortile del Papagallo 226
      Fresken 231
      Mosaiken 247
      Tierpark 231, 259; Abb. 165
Vatikanstadt 136
Veduten 76, 225, 236, 259, 262, 289, 296, 307, 310, 317, 318, 331, 334, 337, 338; Abb. 223
*Veji 127
*Venedig 173, 193, 226, 244, 245, 252, 310
   S. Marco 245
      Mosaikwerkstatt 244
*Veroli 231
Vier-Ströme-Brunnen 269
Villa Mattei 220
*Viterbo 161, 233, 237, 251

*Winchester 211
Wormser Konkordat 169, 212
*Würzburg 97

York 14, 158

Zeremonienbuch s. *Liber censuum*; Benedikt, Kanoniker
Zünfte (*scholae*) 174, 176, 178, 253
*Zypern 231

Personenregister

Abundus, Heiliger, Märtyrer 97
Adalbert, Heiliger 280
Agapitus, Heiliger 66
Agapitus, Papst 72
Agnes, Heilige 36, 37, 39, 41
Agrippa 23; s. a. Bäder
Alarich 57
Alberich s. römische Familien, Crescentii
Albrecht, deutscher Kaiser 170
Alexander II., Papst 167
Alexander III., Papst 172, 173
Alexander Severus 23; s. a. Bäder
Alexius, Heiliger 284
Alfanus (Alfaranus), päpstlicher Kämmerer 191, 237
Alkuin 134, 158
Ambrosius, Heiliger, Bischof von Mailand 51–53, 102
Anaklet I., Papst 212
Anaklet II., Gegenpapst s. römische Familien, Pierleoni
Anastasius, Heiliger, Märtyrer 104
Anastasius IV., Papst 237
Anastasius Bibliothecarius, päpstlicher Biograph 158
Andreas, Heiliger 343
Angelico, Fra 227
Angelsachsen 75, 95, 287; s. a. *scholae Saxonum*
Annibaldi, Riccardo s. römische Familien, Annibaldi
anonymer Meister des 13. Jahrhunderts 234, 243
Araber 89
Arcadius, römischer Kaiser 54
Arianer 68, 75, 76, 93
Armenier 104
Arnold von Brescia 171, 222, 254
Arnolfo di Cambio 232, 233, 238, 239, 241, 249, 250
  Altarbaldachine:
    S. Cecilia 239; Abb. 172
    S. Paolo fuori le mura 238, 239, 241, 249

Grabmäler:
    Annibaldi, Lateran 233, 238, 239; Abb. 170
    Bonifatius VIII., Vatikanische Grotten 233, 238, 239; Abb. 171, 173
    Karl von Anjou, Statue, Kapitol 233, 239
    Krippe, S. Maria Maggiore 233, 239
    Petrus, Heiliger, Bronzestatue, St. Peter 233, 241; Abb. 174
Asti, Pilger aus 180
Augustinus, Heiliger, Bischof von Hippo 37, 51, 52, 67, 74, 102
Augustus, römischer Kaiser 22, 23, 27, 52, 53, 175, 176, 217, 222, 225
Aurelianus, römischer Kaiser 16

Bankiers der Päpste 167, 169, 175, 176, 179, 299
    Florentiner 176–179, 253
    Sienesen 176–178
Baronio, Cesare, Kardinal, Kirchenhistoriker 72
Bayern 93, 95
Beda Venerabilis 158
Belisarius 76, 267, 280, 303
Benedikt, Heiliger 74, 75, 200, 201
Benedikt, Kanoniker von St. Peter 221
    ›Mirabilia‹ (Romführer) 221, 224, 259, 262
    päpstliches Zeremonienbuch (Ordo) 303
Benedikt, Mönch in Sorakte 163, 212, 289
Benediktiner s. religiöse Orden
Benzo von Alba 167
Bernini, Gian Lorenzo 24, 70, 97, 135, 343
Biscop, Benedict 95, 97, 120
Bonifatius, Missionar 95–97
Bonifatius I., Papst 251
Bonifatius IV., Papst 86, 93, 104
Bonifatius VIII., Papst s. römische Familien, Caetani

Borromini, Francesco 33, 34
Bramante, Donato 280
Brancaleone di Andalò, *senatore* von Rom 178, 226, 230, 293, 338
Brentano, Robert 310, 338
Bulgaren 103
Burgunder 76
Byzantiner (Griechen) 74, 76, 80, 84–86, 89–92, 103–106, 109, 112, 115, 116, 119, 121–124, 126, 131–133, 138, 163, 347
    Einfluß auf die mittelalterliche Kunst 139, 144–146, 200–202, 244–250

Cadulus, Gegenpapst 167
Cadwalla von Wessex 96
Caecilia Metella 27
Caesar, Julius 225
    Asche von Julius Caesar 210, 221; Abb. 149
Calixtus II., Papst 169, 174, 212
Carushomo, Benedictus, *senatore* von Rom 173, 220
Cassiodorus 48, 49, 76, 78, 85, 90
Cassius, Dio 15
Cavallini, Pietro 185, 233, 234, 242–247, 249–251
    Mosaiken:
        S. Maria in Trastevere 184, 233, 244–246; Abb. 176, 177
        S. Paolo 233
    Wandmalereien
        S. Cecilia 233, 246, 249–251; Abb. 178–181
        S. Crisogono 233
        S. Giorgio in Velabro 233, 246
        S. Paolo fuori le mura 233, 246, 250
Cencio Savelli, Kardinal s. römische Familien, Savelli
Cencius Camerarius s. römische Familien, Savelli
Cencius Stefani Prefecti 280
Cholet, Jean, Kardinal 231, 241; s. a. Kirchen, S. Cecilia

Personenregister

Cicero 51, 52, 74
Cimabue 224, 232, 242, 262
   Assisi, Fresko von Rom 224, 262
Claude Lorrain 78
Clemens III., Papst 173
Cluniazenser s. religiöse Orden
Coinred von Mercia 96
Colonna s. römische Familien
Constans II., byzantinischer Kaiser 80, 95, 103
Constantia, Constantina 36, 39, 41, 61; s. a. Kirchen, S. Costanza
Constantius II., römischer Kaiser 48
Corsi, Petrus Latrone 334; s. a. römische Familien, Corsi
Cosmate, Giovanni Abb. 169
Cosmaten, Familie und Marmorwerkstätten 182, 202, 214, 236, 238
   Werke 182, 186–188, 191, 193, 246; Abb. 238
Cosmatus, Magister, päpstlicher Architekt 235
Crescentius, Johannes 163, 283; s. a. römische Familien, Crescentii
Cyrus und Johannes, Heilige 89

Damasus I., Papst 43, 45, 51, 52, 54, 58, 65, 66, 160
defensores 73
Desiderius, Abt von Monte Cassino 199–203, 210
Deutsche 95, 172
deutsche Kaiser 171, 177, 212, 222, 287
   s. a. Hohenstaufer; Karolinger; Ottonen; Salier; Supplinburger
Diokletian, römischer Kaiser 14, 17, 27, 269
Domenichino 72
Dominikaner s. religiöse Orden

Einhard, Biograph Karls des Großen 131, 158
Engländer 95–97, 120, 123, 157, 174, 207, 211, 251
Esch, Arnold 327
Este, Markgraf von 252
Eugen III., Papst 295
Euphimianus, legendärer Vater des heiligen Alexius 283, 284
Eusebius, Kirchenhistoriker 42

Felix III., Papst 72
Felix IV., Papst 85, 107
Fieschi, Genueser Familie 237
Fieschi, Guglielmo, Kardinal 237

Flavius Anicius Carlus (Karl der Große) 134
Florentiner 225, 232, 235, 238, 242, 250
Florus, Bischof 341
Francesca Romana, Heilige 327
Frangipani s. römische Familien
Franken 75, 76, 95, 97, 101, 120, 122–126, 129, 131, 132, 137, 140, 157, 158, 287, 292
   fränkische Könige 122, 129–132, 134, 287
      Karl der Kahle 158
      Pippin der Kurze 97, 122, 123
      s. a. Karolinger
Franziskaner s. religiöse Orden
Franziskus, Heiliger 353
französisches Königshaus 287
   Anjou, neapolitanische 178, 179, 234
      Karl von Anjou 178, 238, 239; s. a. Skulpturen, mittelalterliche
Franzosen 174, 178, 179, 235–239, 241, 244, 249
Frazer, Alfred 18
Friedrich I., Barbarossa, Kaiser s. Hohenstaufer
Friedrich II., Kaiser s. Hohenstaufer
Friesen 95, 97, 135

Gallier 93, 163
Gelasius II., Papst 169, 175
Georg, Heiliger 104
Gerbert s. Sylvester II.
Germanen 75, 95
Ghiberti, Lorenzo 233
Gildo Carbone 350
Giotto 231, 233, 234, 242, 250, 251
   Navicella-Mosaik, Stefaneschialtar 231, 233, 250, 251
   Triptychon im Vatikanmuseum 233
Glaber Rudolf 289
Goten 48, 58, 68, 78, 86, 276, 277
Gotenkriege 48, 76, 78, 83, 84, 129, 161, 257, 264, 267, 276, 277, 280, 283
Gozzoli, Benozzo 298, 299, 339; Abb. 208
Graves, Robert 76
Gregor I., der Große, Papst s. römische Familien, Anicii
Gregor II., Papst 115, 121, 122
Gregor III., Papst 115, 126
Gregor IV., Papst 125, 134, 138, 139, 145
Gregor VII. (Hildebrand), Papst 167–170, 176, 177, 200–202, 212, 283, 295, 334, 351, 355

Gregor IX., Papst 228, 263
Gregor von Tours 97
Gregor, Magister 211, 217, 218, 222, 292, 339
   ›*Narracio de mirabilibus Urbis Romae*‹ (Führer) 211
Gregorovius, Ferdinand 254
Große Mutter, Göttin 28
Guido de Berta 328
Guiscard, Robert 168, 283, 351

Hadrian, Heiliger 89, 104, 105
Hadrian I., Papst 116, 119, 122, 125–131, 137–139, 157, 257, 278–281, 343
   Grabplatte 158; Abb. 115
Hadrian IV., Papst 173, 174, 295
Hadrian, römischer Kaiser 18, 23, 237
Heckscher, William S. 218
Heemskerck, Marten van 37, 226, 262, 285, 317, 332, 337, 339–341
Heinrich II., König von England 211
Heinrich III., Kaiser s. Salier
Heinrich IV., Kaiser s. Salier
Heinrich V., Kaiser s. Salier
Heinrich VI., Kaiser s. Hohenstaufer
Heinrich, Bischof von Winchester 211, 222
Helena, Kaiserin 35, 36, 39, 41, 146, 237
Heraklius, byzantinischer Kaiser 113
Herenaeus, Julianus und Primitivus, Märtyrer 97
Hermes, Heiliger 52
Hieronymus, Heiliger 43, 51, 52, 57, 70, 102
Hilarus, Papst 62, 64, 66, 148
Hildebert von Lavardin 222, 224, 225
Hildebrand, Erzdiakon s. Gregor VII.
Hohenstaufer 177, 178, 222
   Friedrich I. Barbarossa, deutscher Kaiser 172, 173, 178, 346
   Friedrich II., deutscher Kaiser 177, 178, 243, 248, 249, 252
   Heinrich VI., deutscher Kaiser 177, 178
   Konrad III., deutscher Kaiser 172, 222
Honnecourt, Villard de 241
Honorius I., Papst 86, 93, 98, 101–103, 285
Honorius III., Papst s. römische Familien, Savelli
Honorius IV., Papst s. römische Familien, Savelli
Honorius, römischer Kaiser 57

Horaz 51, 52, 158
Hugo, Abt von S. Lorenzo fuori le mura 193
Humbert von Silva Candida, Kardinal 148, 280
Hunald von Aquitanien 95

Ina von Wessex 96
Innozenz I., Papst 58
Innozenz II., Papst s. römische Familien, Papareschi
Innozenz III., Papst s. römische Familien, Segni, Conti di
Iren 75, 95
Isaak-Meister, Assisi, S. Francesco 242
Isis, Göttin 28

Jakob, Heiliger 80, 89, 112
Jehova 28
Jeremias, Prophet 183, 185
Jesaias, Prophet 183, 185
Johannes, Heiliger 183, 250
Johannes IV., Papst 104, 112, 113
Johannes VII., Papst 115, 116, 119, 126, 128
Johannes VIII., Papst 125, 138
Johannes XII., Papst 162; s. a. römische Familien, Crescentii
Johannes Diaconus Immonides, Biograph Gregors des Großen 148
Johannes von Salisbury 211, 222
Juden 20, 28, 29, 52, 55, 167, 294, 301, 304, 305, 311, 337
Julius I., Papst 43, 45, 66
Junius Bassus der Ältere 47, 51, 68, 247; Abb. 33
Junius Bassus der Jüngere 51; Abb. 34
Justinian, byzantinischer Kaiser 76, 85, 105, 172

Karl der Große, Kaiser s. Karolinger
Karl der Kahle, König s. Franken
Karl von Anjou s. französisches Königshaus
Karolinger 101, 134, 137, 144, 158, 161, 198, 200, 287; s. a. Franken
   Karl der Große, Kaiser 122, 123, 125, 129, 131–134, 137, 145, 158, 163, 175, 177, 234, 257, 287
   Lothar I., Kaiser 134
   Ludwig der Fromme, Kaiser 125, 134
Kitzinger, Ernst 199, 245
Klemens, Heiliger 183, 202
Konrad III. s. Hohenstaufer

Konstantin I., römischer Kaiser 13, 14, 16–20, 28, 30–33, 35, 36, 38–40, 42–44, 47, 53, 54, 57, 58, 67–69, 79, 89, 101, 105, 115, 130–134, 137, 138, 140, 141, 145, 146, 155, 157, 158, 160, 163, 172, 198, 203, 205, 206, 212, 213, 215, 217, 222, 226, 237, 252, 269; Abb. 150
Kosmas und Damianus, Heilige 85, 89, 107

Langobarden (Lombarden) 73–76, 78, 82–86, 90, 93, 94, 96, 101, 103, 121–123, 126, 127, 137, 172, 257, 287
Laurentius (Lorenz), Heiliger 36, 37, 39, 66, 68, 98, 183
   Grab 80, 94, 98, 101, 104, 184, 193
Leo I., der Große, Papst 58, 63–66, 162, 212
Leo II., Papst 104
Leo III., Papst 125, 127, 130, 131, 133, 136–140, 145, 150, 157, 158, 163, 280, 285, 287, 343; s. a. Lateran, Palast, Triklinien
Leo IV., Papst 125, 134–137, 152, 158, 265, 289
Leo III., byzantinischer Kaiser 122
Leo von Ostia, Chronist 199, 200
Leopardus, Presbyter 44
Lewine, Milton 310, 331
Limbourg, Brüder 262
Liutprand, lombardischer König 122
Livius, römischer Historiker 14
Lothar I., Kaiser s. Karolinger
Lothar III., Kaiser s. Supplinburger
Lucius, Papst 172
Lucius Verus, römischer Kaiser 27, 41
Ludwig der Bayer, deutscher Kaiser 224, 262, 296; Abb. 160
Ludwig der Fromme, Kaiser s. Karolinger
Lysippus 48

maestri di strada 311, 326
makkabäische Märtyrer 114
Malteserritter 328, 347
Marcellinus und Petrus, Diakone, Heilige 36, 39, 41
Markus, Papst 43
Marmorarbeiter (*marmorarii*) 210; s. a. Cosmaten, Familie; Romani, Familie; Vassalletti, Familie
Marozia, *senatrix* 162
Martin, Heiliger 70
Martin I., Papst 103, 121
Martin IV., Papst 179

Masolino 262, 331, 332, 337, 339; Abb. 239
Massimi 305
Matilda, Gräfin von Tuszien 176
Maxentius, römischer Kaiser 13, 18–20, 27, 33, 39
Michael, Erzengel 86, 89
Michelangelo 218, 230, 270, 312, 314
Mithras 28, 45; Abb. 29
Mohammedaner 94, 103, 104, 119, 120, 161
Myron 48

Naldini 262, 332, 339; Abb. 187
Narses 76, 84, 112
Nero, römischer Kaiser 22–24, 89, 342
   sein Leben nach Sueton 217
Nestorianer 104
Nikolaus I., Papst 125, 139, 158, 160, 162, 171, 212
   Briefwechsel 158
Nikolaus III., Papst s. römische Familien, Orsini
Nikolaus IV., Papst 179, 236, 252
Nikolaus V., Papst 92, 136
Nikolaus, Nachkomme des Crescens 218
Normannen 167–169, 172, 176–178, 181, 185, 193, 351

Octavianus (Johannes XII.) 162
Odo Bonfigli 305
Offa von East Anglia 96
Orsini, Giordano, Kardinal 280
Ottonen (Sachsen) 162, 222
   Adalbert, Heiliger 280
   Otto I., Kaiser 162, 163, 175
   Otto II., Kaiser 163, 236
   Otto III., Kaiser 163, 166, 170, 212, 280, 284, 299, 305; Abb. 116
Ovid 158, 221

Pammachius, Senator 43, 65
Pandulf von der Suburra, *senatore* 174
Pankrazius, Märtyrer, Heiliger 95
Panofsky, Erwin 208
Pantaleone, Stifter der Bronzetüren von Amalfi und Monte Cassino 202
Paolino da Venezia, Fra, Landkartenzeichner 259, 262, 295, 296, 317; Abb. 182
Paschalis I., Papst 125, 127, 130, 138, 140, 141, 143, 145, 146, 150, 151; Abb. 99
Paschalis II., Papst 169, 185, 353

Personenregister

Paul I., Papst 106, 116, 119, 128–130, 282, 342
Paulinus von Nola 43, 51, 78
Paulus, Heiliger, Apostel 13, 29, 52–54, 58, 66, 68, 85, 94, 97, 107, 129, 144, 148, 180, 183, 228, 229, 233, 238; Abb. 104
Pelagius I., Papst 95
Pelagius II., Papst 72, 84, 93, 94, 98, 101, 193
Perser 222
Peter von Dalmatien, Presbyter 44, 55
Peter der Illyrer s. Peter von Dalmatien
Peter Beccli 331
Petrarca 253, 254
Petronilla, Heilige 287
Petrus, Heiliger, Apostel 13, 24, 29, 30, 37, 39, 41, 52–54, 58, 66, 68, 85, 94, 96, 97, 101, 107, 121–124, 129–134, 137, 140, 144, 148, 150, 162, 163, 170, 183, 184, 198, 212, 213, 228, 229, 233, 234, 238, 241, 251, 287, 294, 299; Abb. 104, 174
Petrus, Arzt, Gründer von S. Maria in Pallara 186
Petrus Alexius 350
Petrus Damianus, Kardinal 167
Phidias 48
Philippus, Heiliger 80, 89, 112
Philocalus, Schriftsteller 52
Pierleoni, Jordanus 172; s. a. römische Familien, Pierleoni
Pierleoni, Pietro, Kardinal s. römische Familien, Pierleoni, Anaklet II.
Pippin der Kurze, König s. Franken
Piranesi, Giovanni Battista 14
Pisano, Nicola 239, 248–250
Pius IV., Papst 289
Plato 51
Plato, Vater von Papst Johannes VII. 115
Praxedis, Heiliger 144
Primus und Felicianus, Heilige, Märtyrer 104
Probus, Anicius 130; s. a. römische Familien, Anicii
Probus, römischer Kaiser 16
Prokopius 48, 49, 76, 257
Prudentius 53
Ptolemaeus I. 175, 327; s. a. römische Familien, Grafen von Tusculum
Pudentiana, Heilige 144

Quiricus und Giulitta, Heilige, Märtyrer 89
Quirinus, Heiliger 97

religiöse Orden 166, 167, 177, 182, 187, 211, 235
  Benediktiner 75, 106, 162, 200–202, 205
  Cluniazenser 162, 167, 284
  Dominikaner 177, 235, 279, 302
  Franziskaner 177, 314
  Zisterzienser 226
Reni, Guido 72
Rienzo, Cola di 254
Rodriguez, Kardinal 238; Abb. 169
römische Familien:
  Anguillara 334, 336; Abb. 245, 246
  Anicii 66, 72, 78
    Gregor der Große, Papst 72–76, 78–86, 89–91, 93–95, 97, 101, 102, 104, 106, 123, 126, 127, 129, 130, 158, 212, 222, 257, 276, 277
    Probus, Anicius 130
  Annibaldi 173, 177, 178, 347, 349, 350
    Riccardo, Kardinal 233, 238; Abb. 170
  Arcioni 335, 336, 347, 349
  Boveschi 169, 173, 176, 177, 334; s. a. Orsini
  Bracucci 176, 332
  Buccapecorini 169
  Bulgamini, Verbündete der Pierleoni 334
  Caetani 177–179, 231, 252, 300, 347, 350
    Bonifatius VIII., Papst 170, 179, 230, 231, 233, 234, 238, 241, 251, 252, 356; s. a. Skulptur, mittelalterliche
  Capocci 173, 177, 178, 347, 349, 350
  Cenci 334
  Cerroni 347
  Colonna 176, 178, 179, 231, 234, 282, 342, 350; Abb. 197
  Corsi 168, 169, 218, 229, 312, 313, 334
    Petrus Latrone 334
  Costaguti 338
  Crescentii 163, 166, 176, 177, 212, 218, 282, 283
    Alberich 162, 163, 176, 212, 218, 282–284
    Grafen von Tusculum 166, 172, 175, 176
    Johannes 163, 282
    Johannes XII., Papst (Octavianus) 162

Marozia, *senatrix* 162
Nikolaus und Theodora 218
Octavianus (Johannes XII.), Papst 162
Ptolemaeus I. 175, 327
Ptolemaeus II. 175
Theophylactus, *senatore* 162, 282
S. Eustachio 279, 334, 338 oder Statii
Fabii oder Faffi 334
Frangipani 169, 173, 176, 177, 346, 347, 349
Nicomachi 50
Normanni 169, 177, 334
Orsini 173, 177, 178, 279, 280, 334, 337
  Giordano, Kardinal 280
  Giovanni di Roncione 279
  Nikolaus III., Papst 135, 179, 231–233, 247, 251, 252, 295
Papareschi 169, 177, 300, 332
  Innozenz II., Papst 169–172, 183, 184, 213, 237
Pierleoni 167, 169, 172, 174, 176, 177, 190, 299–301, 332, 334, 347, 350
  Anaklet II. (Kardinal Pietro), Gegenpapst 169, 171, 172, 183, 211, 212, 313
  Jordanus 172
Savelli 177–179, 237, 310, 334, 341, 349
  Cencius Camerarius (Cencio Savelli, Kardinal), später Honorius III., Papst 177–179, 193, 226, 227, 229, 244, 304, 340, 345, 346, 349
  Jacopo, Kardinal, später Honorius IV., Papst 179, 237, 349
  Luca, Vater von Honorius IV. 237; Abb. 168
Segni, Conti di 173, 177, 227
  Gregor IX., Papst 228, 263
  Innozenz III., Papst 167, 170, 173, 174, 177–179, 212, 226–228, 231, 233, 235, 244, 251, 252, 292, 294, 295, 306, 344, 347, 349
Statii 334
Stefaneschi 178, 300
  Bertoldo 231
  Jacopo, Kardinal 231, 233, 251; s. a. Kirchen, S. Maria in Trastevere; Vatikan
Symmachi 50

Tebaldi 169, 174, 176, 177, 300, 332
Tusculum, Grafen von 166, 172, 175, 176
Roesler Franz, Ettore, Aquarellmaler 336
Romani, Familie von Marmorbildhauern 202, 332
Romulus, Mitbegründer Roms 52
Romulus, Sohn des Maxentius 19, 27
Roncione, Giovanni di s. römische Familien, Orsini
Rusuti, Filippo 234, 242
Rutilius Namantianus 57

Sachsen 96, 135, 222, 293
Salier
   Heinrich III., Kaiser 166
   Heinrich IV., Kaiser 167–169, 171, 353
   Heinrich V., Kaiser 169
Sarazenen 134, 137, 265, 289
Sassaniden 16
Saturninus, Heiliger 52
Savelli, Cencio s. römische Familien, Savelli
Savelli, Jacopo s. römische Familien, Savelli
Savelli, Luca s. römische Familien, Savelli
Schwaben 222
Schweizer 95
Sebastian, Heiliger 97, 104, 105
Septimius Severus, römischer Kaiser 22
Sergius I., Papst 104, 121
Sergius II., Papst 125, 134
Sergius und Bacchus, Heilige, Märtyrer 89
Simplicius, Papst 64, 66, 160
Sixtus III., Papst 45, 58, 61, 63, 64, 66
Sixtus IV., Papst 289, 294
Sixtus V., Papst 285, 356
Slawen 103

Stefaneschi, Bertoldo s. römische Familien, Stefaneschi
Stefaneschi, Jacopo s. römische Familien, Stefaneschi
Stephan II., Papst 97, 106, 122, 129–131, 160, 342
Stephanus, Heiliger, Märtyrer 66
Stephanus de Augusta, Stadtpräfekt 283
Stephanus Serpetri 334
Strozzi 135, 136, 280, 298; Abb. 91, 207
Sueton 158, 217
Suger, Abt von Saint-Denis 210
Supplinburger
   Lothar III., Kaiser 169, 171, 212, 222
Sylvester I., Papst 130, 131, 133, 134, 137, 140, 212, 213, 243
Sylvester II., Papst 163, 166
Symmachus, Papst 66
Syrer 104, 106
syrische Götter 28

Taddeo di Bartolo 259, 262
Templer 177
Tertullian 52
Theoderich, König der Goten 48, 76, 78, 85
Theodo, Herzog von Bayern 95
Theodolinda, Königin 94
Theodor I., Papst 104–106, 112, 113
Theodor, Mönch aus Tarsus 104, 105
Theodora, Frau des Nikolaus 218
Theodora Episcopa, Mutter von Papst Paschalis I. 146, 150
Theodorus, Heiliger 85, 107
Theodosius, römischer Kaiser 54
Theodotus, Primicerius, Onkel Hadrians I. 116, 119, 125, 128, 281
Theodulf von Spanien 158
Theophylactus 161, 282; s. a. römische Familien, Crescentii

Tiberius Constantin, byzantinischer Kaiser 90
Tiburtius, Valerianus, Maximus, Heilige, Märtyrer 97
Titus, römischer Kaiser 22
Torriti, Jacopo 206, 234, 238, 242–245, 247, 249, 250
   Mosaiken
      Grabmal Papst Bonifatius' VIII. 238
      Lateranbasilika 234
      S. Maria Maggiore 234, 243–245, 250; Abb. 175
   Wandmalereien, Assisi 234, 249
Trajan, römischer Kaiser 22, 48, 57

Ulpian 51
Urban II., Papst 169, 174
Urban III., Papst 297

Valentin, Heiliger 54
Valentinianus II., römischer Kaiser 54
Vandalen 76
Vasari, Giorgio 235
Vassalletti, Familie von Marmorbildhauern 202
Vavila, Feldherr der Goten 68
Venezianer 244, 245
Vespasian, römischer Kaiser 20, 48, 217
Villani, Giovanni 180
Virgil 15, 28, 51, 52, 158, 212

Walcharius, Erzbischof von Sens 129, 157
Westgoten 57, 75, 76, 93
Wijngaerde, Anton van 262, 344

Zacharias, Papst 106, 115, 116, 122, 126, 138
Zisterzienser s. religiöse Orden
Zölestin I., Papst 58
Zölestin V., Papst 179

Foto- und Bildquellen

Aerofototeca, Ministero Beni Culturali e Ambientali, Rom: 205
Albertina, Wien: 133
Alemanni, L., ›De parietinis Lateranensibus‹, Rom 1625: 88 (Taf. II), 89 (Taf. III)
Alinari, Florenz: 69, 78, 98, 102, 104, 118, 169, 186, 208, 231, 235
Anders, Berlin: 247
Anderson, Rom: 36, 39, 45, 55, 71, 103, 108, 123, 128, 140, 150, 158, 162, 174–176, 198, 203, 218, 239, 240, 245, 253
Anonymer Photograph: 220
Apollonj Ghetti, B. M., u. a., ›Esploraziono sotto la confessione di San Pietro in Vaticano‹, Vatikanstadt 1951: 70
Archives Photographiques, Paris: 66, 196, 257
Archivio di Stato, Rom: 227, 234
Archivio Fotografico Musei Vaticani, Vatikanstadt: 22, 42, 43, 93, 135, 147, 172
Archivio Fotografico Musei Vaticani, Vatikanstadt, F. Moscioni: 40
Ashmolean Museum, Oxford: 250
Bayerisches Hauptstaatsarchiv, München: 160
Bayerische Staatsbibliothek, München: 116
Bertelli, C.: 77
Biblioteca Apostolica Vaticana, Vatikanstadt: 47, 163, 165, 171, 182
Biblioteca Hertziana, Rom: 37, 46, 119, 120, 217, 226, 238
British Museum, London: 35, 254
Brogi: 61, 79, 228
Brunner, Como: 95
›Capitolium‹: 164 (XXXV, 1960, Abb. S. 9)
Chauffourier: 57
Christ Church, Oxford: 56
Courtauld Institute, London: 188
Davis-Weyer, C.: 90, 105–107
Deutsches Archäologisches Institut, Rom: 11, 14, 27, 109, 155, 156
Fototeca Unione, Amerikanische Akademie, Rom: 2–9, 12, 15, 26, 32, 33, 87, 92, 114, 122, 184, 185, 191, 192, 256
Frankl-Krautheimer-Corbett-Lloyd: 86
Frazer, A. K., überarbeitet von Lloyd: 24
Frutaz, A. P., ›Le piante di Roma‹, Rom 1962: 52 (Taf. 241), 58 (Taf. 267), 59 (Taf. 327), 91 (Taf. 159), 183 (Taf. 223), 200 (Taf. 252), 201 (Taf. 252), 201 (Taf. 243), 204 (Taf. 251), 207 (Taf. 159), 211 (Taf. 250), 244 (Taf. 150)
Gabinetto Nazionale Fotografico, Rom: 10, 13, 23, 31, 62, 80, 81, 83, 85, 96, 97, 112, 113, 117, 125, 131, 132, 136, 141, 143, 178–181

Gabinetto Fotografico Nazionale, Uffizien, Florenz: 60, 195, 252, 258
Gabinetto Nazionale delle Stampe, Rom: 190
Giordani: 170
Krautheimer, R.: 214–216, 236, 241, 243
Krautheimer, R., ›Early Christian and Byzantine Architecture‹, Harmondsworth 1975: 17 (Abb. 3), 29 (Abb. 53, nach Junyent)
Krautheimer, R., u. a., ›Corpus Basilicarum Christianarum Romae‹, Vatikanstadt, Rom und New York, 1937–1977: 19 (V, Abb. 80), 65 (II, Abb. 236), 67 (II, Abb. 121), 94 (III, Abb. 226)
Krautheimer-Lloyd: 28, 193 a, 193 b
Krautheimer-Lloyd nach René Vielliard, ›Recherches sur les origines de la Rome Chrétienne‹, Mâcon 1942: 1 (Taf. 1), 64 (Taf. VII, VIII)
Kunstbibliothek, Berlin: 194
Kupferstichkabinett, Berlin: Heemskerck, Marten van, ›Skizzenbücher‹: 25, 149, 153, 159, 212, 221, 222, 249, 260
Landesbildstelle, Düsseldorf: 197
Leporini, R.: 30
Lloyd nach Corbett in: Krautheimer, R., u. a., ›Corpus Basilicarum Christianarum Romae‹, Vatikanstadt, Rom und New York 1937–1977: 48 (IV, Abb. 195)
Matt L. von, Buochs, Schweiz: 34, 154
McClendon, Chs.: 68, 127, 137, 138, 157, 173, 219, 229, 230, 233
Metropolitan Museum, New York: 54
Mütherich, F.: 115
Museo di Roma, unbekannter Photograph: 199
National Gallery, Washington, D. C.: 63
National Museum, Stockholm: 259
Nordhagen, P. J.: 82, 84, 142
Orlandini: 152
Pacini, G.: 21
Philosophische Fakultät Bonn, Abteilung für Christliche Archäologie: 44
Pontificia Commisione di Archeologia Sacra, Rom: 18
Privatsammlung: 101, 187
Quaderni dell'Istituto di Storia dell'Architettura, Rom: 242 (I, 1953), (Abb. 19)
Redig de Campos, D., ›Pallazzi Vaticani‹, grafico 3: 161
Reekmans, L. in: ›Rivista di Archeologia Christiana‹ XLIV, 1968, gegenüber der S. 176: 51
Renzetti: 49

Richter: 121
Rijksmuseum, Amsterdam: 248
Rivista di Archeologia Christiana, *Vatikanstadt*: 50 (XXXVI, 1960, S. 257, Abb. 4)
Savio, O., Rom: 20, 167, 189, 224, 246
Soprintendenza ai Monumenti del Lazio, Rom: 38, 72–76, 99, 100, 124, 126, 139, 144–146, 148, 151, 177, 232
Spencer, Corbett, überarbeitet von L. Micchini: 41

Stapleford, R.: 110
Styger, P., ›Römische Märtyrergrüfte‹, 1935: 16 (Taf. 16)
Urban, G., 166
Vincent, John B.: 53, 130
Warburg Institute, London: 202, 206, 209, 210, 225, 251, 255
Willard in Speculum: 134 (X, 1935, S. 144 ff., Abb. 1)
Yale University Art Gallery: 223

Verzeichnis der Abbildungen

Abkürzungen

AFMV – Archivio Fotografico Musei Vaticano
Arch. Phot., Paris – Archives Photographiques, Paris
BH – Biblioteca Hertziana, Rom
Bibl. Apost. Vat. – Biblioteca Apostolica Vaticana
FU – Fototeca Unione, Amerikanische Akademie Rom
GFN – Gabinetto Fotografico Nazionale, Rom
Lazio – Soprintendenza ai Monumenti del Lazio, Rom
Savio – Oscar Savio, Photograph, Rom
Leonard von Matt – Leonard von Matt, Photograph, Buochs, Schweiz

I.

1. Plan der antiken Stadt um 330 n. Chr. S. 12
2. Fabriziusbrücke S. 14
3. Der Julianische Aquädukt (*Aqua Julia*) in der Nähe des Lateran S. 15
4. Die Aurelianische Mauer S. 16
5. Die *Curia Senatus* S. 17
6. Die Basilica Nova S. 18
7. *Templum Urbis* mit Vestibül (*Templum Divi Romuli*) S. 19
8. Modell des Forum-Bezirks: Forum Romanum, Forum des Vespasian, Nerva- und Augustusforum sowie der Palatin – Museo della Civiltà Romana, Rom S. 20
9. Kolosseum mit dem Tempel der Venus und Roma im Vordergrund S. 21
10. Forum mit Blick nach Osten auf das Kolosseum S. 21
11. Forum und Markt des Trajan S. 22
12. Pantheon, Fassade S. 23
13. Hadriansmausoleum und Aelianische Brücke (Engelsburg und Engelsbrücke) S. 24
14. Modell eines römischen Mietshauses am Fuße des Kapitols S. 25
15. Via Biberatica, eine römische Straße auf dem Trajansmarkt S. 26
16. S. Sebastiano, Rekonstruktion des als Gedenkstätte genutzten Innenhofs mit Loggia S. 30
17. St. Peter, Rekonstruktion des Schreins aus dem 2. Jahrhundert S. 31
18. Lateranbasilika, Rekonstruktionsversuch von etwa 1650. Fresko von Gagliardi in S. Martino ai Monti in Rom S. 32
19. Lateranbasilika, Rekonstruktion von Waddy, überarbeitet von Lloyd S. 33
20. Der Lateran um 1870 – Privatbesitz, Rom S. 34
21. S. Sebastiano mit angebauten Mausoleen. Modell von G. Pacini S. 35
22. Der überdachte Friedhof von S. Agnese und das Mausoleum von S. Costanza um 1900 S. 36
23. S. Costanza, Innenansicht um 1538/1539. Stich von Francisco D'Ollanda, Escorial S. 37
24. Peterskirche, Rekonstruktion des Zustands um 330 n. Chr. S. 37
25. Peterskirche, Innenansicht während des Neubaus im 16. Jahrhundert (1534–1536). Zeichnung von Marten van Heemskerck – Berlin, Kupferstichkabinett, 79 D2A, fol. 52ʳ S. 38
26. *Janus Quadrifrons* S. 40
27. Der Konstantinsbogen von Nordosten S. 41

II.

28. Plan der Stadt Rom um das Jahr 500 mit den Kirchen und neuen Säkularbauten S. 44
29. S. Clemente, isometrische Rekonstruktion S. 45
30. S. Vitale, Rekonstruktion des Narthex mit Blick in den Innenraum S. 46
31. S. Sabina, Außenansicht von Norden S. 47
32. Saturntempel S. 48
33. Basilika des Junius Bassus, Mauerverkleidung. Zeichnung von Giuliano da Sangallo – Biblioteca Vaticana, Barb. lat. 4424, fol. 33ʳ S. 49
34. Sarkophag des Junius Bassus. Ausschnitt: Die *Traditio legis* S. 50
35. Kästchen aus dem Brautschatz der Projecta. Ausschnitt: Venus S. 51
36. S. Pudenziana, Apsismosaik S. 53
37. S. Paolo fuori le mura, Innenansicht nach dem Brand von 1823 mit Blick auf Querschiff und Apsis. Stich von L. Rossini S. 55
38. S. Sabina, Innenansicht S. 56
39. S. Sabina, Mosaik auf der Innenfassade. Ausschnitt: *Ecclesia ex Circumcisione* S. 57
40. S. Maria Maggiore, Hauptschiff S. 59
41. S. Maria Maggiore, rekonstruierte Innenansicht. Zeichnung von Spencer Corbett, überarbeitet von L. Micchini S. 60
42. S. Maria Maggiore, Mosaiken im Mittelschiff. Ausschnitt: Moses schlägt auf die Fluten des Roten Meeres S. 60

43. S. Maria Maggiore, Mosaiken im Mittelschiff. Ausschnitt: Die Ägypter ertrinken im Roten Meer S. 60
44. S. Maria Maggiore, Mosaik am Triumphbogen. Ausschnitt: Der thronende Christus mit vier Engeln S. 61
45. S. Maria Maggiore, Mosaik am Triumphbogen. Ausschnitt: Haupt der Madonna S. 61
46. Lateranbaptisterium, Rekonstruktion von etwa 1560. Stich von A. Lafréry S. 62
47. Das Oratorium von S. Croce am Lateran, um 1500. Zeichnung von Giuliano da Sangallo – Biblioteca Vaticana, Barb. lat. 4424, fol. 33ʳ S. 63
48. S. Stefano Rotondo, Rekonstruktion der Außenansicht von Spencer Corbett S. 64
49. S. Stefano Rotondo, Innenansicht S. 65
50. S. Stefano Rotondo, Rekonstruktion der Innenansicht nach Spencer Corbett S. 65
51. Karte der außerhalb der Mauern gelegenen Heiligtümer S. 67
52. Romkarte des M. Cartaro von 1576 (die ›Große Cartaro-Karte‹). Ausschnitt: Die Kirchen im päpstlichen Bezirk des 5. Jahrhunderts S. 70

III.

53. Die Kapellen von S. Gregorio Magno S. 73
54. Der Ponte Salario im Jahre 1821. Anonymes englisches Aquarell – Metropolitan Museum, New York S. 77
55. Der Ponte Nomentano um 1860 S. 77
56. Der Septimius-Severus-Bogen im Hochwasser mit Blick auf das Kapitol, um 1650. Zeichnung von Claude Lorrain – Oxford, Christ Church S. 79
57. Schwimmende Mühlen auf dem Tiber um 1870 – Museo di Roma S. 80
58. Romkarte des A. Tempesta von 1593. Ausschnitt: Trastevere, die Tiberinsel mit ihren beiden Brücken Ponte Fabricio und Ponte Cestio, der Ponte Rotto (Ponte S. Maria), S. Maria in Cosmedin und (oben rechts) der Aventin S. 81
59. Romkarte von 1575 (die ›Kleine Cartaro-Karte‹) S. 82
60. Der *disabitato*, vom Palatin aus gesehen, mit Blick auf das Kolosseum, SS. Giovanni e Paolo und (am rechten Bildrand) die Kapellen von S. Gregorio Magno, um 1560. Zeichnung von G. A. Dosio – Florenz, Uffizien S. 83
61. Der südliche Teil des *disabitato* mit Blick auf das Kolosseum um 1870 S. 84
62. S. Maria Antiqua, Innenansicht S. 85
63. Pantheon um 1740, Innenansicht. Gemälde von G. P. Pannini – National Gallery, Washington, D. C. S. 87
64. Rom im 7. und 8. Jahrhundert. Karte S. 88
65. S. Maria in Cosmedin, Rekonstruktion der *diaconia*-Halle von Spencer Corbett S. 92
66. S. Teodoro, Kirche des 15. Jahrhunderts an Stelle der alten *diaconia*. Zeichnung von B. Breenbergh um 1625 – Paris, Louvre S. 93

67. S. Lorenzo fuori le mura, Rekonstruktion der Begräbnisbasilika und der Basilika des Pelagius von W. Frankl S. 98
68. S. Lorenzo fuori le mura, Blick in die Basilika des Pelagius nach Osten S. 99
69. S. Agnese fuori le mura um 1900, von der Straße aus gesehen S. 100
70. St. Peter, isometrische Rekonstruktion der Umgangskrypta S. 101

IV.

71. SS. Cosma e Damiano, Apsismosaik S. 107
72. SS. Cosma e Damiano, Apsismosiak. Ausschnitt: Die Heiligen Paulus und Kosmas S. 108
73. SS. Cosma e Damiano, Apsismosaik. Ausschnitt: Haupt des heiligen Kosmas S. 108
74. S. Lorenzo fuori le mura, Basilika des Pelagius, Triumphbogenmosaik. Ausschnitt: Haupt des heiligen Lorenz S. 109
75. S. Agnese fuori le mura, Apsismosaik. Ausschnitt: Haupt der heiligen Agnes S. 109
76. S. Maria Antiqua, Maria-Regina-Fresko. Ausschnitt: Haupt der Madonna S. 110
77. Madonnenikone im Pantheon. Ausschnitt: Haupt des Kindes S. 111
78. S. Stefano Rotondo, Mosaik S. 112
79. S. Maria Antiqua, Palimpsest-Wand S. 113
80. S. Maria Antiqua, der ›Schöne Engel‹ S. 114
81. S. Francesca Romana (S. Maria Nova), Madonna S. 115
82. S. Maria Antiqua, Haupt eines Seraphs S. 117
83. S. Maria Antiqua, Haupt eines Apostels S. 118
84. Grotte Vaticane, Mosaik ›Geburt der Maria‹. Ausschnitt: Kopf einer Dienerin S. 119
85. S. Maria Antiqua, Theodotuskapelle: Kopf eines Kindes aus der Stifterfamilie S. 120
86. SS. Nereo ed Achilleo, rekonstruierte Rückansicht. Rekonstruktion von Frankl – Krautheimer – Corbett – Lloyd S. 121

V.

87. S. Maria in Cosmedin, Hallenkrypta S. 130
88. Lateran, Triklinium Leos III., vor 1625 S. 132
89. Lateran, Triklinium Leos III. nach der Restaurierung von 1625 S. 132
90. Lateran, Triklinium Leos III., Mosaik. Ausschnitt: Der heilige Petrus mit Karl dem Großen und Leo III. Kopie aus dem 18. Jahrhundert S. 133
91. Romkarte von A. Strozzi (1474; ursprünglich um 1450). Ausschnitt: Der Borgo (*Civitas Leonina*) mit der Leoninischen Mauer und späteren Erweiterungen S. 135
92. Leoninische Mauer, Abschnitt der Nordmauer, vor 1938 S. 136

Verzeichnis der Abbildungen

93. Lateran, Platz und Kirche, vor 1588. Ausschnitt aus einem Fresko im Vatikan mit der Bankettalle und dem Querschiff der Basilika des 13. Jahrhunderts S. 139
94. S. Prassede, isometrische Rekonstruktion von Spencer Corbett S. 140
95. S. Prassede, Mittelschiff S. 141
96. S. Prassede, Fassade S. 142
97. S. Prassede, Obergaden S. 143
98. S. Cecilia, Apsismosaik S. 144
99. S. Maria in Domnica, Apsismosaik, Ausschnitt: Porträt Paschalis' I. S. 145
100. S. Maria in Domnica, Ausschnitt aus dem Apsismosaik S. 146
101. S. Prassede, Zenokapelle. Aquarell von Charles Whitham – Privatbesitz S. 147
102. S. Prassede, Zenokapelle, Mosaik im Gewölbe S. 148
103. S. Prassede, Eingang zur Zenokapelle S. 149
104. S. Prassede, Zenokapelle: Die Heiligen Petrus und Paulus S. 150
105. S. Prassede, Zenokapelle: Kopf eines Engels S. 151
106. S. Prassede, Fassade der Zenokapelle: Kopf einer Heiligen S. 151
107. S. Prassede, Apsismosaik. Ausschnitt: Kopf einer Heiligen S. 152
108. SS. Quattro Coronati, Seitenkapelle aus dem 9. Jahrhundert S. 153
109. S. Prassede, antike Säule, vermutlich vom Altarbaldachin S. 154
110. S. Prassede, Zenokapelle, antiker Säulensockel mit umgedrehtem Kapitell S. 154
111. S. Prassede, Zenokapelle, Nachbildung antiker Vorbilder aus dem 9. Jahrhundert S. 154
112. S. Prassede, Portal der Zenokapelle, Fragment eines antiken Architravs, Kapitelle des 9. Jahrhunderts; an der Schnittfläche des Architravs Kopie des antiken Musters, 9. Jahrhundert S. 155
113. S. Martino ai Monti, Innenansicht der um 1650 neu ausgeschmückten Kirche S. 156
114. SS. Quattro Coronati, Torturm S. 157
115. Grabplatte Hadrians I., Ausschnitt S. 159

VI.

116. Evangeliar Ottos III.: Huldigung der Reichsteile vor Otto III. – Bayerische Staatsbibliothek München, Cod. Monac. Lat. 4453, Cim. 58, fol. 23^v und 24^r S. 164/165

VII.

117. S. Clemente, Innenansicht S. 181
118. S. Clemente, Apsismosaik S. 182
119. S. Maria in Trastevere, Fassade um 1900 S. 183
120. S. Maria in Trastevere, Innenansicht um 1825. Stich von Antonio Sarti S. 184
121. S. Maria in Trastevere, Apsismosaik S. 185
122. SS. Quattro Coronati, Innenansicht S. 186
123. SS. Quattro Coronati, Kirche und Konvent um 1880 S. 187
124. S. Giovanni a Porta Latina, Innenansicht S. 188
125. S. Maria in Cosmedin, Mittelschiff S. 189
126. S. Maria in Cosmedin, Außenansicht S. 190
127. S. Rufina, Campanile S. 191
128. SS. Giovanni e Paolo, der Campanile vor der Restaurierung S. 192
129. S. Lorenzo fuori le mura, das um 1200 errichtete Mittelschiff S. 194
130. S. Lorenzo fuori le mura, Fassade und Narthex S. 195
131. SS. Quattro Coronati, Kreuzgang S. 196
132. S. Paolo fuori le mura, Kreuzgang S. 197
133. SS. Giovanni e Paolo, Rückfront, Zeichnung von Jan de Bisschop 1644/1645 – Albertina, Wien S. 198
134. Monte Cassino um 1100, isometrische Rekonstruktion von Conant und Willard S. 199
135. S. Paolo fuori le mura, Bronzetüren. Ausschnitt: Darstellung im Tempel S. 200
136. S. Clemente, Unterkirche: Das Kindeswunder S. 201
137. Ionisches Kapitell aus dem 12. oder 13. Jahrhundert in der Via S. Celso 61 S. 203
138. Ionisches Kapitell von 1154 im Narthex von SS. Giovanni e Paolo S. 203
139. S. Clemente, Apsismosaik. Ausschnitt: Das Kreuz S. 204
140. Lateranbaptisterium, Narthex, Apsismosaik S. 205
141. S. Clemente, Apsismosaik. Ausschnitt: Eine Frau füttert Hühner S. 206
142. S. Clemente, Apsismosaik. Ausschnitt: Schäfer mit einem Sklaven S. 207
143. S. Clemente, Apsismosaik. Ausschnitt: Pfau S. 207
144. S. Clemente, Apsismosaik. Ausschnitt: Jagdausrüstung S. 207
145. S. Clemente, Apsismosaik. Ausschnitt: Putto mit Delphin S. 208
146. S. Maria in Trastevere, Putto mit Tuch S. 208
147. S. Nicola in Carcere, Reiher – Musei Vaticani S. 208
148. S. Maria in Cosmedin, Faunskopf S. 209
149. Der Obelisk bei St. Peter um 1534–1536. Zeichnung von Marten van Heemskerck – Berlin, Kupferstichkabinett, 79 D2A, fol. 22^v S. 210
150. SS. Quattro Coronati, Sylvesterkapelle. Fresken: Konstantin bietet dem Papst das Phrygium dar S. 213
151. S. Cesareo, Ausschnitt der Kanzel S. 214
152. Sammlung antiker Stücke am Lateran, phantasievoll angeordnet. Zeichnung von Giovanni da Modena (?) – Modena, Biblioteca Estense S. 215
153. Blick auf den Lateran um 1534–1536. Ausschnitt: Statue Mark Aurels auf einem Sockel des 15. Jahrhunderts und Löwen des 12. Jahrhunderts. Zeichnung von Marten van Heemskerck um 1534–1536 – Berlin, Kupferstichkabinett, 79 D2A, fol. 71^r S. 215
154. Reiterstatue Mark Aurels S. 216
155. Die kapitolinische Wölfin S. 217

156. Der Dornauszieher S. 218
157. Casa di Crescenzio S. 219
158. Casa di Crescenzio, Ausschnitt der Außenverkleidung S. 220
159. Der Obelisk auf dem Kapitol mit Blick auf das Kolosseum im Hintergrund, um 1534–1536. Zeichnung von Marten van Heemskerck – Berlin, Kupferstichkabinett, 79 D2A, fol. 11^r S. 221
160. Siegel der Bulle Ludwigs des Bayern (vergrößert) – München, Bayerisches Hauptstaatsarchiv (Kaiser-Ludwig-Selekt 1263) S. 225

VIII.

161. Der Vatikanspalast um 1280, isometrische Rekonstruktion von D. Redig de Campos S. 227
162. Die Tor de' Conti um 1880 S. 227
163. Die alte Peterskirche, Apsismosaik Innozenz' III., Zeichnung von Giacomo Grimaldi – Biblioteca Vaticana, Arch. S. Pietro, Album, fol. 50 S. 228
164. Der Palazzo del Senatore um 1300, isometrische Rekonstruktion von Pietrangeli S. 230
165. Das Wildgehege am Vatikan. Romkarte des Fra Paolino da Venezia, 1323 – Biblioteca Vaticana, Vat. lat. 1960, fol. 270^v S. 232
166. S. Maria sopra Minerva um 1840 S. 236
167. Laterankirche, Apsis und Transept um 1800 – Gabinetto delle Stampe, Rom S. 237
168. S. Maria in Aracoeli, Grabmal des Luca Savelli S. 238
169. S. Maria Maggiore, Grabmal des Kardinals Consalvo Rodriguez von Giovanni Cosmate S. 238
170. S. Giovanni in Laterano, Kreuzgang. Ausschnitt des Grabmals von Kardinal Riccardo Annibaldi: Kleriker. Skulptur von Arnolfo di Cambio S. 239
171. Grabkapelle Bonifatius' VIII. Zeichnung von Giacomo Grimaldi – Biblioteca Vaticana, Barb. lat. 2733, fol. 8^r S. 239
172. S. Cecilia, Ausschnitt des Baldachins. Relief von Arnolfo di Cambio S. 240
173. Grotte Vaticane, Grabmal Bonifatius' VIII. Ausschnitt: Kopf. Skulptur von Arnolfo di Cambio S. 241
174. Bronzestatue des heiligen Petrus. Ausschnitt: Kopf. Skulptur von Arnolfo di Cambio (?) S. 241
175. S. Maria Maggiore, Tod Mariae. Mosaik von Jacopo Torriti S. 242
176. S. Maria in Trastevere, Tod Mariae. Mosaik von Pietro Cavallini S. 243
177. S. Maria in Trastevere, Geburt Christi. Ausschnitt: Hirte. Mosaik von Pietro Cavallini S. 246
178. S. Cecilia, Jakobs Traum. Ausschnitt: Der schlafende Jakob. Fresko von Pietro Cavallini S. 247
179. S. Cecilia, Das Jüngste Gericht. Ausschnitt: Zwei Apostel. Fresko von Pietro Cavallini S. 248
180. S. Cecilia, Das Jüngste Gericht. Ausschnitt: Kopf eines Apostels. Fresko von Pietro Cavallini S. 249
181. S. Cecilia, Das Jüngste Gericht. Ausschnitt: Kopf eines Engels. Fresko von Pietro Cavallini S. 249

IX.

182. Die Romkarte des Fra Paolino da Venezia von 1323 – Biblioteca Vaticana, Vat. lat. 1960, fol. 270^v S. 260/261

X

183. Die Romkarte des Ugo Pinardo von 1555 S. 264
184. Das überflutete Pantheon. Anonymer Stich, koloriert, um 1800 S. 265
185. Der Hochwasser führende Tiber beim Ponte Rotto S. 265
186. Die Tiberinsel mit ihren Brücken, um 1880 S. 266
187. Blick auf den Tiber und die Stadt vom Aventin aus, zwischen 1557 und 1564. Zeichnung von Battista Naldini – Privatbesitz S. 266
188. Die Ripa Grande um 1560. Zeichnung von Pieter Breughel – Chatsworth, Devonshire Collection S. 267
189. Blick über den Tiber zum Kapitol, vor 1870, mit *giornelli* – Museo di Roma S. 268
190. Schiffsmühle auf dem Tiber. Aquarell von D. N. Boguet, um 1650 – Rom, Gabinetto Nazionale delle Stampe S. 268
191. Die Piazza Navona aus der Vogelschau S. 269
192. Das Pompejustheater aus der Vogelschau S. 270
193a. Karte des mittelalterlichen Rom mit den Hauptstraßen und der vermutlichen Ausdehnung des *abitato* S. 271
193b. Der *abitato* und seine Kirchen, von 937 bis 1186 S. 272/273
194. Die *Sette Chiese*, 1575. Stich von A. Lafréry S. 275
195. Das Marcellustheater und der Fleischmarkt um 1560. Zeichnung von G. A. Dosio – Florenz, Uffizien S. 276
196. Der Fischmarkt im Portikus der Oktavia. Zeichnung von Jan Miel, um 1650 – Paris, Louvre S. 277
197. Der frühe Colonnapalast und der Serapistempel am Quirinal, um 1534–1536. Zeichnung aus dem Kreis um Marten van Heemskerck – Kunstmuseum Düsseldorf S. 282
198. Der Aventin um 1870 S. 283
199. Blick vom Aventin über den *disabitato* auf den Palatin und Celio um 1870 – Museo di Roma S. 284
200. Romkarte von Du Pérac-Lafréry von 1577. Ausschnitt: Der Platz und die Basilika am Lateran mit Umgebung S. 285

XI.

201. Die Romkarte des M. Cartaro von 1576 (die ›Große Cartaro-Karte‹). Ausschnitt: Der Borgo S. 288
202. Blick auf den Borgo vom Monte Mario, um 1495. Zeichnung aus dem ›*Codex Escurialensis*‹, fol. 7^v und 8^r S. 290/291

Verzeichnis der Abbildungen

203. Die Prati und Monte Mario um 1880, im Vordergrund der Vatikanpalast des 16. Jahrhunderts und die Vatikanischen Gärten S. 292
204. Romkarte von Du Pérac-Lafréry von 1577. Ausschnitt: Der Petersplatz mit Atrium und Mittelschiff der alten Basilika S. 293
205. Die Straßen des Borgo vor 1938 S. 293
206. Die Engelsburg von Süden, um 1495. Zeichnung aus dem ›Codex Escurialensis‹, fol. 30ᵛ S. 296

XII.

207. Die Romkarte des Alessandro Strozzi von 1474 (Original um 1450). Ausschnitt: Kirchen und befestigte Herrenhäuser im Tiberknie – Florenz, Biblioteca Laurenziana S. 298
208. Ansicht des *abitato* im Tiberknie um 1465. Ausschnitt aus einem Fresko von Benozzo Gozzoli – S. Agostino in S. Gimignano S. 299
209. Blick flußabwärts auf die Tiberinsel und den Ponte Fabricio, um 1495, mit Schiffsmühlen im Vordergrund und der mittelalterlichen Kirche S. Giovanni Calibita rechts. Zeichnung aus dem ›Codex Escurialensis‹, fol. 27ᵛ S. 300
210. Blick vom Aventin auf Trastevere und im Hintergrund auf den *abitato* auf dem linken Ufer, um 1495. Zeichnung aus dem ›Codex Escurialensis‹, fol. 56ᵛ S. 301
211. Romkarte von Du Pérac-Lafréry von 1577. Ausschnitt: Der *abitato* (die nachmittelalterliche Bebauung ist abschattiert) S. 302
212. und 213. Ansicht des *abitato* vom Monte Caprino aus, um 1534–1536. Ausschnitte aus einer Zeichnung von Marten van Heemskerck – Berlin, Kupferstichkabinett, 79 D2A, fol. 91ᵛ und 92ʳ S. 304/305
214. Der Vicolo dei Tre Archi S. 306
215. Der Vicolo dell'Atleta, im Hintergrund die Außentreppe eines mittelalterlichen Hauses S. 306
216. Die Via del Pellegrino; die Häuser sind nachmittelalterlich S. 307
217. Die Via della Fonte d'Olio in Trastevere, eine mittelalterliche Straße; die Häuser sind jüngeren Datums S. 308
218. Straße im Getto von S. Angelo in Pescheria mit den Bänken der Fischverkäufer im Vordergrund, um 1850 S. 309
219. Bogen im Vicolo dei Tre Archi S. 310
220. Die Via delle Azimelle im Getto, vor 1890 – Museo di Roma S. 311
221. Blick vom Monte Caprino nach Norden auf den Palazzo del Senatore und die *area Capitolina*, um 1534–1536. Ausschnitt aus dem Rompanorama von Marten van Heemskerck – Berlin, Kupferstichkabinett, 79 D2A, fol. 91ᵛ und 92ʳ S. 313
222. S. Maria in Aracoeli von Süden, um 1534–1536. Zeichnung von Marten van Heemskerck – Berlin, Kupferstichkabinett, 79 D2A, fol. 164 S. 314
223. Idealisiertes Rombild mit Castel S. Angelo, Pantheon, Kolosseum und Kapitol, S. Maria in Aracoeli und Palazzo del Senatore, um 1450. Ausschnitt aus einer Truhenbemalung mit Begebenheiten aus der Geschichte von Dido und Aeneas, von Apollonio di Giovanni – Yale University Art Gallery, James Jackson Jarves Sammlung S. 315

XIII.

224. Auf die antike Stadtmauer aufgesetzte Häuser entlang der Via di Monte Brianzo, um 1886. Aquarell von E. Roesler Franz – Museo di Roma S. 318
225. Blick auf Castel S. Angelo mit mittelalterlichen Häusern, um 1495. Zeichnung aus dem ›Codex Escurialensis‹, fol. 26ᵛ S. 319
226. Der Vicolo dei Moroni S. 320
227. Häuser in der Via del Pellegrino, um 1600 – Archivio di Stato, Rom S. 321
228. Mittelalterliche Häuser in der Nähe des Portico di Ottavia, Ausschnitt S. 322
229. Mittelalterliches Haus, Via dell'Arco della Pace 10/11 S. 322
230. Mittelalterliches Haus, Via dei Salumi 161, Ecke Vicolo della Luce S. 323
231. Das Herrenhaus gegenüber von S. Cecilia vor der Restaurierung S. 324
232. Die Case di S. Paolo von Norden, restauriert S. 325
233. Mittelalterliches Haus mit Säulenportikus, Via S. Celso 60/61, Ecke Piazza del Ponte S. 326
234. Reihenhaus-Plan – Archivio di Stato, Archivio SS. Annunziata S. 327
235. Mittelalterliches Haus im Vicolo dell'Atleta 14 S. 327
236. Palazzo dei Cavalieri di Rodi Fassade zum Augustusforum S. 328
237. Das Marcellustheater um 1880 S. 329
238. Ein in römische Überreste hineingebautes Haus in der Via dei Calderari, um 1819. Radierung von Rossini S. 330
239. Rompanorama um 1435. Fresko von Masolino im Baptisterium von Castiglione d'Olona S. 332
240. Der Geschlechterturm auf der Tiberinsel am Ponte Fabricio S. 333
241. Das Herrenhaus der Pierleoni (?) S. 334
242. Der Monte Giordano um 1950, isometrische Sicht. Zeichnung von M. P. F. Asso S. 335
243. Die Torre dei Margani S. 336
244. Turmbewehrte Herrenhäuser im Tiberknie. Ausschnitt einer Karte aus dem ersten Viertel des 15. Jahrhunderts S. 336
245. Außenansicht des Hauses der Anguillara-Familie nach der Restaurierung S. 337
246. Der Innenhof des Hauses der Anguillara vor der Restaurierung, um 1880 (?). Aquarell von E. Roesler Franz – Museo di Roma, Rom S. 338

XIV.

247. Blick auf das mit Häusern umbaute Forum zum Kapitol, um 1534–1536. Zeichnung aus dem Kreis um Marten van Heemskerck – Berlin, Kupferstichkabinett, 79 D2A, fol. 12ʳ S. 340
248. Häuser in der Nähe von S. Maria Nova in der Maxentiusbasilika, um 1625. Zeichnung von B. Breenbergh – Amsterdam, Rijksmuseum S. 341
249. Blick auf den *disabitato* um 1534–1536. Ausschnitt: S. Anastasia und S. Maria in Cosmedin. Zeichnung von Marten van Heemskerck – Berlin, Kupferstichkabinett, 79 D2A, fol. 91ᵛ und 92ʳ S. 342
250. Die Siedlung um S. Maria Maggiore, der anschließende Palast und S. Pudenziana um 1550. Ausschnitt einer Zeichnung von A. van Wijngaerde – Oxford, Ashmolean Museum S. 343
251. Nervaforum mit der ›Kornkammer der Kardinäle‹ im Minervatempel um 1495, im Zentrum die *Arca Noe* und dahinter ein Haus mit Portikus, rechts die Tor de' Conti. Zeichnung aus dem ›*Codex Escurialensis*‹, fol. 57ᵛ S. 344
252. Die Siedlung um S. Maria Nova um 1560 mit dem Konstantinsbogen im Vordergrund. Zeichnung von G. A. Dosio – Florenz, Uffizien S. 345
253. Die Torre del Grillo vor 1900 S. 347
254. Die Torre delle Milizie um 1625. Zeichnung von B. Breenbergh – British Museum, London S. 348
255. Blick von S. Maria in Aracoeli auf die Tor de'Conti, Oppianus und Esquilin, mit Geschlechtertürmen um 1495. Zeichnung aus dem ›*Codex Escurialensis*‹, fol. 40ᵛ S. 349
256. Septimius-Severus-Bogen mit aufgesetztem mittelalterlichem Turm, um 1575. Stich von E. Du Pérac S. 350
257. SS. Quattro Coronati, Kirche und befestigtes Kloster um 1625. Zeichnung von B. Breenbergh – Paris, Louvre S. 351
258. Das befestigte Septizonium um 1560. Zeichnung von G. A. Dosio – Florenz, Uffizien S. 352
259. Blick auf S. Croce in Gerusalemme, vor 1743. Anonyme Zeichnung – Stockholm, Nationalmuseum S. 354
260. Palast, Basilika und Baptisterium am Lateran mit einer Ecke des Spitals (?), um 1535. Zeichnung von Marten van Heemskerck – Berlin, Kupferstichkabinett, 79 D2A, fol. 12ʳ und 71ʳ S. 354/355